動員的力量
上海學潮的起源

The Power of Mobilization
Origins of the Shanghai Student Movement

陳以愛　著

民國論叢 ｜ 總序

呂芳上
民國歷史文化學社社長

　　1902 年，梁啟超「新史學」的提出，揭開了中國現代史學發展的序幕。

　　以近現代史研究而言，迄今百多年來學界關注幾個問題：首先，近代史能否列入史學主流研究的範疇？後朝人修前朝史固無疑義，但當代人修當代史，便成爭議。不過，近半世紀以來，「近代史」已被學界公認是史學研究的一個分支，民國史研究自然包含其中。與此相關的是官修史學的適當性，排除意識形態之爭，《清史稿》出版爭議、「新清史工程」的進行，不免引發諸多討論，但無論官修、私修均有助於歷史的呈現，只要不偏不倚。史家陳寅恪在《金明館叢書二編》的〈順宗實錄與續玄怪錄〉中說，私家撰者易誣妄，官修之書多諱飾，「考史事之本末者，苟能於官書及私著等量齊觀，詳辨而慎取之，則庶幾得其真相，而無誣諱之失矣」。可見官、私修史均有互稽作用。

　　其次，西方史學理論的引入，大大影響近代歷史

的書寫與詮釋。德國蘭克史學較早影響中國學者，後來政治學、社會學、經濟學等社會科學應用於歷史學，於1950年後，海峽兩岸尤為顯著。臺灣受美國影響，現代化理論大行其道；中國大陸則奉馬列主義唯物史觀為圭臬。直到1980年代意識形態退燒之後，接著而來的西方思潮──新文化史、全球史研究，風靡兩岸，近代史也不能例外。這些流行研究當然有助於新議題的開發，如何以中國或以臺灣為主體的近代史研究，則成為學者當今苦心思考的議題。

　　1912年，民國建立之後，走過1920年代中西、新舊、革命與反革命之爭，1930年代經濟大蕭條、1940年代戰爭歲月，1950年代大變局之後冷戰，繼之以白色恐怖、黨國體制、爭民權運動諸歷程，到了1980年代之後，走到物資豐饒、科技進步而心靈空虛的時代。百多年來的民國歷史發展，實接續十九世紀末葉以來求變、求新、挫折、突破與創新的過程，涉及傳統與現代、境內與域外方方面面的交涉、混融，有斷裂、有移植，也有更多的延續，在「變局」中，你中有我，我中有你，為史家提供極多可資商榷的議題。1949年，獲得諾貝爾文學獎美國作家福克納（William Faulkner）說：「過去並未死亡，甚至沒有過去。」（The past is never dead. It's not even past.）更具體的說，今天海峽兩岸的現況、流行文化，甚至政治核心議題，仍有諸多「民國元素」，歷史學家對民國歷史的回眸、凝視、觀察、細究、具機鋒的看法，均會增加人們對現狀的理解、認識和判斷力。這正是民國史家重大任務、大有可為之處。

　　民國史與我們最是親近，有人仍生活在民國中，也有人追逐著「民國熱」。無庸諱言，民國歷史有資料閎富、角度多元、思潮新穎之利，但也有官方資料不願公開、人物忌諱多、品評史事不易之弊。但，訓練有素的史家，一定懂得歷史的詮釋、剪裁與呈現，要力求公允；一定知道歷史的傳承有如父母子女，父母給子女生命，子女要回饋的是生命的意義。

　　1950 年代後帶著法統來到臺灣的民國，的確有過一段受戰爭威脅、政治「失去左眼的歲月」，也有一段絕地求生、奮力圖強，使經濟成為亞洲四小龍之一的醒目時日。如今雙目俱全、體質還算健康、前行道路不無崎嶇的環境下，史學界對超越地域、黨派成見又客觀的民國史研究，實寄予樂觀和厚望。

　　基於此，「民國歷史文化學社」將積極支持、鼓勵民國史有創意的研究和論作。對於研究成果，我們開闢論著系列叢書，我們秉持這樣的出版原則：對民國史不是多餘的書、不是可有可無的書，而是擲地有聲的新書、好書。

從「東南集團」視角重探五四運動
——陳以愛《動員的力量：上海學潮的起源》序

呂芳上

一

歷史應當重寫，這是史家熟知的事。新史料的出土、舊史料作出新解釋。時移境遷，看法異變，都足以構成歷史不斷重寫的理由。

發生在 1919 年的五四運動，已是一個世紀以前的舊事，至今影響猶存，故也一直引起史家廣泛的興趣。即以五四前後與上海學潮有關的歷史言之，六十年前周策縱在哈佛出版的《五四運動史》（Chow Tse-tsung, *The May Fourth Movement: Intellectual Revolution in Modern China*, 1960），長時間被奉為經典，但多處所記所述，卻是後人了解五四「錯誤的起點」。半世紀前陳曾燾的《五四運動在上海》（Joseph T. Chen, *The May Fourth Movement in Shanghai: The Making of a Social Movement in Modern China*, 1971），過於抬舉學生的份量，史料使用，更很難不嫌粗糙。三十餘年前北京彭明的《五四運動史》（1984），不論史料運用、視角立場，都予人侷限感，大家怪他的

是身處的時代和環境。即以二十年前美國學者華志堅的《二十世紀中國學生抗議》（Jeffrey N. Wasserstrom, *Student Protest in Twentieth-Century China*, 1991）而言，雖有新意，但，畢竟西人要打通中國人脈、掌握複雜社會網絡，仍非洋學者強項。於是，發掘新材料、疏通舊史料，彌補前輩著作的種種不足，就是作者陳以愛對五四時期內涵再加發揮，藉以重寫五四學運史的重要理由。

二

陳以愛教授出身香港中文大學新亞書院，畢業政大歷史研究所，師從逯耀東先生。博碩士論文打通思想史與學術史，且帶有知識社會學訓練的意味。這位「愛書的人」其後在大度山上浸淫書堆多年，修鍊成一位能深刻掌握王國維、陳寅恪、陳垣，以迄錢穆、錢鍾書等諸大家學術淵源與脈絡的學者。她治近代學術史，方法最精密、搜記最勤謹，又善於撰文，能講故事，具獨立思考批判精神，尤能適切掌握時代議題，洞見包括重要人物、機構、機制、網絡與運作的種種。這在她早期的一本學術著作《中國現代學術研究機構的興起：以北大研究所國學門為中心的探討》（1999）已可概見。

我個人在政大與以愛有師生之誼，她的勤學，甚至改變了我長期以來「港都無文化」的刻板印象。後來二十多年我們亦師亦友亦同事的交游，大度山上她和李廣健教授伉儷的「有涯齋」，常成我們兩家人的聚會場所。也由此，更了解以愛做學問有其異於「常人」的特色：一、從容不迫，但又能鋪天蓋地、以犁庭掃穴方式

找材料，二、細讀材料，每能尋繹其可能透露之訊息、
玄機與真義，三、以新關懷角度讀舊材料，於是終能使
「材料帶動問題、問題點活材料」。此中多少透露出她
長期仰慕王國維、陳寅恪走過的學術路徑和影子。

　　依此，以愛計劃撰寫一套大部頭的「東南集團與
五四研究系列」，她認定要突破過去五四研究的瓶頸，
勢必要作角度的轉換、尺度的調整。於是，有了一套重
寫上海五四學運史的構想。此一想法，我姑且為之訂名
曰「東南集團與五四三書」，所謂「三書」包括：第一
部「動員的力量：上海學潮的起源」，意在探討五四東
南集團的人際網絡及動員方式，以瞭解上海學潮的發生
脈絡及社會底蘊。第二部「行動的策略：上海三罷始
末」，考察上海商學城市連盟，及三罷發生過程與落幕
原委。第三部「國家的建立：商教的政治連盟」，討論
東南集團在五四後的新動向，及其建立民族國家的方
案。以她的學術根底與做學問的毅力，「三書」在庚子
立議、到辛丑首卷問世、至壬寅全部殺青，勢所必成。
光看她的撰著策略和藍圖，立意重寫五四史的空前企
圖、新視野和大氣魄，表現淋漓盡致，教人佩服。

　　　　　　　　　　三

　　最近個人有機緣，先讀過以愛五四系列第一書《動
員的力量》，除卻資料蒐集完備、通透史料釋放訊息、
打通史事發展脈絡、賦予史家最低限度的歷史推論與歸
納等優點之外，更不妨提出作者寫作本書幾個要旨特
色，與讀者分享。

第一、本書研究五四，屬於老題重做。作者把五四置於歷史脈絡中，是具縱深度的五四新史：辛亥以迄五四，是承上啟下時期。過去在左右革命史觀長期夾擊下，卻似一段失落的環節。經由作者爬梳和重構，基本上重現了南北對峙下，北洋、進步、民黨三大系統的分合。作者通過這本書提醒我們，辛亥之年的政權轉移，不僅立憲派扮演折衷調停的角色；五四之際，舊進步黨人也儼然是幕後推手。本書勾勒這一集團的社會網絡，更具體描繪他們的宣傳手法。1919 年上海乃至全國愛國運動，自非分崩離析的國民黨所能操縱，也非人數寡少的早期共產黨員能夠指導。本書描劃上海的社會精英集團，吸納了留美學生作為骨幹，形塑引導全國聯美制日的輿論，也是學生愛國意識的源頭，予人面目一新的看法。

第二、本書從五四史出發，一方面揭示江蘇省教育會的複雜系統，另一方面追溯這一集團的現代轉型。「東南集團」作為一個名詞，似受陳寅恪「關隴集團」、「山東士族」之說啟示。其特點在以「社會集團」的視角，勾勒近代歷史演進的軌跡。既為後人提供民國史的嶄新視野，也貫串起晚清民國這段歷史。對作者而言，五四運動要從甲午說起，經公車上書，發動抵制美貨風潮；由東南互保，以迄辛亥獨立；東南士紳的運作謀略，決定西北的國族命運。它改變以北京為中心的觀點，視東南為新思想的泉源，來重新觀察解釋五四史。本書是「東南集團與五四研究系列」三書的首卷，作者尚擬有一本專書，敘述此一集團的淵源嬗蛻。

　　第三、作者對「東南集團」的研究，指出了它的複合性質，突破專史研究的侷限，還原東南集團的群體性。就作者所說，東南集團是一個複合體，綜集社會、商業、教育、報業於一體。（辛亥前後，還在上海一度建立了武裝力量。）這一集團的頭號宿敵，是袁世凱北洋六鎮集團。在民初，他們猶抗衡北洋軍事強人段祺瑞皖系，雙方在 1920 年代展開緊張的攻防戰，分別以聯美或親日為後盾。南北兩大集團各有內外盟友，其間又呈現錯綜分合的種種變化。辛亥以迄五四，東南集團又結納國民黨一部份成員，與原光復會員亦維持良好關係。對外它與在華美國人互相接近，雙方陣營結合政、商、學、報之形態亦復相似。這種集團性研究取徑，提供了觀察民國史的新穎角度。

　　第四、作者採取整體史的書寫，不自囿於專史視角。五四研究是事件史，由於參與者眾多廣泛，使本書涉及領域包括：教育史、商業史、政治史、外交史、宗教史、社會史、新聞史。反過來說，本書成果也可以嘉惠專史部門。然而，本書並非匯聚專史而成整體史，而是以整體眼光來統整專史。其關鍵要訣，在以人物為對象，而不以領域切割。對人事現象務求「總匯貫通，瞭解其前後因果之關係」。（陳寅恪〈論隋末唐初所謂山東豪傑〉）由於本書涉及範疇廣泛，史料種類多樣，公私內外華洋俱備，視角因而多元且互補。作者費力重建五四政治、外交、社會、經濟格局，也不辭對具體史事細節予以重繪，貢獻至大。

　　第五、以人物研究為基礎，建立對社會群體的認識：作者著眼東南名流的群體活動，致力梳理人際關係。在她筆下，三代人物先後出場：張謇、趙鳳昌、張一麐、莊蘊寬、馬相伯、唐文治、伍廷芳、唐紹儀等，屬於第一代；黃炎培、沈恩孚、袁希濤、聶雲台、劉厚生、穆杼齋、穆藕初、葉景葵、陳光甫、錢新之、王正廷、余日章、李登輝、史量才、朱少屏、蔣夢麟等，屬於第二代；瞿宣穎兄弟、俞大綸兄弟、惲震、狄侃、何世楨、俞慶棠、岑德彰、趙叔雍等，屬於第三代。對每一代人及代際關係的理解，則從地緣、血緣、學緣、業緣、教緣考察，終能恍然於歷史要角言行出處之原由。作者自承受瞿宣穎論掌故之學的提示，也深受陳寅恪的啟發，例如意識到「研究當時士大夫之言行出處者，必以詳知其家世之姻族連繫及宗教信仰二事為先決條件」（見陳寅恪，〈陶淵明之思想與清談之關係〉）。這一認識士紳集團的方法，可資研究轉型時期中國史者借鏡。

　　第六、本書命名「動員的力量」，突出撰寫的中心旨趣。作者不止還原東南集團對五四的作用，更進而探討一個問題：五四時上海社會的組織力及動員力源頭何在？過去往往認為列寧式黨組織引進之前，中國不太具備社會動員的力量。作者卻告訴我們，美國青年會式的組織及動員，曾是上海社會精英豔羨模仿的對象。青年會系統對學校師生的訓練，在五四時曾發揮相當的作用。共產國際東方部在中國謀求建立社會主義青年團之時，首先以基督教青年會作為打擊對象，正顯示對競爭

對手的高度重視。從美國式青年會組織轉移到蘇俄式政
黨組織的變化，是中國社會史、政治史、思想史的另一
中心課題。是則本書之作，不止為五四史，也為近代史
注入新的話題。

四

　　「東南集團與五四研究系列」三書第一書《動員的
力量：上海學潮的起源》，教人讀來充滿興味和新意。
讀者一定會發現，在時空變遷之後，重寫近代史很是重
要，且有必要。作者是學界以新角度揭櫫並深刻描述這
一時期「東南集團」活動與五四運動史複雜關係的第一
人，書中的許多創見，並由此展開的諸多論述，事實上
已改寫我們長期以來認識的五四運動歷史。

　　畢竟，有創義的著作，才會帶給人類心靈「煙士披
理純」（inspiration）。有新看法的歷史，才能更清楚
掌握現在。陳以愛教授「東南集團與五四三書」的出
版，其重要意義在此。

" One who never turned his back, but marched breast forward,

Never doubted clouds would break,

Never dreamed, tho' right were worsted, wrong would triumph,

Held we fall to rise, are baffled to fight better,

Sleep to wake. "

——Browning, "Asolando." *

吾生惟知猛進兮，未嘗卻顧而狐疑。

見沉霾之蔽日兮，信雲開終有時。

知行善而不見報兮，未聞惡而可為。

雖三北其何傷兮，待一戰之雪恥。

吾寐以復醒兮，亦再蹶以再起。

—— 勃朗寧，〈阿索朗多〉**

* 這是英國詩人勃朗寧（R. Browning）的名作，錄自
《復旦年刊（1919）》，復旦大學首屆畢業班級長
俞大綸（D. L. Yu）小傳之首。俞大綸為諸生老大
哥，適足以概括復旦精神。[1]

** 勃朗寧此詩譯作甚多，這裡選用胡適譯筆。胡適自
言「最愛」此詩的樂觀主義精神。[2]

1 〈大學全體〉，《復旦年刊（1919）》，頁 29。這份年刊在 1919
  年春編輯成書，未記五四學潮發生情形，卻留下五四前夕復旦校
  園生活及思想狀態的珍貴紀錄。
2 胡適，《留學日記》，1914 年 1 月 29 日條下，收入曹伯言整理，《胡
  適日記全集（1906-1914）》，第 1 冊（臺北：聯經出版事業公司，
  2004），頁 269-270。

目　錄

圖表目錄

前言

「在中國現代史上所發生的重大事件中，很少有像五四運動這樣人們對之討論得如此之多、爭論得如此之烈，卻又論述得如此不充分的事件。」

～1959，周策縱，《五四運動：現代中國的思想革命》著者序 [1]

　　本書作為「東南集團與五四研究系列」第一部，涉及的是兩個複雜的課題。「五四」是一個老題目，但鮮少人注意「東南集團」對「五四運動」的作用，本系列欲填補此一研究空白。本書所說的「五四運動」，專指1919 年 5-7 月的一連串事件，聚焦政治性的愛國運動。這一定義，取自上海學生的界定，與後人擴大化的解釋不同。至於「東南集團」，則指以上海為活動舞台的社會精英。他們非政非商非學非報，亦政亦商亦學亦報，是勢力可畏的權力精英，也是本書的研究對象。1960年代邵循正指出，研究中國近代史應重視「社會集團」的作用。[2]「集團」一詞，可涵蓋精英人物的多方面活

1　Chow Tse-tsung, *The May Fourth Movement: Intellectual Revolution in Modern China* (Cambridge: Harvard University Press, 1960). 此書有幾種中譯本，本書引用周策縱著、周子平譯，《五四運動：現代中國的思想革命》（南京：江蘇人民出版社，1996），頁 1。

2　章開沅，〈序言〉，收入馬敏、朱英，《辛亥革命時期蘇州商會研究》（武漢：華中師範大學出版社，2011），頁 1。邵循正可能受陳寅恪古史研究的啟發。陳寅恪唐史研究的著名論斷之一，是用「社會集團」概念，論析統治群體的作用。從 1940 年代《唐代政治史述論稿》提出「關隴集團」，到 1950 年代發表〈論隋末唐初所謂「山東豪傑」〉、〈記唐代之李武韋楊婚姻集團〉，進

動，不受限於專史研究的視角，無疑是更適切的分析單位。但研究者經歷「翻天覆地」的變化之後，如何理解把握近代史上的社會集團，卻大非易事。本書討論五四時期的「東南集團」，淵源於清末維新黨及立憲派，推「清流」領袖張謇為翹楚。[3] 他們以士大夫集團自命，受甲午戰爭以及戊戌政變刺激，率先投入地方教育及實業建設，早已建立起改革者的聲望，並蛻變為新知識階層，具有教育家、實業家、銀行家、出版人、新聞記者、大學教授的職業身分。惟他們骨子裡有傳統士紳氣質，抱著強烈救亡圖存意識，協力推動中國轉型成為現代國家。從東南互保到辛亥革命，經五四到聯省自治，是推動歷史的要角。東南集團對國家的整體構想，對內和平統一，對外聯美制日。其運作模式，是通過「政—學—商—報」協力運作，利用輿論力量，喚起商民自覺，向政府施加壓力，兼作外交後盾。五四前後，正是他們積極發展的時期。向來研究者未能指明他們的作用，是亟待彌補的缺憾。

　　過去學界對「東南集團」的歷史探討，其實已經累積了一些成果。最早對張謇等作出開拓性研究之作，應舉張朋園的《立憲派與辛亥革命》（1969）。此後章開沅《開拓者的足跡：張謇傳稿》（1986），著重勾勒張

一步形構其系統論述。收入陳美延主編，《金明館叢稿初編》（北京：三聯書店，2001），頁 243-295。1960 年代，邵循正糅合馬克思主義史學和陳寅恪史論，提出「盛宣懷大資產階級集團」之說。邵循正，〈論鄭觀應〉，收入氏著，《邵循正歷史論文集》（北京：北京大學出版社，1985），頁 323-348。

3　晚清政界有清濁之分，可參考陳寅恪，《寒柳堂記夢未定稿》，收入陳美延主編，《寒柳堂集》（北京：三聯書店，2001），頁190-191。

賽集團在政商兩面的作用。[4] 白吉爾的《中國資產階級的黃金時代（1911-1937 年）》（1986），描劃張謇及其後輩作為工商業鉅子的表現。[5] 呂芳上的〈「學閥」乎？「黨化」乎？──民國十四年的東南大學學潮〉（1994），揭示北伐前被攻擊為「江蘇學閥」的「江蘇省教育會派」，在東南社會綿密複雜的工商報界網絡。[6] 蕭小紅的博士論文及系列研究，則對江蘇省教育會的教育改革之政治意涵，以及黃炎培為首的社會精英對經濟現代化及政治改革之作用，作出富有縱深視野的研究，把考察時段下延至北伐以後。[7] 近年馬建標的系列研究，也注意「江浙資本家集團」在 1920 年代外交問題上的角色。[8] 可是，對「東南集團」在五四風潮中

4　張朋園，《立憲派與辛亥革命》（臺北：中央研究院近代史研究所，1969），頁 179-197。章開沅，《開拓者的足跡：張謇傳稿》（北京：中華書局，1986）。

5　白吉爾（Marie-Claire Bergère）著，張富強、許世芬譯，《中國資產階級的黃金時代（1911-1937）》（上海：上海人民出版社，1994）。此書法文版 1986 年印行。

6　呂芳上，〈「學閥」乎？「黨化」乎？──民國十四年的東南大學學潮〉，「國父建黨革命一百周年學術討論會」會議論文（臺北：1994 年 11 月 19-23 日），頁 1-33。收入氏著，《民國史論》，中冊（臺北：臺灣商務印書館，2013），頁 840-887。

7　Marie-Claire Bergère（白吉爾）, "Xiaohong Xiao-Planes, Éducation et politique en Chine: le rôle des élites du Jiangsu, 1905-1914 (Education and Politics in China-The Role of the Jiangsu Elite, 1905-1914)", *China Perspectives*, Vol. 45, Junuary-Febuary, 2003, pp. 1-3. 蕭小紅，〈從黃炎培與江蘇省教育會看國家和社會關係的歷史演變（1905-1921）〉，收入《黃炎培文集 2》（上海：文匯出版社，2001），頁 1-30。蕭小紅，〈黃炎培與三十年代的民國政治──兼論民間精英的社會動員方式（1927-1937）〉，收入朱宗震、徐匯言主編，《黃炎培研究（三）》（成都：四川人民出版社，2009），頁 1-37。前三文均引自網址：(1) Xiaohong Xiao-Planes | INALCO Paris - Academia.edu (2021.2.3)。

8　馬建標，〈多方的博弈：余日章、蔣夢麟與華盛頓會議〉，《史

的作用，尚未有專著全面探析。[9]

　　今日欲對這一社會集團展開研究，需具備瞿宣穎所說「掌故學者」的修養，「熟知其世系淵源、師友親族的各種關係及其活動之事實經過」，因為「中國的社會本是由於親族鄉黨、舉主故吏、座主門生、同年同學，乃至部曲賓僚種種關係錯綜而成。」[10] 必須探究種種事實及遺留線索，始能重建社會精英的人際網絡，瞭解他們對時代問題的因應之道。陳寅恪指導石泉撰寫《甲午戰爭前後之晚清政局》，勾勒出晚清三大政治系統：北洋集團、立憲派、革命黨。[11] 民國時期，東南名流從立憲派蛻變為進步黨，進而投身各種現代事業的建設，在歐戰發生後實力提升，在上海主導經濟和輿論動向。[12]五四前後，他們主張聯美制日，追求實業救國和教育救國。南張北周，在全國實業界領袖群倫。[13] 五四前，

　　林》，2011 年第 6 期，頁 128-138。馬建標，〈民族主義旗號下的多方政爭：華盛頓會議期間的國民外交運動〉，《歷史研究》，2012 年第 5 期，頁 113-114。

9　近年對江蘇省教育會涉入五四運動有一些研究成果，可參考谷秀青，《清末民初江蘇省教育會研究》（桂林：廣西師範大學出版社，2009），頁 212-227。

10　瞿兌之，〈瞿序〉，收入徐一士著、孫安邦點校，《一士類稿》（太原：山西古籍出版社，1996），頁 9。

11　石泉，《甲午戰爭前後之晚清政局》（北京：三聯書店，1997），頁 257-258。

12　〈維連斯基—西比里亞科夫給列寧的信〉（1922 年 3 月於北京），收入中共中央黨史研究室第一研究部譯，《聯共（布）、共產國際與中國國民革命運動（1920-1925）》，第 1 冊（北京：北京圖書館出版社，1997），頁 75。

13　周叔媜，《周止庵先生別傳》：「數十年來我國談實業建設者，曰：南北二四先生。南四先生者，張季直也。……北四先生者，吾祖〔周學熙，字緝之〕也。」收入《民國叢書》第三編，第 73 冊（上海：上海書店，據 1948 年版影印，1991），頁 181。

「張四先生」（張謇）從輿論上鼓吹了「商戰」意識，
又把矛頭指向北洋集團皖派及安福系。本書對五四運動
起源的探討，聚焦東南集團的社會網絡及集團精英的政
治意識，將指出這群社會精英是如何通過組織革新，提
升了社會動員力，在上海及長江流域建立起反日連盟，
擴大他們對全國事務的影響力。這一系列探討「東南集
團與五四研究」之作，希望打通晚清史和民國史的隔
膜，不取專史式的書寫，期待以整體性的視野，重現個
人和群體的思維及行動。

　　值此史料大量面世之際，研究成果也推陳出新，
我們自然可以看出早期研究的不足，對既有成果的回
顧檢討，乃是對前輩學者的致敬。1960 年出版的周策
縱《五四運動：現代中國的思想革命》（*The May Fourth
Movement: Intellectual Revolution in Modern China*）是一部力作，
暢行多年絕非無因。它為五四提供了全景圖，宏觀論述
及細部描寫兼顧。舉凡五四重大事件、人物及刊物，
都有簡要說明。作者搜羅材料勤奮，有 1963 年姊妹
作《五四運動研究資料》（*Research Guide to the May Fourth
Movement: Intellectual Revolution in Modern China 1915-1924*）可以
為證。[14] 周策縱書的重要論斷，是認為五四發動者通過
全民族在思想和行動上的團結，使中國按照「民族國
家」的模式，加速邁向統一之步伐。惟就考察視野而
言，周書有一些根本偏誤：首先，作者作為學運的參與

---

14 Chow Tse-tsung, *Research Guide to the May Fourth Movement: Intellectual
　Revolution in Modern China 1915-1924* (Cambridge: Harvard University
　Press, 1963).

者，終身保持「五四青年」的認同，總不自覺把學生置
於歷史舞台的中央，甚至將他們視為唯一主角。其次，
因其出生及成長於湖南長沙，使他不免以內地視角遙望
沿海城市，對上海一埠隔閡尤深。他過分重視北京大學
師生的作用，認定其他城市僅僅追隨北京的腳步，未明
上海學潮之另有脈絡。他的又一失誤，是把新文化運動
和五四運動合為一體，將各有源流脈絡的文化和政治
動向混為一談。[15] 且不說五四健將（如《國民》雜誌社
員）有反對「新文化」者，新文化主將（如胡適）也對
學潮表示反對。更無論他筆下的「新文化」，大致以北
大《新青年》及《新潮》為代表，排除其他眾多版本的
「新文化」。他又顯然被 1922 年異軍突起的「非基督
教運動」（Anti-Christian Movement）遮蔽，未注意到
基督教青年會的社會革新及文化革新，對五四時代學生
群體的廣泛影響力。[16] 概括地說，周策縱書對五四運動
的論述，反映的是「後五四」青年的一種歷史回溯。

　　就歷史敘事而言，不少人認為周策縱書大體可靠，
在此不能不指出，周書在史實上的錯誤，也存在大大小
小問題。考其致誤之由，在過分倚靠二手材料或價值不

---

15 周策縱 1947 年發表的一篇文字，已用文化運動概括五四運動的表
　　現。參見周策縱，〈依新裝，評舊制──論五四運動的意義及其特
　　徵〉，收入楊琥編，《歷史記憶與歷史解釋：民國時期名人談五四
　　（1919-1949）》（福州：福建教育出版社，2010），頁 451-454。
　　五四運動和文化運動的關係，將在本系列第三部書加以探討。

16 費正清指導的另一學生，隨後探討青年會幹事作為社會改革家的
　　角色。請參閱：Shirley S. Garrett, *Social Reformers in Urban China: The
　　Chinese Y. M. C. A., 1895-1926* (Cambridge: Havard University Press,
　　1970), pp. 133-138.

高的材料，未多得一手材料印證或訂正史實。茲舉數例：周書交代上海學生聯合會領袖，僅舉三人：何葆仁、李鼎年、程天放，短短幾行而錯誤不少。[17] 他敘述上海五七國民大會發起，引用蔣夢麟後來的回憶，未參考任何一份上海報章。說明上海罷市的起源，用的是海上閒人編的《上海罷市實錄》，未能查究史料出處。另一些時候，因粗心致誤，例如把「寰球中國學生會」與其開辦的學校牽混為一，誤指「寰球中國學生會」為「上海學生聯合會」及「全國學生聯合會」會員，恰好顛倒了主從關係。這一錯誤被其他研究者（如：陳曾燾、華志堅書）沿襲下去，造成對上海情勢的整體誤判。我們佩服周書蓽路藍縷之功，卻不能不指出這些失誤，以免後人重蹈覆轍，在相關問題上有錯誤的起點。

繼周策縱書出版後，為五四提供全景圖之作，是1984年彭明的《五四運動史》。[18] 此書由人民出版社印行，是中共官方認可的五四敘事。作者自言受周書刺激，奮力搜集材料而欲超勝之。動筆時，上海社會科學院歷史研究所編的《五四運動在上海史料選輯》（1960年）業已面世，為作者提供了便利，卻也造成誤導。[19]

---

17 周策縱介紹「何葆仁是〔上海學生〕聯合會評議部主席，他是上海學生運動的活躍分子。李鼎年是聯合會的總務部長。復旦大學的另外一名學生領導人是程天放……」。周策縱著、周子平譯，《五四運動：現代中國的思想革命》，頁180。惟查《申報》上海學聯職員錄，可知1919年5-6月間，何葆仁是上海學聯執行部會長；評議部部長是狄侃，副部長是程天放；執行部交際科長是桂勗剛，李鼎年乃是交際員。

18 彭明，《五四運動史》（北京：人民出版社，1984）。

19 《五四運動在上海史料選輯》編輯的過程，參見湯志鈞，〈歷史研究和史料整理——「文革」前歷史所的四部史書〉，《史林》，

彭書在敘事上勝過周書之處，在利用了中文報紙及一些學生回憶，使其在史實上有更加細緻的版本。可是，作者對不同史料的矛盾和衝突，往往未加考辨。例如交代上海學潮的發生，異說並列而莫衷一是。全書最大缺點，在依循官方論調，使千言萬語僅為一大事因緣而寫，即中國共產黨的興起歷史。卷首選登的人物照片，全是中共黨員，便突顯出寫作目的。全書以1921年7月為下限，也以中共成立為落點。若將此書易名：「中國共產黨成立史」，毋寧更貼近全書旨趣。因其看重中共領袖出場，故「重北輕南」與周書同。統計周策縱寫南北學生，北京學生被提到的逾五十人，上海僅三位；彭明寫北京學生近五十人，上海也僅三位。令人困惑的是，彭明認為五四運動分兩期，以北京、上海為前後重心。全書對上海學生卻敘述極少，提起名字者僅何葆仁、朱承洵、張廷灝三人。對上海報章刊載的學生活動，往往以「學生」一詞帶過。可以說，上海學生在書中只有模糊的身影。至於作者視為關鍵的上海罷工，也未能清楚交代其發起原委，最令人失望。

1971年，陳曾燾的《五四運動在上海》（ *The May Fourth Movement in Shanghai: The Making of a Social Movement in Modern China* ）面世，該書雖僅以上海為範圍，卻把五四研究往前推進一大步。陳曾燾以上海為對象，是因認定五四在上海才發展為全民運動，其意義大於北京學生運動。上海遍及學商工階層的風潮，真正召喚了「民族國

家」的誕生。在史料運用上，陳書也有不少優點：一，直接採用華洋報刊如《申報》和《北華捷報》（*North China Herald*），又廣泛參考其他出版品及五四史料集。二，走訪了一些五四親歷者，除京滬學生以外，更有前聖約翰大學教授雷默（C. F. Remer），得見其收藏的〈上海學生聯合會章程〉。在觀點上，陳曾燾也有頗多洞見，茲舉數例：一，指出上海新知識階層（江蘇省教育會會長、《民國日報》編輯）是學生的啟蒙者，對五四事件的反應也先於其他階層。二，重視抵制日貨運動的作用，而不僅注意三罷風潮。三，看重上海學生聯合會的組織及動員，對學生活動按日進行歷史重建。但陳書也有若干不足之處：一，對上海精英集團及其活動所知有限，最終誤以學生為全局領導中心。二，排除孫中山在五四風潮的角色，不免低估革命黨的側面運作。三，對五四史料集及上海報章信任過甚，未能辨明事實和宣傳之別。[20] 雖然如此，陳曾燾已告訴讀者：五四運動有黃炎培等學界領袖深度介入，繼起者若能依循他的腳步，五四面容將漸漸顯豁眼前。

1991 年，華志堅（Jeffrey Wasserstrom）的《二十世紀中國學潮：以上海為視角》（*Student Protest in Twentieth-Century China: The View from Shanghai*），對上海學生運動作了長時段考察，其中涉及五四運動部份的章節，把相關討論又推進一步。華志堅雖訂正陳曾燾的若干論點，

---

20 Chen Joseph T., *The May Fourth Movement in Shanghai: The Making of a Social Movement in Modern China* (Leiden: E. J. Brill, 1971). 此書中譯本：陳曾燾著、陳勤譯，《五四運動在上海》（臺北：經世書局，1981）。

卻顯然獲益於陳書甚多。[21] 在此略述其優點：一，對
1919 年外幾次學運作出比較，以領導人及相關機構為
線索，指出五四與 1905 年運動的延續性。[22] 二，描述
五四上海學生組織的結構，認為其運動模式及集會儀
式，是對既有形式的模仿，這是一個饒富新意而重要的
角度。三，考察上海學潮的演變，依其特徵劃為幾個階
段，將此課題動帶入更細的層次。四，看出學生和教職
員非涇渭分明的兩個群體，而是有協力合作的種種事
實。但華志堅也有失誤，例如：一，引用回憶材料而未
能核實，遂有史實舛誤及論斷失誤。二，對史料的隱曲
性質缺乏敏感，對社會人群的隱性交往也未有留意，分
析往往流於表面。總括來看，華志堅高估上海學生組織
的獨立性，未理解社會精英對學生的潛在影響。他的長
處是勾勒學生群體的組織構造及運作模式，短於理解學
生群體和社會精英的複雜互動。

　　前人著作的得失告訴我們，未來五四研究突破之
道，必須借助上海史及相關研究成果，從而確定本書的
寫作方針：一，僅僅以學生作為考察對象，絕對難以理
解上海學潮的始末演變，故須梳理上海團體的社會網絡

---

21 Jeffrey N. Wasseretrom, *Student Protest in Twentieth-Century China: The View from Shanghai* (Stanford: Stanford University Press, 1991), pp. 41-44,51-71. 華志建著、趙小建譯，〈正確的抗議策略是從哪裡來的？——上海學生運動傳統之演變〉，收入洪澤主編，《上海：通往世界之橋》，下冊（《上海研究論叢》，第 4 輯）（上海：上海社會科學院出版社，1989），頁 117-140。

22 華志堅學生黃賢強考察 1905 年抵制美貨風潮，進一步指出它與 1919 年在宣傳策略的相似，發動者也來自同一個階層。黃賢強著、高俊譯，《1905 年抵制美貨運動——中國城市抗爭的研究》（上海：上海辭書出版社，2010）。

及政治動向，考究社會精英和上海學生的具體關係。二，對上海五四運動的考察，必須擺脫以國共兩黨為中心的革命史觀，尤其不能誇大孫中山的作用，但也不能忽視其活動。同時，若以更寬廣的定義，把活躍於上海的商學報界精英視為一個隱性政團，進而探討他們的政見大綱、策略及行動模式，瞭解他們與華洋各方勢力的直接間接關係，在五四時期起了甚麼正面側面的作用，或可充分理解五四運動在上海興起及落幕原委。三，對五四時期成立的上海學生聯合會，須對其人事構成及運作方式深度考察，梳理學生群體在不同時期與各方勢力的互動協商，檢視學界內部不同意見之分歧整合。材料運用上，則秉持下列方針：一，盡力挖掘原始材料及私人記述，打破勝利者對歷史敘事的壟斷。二，詳細考察重要角色及機構組織，釐清各人家世背景及社會交遊，洞察人物更為豐富的歷史脈絡。三，審慎辨別各類材料的性質及限制，考察述說者的內在動機、所處地位及敘事策略，以期「存真去偽」乃至「由偽得真」。[23]

　　歷史研究者是時代的觀察者。觀察的角度影響所見，觀看的尺度也決定結論。所謂「尺度」之義有三：一、時間的尺度。二、地域的尺度。三、人群的尺度。五四研究歷經百年，研究困境及突破之道，既需角度的轉換，也需尺度的調整。本書作為「東南集團與五四研究系列」第一部，主題是「動員的力量：上海學潮的起

---

23 徐一士著、孫安邦點校，《一士類稿》之〈瞿序〉，頁9。

源」，首先探討五四時期東南集團的人際網絡及動員方式，以瞭解上海學潮的發生脈絡及社會底蘊。第二部以「行動的策略：上海三罷始末」為題，考察上海商學的城市連盟，闡明三罷的發生過程及落幕原委。第三部主題是「國家的建立：商教的政治連盟」，闡述東南集團五四後的新動向，及其建立民族國家的方案。我希望不止勾勒歷史演進的主要脈絡，也對重大事件做深描細寫。五四論著時常用「學生」、「商人」一類字眼，概括千差萬別的人們，彷彿人物只有共性而無殊相，隱含的預設是歷史決定論，一切指向革命政權的建立。閉目想來，在多部五四論著面世之後，到底有幾位歷史人物讓我們留下印象？在宏大的歷史敘事中，角色走馬燈似地出場，只留下模糊身影及僵化聲調。旁白多，而獨角戲少，場面語多，而內心話鮮。近距離看去，卻可見華洋要人闈室密議，也可見男女師生激辯交鋒，各人盡顯才智和行動效率，是一幕接一幕精采歷史大戲。把或隱或顯的事實予以揭示，乃是歷史學者技藝的展現。力拒簡單化的陷阱，始可還原真相的瞬息萬變。

　　本書起於十多年前重讀周策縱《五四運動：現代中國的思想革命》一書，見其引用海上閒人編輯《上海罷市實錄》，交代罷市起源而語多含混，使我初次意識到五四史料的隱晦性質，更發現江蘇省教育會的樞軸作用。之後閱讀更多公私材料，發現五四時期的政治禁忌，使眾多材料滿佈曲筆隱語，甚至不乏虛詞巧飾，為研究者設下重重障礙，乃至被引入歧途。不曾留下隻字片語處，反可能隱含更大玄機。唯有反覆推敲殘餘斷

片，始可漸入歷史的隱微。上海史的深具挑戰性，更在華洋並存的特性。若未能窮究多種史料，就不免以偏概全。也因未有一方可掌控全局，隻手遮天；縱有人在某一刻「創造歷史」，也可能在一瞬間前功盡廢，甚至身敗名裂。人們機關算盡，慎乎其慎，也只能「盡人事以待天命」。若不細究歷史細節，將一切視為當然，或勢所必然，五四史就失卻它的精采，更無能提供後人借鏡。以上所說，不是為本書的繁瑣冗長尋找託詞，而是期許本書能展現個人和群體才智之餘，同時揭示人們仍難以避免的種種限制。本書人物眾多，正文及引用材料之名號對照，請參考書末索引。

＊＊　　　＊＊　　　＊＊

我從事研究的起點是學術文化史。最初以北京大學為中心，探討新文化運動高潮後的整理國故運動，兼及現代中國學術研究機構的建立型態。三十年來，學術史是我精力所繫，但從未或忘逯耀東師的耳提面命：學術史應置於整個時代中考察，斷不可僅限於一方天地，陷入坐井觀天。2004 年秋，呂芳上師移席東海，常和我談論近代史。某天，呂師邀集友人聚首中研院，成員在呂師以外，有唐啟華、劉維開先生，和我。他們三位是政治外交史前輩，感嘆新文化史興起後門庭冷落；我對政治史頗為隔膜，最終告以可以提供對話的視角，或是學術文化史上的「南北」問題。這一天，是我從學術史拓展到政治史的起點。2007 年冬，呂芳上師在東海

召集一個國際會議，主題是「近代中國國家的型塑：領
導人物與領導風格」，我承命提交〈「五四」前後的蔡
元培與南北學界〉一文，初次從地域角度討論新文化
運動，欣從桑兵教授和王信凱學弟獲得桴鼓相應的喜
悅。[24] 兩年後，北京中國社科院舉辦「五四」九十週年
會議，我提交〈五四運動期間江蘇省教育會的角色〉，
算是五四研究的投石問路之作。[25] 赴會前，電話中向呂
師請益，承告以五四一題大可重做，增加我信心不少。
2014 年 9 月，回東海執教的唐啟華先生舉辦一場研討
會，這次提交〈五四運動初期江蘇省教育會的南北策
略〉，兼向在座的呂師報告。[26] 十年探索，腳步遲緩。
現在書稿面世，不敢忘記前輩師長的督促期勉。

　　我前一部書寫「中國現代學術研究機構的興起」，
探討學術社群對個人研究的助益啟發，心嚮往之。自身
實情，卻是閉門造車。踏入五四這一牽涉廣泛的課題，
使我不能不向各領域專家請益，稍為彌補孤陋寡聞的缺
失。1999 年迄今，有幸參加三屆五四學術研討會，對
擴大視野及提煉觀點極有幫助。[27] 1999 年臺北會議，
桑兵先生是我論文評論人，給予提點極多，終身銘感。

---

24 陳以愛，〈「五四」前後的蔡元培與南北學界〉，收入呂芳上主編，
　《論民國時期領導精英》（香港：商務印書館，2009），頁 336-361。

25 陳以愛，〈五四運動期間江蘇省教育會的角色〉，中國社會科學院
　學部主席團主辦、中國社會科學院近代史研究所承辦「紀念五四運
　動 90 周年國際學術研討會」宣讀，北京，2009 年 5 月 3-4 日。

26 陳以愛，〈五四運動初期江蘇省教育會的南北策略〉，《國史館
　館刊》，2015 年第 43 期，頁 1-52。

27 陳以愛，〈五四時期東南集團「商戰」輿論和抵制運動〉，《中
　山大學學報（社會科學版）》，2019 年第 5 期，頁 37-56。

2009 年，北京中國社科院近史所的會議，使我下決心重寫五四。搜集材料初期，馬忠文教授多次遠道贈書，惠我良多。2019 年北京和臺北會議上，首次提出「東南集團」的概念，承評論人王奇生教授指教，並告知京都大學的相關史料，有助擴大視野。同年臺北另一個會議，王成勉教授告以搜集多年的青年會期刊，悉贈中原大學張靜愚圖書館，對我助益極大。又承張志偉學弟指點，得以利用明尼蘇達大學（University of Minnesota）圖書館的青年會檔案線上史料。羅志田、楊琥、金以林、羅敏、馬建標、袁一丹、瞿駿、何樹遠教授，或提示觀點，或寄贈材料。年輕學友趙帥在復旦大學檔案館拍攝《復旦年刊（1919）》，使本書在定稿前補上珍貴史料，尤為感謝。又難忘李文杰教授一同尋訪上海老建築，在南洋路惜陰堂遺址前流連。東海日文系黃淑燕、工藤節子教授，助我閱讀日文史料。老同學胡詠欣遠道寄來香港浸會大學收藏的世界基督教學生同盟檔案微捲資料複印件；都惠我良深。王汎森教授為本書題簽，夫人親送至民國歷史文化學社，使我倍感溫暖。還要感謝林毓生教授對我重寫五四史的長期關心，那是內心的一份重要鼓勵。

香港中文大學歷史系是我的母校，臺北政治大學歷史研究所是我的成長之所。中大師長堅持求真的態度，至今照亮我的學術世界；政大師長對檔案研究的重視，也深深影響我的研究風格。林能士師的認真辦學，使我學步心無旁騖。2003 年春天，呂芳上師推薦我進中央研究院近代史研究所做博士後研究，蒙陳永發、陳儀深

教授支持；在近史所半年，建立的師友情誼終身受益。
近史所原有幾位政大的授業老師，可惜我的日文程度至
今愧對陳慈玉、黃福慶兩位老師。室友孫慧敏多年來給
予的幫助，真是何止「美麗了我的生命」而已！慧敏對
上海史料及研究的熟悉，使本書得以擴充深度和廣度。
執教東海以來，受惠於政府科技部短期學人訪問研究計
劃，2009 及 2018 年兩度重返近史所，感謝潘光哲、李
達嘉兩位教授支持。羅久蓉教授的溫暖笑容，每令我有
回家之感。2018 年的小型讀書會，還一起討論黃濬的
《花隨人聖盦摭憶》，謝謝羅久蓉、劉素芬、邱怡萱、
劉威志諸位師友指教。2021 年底，我受邀在城市史研
究群報告，使完稿前有機會向上海史專家請益，減少誤
謬不少。前後兩次在近史所報告，也感謝黃克武、呂妙
芬、李達嘉、余敏玲、李達嘉、巫仁恕、張寧、林美
莉、柯惠鈴諸位教授的提點，郭廷以圖書館幾位館員的
專業和熱心，更為查找資料增添了愉快。

　　這本書以探究五四運動為起點，一度聚焦「江蘇省
教育會」的活動，最終以「東南集團」為主題，轉折點
在 2018 年秋，李達嘉教授主持的報告會上。經與會學
者提出寶貴意見，我最終得到一個結論，必須為「江蘇
省教育會」一派另取名稱，否則難以概括這群社會精英
的諸多活動，也不足顯示東南名流在晚清民國史上的長
期作用。數月後，擬出「東南集團」一詞，首先奉告呂
芳上老師，欣獲首肯。回顧往昔，從 1994 年秋政大課
堂捧讀《從學生運動到運動學生》，呂師始終關心並引
導我的研究。呂師大作寫的「後五四」，處理如斯複雜

的議題，脈絡分明，寓論斷於敘事，文筆活潑且精確，難怪書出而洛陽紙貴。那時我方醉心學術史，卻暗地奉為圭臬。如今重論「五四」，望不負「求嚴謹」的師教。並感謝呂師把本書推薦給民國歷史文化學社，列入「民國論叢」出版。兩位匿名審查人的寶貴意見，極富啟發，也改正了一些錯誤，敬致謝忱。民國歷史文化學社諸位前輩的支持，林弘毅先生、林育薇小姐、溫心忻小姐的辛勤，使本書能在疫情中如期出版，特別感謝。付梓前，呂芳上師提筆作序，殷切期勉，白頭學生唯有繼續努力，以求早日完卷。

十八年前大度山上落紅滿地，我滿懷歡喜地進入東海。校園扶疏的草木，使我始終保持一份恬靜，可以按自己的步調行事。學校圖書館的中西藏書，也令我偶有驚喜。本書所用的中外史料，許多觀點的形成，有賴多位同學的協助，他們是：陳漢伯（物理系）、高于婷（中文系）、蔡政芳（中文系）、楊子葳（歷史系）、陳續升（社會系）、陳瑩（中文所）、葉雨薇（歷史系）、葉守禮（社會所）、萬新（歷史系）、陳庚璟（景觀系）、廖小羽（景觀系）、朱順麒（建築系）、陳皓瑋（法律系）、胡家瑋（外文系）、鄭歆嚴（經濟系）、楊淙崴（資工系）。諸弟畢業後奔赴各地，展開自己精采的人生。遠在北京的陳瑩，負笈倫敦的萬新，多次不辭辛勞地查找資料，大包小包地為我寄來，對本書付出最多，也時有商榷之樂。子葳代為校訂文字，特別感謝。大度山上相聚的時日或長或短，滋味長存心底。書稿修訂的最後階段，院落裡聚精會神的學生，使

我對書稿觀點作最後提煉。教學相長的獲益，也及時反映在這本書中。

　　最後不能不提到一件事，十多年來研究五四運動的書籍，頗有一部份得自素未謀面的王公恆先生。據王夫人見告，王先生祖上在上海當過官，他本人服務銀行業。2009 年，我在近史所偶購得一冊《盛宣懷未刊信札》，承王老太太告知宅中尚有盛宣懷書籍多種。那天尾隨王太太返其住宅，驚見一屋子上海史文獻，包括銀行史料多種，更有一冊《陳光甫先生九秩壽慶簽名錄》。當時同行的幾位學者都佩服王老先生收羅之富，識力之精。那時我剛決定展開五四研究，深感相關史料的匱乏。步入王宅那刻，內心竟浮起異樣感覺，彷彿那些書為我預留一般。幸得孫慧敏適時建議，使我為所購書籍留下清單。最後我向王老太太請求，可否帶走一件紀念品。老太太欣然允諾，讓我隨意挑選。我選了一對仿漢銅馬桌燈，如今它依然照亮我的書桌，與王先生舊藏相伴不遠。燈下翻閱蓋有印章的藏書，不時可見鉛筆勾劃，彷彿一位行家在引導我閱讀。

　　學術之路曲折而漫長，近代史研究猶然。好在沿途不乏好風光，絕處有時轉新徑。感謝廣健從未失去傾聽的耐心，並時時給予敏銳提問。當年初入歷史一門，廣健首示以學術規範，使我對學者生涯投以無限嚮往。何其有幸，我們成為終身相伴的學侶。吾生有涯，而知無涯。我不敢妄想可以還原歷史，卻對人類活動的痕跡深深著迷。付梓前，恰好讀到麥克尼爾（William Hardy McNeill）的回憶錄，其中一句話令我沉思：「關注並

修正公共神話，是每一個時代的要務。」[28] 我覺得它適切地概括了這部書的旨趣。

五四百年又二歲

陳以愛

臺中，有涯齋

2021 年春

28　威廉・麥克尼爾（William Hardy McNeill）著、高照晶譯，《追求真理：威廉・麥克尼爾回憶錄》（杭州：浙江大學出版社，2015），頁 138。

第一章　商戰輿論和抵制運動

圖一之一：江蘇省教育會會長張謇。

圖片來源：《江蘇省教育會十年概況》，1914 年

圖一之二：1915 年中華遊美實業團在美國合照。第一排左三：副團長聶雲台，左五：美國務卿白里安（William Jennings Bryan），左六：團長張振勳，左七：榮譽書記余日章，左八：編輯黃炎培。

圖片來源：《中華實業界》，1915 年第 2 卷 2 第 8 期。

圖一之三：上海西門外江蘇省教育會。

圖片來源：《江蘇省教育會十年概況》，1914年。

圖一之四：1918年《申報》之〈申報新屋落成紀念增刊〉，有江蘇省教育會正副會長張謇和黃炎培頌詞。

圖片來源：《申報》，上海，1919年10月10日，版1。

圖一之五：黃炎培等編纂《中國商戰失敗史》。

上海商務印書館印行，1916 年。

圖一之六：江蘇省實業廳編製〈江蘇省各紡織廠資本比較圖〉。

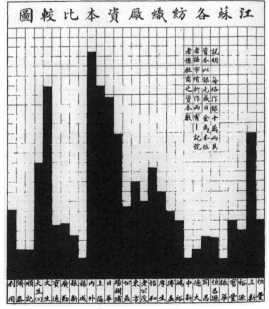

圖片來源：萬淵如編，《江蘇省紡織業狀況》，收入：張研、孫燕
京主編，《民國史料叢刊》（鄭州：大象出版社，2009），頁 17。

圖一之七：1921年落成之
上海大來公司大樓（廣東
路51號）。

圖片來源：Julean Arnold,
China, A Commercial and Industrial
Handbook (Washington:
Government Printing Office,
1926), p. 504.

圖一之八：美國駐華商務
專員安諾德（Julean Herbert
Arnold）。

圖片來源：《寰球中國學生會
十五周年紀念冊》，1920年。

示意圖一：東南集團的商戰網絡圖

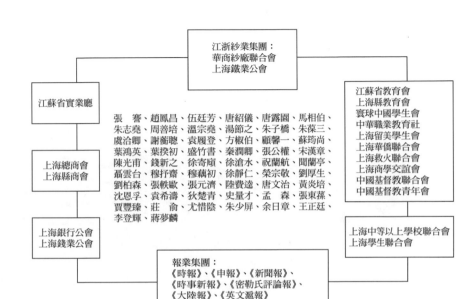

江浙紗業集團：
華商紗廠聯合會
上海鐵業公會

江蘇省實業廳

上海總商會
上海縣商會

上海銀行公會
上海錢業公會

江蘇省教育會
上海縣教育會
寰球中國學生會
中華職業教育社
上海留美學生會
上海華僑聯合會
上海救火聯合會
上海商學交誼會
中國基督教聯合會
中國基督教青年會

上海中等以上學校聯合會
上海學生聯合會

張　謇、趙鳳昌、伍廷芳、唐紹儀、唐露園、馬相伯、
朱志堯、周善培、溫宗堯、湯節之、朱子橋、朱葆三、
虞洽卿、謝蘅聰、袁履登、方椒伯、顧馨一、蘇筠尚、
葉鴻英、葉揆初、盛竹書、秦潤卿、張公權、宋漢章、
陳光甫、錢新之、徐寄廎、徐滄水、祝蘭航、聞蘭亭、
聶雲台、穆抒齋、穆藕初、徐靜仁、榮宗敬、劉厚生、
劉柏森、張軼歐、張元濟、陸費逵、唐文治、黃炎培、
沈恩孚、袁希濤、狄楚青、史量才、孟　森、張東蓀、
賈豐臻、莊　俞、尤惜陰、朱少屏、余日章、王正廷、
李登輝、蔣夢麟

報業集團：
《時報》、《申報》、《新聞報》、
《時事新報》、《密勒氏評論報》、
《大陸報》、《英文滬報》

一、前言

「歐戰告終，商戰方始。」

～1919 年 7 月 1 日，上海總商會會長朱葆三，〈最後辭職之措辭〉[1]

「歐戰告終，……其為我國紡織界心腹大患者，其惟日本乎？」

～1920 年 4 月 15 日，穆藕初，〈今後東方紡織業競爭之大勢〉[2]

　　1930 年代宋春舫為上海商業儲蓄銀行撰寫二十年史稿，回顧 1905-1919 年中國抵制運動的消長演變，認為不啻是一部中國民族精神的覺醒史。[3] 這一論述代表了東南集團的觀點，也揭示了抵制運動兼具經濟和政治雙重意涵。就抵制史來說，1932 年，中華職業教育社的江問漁（恆源）有〈二十五間歷次抵制日貨運動紀略〉，總計中國抵制日貨運動共九次，五四之前以 1915 年運動最為持久，給予日本商業很大打擊。[4] 雷默（C. F. Remer）名作《中國抵制運動之研究：以經濟成效為參考》（*A Study of Chinese Boycotts: With Special Reference to*

1　〈朱葆三最後辭職之措辭〉，《申報》，上海，1919 年 7 月 1 日，版 10。

2　穆藕初，〈今後東方紡織業競爭之大勢〉，收入穆藕初著、穆家修等編，《穆藕初文集（增訂本）》（上海：上海古籍出版社，2011），頁 53。

3　宋春舫等編纂，《上海商業儲蓄銀行二十年史初稿》，收入何品、宣則編注，《上海商業儲蓄銀行：機構卷》（上海：上海遠東出版社，2015），頁 5。

4　（江）問漁，〈二十五間歷次抵制日貨運動紀略〉，《人文月刊》，1932 年 3 卷 8 期，頁 1-11。

their Economic Effectiveness），與江問漁觀點一致。[5] 他認為 1905 年是中國第一次全國性抵制運動，繼則以 1919 年為高潮，對象從美國轉向日本，以學生為主力。從成效來說，他認為歷時一年的抵制風潮，有效打擊日本在華貿易，也為中國帶來經濟成長。[6] 張仲禮等人的研究，也認為抵制運動有助中國民族工業發展。[7] 近年學界對此雖有不同看法，[8] 但東南集團顯然深信可以抑制日本的經濟侵略。江浙銀行家的經濟顧問馬寅初，五卅事件後仍舉 1919 年為例，作為抵制有效之「鐵證」。[9] 無論如何，以經濟制裁為抗爭手段，確是五四時期的重要現象。因此，《五四運動在上海史料選輯》和《五四運動在江蘇》二書，所收材料多學商兩界參加抵制運動的原委經過。[10] 就時間上說，抵制運動比罷課、罷市、罷

---

5 C. F. Remer, *A Study of Chinese Boycotts: With Special Reference to their Economic Effectiveness* (Baltimore: The Johns Hopkins Press, 1933), pp. 46-54.

6 C. F. Remer, *A Study of Chinese Boycotts*, pp. 55-79.

7 張仲禮主編，《東南沿海城市與中國近代化》第十二章〈國貨運動與東南沿海城市的近代化〉（上海：上海人民出版社，1996），頁 521-554。

8 認為 1919 年抵制運動效果有限者，包括：Banno Junji、馮筱才、李達嘉、張鳴。參考：Banno Junji, "Japanese Industrialists and Merchants and the Anti-Japanese Boycotts in China, 1919-1928" in *The Japanese Informal Empire in China, 1895-1937*, ed. by Peter Duus and others (Princeton, N. J.: Princeton University Press, 1989), pp. 314-317. 李達嘉，〈罪與罰──五四抵制日貨運動中學生對商人的強制行為〉，《新史學》，2003 年第 14 卷第 2 期，頁 105-107。馮筱才，《在商言商：政治變局中的江浙商人》（上海：上海社會科學院出版社，2004），頁 244-252。張鳴，《北洋裂變：軍閥與五四》（桂林：廣西師範大學出版社，2010），頁 161。

9 馬寅初，〈如何提倡中國工商業〉，原載《晨報》，北京，1925 年 7 月 3、5、6 日，收入氏著，《馬寅初全集》，第 2 卷（杭州：浙江人民出版社，1999），頁 473-477。

10 上海社會科學院歷史研究所編，《五四運動在上海史料選輯》（上

工（統稱「三罷」）更加持久；就效果上說，對日本在華經濟造成一定打擊。在五四論著中，陳曾燾可能最強調抵制運動的重要性。他指出「上海中國人所發起的抵制日貨運動，是整個五四運動期間所使用最有力、最具效果的武器。於 5 月 9 日商人開始抵制行動，學生們積極的宣傳與推展，於是抵制運動很快的在整個城市蔓延。」[11] 不過，1919 年抵制運動的發起者，與其說是學生，不如說是紗業集團。森時彥的研究，認為中國民族紡織業與五四運動有密切關係。[12] 馮筱才的江浙商人研究，更指出五四時就江蘇一省來說，紡織工廠較多的上海、無錫、武進、南通、江陰等地，遠較蘇州、揚州、鎮江等地表現熱烈，[13] 可見這場運動經濟背景之突出。本章將著重探討紗業集團如何製造「商戰」輿論，再將之落實為一場「抵制運動」。質言之，考察東南集團在抵制風潮中的具體作用。

　　本書所稱五四時期的東南集團，主要包括下列要角：江蘇省教育會的張謇、黃炎培、沈恩孚，青年會的余日章，寰球中國學生會的李登輝、朱少屏，江蘇省實業廳的張軼歐，華商紗廠聯合會的聶雲台、穆杼齋和穆藕初兄弟，上海銀行公會的張公權、錢新之、陳光甫、徐寄廎、徐滄水，《時報》的狄楚青、《申報》的史量

海：上海人民出版社，1960）。中國第二歷史檔案館編，《五四運動在江蘇》（南京：江蘇古籍出版社，1992）。

11 陳曾燾著、陳勤譯，《五四運動在上海》（臺北：經世書局，1981），頁 102-103。並參見陳氏對抵制運動的描述，頁 102-108。

12 森時彥，《五四時期の民族紡績業》（京都：同朋舍，1983）。

13 馮筱才，《在商言商：政治變局中的江浙商人》，頁 228。

才、《時事新報》的孟森、張東蓀等。他們奉「東南泰斗」張謇為精神領袖，[14] 以惜陰堂主人趙鳳昌（竹君）為首席謀士，[15] 與北方熊希齡、汪天燮、梁啟超等有盟友關係。[16] 由傳統士紳蛻變而來的東南紗業集團，在一戰後鼓其銳進之氣，欲將中國建設為獨立自主的民族國家，擺脫強鄰日本的經濟壓力。「商戰」既與民族復興有關，也符合自身利益。本章論述東南集團與五四運動的關係，首先闡明五四高唱入雲的「商戰」口號，是如何形成公共輿論，又如何落實到具體行動。

二、敲響「商戰」鑼鼓

「至少我們已經發現了一種武器，一種民族運動的表示，所謂抵貨運動便是。」

～ 1934 年，宋春舫等編纂，《上海商業儲蓄銀行二十年史初稿》[17]

　　「商戰」之提出，早在晚清時期，流通士紳之間，

---

14 1918 年 10 月馮國璋總統離任前致函張謇，敦促其以「東南泰斗」資望，居「調停南北」之「第三者地位」，「折衷群議，會合眾流……，達神聖和平之目的。」參考張謇，〈復馮國璋函〉（1918.10.10）附錄〈馮國璋來電〉（1918.10.9），收入《張謇全集》編纂委員會編，《張謇全集》，第 2 卷（上海：上海辭書出版社，2012），頁 664-665。

15 黃濬《花隨人聖盦摭憶》之〈趙鳳昌與東南互保〉條：「黃任之嘗言，此四十年間，東南之局，有大事必與老人有關，而惜其言之不盡用。證以予所知，良皆確論。」黃濬，《花隨人聖盦摭憶》，中冊（北京：中華書局，2008），頁 455。

16 李達嘉注意到研究系和東南集團呼應。參考：李達嘉，〈五四運動的發動：研究系和北京名流的角色〉，收入李達嘉主編，《近代史釋論：多元思考與探索》（臺北：東華書局，2017），頁 119-180。

17 宋春舫等編纂，《上海商業儲蓄銀行二十年史初稿》，頁 5。

促成實業救國之說。[18] 其響澈天空，喧騰人口，則在
五四時代。1914 年歐戰，歐洲列強無暇東顧，民族工
業獲得空前發展機會，但日本也趁機擴大在華貿易。江
蘇省教育會兼華商紗廠聯合會會長張謇，以及江蘇省教
育會副會長黃炎培、駐辦沈恩孚、江蘇教育廳實業廳廳
長張軼歐、華商紗廠聯合會副會長聶雲台、會董穆藕
初、《銀行週報》社編輯徐滄水等，紛紛據統計數字，
撰文立說，發行專書譯著，揭諸報端。惟痛論「商戰」
之要，為之規劃方針，指明策略，又借政府機構，運用
報章輿論，以宣導於全國者，不能不首推張謇。

（1）張謇

自中國海禁開通，各國農工製作之貨輸入，金錢日
以漏出。光緒初年，各通商海關始有貿易冊刊佈。1895
年，薛福成幕僚楊錯、錢恂等對海關貿易冊的研究刊
佈，鄭觀應見而揭出「商戰」之說。[19] 錢恂友人張謇從
事紗業，初未瞭然利害之大端，其醒悟乃在宣統二年
（1910）。張謇自述：

> 宣統二年，南洋勸業會開幕，謇既與各行省到會
> 諸君子發起聯合研究會，乃裒光緒一朝之海關貿
> 易，參考其大略，如寐始覺，如割始痛。如行深

---

18 王爾敏，〈商戰觀念與重商思想〉，收入氏著，《中國近代思想
史論》（臺北：華世出版社，1977），頁 233-379。馬敏，《商人
精神的嬗變——近代中國商人觀念研究》（武漢：華中師範大學
出版社，2001），頁 71-80。

19 楊曾勗編，《清楊仁山先生道霖年譜》（臺北：臺灣商務印書館，
1981），頁 18-19。

山臨懸崖，而始識無路。如泛霧海，見一島嶼，
而始得所趨。則以我國實業，當從至柔至剛之兩
物質，為應共同發揮之事，……至柔惟棉，至剛
惟鐵，神明用之，外交內治裕如，豈惟實業？[20]

宣統三年（1911），張謇「復屬校友，一一分類別部，
詳核列表」。編表既成，題名《海關進出口貨價比
較表》。[21]

1911 年 6 月，張謇在北京被攝政王召對，即依據
海關數字，說明工商業危險前景，載〈辛亥五月十七日
召見擬對〉：

國人但知賠款為大漏卮，不知進出口貨價相抵，
每年輸入以棉貨一項論，已二萬一千餘萬兩，鐵
亦八千餘萬兩，暗中剝削，較賠款尤甚。若不能
設法，即不亡國，也要窮死。此須農工商部通盤
籌劃，分年進行。[22]

日人鶴見祐輔 1922 年與張謇面談後，留下的深刻印象
是：「自己所會見的許多中國人中，只有張謇一人利用
數字來立說。」[23] 張謇習慣依據數字立說，是他較許多
老輩而言，對商界特別具說服力之處。

東南領袖張謇拈出的著名口號：「實業救國」，以

---

20 張謇，〈《海關進出口貨價比較表》序〉，收入《張謇全集》編
　　纂委員會編，《張謇全集》，第 6 卷，頁 360。
21 張謇，〈《海關進出口貨價比較表》序〉，頁 360-361。
22 張謇，〈辛亥五月十七日召見擬對〉，收入《張謇全集》編纂委
　　員會編，《張謇全集》，第 1 卷，頁 216。
23 野澤豐，〈日本文獻中的張謇和南通〉，收入南京大學外國學者
　　留學生研修部、江南經濟史研究室編，《論張謇——張謇國際學
　　術研討會論文集》（南京：江蘇人民出版社，1993），頁 155。

「棉鐵主義」為實質內涵，即是「商戰」的具體表現。
他本人經營的大生紗廠及其系統企業，以棉紡織業為
重心。[24] 1913 年，張謇出掌北京政府農工商部門，發
表〈就職政見宣言〉，揭示其「棉鐵主義」於天下。其
〈實業政見宣言書〉稱：

> 謇對於實業上抱持一種主義，謂為棉鐵主義。以
> 為今日國際貿易，大宗輸入品以棉為最，……查
> 近十年中《海關貿易冊》，棉輸入額多至一萬
> 八千餘萬。此乃海關估價，核之市價，近且及倍。
> 鐵需用極大，而吾國鐵產極富。以至富之礦產，
> 應至大之需要，歲可得數千萬。一出一入，相差
> 之度，不可以道里計。……惟有併力注重輸入額
> 最高之物，為捍衛圖存之計，若推廣植棉地、紡
> 織廠是；又惟有開發至大之富源，以馳逐於世界
> 之市場，若開放鐵礦、擴張製鐵廠是。……總之，
> 政治能趨於軌道，則百事可為；不入正軌，則自
> 今以後，可憂方大。[25]

工商部以《棉業論》頒下各省總商會，分送各地分商會
及紡織公司。[26] 其子張孝若《南通張季直先生傳記》總
結：「我父對於農商向來有棉鐵政策的抱負，認為基本

---

24 《大生系統企業史》編寫組，《大生系統企業史》（南京：江蘇
　　古籍出版社，1990）。

25 張謇，〈實業政見宣言書〉（1913 年 11 月 8 日），收入《張謇全集》
　　編纂委員會編，《張謇全集》，第 4 卷，頁 259-260。

26 張謇，〈發行《棉業論》令〉，收入《張謇全集》編纂委員會編，
　　《張謇全集》，第 1 卷，頁 260。

農商在此二事；國家富強，更在此二事。」[27] 張謇棉鐵
主義之針對對象，首先為強鄰日本。自從張謇以「實業
救國」相號召，以「棉鐵主義」為方針，江浙一帶追隨
者頗有其人。

　　歐戰發生後，張謇身為農商部總長，更積極提倡振
興國貨。《申報》之〈雜評〉指出：

> 我國提倡國貨之聲，何自起乎？起之於歐戰初起。
> 時農商部勸告之，各界鼓吹之，以為此乃推廣國
> 貨之時機也。然而，斯時之人心尚覺漠然，蓋時
> 機雖至而尚未切也。[28]

1915 年，日本對中國提出二十一條款，袁世凱政府迫
於壓力接受部份條款。張謇對外未發評論，實則極為關
切。摯友莊蘊寬告以袁世凱「臥薪嘗膽」之說，[29] 張氏
覆函沉痛：

> 公書所云「尺薪嘗膽」，今試問：為是言者，知
> 薪膽何物？臥而嘗者何狀？此和尚之念阿彌陀佛
> 耳，何用！何用！不如不言而躬行之也。[30]

---

27 張孝若，《南通張季直先生傳記》（臺北：文海出版社，1965），
　　頁 195。

28 〈提倡國貨之根本法〉，《申報》，上海，1915 年 3 月 26 日，
　　版 10。

29 據袁世凱政府要人透露：「〔二十一條〕中日換文以後，袁氏頒
　　訓詞，交各機關長官，置密室中，命全體員司分班入覽，簽名紙
　　尾。內容係以強鄰侵侮，誠諭百僚振奮精神，冀收臥薪嘗膽之效，
　　以雪此恥。」徐凌霄、徐一士著，徐澤昱編輯，劉悅斌、韓策校
　　訂，《凌霄一士隨筆》之〈袁世凱與「二十一條」〉，上冊（北京：
　　中華書局，2018），頁 382。

30 張謇，〈復莊蘊寬函〉（1915.5.25），收入《張謇全集》編纂委
　　員會編，《張謇全集》，第 2 卷，頁 533-534。

他通過張一麐傳達東南諸友意見，認為政府必須支持商業投資。如若用華人資本家投資北滿，以抵制日本壓迫，「非用社會名義不可，而又非得政府毅力主持一切，為之後盾不可，非僅不掣肘所能濟事也」。[31]

1915 年南北商界發起救國儲金運動，其事不止發自社會，實有政府鼓勵提倡。[32]上海方面，虞洽卿發動救國儲金運動，上海總商會正副會長周金箴、朱葆三響應，各界捐輸熱烈。[33] 1915 年 5 月 23-24 日，《申報》刊出〈張謇對於救國儲金之感言〉，卻痛論空言救國之無用、抵制日貨之無計；唯有實業救國，才是根本之圖。他再次引用海關貿易冊，說明「抵制云者，猶必我有可以相當之物，我而無斯物也，是所謂空言抵制。」若用五千萬投資於棉織業，「足抵五百萬兵之一戰，而紡織業之人才且輩出矣，不必海陸軍而收海陸軍最終之良效，不言教育而厚教育發生之原力。」[34]

張謇認定實業功效過於教育及軍事，對學界風潮也常不以為然。1918 年，中日軍事密約披露，兩千多名留日學生退學歸國。6 月 29-30 日，留日歸國學生代表王兆榮前往南通，懇請張謇主持辦學。張謇談話中，對

31 張謇，〈致張一麐函〉（1914.5.13），收入《張謇全集》編纂委員會編，《張謇全集》，第 2 卷，頁 530-531。

32 王芸生編著，《六十年來的中國與日本》，第 6 卷（北京：三聯書店，2005），頁 285。

33 〈提倡儲蓄大會紀事〉，《申報》，上海，1915 年 3 月 1 日，版 10。

34 〈張謇對於救國儲金之感言〉、〈張謇對於救國儲金之感言（續）〉，《申報》，上海，1915 年 5 月 23-24 日，版 11。

日本及國內親日派「側目重足，聲色俱厲」地批判，[35]
卻認為救國之道，須謀「根本之解決」：

> 日人之謀併中國，非一朝一夕，至此而不肯犧牲
> 一己以號召天下，國亡後未免大欠點綴。至云救
> 國，恐不能遂諸君之初志，蓋此乃根本問題，及
> 勢力問題，苟無根本之解決，相當之勢力，則難
> 乎為計矣！[36]

在張謇看來，中日問題「根本之解決，相當之勢力」，
不在罷課退學，而在興辦實業。故他雖有三戶亡秦之
志，仍婉拒王兆榮之邀請，推薦「嚴範孫、岑西林、
汪精衛諸先生」任其事。但允許在辦學之提倡及金錢
之幫助上，函請江蘇省教育會及滬上人士磋商籌款與安
置之法。[37]

（2）黃炎培、沈恩孚

　　江蘇省教育會領袖黃炎培、沈恩孚，也是「商戰」
的鼓吹者。1915 年，黃炎培將隨游美實業團出訪，為
瞭解 1876-1915 年中國進出口貿易歷史及現況，委託
龐淞調查統計海關冊，歷兩個暑假而成。[38] 黃炎培題

---

35 〈救國團代表與張季直先生之談話詳誌〉，《民國日報》，上海，
　　1918 年 7 月 6 日，版 12。

36 〈救國團代表與張季直先生之談話詳誌〉，版 12。

37 〈救國團代表與張季直先生之談話詳誌〉，版 12。嚴修（範孫）、
　　岑春煊（西林）、汪精衛三人，是張謇認可的南北名流。

38 龐淞是浦東中學及南京高等師範學校畢業生。黃炎培，〈自序〉，
　　收入黃炎培、龐淞編纂，《中國四十年海關商務統計圖表（1876-
　　1915）》，（原名：《中國商戰失敗史——中國四十年海關商務
　　統計圖表》）（香港：龍門書店，1966），卷首，無頁數。

名《中國商戰失敗史——中國四十年海關商務統計圖
表》，深具警世之義。書前有沈恩孚序及黃炎培自序，
痛陳「商戰失敗」之因，論急起直追之法。沈序稱：

> 吾願吾國商人注意國外貿易之調查，偵知其市場
> 之所需要，避實擊虛，以為前鋒。吾尤願吾國工人
> 日以研究藝術為事，俾有多數精良之人造品，為商
> 人後盾。吾尤願吾國農人日以研究種植為事，俾有
> 多數精州之天產品，為工人後盾，為商人後盾之後
> 盾。如是吾商人之大本營固，庶乎可言戰矣！[39]

按沈恩孚序文重點有三：一，中國商人應奮起與外商一
戰。二，工人農人應成為商人後盾。三，歐戰期間歐商
困頓，中國商人應把握時機從後趕上。此書1917年交
商務印書館印行。

黃炎培作為江蘇省教育會極具活力的領袖，在
1915年更參加遊美實業團之行。此行為報聘美商大來
（Robert Dollar）1910年帶領的訪華團，由張謇、趙鳳
昌等規劃良久，為「聯美制日」之里程碑。[40] 東南名流
的聯美之策，似以趙鳳昌為首倡者。在清末，他已「甚
注力於社會聯美」，[41] 並以此策說服張謇。經張謇、湯
壽潛與大來商談，以「國民外交」為方式，議定中美互

39 沈恩孚，〈中國商戰失敗史敘〉，收入黃炎培、龐淞編纂，《中
國四十年海關商務統計圖表（1876-1915）》，卷首，無頁數。

40 張謇與趙鳳昌等詳議團員人選，主張鐵業代表為朱志堯（馬相伯
侄），紡織業代表為聶雲台，總計各業二十九人。張謇，〈致張
謇函〉（1914.7.2），收入《張謇全集》編纂委員會編，《張謇全
集》，第2卷，頁459-460。

41 張謇，《柳西草堂日記》，宣統二年（1910）二月九日條，收入《張
謇全集》編纂委員會編，《張謇全集》，第8卷，頁698。

派商團訪問，所議不限商業。1915 年，中國遊美實業
團成行，即以大來為推手。1930 年代趙鳳昌特撰〈記
宣統二年美國特組商團來游中國〉，揭示這段「國民外
交」的始末。[42]

《中華遊美實業團報告》所錄團員名單及職務，名
列前四位者，除了七十四歲團長張振勳外，其他聶雲
台、余日章、黃炎培，皆四十歲以下，方當壯年。三人
資歷簡介：

> 副團長聶其傑：字雲台，三十五歲，湖南人。恆
> 豐紡織新局總理、上海棉業公所總理、通州大生
> 紗廠董事、上海公共租界工部局華人學務董事、
> 上海格致書院董事兼司庫員、上海復旦大學董事
> 兼司庫員。
>
> 名譽書記余日章：三十二歲，湖北莆圻人。中華
> 基督教青年會講演部主幹。
>
> 編輯黃炎培：字任之，三十八歲，江蘇川沙人。
> 江蘇教育會副會長，前江蘇教育司長，上海浦東
> 中學校校董。[43]

此次聶雲台、余日章、黃炎培三人同行，不止意味著名

---

42 惜陰（趙鳳昌），〈惜陰堂筆記：記宣統二年美國特組商團來游
中國〉，《人文月刊》，2 卷 2 期（1932:3），頁 1-12。並參：張謇，
《柳西草堂日記》，宣統元年至二年（1911-1912），頁 706-709、
719、725-726。大來洋行在華業務，參考阮渭涇，〈美商大來洋行
在中國〉，收入天津市政協文史資料研究委員會編，《天津的洋
行與買辦》（天津：天津人民出版社，1987），頁 105-124。

43 王曼鐫，〈中國實業界的足跡——記 1915 年美國巴拿馬太平洋博覽
會上的中國遊美實業團〉，收入上海圖書館歷史文獻研究所編，《歷
史文獻》，第 14 輯，（上海：上海古籍出版社，2010），頁 389。

流勢力的集結，也反映商學領袖之結盟。1914 年初，黃炎培與余日章過從親密。[44] 1915 年 2 月聶雲台入教後，[45] 與余日章同任上海青年會董事。[46] 這次赴美之行，三人友誼更深一層。行前，上海青年會設宴歡送聶、余，伍廷芳、唐紹儀、唐露園、鍾紫垣等，對此行深抱期許。[47]

　　另一方面，黃炎培與《申報》館約定，將以隨團記者「抱一」名義，撰寫系列報導，在報上陸續刊出：〈東西兩大陸國民之握手〉（6 月 16 日）、〈中華實業團赴美旅行〉（7 月 14 日）、〈華盛頓歡迎遊美實業團〉（7 月 15 日）、〈遊美實業團見大總統記事〉（7 月 16 日）、〈紐約歡迎中華實業團志盛〉（7 月 28 日）、〈美國之工務與華工問題〉（9 月 1 日）、〈美國一省之農業及其實力〉（9 月 7 日）。這系列報導為《申報》別開生面，也引領輿論風向。[48] 商務印書館《東方雜誌》第 12 卷第 8 期，刊出〈中國游美實業

<hr>

44 黃炎培日記 1914 年 1 月 20 日：「夜，余日章邀至其家。晚餐，同坐者巴君（青年會總理）、○君、王正廷、朱君。」（整理者註：『○』為原文。）黃炎培著、中國社會科學院近代史研究所整理，《黃炎培日記》，第 1 卷（北京：華文出版社，2008），頁 33-34。「巴君」，即青年會全國協會總幹事巴樂滿（Fletcher S. Brockman）。

45 陳春生，〈民國教會大事記〉，收入中華續行委辦會編訂，《中華基督教年鑑（1915）》（臺北：中國教會研究中心、橄欖文化基金會聯合出版，1983），第 2 冊，頁 18。

46 張志偉，《基督化與世俗化的掙扎：上海基督教青年會研究（1900-1922）》（臺北：臺大出版中心，2010），頁 475。

47 〈歡送會〉，《上海青年》之《增刊三》（1915），頁 5。

48 黃炎培，《八十年來》（北京：文史資料出版社，1982），頁 67。馬光仁主編，《上海新聞史（1850-1949）》（上海：復旦大學出版社，1996），頁 480。

團在美時之紀念攝影〉外，《教育雜誌》第 8、10、11
月也發表黃氏〈遊美隨筆〉。隨後，又出版黃炎培考察
報告《新大陸之教育》，風行海內外。[49] 黃炎培從此儼
然「新教育」代表，更把「職業教育」引入中國，成為
美國教育的代言人。

　　遊美實業團起程途經日本之際，適逢中日二十一交
涉發生，黃炎培寄回《申報》紀事，悲憤滿紙：「所乘
為太平洋公司滿洲號，設備周至，每日發行無線電新聞
報告中日交涉及歐戰消息，風恬浪靜之太平洋變成一片
驚心動魄，轉恨此文明利器為吾人憂患之媒已。」[50] 其
日記尤多沉痛之感：

> 時中日交涉方棘，各地抵制日貨，余輩此行，深
> 為日本所注目。所至必有報館記者來訪談，必叩
> 對于抵制日貨之意見，且問抵制日貨，是否出於
> 下流社會，而凡受教育之國民，未嘗提倡。觀其
> 記載，於本團此行，不勝其熱嘲冷諷，不惟記行
> 踪與目的，且于各團員推測其年歲，描寫其衣服、
> 容體、言語、舉止，有以支那實業團之怪焰標題
> 者。方余輩赴東京青年會之招，開會既竟，牧師
> 某君語余諸君其努力哉，日本兒童日詈我為亡國
> 奴、亡國奴，憤極無以應也。[51]

---

49 參考〈黃炎培教育論著目錄〉，收入田正平、李笑賢編，《黃炎
　培教育論著選》（北京：人民教育出版社，2018），頁 586-587。

50 本報旅行記者抱一（黃炎培），〈游美實業團之行蹤〉，《申報》，
　上海，1915 年 5 月 18 日，版 6。

51 黃炎培著、中國社會科學院近代史研究所整理，《黃炎培日記》，
　第 1 卷，頁 155。

船舟抵達美國屬土檀香山，中美紳商數十人款以盛饌，
聶雲台及大來代表雙方致詞，黃炎培記：

> 聶雲台君演說，美人譬猶良農，既播種於本國，
> 又推而及於中華，即退還庚子賠款以興教育，使
> 吾國人永永不忘是也。美商大來君復以極懇切之
> 詞色，演說中日交涉，深望美國乘此時機設法扶
> 助中國，使交涉早日了結，不至受虧過甚云云，
> 合座為之動容。[52]

美商大來之陳詞，給黃炎培和聶雲台留下極佳印象，更
堅定聯美制日的決心。

1915 年聶雲台、黃炎培等訪美之行，確可視為東
南名流與美聯絡的里程碑。4 月 26 日，美國威爾遜總
統在白宮致歡迎詞，表達對中美親善的期待：

> 中美兩國之關係，正非僅商務與其他實業，以兩
> 國感情之深且摯，使我國上下於中國前途抱無窮
> 之望，今幸中國政體改建共和，萬象更新，邦基
> 漸固，欣悅之懷寧可言喻。[53]

黃炎培《新大陸之教育》前言，稱此行為「國民外交」：

> 實業團之目的，在考察美國實業，在參觀巴拿馬太
> 平洋萬國博覽會，在報一九一十年美團之來我華。
> 而其性質純屬國民代表，故尤為美國上下所一致
> 歡迎，其竭誠盡敬，以表殷拳。據僑美老輩言，

52 〈游美實業團之行蹤〉，《申報》，上海，1915 年 5 月 8 日，版 6。
53 黃炎培著、中國社會科學院近代史研究所整理，《黃炎培日記》，
　　第 1 卷，頁 153。

雖視囊年李文忠之來，有過無不及。[54]

黃炎培還與基督教青年會領袖穆德（John R. Mott）在紐約會晤。[55]穆德領導的青年會北美協會，在中國推動了青年會運動，獲朝野眾口讚譽。[56]威爾遜（Thomas Woodrow Wilson）總統曾以穆德為駐華公使第一人選，穆德雖未接受，對華盛頓則深具影響力。[57]此番黃炎培與之會晤，進一步奠定雙方理解。

歸來後，精力充沛的黃炎培 1917-1918 年連續出訪日本、南洋、東三省及朝鮮，並在《寰球》、《江蘇省教育會月報》刊出考察報告，頗涉商情、政情、軍情，非僅關教育而已。他警告日本在太平洋「商戰」中大獲勝利，關鍵在教育界與實業界之聯絡密切。而日本軍事教育之嚴謹訓練，對中國東三省及南洋諸島之詳密調查，對中國構成嚴重威脅。[58]他傳書國人，在橫濱十三町公立商業學校所見：

其學生每人每年以三週實地調查商況，觀其陳列

---

54 黃炎培著、中國社會科學院近代史研究所整理，《黃炎培日記》，第 1 卷，頁 153。

55 黃炎培著、中國社會科學院近代史研究所整理，《黃炎培日記》，第 1 卷，頁 196。

56 穆德傳記不止一種，最詳細的一本是：C. Howard Hopkins, *John R. Mott (1865-1955)* (Grand Rapids: William B. Eerdmans Publishing Company, 1979).

57 羅伊・沃森・柯里（Roy Watson Curry）著，張瑋瑛、曾學白譯，《伍德羅・威爾遜與遠東政策 1913-1921》（北京：社會科學文獻出版社，1994），頁 24-25、28。

58 黃炎培赴日調查報告，參見〈黃任之通訊〉，《寰球》，第 2 卷第 1 期（1917:3），頁 6（九至二十四）。赴南洋調查報告，參見〈江蘇省教育會常年大會紀事〉，《寰球》，第 2 卷第 3 期，頁 7（四至五）。赴東三省調查報告，參見〈省教育會副會長黃任之先生之演說〉，《〔寰球〕第八次徵求號》，頁 29-30。

報告冊略舉之：有海外商況報告，有韓國視察報
告，有南洋勸業會報告，有生絲市況報告，有羽
二重（即絹）市報告，有海產物市況報告，……
有外國貿易絲、棉、銅、石炭、米穀，各種調查
報告，有鹽業調查報告，有北海道商工漁業調查
報告，有上海市況報告。其上海市況報告，恐吾
上海商業機關、商業會集機關、與商業教育機關，
均尚無有也，而彼國學生為之。[59]

黃炎培一方面積極連絡實業界及銀行界，推動職業教
育；另一方面提倡軍國民教育，鼓勵學生實地調查，以
其人之道還諸彼身。觀其與報界連絡，在輿論提倡，向
學校灌輸，深具抵制日本之意識，可稱「教育界之政
治家」。

（3）穆藕初、聶雲台

　　黃炎培和著名實業家穆杼齋（湘瑤）、穆藕初（湘
玥）兄弟（上海浦東人），則以南洋公學同窗之誼，成
為志同道合的同志。[60] 五四前，穆藕初留美習農歸國，
儼然上海棉業鉅子。他與黃炎培共同發起浦東實業公

---

59 〈黃任之通訊〉，《寰球》，第 2 卷第 1 期（1917:3），頁 6
（二十三）。

60 穆藕初，《藕初五十自述》之〈黃〔炎培〕序〉，收入穆藕初著，
穆家修等編，《穆藕初文集（增訂本）》，頁 2-3。穆藕初回憶錄
《藕初五十自述》由黃炎培題簽撰序，穆氏去世時黃炎培賦詩哀
輓。參同前書，卷首，照片。黃炎培，〈追憶穆藕初先生〉、〈挽
穆藕初〉，收入穆家修、柳和城、穆偉杰編，《穆藕初年譜長編》，
下卷，頁 1353-1354、1361。

司，以南通實業為模範。[61] 穆藕初早年任職海關，愛國心濃烈。1905 年抵制美貨運動發生，他「任〔上海〕海關總會董事之職，邀集海關、郵政員司一切人眾，開全體大會，合力抵制。」從此認定抵制運動有效。鼓吹「即此最文明、最有效之經濟絕交一舉，足以制強鄰之死命，雖曰消極抵抗，他方面并能喚起國民自求多福之覺悟，開改良國貨、仿效外貨之動機，於消極的主張中實含有無限積極的作用也。」因副稅務司美國人忌之，乃改任龍門書院英文教席兼學監。繼之受張謇力邀「為本省辦事」，出任蘇省鐵路公司警察長。惟感深感農業之重要，接受朱志堯、王寶崙、顧馨一等親友資助，赴美專習農科。[62] 回國後，先通過沈恩孚向張謇謀事，[63] 最後決意與穆杼齋創辦德大紗廠。1919 年江蘇省實業廳所出《江蘇省紡織業狀況》，稱道德大紗廠「開辦以來，營業頗為發達，誠我國紗廠中之翹楚也。……發達之由，不得不歸功於該廠經理穆君藕初之管理得法。」[64]

---

61 浦東實業公司 1918 年成立，籌備階段假江蘇省教育會開會。〈浦東實業公司第二次開會〉，《申報》，上海，1918 年 5 月 18 日，版 10。黃炎培，〈為實業公司告我浦東父老兄弟〉，《申報》，上海，1918 年 6 月 3 日，版 11。

62 穆藕初自述：「余……久有壯遊之志，而未能早日如願，終日彷徨，計無所出，書空咄咄，良用自傷。朱君志堯頗器重余，復得摯友王寶崙君奔走其間，慨然允助二千元；而顧君馨一及余之姊丈陳君伯寅，均量力資助，始得成行。」穆藕初，《藕初五十自述》，收入穆藕初著，穆家修等編，《穆藕初文集（增訂本）》，頁 7-8。

63 張謇，〈復沈恩孚函〉（1914 年 7 月下旬），收入《張謇全集》編纂委員會編，《張謇全集》，第 2 卷，頁 489。

64 葛淵如編，《江蘇省紡織業狀況》，收入張研、孫燕京主編，《民國史料叢史》（鄭州：大象出版社，2009），頁 93-94。

　　穆杼齋、穆藕初兄弟1914年創辦德大紗廠，集資
二十萬兩，上海南市多位紳商列名發起人（兼入股），
包括：葉鴻英、顧馨一、錢選青、曹豫材、孫詢芻、蘇
筠尚、許松春、金鏞初、周玉衡、聞蘭亭、沈潤挹、劉
漢卿、王寶崙。[65] 顧馨一和蘇筠尚，正是五四時的上海
縣商會正副會長，也是學生向其請願懇求「一致行動」
的對象。這些人際網絡及商業利益，使上海縣商會對抵
制風潮格外同情。罷市時，淞滬警察廳下令南市警署撤
除各商號懸掛之旗幟，以免引起外交事端。[66] 事實上，
南市正是抵制運動的大本營。蘇筠尚家族等贊助的學
校，如民立中學，也是抵制運動的積極成員。[67]

　　至穆藕初愛國意識之濃厚，排日思想之激烈，則不
但見之於行動，也載之於言論。沈恩孚在其逝世後，賦
七絕輓之，有「愛國如君今有幾」之句。[68] 穆家修等編
《穆藕初文集（增訂本）》，收錄1917年3月穆藕初
翻譯、尤惜陰校《中國布紗花業指南》，其自序及按語
三十五則，[69] 揭示「商戰」意義及方法，提醒讀者注意

---

65 穆家修、柳和城、穆偉杰編，《穆藕初年譜長編》，上卷，頁
　　78-82。
66 〈再誌警廳注意旗幟〉、〈查禁言詞激烈之傳單揭帖〉，《申報》，
　　上海，1919年6月17日，版12。
67 1919年，蘇筠尚是上海縣商會副會長，代表泉漳會館參加上海
　　總商會，其弟本銚是民立中學校長。參考〈1918年上海總商會
　　同人錄〉，收入上海市工商業聯合會、復旦大學歷史系編，《上
　　海總商會組織史資料匯編》，上冊（上海：上海古籍出版社，
　　2004），頁254。
68 沈恩孚，〈輓穆藕初〉，轉引自穆家修、柳和城、穆偉杰編，《穆
　　藕初年譜長編》，下冊，頁1356。
69 編者說明：「《中國花紗布業指南》，美國克賴克著，原書名《日本
　　紗布業》。上海穆湘玥譯，無錫尤惜陰校，上海厚生紗廠印行，上海

日人策略，要大家「試一檢我國近年海關報告，便曉然
於外來棉產最為巨大漏巵，已佔入口貨全額四分之一以
上，駸駸乎達三分之一。查進口棉紗、棉布之來路及銷
數，尤以由日本運來之粗紗布佔數為最巨。日本紗布在
日本為出口貨第二大宗，在中國進口貨則第一大宗，日
本紗布業為中國紗布之勁敵固無待占矣。」[70]

　　穆藕初多次強調「商戰」策略之必要，深信「抵
制」運動之有效。茲按穆藕初《中國布紗花業指南》
三十五則按語，略舉兩則說明。第十六則云：

> 夫商戰二字，恐我國商人知者尚鮮。即知矣，又
> 恐不能熟籌商戰方法，如何方收實效。然商戰無
> 他，其外面則為最進步之交易手段，其裡面實與
> 爭戰時秉同一之性質，即進退有序，動變有方，
> 在在受主任者之指揮，萬不得自由行動，以破壞
> 團結上應分確守之範圍。[71]

第二十三則說：

> 我國近十年來，抵制外貨之聲，愈喚愈起。然多數
> 愚民尚未確知抵制外貨之必要。即知之，而不知提
> 綱挈領之抵制方法，則其抵制能生幾何效力？夫
> 亦徒托空言耳！提綱挈領抵制之方法奈何？……
> 棉鐵兩大事業，為杜察漏巵之最大事件。振興此

　　自來水橋德大紗廠批發所發行，上海新申報館代印，民國六年三月初
　　版。」穆藕初，〈《中國布紗花業指南》按語三十五則〉，收入穆藕
　　初著、穆家修等編，《穆藕初文集（增訂本）》，頁 483-503。

70 轉引自穆家修、柳和城、穆偉杰編，《穆藕初年譜長編》，上卷（上
　　海：上海交通大學出版社，2015），頁 157。

71 穆藕初，〈《中國布紗花業指南》按語三十五則〉，頁 492-493。

　　兩大事業，實為萬急之務，而棉業尤為重要。[72]
綜觀全書按語，對日本深懷戒備。撰序之貝潤生（江蘇
仁和人），亦同意斯說，稱「他日排斥外貨，暢銷國
貨，胥於是編操其券也」。[73]

　　由於深感日人謀華之深謀遠慮，穆藕初不斷呼籲華
商團結。1917-1918 年，日本要求棉花出口免稅，將嚴
重衝擊中國紗業。寶通紗廠經理劉柏森（柏生，江蘇
武進人，劉厚生弟）積極推動，遂有華商紗廠聯合會
籌組，推祝蘭舫（大椿，江蘇無錫人）為臨時主席。[74]
《穆藕初年譜長編》1917 年 12 月 4 日條下記：

> 華商紗廠聯合會開第一次議董會。聶雲台轉達〔穆
> 藕初〕先生意見，一是本人不願任議董，二是會
> 長必推張謇，三是會所必須遷移。（華商紗廠聯
> 合會檔案）會議採納先生意見。1918 年 2 月 12 日
> 華商紗廠聯合開會決議：（1）定期陰曆二月二日
> 召集選舉會。（2）舉張謇為名譽會長。（3）會
> 址遷至《申報》館二樓。（4）推聶雲台為總董。

---

72 穆藕初，〈《中國布紗花業指南》按語三十五則〉，頁 496。

73 轉引自穆家修、柳和城、穆偉杰編，《穆藕初年譜長編》，上卷，
頁 159。貝潤生曾任上海總商會副會長、全國商會聯合會副會長。
徐鼎新、錢小明，《上海總商會（1902-1929）》（上海：上海社
會科學院出版社，1991），頁 180-183、189-201。他也投資穆藕初
兄弟經營的厚生、德大兩紗廠。參見中國人民銀行上海市分行編，
《上海錢莊史料》（上海：上海人民出版社，1960），頁 106。

74 萬淵如編，《江蘇省紡織業狀況》，頁 125-126。1917 年 3 月至
1918 年 3 月，華商紗廠聯合會前後召開十三次會議，劉柏森全數
參加，聶雲台八次，穆藕初八次，其他人少於七次。參考：樊建國，
〈華商紗廠聯合會成立與民初關稅會議〉，收入程麟蓀、張之香
主編，《張福運與近代中國海關》（上海：上海社會科學院出版社，
2007），頁 150-169。

（5）創辦《紗業雜誌》月刊。[75]

由此可知數事：一，聶雲台、穆藕初私人關係良好，及
對張謇之推重。二，建議會址設在《申報》館二樓，可
見和史量才（家修，江蘇江寧人）之私誼（穆氏子亦名
家修），及其對輿論宣傳之重視。經過一番周折，1918
年3月14日華商紗廠聯合會開會，接受聶雲台提議，
推張謇為會長，聶雲台為副會長，吳寄塵、薛文泰、劉
柏森、楊翰西、徐靜仁為董事，會所暫假如意里三弄寶
興長號，議事地點為大生事務所。[76]吳寄塵為張謇大
生集團代理人，華商紗廠聯合會與大生集團的關係不言
而喻。

　　白吉爾《中國資產階級的黃金時代（1911-1937）》
重視華商紗廠聯合會的成立，認為「華商紗廠聯合會從
成立之日就顯示出全國的廣泛性，但在其中起主導作用
的卻是上海紗廠主，特別是聶雲台和穆藕初──他倆起
了不可低估的作用。聶雲台是中國華商紗廠聯合會的創
辦者和第一任會長，而穆藕初則是個堅定的支持者和推
動者。」[77]此二人，又是張謇「棉鐵主義」的追隨者。
1919年9月，《華商紗廠聯合會季刊》出版，卷首有
張謇題簽、弁言一篇、照片一張。〈弁言〉謂：「余持

75 穆家修、柳和城、穆偉杰編，《穆藕初年譜長編》，上卷，頁212。

76 葛淵如編，《江蘇省紡織業狀況》，頁126。並參王子建，〈華
　 商紗廠聯合會創立經過〉，收入全國政協文史資料委員會編，《中
　 華文史資料文庫‧經濟工商業‧工業》，第12卷（北京：中國文
　 史出版社，1996），頁696-699。

77 白吉爾（Marie-Claire Bergère）著，張富強、許世芬譯，《中國資
　 產階級的黃金時代（1911-1937）》，頁146。

棉鐵為中國近世要務之說，幾三十年。先我後我事乎此
者，亦肩背相望矣。」他肯定聯合會成立，以為「豪傑
所萃，結合斯起。前年成紗廠聯合會，今年又由會輯季
刊，以通此業之郵，夫非欲舉世界紡織之智識以詔中國
之事紡織者乎！」[78]

　　《華商紗廠聯合會季刊》創刊於五四風潮後，有穆
藕初〈振興棉業芻議〉一篇，揭示「工戰」、「商戰」
之義。他稱：「歐和告竣，鐵血之戰爭甫閉幕，經濟之
奮鬥已開場。」[79]分析中日工商業競爭態勢：

> 歐戰既開，日本工商業家，得此千載一時之機會，
> 乘勢推廣，日貨之充斥於我市場者多不可計。日用
> 必需品中，幾乎舉目皆是。但其中以棉紗布占數
> 為最巨，即僅以民國七年日紗布輸入數計之，已達
> 174,413,000 餘元。……觀民國七年，僅由日本一
> 國輸入之棉紗布項，溢出巨額之金錢，能勿愕然
> 驚懼哉。苟長此以往，不圖補救，全部仰給之數
> 姑不備論，即此進口棉貨一項，已足竭我膏血，
> 絕我命脈。是以振興棉業不但於平民生計上有密
> 切關係，而於全國經濟上亦生莫大影響。[80]

他從積極面指出：「扼要言之，吾人今日最大之任務
有二：一方面盡力推廣植棉區域，并從事改良棉質，

---

78 張謇，〈弁言〉，《華商紗廠聯合會季刊》，1919 年第 1 卷第 1 號，
　　頁 1。

79 穆藕初，〈振興棉業芻議〉，《華商紗廠聯合會季刊》，1919 年
　　第 1 卷第 1 期，現引自：穆藕初著、穆家修等編，《穆藕初文集（增
　　訂本）》，頁 46。

80 穆藕初，〈振興棉業芻議〉，頁 46。

力求原料之充裕，及適合紡織界應時之需要；一方面悉
力籌建設紗廠，大興紡織工業，……國家獨立之精神乃
大顯。」「世有抱棉主義救時之宏大主張，為國家謀公
福，不為個人營私利者，玥雖魯愚，深愿執鞭擔鐙，追
隨左右，向工戰商戰場裡，作衝鋒陷陣之一戰員也。」[81]

　　穆藕初的「工戰」、「商戰」論述中，他始終稱日
本為頭號敵人。1920年，〈今後東方紡織業競爭之大
勢〉，分析戰後局勢，再次嚴重警告：

> 歐戰告終，……其為我國紡織界心腹大患者，其
> 惟日本乎？日人在歐戰時得千載一時之機會，百
> 業朋興，金融活動，如意指揮，業將我東方最大
> 市場上歐美棉貨擠軋殆盡。猶恐精神煥散之不足
> 以決勝於千里之外也，急將其國內無數小廠，聯
> 合而成九大公司。處心積慮，希圖撲滅我國紡織
> 業而握東方紡織界霸權，并在我國境內，遍設紗
> 廠，與我紡織界接觸益近，而競爭愈烈。[82]

總之，中國實業界咸知「我國最大之實業為棉業，棉業
唯一之勁敵為日本。」[83] 這是五四運動中，實業家如穆
藕初等同情愛國運動，支持抵制日貨之重要背景。

　　華商紗廠聯合會副會長聶雲台，是聶仲芳（緝槼）
子、曾國藩外孫，也是著名實業家。[84] 五四抵制運動蔚

---

81 穆藕初，〈振興棉業芻議〉，頁47-50。
82 穆藕初，〈今後東方紡織業競爭之大勢〉，收入穆藕初著、穆家
　　修等編，《穆藕初文集（增訂本）》，頁53。
83 穆藕初，《藕初五十自述》，頁29。
84 聶仲芳受左宗棠提拔，歷任兩江營務處會辦、江南製造局會辦及
　　總辦、上海道台、蘇皖浙三省巡撫。在任時，重視國防工業及科

為浪潮之際,他發起大中華紗廠,以與日本爭奪市場為號召。1919 年,上海《銀行週報》3 卷 26 期刊出〈大中華紡織股份有限公司招股簡章〉。[85] 編者復於 3 卷 27 期刊出〈抵制日貨與中國工業之關係〉,介紹聶雲台的棉業計劃,從抵制運動寫起,引《英文滬報》之說:

> 中國之抵制日貨行動,已使實業界大為發達,幾無一日不有創辦新工廠,或改良舊工廠之計劃。蓋自各界完全不用日貨,始知向由日本供給之大宗貨物,可由中國自行製造。事既不難,且可獲利,此新工廠之所由接踵而起也。然在又一方面,則某項中國製造業,已處於困難之地位,以其向恃日本接濟原料,或半成之貨也。例如洋襪及襯衫廠,雖能從事製造,以應中國市場之需求,然而從未有一人想到製造必要之細紗者,一旦實行抵制,始知彼等實有賴於日本紗廠。今者市上之中國線襪及襯衫,既銷售一空,而各廠又以缺乏原料,不能開工,其局勢甚為危急。上海現能製成細紗之廠有二,今方日夜工作,然其出品僅及需要十分之一。恆豐廠主聶君煚以一百六十萬元

學翻譯事業,與滬上紳商及外國領事關係融洽,奠定聶家的發展基礎。聶雲台自述其家從事於紡織,湯壽潛勸請乃是重要原因。聶氏家族史及經商史,參考聶其杰輯,《崇德老人紀念冊(附:聶曾紀芬自訂年譜)》,收入沈雲龍主編,《近代中國史料叢刊》,第三輯(臺北:文海出版社,1966),頁 283-345。中國科學院上海經濟研究所、上海社會科學院經濟研究所編,《恆豐紗廠的發生發展與改造》(上海:上海人民出版社,1959)。

85 〈大中華紡織股份有限公司招股簡章〉,《銀行週報》,1919 年 3 卷 26 期,頁 57-59。

之資本，創辦新廠，專製此項細紗云。[86]

此期《銀行週報》一併刊出〈聶雲台之棉業計畫〉，稱道「恆豐紗廠聶雲台發起大中華紡織股份有限公司，擬紡雙線細紗以供社會需要各情，已誌前報。惟此公司內容詳情尚未盡悉，茲承聶君以其棉業計畫書見示，爰知該公司之發起大有研究」。[87]

這篇〈聶雲台之棉業計畫〉，撰於五四風潮後，中心主旨為：「棉業救國」：

> 邇者國人痛外交之失敗，激起愛國之熱誠，群議提倡國貨，固矣。然而外貨入口之大宗，吾人日需之用品，國貨能否供給以應其求，不可不急事研究，速謀準備，否則終不免貽人以五分鐘之譏矣。吾國漏巵最鉅者厥為棉貨，每歲出口之銀二萬萬餘，積年計之為數不堪設想。……愚以為今日提倡國貨，當務之急，莫重於棉業矣。[88]

聶雲台詳細比較中日同業得失，分析「中國紡織事業所以不發達之原因有三」：一、由於股份公司之不發達。二、中國紗廠技術之不研究。三、中國銷紗機關之不完備。並提出補救之道有三：「第一，推廣植棉。第二，預備人才。第三，廣興紗廠。」[89]大中華紗廠之設立，既以商戰為背景，在抵制風潮中，得到社會積極

---

86 〈抵制日貨與中國工業之關係〉，《銀行週報》，1919 年 3 卷 27 期，頁 57。此篇未署作者姓名，應是編輯同仁手筆。

87 〈聶雲台之棉業計畫〉，《銀行週報》，1919 年 3 卷 27 期，頁 58。

88 〈聶雲台之棉業計畫〉，頁 58-59。

89 〈聶雲台之棉業計畫〉，頁 59-60。

響應。[90]

（4）張軼歐

　　江蘇省實業界、金融界相通，實業界、教育界合作之際，江蘇省實業廳也盡力支持。1919 年五四風潮前，江蘇省實業廳在廳長張軼歐主持下，編輯印行《江蘇省紡織業概況》，向社會提供調查報告，鼓勵成立新廠，改進舊廠。全書相關論述，為「商戰」推波助瀾。

　　張軼歐（江蘇無錫人），早年就讀南洋公學，受教於劉厚生（垣，江蘇武進人，何嗣焜之婿）。劉厚生是張謇辦理大生紗廠得力助手，梁啟超稱為「張季直〔謇〕手下第一健將」。[91] 張謇出任農商總長時，即以劉厚生為次長。劉厚生推薦比利時留學歸來的張軼歐任礦政司司長，務求落實張謇棉鐵政策之「鐵」的部份。張軼歐在任設置地質調查所，延攬丁文江（江蘇泰興人）、章鴻釗（浙江吳興人），主持資源調查事業，極具戰略眼光。[92] 劉厚生任次長僅數月，始終注意礦事。卸任後，以紡織業所得厚利，投資探礦，「誓以將來之鋼鐵大王自命」。[93] 其人「隱於貨殖，不復

90　中國科學院上海經濟研究所、上海社會科學院經濟研究所編，《恆豐紗廠的發生發展與改造》，頁 24。

91　梁啟超，〈致嫻兒書〉（1920.7.20），收入梁啟超著、胡躍生校注，《梁啟超家書校注本》（桂林：灕江出版社，2017），頁 560。

92　胡適，《丁文江的傳記》，收入季羨林主編，《胡適全集》，第 19 卷（合肥：安徽教育出版社，2003），頁 401、405。九一八以後，錢昌照向蔣介石引薦丁文江、翁文灝。錢昌照為江蘇常熟人，是張謇集團栽培的新生代，曾陪同張孝若（張謇子）考察英美日本各國。錢昌照，《錢昌照回憶錄》（北京：東方出版社，2011）。

93　梁啟超，〈致嫻兒書〉（1920.7.20），頁 560。

仕進」，[94] 卻絕非不過問政治。他奔波南北，消息靈通，為東南集團出謀劃策，兼負募款之責，是集團的核心人物。[95]

　　1913-1917 年，張軼歐在前後幾任農商總長主持下，始終擔任農商部礦務司長。1917-1925 年初，才轉任江蘇省實業廳廳長。[96] 其職務調動，當負重要使命。1918 年春，劉厚生偕張軼歐至南通見張謇，張謇為置酒款待。[97] 張軼歐主持江蘇省實業廳時，對張謇相關事業盡力扶持。1919 年江蘇省實業廳出版《江蘇省紡織業狀況》，乃係葛淵如（文灝）1918 年奉派上海等地調查的結果。〈編者識言〉：

　　一，吾國新興工業，比較以紡紗為最發達，顧向未詳細調查，致無記載專書，殊為遺憾。上年文灝奉委調查上海等處經濟狀況，曾於紡織一項特加注意。茲將調查所得編輯此書，以供一般留心紡織者之參致。

　　一，本書除以調查時之記錄，及各廠所填調查表為依據外，復向各紡織廠徵集材料，參攷英日文

94 趙叔雍，〈我所認識的張謇父子〉，收入氏著，《人往風微》（臺北：獨立作家，2016），頁 99。

95 劉厚生的兩本書稿——《張謇傳記》及《丁文江傳記》——從側面透露其政治活動。劉厚生，《張謇傳記》（香港：龍門書店，1965）。劉垣，《丁文江傳記初稿》，收入《胡適全集》，第 34 卷（合肥：安徽教育出版社，2004）。

96 劉壽林等編，《民國職官年表》（北京：中華書局，1995），頁 246-251。

97 張謇，《柳西草堂日記》，收入《張謇全集》編纂委員會編，《張謇全集》，第 8 卷，頁 846。

書報，以期完備。[98]

處處以數字為依據，不務空論。製成圖表，呈現調查結果。開篇〈江蘇各紡織廠資本比較圖〉，列明華商和外商（英日兩國）之資本額，給予讀者深刻印象。

綜觀《江蘇省紡織業狀況》一書的編纂宗旨、結構安排、措辭造句，致力呼籲國人奮起興辦實業。〈內編〉題為〈華商紗廠之自衛計畫〉，收錄〈華商紗廠聯合會略史及其現狀〉等文獻。〈附編〉收入〈張總長季直經理大生紗廠十二年之歷史〉，並摘錄大生、德大、厚生諸廠章則，供新辦各廠參考。全書推崇張謇及其大生集團，許為全省楷模。張謇之「商戰」思想，是全書指導思想。

同時，編者也不斷提醒讀者，中國頭號商敵為強鄰日本。歐戰期間，日本已取代其他列強，成為最大競爭對手。張軼歐親撰序文，勉勵華商奮起應戰：

> 自歐戰發生，吾國工商業之直接間接受影響者，幾不可僂指。惟紡織一途，則歲有增進。……蓋外貨之來既減，有識者應時勢之要需急起直追，生機乃日呈其活潑，此不可謂非國家經濟上之好現象也。所惜者〔吾省紗業〕三十四廠者，華商祇占三分之二，餘悉英、日諸商所經營。而就上海一隅計，華廠且僅得其半，錠數尤以華商為最少，喧賓奪主，相形見絀，不能無歎於吾國商民能力之弱，與夫資本之不充。雖然，九層之臺起

---

98 葛淵如編，《江蘇省紡織業狀況》，編者識言，頁 1。

> 於累土，千里之行始於足下，矧吾蘇紗廠已占全
> 國錠數百分之七十四以上，上海亦占全國錠數百
> 分之五十六以上，由是積極進行，安見華商成績
> 終久居人下！[99]

總之，歐戰以來，中國人「商戰」觀念，愈益強烈而明確。江蘇為產棉之地，也是紗廠集中地。此地商民，視日本為最大競爭對手，可以概見。

（5）上海銀行公會

以「商戰」鼓吹抵制運動之專業刊物，尚有《銀行週報》。該刊作為中國第一份金融界言論機關，由中國銀行上海分行副經理張公權發議創辦，也是上海銀行公會的機關刊物。徐滄水《上海銀行公會事業史》簡介《銀行週報》和上海銀行公會之關係：

> 民國六年〔1917〕：是年5月29日，《銀行週報》
> 第一期出版。先是張公權、宋漢章、徐寄廎、盛
> 竹書、錢新之、陳光甫、孫景西、李馥蓀諸君，
> 鑒於灌輸金融知識之必要，因集議創刊《銀行週
> 報》，社址借中國銀行餘屋兩間，張君公權躬自
> 主宰。7月，張君赴京，公推徐君寄廎兼綰社務。
> 創刊之初，請諸君青來擔任撰述，邀徐君永祚及
> 滄水分任編撰。常年經費，商請上海之中國、交
> 通、浙江興業、浙江實業、上海商業、鹽業、中
> 孚等七行分任之。其時正擬組織銀行公會，張君

---

99 張軼歐，〈序〉，收入葛淵如編，《江蘇省紡織業狀況》，頁1。

公權首提倡之。[100]

可知《銀行週報》和上海銀行公會之籌設，皆張公權發議。外界每視「江浙財團」核心人物為張公權，確有理由。張公權、張君勱兄弟（江蘇寶山人），和江蘇省教育會要角袁希濤、沈恩孚、唐文治，有師生之誼，張公權自稱終身服膺諸師教誨。民初，張氏兄弟和東南集團、進步黨關係密切，也受梁啟超倚重。張公權歷任中國銀行上海分行副經理，再升中國銀行副總裁。他重視言論機關，創《銀行週報》社，派諸青來及徐滄水分任撰述及編撰。二人皆辛亥時期「國民協進會」同志，及其創辦神州法政大學之高材生，卒收培養幹部之效。[101] 1917 年梁啟超任財政總長，召張公權北上任中國銀行副總裁，仍保留滬行副經理名義，[102] 並繼續為《銀行週報》籌款；缺乏之數，由陳光甫以上海銀行透支彌補。[103]

綜合來看，1917 年《銀行週報》社的創辦，以留日學生為主，再加上留美的陳光甫。創辦這一社務之相關銀行，是上海銀行公會最早成員。十年後，日本人呼此團體為「江浙財團」，實則其集結早在五四前，與張謇集團密切相關，致力推動中國經濟體系和制度現

100 徐滄水編述，《上海銀行公會事業史》（臺北：文海出版社，1987），頁 1。

101 姚崧齡編著，《張公權先生年譜初稿》，上冊（臺北：傳記文學雜誌社，1982），頁 7-19。此校曾獲徐世昌經費贊助。〈張嘉璈致袁思亮書（六首）〉之一，收入王爾敏主編，《袁氏家藏近代名人手書》（臺北：中央研究院近代史研究所，2001），頁 478。

102 姚崧齡編著，《張公權先生年譜初稿》，上冊，頁 33-34。

103 〈1919 年 4 月 12 日會員大會〉，收入萬立明編選，《上海銀行公會：機構卷》（上海：上海遠東出版社，2016），頁 22-23。

代化。[104] 團體中的兩位江蘇人：張公權和陳光甫，和
江蘇諸老關係很深，兩人相識由楊廷棟引介。[105] 楊廷
棟是張謇左右手，也是東南集團謀士。另一重要成員盛
竹書，更是大生紗廠董事。[106] 1919 年前後，上海銀行
公會在陳光甫提議下，動用公共準備金為大生放款，[107]
並扶助無錫榮氏事業，論者因謂：「上海銀行與申新、
大生等紗廠有著血肉關係」。[108] 張謇在 1915 年上海
商業儲蓄銀行創立後，則亦贊助陳光甫事業；[109] 陳光
甫方面，則以張謇門生自居。[110] 1916 年上海中行擠兌
風潮中，張謇也對張公權鼎力相助，[111] 由熊希齡和葉
景葵密電往返，運籌帷幄，協助中行脫離北京政府控

---

104 白吉爾，〈上海銀行公會（1915-1927）——現代化與地方團體
    的組織制度〉，收入洪澤主編，《上海：通往世界之橋》，下冊
    （《上海研究論叢》，第 3 輯）（上海：上海社會科學院出版社，
    1989），頁 263-376。

105 姚崧齡編著，《張公權先生年譜初稿》，上冊，頁 23。

106 南通市檔案館、張謇研究中心編，《大生集團檔案資料選編：
    紡織（III）》（北京：方志出版社，2004），頁 390。

107 〈1919 年 12 月 31 日臨時會員會議事錄〉，收入萬立明選，《上
    海銀行公會：機構卷》，頁 38。

108 楊桂和，〈陳光甫與上海銀行〉，收入全國政協文史和學習委
    員會編，《回憶陳光甫與上海銀行》（北京：中國文史出版社，
    2018），頁 94。

109 中國人民銀行上海市分行金融研究所編，《上海商業儲蓄銀行
    史料》（上海：上海人民出版社，1990），頁 25-26、29。

110 洪維清，〈張仁奎與仁社〉，收入中國人民政治協商會議上海
    市委員會文史資料工作委員會編，《舊上海的幫會》（上海：
    上海人民出版社，1986），頁 111。

111 姚崧齡編著，《張公權先生年譜初稿》，上冊，頁 27-28。林漢
    甫，〈關於上海中國銀行 1916 年抗令兌現的回憶〉，收入上海
    市政協文史資料委員會編，《上海文史資料存稿匯編：經濟金
    融》，第 5 冊（上海：上海古籍出版社，2001），頁 1-13。

制。[112] 1921 年，在張公權建議下，上海銀錢兩業更組
成銀行團，支持張謇相關鹽墾公司。[113] 總之，江浙紗業
和金融領袖，是利益攸關的集團。在對抗北洋政府上，
經常互相支援。在發展中國工商業上，具有共同利益。

　　上海銀行公會機關報《銀行週報》，創刊於 1917
年，自始密切留意國內外貿易及金融狀況，隨時公佈調
查結果。聘有東西翻譯二員，譯載歐美國家及日本消
息。徐寄廎繼張公權領導的編輯部，一直注意日本動
態。徐滄水是一位重要作者，1918 年被公會聘為駐日
通訊員，為《銀行週報》提供論說或調查報告。[114] 他
在收集商業資訊以外，也打聽日本政情。《五四運動在
上海史料選輯》摘錄徐滄水 1919 年 5 月發表的〈歐戰以
來日本在我國之貿易〉，大力宣導「商戰」概念。[115] 他
據日本大藏省最近五年統計數字，分析中日「商戰」：

> 日本取我國物產豐富之原料，加以彼邦粗製濫造
> 之工業，然後輸入於我市場，以吸收我之金錢。
> 自歐戰發生以來，歐洲貨品來源減少，日本貨因
> 得補充其缺乏，乘機而推廣之。今根據日本大藏
> 省貿易年報，錄其最近五個在我國輸入之貿易統
> 計。……日本對於我國輸出物之大宗為棉紗及棉

112　熊希齡，《熊希齡先生遺稿：電稿》，第 2 冊（上海：上海書店，
　　　1998），頁 1862、1864、1870-1871、1878-1879。

113　徐滄水編，《上海銀行公會事業史》，頁 105-124。

114　〈1918 年 7 月 20 日第二次董事會議決事件〉，收入萬立明編選，
　　　《上海銀行公會：機構卷》，頁 9。

115　上海社會科學院歷史研究所編，《五四運動在上海史料選輯》，
　　　頁 38-48。

> 織品，……佔彼邦對我國輸入額之第一位。日本
> 缺乏鐵礦，而需要鐵材尤多，……佔彼邦對我國
> 輸入額之第二位。豆粕為肥料中之需要品，東
> 三省產額最盛。……佔彼邦對我輸入額之第三
> 位。……要之，我國輸往日本者，均為重要原料；
> 而日本運至我國者，則均為粗製濫造之工藝品。
> 夫人以熟貨易我生貨，轉輾以得其利，故吾國之
> 出口貨非供日人之消費，不過供其製造而為進口
> 之用。……是則吾國之輸入貿易，充其量不過為
> 日人代辦原料耳。傷哉！[116]

徐滄水又依據日方調查報告及統計數字，指 1915 年日
貨抵制運動為有效武器：

> 吾國民猶憶四年為抵制日貨最激烈之時期乎？我
> 國民僅知一時之義憤，而不知抵制後之結果若何，
> 彼邦各官廳及銀行公司商店及新聞界等，均各出有
> 排除日貨之調查報告，日本人亦言大受打擊。今
> 觀統計上數字之減退，方信不謬。惜乎五分鐘之
> 熱度，致令數字由減而加，誰謂不發生效力耶？[117]

上海銀行公會對徐滄水欣賞有加，稱讚其「文筆極
佳」，「對於銀行界各種調查材料又極豐富」，給予加

---

116 滄（徐滄水），〈歐戰以來日本在我國之貿易（上）〉，3 卷 16
　　期（1919.5.13），頁 9。滄（徐滄水），〈歐戰以來日本在我國
　　之貿易（下）〉，3 卷 17 期（1919.5.20），頁 7。

117 滄（徐滄水），〈歐戰以來日本在我國之貿易（上）〉，頁 10。

薪待遇，[118] 聘之為總編輯兼發行主任，[119] 頗能反映他
們對日態度，並認為持久的抵制運動，是打擊日本的有
效武器。

　　上海銀行公會作為新式銀行家，與身為外商銀行
華經理的買辦，有迥然不同的自尊意識。1930 年代，
陳光甫委託宋春舫編纂《上海商業儲蓄銀行二十年史
稿》，追溯辛亥前後中國工商業的落後，感嘆中國「商
戰失敗」的歷史，流露強烈的國恥意識：

> 最早的對外貿易史，可以說是一部買辦事業史。
> 中堅的人物，便是買辦。……買辦制度之發達，
> 也就是我們商戰失敗的反證。……幾十年來通商
> 的結果，只有把全國經濟命脈，一任他們把持、
> 剝削和宰割。……在本行〔1915〕開幕之前，
> 五十二年中間，各國一起拿走了我們二十五萬萬
> 兩，……這是多麼可悲可痛的事呀！[120]

宋春舫執筆的《上海商業儲蓄銀行二十年史稿》進一步
指出，國民意識的覺醒，民族運動的推進，以「抵貨運
動」為形式：

> 至少我們已發現了一種新武器，一種民族運動的
> 表示，所謂抵貨運動便是。最早的抵貨運動，遠
> 在清代，那是對付美國的，第二次是光緒三十四
> 年二辰丸案，結果日本對華輸出貿易，減少了

118　〈1919 年 11 月 29 日會員會議事錄〉，收入萬立明編選，《上
　　　海銀行公會：機構卷》，頁 37。

119　徐寄廎，《上海金融史》（臺北：學海出版社，1970）。

120　宋春舫等編纂，《上海商業儲蓄銀行二十年史初稿》，頁 3-4。

二千五百萬元。第三次是宣統元年安奉鐵路案，
減少了日本對華輸出貿易八百萬元。可是這幾
次，範圍都沒有〔民國〕四年5月9日那一次的
廣泛，組織也沒有那一次的嚴密。要曉得二十年
來的國際交涉，全是對日的爭持。歐洲戰事，恰
好給日本一個自由行動的好機會，各國戰時的創
傷，更使日本得實行其露骨的侵略政策。……到
了二十一條件，提出之後，人民刺激，一天深似
一天一天。這一次抵貨運動的結果，竟減少了日
本對華輸出貿易二千萬元，證明了抵貨的真實力
量。同時我們又發起了救國儲金，國人正忙著捐
輸巨款。在本行開幕以前六十二天之內，中交兩
行，實收進了六十萬餘元。《申報》上更逐日登
載著國貨調查表。[121]

宋春舫指五四運動以前的四次抵貨運動，第一次對美
國，後三次對日，更重要的有果效。他認為抵貨運動
的成功，造成日商利益受損；救國儲金的發起，則扶助
國貨發展。此二者，皆為五四「商戰」的兩個內涵。

在京津的梁啟超、熊希齡等人，則與上海金融家遙
相呼應。1918年12月27日，梁啟超經滬赴歐，參加
國際稅法平等會為他辦的歡迎會。國際稅法平等會設於
上海紗業公所，1918年12月成立，公推張謇主持，以
上海總商會正副會長朱葆三、沈聯芳副之。此會設立之
宗旨，是爭取關稅自主，呼籲列強平等對待中國，「改

---

121 宋春舫等編纂，《上海商業儲蓄銀行二十年史初稿》，頁5。

協定稅為國定稅」，以救華商之困。[122] 在歡迎梁啟超
的大會上，商界領袖集者三四百人，張謇致詞，寄望梁
氏輔助歐使，為中國解除關稅束縛。會後，梁氏參觀銀
行公會，稱道公會之成立及表現，更鼓勵銀行家更關心
政治，發揮積極力量。他說：「近來有可喜之現象，即
商人對於自身之利害能詳細打算，自成一勢力，不為政
治所搖動。如北京紙幣停止兌現，而上海猶能獨立不受
支配，即此勢力之明證也。故深希望有實力之人，本其
職業上之勢力以左右政治，使之漸趨於良善也。」[123]

（6）東南報業

　　張謇等人的「商戰」之聲，更賴《申報》等為之傳
播，使其突破紗業及銀行圈，達到公眾眼前。前引宋春
舫論二十一條交涉引發的抵制運動，已提到《申報》的
宣傳作用。羅志田考察二十一條交涉過程，也指出上海
報界的鼓吹，特別注意《時報》的積極性。他據包天笑
《釧影樓回憶錄》指出，「民初上海報人如陳景韓（冷
血）、包公毅（天笑）、張蘊和（默）、戈公振等，不
僅對當時的輿論有相當影響，且與江蘇實力人物張謇、
趙鳳昌、黃炎培等，有親疏不等的關係，其言論亦有一
定的代表性。」[124] 其實《申報》和江蘇實力派的關係，

122　張謇各電：〈致陸徵祥電〉（1918.12.1）、〈致各界函〉（1918.
　　12.10）、〈致徐世昌錢能訓電〉（1918.12.10）、〈致朱葆三沈聯
　　芳等函〉（1918.12.27）、均收入《張謇全集》編纂委員會編，《張
　　謇全集》，第 2 卷，頁 689-691、694、698-700。
123　〈商界歡迎梁任公紀〉，《申報》，上海，1918 年 12 月 28 日，版10。
124　羅志田，〈救國抑救民？「二十一條」時期的反日運動與辛亥

也同樣密切，可視為該集團的第一喉舌。清末《申報》原為民營報紙，後來端方用公庫銀買入。[125] 民初，江蘇民政長應季中將《申報》交史量才主理，改為股份公司，有七位股東：張謇、應季中、趙鳳昌、熊希齡、程德全、莊蘊寬、沈信卿。[126] 張謇為《申報》題簽，墨飽筆酣。胡憨珠直云《申報》為爭取讀者，特對其背景隱而不彰。唯黃炎培所撰〈史量才先生之生平〉，明白交代江蘇諸老和史量才及《申報》關係。[127]

張謇等對上海輿論的影響力，可從報紙銷量得見一斑。茲據許金生主編《近代日本在華報刊通信社調查史料集成（1909-1941）》，摘錄 1918-1919 年上海情形製成下表：

五四期間的社會思潮〉，收入氏著，《亂世潛流：民族主義與民國政治》（上海：上海古籍出版社，2001），頁 79。

125　章士釗，〈《申報與史量才》書後〉，收入中國人民政治協商會議全國委員會文史資料研究委員會編，《文史資料選輯》，第 23 輯，頁 244-245。嚴獨鶴說，史量才接辦《申報》，幕後三大股東是：張謇、應德宏、趙鳳昌。嚴獨鶴，〈辛亥革命時期上海新聞界動態〉，收入中國人民政治協商會議全國委員會文史資料研究委員會編，《辛亥革命回憶錄》第 4 集（北京：中華書局，1962），頁 83-84。

126　胡憨珠，〈望平街舊憶：史量才‧秋水夫人‧席子佩〉，《春秋》，1971 年 14 卷 5 期，頁 29-32；胡憨珠，〈望平街舊憶：陳景韓‧張竹平‧左輔弼〉，《春秋》，1971 年 14 卷 6 期，頁 40-41。

127　黃炎培，〈史量才先生之生平〉，《人文月刊》，第 5 卷第 10 期（1934:12），頁 1-2。

表一：上海主要華報發行量（1918-1919）[128]

名稱	主義	持主	主筆	發行量（1918底調查）	發行量（1919底調查）
新聞報	實業派	汪龍溪	李壽熙	24,000	27,000
申報	中立派	史家修	陳景韓	22,000	25,000
時報	中立派	狄楚青	包公毅 劉鍊亭	10,000	10,000
時事新報	梁啟超機關紙	張　烈	張東蓀	6,000	6,000
民國日報	舊國民黨派	邵仲輝	葉楚傖	4,000	3,000

　　1918-1919 年上海華人報紙銷量表，揭示上海輿論
的主導勢力。銷路第一的《新聞報》，以美國人福開森
（John Calvin Ferguson）為主要持股人，幕後有江蘇督
軍李純暗中資助，[129] 日人視之為親美排日報章。資格
最老、在上海聲譽最著的《申報》，雖未發表激烈發日
言論，卻在新聞編排上，傳達親美排日路線。《時報》
與此類似。[130]《申》、《時》有競爭關係，政見卻無大

128　資料來源：外務省政務局，〈支那二於ケル閣及通信二關スル
　　　調查〉（大正八年九月印刷）；外務省情報部，〈支那二於ケル
　　　閣及通信二關スル調查〉（大正九年九月印刷），收入許金生主
　　　編，《近代日本在華報刊通信社調查史料集成（1909-1941）》，
　　　第 2 冊（北京：線裝書局，2014），頁 240-241、340-341。張元
　　　濟日記 1918 年 2 月 25 日條下，記上海五大報館銷量：「《新聞報》
　　　銷二萬六千餘、《申報》一萬九千餘、《新申報》一萬三千餘、
　　　《時報》九千餘、《時事新報》八千餘。」其紀錄與日人調查
　　　數字稍有距離，但比例相符。張元濟著、張人鳳整理，《張元
　　　濟日記》，上冊（石家莊：河北教育出版社，2001），頁 489。

129　五四前後《新聞報》主筆文公達，曾任李純督署秘書。江西文
　　　氏兄弟文群、文蘇及公達，皆獲李純重用。參見俞菜山，〈李
　　　純督蘇前後北洋內幕種種〉，收入中國人民政治協商會議全國
　　　委員會文史資料委員會編，《文史資料存稿選編：晚清・北洋
　　　（下）》（北京：中國文史出版社，2002），頁 8-11。

130　1918-1919 年日本外務省調查報告，認為《申》、《時》兩報傾
　　　向日本。報人龔德柏回憶錄，說史量才曾向日人借二十五萬兩
　　　銀子，條件是《申報》不得罵日本。但兩報在五四時期鼓吹聯
　　　美制日，事跡甚明。1919 年反日風潮發生後，兩報從原本向日
　　　本館事館登記，改為向法國領事館登記。《時報》發行人宗方
　　　小太郎，更斷絕與《時報》多年關係。參見外務省情報部，〈支

異。就 1918 年來看，《申報》和《時報》每月銷量共達 32,000 份；五四風潮後，銷量總數更上升至 35,000 份。其在滬上的影響力，超過研究系《時事新報》及中華革命黨《民國日報》。更值得注意的是，五四後《申報》和《新聞報》銷量都有增加，《民國日報》不增反跌。如果這個數字大致準確，則對孫中山派作用不可高估。張謇、趙鳳昌等東南名流，以及與他們關係密切的狄楚青、史量才等，[131] 通過控制滬上輿論，進而影響全國。五九國恥紀念日後，《申報》逐日報導上海、江蘇及各地抵制情形，冠以各種標題。《新聞報》也逐日以近半版面，報導商學各界抵制日貨情形。《時報》、《民國日報》篇幅雖不及前兩報，卻同樣逐日刊載相關消息。抵制運動得到報界配合，成為國民運動的重要推手。

其實，日人視為研究系機關報的《時事新報》，也和張謇集團關係密切。該報作為梁啟超派言論機關，早期由陳敬第、孟森經營，再由黃溯初，徐寄頤繼之，[132]

那二於ヶル聞及通信二關スル調查〉（大正八、九年九月），頁 239、340。龔德柏，《龔德柏回憶錄——鐵筆論政書生色》，上冊（臺北：龍文出版社，2001），頁 229-233。宗方小太郎著、甘慧杰譯，《宗方小太郎日記（未刊稿）》，下卷（上海：上海人民出版社，2016），頁 1150。

131 洪維清稱：狄楚青、史量才都出自張謇門下。洪維清，〈張謇辦實業概況〉，收入中國人民政治協商會議全國委員會文史資料研究委員會編，《工商史料（二）》（北京：文史資料出版社，1981），頁 6。

132 徐寄頤，〈《敬鄉樓詩》跋〉（1947.5），收入黃群撰、盧禮陽輯，《黃群集》（上海：上海社會科學院出版社，2003），頁 310。

據說張謇經費支持。[133] 五四前,主筆為張君勱,之後為張東蓀,是梁啟超所謂「吾黨」中堅,[134] 兼與黃炎培通聲息。1919 年4-5 月間,《時事新報》鼓吹抵制日貨不遺餘力。五九國恥紀念會後,連續七日刊登〈本報徵求輿論〉,主題為〈抵制日貨之方法〉,編者說明:

> 這一次的抵制如果還是像前幾次一樣,記者奉勸大家還不如早些不抵制,免得丟國家與民族的臉了。所以抵制日貨不難,有結果卻是甚難,換一句來講,就是三兩天的抵制不難,有計畫的抵制是甚難。但是如何能有結果?如何能持久?用如何的計畫?記者譾陋,還要向大家請教。[135]

該報隨後多日發表應徵文字,唯恐群眾熱情降低。[136]《銀行週報》編輯和作者,如徐滄水等投稿該報,並登廣告贊助。日本人視《時事新報》為「排日運動」鼓動者,確非無因。[137]

---

133 外務省政務局,〈支那二於ケル新聞紙二關スル調查〉(大正六、七年六月印刷),收入許金生主編,《近代日本在華報刊通信社調查史料集成(1909-1941)》,第 2 冊,頁 56、149。

134 五四前後,梁啟超派積極經營報館、學會、學校,張東蓀無役不與,包括主辦《時事新報》,籌設講學社(原擬稱共學社),重組中國公學、參與湖南制憲等。〈致張東蓀〉等諸人函,收入梁啟超,《梁啟超全集》,第 10 冊(北京:北京出版社,1999),頁 6026、6028、6030-6031、6033-6039、6042、6047-6048。

135 〈本報徵求輿論〉,《時事新報》,上海,1919 年 5 月 17-23 日,第 1 張版 1。

136 各方踴躍投稿《時事新報》情形,可見 5 月 23 日啟事:「本報自揭此徵求廣告以來,疊接各界來稿,每日不下數十函之多,足見同胞之熱心也。」〈本報徵求輿論〉之〈附啟〉,《時事新報》:上海,1919 年 5 月 23 日,第 1 張版 1。

137 外務省情報部,〈支那二於ケル聞及通信二關スル調查〉(大正九年九月印刷),頁 341。

（7）大來集團

　　五四風潮中，日本領事館及媒體經常指控美國在華官、商、教、報煽動抵制日貨。當時中國人中，也頗有認為抵制運動是英美人鼓動，學生僅為傀儡而已。英美人之鼓動風潮，則為收回歐戰失去之舊市場。嚴復1919年6月20日復熊純如書，即嘆：「上海罷市，非得歐美人默許，自無其事。而所以默許之者，亦因歐戰以還，日本勢力在遠東過於膨脹，抵制日貨，將以收回舊有市場，而暗中慫恿，以學生、康擺渡〔Comprador，另譯：買辦〕等為傀儡耳。」[138] 但僅注意外人動機，未免視華人過分被動。從各種史料來看，抵制運動更像中美人士的共謀。美國商人中，以大來輪船公司（The Robert Dollar Company）創辦人羅伯特・大來（Robert Dollar，一般稱大來船長）及現任總裁哈羅德・大來（J. Harold Dollar）為領袖，對美國商會亦最具影響力。

　　在大來父子推動下，1915年上海成立美國商會（American Chamber of Commerce of China），是美國在海外設立的首個商會。[139] 1919年《銀行週報》之〈列強在華之調查機關〉介紹：

　　　1915年6月9日，上海美商六十餘人，發起美國之中國商會，當時公推委員十人起草章程，上海

138　王栻主編，《嚴復集》，第3冊（北京：中華書局，1986），頁696。

139　上海美國商會組織及創會成員，參見 First Report of the Proceedings of the Executive Committee of the American Chamber of Commerce of China（臺北：成文出版社，據1917年版影印，1971。）

美國總領事沙木吳司氏（現任名譽會長），深表
贊同，於同年 8 月 18 日成立，會所設於上海仁記
路五號。該會會員，除上海及其附近之美商外，
尚有駐華美公使、代理公使、商務官、及上海美
總領事等。[140]

由此可知上海美國商會成員除了美商外，尚有駐華公使
芮恩施（Paul S. Reinsch）、代理公使（丁家立，C. D.
Tenney）、商務參贊（安諾德，Julean Arnold）、上海
美總領事（薩門司，Thomas Sammons），《密勒氏評
論報》主筆鮑威爾（J. B. Powell，或譯鮑惠爾）兼商會
書記，[141] 成為正式的交流平台。

　　就商業領域而言，五四時期美國商務參贊安諾德
（或譯：安立德）為一重要角色。[142] 安諾德在華四十
多年，被胡光麃譽為影響中國現代化最大的百位「洋
客」之一。[143] 他是何振模（James L. Huskey）所說「大

140　〈列強在華之調查機關〉，《銀行週報》，1919 年 3 卷 6 期，
　　　頁 16。

141　"Lists of Officials, Organizations, and Institutions" in Julean Herberd
　　　Arnold, *Commercial Handbook of China*, Vol. 2 (Washington: Government
　　　Printing Office, 1919-1920), p. 457. 約翰・本杰明・鮑惠爾（John
　　　B. Powell）著、尹雪曼等譯，《在中國二十五年——上海《密勒
　　　氏評論報》主持人鮑惠爾回憶錄》（合肥：黃山書社，2008），
　　　頁 61-68。

142　安諾德簡傳及其對華觀點，參考：Robert N. Yang, *Julean Arnold and
　　　American Economic Perspectives of China, 1902-1946* (Master Dissertation, San
　　　Jose State University, 1994). 安諾德流傳最廣的著作，是〈中國問題
　　　裡的幾個根本問題〉（*Some Bigger Issues in China's Problems*），胡適
　　　寫了〈請大家來照照鏡子〉推介。參見胡適，〈請大家來照照鏡
　　　子〉，收入潘光哲主編，《胡適全集：胡適時論集》，第 3 冊（臺
　　　北：中央研究院近代史研究所胡適紀念館，2018），頁 260-265。

143　胡光麃稱「民初二、三十年間，凡是在平、津與美國工商業稍
　　　有關連的人士，很少沒聽過裴林・安諾德的名字，或見過其本

來集團」的支持者，也是中美親善的鼓吹者。[144] 1918
年歐戰結束，中國商人普遍期待改協定關稅為國定關
稅，安諾德也明確支持中國修改稅則。[145] 他對日本的
商務擴張行動，也有警惕之心。[146] 經常提醒美國政
府，若不更努力，中國將被日本牢牢控制。[147] 胡光
麃1919年返國投身工業建設，對安諾德及其下屬的舉
動，有一些重要觀察：

> 安氏對於我國國際貿易，非常關切，時常都要赴
> 華南、華西、東北等處視察，並時派助手前往詳
> 作專門調查，諸如可能出口的物品（桐油、豬鬃、
> 核桃、雞蛋、花生、大豆、牛羊毛皮等）和其他
> 有關經濟的事項與動態，尤其注重路、礦、工業
> 的發展，有無需要外資的協助等資料，憑以激發
> 國人對創辦企業的興趣，和引導美商前來投資。
> 我因此也認識了他的一位助手，時任駐館的商務
> 委員（Trade Commissioner）佛蘭克・瑞（Frank

人。他是美國駐華使館的資深經濟參贊，非常熱愛中國且有助
於中國經濟開發的洋客。」胡光麃，《影響中國現代化的一
百洋客》（臺北：傳記文學出版社，1983），頁160。胡光麃
1920年代活躍於南北工業界，是麻省理工畢業的「國防會」會
員，與轟雲台和王正廷關係密切。

144 何振模（James L. Huskey）著，張笑川、張生、唐艷香譯，《上
海的美國人：社區形成與對革命的反應（1919-1928）》（上海：
上海辭書出版社，2014），頁8、50-51、78-79。

145 〈中國修改關稅之西論〉，《申報》，上海，1918年12月11日，
版6。

146 租蘭亞羅（Julean H. Arnold，即安諾德）原著、梁文明譯，〈論
我國商計〉，《寰球》，第1卷第4期（1916.11），頁4（九至
十三）。

147 Robert N. Yang, *Julean Arnold and American Economic Perspectives of China, 1902-1946*, p. 44.

Rhea）先生。此君體格瘦長，約六尺餘，年近六十而精神抖擻，談風甚健，常言及其在瀋陽晤日領事時暗攝東北鐵路線圖一事，且出示此照片一張，謂其時中美正在洽商貸款修築新法鐵路，日方以平行線理由抗議其事（似指 1907 年唐紹儀與美領事司戴德〔Willard Straight〕商洽建築法庫門至新民路線），言下頗為得意。又述及其在夏威夷任職時，曾繪製該區域海域圖，分為十英里方格，將日方漁船數目隨時填入格內，以測日人漁船之數目及所在處所是否踰規，亦可知其有無不軌之意向，敘述得興致勃勃，津津有味。至今想起，是否其人乃藉商務委員之名，而兼作軍事情報之資，作者當時不知美國派駐各國使館人員中有無如今之中央情報局機構人員，因素對政治缺乏興趣，自屬毫無警覺。[148]

胡光麃指安諾德部屬「藉商務委員之名，兼作軍事情報之資」，一語道破實情。1919 年 3 月安諾德還寫信給大來船長，討論人口眾大的中國已開始現代化進程，世界貿易重心將從大西洋移至太平洋，抱怨美國政府猶未覺醒，不知日本控制下的中國，將比德國控制下的歐洲對文明帶來更大災難。[149]

至於鮑惠爾負責的《密勒氏評論報》，則為大來集團喉舌。1919 年 5 月 31 日，《密勒氏評論報》引安諾

---

148 胡光麃，《影響中國現代化的一百洋客》，頁 164。

149 Robert N. Yang, *Julean Arnold and American Economic Perspectives of China, 1902-1946*, pp. 46-49.

德 4 月 22 日商務報告，提及中國棉業鉅子觀點，稱日本是美國在華主要競爭對手，抵制日貨運動對美國有利，頗有「以夷制夷」之意味。茲錄《密勒氏評論報》：

> 目前在中國所掀起的抵制日貨運動，使美國在中國市場上推銷棉紡織品的可能性大為增加，這事再次引起美國人的興趣。大戰以前，英國在華輸出棉紡織品方面，輕而易舉地取得了世界的首位。但在戰爭期間，由於海上運輸的困難和其他一些戰爭原因，日本人在這項貿易上，獲得了巨大的進展。……我們在這裡將美國駐華公使館商務參贊居立昂‧安諾德於本年 4 月 22 日在《美國商務報告》發表的一篇論文轉載於下，想係適合的：「中國的棉紡專家對我說，……美國棉紡織品在中國市場上的鋪路所以如是急劇降落，主要是由於日本製造商的激烈競爭，這些日本產商一步一步地把美國在中國市場所推銷的棉紡織品都奪過去了。……還有一層，由於日本產商能夠在上海、青島這些地方就地設廠製造，生產的成本降低，又和市場密切聯繫，這就使美國匹頭貨品的經銷商，很難在競爭方面獲得成功。……美國資本家如果願意在中國設立紗廠，在競爭價格限度內，從事製造適合的中國市場推銷的各種匹頭花色，他們現在已有良好的機會。」[150]

---

150 *"The Opportunity for American Piece Goods in China"*, *Millard's Review*, Vol. 8, No.14 (May 31, 1919), p. 542. 譯文參考上海社會科學院歷史研究所編，《五四運動在上海史料選輯》，頁 787-788。

安諾德提及「中國棉紡專家」之語，很可能指聶雲台
等上海實業家。查安諾德與聶雲台、張謇早有往來，[151]
1918 年他在上海長時間停留，期間與聶雲台、穆藕初
往來更多。「中國棉紡專家」告訴他，抵制日貨有利美
國商機，這一論點通過美國在華宣傳機構「中美新聞
社」發送全國，華洋報紙紛紛轉載。[152]

　　從 1919 年起，時常為《密勒氏評論報》撰稿的聖
約翰大學教授雷默，也是抵制運動鼓吹者之一。[153] 雷
默是美國聖公會海外佈道團（Missionary of the American
Church Mission）的傳教士，1913-1922 年在中國，[154]
執教上海聖約翰大學經濟系，從事商情調查。[155] 他
十分關切中國經濟及政治事務，常為中國民族運動及
民主運動搖旗吶喊。[156] 1920-1930 年代，雷默出版系

---

151 張謇日記 1917 年 3 月記有兩位美客來訪，由「前美商務員安諾德、
　　聶雲台介紹也」，間接透露了相關人際網絡。張謇，《柳西草堂
　　日記》，民國六年丁巳二月十六日（1917 年 3 月 9 日），收入《張
　　謇全集》編纂委員會編，《張謇全集》，第 8 卷，頁 824。

152 〈美國兀頭之市面〉，《申報》，上海，1919 年 6 月 3 日，版
　　12。〈美國兀頭之市面〉，《時事新報》，上海，1919 年 6 月 3 日，
　　第 3 張版 1。

153 雷默從 1919 年起為《密勒氏評論報》撰稿，是發表篇數最多的
　　一位作者。1917-1922 年，共 179 篇（含合著）。參考馬學強、
　　王海良主編，《《密勒氏評論報》總目與研究》（上海：上海
　　書店出版社，2015），頁 54-154。

154 "Contributors", *The China Mission Year Book 1919* (Shanghai: Kang
　　Hseh Publishing House, 1920)，收入本書編委會編，《中國基督
　　教年鑑》，第 14 冊（北京：國家圖書出版社，2013），頁 11。

155 《聖約翰大學五十年史略》（臺北：臺灣聖約翰大學同學會重印，
　　1972），頁 29。1921 年起，聖約翰大學成立經濟學會，以實地調
　　查商情為宗旨，由雷默指導，還給經費補助。熊月之、周武主編，
　　《聖約翰大學史》（上海：上海人民出版社，2007），頁 307。

156 鄭保國，《《密勒氏評論報》：美國在華專業報人與報格（1917-
　　1953）》（北京：北京大學出版社，2018），頁 155。

列著作：《中國的經濟》（*Readings in Economics for China*, 1922）、《中國的國外貿易》（*The Foreign Trade of China*, 1926）、《中國抵制外貨研究》（*A Study of Chinese Boycotts*, 1933）、《外人在華投資》（*Foreign Investments in China*, 1933），以文獻資料及實地訪談結合，皆非「紙上談兵」之作，更像供決策者參考。[157] 雷默和安諾德相識很早，都為《中國傳教使團年鑑》（*The China Mission Year Book*）供稿。在商業事務上，分享情報和觀點。雷默 1933 年出版 *A Study of Chinese Boycotts*，〈前言〉首先感謝安諾德。[158] 鮑威爾與傳教士團體也有關連，列名《中國傳教使團年鑑 1919》編委會。順帶一提，雷默 1922 年返美後執教密西根等大學，兼任政府智庫。二戰時，負責美國戰略情報局（Office of Strategic Services，簡稱 OSS）遠東部門，親自關切被日軍逮捕的鮑威爾。[159] 簡言之，美國在華官員、傳教士、教授、記者和商人，應

157　雷默（C. F. Remer）著，蔣學楷、趙康節譯，《外人在華投資》之〈出版說明〉（北京：商務印書館，1959），頁 1。日本人對雷默的書有著作回應。參考樋口弘著、北京編譯社譯，《日本對華投資》（北京：商務印書館，1959）

158　C. F. Remer, *A Study of Chinese Boycotts*, p. viii.

159　C. F. Remer 個人檔案，藏斯坦福大學胡佛圖書館。1941-1944 年，雷默以密歇根大學教授出任美國戰略情報局研究分局遠東組組長。1944-1945 年，轉任美國務院遠東投資和財政部顧問。參見：*Register of the C. F. Remer Papers*, p. 2. 引自網址：https://oac.cdlib.org/findaid/ark:/13030/tf5779n7gh/ (2020.1.11) 雷默在戰略情報局任職時，費正清為其下屬。費正清回憶錄中，描述了該組工作情形。參見費正清（John King Fairbank）著、陸惠勤等譯、章克生校，《費正清對華回憶錄》（上海：知識出版社，1991），頁 195-209。二戰爆發後鮑惠爾被日軍逮捕，獲釋返美時雷默親往迎接。參見鮑惠爾著、尹雪曼等譯，《在中國二十五年——上海《密勒氏評論報》主持人鮑惠爾回憶錄》，頁 408-409。

視為一個資訊網路的共享者。

　　總之，在五四時期，「大來集團」的成員，包括美國商務參贊安諾德、《密勒氏評論報》主筆鮑威爾、聖約翰大學經濟學教授雷默等，形成對中國事務的共同看法：必須打破日本對華市場的壟斷，抑制其在亞洲的野心。1919 年 6 月 5 日，上海罷市之夜，哈羅德・大來在美國商會發表年度報告，《密勒氏評論報》刊出講詞全文。[160] 上海各報從《大陸報》轉譯其主張，以日本為假想敵，提出加強中美合作的建議。[161]

　　綜觀東南集團和大來集團的主張，五四時期的抵制日貨風潮，可視為中美精英的共謀。這一看法，從1915年二十一條交涉後，成為雙方共識。雷默對抵制運動的研究，指出 1915 年經驗給華人絕大啟示：

　　中國人初次意識到抵制將在他們手上成為一種有力的武器。[162]

1920 年代初安諾德為中華續行委辦會（the China Continuation Committee）寫稿，[163] 分析〈中國人民經濟

160　J. Harold Dollar, "American Trade in China Now- And in the Future", *Millard's Review*, Vol. IX (1919.6.7), pp. 34-38.

161　〈美商對華貿易之主張〉，《申報》，上海，1919 年 6 月 7 日，版 8。

162　C. F. Remer, *A Study of Chinese Boycotts*, pp. 53-54.

163　中華續行委辦會是整合在華傳教士的重要機關，由世界青年會領袖穆德主導，執行委員會將近四十位中西人士，余日章是委員之一。中華續行委辦會調查特委會（1918-1921）名單，參見中華續行委辦會調查特委會編，蔡詠春等譯，《1901-1920 年中國基督教調查資料》，原《中華歸主》修訂版之〈導言〉，上卷，（北京：中國社會科學出版社，1987），頁 2-4。並參王成勉，〈基督教合作運動之困境──「中華全國基督教協進會」之研究〉，收入氏著，《教會、文化與國家：對基督教史研究的思索與案例》（臺北：宇宙光全人關懷，2006），頁 108-116。

生活的變化〉，稱抵制日貨為「有效的經濟武器」，稱讚中國工業的進步：

> 過去十年中，中國在發展工業方面取得了巨大的成就。這些成就是對中國人民經濟生活的革命。上海由於它位於戰略要地，處於中國人口最密地區的心臟，已經發展成為主要的工業中心。……如果說有一種現代工業在中國取得了顯著成績的話，那就是紡織工業。……過去幾年中，抵制日貨運動對中國的機械紡織和手工紡織都起了很大的作用，因為日本棉織品是被抵制的。提倡國貨的愛國主義游行曾經遍及全國各地。抵制日貨成了一種有效的經濟武器，中國將來還會運用這種武器。[164]

總結雷默、安諾德等俱稱抵制運動為促成中國經濟發展的有力手段，我們不能不懷疑，抵制運動是中美人士的共謀。近年高瑩瑩研究指出，山東一省抵制風潮，有北京美國公使館策動及基督教青年會參與，據說獲得美國政府指示。[165] 黃自進對日本駐華公使館及領事館的考察，也指學生運動受英美勢力支持。[166] 從以上所引安諾德等言論看來，抵制運動應是中美人士之共謀。

更引人尋思的是，陳曾燾撰寫《五四運動在上海》

---

164 中華續行委辦會調查特委會編，蔡詠春等譯，《1901-1920 年中國基督教調查資料》，原《中華歸主》修訂版，上卷，頁 93、95-96。

165 高瑩瑩，〈反日運動在山東：基於五四時期駐魯基督教青年會及英美人士的考察〉，《近代史研究》，2017 年第 2 期，頁 147-148。

166 黃自進，〈日本駐華使領館對五四學生愛國運動的觀察〉，《思想史》，2019 年第 9 期，頁 63-109。

時，在美國訪問晚年的雷默，承其告以「在上海五四運
動中親身經驗的第一手見聞」。[167] 陳曾燾或許在雷默
提醒下，重視抵制運動的重要，鄭重指出：「由上海中
國人所發起的抵制日貨運動，是整個五四運動期間所使
用最有力、最具效果的武器。」陳曾燾又指出，抵制運
動由商人開始，繼之以學生的有力宣傳，使運動很快蔓
延整個城市。[168] 陳曾燾還引用雷默收藏的〈上海學生
聯合會章程〉，[169] 顯示雷默對上海學運的關心，並可
能與學生領袖交往。如今我們缺乏直接資料，難以考知
雷默在學生運動中的具體作用，但可以確知的是，雷默
的《中國抵制運動研究》一書，作者本人與歷史現場極
為接近，而且可能以直接間接方式，將其觀點提供給上
海學生、教師及商人，成為他們的策略顧問。

三、抵制的模式

「華人同聲抵制，……以收贊助政府之效。……將來銷敵
強權，漸回國勢，正宜神明此策。」

～ 1905 年夏，張謇，〈致袁世凱函〉[170]

　　依照雷默對中國抵制運動的看法，1905 年是第一

167　陳曾燾著、陳勤譯，《五四運動在上海》，頁 2。

168　陳曾燾著、陳勤譯，《五四運動在上海》，頁 102-103。

169　陳曾燾著、陳勤譯，《五四運動在上海》，頁 122，註 35。

170　張謇，〈致袁世凱函〉（1905 年夏），收入《張謇全集》編纂
　　　委員會，《張謇全集》，第 2 卷，頁 142。

次具有全國規模的事件。從 1905 年到 1919 年，中國抵
制外貨的對象有變，策略及形式卻有延續性。張存武
和黃賢強研究 1905 年抵制風潮，皆將之與 1919 年比
較，提出民族主義覺醒的意涵。[171] 黃賢強復引用日本
學者入江昭的看法，指出 1905 年抵制運動為時不長，
理念和策略卻被繼承下來。五四時期的動員方式，許多
1905 年都已出現。[172] 周永明更從技術革新的角度，指
出 1905 年報紙對公電的運用，使這場民族主義擴大為
全國動員。[173] 桑兵則對學生把抵制「由口頭紙面變為
實際行動」作了細緻描述，且在辛亥時期發揚光大。[174]
本節更欲補充的是，1905 年抵制風潮尚有三個特點：
一、張謇集團的領導作用；二、以民意為政府外交後
盾；三、「抵制」和「運動」交相為用；它們在五四時
期也有一脈相承的展現。

（1）張謇集團的領導

考察 1905 年上海的抵制美貨風潮，最需要指出的
一個事實，是張謇集團的領導作用。細閱相關史料，可
知學界發起者有：張謇、馬相伯，李平書、袁觀瀾、吳

---

171 張存武，《光緒卅一年中美工約風潮》（臺北：中央研究院近
    代史研究所，1966），頁 243-246。黃賢強著、高俊譯，《1905
    年抵制美貨運動──中國城市抗爭的研究》，頁 127。

172 黃賢強著、高俊譯，《1905 年抵制美貨運動──中國城市抗爭
    的研究》，頁 146-161。

173 周永明著，尹松波、石琳譯，《中國網絡政治的歷史考察：電
    報與清末時政》（北京：商務印書館，2013），頁 123-140。

174 桑兵，《晚清學堂學生與社會變遷》（桂林：廣西師範大學出
    版社，2007），頁 219-262。

懷疚、龔子英等人；商人響應者為：曾鑄、祝蘭舫、蘇
葆笙、朱葆三等人。年輩較輕的穆杼齋、穆藕初兄弟
等，亦奔走呼籲。就社會團體言，以滬學會牽頭，上海
商務總會（上海總商會前身）、廣肇公所、泉漳會館、
四明同鄉會等團體響應。上海《時報》全力配合，儼然
對外喉舌。[175] 張謇集團之總動員，其用意兼為立憲運
動開道。名滿天下的曾鑄，是台面上的發言人，卻非幕
後的主事者。曾氏被推為領袖，是因 1905 年 5 月 10 日
上海商務總會作出抵制議決，決定通電各埠共同響應
時，他是唯一簽名的會董。是後榮辱毀譽集矢於彼，誠
出其意料之外。

　　抵制美貨風潮五十年後（1954 年），這場運動被
說成是「普及於全國各地各階層的人民愛國運動」。[176]
實則 1905 年反美風潮起於海外，滬上鼓吹者為商學領
袖；當此運動擴大至全國各地，響應者亦多紳商之流。
張謇集團不僅參與其事，更主導輿論方向。當糾紛漸
增，漸有軼出軌外時，張謇受商部命出來調停，還負責
撰寫結案報告。[177] 曾鑄在風潮中與張謇、馬相伯緊密
合作。[178] 風潮中，出力甚多的蘇筠尚家族，則是曾鑄
世交。蘇氏一家，事後又贊助《山鐘集》出版，兼校

175 和作輯，〈一九〇五年反美愛國運動〉，《近代史資料》，1956 年第
　　1 期，頁 1-90。張存武，《光緒卅一年中美工約風潮》，頁 51-52。

176 〈編者的話〉，《近代史資料》，1956 年第 1 期，頁 1。

177 張謇，〈復商部函〉（1905.9.4），收入《張謇全集》編纂委員會，
　　《張謇全集》，第 2 冊，頁 143-145。

178 張謇，《柳西草堂日記》光緒三十一年（1905）七至八月，
　　頁 613-614。

訂文字，為風潮留下紀錄。[179] 曾鑄於1905年風潮平息
後，被趙鳳昌推為上海商務總會（民國成立後，改稱上
海總商會）總理。其就職演說，更是趙鳳昌托鄭孝胥
代撰。[180] 曾鑄以閩幫領袖為商會總理，打破盛宣懷集
團之壟斷，張謇集團的幕後運作明顯可考。[181] 從1906-
1908年，張謇對曾鑄極相倚重，邀約共創中國圖書有
限公司，舉曾鑄為總理，張謇為協理，沈恩孚為編輯所
主任。[182] 張謇等擬定南向策略，亦委曾鑄赴南洋、西貢

---

179 1905年抵制美貨風潮中，蘇本炎發起創辦中國紙煙公司，與英
美煙公司競爭。蘇氏昆仲主辦的上海民立中學教員配合研發紙煙。
參見〈上海蘇本廉計六〉、〈中國紙煙公司同人〉、〈上海中國紙
煙有限公司商標〉、〈上海中國紙煙有限公司廣告〉，收入蘇紹柄
編輯，《山鐘集》，第4冊（上海：上海鴻文書局，光緒三十二年
七月再版），頁533、549、卷末廣告版。〈中國紙煙公司致曾鑄
函〉，收入上海社會科學院經濟研究所編，《英美煙公司在華企
業資料匯編》，第4冊（北京：中華書局，1983），頁1306。

180 1905年12月8日鄭孝胥日記：「為曾鑄（少卿）草商會總理到
會演說一則，乃趙竹君所托也。」中國歷史博物館編、勞祖德
整理，《鄭孝胥日記》，第2冊（北京：中華書局，1993），頁
1019。鄭孝胥作為閩人領袖，文名滿天下，確是代筆最佳人選。

181 張謇在風潮中的作用，張存武書也頗有涉及。參見：張存武，《光
緒三十一年中美工約風潮》，頁74、102、150、154-155、201。

182 當時張謇等集合華股創辦中國圖書公司，有挑戰含日股的商務印
書館之意。參考張謇，《柳西草堂日記》，頁634-638、664、
671。中國圖書公司招股緣起、章程、廣告，均收入《張謇全集》
編纂委員會編，《張謇全集》，第5冊，頁98-104。馬相伯，〈中
國圖書有限公司招股緣起啟〉，收入朱維錚主編，《馬相伯集》
（上海：復旦大學出版社，1993），頁64-67。張靜廬為陸費逵
〈六十年來中國之出版業與印刷業〉註語：「1908年席子佩〔、〕
傅子瀠等創設中國圖書公司，有張季直、曾少卿等投資，股本
五十萬元，建印刷廠於上海小南門陸家浜，設發行所於河南路
商務印書館對門，為商務教科書營業上唯一的勁敵。民初，商
務暗地派人收買股票，1913年終為商務所佔，改號『中國和記
圖書公司』，就發行所於福州路，1918年併入商務。印刷廠曾
一度改為民立圖書公司，後歸併中華。」收入張靜廬輯註，《中
國近現代出版史料補編》，第6冊（上海：上海書店出版社，
2003），頁283。中國圖書公司為中華書局創立之先聲，其股東

連絡。[183] 1906 年，曾鑄又與李平書（鍾鈺）等合辦華
成保險公司，以穆湘瑤（杼齋）為總理。[184] 觀其各種
事業之合作者，多張謇集團中人。1908 年曾鑄病故，
張謇輓詞沉痛：「匹夫而天下歸仁，宗國其興，剡果蒙
泉生氣在；一瞑而萬世不視，遺言可痛，傾河倒海哭公
來。」[185] 十年後，復作〈曾少卿像贊〉，[186] 追悼之情發
自衷腸。

（2）以民意為外交後盾

　　1905 年風潮尚有一大特點，即中央和地方，官府
和民眾，有協力合作之默契。簡言之，政府倚民意為外
交後盾，民眾對政府為反面贊助。[187] 當美國駐滬總領
事羅志思（James L. Rodgers）要求慶親王懲罰曾鑄，
兩江總督周馥為之脫罪，可見官商默契。[188] 張存武《光
緒卅一年中美工約風潮》一書，引用光緒三十一年四月
曾鑄稟外務部文，言之最為直白：

　　　愚以為此後外人如有要挾，憲部或有為難，可密

及主事者也頗有淵源。

183 張謇，《柳西草堂日記》，光緒三十一年（1905）十月十五、
　　十月二十日條，頁 617。
184 李平書等，《李平書七十自敘》（上海：上海古籍出版社，
　　1989），頁 53。
185 張謇，《柳西草堂日記》，頁 617、619、634、637、662-663、
　　665。
186 張謇，〈曾少卿像贊〉，收入《張謇全集》編纂委員會編，《張
　　謇全集》，第 6 冊，頁 463。
187 張存武，《光緒卅一年中美工約風潮》，頁 43-50。
188 黃賢強著、高俊譯，《1905 年抵制美貨運動——中國城市抗爭
　　的研究》，頁 129-130。

> 電駐滬參議〔楊〕士琦，授以意旨，轉諭商董，
> 開會抗議。外人最畏動眾，或可因此為辦理外交
> 之一助。[189]

這是上海商務總會和北京外務部共謀對外的證據。當日外務部辦理涉美事務者，為前駐美公使伍廷芳（外務部侍郎）。美方盛傳伍廷芳幕後主持風潮，可見彼等亦有人洞悉內情。[190] 當時商部派駐上海商務總會者，為右參議楊士琦，專門連絡外務部；另一位駐上海的商部左參議王清穆，則連絡商部。5月10日上海商務總會初次集議，楊士琦在場與議，角色相當微妙。[191]

不特如此，1905年抵制風潮，既有官民協作之底蘊，也有伸張紳權之作用。當直隸總督兼北洋大臣袁世凱下令禁止抵制美貨，認為日俄戰爭方止，正賴美國協助維持中國權益，不可得罪友邦。張謇去函袁氏，解釋抵制運動兼為立憲運動先聲：

> 美禁華工，非常虐待，凡自美歸者皆如此言。華

---

189 張存武，《光緒卅一年中美工約風潮》，頁 243-244。張存武斥曾鑄此說過於自負，兼開民權革命之說，似未完全理解官商聯絡的實情，以及東南紳商兼謀立憲的背景。

190 黃賢強不贊成伍廷芳主謀之說，否則美國政府不可能同意他1907年再度使美。又認為1905年風潮是中國人自發的集體運動，美國人不免高估個人的重要性。其實黃氏二說，皆有斟酌餘地。就第一說，關於伍廷芳和美國朝野的關係，非本文能詳論。就第二說，伍廷芳或曾鑄確實無力推動這次風潮，但張謇等通過教育會和商會系統，卻著實展現了廣泛影響力。關於伍廷芳任駐美公使的表現，及其在抵制美貨風潮中的角色。參考黃賢強著、高俊譯，《1905年抵制美貨運動──中國城市抗爭的研究》，頁 137-138、140。張雲樵，《伍廷芳與清末政治改革》（臺北：聯經出版事業公司，1987），頁 461-633。

191 張存武，《光緒三十一年中美工約風潮》，頁 43、63。

人同聲抵制，遍各行省。此等國民知識、文明競
爭，五年之前所不敢望。幸而有之，是宜養成，
以收贊助政府之效。所謂贊助，有正有反，正助
有力，反助尤有力。公此次請禁華人不用美貨之
議，與當下外交手法極合，是公目光靈處。愚以
為公自行公政策，各省華人自行各省華人抵制之
策。兩面相夾，正合飛鉗掉闔之用。將來銷敵強
權，漸回國勢，正宜神明此策。惜政府不能如公
之靈敏也。……為公計，止發一疏足矣。海內外
人皆知之矣，不可有第二篇。萬幾決於公論，此
對外之正鋒，立憲之首要。[192]

張謇所謂「正」「反」交相為用的「神明此策」，是達
到「銷敵強權，漸回國勢」之目的。其眼光靈活，措詞
巧妙，對袁氏有提醒，有警告。[193] 1905 年的「神明此
策」，正可以重複使用。對外風潮，可兼對內作用。贊
助之法，有正也有反。「反面」之助，可能更有效力。
一旦情勢急轉，亦可順水推舟，己身亦無損傷。東南互
保及辛亥革命，即其手腕靈活之明證。

192　張謇，〈致袁世凱函〉（1905 年夏），收入《張謇全集》編纂
　　委員會，《張謇全集》，第 2 卷，頁 142。

193　駐滬商務參贊楊士琦是著名的袁（世凱）黨，此時與張謇頗通
　　聲氣。張謇，《柳西草堂日記》，頁 583-584、614。

（3）「運動」和「抵制」交相為用

尚有一可論者，即 1905 年之抵制風潮，從製定有
效的運作手段，到迅速落實為行動指南，均展現非凡的
組織力及動員力。風潮初起不久，即有《廣勸抵制美約
說》流傳，宣導「滬上各商會〔、〕學會研究對待美約
之辦法，翕然同聲以抵制為要著……，所有諸方法大約
不外二者，一曰運動，一曰抵制」，而交相並用。作者
繪製成下列二圖，很可能是一種行動守則：[194]

194　《廣勸抵制美約說》，轉引自和作輯，〈一九〇五年反美愛國運
　　動〉，《近代史資料》，1956 年第 1 期，頁 21-23。編者說明：
　　「《廣勸抵制美約說》：編者不詳，鉛印本，封面題『光緒三十一年
　　〔一九〇五年〕歲次乙巳孟秋月』，封底題為『非賣品』〔，〕『看
　　後送人〔，〕幸勿擱藏〔，〕翻刻傳送〔，〕功德無量。』」頁 89。

圖一之九：運動方法

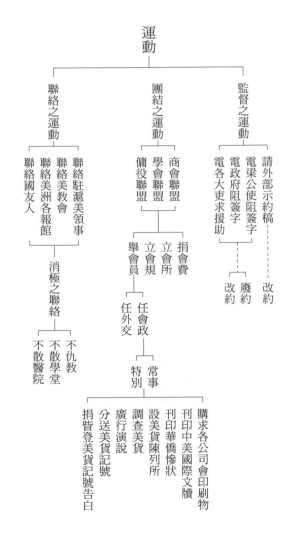

圖片來源：《廣勸抵制美約說》，引自：和作輯，〈一九〇五年反美愛國運動〉，《近代史資料》，1956 年第 1 期，頁22。

圖一之十：抵制方法

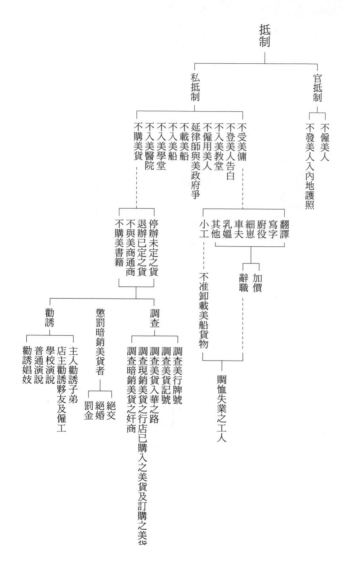

圖片來源：《廣勸抵制美約說》，引自：和作輯，〈一九○五年反美愛國運動〉，《近代史資料》，1956 年第 1 期，頁22。

　　觀此二圖策略之全面，辦法之嚴密，確經細緻之規
劃，具統籌之能力。此表必為眾議之結果，策劃者有政
府之消息，兼悉美方之情形。唯學界中人可以為之，且
必有留美歸國學生參與。《字林西報》感嘆：「任何注
意當前反美騷亂過程的人都不能不對整個運動的典型的
美國方式留下印象：舉行公共集會，發表演說，散發傳
單，選舉代表出席大會。」美國報紙也對運動的「有條
不紊」和「團體之固」感到意外。[195] 1919 年，華人抵
制對象改為日本，手法一脈相承。聯絡美國人士一道，
更易為功。總之，就「運動」和「抵制」而言，不能不
說上海商學領袖是一群老手。在既有模式的基礎上，作
大規模的城市動員，遂有五四一役之戰績，乃至抵制日
貨之成效。

四、國恥紀念和演說競進

「今日之世界，商戰之世界也。」[196]

～ 1916 年 6 月，謝李康，〈中國郵船始航太平洋頌詞〉[197]

　　五四時期的抵制日貨運動，早期研究者咸認為學生
扮演了主要角色。[198] 近年李達嘉仍強調上海學生的主導

195　桑兵，《晚清學堂學生與社會變遷》，頁 233。

196　賀葆真著、徐雁平整理，《賀葆真日記》（南京：鳳凰出版社，
　　　2014），頁 500。

197　謝李康，〈中國郵船始航太平洋祝詞〉，《復旦雜誌》，1 卷 2
　　　號（1916.6），頁 9。

198　周策縱著、周子平譯，《五四運動：現代中國的思想革命》之〈著

性，認為「五四抵制日貨運動，學生從一開始便企圖掌握主導權，並且積極地進行全面性的動員。」[199]彭明則說上海學生「提倡國貨、反對日貨」運動的規模，超過了北京。[200]另一方面，研究者關注運動的型態，探討手段的模式。華志堅認為五四學生的行為，如：街頭演講、書寫傳單和請願書等等，大多從教師學習得來。[201]本節將進一步指出，上海及江蘇各級學校對學生的教導訓練，是一系列愛國教育的落實執行，總策劃中心為江蘇省教育會。教育會和青年會的通力合作，又擴大了國民教育的範圍及幅度，強化了宣傳效果。五四後，教育會和青年會益發齊心協力，致力延續抵制日貨及提倡國貨的熱度，使之成為國民教育及國民運動的重要環節。

（1）「五九國恥」與抵制浪潮

　　從 1915 年以來的「五九國恥紀念」，是在江蘇省教育會大力推動之下，成為國民教育的重點之一，並於 1919 年成為上海響應北京學生愛國運動的開端。羅志田〈救國抑救民？「二十一條」時期的反日運動與辛亥五四期間的社會思潮〉，追溯「國恥紀念」的製定，說明穆藕初及江蘇省教育會的關鍵作用，並通令江蘇全省各級學校必須推行國恥教育。羅志田所提出的幾個面

者序〉，頁 1-2、195。

199　李達嘉，〈罪與罰——五四抵制日貨運動中學生對商人的強制行為〉，頁 105。

200　彭明，《五四運動史》（北京：人民出版社，1984），頁 326-327。

201　華志建（Jeffrey Wasserstrom）著、趙小建譯，〈正確的抗議策略是從哪裡來的？——上海學生運動傳統之演變〉，頁 117-140。

向，還值得進一步說明。

　　首先是國恥紀念日的制定，與江蘇省教育會的相關性。羅志田指出 1915 年二十一條交涉發生後，穆藕初是首先提出國恥紀念及國恥教育的人。1915 年 5 月 14 日，與江蘇省教育會密切連繫的穆藕初，致電天津「全國教育聯合會」代表呼籲：

> 交涉蒙恥過去，國民教育方亟，請各代表通告各本省大中小各教員，研究此次交涉理由，充史與資料，喚起國民自覺，為救亡圖存整〔準〕備。願大家毋忘 5 月 7 日之國恥。[202]

16 日全國教育聯合會通電上海《申報》及各報館，響應穆氏的提議：

> 敬告全國教育界諸君公鑒：交涉累月，卒蒙奇恥。以垂亡之國，求一息之生存，全賴國民自覺，我教育界負責尤重。惟堅忍可持永久，惟互相淬屬可期全國一致。現已議決每年 5 月 9 日為本會開會期，即以紀念國恥。[203]

羅志田注意到江蘇省教育會的反應尤為積極。[204] 1915 年 5 月 20 日《申報》記江蘇省教育會致各縣教育會函，通告江蘇全省及上海各學校職教員，承擔國恥教育的責任：

> 昨經敝會幹事公同集議，即通知本省各學校，以

202　〈喚起國民自覺心〉，《申報》，上海，1915 年 5 月 16 日，版 10。

203　〈公電〉，《申報》，上海，1915 年 5 月 19 日，版 3。

204　羅志田，〈救國抑救民？「二十一條」時期的反日運動與辛亥五四期間的社會思潮〉，頁 76。

> 每年 5 月 9 日為國恥紀念日，是日職教員等定時
> 集合各學生，將此次中日交涉情形講述一過，并
> 加入學曆，以免中輟。此係吾人創鉅痛深為發憤
> 自強之計，與教育行政並不相侵。[205]

查 1919 年上海各報對五九國恥紀念日學界動態的報
導，確有貫徹教育會的決議，由師長向全體學生講述
國恥由來。[206] 此一每年紀念國恥、講述國恥的儀式，
切不可輕忽視之。1916-1919 年，它塑造了學生的國恥
感，強化了對日本人的惡感。

　　其次，羅志田還注意到五七和五九國恥紀念的差
別。他指出「值得注意的是在江蘇教育會的決定之前，
一般都將 5 月 7 日即日本提出最後通牒之日為國恥日。
在該決定之後，則越來越多的人將 5 月 9 日即袁世凱政
府決定接受『二十一條』之日為國恥日。另外，無論
是在北京、上海或其他地方，商界通常都取 5 月 7 日
為國恥日，而學界則通常取 5 月 9 日。」[207] 惟此說尚
待詳考。1919 年，就全國範圍來說，除了江蘇、浙江
二省之外，商學兩界大體紀念五七。就城市來看，上
海、南京、杭州等市，商學二界在五九停課、停業。[208]

---

205 〈毋忘國恥紀念日之通函〉，《申報》，上海，1915 年 5 月 20 日，
　　版 10。
206 1916-1918 年上海報章鮮見記載各校國恥紀念日活動，此非各校
　　不曾落實，只是未揭諸報端而已。
207 羅志田，〈救國抑救民？「二十一條」時期的反日運動與辛亥
　　五四期間的社會思潮〉，頁 76。
208 龔振黃編，《青島潮》，收入中國社會學院近代史研究所、近
　　代史資料編輯組編，《五四愛國運動》，上冊（北京：中國社
　　會科學出版社，1979），頁 192-205。上海五九停課停業廣告，
　　見《申報》，上海，1919 年 5 月 7 日，頭版。

北京、濟南則紀念五七。[209] 由此可見，五七和五九之別，是北、南之別，非商、學之異。上海及江浙兩省紀念五九，顯示了江蘇省教育會在東南地域的影響。五四以後，北京專門以上學校學生致全國報館及省教育會等團體公電，請 5 月 7 日「一致舉行國恥紀念會」，[210] 故上海等地在五七召開國民大會。穆藕初有感於南北步調不一，後來提出全國以五九永為國恥紀念日，理由為：「五月九日為我國屈服於彼勢力之一日，鄙意永宜以五月九日為國恥日，全國一致，以免歧異。」[211]

此外，1915 年袁世凱政府對國恥紀念日的法律制定，反映了江蘇省教育會對政府教育部的影響力。馬建標〈歷史記憶與國家認同：一戰前後中國國恥記憶的形成與演變〉，注意到北京教育部 1915 年 5-6 月有幾個積極行動：5 月 12 日，教育部長湯化龍在全國教育聯合會上做閉幕講話，提出此後教育應務使學生能「臥薪嘗膽，期雪恥於將來。」6 月，教育界向全國各省發出「國民教育」咨文：「知恥乃能近勇，多難足以興邦。……普敗於法，乃以其事日詔國人，厥後戰勝。論者咸歸功於國民教育。」6 月 20 日，江蘇省各校長會議決定，未來要使用一切教育手段，「務使人人知有此辱

209 北京國民外交協會定五七「國恥紀念日」召開國民大會，電請各省商會、省議會、教育會響應。〈國恥紀念日之國民大會〉、〈昨日國民外交協會兩要電〉，《晨報》，北京，1919 年 5 月 8 日，版 2。

210 〈北京學校學生全體公電〉，《申報》，上海，1919 年 5 月 6 日，頭版。

211 穆藕初，〈永久抵制劣貨之方法〉，收入穆家修、柳和城、穆偉杰編，《穆藕初年譜長編》，上卷頁 60。

也」，即是為了貫徹教育部的咨令。[212] 惟此說有倒因
為果之嫌，其實江蘇省教育會是發動國民教育之團體，
並非被動配合教育部才推行國恥教育。羅志田指出，
「從〔1915 年〕4 月 20 日到 5 月 21 日在天津召開的全
國各省教育聯合會上，代表們著重討論了如何使下一
代不忘此次的國恥。他們要求將這次的國恥經歷寫入
教科書，這個建議被納入全國教育計劃並在參政院通
過。」[213] 也就是說，國恥紀念被政府明訂列入教育內
容，是各省教育聯合會採取主動，再獲教育部支持下令
貫徹。1915-1919 年任教育次長的袁希濤，是江蘇省教
育會駐北方代表，必在其中有推動促進之功。此後每
年國恥紀念日，各校停課以示不忘。1918 年浦東中學
校長朱叔源提醒大眾，此日應在各校集會演說，使人
人懷雪恥之心。[214] 以 1918 年國恥紀念為例，5 月 10 日
《民國日報》報導：「本埠各學校昨日多舉行國恥紀念
會」，可見實現之概況。[215]

　　事實上，1915 年中日二十一條交涉之際，也引發
了抵制日貨風潮及提倡國貨運動。在上海，唐紹儀、伍
廷芳和名流，都參與抵制日貨之呼籲。[216] 王正廷也是

212 馬建標，〈歷史記憶與國家認同：一戰前後中國國恥記憶的形
　　 成與演變〉，《近代史研究》，2017 年第 2 期，頁 116。

213 羅志田，〈救國抑救民？「二十一條」時期的反日運動與辛亥
　　 五四期間的社會思潮〉，頁 76。

214 吳蔭松、陳樹昌筆記，〈浦東中學校長朱叔源君國恥紀念日演
　　 說辭〉，《民國日報》，上海，1918 年 5 月 14-17 日，版 11。

215 〈學校紀念國恥〉，《民國日報》，上海，1918 年 5 月 10 日，
　　 版 10。

216 〈張仲良來函〉（1915.6.11，北京），收入駱惠敏編、劉桂梁等

倡議者之一。[217] 許多觀察者都注意到，抵制日貨運動
有難以為繼的困境，但 1915 年「提倡國貨的活動在各
地『勸用國貨會』的推動下仍然持續活躍了相當長的時
間。抵制日貨時間從 2 月起基本持續到是年年底，其
中最為活躍的是 3 月到 7 月的五個月。在此期間日本
對華貿易損失甚大。」[218] 在滬商幫協會正副會長馬乙
棠、鄒敬齋，均提倡國貨。[219] 虞洽卿更出任「勸用國
貨會」會長，發起救國儲金運動。[220] 上海總商會正副
會長周金箴、朱葆三，也響應支持儲金運動。[221] 江蘇
省教育會去函救國儲金團，表示將「分函各縣教育會，
屬其廣為提倡，共策進行。」[222] 1915 年的抵制日貨經
驗，對 1919 年有很大啟示。抵制日貨和提倡國貨，成
為五四風潮的重要內涵，非僅罷課罷市罷工而止。

　　1915 年 8 月，江蘇省教育會在常年大會中，開始討
論把抵制日貨和提倡國貨納入國恥教育，會員穆藕初再
次扮演了推動者的角色，期許江蘇省教育會為天下倡：

　　　　吾蘇教育事業為全國人士觀聽所集，吾會又為蘇

　　　譯，《清末民初政情內幕──〈泰晤士報〉駐北京記者袁世凱政
　　　治顧問喬‧厄‧莫理循書信集》，下冊（北京：知識出版社，
　　　1986），頁 456。

217　陳曾燾著、陳勤譯，《五四運動在上海》，頁 126。

218　羅志田，〈救國抑救民？「二十一條」時期的反日運動與辛亥
　　　五四期間的社會思潮〉，頁 67。

219　〈旅滬商幫提倡國貨大會紀事〉，《申報》，上海，1915 年 3
　　　月 25 日，版 10。

220　馮筱才，《政商中國：虞洽卿與他的時代》（北京：社會科學
　　　文獻出版社，2013），頁 72-92。

221　〈提倡儲蓄大會紀事〉，《申報》，上海，1915 年 3 月 1 日，版 10。

222　〈救國儲金紀要〉，《申報》，上海，1915 年 5 月 3 日，版 10。

> 省教育事業最高級機關，自吾會提倡實用主義以
> 來，各處聞風興起，漸收實效。近數年間，社會
> 百事均近枯寂，唯吾蘇教育事業，頗呈活動氣象，
> 以是社會屬望於吾會者日深。近自中日交涉以
> 後，全國震慄，提倡國貨，振興實業之聲，日唱
> 日高，唯在在缺乏一種最緊要之主幹學術家，為
> 之左右補助，孰為任之，唯有吾會。[223]

以穆藕初和黃炎培的情誼，會議前後必熟商密議，力謀
教育家和實業家之合作。從積極面說，是「提倡國貨，
振興實業」；從消極面說，是抵制日貨，防堵強鄰。此
二項，是五四前後江蘇省教育會及所屬各級學校，列為
愛國運動之兩大主軸。

（2）國民教育之演說競進

　　1919 年北京五四風潮發生後，上海各界迎來了五
七和五九國恥紀念。當時號稱「國民大會」，實即紀念
國恥之集會。[224] 由江蘇省教育會領導的大會，前一日
召集各校校長籌備會上，把「提倡國貨」列為目標之
一，更明確提出：「〔中日〕交涉未了以前，抵制日
貨，先從調查入手」。[225] 會前江蘇省教育會主持的各
界籌備會，議決之一是：「提倡國貨一項，……於國民

---

223 穆藕初，〈致江蘇省教育會勸辦高等化驗分析所〉，收入穆藕
初著、穆家修等編，《穆藕初文集（增訂本）》，頁 128。

224 〈〔北京〕國恥紀念日之國民大會〉、〈各地方之國恥紀念大
會〉，《晨報》，北京，1919 年 5 月 8 日，版 2。

225 〈國民大會籌備紀事〉，《申報》，上海，1919 年 5 月 7 日，版 10。

大會開過以後，仍決議繼續進行，不達交還青島，廢去
密約及二十一條款以前不止云。」[226] 可見江蘇省教育
會把提倡國貨，抵制日貨，列為國恥紀念重要項目。
五九國恥紀念日當天，滬上各校上午先召開國恥紀念
會，全體教職員生參加。紀念會上，校長、教職員或來
賓演說國恥由來，兼涉抵制日貨提倡國貨。報載學生聽
講情緒激動乃至淚下者不少。會後，有些學校還發給學
生宣傳品，出校沿途分發。[227]

　　南京是江蘇省教育會的另一大本營，也舉行隆重的
國恥紀念活動。5 月 9 日國恥紀念日的集會遊行，同樣
在教職員領導下進行，並先獲軍民兩長同意。5 月 10
日《申報》之〈南京快信〉：

> 寧垣各學校前日在雞鳴寺開會時議決，今日（9
> 日）各學校學生著制服執國旗列隊赴軍民兩署，
> 復推定代表八人赴寧請求釋放學生。胡教育廳
> 長、省會王警察廳長昨日均謁李〔純〕督、齊〔耀
> 琳〕省長報告一切，李督、齊省長當即電京。李
> 督謂學生今日游行為正當行動，未便禁阻，諭胡、
> 王二廳長維持秩序。學生初擬各人執白布旗，一
> 方面書誅賣國賊，及與某國誓不兩立等字樣，經
> 胡、王二廳長勸諭乃免去白布旗幟。商界亦擬加
> 入，花牌樓三生街等大商店今日亦休業。現抵制

226 〈國民大會籌備紀事〉，《申報》，上海，1919 年 5 月 7 日，版 10。
227 〈國恥紀念日聞見〉，《時報》，上海，1919 年 5 月 10 日，第
　　3 張版 5。〈神州女校國恥講演紀〉，《時報》，上海，1919 年
　　5 月 11 日，第 3 張版 5。〈國恥紀念餘聞〉，《時報》，上海，
　　1919 年 5 月 12 日，第 3 張版 5。

> 日貨之聲甚高，各商店均願犧牲血本，將所存日
> 貨全行在鼓樓（日領事署前）火焚，以後誓不再
> 辦日貨，如有明遵暗違者，同業共棄之。[228]

5月11日《申報》之〈江浙之紀念國恥與爭青島〉及
5月14日《新聞報》之〈寧波禁阻國民大會詳情〉，
報導江浙各埠消息，說明南京、蘇州、無錫、揚州、嘉
定、嘉興、紹興、寧波各地紀念活動，多以5月9日為
國恥紀念，舉辦各種形式的紀念活動。[229]

北京、天津商學各界也發出抵制日貨的呼聲。[230]
北京方面，國民外交協會積極鼓吹，[231] 京師總商會反
應遲緩。[232] 北京學生聯合會成立後，則以宣傳抵制日
貨為重要任務，派多個講演團出外宣導，沿途分發傳
單。[233] 另有「救國十人團」，以提倡國貨，抵制日貨
為目標。救國十人團，以北大為基地。後來上海響應最
熱烈，在北京反無顯著進展。其推動以商界平民為主，
學生不是主力。[234] 5月16日，江蘇省教育會接待京津

---

228 〈南京快信〉，《申報》，上海，1919年5月10日，版7。

229 〈江浙之紀念國恥與爭青島〉，《申報》，1919年5月11日，版7。
〈寧波禁阻國民大會詳情〉，《新聞報》，上海，1919年5月
14日，第2張版2。

230 龔振黃編，〈青島潮〉，收入中國社會科學院近代史研究所近
代史資料編輯組編，《五四愛國運動》，上冊，頁176-190。

231 〈外交協會之主張〉，《時事新報》，上海，1919年5月12日，
第2張版1。日本人認為林長民文字鼓吹，要求政府取締。〈北
京電〉，《申報》，上海，1919年5月24日，版4。

232 〈問題中之北京總商會〉，《晨報》，北京，1919年6月7日，版3。

233 〈京學界之最近行動〉，《申報》，北京，1919年5月27日，
版7。張國燾，《我的回憶》，第1冊（香港：明報月刊出版社，
1974），頁55-56。

234 小野信爾著，殷敘彝、張允侯譯，《救國十人團運動研究》（北

到滬的學生聯合會代表團，邀集上海各中等學校以上校長開茶話會，黃炎培主席。北京學生代表方豪陳述代表團三大任務之一，最後一項即為「籌議抵制日貨」。當下「主席請與會人員各抒意見商議辦法」，最後結論之一為「中等學校以上學生，利用暑假組織講演團，赴各地勸導人民抵制日貨。」[235] 事實上，組織中等學校以上學生利用暑假到各地勸導抵制日貨，是江蘇省教育會原有的規劃。此前已與基督教青年會合作，在青年會全國協會總幹事余日章支持下，展開江蘇全省中等以上學校學生演說競進活動，訓練提升學演說能力。

　　研究者注意到五四時期學生戶外演說是一大特色，達到空前成功的社會效果。[236] 在江浙地區，對演說之重視訓練，由歸國留學生首倡。就學校而言，教會學校得風氣之先，由震旦、聖約翰（上海）、金陵（南京）、之江（杭州）諸校，普及於復旦（上海）等校。就團體而言，上海寰球中國學生會也大力提倡，[237] 不

京：中央編譯出版社，1994）。

235　〈關於挽留蔡校長之消息〉，《申報》，上海，1919年5月17日，版10。〈省教育會茶話會紀事〉，《時報》，上海，1919年5月17日，第3張版5。

236　陳平原嘗論演講技巧的運用，卻未注意教育會和青年會的作用。陳平原，〈有聲的中國──「演說」與近現代中國文章變革〉，收入王汎森等，《中國近代思想史的轉型時代》（臺北：聯經出版事業公司，2007），頁383-428。

237　寰球中國學生會機關刊物《寰球》指出：「自海禁開放，歐化東漸，辯論也，演說也，應時而出。講學之士，負笈海外，歷遍五洲。返國後開會演講，以數年所得之學術，貢諸社會，民智藉以日啟，風氣為之一變。演說之有益於世，豈淺鮮哉！〈紀第二次演說競爭會〉，《寰球》，第1卷第1號，頁7（十）。

但經常舉辦演說會，更發起各校聯合演說競爭會。[238]
1914 年，江蘇教會學校及國立、省立及私立學校，假
青年會舉辦第一屆競爭會，[239] 演說題目多涉及民族危
機，反映了時代風氣，亦有師長指導之功。1915 年第
二屆更加盛大，12 月 25 日假上海四川路青年會舉行，
上海及外埠各大學旁聽者計達千人，主席張元濟，評判
長黃炎培。那年二十一條交涉發生，諸生演說多涉及愛
國主題，教會學校學生尤多選此類題目。[240] 1916 年 12
月 30 日，第三屆演說競爭會在江蘇省教育會舉行，主席
黃炎培，評判長余日章，情況更盛往昔，主題仍以愛國
居多。[241] 與會十三校，二十六人；其中女子二人，開中
國首次有男女共同競爭演說之始；內容多含國事，[242] 如

238　1911-1918 年，寰球中國學生會每年多場演說之講者及題目，
　　參見高翔宇，高翔宇，〈寰球中國學生會早期史事考述（1905-
　　1919）〉，《蘭州學刊》，2015 年第 8 期，頁 82-85。

239　1914 年寰球中國學生會舉辦首屆演說競爭會，由楊錦森發起。
　　楊氏是賓州大學碩士、中華書局編輯、《時報》記者，曾任寰
　　球中國學生會演說部主任。參見《寰球中國學生會題名錄》，
　　頁 59。歷屆演說競爭會情形，參見〈本會歷史節要〉，《寰球》，
　　第 2 卷第 3 期（1917.9），頁 8（十四至十六）。

240　1915 年題目如下：「今日中國人對於國恥應具何等觀念」（金
　　陵）、「救國之教育」（約翰）、「今日中國學生之責任」（之
　　江）、「中國積弱之根源」（約翰）、「自鳴鐘與學生」（復旦）、
　　「愛國學生之行為」（金陵）、「少年譚」（省立第六師範）、「請
　　看今日之中國」（之江）、「師範生之修養」（省立第五師範）。
　　〈紀第二次演說競爭會〉，頁 7（十至十一）。

241　1916 年題目如下：「今日之救國問題」（滬江）、「告愛國者
　　保存國粹」（金陵）、「學生不宜抱悲觀主義」（約翰）、「青
　　年與時勢」（南京高師）、「東亞之病夫」（之江）、「演說」（青
　　年會中學）、「請國民都盡責任」（金陵）、「中國三大患」（約
　　翰）、「女學生之責任」（城東女學）。〈紀第三次演競爭會〉，
　　《寰球》，第 2 卷第 1 期，頁 9（十六）。

242　黃炎培感慨「去歲演說無一人敢談國事，而今屆則昌言無忌
　　也。」所謂「國事」，當指內政。黃炎培日記、中國社會科學

俞慶堯（頌華，江蘇太倉人）之〈論歐洲戰爭後之經濟變動與吾國之關係〉，很能反映風氣。統而觀之，學生政治意識之覺醒，對國際經濟競爭之關切，已蔚為滬上風氣。

　　江蘇省教育會以其系統力量，在全省各校組織推廣演說競進比賽；更配合國語運動，隱然以國民教育為目標。青年會全國協會講演部主任余日章從旁協助，成效斐然。青年會在五四運動的參與，包括對抵制日貨運動的高度涉入，近年漸受研究者重視。[243] 五四運動中遍及全國的戶外演說，與青年會等基督教團體的民眾教育有關。1920 年出版的調查報告指出：「演講部是中華基督教青年會全國工作計劃中一個突出的特殊項目。」王成勉描述青年會「自 1913 年 1 月 1 日委請余日章出任講演部主任幹事，經理全部事宜。余日章的講演部在一年之內舉辦數百次演講，聽眾達到幾十萬人。他更協助江蘇省教育會訓練講員，編為巡迴講演團，到各縣去演講，使得社會教育之目的更為普及。他在任的三、四年來往南北各省，所做演講均造成轟動。第一位來華的美國幹事來會理曾讚譽講演部為中華基督教青年會事業最重要之工具。」[244] 余日章本人對教育問題的論述，

　　　院近代史研究所整理，《黃炎培日記》，第 1 卷，頁 276。

243 高瑩瑩，〈反日運動在山東：基於五四時期駐魯基督教青年會及英美人士的考察〉，頁 138-151。小野信爾更早指出，上海、濟南、天津不少基督徒參加救國十人團，以教會學校、青年會及青年會學校為集會地點。小野信爾著，殷敘彝、張允侯譯，《救國十人團運動研究》，頁 32-36、42-55、83、113。

244 王成勉，〈中華基督教青年會初期發展之研究〉，收入氏著，《教會、文化與國家：對基督教史研究的思索與案例》，頁 88。

尤其備受官員及教育家重視。[245] 他「在十四省份做了帶有實物表徵的演講。這些演講曾經在若干大城市使有實力的領袖們感動得落淚，並採取堅決的行動。」[246] 余日章以巡迴演說，無疑深具國民教育的意涵。它的效果也啟發了中國教育界，激起人們效法的動機。

　　黃炎培和余日章志同道合，加上教育會中留美歸國學生的橋樑角色，使江蘇省教育會和青年會進一步交流合作。黃炎培〈余日章君紀念碑〉，記余氏「善用模型圖表演講普及教育之重要，輸入民眾國家觀念。江蘇省教育會設演講傳習所，君為之師。」[247] 從江蘇省教育會文牘及《月報》顯示，最遲在 1916 年，湖北籍的余日章加入江蘇省教育會，任交際部幹事。[248] 余日章撰〈講演為社會教育之利器〉，則說明兩會合作之加乘效果：「〔1916 年〕5 月，〔青年會〕教育科曾應江蘇省教育會之請，組織教育講演練習所，有畢業之講演員二十二人，編為江蘇巡迴講演團，歷蘇省六十縣各城鎮，講演三百零五次，聽講人數十六萬六千五百十九人。」[249] 1916 年，江蘇省教育會附設教育講演練習所，以余日章為主任。該年訓練學員四十名，江蘇省二十

245　Fletcher S. Brockman（巴樂滿），*I Discover the Orient*（New York: Harper & Brothers Publishers,1935), pp. 143-148.

246　中華續行委辦會調查特委會編，蔡詠春等譯，《1901-1920 年中國基督教調查資料》，原《中華歸主》修訂版，下卷，頁 967。

247　黃炎培，〈余日章紀念碑〉，《人文月刊》，第 7 卷第 9 期（1936.11.15），頁 1。

248　〈交際部幹事名單〉，《江蘇省教育會月報》，1916 年 9 月號，頁 13。

249　余日章，〈講演為社會教育之利器〉，頁 41。

二名，北京、天津、浙江各二名，山東五名，自費生七名，旁聽十三名。學員受訓四個星期，授課與實習兼重。[250] 從學員之地域分佈看，江蘇以外特重山東，兼及鄰省浙江及北方重要城市，可知江蘇省教育會的眼界和策略。

　　桑兵注意到 1919 年五四風潮後，江蘇省教育會發出致本省中等以上各學校函，在南京舉辦第二屆演說競進會，意圖運用現有教育機構，引導學生討論「新文化運動之種種問題及推行方法」。[251] 事實上，從 1918 年起，在上海舉辦的第一屆演說競進會，即對江蘇全省中等以上各學校學生展開演說訓練，積極提升學生的演說熱情和技巧。這對翌年上海及全省學生投入抵制日貨，提倡國貨運動，實有相當影響。此一演說競進訓練，由余日章主持規劃。據《江蘇省教育會月報》收錄 1918 年〈演說競進會簡則〉，說明這一演說訓練的範圍，涵蓋江蘇全省中等以上學校：

　　第一條　本會由江蘇省教育會組織，暫以江蘇境內中等以上各學校同程度之學生為會員。

　　第二條　本會分組演說，以大學及高等專門學校學生為一組，甲種各實業學校、各師範學校、各中學校學生為一組。

　　第三條　本會每年於十一月內由江蘇省教育會定期

250　〈教育講演練習所舉行畢業式〉，《申報》，1916 年 5 月 7 日，版 10。

251　桑兵，〈「新文化運動」的緣起〉，《澳門理工學院》，2015 年第 4 期，頁 11-14。

　　　　　　舉行，先兩箇月預定演說題之範圍及細
　　　　　　則，通知各校。
第四條　　本會演說員以能操國語為及格……。
第七條　　各縣教育會得比照本會簡則，以本縣高等
　　　　　　小學及同等學校之學生組織演說競進會。
第八條　　……演說之目的非專為選出優勝者起見，
　　　　　　當普及於全校。[252]

綜上所說，江蘇省教育會對演說競進的提倡，希望普及
至全省中等以上學校學生，乃至各縣高等小學全體學
生。值得注意的是，這一演說競進活動，把教會學校納
入。21 日預賽，與會者有中等十八校，高等四校（包
括：金陵大學、滬江大學），「由沈商耆君主席，張叔
良、顧蔭亭、吳和士評判。」22 日決賽，「由穆藕初
君主席，黃任之、蔣夢麟、沈信卿三君評判。」最後，
「余日章君演說演說時關於態度、音調種種必須注意之
點，末由沈商耆君給獎散會。」[253]

　　綜合來看，江蘇省教育會推動的演說競進訓練，不
僅有助提升學生演說能力，也拉近教會學校和公私立學
校的關係。其演說內容，多含民族國家觀念，反映了愛
國教育的成效。在這樣的理解下，我們對 1919 年上海
及江蘇學生參與抵制運動的表現方式，可以獲得另一種

252　〈演說競進會簡則〉，《江蘇省教育會月報》，1918 年 3 月號，
　　　頁 7-8。
253　〈演說競進會預賽紀〉、〈演說競進會決賽紀〉，《申報》，
　　　1918 年 12 月 22-23 日，版 10。預賽主席，原定轟雲台。〈演說
　　　競進會預紀〉，《申報》，1918 年 12 月 21 日，版 10。預賽和決
　　　賽原定轟雲台及穆藕初擔任，估計二人是活動贊助者。

眼光。當時教育家和各級校長對學生的培訓，是學生運動不可忽略的背景。5 月 11 日上海學生聯合會成立以後，學生也經常邀請校長演講。五四風潮中，《時事新報》副刊〈學燈〉主編俞頌華，曾直言：「今日青年愛國精神之發揚，飲水思源，各校教職員亦與有功。」[254] 俞頌華是復旦公學畢業生，留日歸國後，任南洋商業專門學校教員。此種局內人語，最是可靠。各種跡象顯示，江蘇省教育會和上海學聯之間，一直有微妙連繫，絕非各行其是。總體來說，江蘇省教育會以引領學生為己任，試圖指導學生的行動。5 月 26 日上海學生總罷課，江蘇省教育會要角蔣夢麟寫信給胡適，說「上海今日罷課，弟等已將舵把住，不至鬧到無意識。」[255] 此語透露的消息，隱約道出學潮的底蘊。

再看上海學生聯合會籌備成立之際，即把抵制日貨列為要務，擬定切實行動方案，包括：「露天宣傳抵制日貨」，[256] 不負師長所望。及至上海學聯決議罷課，附帶決議兩項，也與抵制日貨有關：一、「要求各商店不賣日貨，此項由交際員擔任。」二、「罷課後，除宣講、發傳單、調查日貨、調查日貨、介紹國貨、組織義勇團等事外，每人應自修三小時。」[257] 某些學校由學

254　〈罷課問題與各校教職員〉，《時事新報》，上海，1919 年 5 月 27 日，第 3 張版 3。

255　蔣夢麟，〈致胡適函〉（1919.5.26），收入耿雲志主編，《胡適遺稿及秘藏書信》，第 39 冊（合肥：黃山書社，1994），頁 420。

256　上海社會科學院歷史研究所編，《五四運動在上海史料選輯》，頁 191。

257　〈醞釀中之罷課風潮〉，《時報》，上海，1919 年 5 月 22 日，第 3 張版 5。

生組成的義勇團，把「不買日貨志願書」送各商店填寫，將表示同意之商號名字送報刊登。[258] 另一些學校分會設有演講科，「罷課期內分十隊，每隊十人，每日出外演講。……演講大旨，不外喚醒人民，知亡國之痛，及力爭外交之必要，並言抵制日貨，為置日人於死地之惟一方法。每一演講，途為之塞。」[259] 5 月 30 日報載：「上海學生聯合會交際部在罷課後進行異常迅速，對於聯絡商界尤為積極。……前次議決之聯絡商店學校及組織宣講等，已由各團陸續報告，成績優著。並由書記周正煇收集調查日貨名單及商店志願書，以備將來刊本查考云。」[260] 這些辦法，即使不是校長及教職員提議設定，至少得到他們鼓勵支持。

　　當時上海及江蘇全省抵貨運動，包含教會學校在內的教職員參與尤多。只要細心閱讀相關史料，都不難發現教職員的身影。[261]《五四運動在上海資料選輯》選錄「上海學生展開抵制日貨運動」部份，顯示有些活動是在校方組織下進行；有些學校由學生組成的抵制日貨、勸用國貨團體，則不易看出是學生自主成立，抑校

258　〈學生聯合會開會紀事〉，《申報》，上海，1919 年 5 月 22 日，版 11。〈上海學生聯合會之進行〉，《申報》，上海，1919 年 5 月 23 日，版 11。

259　〈復旦學生分會執行部〉，《復旦年刊（1920）》，頁 64。

260　〈罷課後之滬上各校〉，《時報》，上海，1919 年 5 月 30 日，第 3 張版 5。

261　上海罷市前一日（6 月 4 日），法租界貝勒路民生女學在校董任矜蘋帶領下，教員學生十餘人攜帶傳單數千張前往南翔，宣揚抵制日貨之愛國演講。〈上海學生罷課後之近狀〉，《申報》，上海，1919 年 6 月 7 日，版 10。

方教職員鼓勵推動。[262] 茲舉一例，浦東中學似是最早
成立勸用國貨會之滬上學校，觀其以團體名義通函滬上
各校：

> 泣啟者，青島問題危在旦夕。青島亡，則山東亡；
> 山東亡，是中國亡；其勢誠急。抵制無法，惟不
> 用某國貨而已。某國出產品，銷行我國佔其大半。
> 凡我學界，熱胆照人，即希貴校發起抵制某國貨
> 會，或勸用國貨會。如有購某國貨，與以相當之
> 對待。並希印刷廣告，張貼通衢，以使我國四萬
> 萬同胞，一律抵制日貨，終至不用一矢，不傷一
> 士，致彼倭奴於死地上。以上所述，諒亦貴校諸
> 同學所贊成也，上海浦東中學勸用國貨會啟。[263]

此函不易看出浦中勸用國貨會的主體，到底是教職員抑
學生。但浦東中學是江蘇省教育會大本營，黃炎培、秦
汾、朱叔源先後擔任校長，五四時也以黃炎培及沈恩孚
為校董。[264] 因此，勸用國貨會這類組織，或竟是校長
及校董默許，甚至鼓勵。披覽《五四運動在江蘇》選錄
史料，更顯示江蘇各埠教職員在鼓吹抵制日貨及提倡國
貨上，很起帶頭作用。

　　此外，《五四運動在上海史料選輯》所未收錄的

262　上海社會科學院歷史研究所編，《五四運動在上海資料選輯》，
　　頁 195-201。

263　〈國民一致對外之態度〉，《時報》，上海，1919 年 5 月 15 日，
　　第 3 張版 5。

264　錢昌照，《錢昌照回憶錄》，頁 6-9。〈朱叔源致穆藕初書〉討
　　論抵制日貨問題，滬上報章廣為刊載，顯然也是宣傳手法。參
　　見：《申報》，上海，1919 年 5 月 23 日，版 12；《民國日報》，
　　上海，1919 年 5 月 23 日，版 10。

《申報》報導，也有一些值得留意的訊息。首先，從
五七國民大會以來，上海各學校學生之對外講演活動，
多在校長、職員鼓勵指導下進行。徐家匯工業專門學校
（即南洋公學）、上海公學、寰球學生會日校、兩江公
學都是如此。[265] 同濟醫工捐助上海學聯交際部，專為
製備徽章之用，也可能是校方出資。[266] 在此期間，上
海縣教育會（會長賈季英）更以「社會教育」名義，請
各校教職員準備提倡國貨之演講資料，觀其 5 月 19 日
通函各校：「本會於去年 7 月間職員會提議實行社會教
育事宜，……現值外交失敗，青島告急，宜乘此時機提
倡國貨，喚醒國民，或於國事稍有裨益。至演講資料，
可由貴校職教員自行酌用，總期達到同人救國之熱誠，
是所至盼。」[267] 可見「社會教育」之實質內容，即是
「提倡國貨」；而「提倡國貨」，亦具「抵制日貨」意
涵。復旦大學校長李登輝為會長的華僑聯合會，也是號
召提倡國貨的重要團體，響應者包括先施公司、永安
公司、南洋煙草公司等，老板皆歸國華僑。5 月，李登
輝更以上海及南京華僑學生會及聯合會名義，發電新
加坡、爪哇及南洋各埠華僑，請「完全抵制日貨」。[268]
由此看來，江蘇省縣教育會及學校教職員，不僅是抵制

---

265 〈各界對外之消息〉、〈併紀各界對外之表示〉，《申報》，上海，
　　 1919 年 5 月 18-19 日，版 10。

266 〈上海學生聯合會開會紀聞〉，《申報》，上海，1919 年 5 月
　　 18 日，版 10。

267 〈關於提倡國貨之消息〉，《申報》，上海，1919 年 5 月 20 日，
　　 版 11。

268 〈華僑聯合會勸用國貨〉，《申報》，上海，1919 年 5 月 18 日，
　　 版 10。

運動的響應者，更可說是發起者。

　　《江蘇省教育會月報》收錄淞滬護軍使盧永祥 1919 年 6 月來函一封，則從側面反映教育會作為官府和學生之間的橋樑，得到官府允可學生參加抵制運動，保證了「文明抵制」的空間。此函被題為〈盧護軍使請轉告學生熱心愛國務為合法之運動書〉：

　　逕啟者：自青島問題發生以來，群情憤激，駭汗相告。莘莘學子，激於愛國之熱誠，犧牲學術，奔走呼號，以勸告不用日貨為文明之抵制，其行可敬，其志可嘉。本使同屬國民，敢忘此義。惟查近日風潮所蕩，漸有越軌之行動發生。聞租界捕房日前逮捕因抵制日貨而擾亂秩序者二人，其一為某處補習英文之學生，其一且非學生，似此難保無不逞之徒，廁身其間，無理取鬧。萬一釀生事故，外人有所藉口，則不但有違吾人愛國之初心，且尤貽國家無窮之隱患。本使為保衛國維持秩序起見，嗣後如有擾亂公眾安寧，作為無意識之舉動者，亦不能問其孰為學生，孰非學生，惟有行使職權，依法懲治，以儆效尤。尚希貴會轉告各學生熱心愛國，務為合法之行動，庶無害於治安，且益宏其效力。慎勿為奸人利用，自貽伊戚，是所至囑，此請台安。[269]

<hr>

269　〈盧護軍使請轉告學生熱心愛國務為合法之運動書〉，《江蘇省教育會月報》，1919 年 6 月號，頁 2。6 月 1 日，《申報》刊出淞滬護軍使布告第十號，內容與此大同小異。〈彙紀官廳保護治安之文告〉，《申報》，上海，1919 年 6 月 1 日，版 11。

盧永祥此函不知出於哪位書記手筆，措詞相當巧妙。他
一方面請江蘇省教育會警告學生，若有擾亂秩序之舉，
便當依法懲治。另一方面，卻表示同情且允許學生「以
勸告不用日貨為文明之抵制」。盧永祥顯然深悉抵制運
動之背後，有教育家及有力人士為後盾。

上海學商各界聲援北京學生的「三罷」風潮平息
後，江蘇省教育會又積極鼓勵學生，把抵制運動作為任
務，轉入長期勸說督促的階段。6月12日上海開市日，
江蘇省教育會聯同上海縣教育會及上海縣勸學所，向各
校公佈三條辦法，第二條為：

　　所有提倡國貨，調查講演，注重體育等事，各學
　　校學生應於課餘一律進行，暑假期內尤應注意。[270]
這則通告清楚顯示：江蘇省教育會、上海縣教育會、上
海縣勸學所三個教育團體，主張學生宣傳抵制日貨，提
倡國貨，更組織學生到校外調查演講，務期把抵制運動
堅持到底。

五、上海和江蘇抵制運動

「是時抵制日貨之風浪愈高，商界亦多贊成，大江以南，
商學兩界提倡尤力。」[271]

　　　　　　　　　　　　～ 1919 年 5 月 18 日，北京，賀葆真日記

　　1919 年上海五四風潮的觀察家，已發現愛國學生

270　〈致各學校即偕工商各界共同恢復原狀書〉，《江蘇省教育會
　　月報》，1919 年 6 月號，頁 8。
271　賀葆真著、徐雁平整理，《賀葆真日記》，頁 500。

背後「有銀行家、商人、實業家、教育家」。[272] 然而
這幾個群體在風潮中的作用，尚有未盡詳切之處。本節
將指出上海及江蘇一省實業家，銀行家之實質參與，尤
其對抵制運動的「響應」。以東南集團為對象，考察上
海及江蘇實業家的言行，瞭解他們的運作方式。綜合來
看，紗廠業主對抵制運動最為積極，堪稱風潮的鼓吹者
和推動者。[273]

（1）上海華商紗廠之抵制

在 1919 年 5-6 月愛國運動中，棉業鉅子穆藕初始
終關切，積極參與。五七上海國民大會中，他作為領隊
之一，[274] 是報載唯一出席的著名商人。《穆藕初年譜
長編》編者，歸納其在五四風潮之表現有五個面向：

（1）組織德大紗廠救國十人團，研究改良國貨，抵制
　　　日貨。
（2）與各團體致電美、英、法領袖，呼籲主持公道。
（3）與各界開會商討應對「三罷」辦法。
（4）撰文肯定「五四運動」的意義，希望今後各界各
　　　盡責任，力謀發展。
（5）就上海總商會「佳電」事件撰文，指出改革總商
　　　會之必要。[275]

272　中國社會科學院近代史研究所近代史資料編輯組編，《五四愛
　　　國運動》，上冊，頁 435。
273　紗業屬於馮筱才說的「外向競爭性企業」，在抵制風潮中是獲利
　　　者。「外向競爭性企業」及「外向合作性企業」之分野，參見
　　　馮筱才，《在商言商：政治變局中的江浙商人》，頁 227-233。
274　〈國民大會紀詳〉，《時報》，上海，1919 年 5 月 8 日，第 3 張版 5。
275　穆家修、柳和城、穆偉杰編，《穆藕初年譜長編》，上卷，頁 271。

　　就第一項言之，據《時報》登載德大紗廠救國十人
團緣起，以永久抵制日貨為宗旨，顯然獲穆藕初支持。[276]
救國十人團是北京發起的組織，以提倡國貨，抵制日貨
為宗旨，上海響應者包含德大和溥益紗廠。[277] 其後更增
至五十團以上，曾借寰球中國學生會開談話會。[278]

　　華商紗廠聯合會的聶雲台、徐靜仁等人的紗廠，也
響應抵制日貨。《五四運動在上海史料選輯》編者注意
到上海報紙的報導，記聶雲台任經理的恆豐紗廠表現突
出。5 月 11 日《時報》之〈商界對外之熱忱〉，其中
提及「某國」即指日本：

> 楊樹浦路恆豐紗廠向與某國某洋行訂有定貨合同，
> 茲緣青島問題發生各路風潮，該經理聶君以此事
> 恐為熱心愛國之士所反對，自願先將所訂合同即
> 日取銷，損失數額約計五千餘金。並標示本廠前
> 通告聲明，凡有某國人交易，無庸來廠進門云。[279]

276　德大紗廠救國十人團緣起：「爰發起救國十人團，每人每月捐
　　小洋二角，有力能多捐者聽隨時匯本團團長處，以作將來助
　　進國貨之用。十人中互相監視，嚴絕日貨，更分頭向各家庭各
　　親友作懇切之勸告，并於抵制日貨之外，研究改良國貨及發明
　　新出品，應社會需求以永遠屏除日貨於我國境內為宗旨，萬眾
　　一心，何事不成。大家堅持到底，當視為切身痛苦，既下手當
　　徹頭徹尾做去，以五分鐘熱度為警戒，以五年十年百折不回之
　　決心，貫徹吾人抵制日貨之主張，存之呼吸，爭此一舉。凡我
　　同胞曷興乎來！」轉引自穆家修、柳和城、穆偉杰編，《穆藕
　　初年譜長編》，上卷，頁 277。

277　小野信爾著，殷敘彝、張允侯譯，《救國十人團運動研究》，
　　頁 18、74。

278　〈救國十人團聯合通訊社來函〉，《申報》，上海，1919 年 5 月
　　18 日，版 11。

279　〈商界對外之熱忱〉，《時報》，上海，1919 年 5 月 11 日，第
　　3 張版 5。

《五四運動在上海史料選輯》編者以為，抵制日貨有利華商，故他們表示支持。其實，毀棄合同也帶來損失，不應低估一些商人的愛國熱誠。當時國民黨人辦的報紙，就肯定聶雲台的表現。[280] 中國科學出版社《五四愛國運動資料》選錄恆豐紗廠的表現，作為「農工各界愛國」的例證。[281] 劉明逵、唐玉良編《中國工人運動史》，卻以恆豐紗廠的表現，為工人階級政治意識覺醒之證明。[282] 其實恆豐工人的舉動，毋寧是經理聶雲台及高級主管指導的結果。

　　《五四運動在上海史料選輯》選錄《時事新報》記載，亦舉恆豐紗廠為例，以為「民族資本家利用工人抵貨機會，準備擴大生產」。[283]《民國日報》所載〈恆豐紗廠之愛國表示〉，文字與《時事新報》幾乎全同。據此推知，相關報導應是該廠統一對外發稿：

　　　此次青島問題發生，適值國恥紀念之期。本埠楊樹浦恆豐紗廠，特於 5 月 7 日大書白紙黑字二大張，貼於廠之大門，左曰「國恥紀念日」，右曰「禁止日本人進廠」。又於 8 日晚八時開一全體大會，研究抵制辦法，並宣告自今以後永與日本人斷絕工商關係，前與日商某某等洋行所訂之一

280　〈恆豐紗廠之愛國表示〉，《民國日報》，上海，1919 年 5 月 11 日，版 10。

281　中國科學院歷史研究所第三所近代史資料編輯組編輯，《五四愛國運動資料》（北京：科學出版社，1959），頁 129-130。

282　劉明逵、唐玉良主編，《中國工人運動史》，第 2 卷（廣州：廣東人民出版社，1998），頁 53。

283　上海社會科學院歷史研究所編，《五四運動在上海史料選輯》，頁 216-217。

切交易合同，概行廢止。茲將開會情形略述如下：
（一）由盧天牧君報告開會宗旨；（二）推定周
如波君為臨時書記；（三）首由黃首民君略述日
人屢次與中國人交涉，無不如愿以償，實由漢奸
之甘心賣國，而漢奸之得肆行無忌，實由國民之
愛國心薄弱以養成之，故今日之會實欲提起國人
之愛國觀念，且尤貴乎能自實行，始能令人感動。
故本廠此次預備擴充，加紗綻萬錘，所需一切機
器本擬購英國貨，因該貨係由某洋行經理，決意
改用美國機器也。其次馬子靜、伍惠渠、朱晦霖、
徐樹滋、周如波、盧天牧諸君各有主張，旋即議
定辦法數條：（一）推舉黃首民君為代表與外界
聯絡，一致進行。紗廠方面亦由黃君代表與華商
聯合會，磋商辦法積極進行。（二）組織幹事會，
監督廠員及工人之購辦日用器皿，凡以前所買就
者，由幹事檢查識別，如係日貨予以標記，并將
物主之姓名、件數一一登記簿中，以免以後之誤
購及借辭推諉免罰。散會後，聞該廠之學生及職
員中之熱度高者，立即返室將所有之日貨全行毀
棄，叮噹之聲同時并作云。[284]

恆豐紗廠從上到下的表現，顯然後有老板支持。領導集
會的兩個人物，盧天牧為聶氏僱請的職員，也是聖約翰
大學理科教員。[285] 另一位黃首民是廠長，為留美歸國

284　〈恆豐紗廠之愛國表示〉，《民國日報》，上海，1919 年 5 月 11
　　日，版 10。
285　《寰球中國學生會題名錄（1919）》，頁 52。

學生，也是聶雲台秘書。[286] 盧天牧和黃首民的表現，
不啻奉廠主之令為之。黃首民所謂「今日之會」，指的
是國恥紀念會，意在喚起愛國心，製定抵制日貨辦法。
《五四運動在上海史料選輯》編者認為：「恆豐紗廠職
工反日愛國鬥爭只是一般職員在資方同意下領導進行
的。據上海經濟研究所調查恆豐紗廠歷史，1919 年獲
利最多，可見民族資產階級對抵制日貨有積極性」[287]，
這一判斷相當合理。

　　由資方鼓勵的抵制運動，尚有上海溥益紡織廠。江
蘇省實業廳調查指出，溥益 1916 年由徐靜仁等創辦，
1918 年 2 月正式營業。其規模之大，在新設華廠中首
屈一指。[288] 《五四運動在上海史料選輯》選錄 6 月 2
日《時事新報》報導：

> 小沙渡溥益紡織廠全體同人，自青島問題發生
> 後，即組織十人團。近更公議犧牲端午節筵資，
> 以半價收買日貨，當眾毀棄，以示決心。并印發
> 傳單，喚起國人提倡國貨。[289]

此記亦載《申報》，乃具宣傳作用。[290] 全廠同人組織
十人團，其形式類似德大紗廠。徐靜仁與張謇亦關係密

286　李元信總編纂，《環球中國名人傳略——上海工商名界之部》
　　（上海：環球出版公司，1944），頁 99。

287　上海社會科學院歷史研究所編，《五四運動在上海史料選輯》，
　　頁 216。

288　萬淵如編，《江蘇省紡織業概況》，頁 50-51。

289　上海社會科學院歷史研究所編，《五四運動在上海史料選輯》，
　　頁 223。

290　〈各界提倡國貨之一致〉，《申報》，上海，1919 年 6 月 2 日，
　　版 12。

切。[291] 與穆藕初、聶雲台同為華商紗廠聯合會董事，
彼此默契極深。他們所辦紗廠的抵制行動，應視之為紗
業集團「商戰」之舉。

（2）江蘇一省之抵制浪潮

在彭明的《五四運動史》卷首，有「『五四』愛國
運動形勢圖」，顯示江蘇一省表現最為熱絡。[292]《五四
運動在江蘇》一書，則摘錄上海及江蘇各埠報紙消息，
揭示抵制風潮遍及全省，給讀者更細緻的圖象。大抵上
海及江蘇各埠抵制風潮，以五九國恥紀念為開端，地點
包括：常州、蘇州、南通、江陰、常熟、武進、無錫、
南京、揚中、鎮江（含：丹徒、溧陽）、徐州、揚州、
淮陰、泰州等。編者編選報紙材料後，分別列入「學生
抵制日貨」、「商界抵制日貨」、「工人抵制日貨」、
「各界聯合會商學聯合會抵制日貨」各節，使讀者不易
看出各界橫向連繫，更忽略學校教職員及省縣教育會的
作用。然而，報載好些學校是在校長講演後，學生始
分團出外演說。至於商學兩界之聯合情形，亦所在多
有。[293] 其中商界一節，充分顯示商會或同業公會（尤
其紗業，錢業）對抵制日貨積極響應，蘇州總商會（會

---

291 徐靜仁早年在淮北辦鹽務，曾任張謇下屬，深受信任。其後兼
任大生集團董事，被委為總管理處主任。參考洪維清，〈張仁
奎與仁社〉，頁110。張謇，〈致徐積餘函〉（1922.3.24）、〈致
徐靜仁函〉（1922.4），收入《張謇全集》編纂委員會編，《張
謇全集》，第3卷，頁1038-1039、1049-1050。
292 彭明，《五四運動史（修訂本）》（北京：人民出版社，2019），
卷首，無頁數。
293 中國第二歷史檔案館編，《五四運動在江蘇》，頁55-80。

長龐天笙）、揚州總商會（會長周谷人）、通崇海泰總
商會（會長張謇），都是鮮明的例子。

　　就時間上考察，江蘇一省的抵制運動，大抵可分為
三個段落。第一波，從 5 月 9 日至 6 月 4 日（罷市前
夕），以上海及無錫紗業商人表現最為突出。《五四運
動在江蘇》引用 1919 年 5 月 13 日《新聞報》，記上海
及無錫紗業商人之激昂表現：

> 上海紗業公會集議不與日商交易，以抵制日貨。
> 至昨日上海日本取引所日本棉紗絕無交易，每件
> 跌價五六元至七八元，尚無成交。本邑紗業亦有
> 不售日本棉紗之提議。又有某君發起商界以鎮靜
> 的堅決的積極進行方法，以期永久抵制。調查日
> 本出品貨物詳細目錄印表分送，以便周知，勿致
> 誤購……。[294]

5 月 17 日《申報》之〈各界對外表示之昨訊〉，復詳
記上海紗業公會開會情形：

> 三馬路美仁里紗業公會連日接到外間詰責函件，
> 爰於昨日下午三時召集全體同業開臨時議，正
> 會長聞蘭亭未到，由畢雲程為代表。開會後，先
> 將開會宗旨報告，並宣布連日接到各團體來函責
> 問，仍與取引所訂購期貨等事，到會各人均主與
> 日商斷絕交易。繼由副會長項惠卿、金錫之等演
> 說，自此次開會後，凡有私向日商交易者，同業

---

294 〈無錫：商民之愛國熱〉，《新聞報》，上海，1919 年 5 月 13 日，
　　　第 2 張版 2。

　　互相查察，得有實據，即驅逐出公會云云。眾贊
　　成，遂為決定，並登報復各團體以明真意。[295]

畢雲程是惜陰公會會員，撰有《愛國淺說》，以商戰警
惕讀者，流傳頗廣。[296] 1916 年，畢氏以親戚印錫璋之
介，被聘為紗業公所坐辦。五四後，受穆藕初賞識，被
聘為厚生紗廠書記，後調紗廠主任，更襄助籌辦中華勸
工銀行。[297] 二人理念相近，情誼篤至。[298] 而無錫一邑
是紡織業興盛之地，申新紗廠主人榮宗錦（宗敬）、
榮德生（宗銓）兄弟為商會領袖，素服「張四先生」
棉鐵主義，尤佩服其具世界競爭眼光。[299] 風潮起，榮
德生、榮鄂生、薛育津等無錫籍江蘇省議員，「群謀
抵制之法，相戒不用日貨」，請無錫商會設法勸導各
商店一致提倡，至「二十一條款及各項密約廢除之日
為止」。[300]

295　〈各界對外表示之昨訊〉，《申報》，上海，1919 年 5 月 17 日，
　　　版 10。

296　畢雲程，《愛國淺說》（上海：惜陰公會，1914 年，四版），
　　　頁 14。伍廷芳序其書，闡述「振興實業」之重要。〈愛國淺說
　　　序〉，收入同前書，卷首。

297　李孤帆，《匀廬瑣憶》（香港：南天書業公司，1973），頁
　　　146。穆家修、柳和城、穆偉杰編，《穆藕初年譜長編》，上卷，
　　　頁 293。

298　1943 年穆藕初追悼會上散發的〈穆藕初先生傳略〉，即畢雲
　　　程遵其生前所囑而寫，裡面提到兩人交誼：「余於民國八年
　　　〔1919〕，承先生約為輔佐，先後在厚生紗廠、豫豐紗廠、農
　　　產促進委員會及農本局任職，達二十五年之久，知先生最深。」
　　　收入穆家修、柳和城、穆偉杰編，《穆藕初年譜長編》，下卷，
　　　頁 1342-1346。

299　榮德生兄弟與江蘇實業家、銀行家、教育家之合作事業，詳見
　　　榮德生，《樂農自訂行年紀事》（上海：上海古籍出版社，
　　　2001），頁 1-119。

300　《新無錫》，1919 年 5 月 17 日，轉引自中國第二歷史檔案館編，

抵制風潮中，華商紗廠聯合會表現十分積極。5月
18日各董事集議具體辦法。5月22日《申報》載，以
華商紗廠聯合會名義，通函全體同業，提出抵制日貨及
提倡國貨之具體建議：

> 自巴黎和會失敗，國人激於愛國熱忱，群起抵制
> 日貨。凡吾同業，當無不贊同。惟抵制之初，必
> 求相代之國貨。空言抵制，終難持久。例如本國
> 各紗廠所用之包紗紙、紗管兩項，大都皆仰給於
> 日貨。茲查上海寶源紙廠之包紗紙及維大公司之
> 紗管，出品精良，久著聞譽。不獨本埠各廠爭先
> 購用，即英日各廠亦多採辦，本會為提倡國貨起
> 見，特舉所知代為介紹。[301]

當時中國紡織業和日本競爭激烈，故華商紗廠聯合會對
抵制日貨最為積極。在拍電及參與罷市之各界聯合大會
上，以穆藕初、聶雲台為代表出席。在罷免親日官員
一事上，堅持北京政府未有令人滿意答覆前，不應貿然
開市。[302]

　　第二波抵制運動，以6月5日上海罷市後，造成江
蘇全省震動為一段落。此階段中，張謇兄弟主導的通崇
海泰總商會表現突出。[303]《五四運動在江蘇》記6月

　　《五四運動在江蘇》，頁65-66。

301　〈彙紀提倡國貨之消息〉，《申報》，上海，1919年5月22日，
　　　版11。

302　〈商工學報各界聯合開會紀〉，《申報》，上海，1919年6月7日，
　　　版9。〈昨日之三大會議〉，《時報》，上海，1919年6月8日，
　　　第3張版5。

303　中國第二歷史檔案館編，《五四運動在江蘇》，頁151-167。

6-8 日通崇海泰總商會召開特別會議，分別就洋貨業、雜貨業、紗業，製訂詳細抵制方案。紗業辦法如下：

> （一）紗業一致自民國八年〔1919〕六月八日起，一律永不定買日本棉紗，為全國創。
>
> （二）由通總商會函請大生紗廠及上海德大〔、〕溥益等中國各紗廠，添紡四二線，添紡二十支紗，以應市面。
>
> （三）嗣後如有違背私買日紗，一經查獲，送請總商會公議處分。[304]

這一抵制方案顯示通崇海泰總商會會長張謇的影響力。第二條辦法，涉及南通大生紗廠（總經理張謇）、上海德大紗廠（總經理穆藕初）、上海溥益紗廠（總經理徐靜仁）的商業網絡，說明抵制運動的作用，為增進華商紗廠的收益。

　　上海罷市最後階段，榮宗敬特邀歐美旅華商人表示睦誼之意，解釋巴黎和會導致三罷之舉，僅僅針對日本人，其結果將有利歐美貨物銷行中國。他說明：

> 敝國人士，一致戒用日本國貨，而歐美諸大國之貨暢消〔銷〕敝國，至好時機也。歐戰四年餘，諸貴國消〔銷〕行東亞之貨，被日本國爭攫殆盡，今公理戰勝，諸貴國正可廣造物品暢行東亞，今為在席諸公賀而彼此聯絡交誼更加密切。[305]

304　《通海新報》，1919 年 6 月 10 日，轉引自中國第二歷史檔案館編，《五四運動在江蘇》，頁 159-160。

305　上海社會科學院經濟研究所編，《茂新、福新、申新系統榮家企業史料》，上冊（上海：上海人民出版社，1962），頁 63。

此說清楚表達歡迎英美排斥日本之意。榮宗敬之演說，絕非表達個人私見，而是傳達華商紗廠聯合會共識。

　　第三波抵制運動，為發起拒簽巴黎和約運動後之新階段。《五四運動在江蘇》記各地情形，漸以「某貨」、「劣貨」取代「日貨」之稱，為避免引起外交糾紛。[306] 其後，更以「國貨維持會」名義，兼行抵制日貨之實。該書在這一階段中，特闢「江蘇民族資產階級在抵制日貨中發展民族工業」一節，追記五九以來無錫、南通等地情形。[307] 並有「江蘇人民反對高徐等路借款及提倡儲金贖路」一節，收錄張謇電文兩通，並各地籌備儲金救國狀況。[308] 從抵制日貨到提倡國貨的重點轉移，亦由國人從五九開展抵貨運動後，認識到「抵制日貨，務以提倡國貨為前提，方可持久。否則，托諸空言，無補事實。」[309]

（3）長久抵制計劃

　　上海三罷高潮中，穆藕初化名「我亦愛國者」發表〈永久抵制日貨之方法〉，刊 6 月 10 日《申報》。[310] 他回首「民國四年間，因『二十一條』苛酷條件之要求，曾有抵制日貨之舉。」可惜「主持其事者僅空言抵

306　中國第二歷史檔案館編，《五四運動在江蘇》，頁 228-251。

307　中國第二歷史檔案館編，《五四運動在江蘇》，頁 257-265。

308　中國第二歷史檔案館編，《五四運動在江蘇》，頁 270-276。

309　《錫報》，1919 年 5 月 28 日，轉引自中國第二歷史檔案館編，《五四運動在江蘇》，頁 259。

310　此文收入穆藕初文集，改題〈永久抵制劣貨之方法〉，收入穆藕初著、穆家修等編，《穆藕初文集（增訂本）》，頁 60-62。

制，而無實際之救濟方法」。[311] 向商學兩界分別提出抵制的消極和積極兩法，對商界建議：

> 甲、商界消極的抵制：（一）依照現在全國各商幫所定之方法，悉力進行，堅持到底。（二）不用日幣，及斷絕商業上經濟關係。（三）破除日本吸收我國現金，制我死命之毒針。……
>
> 乙、商界積極的抵制：組織一永久團體，定名「五九社」（民國 4 年 5 月 7 日，日政府致二十四小時之「哀的美敦書」於我國政府。至九日，我國政府被逼簽字。故 5 月 9 日為我國屈服於彼勢力下之一日，鄙意永宜以 5 月 9 日為國恥日，全國一致，以免歧異）。此項商界五九社宜各地方設立一所，由各地方商業團體，選舉熱心而公正者若干人作為會員。社會應為之事如下：（一）會員隨時監察各團體抵制狀況，如有破壞抵制辦法者，立即糾正之，或懲罰之。（二）調查全國銷行之日本貨物，約可別之為三：（甲）可以完全勿用者。如……奢侈品。（乙）有國貨可以代用者……。（丙）工業用品之必不可少者……。（三）組織一勸工銀行，扶助各項工業之發展（聞此銀行已有人組織，不久可見之實行）。[312]

對學界建議：

> 甲、學界消極的抵制：（一）各學校將青島歷史

---

311 「我亦愛國者」（穆藕初），〈永久抵制日貨之方法〉，《申報》，上海，1919 年 6 月 10 日，版 12。

312 「我亦愛國者」（穆藕初），〈永久抵制日貨之方法〉，版 12。

及二十一條苛酷之條件，并此次失敗之原因，作為修身講材，隨時提及，常作警醒全國青年之暮鼓晨鐘。（二）學生自己不用日貨，并於星期日及暑期年假時，就力之所及，隨處演說，以圖普及，俾大眾永不忘此最大之恥辱。并懇請家長及力勸親戚鄰里，一律實行，俾大眾以不用日貨為應盡天職，誤用日貨為有失體面。

乙、學界積極的抵制：組織「學界五九社」，每地方設一社，合當地方學校組成之。其應為之事如下：（一）協助商界調查日本進口貨物，并隨時悉心鑒別而嚴取捨，更勸告各用戶勿誤購。（二）利用餘時，研究日貨代用品製造法，以應社會需求而增進地方生產能力。（三）提倡節儉，以撙節所得之錢財，努力儲蓄，遇有地方新工業發生時，踴躍投資，藉以貫徹永久抵制之目的。（四）團力較大之五九社發行星期刊，報告各地抵制日貨之方法及現狀，并特闢國貨紹介欄及新發明物介紹欄，以促內國工業之發展。（五）各地方學校五九社會，并須公同推定一五九社從事編輯一種勵恥之書籍，名曰《五九》，此書分初小、高小、中學三種編法，供給三種學校之取用。發刊後，請各省教育會頒布全國各學校，用作教科書，啟發全國青年之自覺力。并編白話體《勵恥書》，俾粗識字義之人咸能寓目，以補普及教

育之不逮。[313]

　　總的來說，穆藕初希望學商兩界攜手合作，徹底抵制日貨，振興國貨。他提出的學生協助商界調查日貨，是欲延續學生進行之事業。期勉眾人：「此次抵制日貨之偉舉，實關係我中華民國之存亡絕續者至大，願我全國人士，盡力做去。僕不惜犧牲所有之精力財力，暗隨諸君子之後，願我舉國愛國人士交相勉策之。」[314]

　　這時《申報》也鼓吹長期抵制之舉，更提出資本家應負起振興國貨之責任。6月5日《申報》雜評指出：「今日全國人所致力者，為抵制日貨，提倡國貨之兩名詞。……實則必先能實力提倡，而後抵制乃能永久。……吾於資本家，尤有厚望焉。」「若提倡國貨，則但聞其聲，而未見一二有實力之大工廠出現，又未見有一二大資本家登高而呼，盡力提倡，是下一名詞，尚在空言時代。」[315] 聶雲台提議集股經營大中華紗廠，即在此時。穆藕初及其友人則發起「中華勸工銀行」，以輔助小工業為宗旨。1919 年 8 月，勸工銀行籌備處設於華商紗廠聯合會。[316]《穆藕初年譜》1919 年 10 月 3-4 日條下，記《中華勸工銀行有限公司章程》與《中華勸工銀行招股簡章》，說明：「『本銀行以輔助工業之發達或改良為目的』；『本銀行資本總額定為一百萬

---

313 「我亦愛國者」（穆藕初），〈永久抵制日貨之方法〉，版 12。

314 「我亦愛國者」（穆藕初），〈永久抵制日貨之方法〉，版 12。

315 「默」（張蘊和），〈衹做其半〉，《申報》，上海，1919 年 6 月 4 日，版 8。

316 〈會務日誌〉，《華商紗廠聯合會季刊》，1919 年，頁 266。

元，計分五萬股』……等。」列名發起人為：穆藕初、
聶雲台、黃炎培、沈信卿、經子淵等五十五人，贊成人
為宋漢章、陳光甫、錢新之等十五人，亦均公佈於《申
報》。[317] 茲可注意的是，何葆仁（原上海學生聯合會
會長）、瞿兌之（宣穎，原上海學聯文牘員）亦在發起
人之列。[318] 可見中華勸工銀行之開辦，由江浙實業家、
銀行家及教育家倡議，[319] 而學生領袖亦共同響應。

　　穆藕初又撰〈勸工銀行與各小工業之關係〉，呼籲
實業界和銀行界聯合一致。1919 年 11 月 11 日《申報》
刊出：

> 自五四運動以來，民氣日盛，抵制劣貨，全國響
> 應。乃為時無幾，銳氣驟減。嗚呼！豈我國民缺
> 乏決心與毅力有以致之乎？夫亦以家常日用品中
> 國貨稀少，故不能不仰給於人，而作此飲鴆止渴
> 之舉耳。世不乏熱心遠識之士，持百年長久之計，
> 以求國內各小工業之發達，而後外來之劣貨無可
> 乘之隙矣。其計維何，即盡力促成此勸工銀行，
> 作各小工業之補助機關，維持之而發達之，起點
> 雖小，收效自宏焉。[320]

可見中華勸工銀行之發起，確是抵制運動後，為振興國

---

317 穆家修、柳和城、穆偉杰編，《穆藕初年譜長編》，上卷，頁
　　303。
318 〈中華勸工銀行招股簡章〉，《申報》，上海，1919 年 10 月 4 日，
　　11 版。
319 徐寄廎，《上海金融史》，頁 48。
320 穆藕初，〈勸工銀行與各小工業之關係〉，收入穆藕初著、穆
　　家修等編，《穆藕初文集（增訂本）》，頁 87。

貨而創之金融機構。1919 年以後，上海創設銀行蔚為
風潮，可視為抵制運動之副產品。[321]

　　張謇對振興實業最為積極，對「三罷」則不謂然。
他明告學生應積極投身商戰，致力農工業而非消極罷
課。6 月 25 日上海各報，刊出〈敬告全國學生書〉，
稱「諸生愛國之意是，而法則非。」另揭出一套積極計
劃，以「商戰」為說：

> 走意我全國中等以上學生姑懸以五十萬人計，若
> 每人能於一年之內集百元或五十元之資，即得
> 五千萬、二千五百萬之資。其法有餘之省以百元
> 為整股，十元為零股，合十零股為一整股；不足
> 之省，以五十元為整股，五元為零股，亦合十零
> 股為一整股，省各聯為若干團，各團公推最所信
> 任之一人為長，總其事資集則公存於一最所信托
> 之銀行，或錢莊，或典鋪，或殷戶，擇其省所產
> 所銷經濟所宜農工之事，能事棉鐵者上也；次則
> 他農業，他工業。一縣不能，聯數縣；一省不能，
> 聯數省；……信能如此，期以三年、五年、八年、
> 十年，學生其必有成焉者。斯真學生之榮，真學
> 生愛國之效矣。[322]

---

321 徐寄廎統計 1920-1922 年上海私人籌辦的新銀行有：勸工銀行
　　（1921）、棉業銀行（1920）、煤業銀行（1921）、華大商業
　　儲蓄銀行（1920）、上海江南商業儲蓄銀行（1922）、百匯商
　　業儲蓄銀行（1922）、信通商業儲蓄銀行（1921）、東南植業
　　銀行（1922）等。參考徐寄廎，《上海金融史》，頁 48-63。

322 〈張謇敬告全國學生書〉，《時報》，上海，1919 年 6 月 25 日，
　　第 2 張版 3。〈張季直敬告全國學生書〉，《時事新報》，上海，
　　1919 年 6 月 25 日，第 2 張版 1。此書先在上海報章發表，可見

該年 12 月，南通洋貨業即引張謇之說，指出「根本救國，以組織工廠為前提，張嗇公曾有〈敬告全國學生書〉，每一學生認招股份一百元，式分為十零股，每股十元。南通中學以上學生約千餘人，以每人一百元計，當得千餘萬元〔股〕，應請學生會克日招集股份十餘萬元。吾商界同人亦當隨學生之後，招集十餘萬元在淮海實業銀行，請張退公〔張詧〕、嗇公組織，可以抵制日貨之公司，以免空言救國之說。」[323] 寧波商人方椒伯在罷課後提出〈學生愛國儲金興辦實業意見書〉，亦同此宗旨。[324]

　　南北抵制之說盛行時，張謇一直提醒眾人：抵制乃是消極作為，發展實業才是根本之圖。1919 年 7 月 3 日，上海各報刊出張氏復北京國民協會書，再次以務實口吻，說明發展棉業之法：

> 走前在農商部時，即注意棉業，曾有計劃。就今日全國論，須要自有一百萬綻，始可言抵制。……若徒空言抵制抵制，則彼一物而我無物，抵且不能，制於何有？是則不僅棉紗而已，而棉其尤要也。否則但可云不買而已，制於何有？抑又有一說焉：不賣即可行，彼所必需於我之原料，不賣可乎？不賣則我農產物壅擠而價落，又病農也。

　　其心目中對象。南通本地之《通海新報》及北京《晨報》，遲至 6 月 28 日始刊出此函。

323　《通海新報》，1919 年 12 月 17 日，轉引自中國第二歷史檔案館編，《五四運動在江蘇》，頁 338-339。

324　方椒伯，〈學生愛國儲金興辦實業意見書〉，《申報》，上海，1919 年 6 月 28 日，版 11。

> 故農工商必兼計而後能相救。目前亦一應及之
> 題，無已，惟有加重出口棉稅，一面自增紗廠，
> 或者亡羊而補一而之牢之計也。[325]

1919 年 7 月 3 日《新聞報》之〈棉紗事業之亡羊補牢策〉，也摘錄張謇之說，提醒國人「就今日全國論，須更自有一百萬綻，始可言抵制。」[326] 無錫商會會長錢基厚也反對唱高調，直言：「國人咸知以不用外貨為抵制，而調查國貨，可以相抵者甚少。即日用之物，仰給外貨者亦多，此則工商不振。」[327] 故此，抵制日貨風潮之後，繼之以本國工商實業之提倡。

當時興辦實業之主張紛紛出爐，如有「中華愛國實業團」成立，向社會糾集巨款，發行所設於先施公司總批發所內。[328] 中國實業家及銀行家高唱攜手之義，群認孤兵奮戰無補世局，必須群策群力。1917 年，穆藕初以軍事用語比喻工商戰局：

> 日人思深慮遠，出其鋒利之眼光，鼓其勇猛之精
> 神，爭向工商場裡，擴展其領域。視各工團、
> 各商販團為各師團，視紗業公會為大本營，視公
> 會會議處為參謀部，刻刻進取，步步為營，遂佔

325　〈張嗇老補救棉紗業之意見〉，《時事新報》，上海，1919 年
　　　7 月 3 日，第 3 張版 1。

326　〈棉紗事業之亡羊補牢策〉，《新聞報》，上海，1919 年 7 月 3 日，
　　　第 3 張版 1。

327　錢基厚編，《孫庵老人自訂五十以前年譜》，收入北京圖書館
　　　編，《北京圖書館藏珍本年譜叢刊》，第 200 冊（北京：北京
　　　圖書館出版社，據 1943 年鉛印本，1999）頁 395-396。

328　〈中華愛國實業團簡章〉，《申報》，上海，1919 年 6 月 28 日，
　　　版 11。

有今日之地位。……玥羨佩彼邦工商業之孜孜勇

進，以軍隊方之，豈過語哉！ [329]

1919 年 12 月，徐滄水以相似觀念，指出中國銀行業和實業界是戰略夥伴關係，否則將任人魚肉：

軍隊有戰鬥將校與參謀將校之區別，戰鬥將校則
統率軍隊以從事戰鬥，而參謀將校雖未直接以從
事戰爭，但必賴其運籌帷幄以為進行，其戰鬥之
方法不同，而所效力於疆場者則一也。一國之實
業亦復如是，從事於農工業及貿易者，則直接以
發達實業，猶之戰鬥將校也。如銀行業處於活動
金融之地位者，則間接以發達實業，猶之參謀將
校也。從嚴格以論之，銀行業對於實業界之任務，
非僅融通資金借出資本而已，大凡實業界其財政
的基礎倘不能鞏固，則其事業將倒閉隨之，吾國
實業界既往之失敗悉由於此，近世所以將公司財
政學獨立為一學科也。譬如實業界之活動如同戰
鬥，而銀行業之職務則如兵站，使前進軍隊不論
其如何活動以得莫大之勝利，倘兵站不隨其活動
以一致進行，則其結果必不免於失敗。故歐美實
業家其視銀行家殆如同參謀，其公司財政上之計
畫及整理，必常就銀行家協商并受其指導，其財
政的基礎所以能預防破綻於未然。而銀行家因與
其事業上資金之融通，具有相互之利害關係，故
亦樂於贊助而不厭倦之。今吾國實業所以未能發

329 穆藕初，〈《中國布紗花業指南》按語三十五則〉，頁 487。

達者，即譬如開往前敵之軍隊，戰鬥自戰鬥，參
謀自參謀，戰鬥者既不屑服從，參謀者亦無從指
揮，故銀行與實業之關係，在他國則二而一，在
我國則一而二，此其故可深長思也。[330]

徐滄水所設之譬喻，反映在商戰概念下，中國實業界和
銀行界已形成戰略關係。銀行公會自比「參謀將校」，
為全局運籌帷幄之地；華商紗廠聯合會則儼然「戰鬥將
校」，為率眾奮戰之所。「其戰鬥之方法不同，而所效
力於疆場者則一也」。

江蘇省教育會，則負內外宣傳之責，督導商界萬眾
一心。1919 年 12 月抵制日貨運動方興未艾，江蘇省教
育會領銜八團體通函上海總商會，要求知照各業一致行
動。《上海總商會議事錄》1919 年 12 月 13 日常會臨
時提議案：

江蘇省教育會等八團體請抵制某貨表示決心。公決
備函答復，一面將往返函件知照各業領袖查照。[331]

《上海總商會議事錄》記載簡略，卻可概見其配合轉知
情形。「某貨」，指日貨。此「江蘇省教育會等八團體」，
當即是 1920 年 1 月發佈抵制宣言英文版之下列團體：

江蘇省教育會、上海縣教育會、寰球中國學生
會、中華職業教育社、上海歐美同學會、華僑聯

---

330 「滄水」（徐滄水），〈中華勸工銀行之前途〉，《銀行週報》，
1919 年 3 卷 48 期，頁 21。

331 上海市工商業聯合會編，《上海總商會議事錄》，第 3 冊（上海：
上海古籍出版社，2006），頁 1240。

合會、基督教聯合會、上海救火聯合會。[332]
宣言中文版署名團體則有九個，增入「上海縣商會」，
列於「江蘇省教育會」之次。[333] 查九團體中的「基督
教聯合會」，可另譯為「中華基督教救國團」（The
Chinese Christian National Salvation Association），在 1919
年上海罷市風潮中成立，以曹雪賡（上海青年會總幹
事）為總團長，李登輝（上海青年會董事）為演講部主
任。[334] 1922 年來華的共產國際遠東部成員 C. A. 達林認
為，「1919 年基督教青年會積極支持了中國抵制日貨
運動」，[335] 乃是競爭對手的證詞。

　　江蘇省教育會等八個團體發佈宣言之際，日本政府
正向中國政府施加壓力，對抵制風潮有種種指控。江蘇
省教育會等團體聲明：「華人抵制日貨之理由，乃基於
嚴正之愛國立場，而非由英美人士煽動」。又表示，抵
制運動與學生及政府無關，是全國民意的展示。宣言顯
然以英文下筆，再回譯成中文。[336] 這篇英文宣言收入刁
敏謙（德仁）《覺醒的中國》（*China Awaken*）一書，由
北京政府資助出版，卷首有徐世昌總統相片，反映它的

332　Min-Ch'ien T. Z. Tzau（刁敏謙），*China Awaken* (New York: The
　　　Macmillan Company, 1922), pp. 161-163.

333　〈九公團發表抵制宣言〉，《民國日報》，上海，1920 年 1 月
　　　24 日，版 10。

334　〈基督徒組織救國團〉，《申報》，上海，1919 年 6 月 13 日，
　　　版 12。

335　C. A. 達林著、侯均初等譯、李玉貞校，《中國回憶錄（1921-
　　　1927）》（北京：中國社會科學出版社，1981），頁 59-63。

336　〈九公團發表抵制宣言〉，《民國日報》，上海，1920 年 1 月 24
　　　日，版 10。

半官方背景。全書對五四運動大力推崇，令人感到官民的默契。[337] 此江蘇省教育會領銜的聯合宣言，可證本章所說「東南集團」為抵制運動總指揮之說，上海學生不過執行隊及別動隊而已。借用徐滄水的譬喻，把實業家和銀行家譬諸戰鬥將校和參謀將校，則江蘇省教育會等公團可擬之宣傳部，負責對外宣傳及下達動員令。「其戰鬥之方法不同，而所效力於疆場者則一也。」

六、小結

　　本章探討五四時期東南紗業集團如何製造「商戰」輿論，並將之落實到有組織的持續行動上。各種史料顯示，上海及江蘇等省抵制運動的原動力及鼓動者，需要從學生以外去尋找經濟及社會根源。本章具體說明了幾種狀況：一、五四上海及江蘇全省抵制運動的鼓吹者，包括東南實業界、金融界、新聞界、教育界的領導人物；美國在華商人、官員、傳教士，也參與其事。中美人士共同策劃，製造了「商戰」輿論，以日本為敵手，為無可諱言的事實。江蘇省教育會為首的上海九團體，則儼然以抵制運動代言人及辯護士自居。二、以張謇為首的東南名流，從晚清以來就擅長塑造和引領全國輿

337　Min-Ch'ien T. Z. Tzau, *China Awaken*, pp. 1-475. 刁敏謙，廣東嘉應人，聖約翰大學畢業，倫敦大學法學博士，清華學校國際法及英文教授、交通部秘書，曾與王正廷共同代表中國參加世界基督教學生會議（1911年），先後擔任中華青年會全國協會董事、寰球中國學生會董事。胞兄刁作謙（成章），是1919年4月外交部情報部門主管。參考 *Who's Who in China* (Shanghai: The China Weekly Review, 1925), pp. 712-715.

論，對發動「抵制」和「運動」有豐富的經驗。他們把
「抵制」作為策略，使其發揮內外正反的最高效用，也
是操弄新聞媒體的一群老手。三、五四上海及江浙各
級學校的抵制運動，發端於五七和五九國恥紀念。從
1915 年以來，江浙教育會對國恥教育的推動，在五四
時期開花結果。1919 年上海學生的集會遊行，首先在
師長帶領下進行。之後，各校師生隨即把提倡國貨，抵
制日貨列為主要目標，師長更從旁指導學生進行。四、
學生及群眾的愛國熱情燃起後，上海紗業集團更策劃長
久抵制的辦法，引導人們投入振興國貨的行列，使發展
農工商業成為一時熱潮。綜上所論，考察五四時期的抵
制風潮，東南集團的作用更重於學生。學生在這一集
團的啟蒙下，把「抵制」之聲送進了街頭巷尾，並把
這場運動持續一年之久。學生的毅力固可驚人，「運
動家」的本事也不能忽略。

第二章　上海公團的轉型蛻變

圖二之一：中華基督教青年會全國協會三任總幹事：巴樂滿（Fletcher Sims Brockman）、王正廷、余日章。

圖片來源：S. E. Henning (ed.), *The Illustrated Annual Report of the Young Men's Christian Associations of China for 1919* (Shanghai: The National Committee, 1920). Kautz Family YMCA Archives, University of Minnesota. 引自：UMedia (umn.edu) (2021.5.18)。

圖二之二：1917 年《游美同學錄》封底，有上海《大陸報》（*China Press*）廣告，突出青年會活動。

圖片來源：《游美同學錄》（北京：清華學校，1917），頁 i。

圖二之三：1918 年 6 月 28 日《民國日報》半頁廣告，欄位由英美煙草公司（British-American Tobacco Co. Ltd.）捐贈。

圖片來源：《民國日報》，上海，1918 年 6 月 28 日，版 4。

圖二之四：1920年第八屆青年會全國協會全國大會暨二十五週年慶典在天津舉辦，前總統黎元洪（中）與巴樂滿（左）、余日章（右）出席合照。

圖片來源：*The Chinese Recorder*, Vol. 51 (May,1920).

圖二之五：1907年上海青年會新會所落成（四川路120號）。

圖片來源：Kautz Family YMCA Archives, University of Minnesota. 引自：UMedia (umn.edu) (2021.5.18)。

圖二之六：中華基督教青年會全國協會及上海青年會領導人（上至下）：來會理（D. W. Lyon）、曹雪賡（S. K. Tsao）、潘慎文（A. P. Parker）。

Dr. D. W. LYON

The first Foreign Secretary in China; First General Secretary of the National Committee; now Head of Secretarial Training Department

Mr. S. K. TSAO

The first Chinese Secretary of a City Association

For twenty years Senior Chinese Secretary of the Shanghai Association

Dr. A. P. PARKER

The first Chairman of the National Committee. Veteran Missionary of the Southern Methodist Board

圖片來源：*The Illustrated Annual Report of the Young Men's Christian Associations of China for 1919*. Kautz Family YMCA Archives, University of Minnesota. 引自：UMedia (umn.edu) (2021.5.18)。

圖二之七：中華基督教青年會全國協會中西正副總幹事及會長。站立（左至右）：顧子仁、賀嘉立。坐（左至右）：余日章、鄺富灼。

圖片來源：*The Illustrated Annual Report of the Young Men's Christian Associations of China for 1919*. Kautz Family YMCA Archives, University of Minnesota. 引自：UMedia (umn.edu) (2021.5.18)。

圖二之八：上海青年會成人部及童子部內觀。

圖片來源：*The Illustrated Annual Report of the Young Men's Christian Associations of China for 1919*, p. 18. University of Minnesota Libraries, Kautz Family YMCA Archives. 引自：UMedia (umn.edu) (2021.5.18)。

圖二之九：寰球中國學生會,位於上海公共租界靜安寺路 51 號。
1919 年,上海學生聯合會及全國學生聯合會籌備處,均曾借一樓廂
房為會址。

圖片來源:《學生會報》,1915 年第 2 期,卷首。

圖二之十：1919 年 3 月寰球中國學生會第十四次年宴大會,由李登
輝主席,其左右兩側為:張獬甫、李桂森、李桂森夫人、彭濟群、刁
德仁、朱少屏、美副領事沙約、法副領事韓威德、吳蘊齋、錢新之、
周詒春、吳永珊、留法華工會長蘇理榮、倪兆春、某君、楊錫仁。

圖片來源:《寰球中國學生會十五周年紀念冊》,卷首。

圖二之十一：1919年寰球中國學生會名譽會長、會長、徵求團名譽團長及總團長。

圖片來源：《寰球中國學生會題名錄》，上海，1919年。

圖二之十二：1919 年《寰球中國學生會題名錄》，唐紹儀題簽。

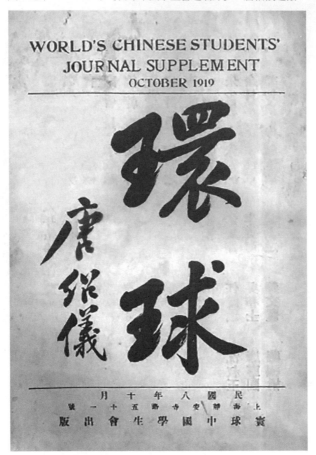

圖片來源：《寰球中國學生會題名錄》，上海，1919 年。

圖二之十三：中華建設會會長聶雲台。

圖片來源：《寰球》，第2卷第4期，卷首。

圖二之十四：中華建設會副會長唐露園。

圖片來源：《寰球》，第2卷第4期，卷首。

圖二之十五：1920 年上海青年會之徵求團通濟隊及建威隊名錄。

圖片來源：《上海青年》，1920 年第 19 期，頁 13-14。

圖二之十六：1918年夏，美國紅十字會徵求團員合照。前排（右至左）：曹錫賡、穆藕初、朱少屏、王正廷、唐露園、聶雲台、韓有剛、蔣夢麟。後排：朱友漁、郭仲良、沙居、某君、安諾德、黃首民、費吳生。

圖片來源：《寰球》，第8次徵求號，1918，卷首。

圖二之十七：1918年3月18日，上海八團體（寰球中國學生會、江蘇省教育會、中華職業教育社、上海總商會、上海青年會、留美學生會、留美大學同學會、建設會）歡迎美國駐華公使芮恩施。

圖片來源：《寰球》，第2卷第4期，卷首，無頁數。

示意圖二：上海公團關係圖

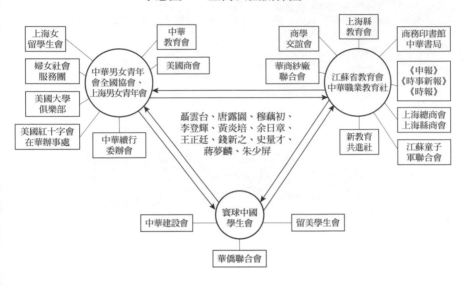

示意圖三：復旦大學的華洋網絡圖

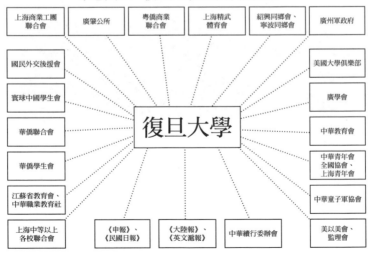

一、前言

「與時俱進」。

～1920 年，王正廷，對青年會全體幹事會議演說[1]

「培植國本，當自改良社會始。」

～ 1917 年 12 月 22 日，余日章，寰球中國學生會歡迎新會員[2]

　　若問五四前夕上海公團以何者最具影響力？可以進行多大規模的社會動員？具有怎樣的政治意識和行動策略？五四研究者或上海史研究者不知是否有不同答案？周策縱《五四運動：現代中國的思想革命》把上海公團描繪得暮氣沉沉，須待學潮發生始獲得新動力。他說：

> 「五四事件」以前，在中國商人、工人、教師甚至學生中很少有西方式的組織良好的團體。……「五四事件」後繼續存在的其他學生組織有：1905 年成立、1919 年重新組織的寰球中國學生會、留日學生救國團，歐美學生會則是「五四」之後由留美學生聯合會改組擴大而成的。[3]

周策縱強調五四的分水嶺作用，掀起萬尺巨浪把舊世界沖去，並迫使若干團體進行改造。就上海而言，這一描

1　楊絜，〈會長王正廷博士對全體幹事會議的演說詞〉，《上海青年》，第 19 卷第 26 號（1920.9.24），頁 5。

2　〈第二次歡迎新會員〉，《寰球》，第 2 卷第 4 期，頁 9（九）。

3　Chow Tse-tsung, *The May Fourth Movement:Intellectual Revolution in Modern China*, p. 187，中譯本 1905 年誤譯為 1915 年。周策縱著、周子平譯，《五四運動：現代中國的思想革命》，頁 258。

述不盡正確。例如他所提出的寰球中國學生會，在五四前就極具組織力及動員力，在五四後也未見有重大改造。故此，對上海何時出現「西方式的組織良好的團體」，不能信賴周策縱之說。

翻閱 1960 年代初出版的《五四運動在上海史料選輯》，「下編」列舉「上海社會團體」，則可能把人們引入另一誤區。該書只關注 1919 年新設團體，在學界舉上海學生聯合會及全國學生聯合會，在工界舉中華工業協會等，在商界舉上海商業公團聯合會。此外，以國民大會上海事務所為重要團體。[4] 對 1919 年前成立的老牌公團，包括：江蘇省教育會、寰球中國學生會、基督教青年會等，一概不收。然而，這些公團在 1919 年均極活躍，經常連署發電，帶動社會輿論。編者不重視這些團體，或許有兩個原因：一，認為它們成立較早，不代表新興力量。二，它們富親美色彩，未有反帝國主義論述。研究者若以此書為主要參考，依傍其列舉團體為論述框架，將無從認識上海社會的重心，乃亦無法明白上海學潮的底蘊。白吉爾《上海史：走向現代之路》寫到五四時的蒼白單薄，就是囿於所用材料造成的侷限。華志堅筆下的上海學生，則彷彿天才似地創建了一個系統，把前清官僚體系、中國秘密結社、外國童子軍辦法綜合起來，一下子掌握了組織及動員群眾的秘訣。[5] 這

4　上海社會科學院歷史研究所編，《五四運動在上海史料選輯》，頁 595-698。

5　白吉爾（Marie-Claire Bergère）著，王菊、趙念國譯，《上海史：走向現代之路》（上海：上海社會科學院出版社，2005），頁 151-154。Jeffrey N. Wasseretrom, *Student Protest in Twentieth-Century*

都是未理解上海公團的組織及運作經驗，不明白是它們
為青年學生提供了運動模式。

　　1919 年上海三罷風潮甫落幕時，日本《大阪每日
新聞》駐滬記者平川清風，直指上海學生運動有三個源
頭：寰球中國學生會、基督教青年會、《上海滬報》
（Shanghai Gazette）。平川的觀察容有缺欠，但他認定學
潮背後別有親美系統。他分析：

>　　談到幕後黑手，必須從學生運動的發源地開始說
>　　起。我所知的有三個，分別是寰球中國學生會、
>　　中國青年會以及《上海滬報》。由美國留學生所
>　　組成的寰球中國學生會可說是美國教育在中國的
>　　代理機構，負責處理留美中國學生事務及其回國
>　　後就職的連絡。中國青年會與其說是中國的青年
>　　會，更接近隸屬於美國的機構。其副會長〔按：
>　　應是副總幹事〕及理事〔按：應作幹事〕皆有美
>　　國籍人士，且有不少建設基金由美國出資。最後，
>　　《上海滬報》為排日領袖美裔中國青年〔按：指
>　　陳友仁〕所有，可算得上為美國宣傳政治的機構。
>　　以上述三者為中心成立的即是學生聯合會，也就
>　　是本次學生運動的大本營。然而，法律顧問團中
>　　教導學生們如何避開租界法和警察法的美國籍律
>　　師 Rose 等人自始至終都坐鎮學生聯合會本部管
>　　理事務。……總而言之，播下的種子會發芽。美
>　　國常年在中國青年社會植下的文化政策，在這一

China: The View from Shanghai, pp. 57-60.

次真真切切、確確實實的發揮了作用。[6]

平川清風之說值得重視，他提及的三個機構：寰球中國學生會、中國青年會、《上海滬報》，雖不足以涵蓋上海親美系統，卻足以提醒後人：考察上海五四運動的起源，必須重視上海公共團體的作用。上海學生絕不是孤立運作，而與其他團體有著密切關係。

本章將說明五四前夕上海重要公共團體的組織構造、人事班底、動員能力，並希望進一步指出他們之間的連盟，及其主幹對內外事務的觀點。本章運用的材料，以報紙、團體機關刊物、傳記材料為主。其中青年會的《青年》、《青年進步》、《上海青年》，寰球中國學生會的《寰球》，江蘇省教育會的《江蘇省教育會月報》，中華續行委辦會的《中國基督教會年鑑》，都是重要材料。一旦這些史料進入視野，將使我們對上海社會有嶄新認識。事實上，近二十年的相關研究陸續指出，上海重要公團領導層頗多跨會，[7] 這表明少數精英

6　平川清風，〈學生運動的幕後黑手（四）〉，《大阪每日新聞》，1919 年 6 月 23 日，版 2。引自京都大學人文科學研究所，《日本新聞五四報道資料集成》（京都：京都大學人文科學研究所，1983），頁 276。

7　錢益民對李登輝的研究，從人事連繫上，指出寰球中國學生會、上海青年會、復旦大學的關係。唐紹明對唐國安的研究，發現早期寰球中國學生會與青年會（滬京津青年會及青年會全國協會）在領導人上之重疊。鄧爾麟對復旦大學董事會的研究，張志偉對上海青年會的研究，也都有同樣發現。參考錢益民，《李登輝傳》（上海：復旦大學出版社，2005），頁 32-45。唐紹明，《清華校長唐國安──一位早期留美學生的報國之路》（北京：清華大學出版社，2016），頁 177-178、181-183、189-212。Jerry Dennerline（鄧爾麟），"Lee Teng Hwee, Ho Pao Jin, and Educational Reform in Malacca, Singapore, Shanghai and Beyond, 1885-1945", *Translocal Chinese: East Asian Perspectives*, Vol. 11 (2017), pp. 64-66. 張志偉，《基督化與世俗化的掙扎：上海基督青年會研究（1900-1922）》，頁 349-350。

對各團體的掌控，自由流動於各團體之間，把各種資源
作理性移用。本章將進一步指出，這一日益壯大的社會
系統，以兩個老牌機構形成雙核心，即中華青年會和江
蘇省教育會，在資源共享中增強了影響力。以此二機構
為核心組織，又派生出其他新設機構，並連結納入其他
弱小團體，產生覆蓋面廣泛的社會網絡。這一系統以上
海為基地，輸送其影響力於各埠及海外。本章將從兩方
面說明這個系統的形構運作：第一，五四前上海公團完
成了組織蛻變的過程，進而增強了社會動員的技巧及能
力。第二，五四前這一系統製造「聯美制日」的輿論，
使中美親善成為主流聲音。唯有對這兩個問題有相當認
識，五四時期的社會動員才豁然可解。

二、上海公團的改造

「吾國今日以改良社會為當務之急。有良善之社會，而
後有強盛之國家。」
～ 1915 年 12 月 15 日，唐紹儀，寰球中國學生會徵求團開幕會演說 [8]

　　翻閱五四前幾年的上海報刊，讀者不難對公共團體
的蓬勃氣象留下深刻印象，並發現一群城市精英的關注
層面，已從教育、社會，擴展到內政外交等層面。在報
紙上經常被報導的團體，有中華基督教青年會、寰球中

8　〈五次徵求會友團結束報告〉，《寰球》，第 1 卷第 1 期（1916.5），
　　頁 7（一）。

國學生會、江蘇省教育會、中華職業教育社、中華建設會等，以及美國大學俱樂部、星期六俱樂部等組織。這些團體不僅非常活躍，而且經常聯合活動。它們或由留美學生創辦，或由彼等為領導中心。創辦於晚清的基督教青年會，更成為眾所矚目的焦點，引起其他團體競相模仿，甚至在青年會幹事協助下，推動了組織革新的改組蛻變。平心考察，可說 1916-1919 年間，上海公團發生了一場組織革新運動，內含遠程的政治目標。那些關心現代化問題的精英，對青年會幹事的一個長項極感興趣，深深期待掌握這一技能，此即：「運動」（或說「動員」）的能力。本節無法交代各公團的沿革史，而是聚焦於它們如何提升「動員」的力量。

（1）中華基督教青年會

（Young Men's Christian Association）

1922 年非基督教運動興起以後，人們迅速忘掉一個事實：青年會很早自稱是一個學生運動，竭力在知識階層和學生群體中擴展影響力。[9] 早在 1913 年，北美中國留學生引用王正廷的豪言壯語：

> 我認為有一樣東西是高於其他東西，有一所機構是
> 高於其他機構，一股基督教的力量是高於其他力
> 量，這是一個能夠與學生取得聯繫的機構，而其
> 他機構卻是無法做到的，這就是基督教青年會。[10]

9　邢軍著、趙曉陽譯，《革命之火的洗禮：美國社會福音和中國基督教青年，1919-1937》（上海：上海古籍出版社，2006），頁 173。

10　梁冠霆，《留美青年的信仰追尋──北美中國基督教學生運動研

中華青年會幹事認為，「基督教青年會能於現今妥善處
理學生階層的事務。」[11] 就社會影響力而言，五四前男
女青年會已發展成為極其成功的社會組織。若將此時代
稱為「青年會時期」，似不為過。

　　就源頭而言，中華基督教青年會（以下簡稱：青
年會）來自美國。在一般城市居民心目中，青年會是
美國文明具體而微的表現。1920 年，統計美國僑民在
華約 6,000 人，大概 3,500 位是傳教士和青年會幹事，
足跡遍佈各城市。[12] 美國青年會幹事鮑乃德（Eugene
Barnett）指稱，在華人心目中，青年會是「有活力，現
代化的，能應付現實的」。[13] 上海青年會創始者之一、
後來轉入外交界的顏惠慶（駿人），分析青年會廣受歡
迎的原因：

> 它提倡的智、德、體三育，頗有吸引力，容易引
> 起重視，把一些講究實幹、對宗教並不感興趣的
> 人也容納到一些抽象的學術活動中。幾乎所有我
> 新結識的朋友，他們一般接受過現代教育，都對
> 青年會感興趣，積極支持那位能幹的，精力充沛
> 的美國幹事的工作。[14]

究（1909-1951）》（上海：上海人民出版社，2010），頁 55。

11 梁冠霆，《留美青年的信仰追尋——北美中國基督教學生運動研
　　究（1909-1951）》，頁 55。

12 "Advertising American Goods in China", in Julean Herberd Arnold,
　　Commercial Handbook of China, Vol. 2, p. 389.

13 鮑乃德，〈中國青年會之史的演進〉，轉引自趙曉陽，《基督教
　　青年會在中國：本土和現代的探索》（北京：社會科學文獻出版
　　社，2008），頁 147。

14 顏惠慶著，吳建雍等譯，《顏惠慶自傳——一位民國元老的歷史

顏惠慶的分析有兩個重點：第一，青年會的理念及其引
進的活動，確為中國社會所迫切需要，包括：體育、演
講、宿舍、群體合作、服務精神。第二，青年會幹事的
組織能力及辦事能力，吸引了亟望改造中國社會的士
紳，想要從中學得救國的手法。

　　在辛亥前後數年，華人士紳受洗皈依基督教，並成
為青年會中堅台柱，應數聶雲台家族為最受尊重。[15] 此
後十年間，聶氏兄弟及母親曾紀芬（曾國藩幼女），成
為中華青年會最知名、最堅定的支持者。對於曾、聶家
族的皈依，著名傳教士李提摩太（Timothy Richard）
甚為欣喜，視作基督教「漸及於上等社會」之預兆。[16]
1924 年聶雲台自述入教原由：

　　　　予也夙有志於學道。成童時，嘗求之於宋儒之學，

記憶》（北京：商務印書館，2003），頁 46-47。

15 1913-1915 年，先是聶其焜與夫人黃氏暨子女共七人領洗、繼則聶
　雲台及夫人聶蕭敏春、暨母親聶曾紀芬共同受洗。曾、聶家族奉教
　一事，震動士林。參考聶其焜，〈余何以為基督徒〉，頁 30-33。
　〈逝世聖徒〉之「聶蕭敏春」，《中華基督教年鑑（1917）》，第
　4 冊，頁 228。1915 年 2 月 14 日，聶雲台、聶蕭敏春、聶曾紀芬，
　是在崑山路監理會（Methodist Church）受洗，施洗者為袁恕菴牧師。
　陳春生，〈民國教會大事記〉，《中華基督教年鑑（1915）》，第
　2 冊，頁 18。曾紀芬自言，其信教受內姪曾季融（廣鍾）影響最大，
　而曾季融和她談基督教在「庚戌〔1910〕三月」。聶曾紀芬，《崇
　德老人自訂年譜》，乙卯民國四年（1915）條下，頁 337。曾寶蓀（曾
　廣鈞女）也說：「庚戌春間七叔〔季融〕……開始研究宗教──聶
　雲台表叔和我都有〔受〕點影響。」曾季融在辛亥年受洗後，立志
　創立中國自立耶穌教會。曾寶蓀，《曾寶蓀回憶錄》（臺北：龍文
　出版社，1989），頁 223-224。

16 Timothy Richard, *Forty-Five Years in China* (New York: Frederick A. Stokes
　Company Publishers, 1916), pp. 223,359-360. George A. Fitch（費吳生），
　My Eighty Years in China (Taipei: Mei Ya Publication, Inc., 1967), pp. 26-27.
　王治心，〈監理會〉，《中華基督教會年鑑（1916）》，第 3 冊，
　頁續 89。

而未所獲。旋浸潤於科學工業者二十年。繼有感
於教會所辦教育、慈善事業之多，與夫一二傳教
士之熱心服務，從之研求耶教，頗喜其基礎大可
用，欲藉其組織以輔我教育及社會事業之不足，
則於救國家之衰弱，不為無助。[17]

聶雲台撰文時已改持「闢耶」之說，仍自述昔日基於基
督教有助「救國」，故接近且接受基督教。1919 年 2
月，聶雲台更作〈溫佩珊君決志服務社會記〉，推崇前
浙江交涉使、江蘇督軍李純顧問溫世珍（佩珊）捨去現
職，出任青年會幹事，為自我犧牲楷模：

夫青年會曷嘗為己哉！其宗旨乃服役青年，牖導
而濟助之，使成完全人格，其事業乃犧牲為人之
工作也。其幹事乃犧牲為人之僕役也。[18]

在聶雲台筆下，青年會已成「服務青年」之代稱，青年
會幹事是「犧牲為人」之楷模。好些對政治失望的紳
商，乃移其熱情於青年會事業。

　　1916 年余日章任青年會全國協會總幹事以後，主
導青年會發展近二十年，使青年會更貼近中國社會的需
求。摯友黃炎培〈余日章君紀念碑〉綜括其理念及辦事
方針：

君……服務青年會二十年，認定基督教最高旨趣，
擴大青年會使命，所提倡如體育、科學、平民教

---

17 聶其杰，〈宗教辨惑說〉（甲子正月），收入氏著，《闢耶篇》
　　（上海：中華書局，1927），頁 19。
18 聶其杰，〈溫佩珊君決志服務社會記〉，《青年進步》，第 20
　　冊（1919.2），頁 76。此文並載《興華報》，第 16 年第 6 期
　　（1919.2.12），頁 2-5。

> 育、拒毒運動、農村改進諸端，有先他公團創始
> 而不自名者。君蓋以基督教徒而能忠勇誠實，發
> 揮愛國愛群之情緒者。君嘗演講，凡真實之基督
> 教徒應是最完美之公民，最高尚之愛國者。[19]

余日章少時自署「新中國之國民」，顯然是一熱烈的愛
國者。他以國民思想指導者自居，認定「吾人須向一
國人民明析指示對國家應負之責任，協助其發展國民
性」。在他手上，青年會是塑造新國民的社會組織。
1918 年 7 月「中華基督徒救國會成立」，余日章與徐
謙、誠靜怡、聶雲台、陳維屏，同為七位委辦之一。[20]

　　聶雲台等對中華青年會的好感，也與他們對美國的
特殊期待極有關係。中華青年會與北美協會的關係，眾
所眾知。趙曉陽如此描述：「北美協會國外部與中國青
年會有著特殊關係，對於中國青年會來講，北美協會為
其『母會』，管理著所有來華外國幹事的派遣、中國青
年會重大活動決定和重要幹部任免、青年會留學名額的
提供、對中國青年會進行不同形式的資助，而具體操作
部門則是北美協會國外部。」[21] 1919 年美國駐上海總
領事薩門司也說，青年會幹事受美國青年會總幹事（指
穆德）指揮。[22] 雖然 1920 年中華青年會前總幹事來會

---

19 黃炎培，〈余日章君紀念碑〉，頁 2。
20 徐謙，〈基督教救國會紀略〉，《中華基督教會年鑑（1921）》，
　　第 6 冊，頁 222。
21 趙曉陽，〈北美基督教中國學生會及其與中共的關係〉，《近代
　　史研究》，2011 年第 6 期，頁 148。
22 Consul General Thomas Sammons, "Shanghai Consular District"
　　in Julean Herberd Arnold, *Commercial Handbook of China,* Vol. 1
　　(Washington, Government Printing Office,1919), p. 287.

理（David Willard Lyon）宣稱：中國青年會已成為中國
人自有、自享、自治的運動，但美國派來的首席幹事仍
然指揮西幹事工作，後來更與中國總幹事發生權限之
爭。[23] 就上海青年會來說，這個 1904 年創始的城市青
年會，在 1919 年雖以曹雪賡出任華總幹事，創始會員
黃佐庭（會長）、顏惠慶（副會長，曹雪賡表兄）、唐
介臣（會計，唐紹儀姪）也都是留美學生。[24] 但是，真
正的實權操諸西幹事手裡。[25]

　　不過，1915 年之後，青年會北美協會將中華青年
會全國協會總幹事一職改讓華人擔任，有助拉近華人和
青年會的距離。當初北美派來的來會理，是中華青年
會全國協會第一任總幹事（1896-1912）。同樣來自美
國的巴樂滿（Fletcher Sims Brockman，1912-1915），
為第二任總幹事。巴樂滿 1915 年返美以後，改由王正
廷接任，成為第一位華人總幹事（1915-1916）。兩年
後，余日章接任（1917-1935），對中國青年會影響深
遠。[26] 王、余認識甚早，在美國已有深厚友誼。辛亥之
後，他們與黎元洪關係很深。黃炎培〈余日章君紀念

23 邢軍著、趙曉陽譯，《革命之火的洗禮：美國社會福音和中國基
　督教青年，1919-1937》，頁 86-87。

24 張志偉，《基督化與世俗化的掙扎：上海基督青年會研究（1900-
　1922）》，頁 52-56。

25 以上海青年會美籍幹事費吳生（George A. Fitch）向北美協會提交
　的 1917 年度報告書為例，內含財務、人事及各部門業務。參閱：
　George A. Fitch, "Annual Report for the Year Ending" (September
　30th, 1917), p. 1-26. University of Minnesota Libraries, Kautz
　Family YMCA Archives. 引自：UMedia (umn.edu) (2021.4.9)。

26 袁訪賚，《余日章傳》（香港：基督教文藝出版社，1970），頁 42-
　44。王成勉，〈中華基督教青年會初期發展之研究〉，頁 93-94。

碑〉說明：「武昌革命軍起，〔余日章〕君創紅十字
會，自為總幹事，黎副總統深器之，聘為秘書，兼任
副總統外交官職。」[27] 此年，王正廷赴湖北佐軍政府外
交事務，據說是李登輝推薦，[28] 但也可能由余日章引
薦。南北統一，王正廷任唐紹儀內閣工商次長（代理總
長）、參議院副議長；余日章則一度任北京《英文日
報》主編。王正廷接青年會全國協會總幹事之任，在逃
避袁世凱追捕出京後，當時其社會聲望達到高峰。[29] 袁
世凱逝世，黎元洪繼位，王正廷入京為參議院副議長。
留下的總幹事職務，推薦余日章代理，一年後正式接
任。對比王正廷由教入政，余日章從政入教，以服務青
年會終其身，但一直與聞外交議題。只因事多隱秘，外
界知之不多。華盛頓會議時，余日章被商教兩界推為國
民代表（另一位代表是蔣夢麟），返國時「所至民眾驩
迓，其盛殆未嘗有。」黃炎培歸納：「二十年來，我與
歐、美立約，或其他交涉，無不與君直接間接有關，而
君不自名也。」[30] 五四時，王正廷、余日章二氏，皆擔
當外交要衝，只是一明一暗，分別為國效力。對內方
面，王、余任總幹事時，也積極介紹青年會給士紳領

---

27 黃炎培，〈余日章君紀念碑〉，頁 1。余日章是湖北人，為黎元
洪同鄉。

28 李登輝和王正廷或相識於上海耶魯大學同學會，或上海青年會。參
見秦孝儀主編，《中華民國名人傳》，第 7 冊（臺北：近代中國出
版社，1988），頁 75-77。袁訪賚，《余日章傳》，頁 25-28。

29 巴樂滿描述王正廷從北京脫險後被青年人奉為英雄，他自己擬王正
廷於美國開國元勳漢密爾頓（Hamilton）及傑弗遜（Jefferson）。
Fletcher S. Brockman, *I Discover the Orient*, pp. 177-178.

30 黃炎培，〈余日章君紀念碑〉，頁 2-3。

袖，希望他們成為青年會的贊助者。[31]

　　青年會既有鮮明的美國背景，也為美國政商重視，從袁世凱以來的民國總統，無人不對青年會表示善意。1916年黎元洪任總統後，青年會事業益發蓬勃。[32] 商務印書館的張元濟，也在日記中寫道：「余日章極活動於社會上，甚有勢力。擬託任之與之聯絡。」[33] 「任之」，即黃炎培。此時，青年會已發展成美國在華重要事業。[34] 美國駐華公使芮恩施便說：美國在華特殊利益中，教會和教育工作佔第一位，青年會尤為突出，其重要性超過美孚石油公司（American Standard Oil Co.）及英美煙草公司（British-American Tobacco Co. Ltd.）。[35] 由於中國留美學生多接觸過青年會，許多人持續成為青年會支持者。辛亥以後，留學生在國內逐漸位居要職，青年會的聲望也水漲船高。

31 1914年王正廷便欲通過轟雲台請農商總長張謇協助青年會募款，未成功。張謇，〈復王正廷函〉（1914.7.6），收入《張謇全集》編纂委員會編，《張謇全集》，第2卷，頁461-462。

32 巴樂滿回憶錄多次提到黎元洪對青年會的好感。Fletcher S. Brockman, *I Discover the Orient*, pp. 114-115, 118, 179. 黎元洪對余日章之器重，在基督教界流傳甚廣。參閱：〈本年中國教會大事記〉之「黎總統對於基督教之言論」、「大總統器重余日章」二條，收入中華續行委辦會編訂，《中華基督教會年鑑（1916）》，第3冊，頁51、54。

33 張元濟著、張人鳳整理，《張元濟日記》，1916年8月29日條，上冊，頁150。

34 杭州青年會幹事馬文紳引「美國美孚煤油公司總理佩德福，與紐約報社記者之談論曰：社會極大之業務，除商事而外，當以青年會所矷者為卓絕。」馬文紳，〈青年會對於教外學校學生之關係〉，《青年進步》，第2冊（1917.4），頁5（六）。

35 保羅‧S‧芮恩施著（Paul S. Reinsch），李抱宏、盛震溯譯，《一個美國外交官使華記——1913-1919年美國駐華公使回憶錄》（北京：商務印書館，1982），頁58。

　　在余日章心目中，顯然有一本色化計劃，致力推動
中華青年會轉型。[36] 1915 年 11 月，上海舉行第七屆青
年會全國大會，推溫世珍為議長，選出全國協會委員
五十六人。他們雖非官位顯赫，卻是社會上升的菁英，
包括：王閣臣（漢冶萍公司經理）、李登輝（復旦大學
校長）、朱友漁（聖約翰大學教務長）、鮑咸亨（商務
印書館經理）、韓玉麟（中國捷運公司經理）、江長川
（監理會牧師）、王寵惠（復旦大學教務長）、聶雲台
（恆豐紗廠經理）、袁履登（裕昌煤號）、王景春（交
通部鐵路會計司長）、林長民（政事堂諮議）、周貽春
（清華大學校長）、金邦平（農商次長）、章遹駿（總
統府顧問、陸軍中將）、張伯苓（南開中學校長）、
郭秉文（東南大學教務長）、應尚德（金陵大學教務
長）、孔祥熙（銘賢中學校長）、黃佐庭（留美學生監
督）、刁作謙（外交部秘書）等。[37] 青年會集結這一群
新人物，儼然成為「新中國」的象徵。

　　1915-1922 年，進入青年會的黃金時代。[38] 大小商

---

36 余日章作為聖約翰大學校友，也敦促該校轉型。1919 年，他宣
　稱聖約翰若想獲華人經濟支持，應舉一位華人為副校長。此項建
　議，可能為友人朱友漁謀此職務。這時朱友漁任聖約翰教授，也
　是校友會會長，對副校長一職頗有興趣。參考：徐以驊，《教育
　與宗教：作為傳教媒介的聖約翰大學》（珠海：珠海出版社，
　1999），頁 97。徐以驊說，1919 年 5 月 3 日余日章在上海遠東
　飯店面交一封公開信給訪華的美國聖公會布道部幹事伍德（John
　W. Wood），誤。此時余日章在北美，信函當由他人轉交。

37 〈中華基督教青年會第七次大會組合之報告〉，《青年》，第
　19 卷第 1 號（1916.2），頁 5。

38 就基督教在華發展而言，二十世紀前二十餘年，也被稱為「黃金
　時代」。一般性的綜述，可參考顧衛民，《基督教與近代中國社
　會》（上海：上海人民出版社，1996），頁 351-370。

人以入青年會為時髦，政府要人以支持青年會為聯美。
從總統黎元洪、馮國璋、徐世昌以下，到地方軍政首
長，包括江蘇督軍李純、淞滬護軍使盧永祥，紛紛捐贈
金錢或房屋。[39] 在上海，青年會更是中美商人競相贊助
的事業。美商企業如美孚石油公司、英美煙草公司、大
來洋行（Robert Dollar Co.）等，都捐款支持。[40] 1925
年英美煙草公司的一份內部文件，即稱公司多年來對男
女青年會予以資助。[41] 值得一說的是，《大陸報》（The
China Press）和《密勒氏評論報》出資者克蘭（Charles
R. Crane），也是青年會贊助者。[42] 歐戰期間，中國民
族企業獲得空前發展，對青年會的捐助不斷攀升。[43] 青
年會全國協會及上海青年會的經費來源，包括新會所的

---

39 中華續行委辦會調查特委會編，蔡詠春等譯，《1901-1920 年中國
基督教調查資料》，下卷（北京：中國社會科學出版社，1987），
頁 961。

40 阮渭涇，〈美商大來洋行在中國〉，頁 110-111。五四後青年會的報
告書，指武昌青年會所由老大來（Capt. Robert Dollar）捐贈，供官
紳商及其子弟和青年會學生之用。鄭州青年會新會所由穆藕初（Mr.
H. Y. Moh）為其紗廠工人蓋造，亦惠及其他公司職員及一般青年商
人。收入中華續行委辦會調查特委會編、蔡詠春等編，《1901-1920
年中國基督教調查資料》，下卷，頁 962、989。

41 〈1925 年 6 月 30 日上海英美煙公司董事裴磊致瀋陽、天津、漢口、
上海、香港各分公司經理函〉，收入上海社會科學院經濟研究所編，
《英美煙公司在華企業資料匯編》，第 4 冊，頁 1431。

42 鮑惠爾著，《在中國二十五年——《上海密勒氏評論報》主持人鮑
惠爾回憶錄》，頁 11。熊月之，〈序言〉，收入馬學強、王海良
主編，《《密勒氏評論報》總目與研究》，頁 1。克蘭和穆德的關
係，及其對青年會的贊助，參考 Norman E. Saul, *The Life and Times of
Charles R. Crane, 1858-1939* (Lanham: Lexington Books, 2013), pp. 129, 144,
159, 178, 277.

43 1916 年，中華青年會全國協會從本地募得之捐款，為一萬五千圓。
1917 年，倍增到三萬餘圓。余日章，〈說明中華基督教青年會全
國協會之任務（續前冊）〉，《青年進步》，第 2 冊（1917.4），
頁 5（四）。

建立或擴充，均有一部份來自本地紳商捐助，已不止倚
賴北美「大善人」而已。[44]

在五四前後的國際背景下，中國朝野紳商樂於捐助
青年會，確實暗寓「國民外交」的目的。贊助青年會事
業，不啻向美國示好。青年會的美籍幹事，也自覺地
扮演外交使節角色。1918 年 11 月 25 日，熊希齡〈致
南通張季直電〉，提及青年會全國協會副總幹事賀嘉立
（Charles Way Harvey）的建議：

> 昨青年會總幹事賀嘉立君，往說黎黃陂〔元洪〕，
> 勸其要約在野重要五人，赴美游歷，渠願運動美
> 前總統塔虎脫，亦約五人來華游歷，彼此聯合，
> 以為國民外交之起點。黃陂亟欲前往，惟擬約我
> 公及王寵惠、范源廉兩君同行，我公向有游美之
> 意，現值世界潮流注重民意，國民外交尤為當務
> 之急。黃陂囑托勸駕，乞賜復示為盼。[45]

賀嘉立遊說中美要人互訪，很難說沒有北美協會授意，
也必與余日章有一定默契。中美幹事對「國民外交」的
運作，意在搭建雙方更高層次的政治交流。此時，青年

---

44 1914 年青年會《進步》雜誌編輯范子美（禕，號晒誨）即說，青
年會員多為「城市之上流人物，及其子弟」，他們樂於「資助會中
經濟」，「往往鉅萬之款，不日而集，尤屬難能可貴。」范子美，
〈基督教青年會在各處之成績〉，《中華基督教會年鑑（1914）》，
第 1 冊，頁 95。共產國際遠東部的達林批評：「一般地說，基督
教青年會在中國依靠的是中國社會中最腐朽的部份——與外國資本
勾結的歐化了的資產階級，依靠他們的子女，……他們當中許多人
在歐洲資本主義國家和美國留過學，正是這批中國青年為基督教青
年會提供了幹部。」其對青年會贊助者的社會階層分析，與范子美
所說一致。C. A. 達林著、侯均初等譯、李玉貞校，《中國回憶錄
（1921-1927）》，頁 60-61。
45 熊希齡，《熊希齡先生遺稿：電稿》，第 4 冊，頁 3360。

會的作用已不限於社會活動。正是在政治外交和文化社
會的多重意義下，中美政商大力支持中華青年會發展。

　　一戰以後，中國民族工業發展的經濟榮景中，青年
會在中國的擴張規模不能不用驚人來形容。[46] 1918 年
6 月 17 日《申報》之〈青年會小史〉介紹：「青年會
者，世界新發生之最大事業也。」從數字上看，「中
國各地青年會統計，現有外國幹事八十七人，中國幹
事二百十四人，會員二萬八千人，城市青年會二十八
處，學校青年會一百四十二處。」[47] 這些數字是在五四
發生前，中國各埠尚無學生聯合會之時。惟此處提到
青年會有兩個系統，一為市會，一為校會，需要略加
說明。中國最早的城市青年會在天津設立，上海很快追
上。正如上海美國總領事薩門司指出，上海是中國城
市青年會的模範，也是遠東最大的市青年會。[48] 市會
的經費來源，主要來自就地募款。（照青年會慣例，
城市青年會經費，由中西幹事在地籌募。唯有建築費
及設備費，由北美協會捐助。）故此，上海青年會的興
旺發達，很大成份是地方紳商支持的結果。捐助青年
會者，有英美在華企業，更有華人鉅商。1907 年落成
的上海青年會大樓位於四川路，土地由朱葆三捐出。[49]

---

46 轟雲台認為青年會在中國二十餘年，「進步之速，莫能與京。」
　　轟其杰，〈溫佩珊君決志服務社會記〉，頁 75。

47 〈青年會小史〉，《申報》，上海，1918 年 6 月 17 日，版 11。

48 Consul General Thomas Sammons"Shanghai Consular District" in
　　Julean Herberd Arnold , *Commercial Handbook of China*, Vol. 1, p. 287.

49 薛理勇，《西風落葉──海上教會機構尋蹤》（上海：同濟大學
　　出版社，2017），頁 292。

1914年，伍廷芳、唐紹儀、唐元湛、楊晟（小川）、
鍾文耀等，也都列名上海青年會贊助者。[50] 校會則由全
國協會學生部統籌，「於未設立青年會之學校內，負提
倡開辦之責；於已設立之學校青年會，負輔助統一之
責。要之，該部則日以發展各地方之學校青年會為職
務者也。此外每年召集學生夏令會、冬令會，使學生於
休假之期間，得最有實用之學術上利益，亦由該部專司
其事。」[51]

表二：中國城市青年會統計（1920.1.1-12.31）[52]

城市	華幹事	西幹事	正式會員人數	贊助會員人數	社會服務人數	學校教師總數	學校學生總數
上海	37	5	526	3,508	824	192	4,168
漢口	25	2	769	2,652	117	32	638
長沙	11	4	103	2,163	64	47	733
成都	15	5	46	2,009	70	42	1,791
北京	23	7	310	2,208	109	44	1,237
南京	25	4	279	1,905	302	23	209
福州	22	4	216	1,822	700	53	716
天津	25	6	165	1,583	326	22	483
濟南	9	3	138	1,300	35	13	355

1920年青年會報告指出：「上海青年會是全國最
大的市青年會，會員已經超過四千人。該會職員最多，
幹事約有四十二人，預算為十四萬元。……會員包括經

---

50 H. S. Chuck (ed.), *Guide Book for Chinese Students Going Abroad* (Shanghai: The Nation Committee of the Young Men's Christian Association of China).

51 余日章，〈說明中華基督教青年會全國協會之任務〉，《青年進步》，第1冊（1917.3），頁5。

52 資料來源：〈城市青年會統計報告〉（1920.1.1-12.31），收入中華續行委辦會調查特委會編、蔡詠春等譯，《1901-1920年中國基督教調查資料》，下卷，頁969-970。

理、商人、銀行家、牧師、教育家、產業工人和學生。
這個市青年會在一個很特殊的意義上獲得了社會的信
任。」[53] 在組織上，1918 年陳維新的〈上海青年會之
狀況〉，說明上海青年會分「董事」及「幹事」二部。
董事部「每月開常會一次，磋商會中應行事宜。遇有重
要事務，可隨時召集。董事限額十五人，每年於年會時
改選三分之一，連舉得連任。幹事部分成人〔、〕童
子。現在幹事二十八人。中有美士三人，助理一切。成
人部會員，凡男子年在二十以上，品行純正者，不論教
內教外，均可加入為成人部會員。二十歲以下者，則入
童子部。」成人部有九科：總務、德育、智育、體育、
會員、交際、介紹、留學招待、經濟。總務居各科之
首，具有樞軸地位。「設正副總幹事各一人，主持全會
事務，餘照定章分科辦事。」[54]

　　再從美國明尼蘇達大學圖書館之青年會檔案資料，
查得 1919 年上海青年會董事部（兼各部委辦）及幹事
部之組織及人事：

53 中華續行委辦會調查特委會編、蔡詠春等譯，《1901-1920 年中
　　國基督教調查資料》，下卷，頁 961。
54 陳維新，〈上海青年會之狀況〉，收入中華續行委辦會編，《中
　　華基督教會年鑑（1918）》，第 5 冊，頁 204-207。

表三：上海青年會董事部（兼各部委辦）及幹事部名錄
（1919 年度）[55]

	董事部／各部委辦	執行幹事、各部幹事、練習幹事
董事部	聶雲台（正會長）、朱成章（副會長）、周錫三（書記）、韓玉麟（司庫）、梅華銓、吳在章、張嘉甫、凌潛夫、李登輝、劉錫基、李觀森、倪文炳、鄺富灼、張廷榮、徐叔仁	曹雪賡（華總幹事）、駱維廉（西總幹事，William Wirt Lockwood）、費吳生（西副總幹事，George shmore Fitch）、克樂愷（西副總幹事，Jesse Caude Clark）
會員科	聶管臣、王叔賢、盧煒卿、錢鑄禹、傅濁水，黃首民、馮傑靈	徐可陞
交際科	周憲章、李惕吾、戈公振、程百行、畢雲程、張炳榮、盧天牧、張廷榮、盧煒昌	鈕立卿
體育科	韓玉麟、李集雲、羅泮輝、周錫三	郝伯陽、凌希陶、姚繼唐
智育科	鄺富灼、蔣夢麟、黃元〔炎〕培、吳在章、陳維屏	朱樹翹、謝武衡
留學招待科	朱成章、余日章、朱友漁、陳永□、沈成鵠	李啟藩
介紹科	錢新之、鮑咸昌、劉錫基、趙晉卿、呂詩	朱文瑞
童子部	李觀森、刁信德、俞鳳賓、朱少屏、張廷榮、李耀邦、胡宣明、聶潞生、王正序[56]	陳巳生、趙士瀛、宋福華
德育科	馮釗光、包傳賢、胡貽穀、陳鐵生、鍾文川、霍思美、柴運馥	吉爾達（J. H. Geldart）、湯仁熙
會計科		彭少雲
文牘科		夏強夫、潘振甫、俞士權

55 資料來源："Directors and Committees of the Chinese Young Men's Christian Association, Shanghai" (1919), "Esecutive Staff", *Report of a Year's Activities of the Young Men's Christian Association* (Shanghai, 1919). Kautz Family YMCA Archives, University of Minnesota. 引自：UMedia (umn. edu) (2021.4.9)。

56 上海青年會童子部第一屆委辦：聶雲台、刁信德、鮑咸亨、俞鳳賓、袁履登、李觀森、林步瀛、陳光甫、朱樹翹。〈本會董事部職員〉，《童子部說明書》，無頁數。Kautz Family YMCA Archives, University of Minnesota. 引自：UMedia (umn.edu) (2021.4.18)。

	董事部／各部委辦	執行幹事、 各部幹事、練習幹事
庶務科		許長卿
練習 幹事		嚴柏林、楊舞沁、丁晚成、 李允臣、顧光祖、陸幹臣等 十一位
總人數	58	34

註：董事及各部委辦分科人員，均屬不支薪義務性質。

　　1919年上海青年會人事及組織架構，揭示了幾個消息：第一，董事部以聶雲台居首，成員也多聶雲台友人。其中，紗廠業主有兩位：聶雲台（恆豐紗廠）、徐叔仁（東方紗廠）。第二，幹事部有四位正副總幹事，三位美人，一位華人。名義上，以曹雪賡為幹事之首。從內部資料看，實權則操在西幹事手上。第三，上海青年會組織龐大，業務眾多。各部共五十多位義務職員，由各董事邀約入會。其中黃首民、盧天牧、周錫三，都是聶雲台企業職員。第四，由於各科職員不必然是教徒，故頗多社會名人參加，包括：錢新之（交通銀行）、黃炎培（江蘇省教育會）、蔣夢麟（中華職業教育社）、戈公振（《時報》）、張廷榮（《英文滬報》）、朱友漁（聖約翰大學）、朱少屏（寰球中國學生會）。以他們業務之繁忙，竟願擔任不支薪職員，顯然想體驗青年會辦事方法，並表示對青年會事業的支持。當時青年會辦事原則規定，「無論辦何事，皆以委員制行之，即被推選為會長者，亦不過代表眾意，不能獨斷擅行，同事之人，欲其才具不同，而能和衷共濟，互相折服，是則本會之特別用意，而自信有補於中國之社會也。」要之，強調「團體訓練及通力合作之精

神」。[57]

　此外，統籌全局的青年會全國協會董事會，也以上海青年會董事為中堅領袖，[58] 佔成員半數以上。每屆全國協會正副會長人選，也例由上海青年會董事擔任。因而聲氣相通，形同一體。核心人物有：鄺富灼、聶雲台、李登輝三位。

表四：上海青年會及青年會全國協會董事部
（1917-1920 年）[59]

年份	上海青年會（15 至 20 位）	青年會全國協會 （駐滬執行委員 9 位）
1917	**鄺富灼（正會長）**、 **李登輝**（副會長）、李觀森（書記）、**韓玉麟（司庫）**、**聶雲台**、蕭智吉、徐叔仁、周錫三、張嘉甫、朱成章、歐彬、金邦平、梅華銓、鍾拱辰、陳維屏。	**鄺富灼（會長）**、**李登輝**（副會長）、朱友漁（書記）、袁禮敦（會計）、**聶雲台**、鮑咸亨、**韓玉麟**、誠靜怡。

57 丁淑靜、朱庭祺夫人（朱胡彬夏），〈中國女青年會小史〉，《興華》，第 21 卷第 1 期（1924），頁 49。

58 *The Chronicle and Dictionary for China,* & *etc.* (H. K.: The Hong Kong Press Office, 1919), pp. 658-659.

59 資料來源：〈中華基督教青年會全國協會董事部〉，《青年進步》，第 1、11、26 冊（1917:3；1918:3；1919:10），無頁數。張志偉，《基督化與世俗化的掙扎：上海基督教青年會研究（1900-1922）》，頁 475-477。上海青年會董事人選，由會員在年會舉定。從上表看來，董事會延續性很高。〈民國六年（即一九一七年）上海基督教青年會報告〉，《上海青年》，第 17 卷第 22 期（1918），無頁數。全國協會尚有在滬之非執行委員，1920 年為金邦平、賈腓力（Frank Gamewell，中華基督教教育會總幹事）、卜舫濟（F. L. Hawks Pott，聖約翰大學校長、中華基督教教育會會長）、刁信德、王正廷（榮譽）等。Charles L. Boynton (ed.), *Directory of Protestant Missions in China 1920* (Shanghai: Kwang Hsüen Publishing House, 1920), pp. 361-362.

年份	上海青年會（15 至 20 位）	青年會全國協會 （駐滬執行委員 9 位）
1918	**聶雲台（正會長）、李登輝**、梅華銓、周錫三、**朱成章**、林齊恩、**鄺富灼、韓玉麟**、李觀森、徐叔仁、張嘉甫、歐彬、金邦平、鍾拱辰、陳維屏。	**鄺富灼（會長）、李登輝（副會長）**、朱友漁（書記）、**朱成章（會計）、聶雲台**、鮑咸亨、**韓玉麟**、誠靜怡、袁禮敦。
1919	**聶雲台（正會長）、 朱成章（副會長）**、周錫三（書記）、**韓玉麟（司庫）、鄺富灼、李登輝**、梅華銓、吳在章、張嘉甫、凌潛夫、劉錫基、李觀森、倪文炳、張廷榮、徐叔仁。	**鄺富灼（會長）、李登輝（副會長）**、朱友漁（書記）、**聶雲台（會計）**、鮑咸亨、**韓玉麟**、誠靜怡、袁禮敦、**朱成章**。
1920	王正廷（正會長）、 **朱成章（副會長）**、張廷榮（書記）、**韓玉麟（司庫）、鄺富灼、聶雲台、李登輝**、張嘉甫、倪文炳、王正序、梅華銓、李觀森、徐叔仁、劉錫基、趙晉卿。	**鄺富灼（會長）、李登輝（副會長）**、朱友漁（書記）、**聶雲台（會計）**、鮑咸亨、**韓玉麟**、誠靜怡、袁禮敦、**朱成章**。

註：粗體字是同一屆兼兩會董事者。

　　上海青年會和全國協會董事的職業背景，可略述如下：鄺富灼（商務印書館英文部主任）、李登輝（復旦大學校長）、朱友漁（聖約翰大學教務長）、聶雲台（恆豐紗廠經理）、鮑咸亨（商務印書館經理）、韓玉麟（福和公司、中華捷運經理）、誠靜怡（《中華基督教會年鑑》編輯）、袁禮敦（裕昌煤礦）、朱成章（上海銀行副經理）、林齊恩（復旦大學教授）、李觀森（捷行公司、匯發公司）、蕭智吉（五洲大藥房醫生）、徐叔仁（東方紗廠經理）、周錫三（商務印書館編譯）、張嘉甫（列豐行經理）、歐彬（先施公司經理）、金邦平（農商總長）、梅華銓（律師）、鍾拱辰（律師）、陳維屏（美以美會牧師）、吳蘊齋（金城銀行上海分行經理）、凌潛夫（湖北水泥廠）、倪文炳（海關）、張廷榮（《英文滬報》主編）、王正

廷（華豐紡織）、王正序（和豐銀行）、劉錫基（先施公司）、趙晉卿（英美煙公司）、鍾可託（聖公會牧師）、刁信德（同仁醫院醫生）、黃漢樑（和豐銀行）、胡宣明（廣州衛生局長）。[60] 他們多半是留學美國或教會學校出身，為新知識的擁有者，新企業的創辦者或管理者。

　　五四前後青年會全國協會會長鄺富灼，在上海的社會網絡值得說明。鄺富灼，廣東台山人，留美美國。1908 年，入商務印書館為英文部主任（前任是顏惠慶），1929 年退休，主持該部逾二十年。[61] 當時英美留學生歸國後，多在商務謀過職，或出版譯著，故他人脈極廣。[62] 他是商務聯絡新人及英美人士的窗口，極為編譯所長張元濟倚重。以張元濟日記 1917 年 8 月 7 日條為例：

> 晚與鄺富灼公請《密勒氏評論報》經理拋爾、美國商務隨員安諾爾在鄺宅晚餐。[63]

鄺富灼交往之廣，從《密勒氏評論報》經理鮑威爾（拋爾）、美國商務參贊安諾德（安諾爾）都是其座上客可知。

---

60 本段主要參考張志偉，《基督化與世俗化的掙扎：上海基督教青年會研究（1900-1922）》，頁 475-477。

61 鄺富灼著，伍聯德、梁得所譯，〈六十年之回顧〉，收入鄺均永編，《鄺富灼博士紀念集》（出版地不詳，1966），頁 23、31。

62 1911 年《泰晤士報》記者莫理循（G. E. Morrison）指出，中國的英美留學生回國後多半要與商務印書館打交道。駱惠敏編、劉桂梁等譯，《清末民初政情內幕——《泰晤士報》駐北京記者袁世凱政治顧問喬·厄·莫理循書信集》，上冊，頁 679。

63 張元濟著、張人鳳整理，《張元濟日記》，上冊，頁 347。

鄺富灼的社會網絡，尚以青年會為重心。從 1908
年以後，歷任上海青年會董事、青年會全國協會董事。
他在〈六十年之回憶〉稱：「一生事業之重要者，捨
著述外，要以青年會事業為其次」。自述「連任協會之
主席，凡十二年」。鄺富灼在滬上的粵人網絡，也值得
一說。1915 年，他集合不諳上海方言的粵籍同道，組
織「旅滬廣東中華基督教會」，這是一所華人自給之獨
立教堂。歐彬（先施公司經理）任男執事長，鄺富灼副
之。另一位粵商郭順家族（永安公司經理），也是同一
會友。[64] 歐、郭二家為百貨業巨擘，先施、永安為商場
對手，主管及職員卻在同一堂禮拜。大抵在鄺富灼的邀
請下，歐彬、郭順也成為青年會贊助者，歐彬更曾任
董事數年（1916-1918）。[65] 著名律師梅華銓，也是該
堂會友。鄺富灼又兼任中華基督教教育會（The China
Christian Education Association，以下簡稱：中華教育
會）委員，[66] 積極推動中西教育界交流，更向西人介紹
江蘇省教育會的新事業。[67]

---

64 鄺富灼著，伍聯德、梁得所譯，〈六十年之回顧〉，頁 25-30。
　　宋鑽友，《廣東人在上海（1843-1949 年）》（上海：上海人民
　　出版社，2007），頁 176-181。

65 張志偉，《基督化與世俗化的掙扎：上海基督教青年會研究
　　（1900-1922）》，頁 475-476。

66 中華教育會歷史，可參考王樹槐，〈基督教教育會及其出版事業〉，
　　《近代史研究所集刊》，第 2 期（1917），頁 365-396。鄺富灼、
　　李登輝、余日章都是執行委員。Charles L. Boynton (ed.), *Directory of
　　Protestant Missions in China 1920*, p. 357.

67 Fong F. Sec（鄺富灼）, "Present Conditions of Government Education
　　in China", in Julean Arnold, *Commercial Handbook of China*, Vol. 2,
　　pp. 406-419.

　　「中華基督教女青年會」（Young Women's Christian Association）也極有勢力，不可不提。1906 年，女青年會在上海成立，由美國幹事來華促成，成為世界女青年會一部份，總機關設在倫敦。[68] 在婦女運動史上，女青年會有其重要地位。該會「固世界性之一公共事業，而為近世最大之婦女運動」。「以善於組織稱於世，其方法繁殊，其手續完備，其計劃精密，其方針遠大。」在中國，女青年會「自信於開通風氣，輔導女子作社會事業之能力」。[69] 該會亦分協會及城市青年會，由董事及幹事治理。鮑引登（C. L. Boynton）編輯的《中國基督教傳教士指南 1920》，顯示中華女青年會協會委員來自中美英三國，駐滬委員二十三位：Mrs. J. A. Bailey、Mrs. C. C. Chen、Mrs. T. G. Chen、賈腓力夫人（Mrs. Frank Gamewell）、Mrs. Walter Hiltner、Miss Cheng Liang、羅炳吉夫人（Mrs. Charles Lobengier）、駱維廉夫人（Mrs. W. W. Lockwood）、Mrs. Donald MacGillivray（季理斐夫人）、Mrs. E. L. Marsh、梅華銓夫人（Mrs. H. C. Mei）、聶曾紀芬（Madam Nieh）、朱庭祺夫人（朱胡彬夏，Mrs. T. C. Chu）、鄺富灼夫人（Mrs. Fong F. Sec.）、Lady Fraser（法磊士夫人）、Mrs. T. C. Pan、樂靈生夫人（Mrs. Frank Rawlinson）、Mrs. R. D. Stafford、曹福賡夫人（孫素馨，Mrs. F. K. Tsao）、Mrs. W. S. Ward、韋增佩女士（Miss T. B. Wei，即薛仙

---

68 丁淑靜、朱庭祺夫人（朱胡彬夏），〈中國女青年會小史〉，頁 49-51。

69 丁淑靜、朱庭祺夫人，〈中國女青年會小史〉，頁 57-58。

舟夫人）、薛葩（Mrs. T. T. Wong，黃佐庭夫人）、
Mrs. J. C. McCracken。總幹事為顧恩慈女士（Miss Grace
L. Coppock）。[70] 1920 年，女青年會全國協會職員為：
朱庭祺夫人（會長）、梅華銓夫人（副會長）、鄺富
灼夫人（會計）、韋增佩女士（書記）。[71] 1922 年，
總計女青年會華幹事 51 位，西幹事 87 位（美國人居
多），另有多位義務職員。[72]

　　女青年會全國協會委員名單顯示，她們是上海華
洋女界領袖，其丈夫多為男青年會董事、幹事、贊助
者，其中也有英美駐滬重要官員。例如：英國總領事
法磊士、美國按察使羅炳吉。華人委員中，位望最尊
者，是聶曾紀芬。她以曾國藩幼女、聶仲芳夫人、聶
雲台及聶管臣母親的身分，備受尊重。[73] 對社會服務事

---

70 另有外地委員十位。Charles L. Boynton (ed.), *Directory of Protestant Missions in China 1920*, pp. 362-363. 五四時，委員「非由各省推選而成，乃係創立時隨意在滬請中美英三國婦女所集合……。」委員人數無定額，任期無限制，有缺即補，初則中西各半，西人之中，美人較英人為多，後改為華人三分之二，每月集合一次。其初歷任委員長均係美人。1923 年 10 月，始制定協會組織規章，正式組成全國委員會。參考丁淑靜、朱庭祺夫人，〈中國女青年會小史〉，頁 50。

71 范玉榮，〈中華基督教女青年會〉（1920.1），收入中華續行委辦會編訂，《中華基督教會年鑑（1921）》，第 6 冊，頁 207。

72 女青年會辦事人員有「幹事」及「義務職員」之分。義務職員是贊助女青年會宗旨者，不支薪，辦事時間長短無定，所任職務種類不一，人數眾多。會中遇一緊要事，即分設委員會專理之，故有無數之委員會，其性質有永久者，有暫時者。丁淑靜、朱庭祺夫人，〈中國女青年會小史〉，頁 57-58。

73 1918 年瞿鴻禨去世，曾紀芬為湖南曾、聶、瞿家族居滬年輩最高者。聶曾紀芬，《崇德老人自訂年譜》（北京：京城印書局，1933 訂正再版。）

業，盡力贊助。[74] 1919年，留美歸來的朱庭祺夫人（朱胡彬夏）以五年副會長資格補任會長，則成為華人婦女出任會長之嚆矢，此後遂成定例。[75] 朱胡彬夏（江蘇無錫人）及胞兄弟敦復、明復、剛復，是政府資送留美學生。[76] 胡彬夏在美國相約結婚的朱庭祺（體仁，江蘇川沙人），為黃炎培同鄉至交，往來密切。[77] 朱氏夫婦與王正廷、余日章之關係，亦殊親密。胡彬夏回國後為《婦女雜誌》主編，或由郭秉文向商務印書館推薦。此刊有開風氣之功，頗受社會重視。[78] 另梅華銓夫人，乃是上海女留學生會會長。[79]

惟五四前後，在華人社會中最為活躍，可稱新聞界寵兒的青年會領袖，應推王正廷為首。王正廷，浙江寧波人，出身牧師家庭，與商界亦關係匪淺。他在民初出任工商次長（代理總長）前後，與浙江商人虞洽卿、錢新之、韓玉麐等合夥營商。在為青年會募款工作中，

---

74 在轟雲台建議下，曾紀芬同意開放楊樹浦轟家花園收容街童。Miss Grace Coppock, "The Young Women's Christian Association in 1914", *The China Mission Year Book 1915,* 收入本書編委會編，《中國基督教年鑑》，第9冊，頁402。

75 丁淑靜、朱庭祺夫人，〈中國女青年會小史〉，頁50。

76 胡敦復兄妹及家族史，參見胡敦復，〈胡壹修先生行述〉，收入陸陽、胡傑主編，《胡敦復、胡明復、胡剛復文集》（北京：線裝書局，2014），頁22-27。胡彬夏，〈亡弟明復的略傳〉，收入陸陽、胡傑主編，《胡彬夏文集》（北京：線裝書局，2014），頁178-187。

77 例如黃炎培日記1917年12月9日條記：「夜，訪彬夏、體仁長談。」黃炎培著、中國社會科學院近代史研究所整理，《黃炎培日記》，第1卷，頁318。

78 張元濟著、張人鳳整理，《張元濟日記》，1916年11月17日條，上冊，頁183。

79 *Who's Who in China (1936)*, pp. 314-315.

是頭號高手。王正廷回憶錄透露，他首次獲得穆德等賞
識，是在白宮向名流演說，為中華青年會募得巨款。[80]
回國後，把北美青年會募捐法發揚光大，多次領軍推動
募金運動，使募捐成為上海聞人展現財富、提升名氣
的機會。1915 年，他為青年會全國協會舉辦的募款活
動，更堪稱典範。《青年》之〈青年會全國協會會所募
捐之效果〉報導：

> 當本國募捐之始，得伍廷芳博士、唐紹儀先生、
> 虞洽卿、聶其杰、聶其煒諸君、朱瑞將軍，各
> 首先慨認千金，以為之倡。繼而有本會漢冶萍公
> 司總經理王閣臣君、滬杭甬鐵路總辦鐘〔鍾〕文
> 耀君、浙江交涉使溫世珍君、上海青年會總幹事
> 曹錫賡君、中國捷運公司總理韓玉麟君及錢永銘
> 君、商務印書館鮑咸亨君、中華書局編輯員楊錦
> 森君、復旦公學法學講員王寵惠博士、長沙雅理
> 醫學校校長顏福慶君、本協會講演部主任幹事余
> 日章君，分任中國中路募捐委辦。更有農商次長
> 金邦平君、政事堂諮議林長民君、墨西哥國中國
> 公使顧維鈞君、天津南開學校校長張伯苓君，分
> 任中國北路募捐委辦。[81]

這份募款報告透露其勸捐技巧：一、由社會名流及政府
官員認捐以為表率，帶動小筆捐款。二、設立分區募款

---

80 服部龍二編，《王正廷回顧錄》（東京：中央大學出版部，2008），
　　頁 44-45。

81 〈青年會全國協會會所募捐之效果〉，《青年》，第 18 卷第 9 號
　　（1915.12），頁 317-318。

代理人，邀請青年會員及名人擔任「募捐委辦」。這種
募款運動，把個人網絡和青年會招牌相互推助，合而為
一，既擴大了青年會的贊助團隊，也提升了募款者的社
會聲譽。

　　1918 年，上海青年會擴建新會所的募捐責任，也
落在王正廷身上。此時歐戰尚未結束，必須在本地多募
經費。王正廷成立一個募捐執行部，成員有：聶雲台、
唐露園、王正廷、蕭智吉。他們設定目標，決計兩週募
洋二十五萬元。[82] 最終既有來自美國的大筆捐贈，也有
英美在華企業的慷慨解囊。報告稱：

> 美國駱維廉君來函願為上海青年會募捐洋五萬
> 元。美國駐滬商會及英國旅華商會上海分會，對
> 於青年會募捐事贊助極力。美國駐華公使署商務
> 參贊安立德君已代募得大宗捐款。……英美煙草
> 公司對於本會此次募捐非常贊助，除自捐巨款外，
> 又肯極力經募，現已收到該公司全體職員捐款。[83]

這次在華英美商人之捐款總數，已超出美國方面的數

82　〈青年會募捐〉，《民國日報》，上海，1918 年 5 月 25 日，版 10。〈特
　　別紀載〉，《民國日報》，上海，1918 年 6 月 21 日，版 10。

83　〈青年會募捐之好消息〉，《申報》，上海，1919 年 6 月 20 日，
　　版 10。據英美煙公司損贈報章廣告，定期登載各界捐贈數額在
　　五百元以上者，為英美煙公司（洋一萬元）、英美煙公司辦事員
　　（洋六百七十一元）、蒲煦（《英文滬報》主筆，洋一千一百
　　元）、朱葆三（洋一千元，另代募洋二萬元）、盧永祥（洋一千
　　元）、劉厚生（洋一千元）、蕭楚南（洋一千元）、歐彬（洋
　　五百八十五元）、薩桐蓀（洋五百元）、慎昌洋行（洋五百元）、
　　謝蘅聰（洋五百元）、趙晉卿（洋五百元）、錢新之（洋五百元）、
　　李組紳（洋五百元）、林慕婁（洋五百元）。〈青年會新會所募
　　捐消息〉，《申報》，上海，1919 年 6 月 25 日，版 10。〈青年
　　會謹謝捐款諸君〉，《民國日報》，上海，1919 年 6 月 28 日，版 4。

目。華商方面，寧波鉅商朱葆三代募洋二萬元，表達上
海總商會的支持。此次募捐成績，反映青年會已成為中
英美商人共同贊助的機構。

在特殊募款外，青年會年度徵求會員運動（the
Annual Membership Campaign），使會員定期練習「動
員」的技藝，對華人來說是一種新鮮體驗。從 1907-1908
年起，青年會員制定為每年制，類別有三種：贊成會員
（年繳五十元）、會員（年繳十二元）、普通會員（年
繳六元）。[84] 通過每年徵求會員的「運動」，解決捉襟
見肘的財務問題。這種「被中國青年會普遍稱為『徵求
會』的徵求會員運動，是借用自起源於十九世紀末、大
盛於二十世紀初，在美國青年會廣泛應用的一種被稱為
『旋風般』（whirlwind）、『密集式』（intensive）的
短期募捐運動」。1908 年，首次被運用在上海青年會
的募捐運動中，一鳴驚人。[85] 1909 年 1 月 1 日，上海
青年會總結此次「創舉」：

> 本會為徵求新會友，特組織徵求隊，分隊徵求……
> 〔。〕竊思是役實為本會之創舉，竟得全體會友
> 如斯之熱心……〔。〕且新徵入會之友，亦願隸
> 隊，輾轉往徵其相識進會，是以向來未知有青年
> 會者，今後咸知有青年會矣！數日以來，蒞會者

84 張志偉，《基督化與世俗化的掙扎：上海基督教青年會研究（1900-
　　1922）》，頁 232-234。

85 張志偉，《基督化與世俗化的掙扎：上海基督教青年會研究（1900-
　　1922）》，頁 223-291。

　　半係新徵之會友，於此可見競爭進步之神速矣！[86]
上海青年會每年推行募金運動，收前所未有之良好效
果，更引起社會團體豔羨，競相模仿。此一徵求會員運
動，由青年會擴散至其他公團，包括：寰球中國學生
會、中華職業教育社、寧波同鄉會等，為上海社團史劃
出一個新時代。

　　1918-1919年上海報紙的大量募金宣傳，展現了
公共團體的運動能力，以及名商巨賈的豐厚財力。有
人說：每年舉行的募捐運動，為城市生活注入「新生
活」、「新動力」及「新熱忱」，也為社會運動提供啟
示。張志偉綜述募金運動要訣：

> 在一個較短的時期裡，透過大量的義工密集地進
> 行；而其中不可缺少的要素是：「競爭、小隊領
> 袖、徵募義工、明確的時限、仔細的記錄及有效的
> 宣傳。」[87]

這些訣竅很快被其他團體模仿，在城市運動中發揮作
用。誠如分析者所說，徵求運動是「一種媒體攻勢模
式」（press agentry model）：

> 這種募捐模式目的只有一個——就是宣傳一種運
> 動，……組織者的目的主要是影響潛在捐款人的
> 行為，主要倚賴的元素是情緒（emotions），而
> 真相並不是一個必不可少的元素；整個募捐活動

---

86 〈競爭之進步〉，《會務雜誌》，第6期第34號（1909.1.1），
　　轉引自張志偉，《基督化與世俗化的掙扎：上海基督教青年會研
　　究（1900-1922）》，頁237。
87 張志偉，《基督化與世俗化的掙扎：上海基督教青年會研究
　　（1900-1922）》，頁236。

　　的實行方法是建基於操縱（manipulation）和控制
　　（control）。[88]

五四時期，上海學商要人無不擅長「運動」，更精於運用新聞媒體達成目標。讀了上述文字，可令人恍然於其手法之模型。

　　上海青年會刊物《上海青年》對徵求隊之描述，也經常以軍隊組織為喻。當徵求隊發動之前，「每部部長〔、〕參謀〔、〕司令等，均開特別會議籌畫進行之策，……大概各部議定，每星期聚集一次，以便籌商辦法云。」這些每週一聚的隊友集會，都要評估最新情況及檢討未來策略，凝聚向心力及維持士氣，共同設計策略，力求爭勝。在緊要關頭，青年會幹事更每日會集，籌備一切印刷品，以達到最佳效果。他們啟動鋪天蓋地的宣傳媒體，把徵求活動塑造為全城盛事，達到無人可以置身事外的效應。這種方式有別於傳統個人募集方式，是一種集體宣傳相互競勝之運動。[89] 在上海，尚無其他團隊擁有如此大的鼓動力、如此高的團結力。每年徵求運動，不啻是一場盛大嘉年華會，富有極高的娛樂效果。那些自願投入擔當徵求運動隊長者，無疑也在過程中擴大了社會動員的能力。

---

88 張志偉，《基督化與世俗化的掙扎：上海基督教青年會研究（1900-1922）》，頁 275-276。

89 張志偉，《基督化與世俗化的掙扎：上海基督教青年會研究（1900-1922）》，頁 257-268。

表五：1908-1922 年上海青年會徵求隊長
（參加二次以上）[90]

姓名	公司	年份	次數
聶雲台	恆豐紗廠	1912-1920、1922	9
周憲章	中華眼鏡公司	1915-1919	4
周錫三	《大陸報》館	1913-1915	3
黃嘉懋	青年會中學，滬寧鐵路公司	1914-1916	3
袁履登	裕昌煤礦，寧紹輪船公司	1914、1919、1922	3
李觀森	捷行公司，匯發公司	1915、1917、1922	3
林桂慶	青年會中學	1916-1917、1921	3
宋漢章	中國銀行	1916-1917	2
聶管臣	恆豐紗廠	1913、1919	2
徐叔仁	安利洋行，東方紗廠	1916、1922	2
林幼誠	慎昌公司	1919、1922	2
錢新之	交通銀行	1920、1922	2
韓玉麐	中華運輸公司	1921-1922	2

〈1908-1922 年上海青年會徵求隊長〉告訴我們：
一、上海青年會的最大贊助者，是聶雲台、聶管臣（其
煒）兄弟。聶氏家族以其聲望及實力，成為青年會的大
護法。[91] 二、五四前後，富有聲望的銀行家及實業家，
例如中國銀行經理宋漢章、交通銀行副經理錢新之，都
熱心贊助。[92] 此外，據張志偉的統計，在此期間，僅一
次出任徵求隊長者，有下列諸人：吳蘊齋（金城銀行，
1919）、穆藕初（厚生紗廠，1920）、朱葆三（四明商
業銀行，1920）、歐彬（先施百貨公司，1920）、王正

---

90 資料來源：張志偉，《基督化與世俗化的掙扎：上海基督教青年
會研究（1900-1922）》，頁 243-244。

91 張志偉，《基督化與世俗化的掙扎：上海基督教青年會研究（1900-
1922）》，頁 133-135、255、291。

92 李孤帆回憶：「余識〔宋漢章〕先生在民國初年，……先生對青年
會異常熱心，恆出席徵求大會，並用英語演說。」勻廬（李孤帆），
《勻廬瑣憶》（香港：南天書業公司，1973），頁 189。

廷（華豐紡織公司，1921）、唐露園（上海商業儲蓄
銀行，1921）、湯節之（廣肇公所，1921）、張孝若
（張謇子，南通紗廠，1921）、田汝霖（震升恆木號，
1921）等人。[93] 他們多是1920-1921年加入，到底原因
為何？查1920年，徵求隊總隊長為王正廷。1921年，
總隊長是聶雲台。[94] 由此推想，1920-1922年徵求團的
盛況，大抵有下列原因：一、因有巴黎載譽歸來的王正
廷領軍，又有榮任上海總商會會長的聶雲台督師，於是
商界要人賣他們兩位的面子。二、1919-1921年間，中
國外交事務亟需美國幫忙，故借此表達親美之意，亦屬
「國民外交」之一端。三、五四風潮中，眾人對青年會
好感提升，以募款表達支持。因此，1919-1922年青年
會的會員人數，衝到前所未有的佳績。

93　張志偉，《基督化與世俗化的掙扎：上海基督教青年會研究（1900-
　　1922）》，頁244。

94　張志偉，《基督化與世俗化的掙扎：上海基督教青年會研究（1900-
　　1922）》，頁246-247。

表六：上海青年會歷年徵求會成績表（1908-1922）[95]

年份	屆數	優勝隊長	優勝分數	徵得會員	年增長率	同年會員人數	徵求會會費收入（洋）
1908	一	鄺遜卿	2,308	400	-	965	5,031
1909	二	鍾萼雲	963	388	-3	987	3,456
1910	三	朱馥齡	1,655	400	3.1	962	5,452
1911	四	宋耀如	1,820	662	65.5	1,662	5,435
1912	五	聶管臣	775	757	14.4	-	5,850
1913	六	卓康成	2,095	798	5.4	2,066	6,403
1914	七	袁履登	2,442	956	19.8	1,778	8,388
1915	八	李觀森	2,182	1,099	15.0	2,755	12,053
1916	九	聶雲台	2,683	1,188	8.10	2,744	14,293
1917	十	宋漢章	3,320	1,420	19.5	2,874	18,961
1918-1919	十一	周憲章	6,113	2,238	57.6	3,391	28,850
1920	十二	李惕吾	6,180	2,868	28.1	4,470	45,131
1921	十三	陳漢民	11,382	3,549	23.7	4,471	62,008
1922	十四	潘志銓	10,347	3,307	-6.82	4,477	67,824

計分方法：1908 年第一屆徵求會規定，徵求隊以多徵會員為目的，
以分數比較勝負。每洋一元為一分，如介紹得通常會員
一人，會費六元即作六分；特別會員為十二分；贊成會
員為五十分。[96]

　　至於〈上海青年會歷年徵求會成績表〉，則反映了
整體及個人動員能力之強弱。它告訴我們，青年會徵求
隊長不但納入了商界人士，並使他們掌握了將人際關係
轉化為社會動員的訣竅。西幹事費吳生報告書指出，

---

95 資料來源：張志偉，《基督化與世俗化的掙扎：上海基督教青年
會研究（1900-1922）》，頁 246-247、270-271。徵求大會向例
每值陽曆 12 月中旬舉行，第十一屆起改為陽曆 2 月舉行。因此，
1918 年 12 月先臨時徵集一次，1919 年 2 月再正式徵求一次。〈民
國七年即西曆一千九百十八年上海基督教青年會報告〉，《上海
青年》，第 18 卷第 16 期（1919），無頁數。

96 這是 1908 年第一屆徵求會規則，參見張志偉，《基督化與世俗
化的掙扎：上海基督教青年會研究（1900-1922）》，頁 236。
據 1921 年簡章，則會員名稱及種類分為五種：維持會員（一百
元或一百元以上）、贊成會員（五十元）、贊助會員（三十元）、
特別會員（十三元）、普通會員（六元）。〈上海青年會二十一
週紀念徵求大會簡章〉，第 20 卷第 4 期（1921），無頁數。

1919 年 2-3 月上海青年會徵求運動，展現了前所未有的佳績：

> 第一名個人成績達到 3,474 分（每一分代表會員繳納的一元會費），第二名為 2,488 分，總數 31,032 分（現款 \$27,261），代表了運動者的極大努力及工作上的自我犧牲。[97]

費吳生的說明極為扼要，分數反映的是個人及集體動員能力。這次佳績是由十個徵求隊，隊員合共240 人，在三星期內達成。[98] 我們不能不問：1919-1921 年間，青年會連續創下的空前佳績，是否和五四風潮的社會動員有某種連繫？

依照張志偉整理的資料，上海青年會會員人數，有兩次顯著增長。第一次，是辛亥革命之年（1911），年增長率為 65.5%。第二次，是五四之年及其後連續兩年（1919-1921），年增長率為 57.6%、28.1%、23.7%。[99] 1919-1921 年連續三年的大幅增長，是前所未有的現象。從上海風潮的參與者來看，1919 年青年會徵求隊員，與五四風潮參與者頗有重疊。1919-1921 年間，他們顯然把人際關係轉化為社會動員之用；又在大規模社會動員之際，使更多人加入青年會。上海青年會的人數

---

97 George A. Fitch, "Annual Report" (Shanghai, September 30, 1919), p. 2. University of Minnesota Libraries, Kautz Family YMCA Archives. 引自：UMedia (umn.edu) (2021.4.9)。這個數字和上表不同，卻與下列資料吻合：〈民國八年即西曆一千九百十九年會務報告〉，《上海青年》，第 19 卷第 4 期（1919），無頁數。

98 〈民國八年即西曆一千九百十九年會務報告〉，無頁數。

99 張志偉，《基督化與世俗化的掙扎：上海基督教青年會研究（1900-1922）》，頁 270。

增長趨勢，與政治及社會運動高度一致，透露兩者的潛
在連繫。今不知青年會諸董事在五四時是否下了動員
令，唯費吳生給北美穆德的報告書中，有一句意味深長
的話：「我們大多數領導會員和董事在運動中均有重要
的參與」。[100]

（2）寰球中國學生會
（World's Chinese Students' Federation）

　　寰球中國學生會是上海反日運動的另一重鎮。此會
是孕育上海學生聯合會及全國學生聯合會的重要團體，
故五四研究者自始即對之頗加注意。周策縱介紹：

> 「寰球中國學生會」是 1905 年在上海成立的。
> 但直到 1911 年以前並沒有很大的發展。其綱領
> 沒有學生總會那麼雄心勃勃，但卻較為實際。不
> 過這個組織實際上是由職業教育家而不是學生自
> 己組織的。「五四」時期該會有自己的日校和夜
> 校。它作為「上海學生聯合會」和「全國學生聯
> 合會」的一個成員，把自己在上海公共租界的辦
> 公室提供給上述兩個組織作為辦公室，直到 1919
> 年 6 月 9 日。[101]

周策縱對寰球中國學生會的成立年份及開設日夜兩校
都很正確，但說此會是上海學聯及全國學聯成員，則

---

100 張志偉，《基督化與世俗化的掙扎：上海基督教青年會研究
　　（1900-1922）》，頁 114。
101 周策縱著、周子平譯，《五四運動：現代中國的思想革命》，
　　頁 40。

實大誤。加入上海學聯和全國學聯的是寰球中國學生會日夜兩校，而不是該會本身。周策縱不明寰球中國學生會的性質和地位，使一部上海五四學生運動史頓成無源之水。

可是，周策縱《五四運動研究指南》一書，對寰球中國學生會及其機關刊物《寰球》的簡介，卻大體正確。他稱該會大部份會員是歸國留學生，其所辦《寰球》於1915年復刊（英文版改為中文版）並擴充內容，撰稿者有：朱少屏、李登輝、王正廷、王寵惠、吳稚暉、汪精衛、黃炎培、余日章、穆藕初等。內容是中國學生在國內域外活動及其他教育狀況，也介紹西方知識、西方教育和社會情形。[102]

繼周策縱之後，華志堅和黃賢強考察 1905 年和 1919 年上海學運之作，都重視寰球中國學生會的作用，卻高估了邵力子在會中的地位，把邵力子和李登輝相提並論，進而錯估革命黨對 1919 年上海學生聯合會的影響。[103] 其實 1950 年代初邵力子接受訪問時，已直陳他在寰球中國學生會的邊緣地位：

> 寰球中國學生會的情況：我也是這個會的會員，但關係不密切。據我所知道，這個會的發起人是李登輝，福建人，華僑，美國耶魯大學畢業，受資本主義教育，愛國民主思想。……李登輝回國

102　Chow Tse-tsung, *Research Guide to the May Fourth Movement: Intellectual Revolution in Modern China1915-1924*, p. 28.

103　Jeffrey N. Wasserstrom, *Student Protest in Twentieth-Century China: The View from Shanghai*, pp. 41-44. 黃賢強著、高俊譯，《1905 年抵制美貨運動——中國城市抗爭的研究》，頁 157。

時，正值中國抵制美貨運動高潮，他也贊成抵制
美貨。後經福建商人曾少卿推薦給馬相伯，任復
旦大學教務長。以後任該校校長三十年左右。他
發起寰球中國學生會是有愛國意義的，他想以此
代替青年會的活動。因為青年會不僅帶有宗教色
彩，而且和帝國主義有關。寰球學生會是個國際
性的組織，有點俱樂部的活動，開會作學術性的
演講，其活動辦法仿青年會，只是不帶宗教色彩。
他們每年徵收會員、募捐。為了經濟上的□□，
也吸收當時政府的官僚參加。它幫助出國學生辦
護照，搞旅行，招待從國外回來的學生。寰球學
生會不是革命團體，也不是反動的團體。每逢大
運動，他們也參加，但不積極。這個會的總幹事
朱少屏曾參加過舊民主革命，南社社員，和柳亞
子很要好。[104]

邵力子自述他和寰球中國學生會關係不很密切，是最直
接的當事人自述。而上述這段敘述，也反映他和李登
輝、朱少屏等的社交距離。邵氏之說值得重視之處有
二：一、寰球中國學生會之成立，與抵制美貨風潮有
關。該會仿青年會而設，有取而代之之意。二、隨著中
美關係緩和，留美學生創立的寰球中國學生會，轉成親
美系統的重鎮。

　　寰球中國學生會的創立原委，及其與上海青年會的

---

[104] 王來棣採訪、編輯，《中共創始人訪談錄》（香港：明鏡出版社，
　　 2008），頁84。

微妙關係，當依李登輝中文秘書季英伯之說。因季英伯
追隨李登輝四十餘年，也見證了寰球中國學生會成立。
他在〈我所崇拜的李老校長〉回憶：

> 遠在民國紀元前七年終，英接上海青年會通告會
> 友書云：我國首得美國耶魯大學學位之李登輝先
> 生，近由南洋返國，蒞會演講。遂欣然前往。見
> 先生時年僅三十許，墨髯玄鬢，所御西裝整潔而
> 樸素，（時國人尚垂辮服西代裝）粹然有儒者之
> 風，令人肅然起敬。先生數講之辭，略謂方今青
> 年會規模雖大，然非國人自辦，吾人亟宜迎合世
> 界潮流，獨自創設學會，研究學術，與國外互通
> 聲氣，吸收國際文化，力求自新，並須提倡高尚
> 娛樂，鍛鍊身心，以圖改造社會。……一時聽眾
> 大為感動，爭起樂從，遂有寰球中國學生會之設
> 立。簽名發起者數百人，舉先生為會長，貸屋開
> 辦。英謬任駐會書記，得以常親教澤。先生手訂
> 會章，組織董事會，董事皆為留美前輩，如顏惠
> 慶、王正廷、宋耀如（宋院長之封翁）、曹雪賡
> 諸先生等，俱為發起人而兼董事者。一時氣象蓬
> 勃，會員近幾千人。於是刊行中英文合編月報，
> 創設學校，延請名人演講，舉行英語辯論會及音
> 樂會。凡著設施，靡不使社會觀聽為之一新。[105]

---

[105] 季英伯，〈我所崇拜的李老校長〉，收入老校長紀念工作委員
會編，《李登輝先生哀思錄》，收入劉家平等編，《中華歷史
人物別傳集》，第 82 冊（北京：線裝書局，2003），頁 478。
季英伯自述寰球中國學生會成立後，他「曾充駐會書記有年」。
參見：朱承洵、陳于德，〈復旦校長李登輝事迹述要〉，收入

季英伯所說寰球中國學生會發展至「會員近幾千人」，
其實非早期情形，而是辛亥以後盛況，總幹事朱少屏
（葆康）對此居功厥偉。惟其說明早期寰球中國學生會
「董事皆為留美前輩」，且多上海青年會創始會員，則
足見兩會淵源。

再看 1917 年該會機關刊物《寰球》登載〈本會歷
史節要〉，對青年會幾無著墨，[106] 或因會務重心已移
至朱少屏身上，對早期淵源不再多談，也不提反美的往
事。但發起人顏惠慶指出，寰球中國學生會之最初構想
及組織型態，仿自世界基督教學生會及世界青年會：

> 「寰球中國學生會」（the World Chinese Students
> Federation）。它的發起人是畢業於美國耶魯大
> 學的印尼華僑李登輝，宗旨是團結世界各地的中
> 國留學生。這個組織成立初年，十分興旺，在上
> 海擁有自己的會址和刊物，會員遍佈世界各地。
> 顧名思義，這個組織與世界基督教學生會（the
> World Christian Students Federation）和國際基督
> 教青年會，有些相似，只不過它的規模較小，基
> 礎也不雄厚。該會設有中學，為有志出洋留學的
> 青年提供服務。[107]

中國人民政治協商會議全國委員會文史資料研究委員會編，
《文史資料選輯》，第 97 輯，頁 131。惟該會職員錄未見其名，
疑以私人性質襄助會務。

106 〈本會歷史節要〉，《寰球》，第 2 卷第 3 期（1917.9），頁 8（十
至十六）。

107 顏惠慶著、吳建雍等譯，《顏惠慶自傳──一位民國元老的歷
史記憶》，頁 48。

顏惠慶揭示寰球中國學生會的組織辦法，以世界基督教
學生會及國際基督教青年會為原型，是極為重要的說
明。李登輝本人的回憶，也與此相符。[108] 寰球中國學
生會發起人及早期董事，也多來自青年會，以留美歸
國學生及教會學校（尤其聖約翰）畢業生為骨幹。

　　1919 年，上海青年會報告，回顧該會「以德智體
三育改良社會造就青年……，推行各種事業已得信任於
社會，……甚有數團體採本會各種事業而仿行之，此
由於國人已悟社會服務之重要。」[109] 其所言之「數團
體」，當包含寰球中國學生會。惟李登輝等創立寰球中
國學生會之際，既欲團結全球中國學生，遂不能不在青
年會之外，另立一純粹華人團體。吳雙人〈記李登輝先
生〉述其初衷：

> 他的本意，想把全國和海外所有的學生，包羅在
> 一個會裡，成為一個大機構。那麼許多學生遍佈
> 各界，日後參加政治，興辦實業，以及從事百藝
> 百工，都可遵守會章，服從眾議，沒有一個不是
> 為國為民。[110]

1905 年 11 月 3 及 5 日《南方報》（*Nanfang Pao*，又稱 *South
China Daily Journal*）登出李登輝〈寄語中國青年〉，介
紹創會構想：

108　李登輝，〈先室李湯佩琳夫人略傳〉，《節制月刊》，第 10 卷
　　第 7 期（1931.9），頁 29。
109　〈民國八年即一九一九年會務報告〉，《上海青年》，1919 年
　　第 19 卷第 4 期，無頁數。
110　吳雙人，〈記李登輝先生〉，收入李老校長紀念工作委員會編，
　　《李登輝先生哀思錄》，頁 489。

> 寰球中國學生會作為服務於海外各種留學生組織
> 的聯繫紐帶，是溝通留學生們彼此相知的卓越工
> 具，將這些受過現代教育的年輕人聯合起來，它
> 所產生的影響，無論是對個人還是對國家，怎樣
> 估計都不過份。所以，我們向你們，留學生們，
> 和我們聯合起來，形成一個偉大而有影響力的學
> 生團體，並且不斷強化自身的力量，我們一定能
> 夠加速中國之復興，使之早日到來。[111]

這篇文章實即寰球中國學生會成立宣言，說明該會以連
絡「海外各種留學生」為目的，期望把全球中國學生納
入一團體，發揮振興祖國的作用。

　　從寰球中國學生會成立宗旨來看，抵制美貨風潮為
其背景之一，但更有團結全球學生之宏大宗旨。成立
大會主席嚴復（又陵，福建侯官人）是留英前輩，還
是抵制運動的著名反對者。[112] 嚴復於李登輝為福建前
輩，同任《寰球中國學生會學報》主編，雙方有不少
互動。[113] 顏惠慶在李登輝逝世紀念會上，指出李登輝
的教育救國論受嚴復影響，值得重視。[114] 從嚴復年譜

---

111 李登輝〈寄語中國青年〉，轉引自唐紹明，《清華校長唐國安
　　——一位早期留美學生的報國之路》，頁 181-183。唐紹明指
　　出，該報名稱與英國人的《北華捷報》（*The North China Herald*，
　　或譯：字林西報）相對，以反映中國人觀點為己任。參同前書，
　　頁 203-205。

112 嚴復在《中外日報》刊文反對抵制運動，引來一場圍剿。參考孫
　　應祥，《嚴復年譜》，頁 198-209。

113 《寰球中國學生會月報》四位主編：李登輝、嚴復、唐介臣、
　　曾子安。參考錢益民，《李登輝傳》，頁 35-39。

114 朱仲華、陳于德，〈復旦校長李登輝事跡述要〉，頁 149。

看，他似未特別欣賞李登輝，[115] 不知是否與二人對抵
制看法不同有關。李登輝在抵制運動中的角色，則大抵
如朱承洵所說：「以擅長英文，參與對外和對華僑的宣
傳工作」。[116]

　　1916 年寰球中國學生會機關刊物《寰球》之〈本
會十一年董事姓氏表〉，記該會成立，還提及吳馨（懷
疢）等與議支持：

> 民國紀元前七年〔1905 年〕五月二十九日本會在
> 上海青年會開第一次大會，嚴又陵君主席，並由
> 發起人李登輝君宣布創辦章程，徐君善祥、凌君
> 潛夫、吳君懷疢、夏君頌來均列席與議，本會遂
> 於是日成立。[117]

綜合來看，寰球中國學生會之創設，以留美學生為主
體，獲留學前輩嚴復及吳馨等贊助。

　　寰球中國學生會雖模仿青年會，但實力上終究不能
與之競爭。吳雙人分析：

> 「寰球中國學生會」……既沒有固定基金，又沒
> 有經常的收入，全仗熱心贊助者捐款，以及每年
> 舉行一次徵求會員的競賽大會，分隊徵求，得到
> 一筆常年的開支費。所以會務不能合乎理想的發
> 展，祇辦了寰球中學（附設各種職業速成班）和

---

115 嚴復辭去復旦監督之職，薦夏敬觀為後繼者。其後，也舉薦過
　　熊崇志及廓富灼。孫應祥，《嚴復年譜》，頁 263。

116 朱仲華、陳于德，〈復旦校長李登輝事跡述要〉，頁 132。此
　　文關於李登輝早年事跡者，大抵聞諸李英伯秘書。

117 〈本會十一年董事姓氏表〉，《寰球》，第 1 卷第 1 期，頁 7
　　（二十五）。

小學，以及刊物（除種種臨時刊物外，有定期刊
物《寰球》）〔、〕集會（除董事會外，有演講
會、同樂會、以及留學生放洋歡送會和其它歡迎
會……代辦留學一切手續（如護照，船票，入學手
續，……）職業介紹等。要想辦會員宿舍，圖書館，
也因經費無著，始終沒有辦成。……）學生會每
屆徵求，比不上基督教青年會，（因青年會設備
完善，會員受到很多權利），要困難得多。[118]

此說總結了寰球中國學生會的事業，作為華人自辦之公
共團體，它在許多方面模仿青年會，卻無力取代之。

復旦大學校友朱仲華對寰球中國學生會的批評，則
可能反映季英伯的觀點。他認為：

總幹事朱少屏代理會長職務，會務不像辛亥革命
前後那樣有聲有色了。後來附設日夜校收費較
貴。其他代辦福利和文娛工作等也往往帶收費
用，就有些營業性質的趨向了。[119]

這一評價是從創會理想而言，認為後不如前。而且，該
會後期重心全移至錢新之、朱少屏身上：

惟以新之先生盡瘁國是，無暇顧及，而少屏先生
亦已罹難異邦，則該會之復興，尚有待於後是負
責者之奮起矣。[120]

但就本章所述時段，寰球中國學生會曾有數年的榮景，

---

118 吳雙人，〈記李登輝先生〉，收入李老校長紀念工作委員會編，
《李登輝先生哀思錄》，頁489。
119 朱承洵、陳于德，〈復旦校長李登輝事迹述要〉，頁131-132。
120 李英伯，〈我所崇拜的李老校長〉，頁478。

在滬上是富有影響力的團體。

　　綜合來說，辛亥前，寰球中國學生會規模不大，辦事卻頗有精神。它有幾個特點：一、是英美留學生發起，其立意為團結連絡全球中國學生，常期由留美學生掌握領導權。二、發起人兼會長李登輝出身印尼華僑，是美國耶魯大學畢業生。在他號召下，寰球中國學生會陸續成立新加坡、檳榔嶼等支會，在南洋建立了網絡。[121] 三、成員不僅有職業教育家（校長、教師），也有企業家、銀行家、醫生、編輯、新聞記者、社會活動家、乃至政治活動家。他們多屬於上海及其他城市精英，是擁有新觀念的上層人物。四、該會以促進知識交流，介紹職業，提供留學服務為宗旨，經常舉辦的活動有：演講會、交誼會、接待及送別出國學生，以及發行《寰球》等刊物。

　　就寰球中國學生會出版物《學生會報》、《寰球》及特刊來看，五四前後該會有幾個動向：一，它發展成極具動能的公共團體，不僅凝聚了歸國留學生（由英美擴充到法日），也吸納了新事業的從事者，儼然成為上層知識階級的代表。二，它與重要公團如青年會、江蘇省教育會、留美同學會建立密切連繫，經常共同舉辦活動。這些團體的領導層及贊助者，實來自同一集團。若說各機關略似一個集團的支部，則寰球中國學生會專司交際業務，尤為彷彿留學生之連絡站。三，它在新教育

121　〈本會十三年大事記（1905 年 -1917 年）〉，《〔寰球〕第八次徵求號》，1918 年，頁 11-12。林文慶是新加坡支會會長。《寰球中國學生會題名錄（1919）》，頁 23。

及新社會事業上常開風氣之先，包括提倡社會新劇，舉
辦演講會，組織各校聯合演說競爭會。機關刊物也經常
登載中外名流演說紀錄，介紹新知識及會員重要活動，
尤經常報導江蘇省教育會消息，又積極倡導公共衛生、
軍國民教育、童子軍訓練等。[122] 四，1913-1914 年開辦
附屬夜校及日校，徐紉蓀任夜校校長，楊德鈞任日校校
長。1917 年夏，徐、楊辭去校長職，朱少屏以一身兼
之。[123] 五，它由教育部及各省委託辦理留學東西洋事
宜，為學生提供出境服務，又為歸國學生介紹職業。[124]
因代辦出洋手續，與各國領事館多所往來，成為華洋連
絡的平台。六，1917 年起，更聯合上海各校舉辦國慶
紀念提燈遊行，蔚為滬上前所未有之盛大活動。[125]

　　五四時期寰球中國學生會活動有聲有色，其實辛亥

---

122 以《寰球》2 卷 3 期〈學校要聞〉為例，編者設定標題「范總
　　長注重軍國民教育」，開篇即稱：「國勢之不振，由於武力之
　　不足。今日中國欲圖自強，非注重軍國民教育不可。」〈學界
　　要聞〉，《寰球》，第 2 卷第 3 期，頁 7（一）。

123 寰球中國學生會文獻對日夜校創建者說法不一：第一說，見〈本
　　會十三年大事記（1905 年至 1917 年）〉：「〔1914 年 3 月〕
　　李登輝創設附屬日校。」第二說，見〈本會歷史節要〉：「癸
　　丑〔1913〕秋，……楊君德鈞、徐君紉蓀、董君東蘇、史君東
　　曙四君，發起組織日夜學校。」按 1914 年該會教育部員為：
　　李登輝、楊德鈞、徐紉蓀，由此推測發議及執行由楊德鈞等為
　　之，在上主持者為李登輝，如此二說均可通。參考〈本會十三
　　年大事記（1905 年至 1917 年）〉，頁 13。〈本會歷史節要〉
　　（1917），頁 8（十四）。

124 1914 年赴美的胡光麃，憶上海送別茶會主人為唐紹儀、伍廷
　　芳，招待者為費吳生、朱少屏等。又說：「費、朱大名是當時
　　出洋遊學生鮮有不知曉的。」胡光麃，《影響中國現代化的一
　　百洋客》，頁 342。

125 本段參考高翔宇，〈寰球中國學生會早期史事考述（1905-1919）〉，
　　頁 81-90。作者整理了 1911-1918 年該會舉辦的演講資料（含：
　　日期，講者及其身分，講題），對講者背景也有初步分析。

前一度面臨解散危機。其原因在核心成員先後離滬；會
長李登輝忙於復旦校務無力兼顧。這時，朱少屏發起整
頓會務，獲伍廷芳鼎力支持，會務從此轉入新階段。
〈本會歷史節要〉己酉（1909）及庚戌（1910）年條，
詳述此一轉折：

> 是年〔1909〕本會重要職員，有出洋者，有游歷
> 他方者，以致新會員減少，會務諸多停頓，而經
> 濟亦為之短絀。半稔以後，幾瀕於殆。幸有各同
> 志出而維持，始得轉危為安。己酉〔1909〕秋，
> 改良舊章，整頓會務，由朱少屏發起添設贊成會
> 員一部，當時入會者四十九人，後又增至一百餘
> 人。……己酉〔1909〕秋季，設名譽會長，被選
> 者為伍廷芳博士。……庚戌〔1910〕秋，……伍
> 廷芳博士以本會會所偏處一隅，內容狹小，提議
> 遷移會所以資擴充，全體董事，一致贊成。於是
> 乃遷移于派克路四十二號為會所，會務因此蒸蒸
> 日上。[126]

由此可知，寰球中國學生會之由窘轉泰，以伍廷芳及朱
少屏為要角。1909 年以後，朱少屏角色日益吃重，會
長雖仍推李登輝，實際由朱少屏負責。會址方面，先在
1910 年遷至派克路四十二號，復於 1911 年 3 月遷至靜
安寺路四十二號，[127] 1913 年秋更遷至靜安寺路五十一
號。新址位於公共租界，交通便利。[128] 1919 年 5 月，

126　〈本會歷史節要〉（1917），頁 8（十二）。
127　〈本會十三年大事記（1905 年 -1917 年）〉，頁 12。
128　〈本會歷史節要〉（1917），頁 8（十四）。

上海學聯及全國學聯籌備處均借此處辦公，被視為反日運動的指揮中心。

1910-1922 年間，伍廷芳作為寰球中國學生會名譽會長，其作用應加說明。伍廷芳留英，獲律師資格，美國賓州大學又授其法律博士學位。[129] 清末先後出任駐英、美（兩度）大使，以流利英語及詼諧風度，廣受美國輿論歡迎。其任內一大成績，在促成美國退回庚款一部份，充中國教育文化之用。他鼓吹中美互惠，被視為促使美國提出門戶開放政策的功臣，保全中國免受瓜分厄運。[130] 當辛亥前李登輝及其他創會元老各為事業忙碌之時，息影滬上的伍廷芳對寰球中國學生會捐資贊助，著意提倡。1916 年 7 月 28 日，伍廷芳更借出戈登路三號觀渡廬（伍宅）召開交誼大會，到者七百人，極一時之盛。[131] 1917 年 11 月，會員餞別伍廷芳北上出任外交總長，總幹事朱少屏推崇其貢獻：

本會開辦至今，十有二載，為滬上成立最久之會。

---

129 伍廷芳生平及其外交表現，可參考：Linda Pomerantz-Zhang, *Wu Tingfang(1842-1922): Reform and Modernization in Modern Chinese History* (Hong Kong: Hong Kong University Press, 1992)；張雲樵，《伍廷芳與清末政治改革》（臺北：聯經出版事業公司，1987），頁1-28。

130 伍朝樞，〈哀啟〉，收入佚名輯，《伍秩庸博士哀思錄》（北京：北京圖書館，1923），頁 2。張雲樵，《伍廷芳與清末政治改革》，頁 293-350。丁賢俊、喻作鳳，《伍廷芳評傳》（北京：人民出版社，2005），頁 164。

131 〈交誼大會記〉，《寰球》，第 1 卷第 3 期，頁 9（七至八）。伍庭芳宅題曰「觀渡廬」，自有深意。1913 年 8 月 19 日鄭孝胥日記：「至〔商務〕印書館董事會，伍秩庸問伯平〔金邦平，鄭孝胥女婿〕何不入京，余笑曰：『渡頭風惡，欲暫徘徊，觀翻船耳。』伍自題所居曰：『觀渡廬』。」中國歷史博物館編、勞祖德整理，《鄭孝胥日記》，第 3 冊，頁 1480。鄭孝胥戲謔語，卻反映東南人士慎於入京的態度。

其中幾經挫折，辛苦備嘗。初在白克路，僻處一
隅，會友亦寡。繼由伍君捐資提倡，乃遷移會所，
徵求會員，逐漸發達，得有今日。當初組織徵求
會時，伍君亦為隊員之一，為本會介紹會員，竟
日奔走，不辭勞瘁。如伍君者，實為本會之柱石，
不可多得之人也。[132]

伍廷芳北上後仍遙領名譽會長，與寰球中國學生會關係
未斷。他以連絡英美留學生為己任，儼然成為聯美制日
路線代表。朱少屏等始終奉之為領袖，實看重其號召群
倫的作用。

　　朱少屏（朱葆康），是精力非凡的社會活動家，和
華洋報業關係均甚密切。[133] 據劉紹唐主編《民國百人
傳》之〈朱少屏〉條：

朱少屏，字葆康，名少屏，後以字行，別號天一、
屏子，上海人，清光緒七年生。幼時就讀南洋中學，
畢業後任母校教職，旋赴日本留學，參加同盟會。
歸國後在上海任同盟會事。光緒三十一年冬，留日
學生因反對日本取締規則，紛紛回國，在滬組織中
國公學。嗣因中國公學排斥江蘇人，少屏等乃別創
健行公學於西門小菜場寧康里，與柳棄疾（亞子）、
陳陶遺、沈礪（道非）、陳去病（佩忍）等皆任

132 〈歡送本會名譽會長伍廷芳博士紀盛〉，《寰球》，第2卷第1
　　期，頁9（二）。
133 黃建君、金建陵指出，朱少屏和上海報界的關係，使寰球中國
　　學生會大小消息都得見報，所言甚確。黃建君、金建陵，〈論
　　近現代轉型時期的寰球中國學生會〉，《江蘇教育學院學報（社
　　會科學報）》，2003年第19卷第2期，頁46。

講師，以繼承愛國學社之統緒，并協助于右任創辦
《民呼》、《民籲》、《民立》等報。當宣統元年
八月二十日《民籲報》創刊時，少屏并擔任發行。
又與柳亞子等組織南社，與美人密勒氏及伍廷芳、
聶雲台、李登輝組織《大陸報》，被舉為五華董之
一。辛亥革命起，與陳其美（英士）攻製造局，組
織滬軍都督府，任總務科科長。民國元年，南京臨
時政府成立，應孫中山邀，赴南京裏組總統府，任
秘書。嗣與葉楚傖、柳亞子創辦《太平洋報》，組
中華民國全國報館俱進會，被舉為會長。該任《生
活日報》編輯。吳敬恆、章木良組《中華日報》，
又被邀任事。民國五年〔1916〕，被舉為寰球中國
學生會總幹事。九年〔1920〕，遍遊歐美二十餘國，
任《申報》駐歐記者凡四年，代表《申報》出席華
盛頓太平洋會議，日內瓦國際聯盟會。後又兼任中
華全國道路建設協會……，上海市通志館副館長等
職。民國三十一年，在菲律賓任領事，與總領事
楊光泩、副領事莫介恩等同時被日本佔領軍殺害
而殉難。[134]

由此可知，朱少屏為一多面向的社會活動家。他所以成
為滬上聞人，因具有三種資歷：一、政治；二、報界；
三、外交。此三方面之活動，起相互支援作用，使他在
清末以至民初，成為滬上風雲人物。

伍廷芳何時認識朱少屏，尚不清楚。馬光仁主編

---

134 劉紹唐主編，《民國人物小傳》之〈朱少屏〉條，頁49。

《上海新聞史》，述及伍廷芳和朱少屏之報業網絡，與
《大陸報》（*The China Press*）和《鐵筆報》有關：

> 1911 年 8 月 24〔日〕（清宣統三年七月初一）
> 上海又出現了一份新的英文日刊 China Press（英
> 文《大陸報》），由美國人密勒（Thomas F.
> Millard）自任主筆，約請他在密蘇里大學的同學
> 克勞（Carl Crow）任廣告部主任，費萊煦（B. W.
> Fleisher）任經理，是美國人在滬創辦的第一份英
> 文日刊。資本為中美合資，中方投資人出面的為
> 前出使英〔及美〕國大臣伍廷芳及滬寧鐵路總辦
> 鍾文耀，美方投資人為美國芝加哥製造商查理士
> 克朗。克朗（Charles R. Crane），他在 1909 年曾
> 被任命為駐華公使，但并沒有到任。英文《大陸
> 報》在新型印刷機器就是由他在美定購運滬的。
> 克朗因此出任了英文《大陸報》社長。原來是由
> 孫中山、伍廷芳從中綴合，而密勒又與孫中山友
> 好，接受孫中山的委託才到上海來辦報的。英文
> 《大陸報》發刊同時，伍廷芳囑朱少屏、柳亞子
> 並召景秋陸從海外回滬〔，〕在英文《大陸報》
> 館樓上籌設以華文出版的《鐵筆報》。但未及出
> 版而武昌起義已經爆發，柳亞子改與朱少屏、胡
> 寄塵、金慰農等發行出版的《警報》，自 1911 年
> 10 月 19 日起每天出版兩至三期，用不同顏色的油
> 墨印刷出版。[135]

---

135 馬光仁此段未註出處，但似有依據。馬光仁主編，《上海新聞

在此未能詳述《大陸報》的中外背景，上面述及孫中山
處也待詳考。唯可確知的是，《大陸報》被視為美國人
的報紙，以鼓吹中美親善著稱。日方資料顯示，英美煙
草公司為出資者之一，伍廷芳則為中方主持者。[136] 尚
有一位中方出資人鍾文耀（紫垣），則與唐紹儀關係密
切。鍾文耀（廣東香山），耶魯大學校友，也是伍氏
首次出使美國的隨員。[137] 但鍾文耀更是唐紹儀心腹，
1919 年南北議和時，即充南方總代表唐紹儀秘書。[138]
五四前後，歷任寰球中國學生會正副會長。這樣看來，
寰球中國學生會領導層涉入華洋報業及外交問題很深。

　　若說伍廷芳、唐紹儀、鍾文耀等人，在政治及社會
上居於上層地位，則朱少屏猶如代理人。辛亥前後，在
伍廷芳等人支持下，朱少屏加入寰球中國學生會，為這
個組織注入新活力。他在寰球中國學生會進行的組織
改造，幾乎都模仿自青年會，例如：一、改訂新章，分
別會員類別。擴大職員職能，分部任事。二、成立募金
團，積極召收會員，擴大財政基礎。三，設置總幹事，

史（1850-1949）》，頁 391。

136 外務省政務局，〈支那二於ケル新聞紙二關スル調查〉（大正
　　二年六月印刷），收入許金生主編，《近代日本在華報刊通信
　　社調查史料集成（1909-1941）》，第 1 冊，頁 225。顧德曼，〈上
　　海報紙的跨國現象〉，收入上海市檔案館編，《租界裡的上海》
　　（上海：上海社會科學院出版社，2003），頁 111。

137 顏惠慶著，吳建雍等譯，《顏惠慶自傳——一位民國元老的歷
　　史記憶》，頁 29。

138 1919 年 5 月 11 日，上海基督教聯合傳道會發起中國四十七萬基
　　督教徒為國家祈禱，在上海慕爾堂開大會。報載：「南方議和總
　　代表唐紹儀君，亦派鍾文耀秘書蒞場參禱。」〈耶教徒發揚愛國
　　熱忱〉，《民國日報》，上海，1919 年 5 月 19 日，版 10。

作為實際辦事人員；會長一職，轉為榮譽性質。值得
指出的是，從 1911 年起實施的募金運動，由朱少屏領
軍，其他五位分隊長，有兩位是青年會會董（黃佐庭、
韓玉麐）。1911 年秋，朱少屏等把三年前上海青年會推
行的徵求會員運動，移用於寰球中國學生會，首度使會
員突破一千人。〈本會歷史節要〉辛亥（1911）年條：

> 辛亥秋開始，由朱少屏君發起組織徵求會員團，
> 會費章程定為三種，曰：永久，曰：贊助，曰：
> 普通。公推朱少屏為團長，徵得會員一千餘人。
> 朱少屏、伍廷芳、周詒春、鍾紫垣、趙國材、黃
> 佐庭、曹錫賡、韓玉麐、徐善祥、俞鳳賓、丁艦
> 仙、郭仲良、唐露園、凌潛夫、李登輝、李植藩、
> 孫鶴鳴、黃翌昌、陳鑑如、謝子修等諸君與有力
> 焉。徵求結束，朱少屏得分數列最多列第一名。
> 又接開演說會八次，交誼會四次，每次開會，車
> 馬盈門，頗極一時之盛。[139]

這次朱少屏領導組織的徵求會員團，標誌寰球中國學生
會的轉型蛻變。從徵求團員名單可知，不少人是青年會
董事及徵求隊員，熟悉青年會辦法。寰球中國學生會借
用募金運動模式之後，會員馬上呈現十倍增長。

　　茲查 1918 年《寰球臨時增刊》，更有〈寰球中國
學生會章程〉（參考本書附錄一），大抵是 1917 年修
訂。新會章更把會員分成四種：名譽會員（凡盡力於本
會而有異常勞績者）、永久會員（凡一次付費在二百元

---

139 〈本會歷史節要〉，頁 8（十三）。

以上者）、贊助會員（凡每年納費二十五元以上者）、普通會員（凡每年納費八元以下，不足二十五元者，寓居外埠者四元）。另會員資格規定，除須會員介紹以外，學歷在中學以上（或有相當之程度者）。此種規定顯示，寰球中國學生會吸收的對象不同於青年會，而是中等階層以上受教育者。此外，規定「會員有選舉及被選舉之權」，[140] 但每屆選出之董事卻有高度延續性，可見改革只增加了會員人數，而無礙早期會員對會務之掌控。[141] 又據 1919 年刊印的《寰球中國學生會題名錄》，會員更有英美知美人士，包括名譽會員：卜舫濟（F. L. Hawks Pott，聖約翰大學校長）、李提摩太（廣學會主任）、戈登夫人（E. A. Gordon）。贊助會員：巴樂滿（前中國青年會全國協會總幹事，青年會北美協會副總幹事）、安諾德（美國商務參贊）、葛爾德。普通會員：來會理（前中國青年會全國協會總幹事）、費吳生（上海青年會副總幹事）、傅步蘭（George B. Fryer，上海盲童學校校長，傅蘭雅之子）、饒柏森（Robertson，青年會幹事）、裴德士（William Bacon Pettus，北京青年會幹事）。[142] 上述諸人大多是傳教士背景，尤多青年會幹事。外籍會員僅見英美人，未有日本人入會。[143] 由於會員之教育程度，使該會自許為

---

140 〈寰球中國學生會章程〉，《寰球臨時增刊》，1918 年，頁 8。

141 歷屆董事會名錄，參見：〈本會十五年董事姓氏表〉，《寰球中國學生會十五週年紀念冊》（1920），頁 12-15。

142 《寰球中國學生會題名錄》（1919），頁 1、5、9、27、45-46、49。

143 五四時被視為親日派的曹汝霖為永久會員。5 月 11 日，邵力子

「最清高之俱樂部」。[144]

　　寰球中國學生會和青年會的關係，從張志偉表列1906-1920 年寰球中國學生會董事名錄，其中多位兼任青年會董事及贊助者可知。事實上，這兩個機構之重要職員及贊助者，也多江蘇省教育會（或中華職業教育社）主幹或贊助者。茲製成「寰球中國學生會董事會之重要職員錄（1906-1920）」，一併標示兼任青年會、江蘇省教育會（中華職業教育社）之職員或徵求員者。

表七：寰球中國學生會董事會重要職員錄（1906-1920）[145]

年份	正會長	副會長	書記董事	會計董事	查帳董事	總幹事
1906	李登輝	顏惠慶 方守六	嚴鶴齡 唐介人			
1907	李登輝	唐露園 黃佐庭	曹雪賡 嚴鶴齡			
1908	李登輝	唐露園 黃佐庭	張籟雲 刁德仁			
1909	李登輝	唐露園 黃佐庭	徐崇欽 張籟雲		龔伯瑛	
1910	李登輝	唐露園 黃佐庭	徐崇欽 張籟雲		龔伯瑛	
1911	李登輝	唐露園 黃佐庭	徐崇欽 徐善祥			
1912	李登輝	唐露園 黃翌昌	曹雪賡			

提議開除曹汝霖會籍，兩天後獲董事會通過。〈學生會屏斥曹汝霖〉，《申報》，上海，1919 年 5 月 14 日，版 10。

144 〈學生會第十四次年宴紀〉，《申報》，上海，1919 年 4 月 1 日，版 10。

145 本表主要依據《本會歷史節要》，頁 8（十至十六）。〈本會十一年董事姓氏表〉，頁 7（二十五）。〈民國十三年董事姓氏表〉，《〔寰球〕第八次徵求錄》，1918，頁 7-8。張志偉，〈寰球中國學生會董事會成員（1906-1925）〉，收入氏著，《基督化與世俗化的掙扎：上海基督教青年會研究（1900-1922）》，頁 350。

年份	正會長	副會長	書記董事	會計董事	查帳董事	總幹事
1913	鍾紫垣	**唐露園** **曹雪賡**	楊錦森			
1914	鍾紫垣	**李登輝** **王正廷**＊	楊錦森 何林一		郭仲良	
1915	鍾紫垣	**李登輝** **王正廷**＊	楊錦森 王寵惠	**韓玉麟**	郭仲良	
1916	**李登輝**	**唐露園** **王寵惠**	**徐紉蓀** 王立才	**錢新之**＊	郭仲良	**朱少屏**＊
1917	**余日章**＊	**李登輝** **唐露園**	周越然	**錢新之**＊	**曹雪賡**	**朱少屏**＊
1918	**李登輝**	**唐露園** **曹雪賡**	吳和士＊	**錢新之**＊	郭仲良	**朱少屏**＊
1919	薩福懋	**唐露園** **李登輝**	吳和士＊	**錢新之**＊	郭仲良	**朱少屏**＊
1920	唐紹儀＊	**鍾紫垣** **李登輝**	朱友漁＊	**吳和士**＊	錢新之＊	**朱少屏**＊

註：粗體字代表青年會職員、董事或徵求隊長，有「＊」號者代表
江蘇省教育會或中華職業教育社職員或贊助者。

〈寰球中國學生會董事會重要職員錄〉反映會務的
幾次演進：首先，早期寰球中國學生會主持人是李登
輝，職員會也以上海青年會員為骨幹。此後，留美學生
始終為中堅分子，一直掌握會中主要職務。該會領導除
了會長李登輝之外，尚有長期擔任副會長的唐露園（元
湛），以及四度出任會長的鍾紫垣（文耀）。唐露園
（元湛）和鍾文耀都是粵人，屬於唐紹儀系統。唐露
園，廣東香山人，清末留美幼童，唐紹儀同鄉同學。晚
清民初，他任上海電報局總辦，無異唐紹儀耳目。二
唐命運與共，密契殊深。[146] 及至唐紹儀與袁世凱分道

---

146 趙叔雍〈惜陰堂辛亥革命記〉提到，武昌兵起後，「先公遂緣
唐之鄉人同學上海電報局長唐元湛密達京師，與唐通款曲，請
為國家戮力，南來協商大計。」趙叔雍，〈惜陰堂辛亥革命記〉，
收入：趙尊嶽著，陳水雲、黎曉蓮整理，《趙尊嶽集》，第4
冊（南京：鳳凰出版社，2016），頁1636。

揚鑣，唐露園也被解職。這一事件，被視為袁氏攫取
上海電政之舉。[147] 從 1916 年起，留日學生加入並擔任
要職。朱少屏任總幹事之際，引入錢新之、吳和士加
盟，[148] 此數人都屬江蘇省教育會系統。新設總幹事之
後，會務重心發生轉移。此後會長不妨每年換人，總幹
事則始終不變。前者為名義上的主持人，後者為實際上
的辦事者。1917 年，余日章出任會長，引入眾多新會
員。[149] 余氏以青年會全國協會總幹事兼江蘇省教育會
交際員，以「改良社會」相號召，一時使三會交流達空
前之盛。1919 年新會長薩福懋（桐蓀，福建閩侯人），
留英學生，屬舊交通系，曾任上海交涉員（1917.7-
1918.1）。此時，徐世昌出任總統，主張南北議和，賴
舊交通系居間斡旋。寰球中國學生會與北方文治派的互

---

147 卜舫濟原著、岑德彰編，《上海租界略史》，收入沈雲龍主
編，《近代中國史料叢刊》，第六十四輯（臺北：文海出版社，
1971），頁 249。

148 吳和士（家煦），江蘇蘇州人，中華書局編輯，江蘇省教育會職員。
1919 年 5 月，代表江蘇省教育會調查南洋兄弟煙草公司。晚年追
憶辛亥革命事，對上海學商兩界聚談「息樓」情形，江蘇省教育
會代表到蘇州策動程德全起事，言之頗詳，非局內人不能道。參
考〈四團體調查南洋煙草公司〉，《申報》，上海，1919 年 5 月
23 日，版 11。《吳和士，〈辛亥革命蘇州光復小記〉，收入政協
蘇州市委員會文史資料委員會編，《蘇州文史資料》，第 1-5 合
輯（蘇州：出版社不詳，1990），頁 72-74。

149 1915 年，余日章已被選為董事，因即將赴北美未就任。及至 1917
年被推為會長，在其任上新入會有：郭秉文、胡適、蔣夢麟、
胡明復、王景春、廓富灼、譚奇芳、柏文蔚、薩福楙、吳玉麟、
鄒秉文、丁裕、黃錫藩、沈楚紉、張貢九、張履鷟、周仁、劉大鈞、
胡粹士、虞振鏞、李照松、曹梁廈、林天林、張景芬、凌道揚、
錢天鶴、朱成章、陳光甫、李桂喬、郭伯良、黃榮輝、顏德卿、
俞鳳賓、羅洋坤、周厚坤、李松泉、朱葆芬等，皆留學東西洋有
博碩士學位者。參見：〈寰球中國學生會第十次年會紀〉，《申
報》，上海，1915 年 3 月 8 日，版 10。〈第二次歡迎新會員誌盛〉，
《寰球》，第 2 卷第 4 期，頁 9（九至十）。

動，有多種跡象可見。3-4 月間，刁敏謙、周詒春先後到達上海，代表徐世昌總統向寰球中國學生會捐贈千元，參加第十四次年度盛宴並留下合影。[150] 寰球中國學生會生作為集結留學生的團體，在政治上的潛在影響力不容低估。

　　從 1916-1918 年〈寰球中國學生會董事暨部員名單〉（本書附錄二）可見幾個現象：首先，寰球中國學生會分部職員大幅增加，特意廣納社會賢達。基督教青年會及江蘇省教育會要角，均加入為部員。第二，東南名流強調破除黨見，以促成南北統一為宗旨。參議部由唐紹儀任部長，成員囊括南北名流，彷彿一個影子內閣。第三，該會的兩位精神領袖，分別是寰球中國學生會名譽會長伍廷芳及徵求團團長唐紹儀，為聲望卓著的外交家和政治家，被視為備位總理人選。第四，此會實以晚清立憲派、歐事研究會成員（黃興派）為主體，結合前清官僚的舊交通系，與孫中山派最為疏遠。[151] 五四前，孫中山從未到會演講，也沒有會員身分。滬上和孫中山接近的邵力子，在會中從不佔重要地位。[152] 茲錄1919 年寰球中國學生會董事部名錄，可見其陣容。

---

150 〈學生會第十四次年宴紀〉，《申報》，上海，1919 年 4 月 1 日，版 10。

151 二次革命後，孫中山和黃興兩派各行其是。中華革命黨和歐事研究會的分野，參考呂芳上，〈二次革命後國民黨孫、黃兩派的政治活動（1913-1917）〉，收入氏著，《民國史論》，中冊，頁 613-646。

152 1914 年起寰球中國學生會設出版部，邵力子曾任部員。部主任先後是朱少屏（1916）、吳和士（1917）。參見《寰球中國學生題名錄（1919）》，頁 27、47。

表八：寰球中國學生會董事部職銜（1919）[153]

職名	董事部
會長	薩福懋
副會長	唐露園、李登輝
總幹事	朱少屏
紀錄書記	吳和士
查賬員	郭仲良
參議部	唐少川、張季直、蔡廷幹、蔡子民、聶管臣、范靜生、沈寶昌、嚴恩棫、張　繼、周詒春、王正廷、顏惠慶、王寵惠、施肇基、王景春、顧維鈞、劉景山、張煜全、楊蔭蓀、李鼎新、刁德仁
演說部	朱少屏、任鴻雋、朱友漁、蔣夢麟、胡　適、鄺煦堃、胡明復、郭秉文、余日章、江逢治、李登輝、楊　銓
教育部	朱友漁、郭秉文、余日章、朱少屏、李煜瀛、李登輝、鄺富灼、彭濟群
會友部	黃憲昭、李紹昌、韓玉麐、楊伯謙、黃友圃、張鶴隱、朱榜生、楊先芬、張貢九、梁傑廷、費宗藩、黃警頑、孫　恆、袁履登、陳蔚青、李文紱
交誼部	錢新之、李松濤、歐　彬、周靜涵、徐寄頏、沈叔玉、謝芝亭、丁文彪、李松泉、江貫雲、郭八銘、沈彬貞、羅泮輝、孫君寶、李善元、李敬婉、王恭寬、張竹君、周越然、張默君、古達程、金永清、吳惠榮、陳鴻璧、倪新初、錢素君、葉貢三、沈韞芳、謝蘅聰、張蕙生
出版部	吳和士、劉大鈞、陸費逵、王立才、張一志、黃國樑、嚴　莊、沈楚紉、蘇　鑑、何　魯、朱少屏、李寅恭、邵仲輝、朱　進、薛桂輪、魏　易、莊百俞、戈公振、孫昌克、周緝庵
介紹部	劉　明、張鼎成、馬紹良、顧馨一、徐士修、朱少屏、俞希稷、陳光甫
庶務部	郭仲良、張孝若、湯韻韶、傅溪水、張叔良、鄧福培、沈楚紉、吳蘊齋

註：本屆董事部選舉於 1919 年 2 月。

　　至於寰球中國學生會徵求運動情形，具見《寰球》及上海報章。茲整理 1911-1918 年「寰球中國學生會徵求團成績」，以顯示其整體及個人動員能力。

153　資料來源：〈本會十五年董事姓氏表〉，《寰球中國學生會十五週年紀念冊》，1920，頁 12-15。

表九：寰球中國學生會徵求團成績（1911-1918）[154]

年份	屆	團長暨職員	隊長	總分（每元一分）
1911	一	團長：朱少屏；書記：凌潛夫；會計：韓玉麐。	朱少屏（1395）、黃佐庭（865.65）、李植藩（399）、韓玉麐（320）、孫鶴鳴（232）	3,211.65
1912	二	朱少屏	朱榜生（911.33）、韓玉麐（768）、唐露園（385）、夏霆軒（172）、宋仲蓬（8）	2,244.33
1913	三	朱少屏	楊心一（565）、韓玉麐（559）、唐露園（307）、郭仲良（258）、朱少屏（178）、畢靜謙（130）、張竹君（52）	2,049
1914	四	名譽團長：伍廷芳、唐紹儀；全團團長：王正廷	郭仲良（1632）、楊心一（1195）、王正廷（855）、李登輝（823）、鍾紫垣（540）、韓玉麐（367）	5,412
1915	五	名譽團長：伍廷芳、唐紹儀；全團團長：朱少屏	朱少屏（904）、楊心一（761）、鍾紫垣（693）、李登輝（674）、韓玉麐（418）、郭仲良（366）	3,816
1916	六	名譽團長：伍廷芳、唐紹儀；全團團長：朱少屏	朱少屏（1149）、李登輝（543）、鍾紫垣（423）、郭仲良（448）、唐露園（354）[155]	2,917

---

154 資料來源：〈本會歷年徵求團成績〉，《〔寰球〕第八次徵求號》，1918，頁 2-6。徵求成績，也隨時揭諸上海報章，例如：〈寰球學生會歷年徵求成績〉，《申報》，上海，1918 年 10 月 8 日，版 10-11。〈學生會歷年徵求成績（續）〉，《申報》，上海，1918 年 10 月 9 日，版 11。〈學生會第八次徵求成績〉，《申報》，上海，1919 年 1 月 4 日，版 10。〈學生會第十四次年宴紀〉，《申報》，上海，1919 年 4 月 1 日，版 10。

155 第六次徵求團有五隊，每隊約十人，類似十人團。分隊長及隊員名單：朱少屏隊：王寵惠、江逢治、俞鳳賓、丁艤仙、張士一、沈楚紉、張叔良、錢新之、吳和士。郭仲良隊：袁履登、徐紉楚、張籟雲、黃少岩、周邦俊、張鶴隱、許樹屏、洪炳甲。鍾紫垣隊：朱舜五、古達程、韓玉麐、沈叔玉、張然生、朱仲賓。李登輝隊：趙晉卿、林瀾森、楊德鈞、朱榜生、周越然、穆藕初、林壽青、朱紫湘、畢靜謙。唐露園隊：余日章、梁望秋、陳光甫、劉鴻生、李松泉、陳文萃、夏霆軒、陳煥之。〈第六次徵求會員團開幕〉，《寰球》，第 1 卷第 3 期（1916.9），頁 9（二）。

年份	屆	團長暨職員	隊長	總分（每元一分）
1917	七	名譽團長：伍廷芳、唐紹儀；全團團長：朱少屏	朱少屏（2019）、唐露園（906）、李登輝（608）、鍾拱辰（202）、韓玉麐（149）	3,884
1918	八	總團長：蔡廷幹 副總團長：錢新之、聶管臣	聶管臣（2468）、錢新之（1529）、沈叔玉（866）、李登輝（822）、劉大鈞（758）、朱慶瀾（594）、吳和士（524）、許兆豐（438）、周靜涵（332）、章元善（263）、宋銘黃（230）、孫粹存（184）、朱友漁（170）、歐彬（132）、沈輔倫（97）、曹錫庚（24）。	9,431（總數逾一萬）

註：隊長姓名後（）內數字，為全隊所得成績。

　　上表顯示寰球中國學生會徵求運動的幾個趨勢：
一，1911 年，寰球中國學生會初次成立徵求團，朱少
屏自任總團長，首次出師使會員增加十倍。之後每年舉
辦，注入大量新血。二，青年會和寰球中國學生會的徵
求隊長及贊助者高度重疊。三，1914 年的募金活動，
得王正廷鼎力相助，親自擔任總團長，更舉伍廷芳和唐
紹儀為名譽團長。這一年成績翻倍，創空前佳績。四，
1918 年底啟動第八次募金活動，改由留美前輩蔡廷幹
（耀堂，廣東香山人）監軍，兩位銀行家——錢新之和
聶管臣——分任副團長，展開兩雄競爭的遊戲。最後，
總成績突破一萬分，個人得分最高者為聶管臣（888
分）。總計徵得新會員 601 人，合舊會員 1,554 人，共
2,155 人。[156]

156　〈學生會第十四次年宴紀〉，《申報》，上海，1919 年 4 月 1 日，
　　版 10。

　　1918 年報載錢新之和聶管臣徵求成績，頗揭示他
們的社會網絡，茲略述之。聶管臣隊員：蔡廷幹、湯
兆鈞、張季直、岑心叔（德廣，岑春煊子、唐紹儀女
婿）、何君幹、唐露園、徐寄〔頤〕、吳蘊齋、裴國
雄、郝伯陽、謝芝庭、趙叔雍、張孝若、畢雲程、鄧裁
臣、俞希稷、朱成章、倪新初、陳光甫、朱傳〔博〕
泉、楊介眉、凌潛夫、張簫雲、黃警頑等。[157] 錢新之
隊員有：薩福懋（前江蘇特派交涉員）、顧馨一（南商
會會長）、謝蘅聰（裕昌煤號經理）。[158] 唐紹儀子唐
榴（復旦學生）也參與這次活動，在新會員大會上宣讀
徵求成績。[159] 這年還有美國人入會，包括：美國商務
參贊安諾德，青年會西幹事費吳生及克樂愷。[160]

　　就組織史的角度看，寰球中國學生會的改組蛻變，
確以朱少屏貢獻最鉅。每屆徵求運動中，他都是實際上
的負責人，所有名譽團長、總團長、隊長之邀請，悉由
其統籌。經由一次一次推動，朱少屏已成為青年會系
統之外，最富募款經驗的華人，也是滬上最具動員力的
人。1918 年中日軍事協定風潮起，羅家倫曾投書上海
報章建議：「為今之計，若請朱少屏先生竭力提倡及經

157　〈學生會第八次徵求成績〉，《申報》，上海，1919 年 1 月 4 日，
　　　版 10。

158　〈學生會徵求團又組成兩隊〉，《申報》，上海，1918 年 10 月
　　　18 日，版 10。

159　〈學生會歡迎新會員〉，《申報》，上海，1919 年 1 月 3 日，
　　　版 10。

160　〈學生會徵求團又組成兩隊〉，《申報》，上海，1918 年 10 月
　　　18 日，版 10。

理一切募款事宜，則京津學界必可為其後盾」，[161] 可見他給人的印象。不過，朱少屏以其靈敏的辦事能力，更像是一位執行者，使寰球中國學生會成為新知識階層的交流平台，為留洋學生提供多功能服務。在社會發生緊急事件時，則可適時回應相關需要。1918 年，即有先後成立的兩個團體——中華建設會及留美學生會——暫借寰球中國學生會為辦事處。

（2）-1　中華建設會（1918）

中華建設會之發起，由中美人士共同推動。1917 年 8 月 30 日，寰球中國學生會會長余日章宴請美國商務參贊安諾德，鍾紫垣、唐露園、曹雪賡、陳光甫、歐陽駿民、張季鸞、李觀森、朱成章、吳和士、韓玉麐、湯壽軍、邱道生及朱少屏等出席招待，安諾德在席上建議，組織一個專門團體，促進中美商務。《寰球》記安諾德之說：

> 中美兩國情誼最睦，但美國有少數人尚不能詳知中國內情，如諸君此後游歷美洲，當為解釋之，則兩國情誼更深一層焉。又中國之絲、茶、棉，向為出口大宗，近來日漸衰敗，急宜用全力振興。現在舊金山及仙鴨鐵爾已設有專門研究，敦睦中美人民情誼，增進中美商務之會，甚望上海方面亦發起此種組織也。[162]

161　〈羅家倫來函〉，《申報》，上海，1918 年 7 月 1 日，版 11。
162　〈公宴美國駐京公使阿腦爾特君誌略〉，《寰球》，第 2 卷第 3 期（1917.9），頁 8（二）。

余日章等隨即發起「中華建設會」，擴大宗旨於「建設」事業。1918年3月9日成立，推聶雲台為會長。4月11日《申報》之〈建設會成立紀〉：

> 建設會係聶雲台、唐露園、余日章、鄺富灼、朱成章、朱少屏、及美國駐京公使商務參贊安立德諸君所發起。諸君察今日社會情狀之龐雜，欲使實業、經濟各界振刷改革，去舊維新，所以發起是會，提倡一切建設事宜，並鼓勵人民熱心建樹……。今年2月聞是會先由籌辦員聶君、鄺君、朱君等籌備一切，至3月9日開第一次大會於東亞旅館，是會遂正式成立。[163]

建設會重視新聞發佈，《申報》對其活動頗繁報導，謂其吸收會員多人，「皆全國知名之士」，[164] 對「拒土、禁止不良小說、徵求美國紅十字會會員等」事業，均大力提倡。[165]

1918年4月15日《申報》之〈建設會簡章〉，則明列其宗旨及規範，[166] 這個以「實業、經濟革新」計劃之籌謀和實行的組織，對會員有很深的期待和要求，絕非一娛樂性俱樂部，亦非一般服務性團體。

1918年4月11日《申報》刊出建設會職員名錄，囊括上海實業、金融、新聞、教育界精英。聶雲台為會

---

163 〈建設會成立紀〉，《申報》，上海，1918年4月11日，版10。

164 〈建設會之宗旨〉，《申報》，上海，1918年5月4日，版10。〈中美人民之交際〉，《申報》，上海，1918年10月20日，版10。

165 〈卡爾登歡送安立德紀〉，《申報》，1919年12月29日，版10。

166 〈建設會簡章〉，《申報》，上海，1918年4月15日，版10。〈建設會成立紀〉，《申報》，上海，1918年4月11日，版10。

長之外，以黃首民為重要助手。此會以留美學生為主
體，也有六位美人在內。這份名單代表東南第二代精英
隊伍成形：

職員表：（會長）聶雲台　　（副會長）唐露園

　　　　（書記兼會計）朱少屏　　（副書記）黃首民

著作股幹事：（股長）蔣夢麟博士　　鄺富灼博士

　　　　　　鄺煦堃君　朱友漁博士　羅泮輝博士

　　　　　　拋乎爾君　聶其杰君　　唐露園君

　　　　　　朱少屏君　黃首民君

招待股幹事：（股長）唐露園君　王正廷博士

　　　　　　朱友漁博士　郭秉文博士　任傳榜君

　　　　　　韓玉麐君　　穆藕初君　　沈叔玉君

　　　　　　安立德君　　聶其杰君　　朱少屏君

　　　　　　黃首民君

會友股幹事：（股長）余日章君　王正廷博士

　　　　　　黃炎培君　沈楚臣君　郭泰祺君

　　　　　　朱成章君　聶其杰君　唐露園君

　　　　　　朱少屏君　黃首民君

社會公益股幹事：（股長）朱友漁博士　黃炎培君

　　　　　　王正廷博士　金邦平君　　錢永銘君

　　　　　　聶其杰君　　唐露園君　　朱少屏君

　　　　　　黃首民君

參議股幹事：（股長）安立德君　沙居君　費吳生君

　　　　　　拋乎爾君　葛爾白君　克拉克君

書記通訊處在上海靜安寺路五十一號寰球中國學生會[167]
註：姓名有底線者為美國人。

　　中華建設會不止是寰球中國學生會的延伸性、任務性組織，更應被視為東南第二代領導核心的浮上台面。會內華人職員無一不具有留學（或遊學）背景，從事或鼓吹實業和經濟建設。五四前後，此會隱然主導對外之事務，及經濟政策之製定，為東南團體之核心決策圈。

（2）-2　留美學生俱樂部
（American Returned Students' Club）

　　上海留美學生俱樂部的成立甚晚，在1918年3月。史黛西（Stacey Bieler）研究指出，中國各埠留美學生俱樂部的設立，青年會西幹事有推動之功。他們有鑒於留學返國者漸多，卻不一定找到合適職業，發揮所長，提出設會連絡維繫青年中國（China's Young Men）成員。[168] 由於留美學生會及俱樂部擁有「高層次的人際關係網絡」，提供娛樂設施及交流機會，也促進歸國學生對社會改革及政治議題的關心，[169] 有助提升美國在中國的影響力。辛亥以後，下列城市相繼成立了歐美留

167　〈建設會成立紀〉，《申報》，上海，1918 年 4 月 11 日，版 10。

168　青年會內部資料透露，西幹事在京滬兩地做了很大努力，要求青年會全國協會學校部幹事與歐美大學設青年會者連繫，適時匯整歸國留學生名冊，轉交城市青年會幹事。W. B. Pettus, "Annual Report", (September 30, 1916), p. 3. Kautz Family YMCA Archives, University of Minnesota. 引自：UMedia (umn.edu) (2021.4.9)。

169　史黛西・比勒（Stacey Bieler）著，張艷譯，張孟校訂，《中國留美學生史》（北京：三聯書店，2010），頁 324-326。

學生學會或俱樂部：

- 廣州歐美學者俱樂部
  （European and American Educated Club，1913）
- 北京歐美同學會
  （European and American Returned Students'
  Association，1914）
- 南京留美歸國學生俱樂部
  （American Returned Students' Club，1915）
- 上海華東留美歸國學生聯合會
  （American Returned Students' Association of East
  China，1915）
- 上海留美學生俱樂部
  （American Returned Students' Club，1918）[170]

　　上述幾個俱樂部，除了廣州不限華洋會員之外，北京、南京、上海均為純粹華人團體。令人費解的是，上海一埠有最多留美學生，成立俱樂部反遲於其他城市，這可能因為上海美國大學俱樂部（兼容中美會員）極有活力，又有耶魯大學俱樂部、寰球中國學生會等團體，故未有另立一會之急迫需求。

　　1918 年上海籌謀成立留美學生俱樂部（俗稱：留美學生會），亦借寰球中國學生會為辦事處。1918 年 3 月 23 日《申報》之〈美國留學生會開會誌盛〉，記其成立情形、章程、首屆職員名錄：

---

170 史黛西・比勒（Stacey Bieler）著，張艷譯，張孟校訂，《中國留美學生史》，頁 325。

> 三月二十日下午七時半，美國留學生會假東亞
> 旅館開會。到者有王君正廷，德大紗廠之穆君藕
> 初，地方檢察廳〔誤，應為地方審判廳〕之陸君
> 守經，滬寧滬杭滬甬路局之任君筱由，改訂稅則
> 委員會之朱君神恩、印君長光，聖約翰大學之朱
> 君友漁，商務印書館之酈君富灼，及其他商學兩
> 界諸君子及女學生數人，共計八十餘人。……章
> 程通過後公舉職員，會長穆君藕初，副會長陸君
> 守經，書記兼會計李君約幹，又公舉蔣君夢麟為
> 通訊員。……在上海美國留學生人數計達三百人
> 以上。此次未及遍告，到者只三分之一，下次開
> 會必大增加云。[171]

上海留美學生會之創立，僅八十餘人與會，不能說成
功。穆藕初被舉為會長，但紗廠業務繁忙，無暇推動會
務。書記李耀邦（約幹，廣東新會人），芝加哥大學博
士，時任青年會全國協會教育部暨科學實驗部主任，兼
南洋公學教職，與聶雲台關係親密。[172] 一年裡舉辦之
活動，包括邀請美國在華官員演講，例如薩門司及安諾
德，並未顯出特色。[173]

---

171 〈美國留學生會開會誌盛〉，上海《申報》，上海，1919 年 3
月 23 日，版 10。鮑引登認為留美學生會成立於 1918 年 3 月 23 日，
不確。C. L. Boynton, "The Club's History in Outline" in The American
University Club of Shanghai(ed.), *American University Men in China*
(Shanghai: The Comacrib Press, 1936), p. 22.

172 〈李耀邦先生傳略〉，收入國史館編印，《國史館現藏民國人物
傳記史料彙編》，第 23 輯（臺北：國史館，2000），頁 183-188。

173 〈留美學生會今晚開會〉，《申報》，上海，1918 年 5 月 18 日，
版 10。

　　1919年3月留美學生會選舉第二屆職員，兩月後，
五四風潮的爆發，該會與上海各公團聯合行動，發電北
京政府和巴黎代表團表達民意，卻仍難符社會期待。第
二屆職員名錄，可見1919年3月30日《申報》之〈留
美回國學生會開選舉會〉：

> 前晚（二十八日）下午七時，留美同學會假東亞
> 西餐館開年宴大會，會員到者五十餘人，女賓朱
> 胡彬夏、李耀邦夫人等七八人。先由會長穆藕初
> 報告會務，書記兼會計李耀邦博士報告一年來經
> 過情況，遂選舉新職員，舉定：會長：陸達權。
> 副會長：朱體仁。書記兼會計：鄧栽臣。中西新
> 聞記事員：張貢九、許建屏。[174]

年會與會者不增反減，可見向心力不足。新任會長陸達
權（守經，江蘇青浦人），是復旦公學校友，第三批庚
款留美學生，1917年2月-1919年1月上海地方審判
廳長，[175] 1919年3月轉任江蘇管理敵國人民財產事務
分局執行科顧問兼主任。[176] 副會長朱體仁（庭祺）是
滬杭甬鐵路局英文秘書。五四時期，此會與江蘇省教育
會基本保持一致。惟在外界殷切期待下，在5月進行了
改組，由前駐倫敦總領事曹雲祥（慶五，曹雪賡胞弟）
負起責任。[177]

174　〈留美回國學生會開選舉會〉，《申報》，上海，1919年3月30日，
　　　第3張第10版。

175　吳馨等修、姚文枏等纂，《〔民國〕上海縣志》，第1冊（臺北：
　　　成文出版社，據民國二十四年鉛印本影印，1970），頁153。

176　*Who's Who in China (1925)*, pp. 577-578.

177　"Returned Students' Club", *The North-China Herald*, May 31, 1919, p. 577.

（3）江蘇省教育會──中華職業教育社

在上海公團的改造新創浪潮中，老牌團體江蘇省教育會很引人注目。它作為清末士紳創辦之社會公團，發揮過全國性政治作用，在歷史上留下不可磨滅的腳印。辛亥之際，張謇集團對轉移政權的關鍵作用，也在革命史上廣被記述。降至五四，江蘇省教育會對教育文化及社會政治之影響力，也未見消退。當上海的另一重要公團──上海總商會──在應對日本問題上左支右絀，曝露出應對能力的缺乏，江蘇省教育會羽翼大體。在幾次政治風浪中，一直表現了敏銳的時代觸覺，一方面保存實力待機而起，一方面致力維持其領導輿情的地位。

就組織角度言，江蘇省教育會在五四前更積極拓展北方勢力，藉由全國教育聯合會施加影響，通過教育部來拓展地盤及控制學校。1919 年 5 月 22 日黃炎培、沈恩孚、蔣夢麟致胡適函上，分析南北新舊勢力消長情形，最末有黃炎培之警策評語：

弟意北方亦要佔據，且逆料舊派無組織之能力也。[178]
此語透露出一個重要訊息：黃炎培等認為組織力之有無強弱，是決定新舊兩派勝負的關鍵。教育會以本身為新派代表，以北方為舊派陣地。如何加強新派力量，必須注意組織力提升，以及新血加入。在清末十年，發揮主導力量的是留日學生。民初十年，他們留意引納留美學生進入核心圈。

---

178 黃炎培、蔣夢麟等，〈致胡適函〉（1919.5.22），收入耿雲志主編，《胡適遺稿及秘藏書信》，第 37 冊，頁 29-30。

　　另一方面，黃炎培、沈恩孚等始終緊緊抓住一基本
原則，江蘇省教育會既為革新事業之部門，必須與實業
界、政治界密切連絡，始能共構一社會改革重心。1911
年，沈恩孚撰〈《江蘇教育總會文牘》六編敘〉，即為
此集團運作方式作一扼要綜述：

> 溯自總會成立以來其進化之歷史，約可分為二時
> 期：最初則理論之時期，一二年後即漸入實行時
> 期。而實行時期又可分而為二，則由本省教育主
> 動時期而入於各省教育界交通時期是也。交通時
> 期始於庚戌〔1910，按：指全國教育聯合會之創
> 立〕，而又匪獨教育界一部分之關係，於政治界
> 則有諮議局聯合會，於實業界則有南洋勸業會，
> 何一非吾教育界交通之媒介，要吾由是以推測吾
> 國社會之思想，固漸由消極而趨於積極矣。……
> 雖然，此積極之思想萌芽於政治界乎？實業界
> 系？教育界乎？則一大疑問也。吾嘗數數言之
> 矣。無政治，則教育與實業猶網無綱而裘無領也；
> 無實業，則政治與教育猶魚無水而牛羊無雛也；
> 無教育，則政治與實業猶夜行無燈，涉大海渡沙
> 而無指針也。三者循環，廢其一而無以為國。[179]

沈恩孚這一概述，是理解江蘇省教育會的一把鑰匙。它
說明了這群江蘇士紳的組織思路，認定「政治」、「實
業」、「教育」，缺一不可。「三者循環，廢其一而無

---

179 沈恩孚，〈《江蘇教育總會文牘》六編敘〉，收入陳元暉主編，
　　《中國近代教育史資料匯編：教育行政機構及教育團體》（上海：
　　上海教育出版社，2007），頁275。

以為國。」因此，革新之路必然是「政治—實業—教育」環環相扣。政治環境不利時，他們致力建設教育和實業，並謀二者之聯合。雖似避談政治，卻從來不放棄對政治的運作。辛亥以迄五四，通過全國教育聯合會、全國商界聯合會等組織，將目標指向國內政治版圖的改造。

對這一集團而言，江蘇省教育會是他們的基地，必須牢牢掌控在手上，以聚集全省士紳向心力。江蘇省教育會正副會長及主要幹部，絕不容外部力量插足。因此，檢視江蘇省教育會正副會長人選，可以發現有很高穩定性。從 1905 年到 1923 年，正會長幾乎都推張謇，副會長則黃炎培蟬聯多年。且 1914 年以後，張謇僅掛虛銜，會務由黃炎培主導。[180] 江蘇省教育會的潛在勢力，超越政府教育部。胡適 1918 年稱黃炎培為「當今教育界一個最有勢力的人」，[181] 反映人們的一般印象。

---

180 最近徐佳貴對江蘇省教育會有細緻的分析，詳參：徐佳貴，〈組織演變與文教革新——晚清與五四之間的江蘇省教育會〉，《史林》，2021 年第 3 期，頁 131-146。

181 胡適，〈致母親函〉（1918.6.20），收入耿雲志主編，《胡適遺稿及秘藏書信》，第 21 冊，頁 267。

表十：江蘇省教育會正副會長（1905-1921）[182]

年份	會長	副會長
1905	張謇	惲祖祁
1906-1907	張謇	王同愈
1908	張謇	王同愈、許鼎霖
1909-1911	唐文治	張謇、蔣炳章
1912-1913	張謇	王同愈
1914-1921	張謇	黃炎培
1922-1923	袁希濤	黃炎培

五四前後黃炎培在江蘇省教育會聲望之高，反映在1917年8月江蘇省教育會第十三次常年大會選舉結果。票數上，副會長黃炎培已超越會長張謇。各部職員之職務，悉由黃炎培委派。據《寰球》之〈江蘇省教育會常年大會紀事〉：

> 先舉會長，張謇得九十八票當選。次舉副會長，黃炎培得一百二十五票當選。次舉幹事員，計十六人。沈恩孚四十三票，顧樹森三十五票，楊鄂聯三十四票，蔣昂三十二票，莊俞三十二票，盛建勳三十一票，張世鎏三十票，吳研蘅二十七票，蔡文森二十五票，吳家煦二十五票，沈頤二十五票，陸裕枬二十四票，陸規亮二十一票，賈豐臻二十一票，凌昌煥二十一票，朱亮二十一票，當選。即由黃副會長分配職務。
>
> （學校教育部）楊鄂聯、莊俞、蔡文森、吳研蘅。

---

182 江蘇省教育會，原稱：江蘇學務總會、江蘇教育總會。資料來源：吳馨等修、姚文枬等撰，《上海續縣志》卷十一〈學校下〉，第2冊（臺北：成文出版社，據民國七年刊本影印，1970），頁733-734。〈歷屆正副會長〉，收入陳元暉主編，《中國近代教育史資料匯編：教育行政機構及教育團體》，頁295-296。

（社會教育部）盛建勳、張世鑾、沈頤、凌昌煥。

（調查部）蔣昂、陸裕栩、陸規亮、朱亮。

（庶務部）書記：沈恩孚。

（駐會）顧樹森。

（會計）吳家煦、賈豐臻。[183]

由此可知，五四前，張謇雖被推為江蘇省教育會領袖，但黃炎培已實行全面領導，擁有無可挑戰的威望。黃氏主要幫手沈恩孚，又是上海地方自治運動要角。兩人遇事商量，如同一體。另一位助手賈豐臻（季英），長期任上海縣教育會會長，配合江蘇省教育會行動。其他重要幹部，尚有：莊俞（商務印書館《教育雜誌》編輯），顧樹森（中華書局《中華教育界》編輯主任），陸規亮（江蘇留日學生經理員）。上海及江蘇教育界及出版界重要職務，由該會牢牢掌控，其潛勢力可畏。

黃炎培之所以備受推崇，是因其推動了若干教育革新運動，顯出與時俱進的充沛活力，使教育會保持領先全國的地位。1917年，中華職業教育社（簡稱：職教社）的成立，不但搭起教育界和職業界的橋樑，更把社員擴大至全國及南洋，壯大了教育會的體量。

就觀念來說，職業教育理念來自美國，是1915年黃炎培、余日章、聶雲台訪美果實之一。〈中華職業教育社十年小史〉：

先是，當民國二三年間，教育界同人覺各地學校

---

183 〈江蘇省教育會常年大會紀事〉，《寰球》，第2卷第3期，頁7（五至六）。

雖漸發達，而學生畢業以後，往往不能實際就
事。同時，發見社會生計凋弊，各種職業頹焉不
振。……四年〔1915年〕，美國巴拿馬運河落成，
我國政府派遣代表前往，參列慶典。代表中〔，〕
研究教育者余日章、黃炎培等，乘便參觀彼邦學
校，得其職業學校發展之盛況，嗣知歐洲各國亦
正努力進行，認為是足以解決上述問題。既歸，
大加提倡。……即職業界中人如錢新之、陳光甫、
聶雲台、穆藕初等亦深韙之。於是復有合力創設
本社之議。一面先就江蘇省教育會組織組織教育
研究會，專事討論；一面邀同郭秉文、陳寶泉、
蔣維喬等，組織參觀團，就近赴菲律賓、日本，
尤其對於此項教育之設施，以備參考。菲律賓華
僑聞之，大加贊成，倡捐巨款。至此，教育與職
業溝通聯合之時機大熟，而本社遂於六年〔1917〕
五月六日宣告成立……。[184]

這段介紹揭示了中華職業教育社成立三大背景：第一，
1915年赴美之行，使黃炎培、余日章認定職業教育為
中國社會所需。第二，實業及金融界領袖聶雲台、陳
光甫、錢新之、穆藕初等共謀進行。聶雲台還發函聯
絡上海總商會，請通告各業轉知訊息。[185] 第三，黃炎

---

184 〈中華職業教育社十年小史〉，收入璩鑫圭等編，《中國近代
　　教育史資料匯編：實業教育・師範教育》（上海：上海教育出
　　版社，1994），頁422。

185 中華職業教育社發起之際，由江蘇省教育會及聶雲台去函上海總
　　商會，說明「職業教育與商界有特別之關係」，欲借總商會場
　　地開會，俾與總商會會董及會員「共事研稽，以圖各種職業之發
　　達」。會董認為職業教育社發起人多為教育會會員，在教育會開

培、郭秉文等積極連絡菲律賓及南洋僑商，獲得巨額
捐款。[186]

黃炎培領導的職業教育運動，解決了一些學生失業
問題，也提供了工商界的人才。這一運動的成功，使一
些人認定黃炎培為社會中下階層代言人，[187] 其實，黃
炎培也是民族工業家及銀行家代表人。他的重要角色，
在聯絡溝通上下學商，成為不可或缺的橋樑。同時，他
勤於走動，打通了南洋僑商與母國的連繫，成為海外捐
款的信托人。1949 年，黃炎培回顧中華職教社三十二
年歷程，指出職教社的贊助者，主要為南洋僑商及上
海實業家：

> 從它成立那年起，把金錢最早捐給它的：（一）
> 南洋華僑蕆數捐給了一注菲幣，（二）南洋華僑
> 領袖陳嘉庚從成立那年起，每年把定額金錢捐給
> 它，連續了五年。……那時候各方樂於把金錢捐
> 給它的不少。而捐金最多，且繼續捐給，幾乎無
> 限期的，就是聶雲台、徐靜仁、穆恕再藕初兄弟、
> 劉柏生等等，都是當時新興的紡織界巨子。他們

會更為適宜，總商會可代轉致各業，請其前往聆教。上海市工商
業聯合會編，《上海總商會議事錄》，第 2 冊，頁 897。

186 郭秉文連絡菲律賓僑商貢獻特大，賈季英介紹南洋僑領有功。
〈中華職業教育社成立以來之略史〉（1917）：「菲律賓僑商
陳迎來、施光銘、楊嘉種、蔡膺成四君，熱心贊助本社，與清
心實業學校〔校長郭秉文〕偕同志合捐斐銀二萬元，暫存斐島
銀行。最近又由賈季英君介紹新加坡華僑陳嘉庚君，認捐叻銀
一萬圓，自民國七年起至十一年止，每年捐銀二千圓。」收入
朱有瓛等編，《中國近代教育史資料匯編：教育行政機構及教
育團體》，頁 465。

187 葉文心著，馮夏根等譯，《民國時期大學校園文化（1919-1937）》
（北京：中國人民大學出版社，2012），頁 52、236。

多數還委託它計設職業學校，或指定地點委託它創辦職業學校。[188]

中華職教社獲南洋僑商和紡織鉅子（華商紗廠聯合會成員）支持，是因職業教育為他們培養了技術工人。該社成立於歐戰後期，實因「舶來品驟然減少，實業界很想推廣製造國貨來承乏，而苦於缺少技術人員。」[189] 換言之，職業教育亦以「商戰」為背景。《華商紗廠聯合會季刊》刊出〈本會棉鐵工業學校計畫書〉，便由黃炎培代為起草，形成雙方合作的具體計劃。[190]

　　1917 年 5 月 6 日，籌備經時的中華職業教育社正式成立，以上海江蘇省教育會為總部。成立大會，以薩鎮冰（鼎銘）為主席，現場發言溢堂。[191] 列名發起者，囊括全國教育、金融、實業、新聞、出版界名流，突破江蘇省教育會範圍，形成南北名流團結聲勢。茲錄發起人及贊成人姓名職銜：

伍廷芳　外交總長

梁啟超　前司法總長，軍務院撫軍兼政務委員長

---

188 黃炎培，〈中華職業教育社奮鬥三十二年發見的新生命〉，收入《上海中華職業教育社志》編纂委員會編，《上海中華職業教育社志》（上海：上海古籍出版社，2007），頁 461。

189 黃炎培，〈中華職業教育社奮鬥三十二年發見的新生命〉，頁 460。中華職業教育之〈宣言書〉（1917）、〈募金通啟〉（1917）、〈章程〉（1917）等文獻，詳參：朱有瓛等編，《中國近代教育史資料匯編：教育行政機構及教育團體》，頁 444-497。

190 黃炎培，〈本會棉鐵工業學校計畫書〉，《華商紗廠聯合會季刊》，1920 年第 1 卷第 2 期（1920），頁 2-5。

191 〈中華職業教育社成立大會記事〉，《申報》，上海，1919 年 5 月 7-8 日，版 10。〈中華職業教育社開成立大會紀事〉，《寰球》，第 2 卷第 2 期（1917.6），頁 7（九至十）。

張　謇　江蘇省教育會會長，前農商總長

蔡元培　大學校長，前教育總長

嚴　修　前清學部侍郎

唐紹儀　前國務總理

范源濂　教育總長兼署內務總長

湯化龍　眾議院議長，前教育總長

王正廷　參議院副議長，中國基督教青年會總幹事

袁希濤　教育次長

張元濟　商務印書館經理

江　謙　南京高等師範學校校長，前江蘇教育司長

陳寶泉　北京高等師範學校校長

宋漢章　中國銀行行長

陳輝德　上海商業銀行行長

陸費逵　中華書局局長

張嘉璈　上海中國銀行副行長

穆瑤湘　上海德大紗廠總經理

張壽春　天津南開學校校長

周詒春　北京清華學校校長

楊廷棟　眾議院議員，前農商部礦政局局長

史家修　上海《申報》館總經理

劉　垣　前農商次長

穆湘玥　上海德大紗廠經理

蔣維喬　前教育部參事

龔　杰　前江蘇財政司長

劉以鍾　教育部視學

鄧萃英　北京高等師範學校教員

于定一　前巴拿馬賽會江蘇出品協會主任

朱友漁　上海約翰大學教務長

莊　俞　上海《教育雜誌》社編輯員

刁信德　上海同仁醫院醫生

朱庭祺　滬杭甬鐵路局英文秘書，前工商部參事

朱胡彬夏　上海《婦女雜誌》社編輯主任

賈豐臻　上海江蘇省立第二師範學校校長

朱叔源　上海浦東中學校長

聶其杰　上海恆豐紗廠總經理

陳　容　南京高等師範學校學監主任

蔣夢麟　留學美國哥倫比亞大學碩士

顧樹森　《中華教育界》編輯主任

沈恩孚　江蘇省教育會駐會幹事、
　　　　前江蘇民政司副司長、江蘇省公署秘書長

余日章　中國基督教青年會署理總幹事、
　　　　前湖北外交司司長

郭秉文　南京高等師範學校教務主任

黃炎培　江蘇省教育會副會長、前江蘇教育司司長[192]

這份名單對外展示了「江蘇省教育會─中華職教社」的南北網絡。列於較前者，為聲譽卓著之名流；列於較後者，為實際推動之骨幹。最可注意的是，它納入留美學生之傑出人物，余日章、郭秉文、蔣夢麟。在政象紛擾的 1917 年，這些人彷彿清流同盟，代表「新中國」的希望。

192　〈募金通啟〉，頁 450-452。

〈中華職業教育史成立以來之略史〉（1917 年 9 月 30 日），更說明職教社籌備成立及早期階段，核心團體已納入留美學生，形成新舊兩代精英結合：

一，成立會與臨時幹事會　本社于 6 年〔1917〕5 月 6 日在江蘇省教育會會場開成立大會，通過章程，并經推定聶其杰、張元濟、史家修、王正廷、楊廷棟、郭秉文、沈恩孚、朱葆康、黃炎培九君為臨時幹事。復由臨時幹事會推定沈恩孚為臨時主任。……

二，議事員之選舉　……嗣於十五日在江蘇省教育會會場開票，由朱佩珍、吳馨兩君監視。照章每十五人舉一人，此次應選出議事員十二人。開票結果，黃炎培、沈恩孚、郭秉文、張元濟、賈豐臻、史家修、楊廷棟、袁希濤、穆湘玥、朱葆康、王正廷、吳馨十二君當選為議事員。袁希濤君以現任部務辭職。以次多數年長者蔣維喬君遞補。蔣君嗣又以供職京師辭職，以得票同數之莊俞君遞補。

三，議事員會及辦事部之成立　議事員於 7 月 29 日成立，臨時幹事會即取消。當經公舉，黃炎培君為辦事部主任，沈恩孚為基金管理員。[193]

就組織結構看，職教社由兩個部門組成：一，議事員會，有十二位議事員；一，辦事部，由主任統籌，職員若干位。議事員中，黃炎培兼辦事部主任，沈恩孚兼基

---

[193]　〈中華職業教育社成立以來之略史〉（1917 年 9 月 30 日），收入陳元暉主編，《中國近代教育史資料匯編：教育行政機構及教育團體》，頁 464-465。

金管理員，掌握人事、財政權，顯示江蘇省教育會對職教社的掌控。

　　在史量才支持下，《申報》更闢出欄位，登載〈中華職業教育社通訊〉，以廣宣傳。職教社另有《教育與職業》，為機關刊物。〈本社第一年度辦事概況（自六年五月六日至七年四月三十日止）〉，有職教社辦事部名錄：

主　任：黃炎培（專任）

總書記：蔣夢麟

書　記：劉永昌（六月十二月辭）、秦之衍、顧戩、
　　　　楊慶

會　計：顧㮏

學校主任：顧樹森（專任）、
　　　　　　陶宏浚（臨時擔任調查物價、工價事）[194]

其後辦事部組織及人員增至十一人。[195] 惟除主任黃炎培、中華職業學校校長顧樹森等三人始終專任之外，其他人員均在各機關兼職，以減輕支出負擔。

　　蔣夢麟出任中華職教社總書記，自是黃炎培的佈局。黃炎培又聯同郭秉文，薦蔣夢麟入商務辦事。[196]

194　〈本社第一年度辦事概況（自六年五月六日至七年四月三十日止）〉，《教育與職業》，第 7 期（1918），引自陳元暉主編，《中國近代教育史資料匯編：教育行政機構及教育團體》，頁 466。

195　〈中華職業教育社第五年度社務報告〉（1921 年 5 月至 1922年 4 月）：「本部組織本年略有變更，於主任以下，分設總務、講演、調查、出版、通訊、介紹、招待七股。辦事員除主任外，共十一人（內專任者三人，他機關兼任者七人、中華職業學校商科派練習生一人）。陳元暉主編，《中國近代教育史資料匯編：教育行政機構及教育團體》，頁 468。

196　陳以愛，〈「五四」前後的蔡元培與南北學界〉，頁 348-349。

這種安排，是黃氏常用手法，有助打通出版界。1917
年 11 月 18 日蔣夢麟致友人胡適函，說明其工作情形：

> 江蘇省教育會辦事頗有精神，弟與黃炎培〔、〕
> 沈恩孚二先生意見甚洽。一禮拜中四日在商務，
> 二日在教育會。[197]

此函說明江蘇省教育會和中華職業教育社的關係，二
者實為一體。在職教社辦事，即在教育會辦事。兩會
共用一址，一樓掛兩個招牌，主事者似二實一。

　　以商業經營為喻，江蘇省教育會與中華職業教育社
之關係，猶如「母公司」另立「分公司」。惟此「分公
司」規模宏大，吸金有術，招牌更逾「母公司」。為表
示兩會一體，並節省開銷，「子公司」借「母公司」會
址辦事，在門外加掛招牌，未另立門戶。其發起人及辦
事員，兼用江蘇省教育會資源。就經營角度言，中華職
業教育社是移用商業手段，成功創立教育團體的成功
經驗。

　　不可不指出的是，中華職教社既以王正廷、朱少屏
等為骨幹，遂亦模仿青年會及寰球中國學生會，成立募
金徵求隊。[198] 這些募金運動的報導，也揭示他們的社
會網絡。最早一次在 1918 年，為創設職業學校募集常
年經費，黃炎培、沈信卿等邀約「上海紳商各界鉅子」

---

197 蔣夢麟，〈致胡適函〉（1917.11.18），收入耿雲志主編，《胡
　　適遺稿及秘藏書信》，第 39 冊，頁 407-412。

198 以 1921 年度為例，該年徵求社員運動，上海埠二十五隊，外
　　埠二十六隊，國外五隊。〈中華職業教育社第五年度社務報告〉
　　（1921 年 5 月至 1922 年 4 月），頁 468。1922 年度，王正廷
　　為中華職業教育社募款，成績名列第一。穆家修、柳和城、穆
　　偉杰等編，《穆藕初年譜長編》，上卷，頁 475。

共襄盛舉。9 月，組織募金團二十五隊，以朱子橋（慶瀾，浙江紹興人）為總隊長，聶雲台為副總隊長，目標金額五萬元。[199] 自願任分隊長者，依次為：史量才、朱少屏、吳懷疚、李味書、陳光甫、徐靜仁、張叔良、張效良、梅問羹、賈季英、葉養吾（代表楊翼之）、吳蘊齋、盧紹劉、鮑星槎、穆杼齋、穆藕初、錢新之、聶雲台、溫欽甫、陳青峰、趙灼臣、程齡孫、謝蘅聰、霍守華等。[200]《申報》指定欄位登載募金事宜，《時報》贈送封面欄位廣告消息，英美煙草公司也移贈各報廣告欄位以示支持。[201] 南北商會會長朱葆三、顧馨一未列名徵求團隊，卻出面向商人募捐，並各捐三百元以為表率。兩日內，南北商會巨商紛紛解囊。[202] 上海軍政界也表示贊助，淞滬護軍使盧永祥捐銀二百元，淞滬警察廳長徐國樑捐銀一百元，江海關監督馮孔懷捐銀二百元。[203] 兩週內，就募得三萬餘。一月內，成功達標五萬元。

199 〈中華職業教育社通訊〉，《申報》，上海，1918 年 9 月 10 日，版 11。

200 這份名單是綜合報紙記載而成，資料來源：〈中華職業教育社創設職業學校募金團隊長披露〉，《申報》，上海，1918 年 9 月 16 日，版 11。〈職業學校募金團消息〉，《申報》，上海，1918 年 10 月 1 日，版 11。〈中華職業學校募金團通告（第六號）〉，《申報》，上海，1918 年 10 月 2 日，版 11。〈又有贊助職業學校者〉，《時報》，上海，1918 年 9 月 22 日，第 3 張版 5。

201 〈中華職業教育社創設職業學校募金團隊長披露〉，《申報》，上海，1918 年 9 月 16 日，版 11。

202 〈商界之提倡職業教育〉、〈商界之贊助職業教育〉，《時報》，上海，1918 年 9 月 17-18 日，第 3 張版 5。

203 〈政界贊助職業學校〉，《申報》，上海，1918 年 9 月 28 日，版 10。

職教社為職業學校發起的募金運動，所涉金額並非
鉅款，卻有值得探究的消息。首先，總團長推朱子橋，
他和教育會有何淵源？朱子橋歷任黑龍江將軍、廣東省
長，曾迎孫中山到粵護法。[204] 他原籍浙江紹興，生於
山東濟陽歷城。此時淞滬護軍使盧永祥（子嘉），籍貫
山東濟陽（鄰近濟南），論鄉誼，論資歷，都算其後
輩。朱子橋官聲甚好，備受各方尊重。張謇素來關心東
北事務，1914 年即與他通音問。[205] 1918-1922 年，從政
壇退隱的朱子橋，經周善培（孝懷）介紹，被張謇延攬
為華成鹽墾公司協理。華成鹽墾公司是馮國璋投資、張
謇主理的事業，入股者有岑春煊、溫宗堯（欽甫）等。
這家公司的事務，涉及複雜的政治關係，黃炎培亦與聞
其事。[206] 朱子橋的軍政背景，使他到上海活動，頗有

---

204 朱慶瀾由周善培推薦為廣東省長，到粵後迎孫中山護法。但周善
培與岑春煊淵源更深，後助岑春煊取代孫中山地位。參考：〈孫
中山致周善培書〉之附錄一：〈周孝懷跋〉，收入中國人民政治
協商會議廣東省廣州市委員會文史資料研究委員會，《紀念辛
亥革命七十周年史料專輯》，下冊（廣州：廣東人民出版社，
1981），頁 48-49。周善培跋語亦需細辨。他用粵省財力，建立軍
隊是實；想助孫中山北伐，則未必。羅翼群便說，周善培始終助
岑反孫。羅翼群，〈我所知道的張鳴岐與周善培在廣東的某些活
動〉，收入中國人民政治協商會議廣東省委員會文史資料研究委
員會編，《廣東文史資料》，第 5 輯（廣州：中國人民政治協商
會議廣東省委員會文史資料研究委員會，1962），頁 126。

205 張謇，〈致朱慶瀾函〉（1914），收入《張謇全集》編纂委員
會編，《張謇全集》，第 2 卷，頁 502。

206 華成鹽墾公司與馮國璋、張謇、朱子橋、張佩嚴（年）、周善
培的關係，以及岑春煊、溫宗堯、章士釗等入股華成諸事，參考：
張謇，《柳西草堂日記》、《嗇翁自訂年譜》，收入《張謇全
集》編纂委員會編，《張謇全集》，第 1 卷，頁 850、1039。南
通市檔案館、張謇研究中心編，《大生集團檔案資料選編：鹽
墾編（V）》（北京：方志出版社，2017）。陶菊卿，〈華成、
泰和鹽墾公司的創建與發展〉，收入中國人民政治協商會議浙
江省紹興縣委員會學習文史委員會編，《紹興文史資料選輯（朱

代表張謇的意味，也壯大職教社的聲勢。[207] 此外，這次募款活動，報界（《申報》社長史量才）、實業界（聶雲台、穆杼齋、穆藕初、徐靜仁）、金融界（陳光甫、錢新之）要角，均親任勸募，展現團結精神。旅滬各同鄉會領袖，如廣肇公所（溫欽甫、霍守華）、寧波同鄉會（謝蘅牕）之資深董事，亦襄助募款。由此看來，中華職教社的成立，確受商會、同鄉會（由商人主導）歡迎，得到廣東幫、寧紹幫的支持。

（3）-1　商學交誼會

為了促進教育界和實業界、金融界的討論，這時有一「商學交誼會」成立。此會不對外開放，是一個圈內人的俱樂部。由於成員彼此熟悉，討論的話題自無限制。它開始以團體名義出現在公眾前，在五四風潮以後。1919 年 12 月 27 日《申報》之〈國民外交盛會紀事〉：

> 昨日午後五時，商學交誼會余日章、聶雲台、穆藕初、史量才、劉柏生、宋漢章、盛竹書、葉揆初、陳光甫、蔣夢麟、黃任之諸君，公邀美國資

慶瀾）》，第 17 輯（紹興：中國人民政治協商會議浙江省紹興縣委員會學習文史委員會，2000），頁 100-101。章士釗，〈記周孝懷誣罔〉，收入氏著，《章士釗全集》，第 8 冊（北京：文匯出版社，2000），頁 365。黃炎培著、中國社會科學院近代史研究所整理，《黃炎培日記》，第 2 卷，頁 78。

207 1918 年 6 月，中華職業學校舉行奠基禮，朱慶瀾也作為主禮嘉賓。〈職業學校舉行立礎紀念式續誌〉，《申報》，上海，1918 年 6 月 17 日，版 10。

本團代表施棟諸君在一品香開茶話會。[208]

這份名單不一定涵蓋全體成員。與建設會不同的是，有更多銀行家參加。它起初可能是實業和銀錢業的交誼會，然後加上教育界人士。本書所說東南集團的核心成員，與此會成員的重疊度最高。其中余日章的角色微妙，非商非學，卻逐漸成為他們的代言人。從巴黎和會到華盛頓會議，這一集團以國事為己任，絕不止是「商學交誼」而已。

（3）-2　江蘇童子軍聯合會（1917）

在推動有聲有色的職業教育運動，拉近了教育會和實業界的關係外；江蘇省教育會發起的童子軍運動，則含有軍國民教育的深意。朝鮮總督府對中國的調查，把各校「軍事教育及童子軍」列為一類，實窺其意旨所向。[209] 據鄭昊樟《上海童子軍史》，中國童子軍之建立，最早由武昌文華書院（教會學校）發端。上海一埠，則工部局華童公學首倡。江蘇省教育會認可童子軍訓練，既教童子以助人之法，又養成尚武精神。通過其系統鼓吹運作，使江蘇一省成為標竿，以上海為全國訓練中心。[210] 1917 年 6 月 17 日，「中華民國江蘇童子軍

---

208 〈國民外交盛會紀事〉，《申報》，上海，1919 年 12 月 27 日，版 10。

209 朝鮮總督府，《支那教育狀況一斑》（出版地不詳：朝鮮總督府，大正八年二月），收入永岡正己、沈潔監修，《中國占領地の社會調查》（東京：近現代資料刊行會，2010），頁 105-112。

210 鄭昊樟，《上海童子軍史》（上海：中華童子軍聯歡社，1933），頁 1-27。

聯合會」成立，吳馨（懷疚）為會長，賈豐臻（季英）
為副會長。[211] 同年，江蘇省教育會在上海召集各省童
子軍聯合會，給近兩百位小學教師三週訓練。同年 11
月 11 日，江蘇童子軍聯合會召開聯合運動會，共九團
八校參加（多為小學），地點在西門外公共體育場。[212]
1917 年，總計全省二十六處六十所學校建立了童子
軍。[213] 1919 年，江蘇全省已有超過 4,000 名童子軍，成
績居全國之冠。[214] 五四期間，上海童子軍角色吃重，
備受肯定。[215] 從五七大會之後，華界之集會遊行，童
子軍多次出動維持秩序，甚至調查國貨勸導市民，均以
江蘇省教育會為後盾。此時吳馨已逝，[216] 必賈豐臻授
意允可。

　　總括來看，1917-1919 年間，江蘇省教育會成功轉

---

211 鄭昊樟，《上海童子軍史》，頁 1-27。吳小瑋，〈以訓練為中
　　心的兒童組織──民國時期童子軍之研究〉（上海：華東師範
　　大學教育學系博士學位論文，2013），頁 28-71。戚學民、潘
　　琳琳，〈論國民黨對童子軍治權的奪取〉，《澳門理工學報（人
　　文社會科學版）》，2016 年第 4 期，頁 179-180。

212 〈中華民國江蘇省童子軍聯合會開會紀事〉，《江蘇省教育會
　　月報》，（1917:6），頁 19。〈童子軍隊聯合運動會紀事〉，《寰
　　球》，第 2 卷第 4 期（1917.12），頁 8（七）。

213 P. W. Kuo（郭秉文），"Recent Developments in Chinese Education",
　　in *The China Mission Year Book 1918*, 收入本書編委會編，《中國基督
　　教年鑑》，第 13 冊，pp. 364, 369.

214 Fong F. Sec（鄺富灼），"Present Conditions of Government Education
　　Education in China", in Julean Arnold, *Commercial Handbook of China*, Vol.
　　2, pp. 413-414.

215 《中華童子軍報》引用外人評論：「罷市時有如此的秩序，實
　　為全球各國所未之前有；童子軍功亦居其半焉。」轉引自鄭昊
　　樟，《上海童子軍史》，頁 12-13。

216 1919 年春，張謇悼吳馨挽聯，有「悲哉失吾黨之英」一語。張
　　謇，《柳西草堂日記》，頁 863。

型蛻變，在組織上表現得更有彈性。在觀念上，他們注
意傳播及帶動新事業，力求維持其領導性地位，更謀擴
大影響力於海外。同時，積極引納留美學生入核心圈，
為團體輸入活力。通過余日章、王正廷為媒介，教育會
與青年會合作，學習西幹事的辦事能力，也增進彼此的
合作交流。郭秉文、鄺富灼更向英美人士介紹江蘇省教
育會的教育事業，充分肯定其革新精神。[217] 1919 年，
在中國最富聲譽的聖約翰大學四十週年校慶之際，校長
卜舫濟頒贈黃炎培榮譽博士學位，即表達了江蘇省教育
會的肯定，並展現期待未來密切合作的前景。[218]

三、中美親善的旋律

「交必擇友，與美一致，即無益，不至有損；與不可知
之人友，似有益，實大損。」

～ 1918 年 2 月 19 日，張謇，〈致趙鳳昌函〉[219]

1918-1919 年，中美親善之聲盈耳。這是特定操作
的結果，貫澈「聯美制日」的原則。這一原則，在辛亥

---

217 余日章，〈基督教會之高等教育〉，收入中華續行委辦會編訂，
《中華基督教會年鑑（1914）》，第 1 冊，頁 78。P. W. Kuo（郭
秉文），"Recent Developments in Chinese Education", pp. 364,369.
Fong F. Sec（鄺富灼），"Present Conditions of Government Education
Education in China", pp. 413-414.

218 朱小怡、章華明主編，《聖約翰大學與華東師範大學》（上海：
華東師範大學出版社，2015），頁 24。

219 張謇，〈致趙鳳昌函〉（1918.2.19），收入《張謇全集》編纂
委員會編，《張謇全集》，第 2 卷，頁 642。

前由張謇、趙鳳昌等確定，五四前後，由第二代接棒。
其運作模式，在私人交往之外，更見諸公共活動。且不
獨一二團體為之，更形成聯合運作態勢。也不獨華人團
體為之，更形成中美團體的聯合。在此，必須交待美國
人主導的幾個團體：美國大學俱樂部、星期六俱樂部，
乃至美國紅十字會在華辦事處，如何鼓勵雙向交流。並
在中美會員的努力下，使中美親善成為時代主旋律。

（1）美國大學俱樂部（The American University Club）

　　美國大學俱樂部成立甚早，其成員有許多活躍於
五四時期。據鮑引登考證，俱樂部最晚在 1902 年就有
活動，起初僅許美國人參加，1908 年起向華人開放。
在舊日上海，它是宗教領域以外，唯一允許中美人士聚
集之處。其歷史，僅次於 1898 年成立之美國婦女俱樂
部（American Women's Club）。1912 年前，會員約八十
位，其中華人十位；到 1920 年，會員增至三百多人。
其間，1915 年成立的美國婦女大學俱樂部（American
College Club of American Women），後改組為美國大學
婦女聯合會（American Association of University Women），
也向華人婦女開放。1918 年，又有純粹華人的留美學
生俱樂部成立，與此會成員有所重疊。這些團體每月舉
辦活動，以促進中美聯誼、文化交流為宗旨。[220]
　　在美國大學俱樂部的最早會員之一，上海聖約翰大

220　C. L. Boynton, "The Club's History in Outline", pp. 19-20, 27.

學教師顏惠慶看來，此會是滬上最重要的團體之一，[221]
他在自傳中提及俱樂部成立及發展：

> 上海徐家匯有一所南洋公學，現改建為交通大
> 學，是聖約翰大學的兄弟學校。此校的幾位美國
> 教師，與我和我的同事關係甚好。他們中的一位
> 熱衷於在上海組織美國大學俱樂部。後來，在美
> 國總領事館召開了俱樂部成立大會，總領事擔任
> 主席。從這天起，一個有著幾百名會員的活躍的
> 俱樂部，在這個港口城市誕生了。後來，在天津、
> 北京等地，也成立了相同的俱樂部。[222]

換言之，上海的美國大學俱樂部，是其他各埠的母會。
由於會員遍及全國而成就卓越，1936 年編印紀念冊時，
題名：《中國的美國大學人》（*American University Men in China*），不以上海自限。

1930 年代中，鮑引登撰寫俱樂部會簡史指出，此
會早期以傳教士及青年會幹事居多。茲列舉資深會員
（二十五年以上會籍）：

> Arthur Bassett〔白塞特〕, C. L. Boynton〔鮑引
> 登〕, J. M. Espey〔艾斯北〕, G. A. Fitch〔費吳生〕,
> Fong F. Sec〔鄺富灼〕, George B. Fryer〔傅步蘭〕,
> A. R. Hager〔海士〕, W. Lockwood〔駱維廉〕, F. L.
> Hawks Pott〔卜舫濟〕, H. H. Morris, C. M. Myers,

---

221 顏惠慶回憶 1911 年以前上海社交活動，特別介紹三個團體：
　　青年會、寰球中國學生會、美國大學俱樂部，顏惠慶是三會創
　　始會員。顏惠慶著、吳建雍等譯，《顏惠慶自傳──一位民國
　　元老的歷史記憶》，頁 46-49。
222 《顏惠慶自傳──一位民國元老的歷史記憶》，頁 48。

Frank Rawlinson〔樂靈生〕[223]

至 1919 年，上述資深會員的職銜是：英美煙公司顧問律師（白塞特）、中國廣告公司會長（海士）、商務印書館英文部編輯主任兼青年會全國協會會長（鄺富灼）、上海青年會總幹事（駱維廉）及副總幹事（費吳生）、上海盲童學校校長（傅步蘭）、上海美國學校校長（鮑引登）、聖約翰大學校長（卜舫濟）、《教務雜誌》（*Chinese Recorder*）主編（樂靈生）。可以說，是上海極富影響力的一群美國人。由於他們豐富的華洋網絡，使他們成為溝通中外輿情的橋樑。

再者，1912-1936 年美國大學俱樂部會長的人選，反映上海政商學報的要人。以下略舉 1912-1925 年歷任會長之著名者：[224]

維爾德（Amos P. Wilder，1912，美國駐滬總領事）

唐紹儀（1913, 1920，前國務院總理，金星保險公司總董）

卜舫濟（1915，聖約翰大學校長）

安諾德（1918，美國商務參贊）

費吳生（1919，上海青年會副總幹事）

鮑惠爾（1922，《密勒氏評論報》主筆、美國商會書記）

穆藕初（1923，德大紗廠經理、前留美學生會會長）

許建屏、鮑引登（1925，許建屏為《大陸報》主筆，鮑引登為美國學校校長）

1922 年前，華人僅有唐紹儀出任會長，且兩度承擔此

223　C. L. Boynton, "The Club's History in Outline", p. 26.

224　C. L. Boynton, "The Club's History in Outline", p. 28. 年會選舉日期，原本在年初或年底，1931 年起改為 5 或 6 月。

職。1923 年後，會長改由中美人士輪流出任。[225] 惟
1922 年前，俱樂部似已有定例，分別以美人及華人分
任正副會長。就 1918-1919 年兩屆而言，即是如此。

表十一：美國大學俱樂部職員錄（1918-1919）[226]

職務	1918	1919
會長	安諾德（美國商務參贊，中華建設會幹事，寰球中國學生會名譽會員）	費吳生（上海青年會副總幹事，中華建設會幹事，寰球中國學生會普通會員）
副會長	唐露園（上海商業銀行總理，中華建設會副會長、寰發中國學生會副會長，復旦大學代理校長）	鄺富灼（商務印書館英文部編輯主任，中華青年會全國協會會長，上海青年會董事，中華建設會幹事）
書記	鮑惠爾（《密勒氏評論報》主筆，上海美國商會書記，中華建設會幹事）	鮑惠爾（如左）
會計	丁乃（R. P. Tenny，美副領事）	不詳

從上表可以發現，美國大學俱樂部的正副會長，也
是寰球中國學生會及青年會的會員、幹部或贊助者。華
洋之間的交流密切，致力促進中美交誼。美國大學俱樂
部舉辦的活動，以 1918 年 12 月 14 日活動為例，出席
者有：美國按察使羅炳吉（Charles. S. Lobingier）、美
國總領事薩門司、美國副領事沙約、鍾文耀、鄺富灼、
葉上之、蔣夢麟、陳光甫、劉成禺、費吳生……等百餘

---

225 史黛西·比勒（Stacey Bieler）著，張艷譯，張孟校訂，《中國留美學生史》，頁 327。

226 資料來源：〈美國大學俱樂部年會紀〉，《申報》，上海，1918年 12 月 15 日，版 10。*The Directory & Chronicle for China &c., 1919* (Hong Kong: The Hong Kong Daily Press Office, 1919), p. 672. 書記任務之一是每月編印通訊。

人。[227] 當天美總領事薩門司的演說，讚美中國人為最理性之民族。[228] 總之，在安諾德、費吳生任上，會務充滿活力，製訂每月聚餐為定例，增進現實問題的討論。由於活動增加，每月召開執行委員會之外，還添設節目委員會。該會又與寰球中國學生會等團體合作，接待清華學生赴美求學，成為定例。又與其他團體合辦活動，最盛大的一次是歡迎美國總統特使克蘭（Charles R. Crane），參加人數逾五百位。[229]

（2）星期六俱樂部（Saturday Club）

　　1919 年的美國大學俱樂部會長費吳生，是精力無限的青年會幹事，也是星期六俱樂部的靈魂人物。其父是美國長老會傳教士費啟鴻（George F. Fitch），曾主持上海美華書館，也兼任過青年會海軍部副會長。[230] 費吳生生於蘇州，諳華語，就讀上海西童公學（Shanghai Public School），再負笈美國麻省吳斯脫大學，又獲協和神學院碩士。1909 年返回中國，歷任上海青年會幹事、副總幹事，兼中國青年會海軍分會幹事。[231] 他在華數十年，認識政商學界要人無數。[232]《申

227　〈美國大學俱樂部年會紀〉，《申報》，上海，1918 年 12 月 15 日，版 10。

228　〈美國大學俱樂部年會紀〉，《申報》，上海，1918 年 12 月 15 日，版 10。

229　C. L. Boynton, "The Club's History in Outline", pp. 21-23, 27.

230　薛理勇，《西風落葉——海上教會機構尋蹤》，頁 218-221。

231　*The Directory & Chronicle for China &c., 1919* p. 659.

232　費吳生家族涉入東亞事務極為深廣。其生平簡略，參考：程振粵，〈費吳生對我國的偉大貢獻〉，《傳記文學》，第 37 卷第 4-5 期

報》稱他「學問道德於旅滬美人中頗著清望」。[233] 他
經營的「星期六俱樂部」，廣受華洋人士歡迎，起了連
絡華洋的積極作用。費吳生通過該部接識中外精英，其
廣泛人脈在滬上稱得上首屈一指。

費吳生回憶錄《我在中國八十年》（*My Eighty Years
in China*），是青年會史兼中外結社史的重要文獻。其
中頗多依據其歷年撰寫之青年會報告書，但亦有隱諱
之筆，例如未說明他本人在「1919 年五月四日發生的
偉大學生運動」中起的作用。[234] 他敘述自己的中外友
人，與孫中山、伍廷芳、唐紹儀、宋美齡家族等都有
交誼。更值得一提的，是他初任上海青年會幹事時，
應邀參加一個「星期三俱樂部」（Wednesday Dinner
Club），成員為青年會教外會員，是以聶雲台為靈魂人
物的團體，成員有金邦平、陳光甫、孟庸生等人。費吳
生在他們要求下，開設了查經班。[235] 1913 年聶雲台一

（1980:10-11），頁 36-39/53-56。費吳生家族參與韓國獨立運動，
支持亞洲民族自決的事蹟，可參考：Foreigners Who Loved Korea:
The George Fitch family, supporters of Korean independence activists,
Korea Herald, Published：Jun 27, 2016，引自：http://www.koreaherald.
com/view.php?ud=20160627000647 (2020.1.8). 他最廣為人知的事蹟，
是 1937 年出任南京安全區國際委員會總幹事。參見其自述及日記：
George A. Fitch, *My Eighty Years in China*, pp. 98-106, 430-452. 費氏有關南
京事件的記述，被收入：章開沅編譯，《天理難容——美國傳教
士眼中的南京大屠殺（1937-1938）》（南京：南京大學出版社，
1999），頁 94-122。在這部書裡，費吳生譯名是菲齊。並參：陸束
屏編著、翻譯，《忍辱負重的使命：美國外交官記載的南京大屠殺
與劫後的社會狀況》（南京：江蘇人民出版社，2018）。

233 〈青年會募捐之好消息〉，《申報》，上海，1918 年 6 月 20 日，
版 10。

234 George A. Fitch, *My Eighty Years in China*, pp. 51, 57.

235 聶潞生撰文稱：「吾兄其杰於辛亥之際，在上海青年會查經，
對於基督教甚為景仰」，即指參加費吳生的查經班。聶其焜，

家受洗，與此頗有關係。金邦平隨後受洗入教，亦轟動
一時。[236] 從此聶雲台和費吳生過從甚密，還參加過費吳
生在青年會開的夜校課程。[237] 兩人交流的話題很廣，包
括發展中國實業、勞工問題等。[238] 由此費吳生體會到中
國紳商對社會經濟問題的關切，以及對日本向中國施加
壓力的感受；更發現華人對美國有一種特殊信任感，期
待美國在亞洲事務扮演更積極的角色。[239] 在星期三俱樂
部中建立的私人情誼，對公開舉辦的星期六俱樂部，當
有潛在重要的作用。

　　費吳生回憶錄告訴讀者：「星期六俱樂部」名
義上的發起人，是美國駐滬總領事韋爾德（Amos P.
Wilder），靈魂人物乃是他本人。費吳生任該會書記，
負責每次活動的籌辦及通告分送。該會以每兩三週舉
辦一次週六午餐會得名，地點多在外灘的匯中大廈
（Palace Hotel）。一份午餐，加上一場演講。星期六
俱樂部以高品質內容，廣受名流歡迎。應邀而來的講

〈余何以為基督徒〉，頁 33。

236　金邦平自述在上海青年會入查經班，得駱維廉指教。金邦平，
〈金邦平參議證道之演說〉，《中華基督教會年鑑（1914）》，
第 1 冊，頁 63-65。〈金邦平證明基督教旨之演說〉，《青年》，
17 卷 8 期（1914.9），無頁數。

237　George A. Fitch, "Annual Report"(September 30, 1913), p. 3.
Kautz Family YMCA Archives, University of Minnesota. 引自：
UMedia (umn.edu) (2021.4.9)。費吳生回憶錄依據早年報告書為
底本，非憑空憶述。George A. Fitch, *My Eighty Years in China*, pp.
24-27, 37. 張志偉，《基督化與世俗化的掙扎：上海基督教青年
會研究（1900-1922）》，頁 128-129。

238　G. A. Fitch, "Annual Report"(September,30,1915), p. 2. Kautz
Family YMCA Archives, University of Minnesota. 引自：UMedia
(umn.edu) (2021.4.9)。

239　George A. Fitch, *My Eighty Years in China*, pp. 38-42.

者，諸如：卜舫濟、伍廷芳、陳錦濤、李登輝、李德
立、密勒等。有時遠道而來的訪客，如熊希齡，也會應
邀演講。[240] 會員不限華洋，外人以美籍為多，人數很
快衝上三百人。[241] 費吳生給穆德的年度報告書指出，
舉辦星期六俱樂部耗去他不少精力，但深具價值。[242]

　　費吳生的長袖善舞，使他成為滬上最具募款能力的
青年會幹事。1919年1月北美協會艾迪給穆德的密函，
對費吳生如是評價：

> 費吳生雖然天生有點放肆，但很有社交天賦，以
> 及在上海有罕有其匹的良好社會關係。透過他與
> 中外群體有寬廣的社交接觸的強處，曾募得一筆
> 龐大的金錢，亦同時增加了他的開支。我認為應
> 保留他在我們的工作中。[243]

北美協會把費吳生保留在西幹事行列，使青年會從中外
要人獲得可觀的捐款，也使青年會與中國事務發生許多
連繫。每當中國發生內外問題，費吳生的中國友人往往
向他傾訴心聲，甚至提出援手的要求。在五四風潮中，

240　1919年3月23日，熊希齡在星期六會演說：「到會者有聶雲
　　　臺、朱少屏、廓富灼、曹錫賡……等七十餘人，主席為法總領
　　　事韋爾登。餐畢由主席介紹前內閣總理熊希齡演說。」〈熊希
　　　齡在星期六會之演說〉，《申報》，上海，1919年3月23日，
　　　版10。

241　費吳生說韋爾德不過出面號召，兼任每次餐會主持人。真正發起
　　　及實質操辦者，是他本人。George A. Fitch, *My Eighty Years in China*,
　　　pp. 32-34.

242　George A. Fitch, "Annual Report" (September 30, 1913), p. 6.
　　　George A. Fitch, "Annual Report", (September 30, 1917), pp. 7-8.

243　轉引自：張志偉，《基督化與世俗化的掙扎：上海基督教青年
　　　會研究（1900-1922）》，頁171。

費吳生便很難缺席了。

（3）美國紅十字會在華辦事處

（American Red Cross in China）

　　據費吳生和鮑乃德的看法，1918 年是中美關係高峰。其中引發眾多團體投入的是美國紅十字會的募捐運動。由於美國總統威爾遜是美國紅十字會會長，募捐運動被華人視為「國民外交」的良機。[244] 這年由北京美國公使館商務參贊安諾德出面，呼籲在華設立募款機關「美國紅十字會在華辦事處」，以救濟歐戰傷兵。在上海，中華建設會及女青年會積極響應。建設會成立「美國紅十字會股」，以王正廷為股長，有聶雲台及唐露園協同鼓吹。上海報章全力配合，廣事宣傳。[245] 其間，引發中國紅十字會的侵權疑慮，乃將此臨時機構中譯為「美國紅十字會籌備救護材料處」，以釋爭議。[246] 這次募捐運動值得一說，是因其展現中美商人的聯手合作。[247] 就華人募捐系統來看，各團體已發生大規模連

244　訥，〈美紅十會感言〉，《申報》，上海，1918 年 5 月 26 日，版 11。

245　起初謠傳王正廷被舉為美國紅十字會中國分會會長，反映人們對他的觀感。〈美國紅十字會之籌捐辦法〉，《申報》，上海，1918 年 5 月 2 日，版 10-11。〈女子對於美國紅會之熱心〉，《申報》，上海，1918 年 5 月 4 日，版 10。

246　中國紅十字會組織沿革，參考張健俅，《中國紅十字會初期發展之研究》（北京：中華書局，2007。）關於名稱問題及爭議，報章也頗有報導。參見〈陸軍部否認美國紅會在華設立分會〉、〈關於美紅會在華募款消息〉、〈中國紅十字會往來函稿〉、〈美紅會譯正在華募捐名稱之報告〉，《申報》，上海，1918 年 5 月 4、7、21，版 10、11。

247　〈美國紅十字會之籌捐辦法〉，《申報》，上海，1918 年 5 月

絡整合，被納入一個效率極高的動員系統中。

　　募款運動的高潮，發生在 1918 年 5 月。先是中國
紅十字會歐戰救濟負責人安諾德，親自在滬向中華建設
會及女青年會負責人說明原委。[248] 16 日，安諾德宴請
徵求隊於卡爾登西餐館，華人到者：王正廷、曹錫賡、
錢新之、唐露園、朱少屏、穆藕初、蔣夢麟等。[249]
安諾德對華人強調：

> 　美國國民對於紅會如第二生命，中國若助之，必
> 感中國深，養成一般好輿論，則歐戰後和平會中，
> 美國必為中國助也。助己助人，一舉兩得。[250]

席間公決設立演講團，以王正廷、穆藕初、曹雪賡（錫
賡）、朱少屏、郭秉文為講員，規劃到戲園徵求贊成
員。入會為贊成員者，每人一次納銀幣一元五角。[251]
會員分三種：普通會員（歲納美金一元）、永久會員
（一次納銀幣七十五元）、榮譽會員（一次納銀幣一
百五十元）。後二種會員，可獲威爾遜大總統親筆署
名證書一張。[252]

　　這次募款方式，乃以「美國紅十字會徵求贊成員」

---

　　2 日，版 10-11。

248 〈女子對於美國紅會之熱心〉，《申報》，上海，1918 年 5 月
　　4 日，版 10。

249 〈美國修改稅則委員演說紅會之重要〉，《申報》，上海，
　　1918 年 5 月 18 日，版 10。

250 〈美國修改稅則委員演說紅會之重要〉，《申報》，上海，
　　1918 年 5 月 18 日，版 10。

251 〈美國紅十字會徵求贊成員續誌〉，《申報》，上海，1918 年
　　5 月 18 日，版 10。

252 〈美國紅十字會徵求贊成員續誌〉，《申報》，上海，1918 年
　　5 月 18 日，版 10。

為名運動進行。5 月 20 日啟動，原定 27 日結束，後來
延至6 月 3 日，前後兩週，目標是會員五萬人，捐款十
萬元。[253] 1918年5月，滬上組成八隊，每支隊長一人，
隊員十人，總團長王正廷。5 月 18 日《申報》刊出「美
國紅十字會徵求贊成員團員錄」，列出八隊隊長及隊員
名錄，以及徵求成績：

徵求團團長：王正廷（辦事處英租界大馬路二十六號）

名譽團長：薩門斯（美國駐滬總領事）

第一隊隊長：轟雲台

（四川路三和里恆豐紗廠批發處）：五百人（第八名）

隊員：黃首民　轟管城　蕭哲膚　鮑咸亨　謝蘅聰
　　　謝芷荃　王叔賢　陸伯鴻　高翰卿　韓玉麐

第二隊隊長：唐露園

（寧波路九號商業儲蓄銀行）：一千人（第六名）

隊員：譚海秋　陳炳謙　簡玉階　張籛雲　席立功
　　　劉錫荃　傅筱庵　陳芷瀾　郭樂　歐靈生

第三隊隊長：蔣夢麟

（西門外江蘇省教育會）：一千人（第五名）

隊員：鄺富灼　張叔良　黃任之　賈季英　吳畹九
　　　張貢九　張讓三　田汝霖　沈信卿

第四隊隊長：錢新之

（四川路三十五號交通銀行）：一千五百人（第二名）

隊員：顧馨一　宋漢章　盛竹書　莊得之　吳蘊齋

253 〈美國紅會徵求會第十日報告〉，《民國日報》，上海，1918
　　年 5 月 30 日，版 10。

顧棣三　朱葆三　沈聯芳　倪新初　薩桐孫

第五隊隊長：朱少屏

（靜安寺路五十一號寰球中國學生會）：二千人（第一名）

隊員：汪精衛　易次乾　盧信公　鄺煦堃　朱友漁

　　　沈楚紉　郭仲良　趙晉卿　徐季龍　任傳榜

第六隊隊長：曹錫賡

（四川路一百二十號青年會）：一千人（第七名）

隊員：余日章　林幼誠　徐可陞　童星門　徐紉蓀

　　　楊德鈞　黃秉修　朱樹翹　陳漢民　郝伯陽

第七隊隊長：穆藕初

（江西路德大紗廠批發處）：一千五百人（第三名）

隊員：沈潤挹　盧煒昌　董景安　朱貢三　顧維精

　　　黃榮輝　周讓卿　范桐生　陳子馨　周錫三

第八隊隊長：袁履登

（北蘇州路裕昌煤號）：一千五百人（第四名）

隊員：徐通浩　石運乾　孫梅堂　駒懷白　張雲春

　　　陳祥麟　凌鞠舲　沈燨臣　陳良玉　韓有剛 [254]

從領導主幹來說，這次不僅是建設會積極推動，更是東南集團傾力相助。從來募款隊伍之陣容，未見有如此之「豪華」。

從「美國紅十字會徵求贊成員團員錄」分析：一，這次滬上團體總動員，涉及公團包括：上海總商會、上

---

[254] 此外，尚有轟雲台在賑災股，朱少屏、余日章在交際股，虞洽卿在財政股。參考：〈美國紅十字會徵求贊成員續誌〉，《申報》，上海，1918 年 5 月 18 日，版 10。〈華人贊助美國紅會之踴躍〉，《申報》，上海，1918 年 5 月 21 日，版 10。

海縣商會、江蘇省教育會、寰球中國學生會、青年會、建設會。同業公會有：上海銀行公會、煤業公會、華商紗廠聯合會等。公司行號有：銀行、紗廠、洋行、百貨公司、出版公司等。旅滬會館或同鄉會有：廣肇、寧波、紹興各幫。還包括：精武體育會等團體。二，擔任總團長及隊長者，王正廷、聶雲台、唐露園、蔣夢麟、錢新之、朱少屏、曹雪賡、穆藕初、袁履登，均在各公團徵求運動中累積了豐富經驗，絕無一人新手上路。因此，5 月 20 日開幕日，入會人數即突破一萬餘，展現了驚人動員力。三，全團九十位隊長及隊員，被編織進一個多重交織的網絡。橫向來說，各公團行號的力量集結；縱的來說，訊息網絡可達各鋪行員及店員。他們富有技巧地通過社會慈善事業，不停鍛鍊著社會動員能力，這次起著「國民外交」的作用，隊長及隊員份外努力。

　　再觀察 1918 年 5-6 月上海報章之宣傳報導，也可見公共輿論之形塑及漸趨一致。在總團長、八位隊長、八十位隊員努力下，入會數字不斷攀升。五萬人的預定目標，表示一位隊員平均徵得 625 人入會。這個數字要達成，最直截的方式，是動員本身的公司行號，以全體入會方式進行。當時上海各個機構，確不乏全體入會者。首先是上海總商會，經會董及會員全體贊成，一體入會。此外，各校及社會團體全體入會者，蔚為風潮。[255] 全滬各校師生加入為團體會員者，竟達百分

255 上海率先全體加入為贊成員之團體，有寰球中國學生會學校、

之九十五。[256] 為募捐舉辦的多場集會，彷彿嘉年華會般。[257] 5 月 28 日，華洋舉辦的遊行大會，與會者約一萬五千人，中方八千餘人，各學堂、團體約一百四十餘所參加。中西兩隊人馬，各以大將及助將四人領隊，中方司令朱少屏，副司令四位：費吳生、蔣夢麟、朱友漁、郝伯陽。[258] 整個募捐結果，「就上海一部而論，……6 月 3 日總結，共得會員三萬數千人，內名譽會員四十二人，永久會員二百十二人，會費四萬六千八百餘元。合美人所收入者，共計十萬四千餘元，超過原定額數。而新入會者，尚源源不絕云。」[259]

費吳生向北美協會的內部報告，透露此次為美國紅十字會募捐運動，上海青年會幹事出力最多。[260] 安諾德對活動的解讀，則強調上海華人的參與，認為這次社會動員的程度，展現親美集團的實力。1918 年 10 月 19 日《申報》之〈中美國民之感情〉，報導安諾德分析：

　　青年會學校、聖約翰大學、南洋公學附屬小學、德大紗廠、厚
　　生紗廠、商務印書館、震升恆木行、萬國函授學校、聖馬利亞
　　女學、南洋中學。參見：〈華人贊助美國紅會之踴躍〉，《申
　　報》，上海，1918 年 5 月 21 日，版 10。

256　〈美國紅會徵求會第九日報告〉，《民國日報》，上海，1918
　　年 5 月 25 日，版 10。〈美國紅會徵求會第十二日報告〉，《民
　　國日報》，上海，1918 年 6 月 1 日，版 10。

257　〈美國紅會徵求會員第十二次報告〉，《民國日報》，上海，
　　1918 年 6 月 1 日，版 10。

258　〈美紅會大遊行之熱鬧〉，《民國日報》，上海，1918 年 5 月
　　29 日，版 10。

259　記者，〈教務日記〉，收入中華續行委辦會編訂，《中華基督
　　教會年鑑（1918）》，第 5 冊，頁 61。

260　"Annual Report Letter of G. A. Fitch" (September 30, 1919), p. 1.
　　University of Minnesota Libraries, Kautz Family YMCA Archives.
　　引自：UMedia (umn.edu) (2021.4.9)。

其出力最多者為王正廷君，其餘各隊亦踴躍異
常。蓋各隊長均曾畢業於我美大學，介紹之人數
不下二萬五千餘人，以此可證華人愛美之誠，並
受吾國求助之心也。除王君外，當推寰球中國學
生會總幹事朱少屏君。朱君對於此次之徵求尤為
熱心，其隊徵得人數為八隊之冠，即籌劃及接洽
等事，亦全仗朱君之力。他若前內務總長朱啟鈐
君介紹二千餘人，前農商總長張季直君亦介紹不
少。本屆徵求除上述八隊外，又有女子一隊，其
領袖為梅華銓夫人，吾國大學畢業生也，徵求之
結果亦有二千人。且更有多數之幼年贊助員，如
學校、商店等處全體加入。上海商務印書館甚至
全館二千人皆願贊助。此外如菜館、洋行，自總
理至茶房無不極力贊助。我美得華人如是贊助，
將來其何以報耶？[261]

安諾德之分析雖有不盡正確者（例如隊長不盡為美國大
學畢業生），但有幾點值得注意：一，中外人士皆知此
事為「國民外交」，華人充分傳達中美親善之旨。二，
南北名流朱啟鈐（可能代表徐世昌）及張謇均大力贊
助，以王正廷掛帥，朱少屏統籌，卒得佳績。三，女
界領袖也一同參與，梅華銓夫人一隊，也有二千人的
動員力。[262]

---

261 〈中美國民之感情〉，《申報》，上海，1918 年 10 月 19 日，
　　版 10。

262 梅華銓夫人，美國哥倫比亞大畢業，留美青年報女子部編輯，上
　　海啟秀女塾教員，是上海女界領袖，歷任女青年會全國協會會員，
　　上海歐美女留學生會會長、歐美歸國女留學生會長、上海女子俱

　　1918 年 12 月美國大學俱樂部年會，會長安諾德特別感謝中西會員之贊助，還表揚了幾個機構及復旦大學：

一，春間美國紅十字會在滬籌款時，美國大學俱樂部中西會員均甚出力，故其結果上海一埠佔全中國之半數。

二，由美國大學俱樂部贈復旦大學及上海美國學校（在北四川路）旗二方。[263]

上海一埠募款成績佔中國半數，意味著它是經濟實力及親美勢力的重鎮。美國大學俱樂部決議贈送中美兩方國旗與復旦及上海美國學校（the Shanghai American School，另譯：美童公學），[264] 則因兩校在募捐中為各校表率。復旦校長李登輝因此獲邀在俱樂部年會演講。[265]

（4）八團體送往迎來

　　最後，欲以 1918-1919 年上海八大團體的送往迎來活動，說明五四前各團體對社會及政治議題的關切，並積極展現中美親善的「國民外交」，有積極帶動輿論的

　　　樂部會長、留美大學女子俱樂部上海分會會員。其夫梅華銓，美國哥倫比亞大學學士、碩士，紐約大學法律博士，曾任青年會全國協會幹事及《中國青年》主任編輯、上海青年會資深董事。北京清華學校編，《游美同學錄》（北京：清華學校，1917），頁 144-145。*Who's Who in China (1936)*, pp. 314-315.

263 〈美國大學俱樂部年會紀〉，《申報》，上海，1918 年 12 月 15 日，版 10。

264 上海美童公學成立背景，參見何振模（James L. Huskey）著，張笑川、張生、唐艷香譯，《上海的美國人：社區形成與對革命的反應（1919-1928）》，頁 7-10。

265 〈美國大學俱樂部年會紀〉，《申報》，上海，1918 年 12 月 15 日，版 10。

用心。這些活動，以對下列三位人士之接待為最盛大：
美國駐華公使芮恩施、美總統特使克蘭、美商務參贊安
諾德。滬上相關報導透露出濃厚的中美親善意向，顯然
刻意製造一種輿論。中方團體發言人，則以聶雲台、余
日章、蔣夢麟為代表。

　　1918 年 3 月 26 日，寰球中國學生會與中西團體分
別設宴歡迎芮恩施經滬北上。[266] 此日上海總商會、中
國建設會、江蘇教育會、青年會、寰球中國學生會、遊
美學生會、留美大學同學會、中華職業教育社八大團
體，也假青年會歡迎芮恩施。《寰球》記者記：

> 先由聶君雲台代表各團體致歡迎詞，大致謂芮君
> 為中國好友，對於吾國極多贊助。吾人今日開會，
> 亦為聯絡情誼起見云云。
>
> 詞畢，芮公使繼起演說，略謂中國之強，首賴教
> 育。教育設施，尤宜普及。中國如能將教育問題
> 解決之，則社會自能發達，國家因之強盛也。演
> 詞甚長，語多謙遜。由張爾〔篇〕雲君譯述華語，
> 聞者鼓掌不絕。
>
> 次朱葆三君代表上海商會演說中美兩國之友誼。
>
> 蔣夢麟君代表本會及江蘇省教育會、職業教育社演
> 說，以學問之精神為題，謂芮公使係外交家兼學
> 問家，能代表美國學問的精神。吾人當模仿之云。

266　《申報》即日發出〈五團體歡迎美公使〉佈告：「寰球中國學
　　生會暨建設會、江蘇省教育會、中華職業教育社、中國青年會」
　　等組織，「以聯絡中美感情而敦睦誼」。〈五團體歡迎美公使〉，
　　《申報》，上海，1918 年 3 月 26 日，版 10。〈美國公使抵滬〉，
　　《申報》，上海，1918 年 3 月 27 日，版 10。

此次到會者，有美國駐滬總領事薩門使君、王正
廷君、駐美顧公使夫人、及唐紹儀君之女公子二
人、金邦平君、黃任之君、任筱山君、鄺富灼君、
穆藕初君、鍾紫垣君、朱少屏君、唐露園君、陳
光甫君、朱成章君、沈楚紉君、沈信卿君、鍾拱
宸君、周越然君等一百餘人。[267]

會上各團體代表發言有可注意之處：首先，發言者依次
為：聶雲台（代表八大團體）、朱葆三（代表上海總商
會）、蔣夢麟（代表江蘇省教育會、中華職業教育社、
寰球中國學生會）。諸人中，以聶雲台居首。[268] 朱葆
三作為總商會會長，反要讓出一頭。幸而朱、聶交好，
不至發生問題。[269] 當日為芮恩施口譯者，為總商會洋
文書記張籋雲。[270] 張籋雲（驥英，廣東新安人），是

---

267 〈八大團體歡迎美公使〉，《寰球》，第 2 卷第 4 期，頁 9（十四
至十五）。

268 白吉爾看出聶雲台在上海商界有特殊威望，並注意到 1919-1920
年聶雲台調停上海總商會內部紳商名流與新興企業的爭執。瑪
麗‧克萊爾‧貝熱爾（另譯：白吉爾），〈中國的資產階級，
1911-1937〉，收入費正清編、楊品泉等譯，《劍橋中華民國
史》，上卷（北京：中國社會科學出版社，1994），849-850。

269 寧波商人朱葆三發跡滬上，與葉澄衷及袁樹勳最有關係。袁樹
勳和聶雲台都是湘紳，交誼密切。朱、聶關係，或以袁氏父子
為中介。朱葆三生平事蹟，參考：鄭澤清，〈朱葆三〉，收入徐
矛主編，《中國十買辦》（上海：上海人民出版社，1996），
頁 113-139。陸志濂，〈一代名商朱葆三〉，收入寧波市政協文
史資料委員會編，《商海巨子——活躍在滬埠的寧波商人》（北
京：中國文史出版社，1998），頁 9-19。陸志濂，〈朱葆三的
一生〉，收入浙江省政協文史資料委員會編，《浙江文史集粹：
經濟卷》，下冊（杭州：浙江人民出版社，1996），頁 403-
412。

270 1918 年，上海總商會有兩位洋文書記，資深者為張籋雲，
四十一歲。資淺者為蔣桐蓀，二十一歲。參見：《上海總商會
同人錄（1918）》（上海：商務印書館，1918），無頁數。

寰球中國學生會資深董事，與聶雲台關係相當密切。他
在總商會任職，或由聶雲台推薦。[271] 至年資頗淺之蔣
夢麟，竟代表三團體發言，一則因芮恩施原是威斯康辛
大學教授，與哥倫比亞大學博士蔣夢麟氣味接近；二則
蔣氏新近翻譯威爾遜總統論述，聲名大著。赴會者中，
尚有美總領事薩門司及廣州非常國會參議院副議長王正
廷。[272] 王正廷隨即代表廣州政府，經美赴歐途中被北
京政府委為巴黎和會中國代表團全權代表。以他和上海
商教團體之密切關係，此去當可反映他們的政治主張。

　　1918 年 11 月 27 日威爾遜總統摯友克蘭訪華之行，
滬上公團更為之舉辦盛大歡迎會。克蘭對威爾遜競選總
統資助很多，對遠東事務也深感興趣。芮恩施出任駐華
公使，即出於他向威爾遜推薦。[273] 他也是上海兩份美
報《密勒氏評論報》和《大陸報》的股東。[274] 這次受
威爾遜委派赴遠東一行，兼負宣傳威爾遜主義之責。[275]
滬商瞭解克蘭的背景，傾全力招待之。在卡爾登西飯店
歡迎會上，克蘭致力宣揚威爾遜功績，由余日章口譯，
指出「美總統今日造成世界所未曾有之大邦國〔指：指
即將成立的國際聯盟〕，世人之言論，未有能如威爾遜

271　〈本會歷史節要〉,《寰球》,第 2 卷第 3 期（1917:9）,頁 8（十一
　　　至十二）。

272　薩門司駐滬六年,廣受上海名流歡迎。鮑惠爾著、尹雪曼等譯,
　　　《在中國二十五年──上海〈密勒氏評論報〉主持人鮑惠爾回
　　　憶錄》,頁 9。

273　Norman E. Saul, *The Life and Times of Charles R. Crane, 1858-1939*, p. 177.

274　Norman E. Saul, *The Life and Times of Charles R. Crane, 1858-1939*, p. 268.

275　〈訂期歡迎柯博士〉、〈歡迎聲中之克蘭博士〉,《時報》,
　　　上海,1918 年 11 月 23、27 日,第 3 張版 5。

傳播之遠者。」[276] 又意有所指的說：「今日乃黷武主
義已摧敗，而四海皆兄弟之意念方發軔之時也。」強
調威爾遜總統願助中國，讓滬商對巴黎和會產生無限
盼望。[277]

　　1918 年 11 月 28 日《時報》之〈歡迎克蘭博士併
記〉，記者抄錄赴會名單及主辦機構，宛如為聯美陣營
攝一合照：

> 江蘇省教育會、上海總商會、上海青年會、中華
> 民國建設會、中華職業教育社、寰球中國學生會、
> 中國留美學生會、美國大學同學會八團體，……
> 到者如唐少川、黃任之、朱子橋、朱葆三、沈聯
> 芳、溫欽甫、沈仲禮、聶雲台、唐露園、沈信卿、
> 鍾文耀、曹雪賡、蔣夢麟、朱少屏、朱友漁、王
> 一亭，及西人美總領事薩門司、美公使館商務參
> 贊安立德、青年會幹事費吳生、華安保險公司經
> 理郁賜〔A. J. Huges〕、《密勒根》〔《密勒氏評
> 論報》〕主筆鮑威爾諸君等三百餘人，均一時知
> 名之士。[278]

那天出面歡迎的八個團體，以教育會及總商會領銜，而
推唐紹儀居首。總商會正副會長朱葆三、沈聯芳，在翌

---

276 〈歡迎克蘭博士併紀〉，《時報》，上海，1918 年 11 月 28 日，
　　第 3 張版 5。江蘇省教育會之機關報，刊出長篇報導：〈本會
　　與各團體歡迎克蘭博士紀事〉，《江蘇省教育會月報》，1918
　　年 11 月號，頁 10-12。

277 〈歡迎克蘭博士併紀〉，《時報》，上海，1918 年 11 月 28 日，
　　第 3 張版 5。

278 〈歡迎克蘭博士併紀〉，《時報》，上海，1918 年 11 月 28 日，
　　第 3 張版 5。

年風潮中被指為親日派，這天卻共同列席歡迎。

　　在上海總商會舉辦的歡迎會上，留美前輩蔡廷幹被
推為主席。他是第二屆留美幼童，為唐紹儀老友，過去
因任袁世凱譯員廣為人知，其實與舊部黎元洪也有密切
關係。[279] 這時他被政府派為修改稅則委員會主任，對
中美關係作了熱情洋溢的發言：

> 自歐戰以來，中美攜手進行，中國已受有莫大之
> 進步，故中國一切能以美國為師，則進行不致有
> 誤。將來歐戰和平會議，所有關於人道主義、平
> 民政治等問題，多望美國指導，俾中國得有良好
> 之結果云云。[280]

28 日總商會招待晚宴上，克蘭又表示美國亟願幫助中
國，唯願中國振作自救，並強調巴黎和會之重要：

> 夫美之方面，上至政府，下至人民，對於中國可
> 表明絕無野心，很願幫助中國。……尤有一重要
> 之事，即中國在平和會議之地位，中國在此時有
> 恢復權利之機會，……中國代表果能於此會議中
> 而陳歷來痛苦，則各國當可生一種新觀念，一種
> 新感情。惟派使問題是不可以不加慎重。此次代
> 表宜理直氣壯，善為說辭，則各國未有不出而幫

279　保羅・S・芮恩施著（Paul S. Reinsch），李抱宏、盛震溯譯，《一
　　個美國外交官使華記——1913-1919 年美國駐華公使回憶錄》，
　　頁 191。蔡廷幹早年事蹟，參見：〈蔡廷幹先生行狀〉，收入《國
　　史館現藏民國人物傳記史料彙編》，第 20 輯（臺北：國史館，
　　2000），頁 511-512。

280　〈歡迎克蘭博士併紀〉，《時報》，上海，1918 年 11 月 28 日，
　　第 3 張版 5。

助者，然中國先宜自助。[281]

克蘭又推崇威爾遜「能以基督精神納入政治之中」，要
中國防備「抱野心以侵略，假外交以攘奪」之國家。[282]
會上一位會員對關稅問題有所建白，克蘭答以：中國
若精選代表到和會陳述，他必轉請威爾遜盡量幫助中
國。[283] 克蘭對中國代表人選如斯強調，則王正廷 1918
年成為中國代表團成員，與滬上名流或有關係。林長民
秘書梁敬錞透露，王正廷是「透過世界青年會總會會長
（Charles R. Mott）〔誤，應為 John Mott。梁敬錞把克
蘭和穆德姓名，混合為一。〕之推薦，由駐京美公使與
徐世昌接洽」獲得此席。[284] 此說不無可能。因此，王
正廷作為中國代表團成員，或許不止代表廣州政府，也
兼受上海名流托付。有意思的是，其赴美搭乘的正是大
來旗下輪船（Dollar Lines）。[285]

　　1918 年，安諾德在滬上促成許多中美合作事宜。
12 月底，將離滬返京。建設會、總商會、江蘇省教育
會等十一團體設宴歡送，表達殷切謝意。12 月 29 日
《申報》之〈卡爾登歡送安立德紀〉，報導主席聶雲台

281　〈歡迎克蘭博士紀事〉，《時報》，上海，1918 年 11 月 29 日，
　　　第 3 張版 5。
282　〈歡迎克蘭博士紀事〉，《時報》，上海，1918 年 11 月 29 日，
　　　第 3 張版 5。
283　〈歡迎克蘭博士紀事〉，《時報》，上海，1918 年 11 月 29 日，
　　　第 3 張版 5。
284　梁敬錞，〈巴黎和會中國代表名單審定之經過〉，《傳記文學》，
　　　1974 年第 25 卷第 6 期，頁 4。
285　羅元旭，《東成西就──七個華人基督教家族與中西交流百年》
　　　（北京：三聯書店，2014），頁 226。

（代表建設會）稱道：「安君在申除修改稅則外，復竭
力贊助建設會。建設會所作之事，如拒土、禁止不良
小說、徵求美國紅十字會會員等，安君實有力焉。」[286]
隨後「美商會代表大來君、上海總商會會長朱葆三、
江蘇省教育會駐辦沈信卿及伍朝樞君等相繼演說。」[287]
《英文滬報》記述更為詳細，《申報》轉載譯詞：

> 本埠十一團體公讌美國商務參贊安立德君於卡爾
> 登飯店，主席轟雲台操英語演說曰：吾人有疑，
> 安君輒示以周行；吾人氣餒，安君輒有以鼓勵之；
> 吾人需其襄助時，安君輒慷慨相助；吾人處於經
> 濟危迫中，安君亦為吾人爭之；設安君而為華人，
> 其有造於中國亦未必有甚於此云云。
>
> 美人大賚君代表美商會演說，略謂中美商界得以
> 聯合者，實賴安君之力。
>
> 商會朱葆三演說，咸稱安君在稅率修正會之臂助
> 及其慈善事業之活動，由張籟雲轉譯英語。
>
> 教育會黃炎培起言：安君贊助教育事，謂中國可
> 採用美國教育制度，並請安君將中美教育家之良
> 好感情，與華人景仰美總統提倡教育之意，轉告
> 駐京美使。黃君之演詞，由蔣夢麟君譯成英語。
>
> 伍朝樞君博士起稱：中國所感謝者不僅為物質上

---

286 〈卡爾登歡送安立德紀〉，《申報》，1919 年 12 月 29 日，版
10。安諾德對修改稅則的貢獻，可參考：〈修改稅則回憶錄〉，
收入劉輝主編，《民國時期關稅史料之一：修改稅則始末記》，
上卷（北京：中國海關出版社，2009），頁 105-209。

287 〈卡爾登歡送安立德紀〉，《申報》，上海，1919 年 12 月 29 日，
版 10。

> 裨益，且感謝其精神與宗旨，中美人民交誼愈厚，
> 賴安君之力為多，美政府擇人才如薩門斯君、安立
> 德君者為其代表，亦無怪中美人民日形親睦矣。[288]

聶雲台、大來（大賚）、朱葆三、黃炎培、伍朝樞五人
的發言，均感謝安諾德對華人及促進中美關係的貢獻。
最後伍朝樞的發言，兼代表其父伍廷芳。此時伍廷芳已
赴粵護法，主持廣州政府外交部門。伍朝樞本人隨後亦
赴歐，成為廣州政府派赴巴黎的代表。

最後安諾德答謝眾人，稱道歐戰期間中國的進步，
推崇上海一埠為全國表率，暗斥德日軍國主義途窮，瞻
望中美提攜榮景。12月29日《申報》引《英文滬報》，
其詞由余日章翻譯：

> 上海華人，其習慣多與美人相同，得與交納，良
> 足欣幸。上海華人最注重國家利益，且處於可強
> 其國家之地位，少數有志者一旦登山一呼，興辦
> 有價值之事，則其事終必告成，此固吾人所共知
> 者也。歐戰畢時，新中國業已誕生，咸知美人能
> 助中國，中美並立，恍若同盟，其處於公理方面
> 而得與全世界前途至有關係之勝利結局。茲者歐
> 洲黷武主義已被劃除，中國乃愈有希望。美人咸
> 為中國之友，極注重中國幸福。凡吾美人無論在
> 華在美，皆望中國之發達。若有人訾議中國，尚
> 願其訾議之言，出以友好的與建設的性質。吾美

---

288 〈卡爾登歡送安立德紀〉，《申報》，上海，1919年12月29日，
版10。

　　人願覩統一之中國，願見中美人民互相提攜情意
　　愈密。吾美人籌募戰費，中國輒有以助之，此足
　　為中國願與美國協力進行之一證。威爾遜總統之
　　演詞一經傳至中國，即譯成華文散佈各處，亦為
　　中國親美之又一證。中國今漸發展，此乃中美商
　　人共策進行，以強中國之時機。十五年前此層殊
　　難辦到，但在今日事勢已全變矣。願上海統一，
　　中國統一，列國同盟云云。[289]

安諾德對中美同盟（相對於英日同盟）的期待，在這次
演講中陳述甚明。滬上名流對安諾德的熱情，說明他們
視其為可靠友人。12月29日，安諾德北返，聶雲台、
穆藕初、錢新之、蔣夢麟、朱少屏還親往火車站相送，
離情依依。[290]

　　安諾德的這番談話，在翌年朱少屏以報界俱樂部代
表身分，出席美政府出資之「東方新聞社」招待會上，
獲得響應。[291] 朱少屏以英語致詞，引用安諾德之語。
1919年1月4日《申報》之〈東方新聞社宴報界紀〉：

　　去年11月歐戰協濟會在南京路議事廳開會，安
　　立德先生演說，引孔子「四海之內皆兄弟也」之
　　語，以祝中美國民交誼之日篤，此語實為確當。
　　中國建國之古開化之早，宜為世界長兄，然對於

---

289 〈卡爾登歡送安立德紀〉，《申報》，上海，1919年12月29日，
　　版10。
290 〈安立德君啟程返京〉，《申報》，上海，1919年12月30日，
　　版10。
291 馬建標，〈塑造救世主：「一戰」後期「威爾遜主義」在中國
　　的傳播〉，《學術月刊》，2017年第6期，頁169。

近世文化，則實為弱弟，而美國尤其賢兄中之最
可敬愛者。因中國現行之共和國體，以美為首倡。
二十年來之邦交，以美為最篤。而最近威爾遜總
統主張之公理、人道等諸偉論，尤使吾人於黑夜
中得明星，故吾人今日當力求為美國之一佳弟。[292]

朱少屏的這段發言，並不是個人之私見，而乃東南名流
之見解。這些新聞發佈會上的言論，透露五四前東南
集團不但整合成軍，更與美國在華官員有相當默契。2
月，「東方新聞社」改名「中美通信社」，在五四期間
火力十足，被日本媒體斥為排日輿論的製造者。[293]

四、小結

本章開頭提出了幾個問題：五四前夕上海哪些團體
最具有影響力？可以進行大規模社會動員？又具有明確
的政治意識及行動策略？在此可以給出答案：以江蘇實
業家、銀行家、教育家、新聞家為首的集團。他們致
力於共同目標，推動建設中國為一個現代國家，擺脫日
本壓迫和國內武人統治。從晚清到五四，他們通過互相
支持而長期累積的實力，形成一個彷彿「深層政府」的
系統。過去對相關團體的獨立研究，已說明上海各團體
領導層之重疊性，經由地緣、學緣、教緣的多重關係，

---

292 〈東方新聞社宴報界紀〉，《申報》，上海，1919 年 1 月 4 日，
　　版 10。

293 京都大學人文科學研究所，《日本新聞五四報導資料集成》（京都：
　　京都大學人文科學研究所，1983），頁 45、219、221-223。

交織成一個相互涵攝的精英群體。從整體來看，各組織
彷彿巨型公司的分部支會，接受中樞輸送資源及傳遞訊
息。舉例來說：中華職教社宛如教育部，寰球中國學生
會近似留學部，建設會則近於外交部。集團核心成員控
制各公團的董事會、委員會、幹事會，以身跨數會而帶
動資源流動。經由宏大目標的製定，每年不定期舉辦大
型活動，把更多社會團體納入系統中，通過協同合作建
立的連繫，成為這一集團的外圍組織。這一龐大系統的
領導者，可依其親密度及參與度，指認出內外兩圈。內
圈有：聶雲台、黃炎培、余日章、王正廷、錢新之、陳
光甫、史量才、穆藕初、蔣夢麟、朱少屏等。外圈人
物，為擔負各方面責任，包括：唐露園、鍾文耀、李登
輝、郭秉文、鄺富灼、朱庭祺、吳馨、賈豐臻、沈恩
孚、穆杼齋等。東南前輩如張謇、趙鳳昌、馬相伯等，
轉為重大事件的諮詢對象。留學前輩如伍廷芳、唐紹儀
等，則猶如高等顧問。在華人範圍內，論實力，論聲
望，滬上沒有其他勢力可與競爭。

　　從組織史的角度看，從辛亥以迄五四，他們推動上
海公團經歷了一場組織革新，成功蛻變為更具社會基
礎、也更有動員力的團體。它們或沿用舊名稱，或另立
新機構，既有世代交替的氣象，也有兩代共治的兼容。
他們認定社會競爭的勝敗要素，取決於組織力的有無強
弱。他們取法青年會的模式，對自身進行系統改造。它
們的蛻變大致有兩種型態：第一種，是每年徵求新會
員，定期辦理職員選舉。擴大內部功能，進行分層分部
管理。寰球中國學生會的轉型，是一典型例子。第二

種，藉由設立新組織，吸收社會資源，或回應特殊需求。例如：中華職業教育社之創設，與江蘇省教育會共用一棟建築，各有經費來源，但人力流用。這些團體經由組織革新，在下列方面得到強化：一、財務基礎更為穩固，有能力提供更多服務，並擴大網絡至全國乃至海外，具有更廣泛的社會影響力。二、領導層吸收留學生加入，實現兩代精英共治，或完成世代交替，既扎根本土，又連結異域。三、從青年會模仿推動「募金運動」，一方面成功使上海商人成為贊助者，一方面也使社會動員成為普遍經驗。這些五四前發生的變化，構成了上海社會的新氣象。若說 1905 年上海抵制美貨風潮時，上海學商團體已具備發起運動之能力；1919 年，經過組織改造後的上海公團，其動員能力只有更深更廣；並在報紙期刊的配合宣傳下，迅速形塑聯美反日的主流輿論。

本章對上海公共團體的歷史考察，實處處以 1919 年 5 月成立的上海學生聯合會為對照。考察上海公共團體的運作，可以得出下列認識：第一，上海學生聯合會成立以前，所謂「學商聯合」是社會常態。惟此所謂「學」，指教育界、留學生界。「學商聯合」的推動者，以江蘇省教育會、寰球中國學生會、青年會為重心。他們成功使大小商人成為贊助者，共同推動社會救濟及「國民外交」。學界精英帶動商界及各業領袖，整合為一股勢力集團，也引領社會輿論。第二，上海公團的組織能力及運動模式，向學生展示了組織及運動形態，使他們有模式可循，有前例可循。五四時的上海學

生聯合會，絕非無中生有發明一套組織及運動技巧，毋寧是搬用上海公團不斷展示的成功經驗。事實上，上海學生聯合會的指導者，與上海各公團的領導者，原屬同一個群體。上海學聯以寰球中國學生會為辦事處，以李登輝、朱少屏及黃炎培、蔣夢麟等為顧問，反映了兩代人的依存關係。第三，上海社會經過「募金運動」洗禮，許多市民（商人、店員、廠主、職員、學生）漸漸把「運動」視為城市經驗的一部份，發動者也意識到這種運作模式可以轉化為其他目標服務。換言之，五四期間的廣泛動員，早已經歷了多次「暖身」，經由社會公團的「靜默革命」，大規模城市運動隨時破繭而出。

第三章　復旦大學的華洋網絡

圖三之一：俞大綸手繪李登輝校長肖像。

圖片來源：《復旦年刊（1919）》，頁 94。

圖三之二：學生手繪之復旦董事部漫畫。

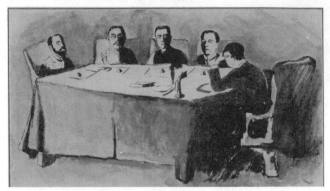

圖片來源：《復旦年刊（1922）》，頁 17。

圖三之三：學生手繪之復旦董事部漫畫。

圖片來源：《復旦年刊（1923）》，頁 27。

圖三之四：1919年復旦大學應屆畢業生照片及小傳，左上是俞大綸，最下方是瞿宣穎。

YU DAH LUEN 俞大綸字仲鰭浙江紹興

"One who never turned his back, but marched breast forward.
Never doubted clouds would break,
Never dreamed, tho' right were worsted, wrong would triumph,
Held we fall to rise, are baffled to fight better,
Sleep to wake."
—Browning, "Asolando."

Class President ('18, '19); Chairman, Fuh-Tan Banner Board; Editor-in-chief in English, Fuh-Tan Banner Board; Editor-in-chief in English, Fuh-Tan Journal; President English Literary and Debating Society; Secretary, Social Service League; Chairman of Lecture Committee, Social Service League; Assistant Scoutmaster; Secretary, F.T.U.A.A.; Track Team; Tennis Team; Football Captain ('18, '19); Record Holder, Broad Jump.

A young man of ambition and strength. His sociability has made him a friend of almost every one of our schoolmates. He studied here from the first year, and read his "A hungry fox saw some beautiful grapes on the wall," in Fuh-Tan. He takes part in everything—in athletics, social activities, or literary works. That is why he calls himself "Jack of all trades and Master of nothing." But we would say, if there is an all-round man in the college it must be our active Dah-luen. Extreme optimism has made our Dah-luen an all-round man.

HSU S-QUEN 徐世琤字尺載浙江紹興

"A sophistical rhetorician, inebriated with the exuberance of his own verbosity."—Disraeli, "Speech."

Business Manager, Fuh-Tan Banner Board; a member of Sanitation Committee.

I think not one tenth of our schoolmates knows what kind of man Mr. Hsu is. But those who are a little familiar with him know him from head to foot, and are constantly careful to avoid his "quillets." He is a man of perseverance. Every morning when you pass outside of his window, what do you think he is doing always?

CHU HSUAN YING 瞿宣穎字兌之湖南長沙

"No man is the wiser for his learning. Wit and wisdom are born with a man."—Selden, "Table Talk."

President, Moral Improvement Society; Vice Chairman, Social Service League; Vice Chairman, Fuh-Tan Banner Board; Editor-in-chief in Chinese, Fuh-Tan Banner Board; Editor-in-chief in Chinese, Fuh-Tan Journal; Vice Chairman, Lecture Committee, Social Service League; Secretary, Fuh-Tan Library; Medalist, Chinese Oration Contest, 1918; President, English Literary and Debating Society, 1918; President, Hunan Students' Association.

Mr. Chu completed the number of our class, for he was the last one admitted. For this reason he is called in the class the "Novissimus frater." He is endowed with a remarkable talent of writing, speaking, and working. He takes an active part in many organizations. The frequent appearance of his photo in this volume will give you some hint as to what kind of man he is. A true Chinese scholar, but tinged with modern spirit. His writings can be found in any of our publications; read them, and you will find this is true.

圖片來源：《復旦年刊（1919）》，頁 29、32。

圖三之五：1920 年級復旦學生，後排右一是何葆仁，前排右二是
朱承洵。

圖片來源：《復旦年刊（1919）》，頁 33。

圖三之六：1915 年 9 月，復旦童子軍開幕。

圖片來源：《復旦雜誌》，1915 年第 1 卷第 1 期，卷首。

圖三之七：復旦童子軍兩位副總團長：左邊俞大綸、右邊冷鑑。

圖片來源：《復旦年刊（1919）》，頁67。

圖三之八：復旦網球隊。從左至右：俞大紱（隊長）、聶光坼、
俞大綸、章蔚然、曾兆鹿、俞大絜。

圖片來源：〈網球隊〉，《復旦年刊（1919）》，頁89。

圖三之九：復旦大學部商科畢業生唐榴（唐紹儀子）。

Lewis Tong, B. Sc., Kwantung

"There is no riches above a sound body and no joy above the joy of the heart."—*Ecclesiastes.*

Mr. Tong is cheerful in countenance, strong in body, and sound in knowledge. He is one of the most active students in our college. In the movement for subscription to Famine Relief Fund as well as to Fuh Tan's new building, he has been highly applauded for his marvelous results. He has also rendered valuable service to both Athletic Association and the Banner Board. He is always ready to devote himself to public work. Being an athlete, he possesses a sturdy physique and has won the short race in East China. He is so clever that he finds no difficulty in his lessons. Besides regular work, he studies "The Military Tactics of Napoleon" every afternoon. He intends to further his military study abroad after graduation. We are sure that he will contribute much to China in the future.

唐榴 廣東香山人 年二十二歲 商學士

圖片來源：《復旦年刊》，1922 年第 4 期，頁 57、69。

圖三之十：復旦公學技擊班，上海精武體育會趙連和任義務教練。

圖片來源：陳鐵生編，《精武本紀》，頁 60。

圖三之十一：1918 年 10 月 10 日，美國大學俱樂部會長安諾德到復旦贈送中美國旗暨發表演說。

圖片來源：《復旦雜誌》，1918 年第 7 期，無頁數。

圖三之十二：1918 年 10 月 10 日復旦大學國慶日升旗儀式。

圖片來源：《復旦雜誌》，1918 年第 7 期，無頁數。

圖三之十三：1918年歐戰協濟會復旦募捐隊。從右至左：汪文安、王人麟、朱隱漁、郭成根、何葆仁、劉淮、卜燕侯、章蔚然、唐芝軒、瞿宣穎、張喆、徐永發、楊學賽。

圖片來源：《復旦年刊（1919）》，頁75。

圖三之十四：1918年復旦大學全體加入美國紅十字會。

圖片來源：《復旦年刊（1919）》，頁76。

圖三之十五：復旦公民服務會（原稱：社會服務團）職員。

圖片來源：《復旦年刊（1919）》，頁50。

圖三之十六：復旦社會服務團教育部半日學校師生。

圖片來源：《復旦年刊（1919）》，頁51。

圖三之十七：復旦「志願查經班」。前排中央是戴維斯（Eugene Davis）
教授，前排右起第一位是何葆仁。

圖片來源：《復旦年刊（1920）》，頁 81。

圖三之十八：復旦青年會全盛時期合照，前排中央是李登輝校長。

圖片來源：《復旦年刊（1922）》，頁 124。

圖三之十九：復旦校友赴美留學者合照，何葆仁（前排左二）、卜燕侯（前排左三）、黃華表（中排左二）。

圖片來源：《復旦年刊（1922）》，頁 154。

圖三之二十：復旦江灣新校區設計圖，三棟主建築為：禮堂、青年會、藏書室。

圖片來源：《復旦年刊（1919）》，頁 12 和頁 13 之間折頁。

一、前言

「在東南半壁，隱為新潮泉源者，首推復旦。」

~楊道腴重記，〈校史〉，《復旦年刊（1922）》[1]

「中國萬歲！美國萬歲！復旦萬歲！」

~1918 年10 月10 日，徐家匯復旦校園升旗禮，眾歡呼[2]

　　從周策縱到彭明，由陳曾燾到華志堅，恆言上海學生聯合會（以下簡稱：上海學聯）為五四運動重要機構；而復旦學生，則是上海學聯主幹。1984 年，五四紀念六十五週年，復旦校友朱仲華（學名：承洵）概括指出：

> 上海學聯是「五四」運動在上海的大本營和指揮部，復旦在這一組織建立和行使職能過程中，起了重要的作用。[3]

朱承洵此言涉及兩個要點：一，上海學聯是上海五四運動的指揮中心，故講述上海的五四故事，無法繞開上海學聯。二，復旦學生在上海學聯起了重要作用，故考察上海五四運動，首先需要瞭解復旦。

---

1 楊道腴重記，〈校史〉，《復旦年刊（1922）》，頁 9。

2 D. L. Yu（俞大綸），"College Activities: a Report of the Presentation Ceremony", *The Fuh Tan Journal*, Vol. 7 (1918.11), pp. 2-5. 朱承洵，〈本校國慶紀念會並承美國大學聯合會贈旗記〉，《復旦雜誌》，第 1 卷第 7 期（1918.11），頁 4。

3 朱仲華，〈五四憶舊〉，收入陳思和、龔向群主編，《走近復旦》（成都：四川人民出版社，2000），頁 161。

　　把歷史鏡頭轉向復旦師生，則從五四運動以來，他們多次回顧學校在學潮中的角色，互相策勵。茲以 1920 年 5 月，五四一週年紀念之際，教授湯松在師生集會上的發言：

　　復旦為五四運動之發軔地，學生運動之先驅者。[4]

湯松對復旦的這一評價，或許主要指東南地域而言。惟向來研究者對上海學生作用語焉不詳，而滔滔不絕於北京學生的表現，毋寧過分厚此薄彼歟！

　　翻閱 1949 年後中國大陸出版的幾部五四運動回憶錄，「厚此薄彼」之說，確不苛刻。它們絕少收錄上海學生的文字，更遑論復旦師生的敘事。文革前印行的《五四運動在上海史料選輯》（1963 年出版），尚肯收入上海學生聯合會（以下簡稱：上海學聯）史料。文革後出版的《五四運動回憶錄》（1979 年 3 月出版，上下冊），編者聲明希望反映「五四運動的思想發展、運動過程、在全國各地引起的反響」，全書近七十五萬字一百二十四篇文稿，卻未有一篇是復旦學生所寫；對上海埠情形，僅收入北京學生許德珩談孫中山和全國學聯，聖約翰學生周培源談美國人反對學運，另兩篇則涉及上海罷工，如是而已。相較之下，北京師生回憶佔了

4　湯松，芝加哥大學文學士，原湖南長沙的商業學校校長，被湖南督軍張敬堯視為該省風潮的主持者，將其解職。時任復旦大學商業、歷史、經濟學、社會學教授。這一讚詞，見他離校赴歐前的演講。當天在座者，有胡漢民、戴季陶。參見：〈張敬堯報告解散學生聯合會及迫害主要人物密電〉（1919.9.1），收入中國社會科學院近代史研究所、中國第二歷史檔案館史料編輯部編，《五四愛國運動檔案資料》，頁 579-580。〈教員〉、〈歡迎薛仙舟、林天木先生自美返校，及歡送湯〔松〕壽軍先生赴歐記〉，《復旦年刊（1920）》，頁 28、93。

絕大篇幅，京滬失衡極為明顯。[5] 稍後出版的《五四運動回憶錄（續編）》（1979 年 11 月出版），才第一次收入復旦學生的憶述，此即朱仲華的〈五四運動在上海〉（1962 年舊作）。朱仲華的文章隨後被廣泛引用，成為上海學潮的重要史料。1999 年，政協文史編委會出版《五四運動親歷記》，再收入李玉階、張廷灝、朱仲華三文，但遺漏仍多。[6] 近年楊琥編輯《歷史記憶與歷史解釋：民國時期名人談五四（1919-1949）》（2011 年出版），有意為五四留下更豐富的歷史記憶，卻未收入一篇上海師生之作。六十年來的「歷史記憶與歷史解釋」，確乎把復旦師生給遺忘了，然則因何至此？

在此姑做一歷史解釋：眾所周知，上海學運以復旦為重心。復旦之於上海，猶如北大之於北京。可是，復旦學生後來的政治選擇，卻一大批加入國民黨，包括：程天放、吳南軒、余井塘、章益等，並且多成為國民黨右翼，是共產黨的敵人。其中更有成為「漢奸」者，如瞿宣穎。就學校而言，1927 年後復旦與 CC 派特別密切，與陳果夫、陳立夫同鄉的校董錢新之，更是校董會後期重心。[7] 老校長李登輝與宋美齡家族，又交誼

5　中國社會科學院近代史研究所編，《五四運動回憶錄》，上下冊（北京：中國社會科學出版社，1979）。

6　李玉階，〈上海學生響應五四愛國運動的經過──紀念五四運動五十八週年〉，《傳記文學》，1977 年第 3 卷第 5 期，頁 59-62；張廷灝，〈在上海參加五四運動的回憶〉；朱仲華，〈孫中山支持五四運動〉，收入中國人民政治協商會議全國委員會文史資料委員會編，《五四運動親歷記》，頁 166-177、261-271。這三篇都屬多年後追憶，頗有誤記事實。如張廷灝記 5 月 7 日國民大會，時間、主持人，皆誤。

7　張廷灝，〈私立復旦大學見聞回憶〉，頁 97。趙澍，〈CC 的擴

匪淺。而國民政府時期，復旦作為私立學府，也不乏
「因時制宜」的安排。[8]隔代之後，這都成了「歷史包
袱」。唯有復旦教員邵力子，因參加國共和談被尊為
「和平老人」，為五四留下一些追憶文字，惜其說又掩
蓋了歷史原貌。時至今日，復旦師生在五四風潮中的作
用，依然模糊不清。2005 年復旦百年校慶，錢益民和
鄧爾麟的研究成果，各自還原復旦一部份社會網絡，復
旦和寰球中國學生會、青年會、江蘇省教育會的關係，
才逐漸明朗起來。[9]然而，詳細的闡述猶待努力。

新一階段的復旦校史研究，應是一幅與上海社會緊
緊相連的圖象，不可僅止注意學生活動而止，更須謹防
以後來歷史演變來修改原圖。就社會組織言，復旦大學
既未孤懸於上海社會之上，更未脫離於既定歷史脈絡之
外。它作為私立學府，與東南紳商關係極深。五四時，
東南紳商集團既構成上海社會的重心，更引領全國輿論
的走向。對這一系統的孤立考察，是瞭解歷史的極大障
礙。前一章已經表明，從辛亥到五四，東南集團經歷了
組織革新，吸收留學生入核心團隊，模仿青年會的運作
模式，提升了社會動員的力量。五四前，復對社會、經
濟、外交等問題，懷有強烈的政治責任感。本章將就下

張活動〉，收入中國人民政治協商會議全國委員會文史資料研究
委員會編，《文史資料選輯》，第 37 輯（北京：文史資料出版社，
1963），頁 151-164。

8　朱仲華、陳于德，〈復旦校長李登輝事迹述要〉，頁 142，

9　錢益民，《李登輝傳》，頁 74-76、81、94-97、127-132。Jerry
　　Dennerline, "*Lee Teng Hwee, Ho Pao Jin, and Educational Reform in Malacca,
　　Singapore, Shanghai and Beyond, 1885-1945* ", pp. 57-89.

列兩個層面展開闡述：一，揭示復旦一校與東南集團的
連繫。二，探討復旦師生的政治觀念及行為模式。對此
兩層面的梳理，則從下列兩方面入手：一，對重要人物
作傳記式考察，盡可能明瞭其家庭背景及社會交遊。
二，對人物觀念及行動做動態的理解，避免以後來狀況
概括前事。由於復旦一校的靈魂人物，是校長李登輝。
對其種種評說，呈現紛紜狀態。本章願以李登輝生平
為開頭，來揭示五四前後復旦師生的精神世界及觀念
世界。

二、多重視野交匯的李登輝

　　" *Man much able than I have left no record,*
　　why should I leave any? "

～1940 年代，李登輝答復旦校友[10]

　　在多種五四論著中，李登輝被視為關鍵人物。可
是，李登輝之所以為五四要角，其原因尚未被闡發無
遺。若干貌似追憶的文字，實則將往事改寫重編，使歷
史又多隔一重山，真是更行更遠。李登輝形象的令人困

---

10 錢益民《李登輝傳》之〈後記〉引述此語，惜未記出處，頁 328。
　　茲查此語出自復旦校友吳南軒，他屢說：「李老校長騰飛師是一位
　　『最忘我的人』A most selfless person。生平不但不作自我宣傳，
　　且幾絕口不談自己。某年同學環請師寫自傳或回憶錄，師正色答
　　曰："Man much able than I have left no record, why should I leave
　　any?" 吳南軒，〈李登輝先生傳略〉、〈七十年來復旦立校特出
　　的傳統精神〉，收入吳南軒先生逝世週年紀念籌備會編，《吳南
　　軒先生逝世週年祭紀念專集》（臺北：吳南軒先生逝世週年紀念
　　籌備會，1981），頁 128、137。

惑，主要聚焦於兩大問題：一，他和孫中山派的關係是
遠是近？二，他和青年會的關係到底如何？為此不能
不重新理解 1919 年前的政治格局，更不能不重新認識
1922 年非基督教運動以前的思想世界。如今讀到的眾
多追憶及史料匯編，都經過時代的過濾器，史跡一再
塗抹，人物一再變形。[11] 若不經過種種努力，真相難以
重現。

（1）復旦校史的敘事

　　研究李登輝的困難，在他幾乎未留下自述。這位歷
經滄桑的教育家，平生不寫日記，也拒絕別人立傳。[12]
1947 年逝世時，適值內戰擴大，門生弟子星散，個人
傳記乃遲遲未能面世。2005 年，復旦大學百年校慶傳
記系列面世，才終於有了一本《李登輝傳》。[13] 作者錢
益民書成〈後記〉：

> 早在上世紀 40 年代，復旦學子就有意要為李登
> 輝校長寫傳，在他面前提出這個想法，李登輝一
> 口否決，嚴肅地回答："Man much able than I

---

11 例如朱有瓛等編〈1902-1922 年民間團體一覽表〉，列舉了北京大
　學平民教育講演團、北京大學馬克思學說研究會、非基督教學生
　同盟等，卻未收錄復旦及上海各校義務教育團、中華男女青年會、
　中華童子軍協會、基督教大學聯合會等團體資料。去取之際，未
　見公允。收入陳元暉主編，《中國近代教育史資料匯編：教育行
　政機構及教育團體》，頁 596-608。

12 錢益民，《李登輝傳》，頁 261。

13 錢益民自言在校史專家許有成協助下完成該書，得益於許氏多年
　收集的資料。許有成為了尋訪李登輝的生平資料，多方查找中國
　大陸、臺灣、香港相關文獻，還專程到東南亞實地考察。錢益民，
　《李登輝傳》之〈後記〉，頁 328-329。

have left no record, why should I leave any?"

（許多比我能力強的人沒有留下紀錄，我甚麼要
留下任何記錄呢？）[14]

錢益民感嘆「李登輝被淡忘了。甚至在絕大部份復旦師
生眼中，李登輝的形象也是模糊的，只是一個偶然的機
緣，趁著復旦百年華誕，李登輝傳才姍姍來遲。執筆
者，已經不可能是他親手培養的弟子門生。」[15]

不過，復旦八十年校慶（1985 年）之時，以復旦
大學校史編纂組名義出版的《復旦大學志》，收錄了
歷任校長〈傳略〉，或收錄本人〈自傳〉。主編是趙
少荃，其中第二章第三節〈李登輝傳略〉，由趙氏執
筆。[16]〈李登輝傳略〉可算一篇獨立傳記，並有註明資
料來源。作者對李登輝在五四時期的角色，有一段概括
說明：

> 一九一九年，巴黎和會期間，他以寰球中國學生
> 會名義，致電我國代表，要求對山東和青島權利
> 「堅持勿讓」。五四運動爆發後，他動員復旦學
> 校投入運動，指導復旦同學聯絡全市學生組成上
> 海學生聯合會，并對上海學聯的工作給予全力支
> 持。當時，聖約翰大學附中等教會學校，壓制、
> 開除愛國學生。李登輝對被開除的學生，撫慰有

---

14 錢益民，《李登輝傳》之〈後記〉，頁 328。

15 錢益民，《李登輝傳》，頁 328。

16 復旦大學校史編寫組編，《復旦大學志（1905-1949）》之〈編後
記〉，第 1 卷（上海：復旦大學出版社，1985），頁 530。

　　加，准予轉學復旦大學。[17]

這一敘述肯定了李登輝在五四運動的作用，但沒有給予
細節上的交代。寰球中國學生會是怎樣的組織？李登輝
和該組織有怎樣的關係？都未予說明。此外，全篇也未
提及任何一位復旦學生，他們在文中只以「復旦學校」
或「復旦同學」的稱謂出現，沒有名字，也沒有面孔。

　　《復旦大學志》第一章第三節〈私立大學時期〉，
又綜述五四時期復旦師長的作用，在李登輝之外，兼提
到邵力子和孫中山。這一部份提供更為完整的五四
圖象：

> 1919 年「五四」運動爆發後，復旦大學教師邵
> 力子兼任《民國日報》總編輯，首先接到北京
> 「五四」的專電，立即告知復旦同學，并協同李
> 登輝校長，指導同學聯絡全市大中學生，成立上
> 海市學生聯合會，支援北京學生運動。在整個
> 「五四」運動期間，復旦學生在支援北京學生運
> 動，組織上海學聯，發動並堅持罷課、罷市等方
> 面，始終站在鬥爭的最前列，成為上海學生運動
> 的堅強支柱。孫中山先生在「五四運動」期間，
> 對復旦學生的愛國鬥爭，十分重視和支持，使復
> 旦學生受到很大的鼓舞。[18]

這一綜述把邵力子、李登輝並列，並敘及孫中山的支

---

17 復旦大學校史編寫組編，《復旦大學志（1905-1949）》，第 1 卷，
　　頁 251。
18 復旦大學校史編寫組編，《復旦大學志（1905-1949）》，第 1 卷，
　　頁 111。

持，卻未交代史料來源。同樣，這一敘事也未提起復旦
學生名字。在《復旦大學志》中，五四「復旦學生」始
終以整體形象出現，未見有個人性描述。

　　中國人民政治協商會議上海市委員會文史資料工作
委員會編印《上海文史資料選輯》第五十九輯〈解放前
上海的學校〉，又收有趙少荃〈復旦大學的創立和發
展〉，對五四敘述更為簡短：

　　　　1919 年五四運動期間，復旦教師邵力子和校長李
　　　　登輝等指導、協助學生聯絡全市大小學生，成立
　　　　上海學生聯合會，支持北京學生運動，成為上海
　　　　學生運動中的一支生力軍。[19]

此文可說是《復旦大學志》縮本，更把邵力子置於李登
輝之前。同書尚有何碧輝的〈愛國教育家李登輝〉，則
係《復旦大學志》之〈李登輝傳略〉簡寫本。[20] 二文無
一條腳註，可能是體例使然。

　　1985 年，恰逢邵力子百年誕辰紀念，中國人民政
治協商會議全國委員會文史資料研究委員會辦公室編輯
《和平老人邵力子》，收錄章益〈上海學聯的顧問〉一
文。章益以「及門弟子」身分，追述邵力子以《民國日
報》編輯身分，在復旦大學任教，成為五四學生的顧
問。章益描述：

---

19 趙少荃，〈復旦大學的創立和發展〉，收入中國人民政治協商會議
　　上海市特別委員會文史資料工作委員會，《解放前上海的學校》
　　（上海：上海人民出版社，1988），頁 49。
20 何碧輝，〈愛國教育家李登輝〉，收入中國人民政治協商會議上
　　海市特別委員會文史資料工作委員會，《解放前上海的學校》，
　　頁 55-59。

> 復旦同學們參加學聯的愛國運動，遇有疑難問題，
> 仍不時向邵先生請教，邵先生總是不憚煩勞，在
> 百忙中抽出時間，為同學們分析形勢，指點方略，
> 成為上海學聯的不居名義的顧問，受到同學們的
> 敬仰。[21]

章益所述如此明確，顯然是一位局內人。可是，篇中仍未敘述學生的具體活動，也未提及李登輝的作用，僅有一處委婉寫說：「邵先生其時尚能在一所大學裡任教，只有復旦的李登輝先生這樣開明的校長才敢加以禮聘的」。[22]

　　直至 2005 年，錢益民的《李登輝傳》才使李登輝形象鮮活起來，從固定敘事模本中消融解凍。錢益民自許：本傳「可以看作是復旦前四十五年歷史的濃縮本和精華本」，尤望補充向來五四敘事之缺憾，說清楚「復旦人在其中的作用，這些史實尚不為人知曉。」[23] 錢益民的敘事方式，是以宏大圖象揭開序幕，為復旦師生作新的歷史定位。他概括：

> 五四運動發軔於北大，但當時中國的經濟和文化
> 中心卻是在上海，如果上海沒有響應，運動不可
> 能成功。而首先聲援北大學生，進而把上海所有
> 學校組織起來，動員工商界一齊進行罷課、罷工、

---

21 章益，〈上海學聯的顧問〉，收入中國人民政治協商會議全國委員會文史資料研究委員會辦公室編，《和平老人邵力子》（北京：文史資料出版社，1985），頁 113。

22 章益，〈上海學聯的顧問〉，頁 112-113。

23 錢益民，《李登輝傳》，頁 89、328。

罷市「三罷」鬥爭的，正是復旦師生。李登輝和
邵力子在其中起到了導師的作用。[24]

然後，交代復旦校史先前不曾提及的細節：

> 李登輝……對學生的行動十分同情和支持，指示
> 他們從長計議，聯合上海各大中學校，設立一個
> 比較永久的組織，作為領導機構，方足以應付未
> 來。11 日，「上海學生聯合會」在寰球中國學
> 生會成立，該會的英文名稱 Shanghai Students'
> Union 即李登輝所取，「上海學生聯合會」就是
> 從中翻譯而來。上海學生聯合會為五四運動中南
> 方之重鎮，中堅分子如何葆仁、程學愉等均為復
> 旦學生。學生聯合會遇到重要決策，常向李登輝
> 請教，李登輝也樂於指導。師生相為表裡，對上
> 海學生運動所生影響巨大。[25]

錢益民此說既勾勒出李登輝指導學生的細節，更首次提
到學生領袖的姓名：何葆仁、程學愉。程學愉，即後來
的國民黨 CC 派大將程天放。錢益民在此用其學名，可
能是避免過分醒目。「師生相為表裡」一句話，引自章
益之語。可惜錢益民的五四敘事只佔了五頁，且腳註只
有一條，即黃華表的〈我所知道的李登輝先生〉。[26] 細
按黃華表文，卻未含有上面細節，可見其別有所據。

　　幸好錢益民《李登輝傳》附錄四篇文章及〈主要參
考文獻〉，篇幅逾一百頁之多，保存了好些珍貴史料，

---

24 錢益民，《李登輝傳》，頁 89-90。
25 錢益民，《李登輝傳》，頁 90。
26 錢益民，《李登輝傳》，頁 89-93。

有興趣的讀者可以追溯史源。[27] 第一文是李登輝〈戲劇在社會上的地位〉；其他三篇均屬傳記性質，依次為：章益〈追慕騰飛夫子〉，寫於 1948 年，即錢益民書的重要依據。接著是趙世洵〈一位偉大的教育家〉，寫於 1975 年，交代李登輝生活、思想及社會交往。再來是〈李登輝先生年譜簡編〉，內中多引用原始材料，包括《李登輝先生哀思錄》。這部《李登輝先生哀思錄》（以下簡稱：《哀思錄》）印行於 1948 年，在李登輝逝世翌年。章益、黃華表諸文，均收載其中。《哀思錄》所收各文，不但被錢益民大量引用，覆按《復旦大學志》之〈李登輝傳略〉，也早已詳細參考。惟《復旦大學志》未寫出李登輝在五四學潮的作用，而尚待錢益民二十年後補述追記，是時代忌諱，而不是材料不足。

（2）復旦學生的追憶

2003 年，北京線裝書局出版劉家平等編《中華歷史人物別傳集》，將《哀思錄》影印收入，使這部流傳寡少的冊子，已不難一讀。細按此書篇目，收錄門生故舊之作多篇，且廣收中西報紙紀聞，足見編者用心。卷首有蔣介石及吳稚暉題簽，政府褒揚嘉獎令，難怪被掩沒逾半世紀之久。其中頗有述及五四舊事，留下了復旦學生的聲音。

今揭《哀思錄》收載的黃華表〈我所知道的李登輝先生〉，開篇即表不滿於流行的五四敘事：

---

27 錢益民，《李登輝傳》，頁 212-332

「五四」運動是一件富有歷史性的大事，是李老
校長教育指導的結果。……如果說近三十年的民
族運動、文化運動是起源於「五四」的，李老校
長便當得到這一種榮譽，不應是什麼大學獨佔
的！……為了這一次「五四」運動差不多都是復
旦學生作主動──當然不止復旦的學生，……於
是社會上所謂士紳，甚之各大學，對於復旦便不
得不另眼相看了！[28]

黃華表是五四親歷者之一，自有作歷史見證人的資
格。[29]他慨嘆「五四」三十週年之際，歷史真相隱而不
彰，憤憤之情，溢於言表。今距黃文發表又半世紀，北
大依然佔據五四敘事中心。《哀思錄》僅能以縮印方式
流通，藏身多卷本《中華歷史人物別傳集》內。具有象
徵意味的是，《別傳》所收〈李登輝先生行狀〉脫漏二
頁，[30]使其生平面貌殘缺不全。好在卞孝萱、唐文權編
《民國人物碑傳集》刊出全篇，《國史館現藏民國人物
傳記史料彙編》又予以收錄，才彌補了這一缺憾。[31]

　　《哀思錄》中，復旦學生追述五四之文，最詳實而
重要的一篇，應推章益〈追慕騰飛夫子〉。章益是李登

---

28 黃華表，〈我所知道的李登輝先生〉，收入老校長紀念工作委員
　　會編，《李登輝先生哀思錄》，頁 477。

29 1919 年，黃華表是上海學聯復旦分會書記長，也是上海學聯執行
　　部教育科員。〈分會紀事〉，《復旦雜誌》，第 8 期（1920.1），
　　頁 181。

30 老校長紀念工作委員會編，《李登輝先生哀思錄》，收入劉家平
　　等編，《中華歷史人物別傳集》，第 82 冊，頁 469-512。

31 卞孝萱、唐文權編，《民國人物碑傳集》（北京：團結出版社，
　　1995），頁 346-349。國史館編印，《國史館現藏民國人物傳記史
　　料彙編》，第 15 輯（臺北：國史館，1996），頁 113-117。

輝得意門生，也是《哀思錄》編者。此文追憶他和李登
輝的關係，以及李登輝在五四中的角色：

> 益始獲晉謁先生，在民國八年之夏。是時五四運
> 動風起雲湧，有志青年皆思對於國事有所貢獻，
> 而當時主持教育者，大多墨守舊章，力加抑制，
> 以是各校風潮疊起。益是時肄業於某校，亦由此
> 得咎而見擯。正在窮無所歸之際，或告以復旦李
> 校長最能同情青年。竭往投之，尚猶豫未敢遽見。
> 終以失學非計，乃鼓勇請謁。果也，關者甫報，
> 即蒙賜見，溫語存問，慰勉有加，並立准轉學。
> 益得執贄於大師門下，實出於特殊之恩遇也。時
> 先生方任國民外交後援會及華僑聯合會會長，對
> 於救國運動，奔走不遺餘力。上海學生聯合會為
> 五四運動中南方之重鎮，中堅分子多為復旦學生，
> 遇重要決策，常就教於先生，先生亦樂為之指導，
> 師生相為表裡，所生影響尤鉅。當是時，北方學
> 生力主嚴懲曹陸章，拒絕巴黎和約，與北京政府
> 相持，未獲結果。北府且將更取高壓手段，學生
> 運動情勢危殆，得上海學生響應，乃能重振聲
> 勢，終使北府屈服。先生支持之功，實為重要因
> 素焉。[32]

---

32 章益，〈追慕騰飛夫子〉，頁 475。章益另有〈章益自傳〉，敘
述轉學一段與此相近。1981 年，又作〈憶老校長李登輝先生〉，
略如〈追慕騰飛夫子〉白話版。參考〈章益自傳〉，收入復旦大
學校史編寫組編，《復旦大學志（1905-1949）》，頁 277-278。
章益，〈憶老校長李登輝先生〉，收入中國人民政治協商會議全
國委員會文史資料研究委員會編，《文史資料選輯》，第 97 輯，
頁 153。

章益作為學潮中堅，從聖約翰轉學復旦後，仍為學運奔走，對復旦內情知之甚悉，確有做歷史證人的資格。[33]上面提及的幾個面向，可特別注意其中幾點：一，李登輝作為國民外交後援會及華僑聯合會會長，與北京國民外交協會、閩粵僑商至有連繫。二，復旦學生作為上海學生聯合會的骨幹，在重要決策上獲李登輝指導。三，由於上海學生的堅持，才扭轉學生運動的頹勢，達到罷免國賊及拒簽和約的要求。「師生相為表裡，所生影響尤鉅」一句話，更彷彿照亮歷史的一道曙光，給我們絕大啟示。

章益更進一步指出，1919-1930 年代上海愛國運動風起雲湧，李登輝時常指導復旦學生為之，不止一事，不僅一時。今不知章益下筆時，是否有意把李登輝和北大校長蔡元培相比，但李登輝積極介入學潮，與蔡元培遠引他去，表現很不相同。章益綜述：

> 民八九〔1919-1920〕之間，先生奔走呼號，領導民間愛國運動，已如上述。民十年十一年〔1921-1922〕之交，華府會議集議之時，先生呼籲保持中國領土主權之完整。民十四〔1925〕，五卅慘案發生；民十六，五三慘案發生，先生皆力持正義。〔1931〕九一八以後，先生痛心疾首於日本之侵略，提倡抵制日貨最力，旋復贊助學生所發

---

33 五四時期聖約翰風潮及章益退學經過，參考熊月之、周武主編，《聖約翰大學史》，頁 183-191。1919 年暑假以後，章益被選為上海學生聯合會復旦分會書記員，又被舉為上海學生聯合會評議員。〈分會紀事〉，《復旦雜誌》，第 8 期，頁 181。

> 動對日武力抵抗之要求，凡此諸役，復旦學生受
> 先生之感召，常為運動之首倡。[34]

從章益之說，則李登輝在歷次運動中，實以師長資格為
學生之領導。今日研究上海學潮史，自應充分正視李登
輝和復旦學生的作用，以及「師生相為表裡」之具體表
現，否則不免皮相之談。

〈章益事略〉也有一段重要的敘事，提及 1921 年
12 月與巴黎和會相關的華盛頓會議，在上海各界的聲
援運動中，李登輝再次扮演指導的角色。[35] 他說：

> 華盛頓會議期間，上海基督教青年會幹事晏陽
> 初、朱懋澄來復旦，請李登輝發動學生組織一次
> 群眾大會以壯聲勢。李登輝授意章益在老西門體
> 育場召開萬人大會，為歷來群眾大會人數最多的
> 一次。[36]

《復旦年刊（1922）》之〈一九二二年文科級史〉，亦
述及此事：

> 〔1921 年〕是冬，太平洋會議開幕，山東問題直
> 接交涉之聲，由海外傳來，群情憤激，上海特發
> 起國民大會，公推籌備員九人，我校同學竟佔去
> 其六，而我級同學又佔其四，所謂四人者，即江
> 君憶平、劉君寶堃、章君益及許君鳳聲是也。大

---

34 章益，〈追慕騰飛夫子〉，頁 475。

35 章益作為這年學生領袖，上海報章都有記述。〈上海學生會議之
結果〉，《申報》，上海，1921 年 12 月 5 日，版 10。

36 〈章益事略〉，轉引自錢益民，《李登輝傳》，頁 297。

會既開，章君益復被推為主席。[37]

正是基於這樣的親身經驗，使章益對「師生相為表裡」之義，有特別深切的領悟。而其敘述尚有一個重點，即青年會幹事晏陽初、朱懋澄的作用。此時，上海商教兩界派赴華盛頓會議的兩位國民外交代表，其中一位正是余日章。然則這次群眾大會，青年會作用實鉅。

章益〈追憶騰飛夫子〉一文，綜述李登輝一生事業，認為他在復旦以外，與兩個機構關係最深：

> 先生於發展復旦大學以外，並曾創設寰球中國學生會與〔上海〕基督教青年會。此兩團體之設立，蓋以服務青年培養青年為職志者也。[38]

又說：

> 益為學生時，嘗奉先生命，於校內舉行查經班，及與青年會聯繫之活動。嗣為教員，復助先生推行進德會。近年常隨侍先生至禮拜堂參加禮拜。[39]

章益此說，不特指出李登輝與青年會的關係，也說明復旦與青年會頗有連繫。

章益〈追慕騰飛夫子〉如斯重要，而錢益民《李登輝傳》收載是文，有助流傳，其功匪細。可惜不免偶有刪削，未予說明。茲經比對，可知所刪在第三段，涉及國共相爭。章益原文：「先生對於國家前途，尤切注念。」下接「內戰烽起」四字，為原文所無，用以取代：「乃共黨稱亂，破壞日亟。先生怒焉憂之。」。章

---

37 孝雛，〈一九二二年文科級史〉，《復旦年刊（1922）》，頁 37。
38 章益，〈追慕騰飛夫子〉，收入錢益民，《李登輝傳》，頁 221。
39 章益，〈追慕騰飛夫子〉，頁 221。

益原文又記：李登輝逝世前，本欲「口授和平統一之主張，屬人繕為文件」，錢書刪去：「對於共黨，則嚴責其破壞交通與生產事業，以及稱兵割據之罪。」僅保留「對於國民政府，渴望其提高行政效率，肅清貪污。」於是，原文：「持論至為公允」一句，遂無著落。此段原來結語：「先生常以是撫膺長嘆，歔欷不置」，後面更接有：「今先生長逝，而國人未見太平。何日九州重同，方能告慰於先生在天之靈耶？」亦被刪去。[40] 由是推之，本書其他部份可能也有類似問題。此刪削之舉，究係作者為之，抑出版社為之，抑審查者為之，則無從知之。章益1951年被調離復旦，沉寂多年。1985年復旦八十年校慶，才以垂老之年返校。《復旦大學志》收錄〈章益自傳〉，寫於滄桑之後，開篇自謂：以「補課、補過之心」渡其老境。[41]

《哀思錄》收錄的黃華表〈我所知的李登輝先生〉一文，也有意為五四保留信史。此文頗為後人引用，可惜錯誤不少。其語氣是演講性質，有口述風味。茲引其說，在〔〕內訂正其誤：

> 我現在應將這一件富有歷史性的大事詳敘一下，
> 讓大家見到李老校長的偉大，也可以證明他的教
> 育的成功。是北大學生排隊去搗毀曹陸章住宅的

---

40 章益，〈追慕騰飛夫子〉，分別收入李老校長紀念工作委員會編，《李登輝先生哀思錄》，頁475。錢益民，《李登輝傳》，頁218-219。

41 〈章益自傳〉，收入復旦大學校史編寫組編，《復旦大學志》，第1卷，頁276-283。另參龔向群，〈兩校長剪影〉，收入陳思和、龔向群主編，《走近復旦》（成都：四川人民版社，2000），頁9-13。

那一天的晚上〔按：誤，應是 5 月 5 日夜〕大約
是十一點鐘的時候，邵力子先生匆匆的來到復
旦。⋯⋯當時邵先生把吳冕、汪家驥及一班學生
會責任的同學從夢中驚起〔，〕說是復旦的同學
羅家倫、高家姚、鄧拜言（是時都在北大肄業）
都被北京政府捉去了。你們趕快設法去營救！當
時吳冕一班人都嚇呆了。立刻鳴鐘召集大會！全
體學生被鐘聲驚起，聽了邵先生的報告，當然是
無限悲憤！第二日一早再開大會，決議派出同學
七十餘名，分向上海各中大學校聯絡，一致設法
營救！果然到了下午各校都派了代表在現在附中
湖心的第四教室（是當時的名稱）開會討論營救
的辦法。那一天只是聯名拍了一個電報給北京政
府，自然是不會有效的。當日李老校長及邵力
子先生都說，如此力量是不夠的。應該聯合各大
中學校，有一個比較永久的組織方足以應付未來。
於是又由復旦派出同學數十名分向各校作組織學
生會運動，結果在上海寰球中國學生會開會。[42]

黃華表追憶三十年前舊事，似把 1919 年五四和六三事
件混而為一。他記邵力子到校時間，以及學生會的負責
人，都不準確。不過他提到的吳冕和汪家（嘉）驥，確
是 5 月 11 日上海學聯成立後復旦分會職員，吳冕（南
軒）是會長，汪家驥是評議長。[43] 而其說李登輝和邵力

---

42 黃華表，〈我所知的李登輝先生〉，頁 477。
43 許有成編撰，《復旦大學大事記（1905-1948）》（臺北：臺北市
  復旦校友會，1995），頁 15。

子主張復旦學生發起上海學聯，最後以寰球中國學生會
為會址，也都是事實。

　　但黃華表追憶五四之說，更衍生另一問題，在此不
可不辨。此即他在當日政治環境下突出國民黨作用。其
說流傳頗廣，造成影響不小。但他大體仍尊重歷史，
承認國民黨那時不佔中心地位。茲錄其說，再加辨正：

> 民國七八年的時候，國民黨──當時唯一的革命
> 黨──已被南北兩方的軍閥壓迫到不得不退處上
> 海一隅。那時中山先生正在起草他的實業計畫；
> 他的最重要的幹部胡漢民、汪精衛、朱執信、廖
> 仲愷諸先生也退到上海，出版了一種《建設雜
> 誌》；戴季陶先生又辦了一個《星期評論》；邵
> 力子、葉楚傖先生又辦了一間窮到嚴冬都沒有煤
> 爐的《民國日報》。在這個時候，李老校長卻不
> 避南北軍閥的嫌怨，社會紳士的指責，除了王寵
> 惠先生是原來復旦的副校長，邵力子、葉楚傖兩
> 先生是原來復旦的教授之外，還敦聘胡漢民先生
> 擔任我們的倫理學，戴季陶先生擔任我們的經濟
> 學，似乎復旦是革命黨的逋逃藪一樣！……復旦
> 有這麼多第一流的革命人物在裡面講學，一方面
> 當然可以證明李老校長本身政治思想的趨向，一
> 方面也可以想見當時一班學生受到一種什麼思想
> 的陶融。[44]

黃華表把復旦描述為「革命黨的逋逃藪」，此語被朱

---

44 黃華表，〈我所知的李登輝先生〉，頁 476-477。

仲華引用後輾轉流傳。[45] 可是，黃華表列舉的「革命人物」，除王寵惠、邵力子原在復旦任教外，其他葉楚傖、胡漢民、戴季陶三人，都是五四後才來兼課。[46] 李登輝聘任的教務長薛仙舟，早期更是康梁信徒，與孫中山派頗有隔閡。[47] 要說李登輝在五四後邀請革命派加盟尚可，說復旦學生受他們影響始發動學潮則萬難成立。何況黃華表也提到李登輝有兼容之量，聘請教員不限黨派。[48] 可見逕指復旦是革命基地，實屬牽強。

　　然而，一些復旦學生的五四敘事，往往強調孫中山或國民黨（1919年國民黨不存在，有的是中華革命黨）的影響。程天放是另一著名例子，其說也被廣泛引用。他寫道：

> 復旦是私立學校，……有一個特點，就是言論自由的精神。……公立學府受政府管轄，避免談政治、教會辦的學府也不願捲入政治漩渦。只有復

---

45 朱仲華、陳于德，〈復旦校長李登輝事迹述要〉，頁 133-134。

46 胡漢民教授名學及倫理、戴季陶教授經濟學，或由教務長兼經濟學教授薛仙舟引介。胡漢民對薛仙舟提倡合作事業，極表贊成。葉楚傖教中文，或是邵力子推薦。參見〈教員〉、〈歡迎薛仙舟、林天木先生自美返校，及歡送湯〔松〕壽軍先生赴歐記〉，《復旦年刊（1920）》，頁 24、26、93。唯諸氏在復旦兼課時間不長。

47 五四時，薛仙舟對復旦學生影響最大。林天木與他有親戚關係，大抵也由他引入復旦。參考：黎照寰，〈也談解放前華僑在廣州投資紀略〉，收入上海市政協文史資料委員會編，《上海文史資料存稿匯編》，第 5 冊（上海：上海古籍出版社，2001），頁 316-317。學生余井塘說，薛仙舟原是激烈革命黨人，赴歐美留學後，思想發生變化。余井塘，〈我所認識的薛仙舟先生〉，收入《大華晚報》社編，《余井塘先生紀念文集》（臺北：裕臺中華印刷廠，1985），頁 176-177。

48 黃華表憶李登輝曾讓學生邀康有為講學，後雖不果，卻反映他的兼容並包。黃華表，〈我所知的李登輝先生〉，頁 477。

　　旦因為過去和國民黨的關係，而且現在校董和教
　　授當中還有若干是國民黨黨員，他們反對軍閥，
　　批評北京政府，毫無顧忌，學生也就養成一種喜
　　歡談政治的風氣，這在五四以前是罕有的現象。[49]
復旦學生喜歡議論時政、批評政府，確是事實。但程天
放之說，還須細辨。首先，他說復旦和國民黨在「過
去」有「關係」，指 1913 年復旦董事會推孫中山為主
席，以陳其美、于右任、唐紹儀、王寵惠等為董事這段
歷史，[50] 但為時甚短。其次，他說「現在校董和教授當
中」尚有「若干是國民黨黨員」，則有意含糊其詞。其
所謂「教授」，指的當是邵力子，或王寵惠。邵氏後來
留在北京做「和平老人」，程氏乃隱去其姓名。校董方
面，程天放在另一段落提及「唐少川、聶雲台」。[51] 唐
紹儀（少川）在辛亥時加入同盟會，算是國民黨元老，
但和孫中山卻非一派。

　　程天放的追憶最有價值之部份，在他對李登輝的
作用有具體說明。錢益民等參考其說，但未註明出處。
他說：

　　　學生運動是五月四日那天在北京發生的，……，
　　　消息傳到上海，上海中等以上各校學生，憤激異
　　　常，立即推舉代表在復旦開會，組織上海學生聯

---

49 程天放，〈李公祠四年〉，原載 1962 年 12 月《傳記文學》1 卷 7
　　期，現引自：《程天放早年回憶錄》（臺北：傳記文學出版社，
　　1968），頁 29-30。
50 程天放，《程天放早年回憶錄》，頁 28。
51 程天放，《程天放早年回憶錄》，頁 29。

合會，來響應北京學生的愛國運動，同時進行抵
制日貨。……那時公立學校和教會學校教職員總
是想勸導學生，不要將風潮擴大，可是復旦的李
校長和教授等，卻非常同情學生運動，儘量支持。
上海學生聯合會的英文名稱 Shanghai Students'
Union 還是李校長替我們取的。[52]

程天放在此未提及邵力子名字，僅以「教授」一詞代
替；這與錢益民引程天放之說，卻未註明出處相似；兩
人表現不同，忌諱理由卻一致。程天放在五四時是上
海學聯副評議長，翌年更出任上海學聯會長，[53] 確是學
運中心人物。因其後來成為 CC 派大將，多年來在某方
五四敘事中消聲匿跡。[54]

　　最常被廣泛引用的復旦學生追憶之作，無過於朱
仲華〈五四運動在上海〉一文。在這次風潮中，朱仲
華是上海學聯副會計。1919 年開學以後，又出任上海
學聯復旦分會副會長，[55] 乃是學生領袖之一。1979 年
底出版的《五四運動回憶錄（續編）》，初次收入上
海學生回憶文字，即其寫於 1962 年的〈五四運動在上
海〉。這篇舊作延遲了十七年始發表，反映政治氣氛

52 程天放，《程天放早年回憶錄》，頁 35。

53 程天放 1918 年就投書報刊，批評北京政府不良，要求革新政治，
　提出「扶助西南，推倒惡政府」之論，是學生中的激進派。〈告歸
　國留學生〉，《民國日報》，上海，1918 年 6 月 1-3 日，版 12。

54 復旦百年校慶出版校友憶母校之作，始收入程天放之〈李公祠四
　年〉。參見：彭裕文、許有成主編，《臺灣復旦校友憶母校》（上
　海：復旦大學出版社，2003），頁 16-26。

55 〈分會紀事〉，頁 180。

的變化。[56] 此外，朱仲華尚有多篇書寫五四及復旦校史之作。[57] 復旦同學嘗笑他一開口就滔滔不絕（"wah-lah-wah-lah"），看來一貫如此。[58] 唯諸篇全撰寫及發表於1949年後，難免留下時代的烙印。例如把五四說成是「反帝反封建」，強調李登輝對英美的「鬥爭」；又突出孫中山的角色，強調邵力子的作用。[59] 諸文均屬事後

56　朱仲華1949年後的際遇，參見：陳惟于，〈愛國老人朱仲華先生〉，收入中國人民政治協商會議浙江省紹興縣委員會文史資料工作室委員會編，《紹興文史資料選輯》，第7輯（紹興：中國人民政治協商會議浙江省紹興縣委員會學習文史委員會，1988），頁220-228。

57　朱仲華，〈五四運動在上海〉（1962），收入中國社會科學院近代史研究所編，《五四運動回憶錄（續）》（北京：中國社會科學出版社，1979），頁265-273。朱仲華、陳于德，〈復旦大學校史片斷〉（1964），收入全國政協文史委員會編，《文史資料存稿選編：教育》，頁93-103。朱仲華、陳于德，〈復旦校長李登輝事迹述要〉（1965），收入中國人民政治協商會議全國委員會文史資料研究委員會編，《文史資料選輯》，第97輯（北京：文史資料出版社，1985），129-149。朱仲華口述，晨朵整理，〈孫中山支持五四運動〉（原題：〈在孫中山先生支持下上海學生在五四運動中首衝租界的前前後後〉）（1982），收入全國政協文史資料委員會辦公室編，《五四運動親歷記》（北京：中國文史出版社，1999），頁261-271。朱仲華，〈仲輝先生的教誨〉（1982），收入中國人民政治協商會議全國委員會文史資料研究委員會辦公室編，《和平老人邵力子》，頁46-51。收入中國人民政治協商會議全國委員會文史資料委員會編，《五四運動親歷記》，頁261-271。朱仲華，〈五四憶舊〉（1984），收入陳思和、龔向群主編，《走近復旦》，頁160-168。朱仲華，〈憶母校復旦大學〉，收入中國人民政治協商會議浙江省委員會文史資料研究會編，《浙江文史資料選輯》，第29輯（杭州：浙江人民出版社，1985），頁142-152。朱仲華口述、陳德和記錄整理，〈邵力子家世與前期經歷〉（1985），收入浙江省文史資料委員會編，《浙江文史集粹：文史藝術卷》（杭州：浙江人民出版社，1996），頁291-301。

58　"Class History", *The Fuh-Tan Banner (1919)*, p. 34.

59　朱仲華強調邵力子的作用，也有鄉誼親誼考慮。《和平老人邵力子》附錄〈邵力子年表〉（晨朵編），編者稱朱仲華是邵力子「至親」。收入中國人民政治協商會議全國委員會文史資料研究委員會辦公室編，《和平老人邵力子》，頁224-254。

追憶，也難免牽混史事。甚至同述一事，前後異詞。[60]
惟其以親歷者下筆，且參考原始文獻，仍有一定價
值。[61] 諸文中，以〈五四運動在上海〉寫作時間最早，
交代史事最詳。年近九十的〈五四憶舊〉，則提及最多
「復旦同學」名字，包括：章蔚然、賀芳、何葆仁、許
紹隸、余井塘、程天放、瞿宣穎，有強烈為歷史存真的
意圖。

　　朱仲華〈五四運動在上海〉一文，記上海學潮源
起，如是說：5 月 5 日夜十時半，劭力子一通電話打到
復旦。6 日清晨，又親自到校報告五四消息。全文提起李
登輝有兩處，一處是李登輝准許聖約翰退學生轉入復旦：

　　此次聖約翰同學激於義憤，列名通電。……大學
　　二年級同學全體被迫退學，即日離校，住在蒙古
　　路一所小屋中。……復旦同學獲悉此訊，即連夜
　　送去被頭五十餘條。翌日商請李登輝校長之同意，
　　准約翰退學之全體同學轉入復大……。[62]

另一處，是李登輝同意寰球中國學生會作為上海學聯
會址：

　　上海學聯辦公地點所在的「寰球中國學生會」。
　　這會是吾國東西洋留學生組織的一個機構，主持

---

60 舉一例子，朱仲華〈五四運動在上海〉，說 5 月 31 日郭欽光紀念
　會後，上海學生「分三道出發」請願；在〈孫中山支持五四運動〉
　及〈五四憶舊〉，卻說那天「分作兩路」遊行。朱仲華，〈五四
　運動在上海〉，頁 270。朱仲華口述，〈孫中山支持五四運動〉
　頁 266。朱仲華，〈五四憶舊〉，頁 163。
61 例如〈校長李登輝事迹述要〉顯然參考了《李登輝先生哀思錄》
　諸文。
62 朱仲華，〈五四運動在上海〉，頁 266。

> 人為李登輝，實際辦事的職員是朱少屏。會址在
> 靜安寺路（現為南京西路）泥城橋外，地點適中，
> 交通便利。上海學聯之借此為會址，是經過李登
> 輝之許可的。[63]

朱仲華認為上海學聯可以借用寰球中國學生會為辦公
處，對學聯發展十分重要。「地點適中，交通便利」之
外，隱含一個重要優點，即該會位於公共租界之內。惟
若明白寫出此點，則與「反帝」衝突，難以自圓其說。

　　綜合章益、程天放、朱仲華等人的追憶，可以綜合
李登輝的具體作用：第一，建議及促成上海學生聯合會
成立，包括為上海學聯決定英文譯名。第二，以寰球中
國學生會主持人身分，給上海學聯一個安頓之處，得
以展開各種活動。第三，通過復旦學生向上海學聯提供
建議，成為上海學生的顧問。第四，以其廣泛的社會網
絡，包括與寰球中國學生會、華僑聯合會、國民外交後
援會的關係，使上海學聯得到更多支持。不過，復旦學
生勾勒的圖象仍多模糊，對李登輝的社會網絡也語焉不
詳，事實上，李氏的早期歲月及華洋網絡，非復旦學生
所能詳悉，必須求諸其他同輩友人記載，乃至滬上洋報
的介紹，始可得到完整的圖象。

（3）華洋傳記的書寫

　　今所見李登輝傳記，大致有四類。第一類，是上海
《密勒氏評論報》編輯的《中國名人錄》（*Who's Who*

---

63 朱仲華，〈五四運動在上海〉，頁 268。

in China, 1925, 1936）之〈李登輝小傳〉，用英文書寫，發表於李氏在世時，內容可能由本人提供。第二類，是《李登輝校長哀思錄》之〈李登輝先生行狀〉，為逝世後門生故舊所寫。第三類，是《復旦大學志》之〈李登輝傳略〉，發表於 1985 年，綜合各種史料而成。第四類，是錢益民《李登輝傳》，出版於 2005 年，採擇門人友朋追述及其他原始材料而成。上述四種傳記又可分兩組，前二篇寫於 1930-1940 年代，是國民政府時期；後二種寫於 1980-2000 年代，是新政權時期。兩組傳記相隔四十年，各有偏重，也各有隱諱。它們向讀者呈現李登輝的職業生涯及社會活動，給人頗不一致的人物形象。本節以此四種文字為主，輔以其他材料，說明李登輝立足滬上的社會基礎。更隨時比對諸文，指出四種傳記及其時代之偏蔽，一方面還原李登輝的歷史面貌，一方面也呈現一部人物變形記。

先說《中國名人錄》之〈李登輝小傳〉（以下簡稱〈小傳〉）。當其刊佈時，李登輝健在，故部份內容可能經本人提供，且由其審定文字。這篇〈小傳〉呈現的李登輝，是具有海外關係及美國網絡的名流。茲先摘錄 1936 年版全文，〔 〕內譯名，為我所加：

T. H. Lee〔李登輝〕, university president; native of Fukien〔福建〕; born at Batavia〔巴達維亞〕, Java〔爪哇〕in 1872; received his early education in Java and at the age of 14 began his English education in the Anglo-Chinese School〔英華書館〕, Singapore〔新加坡〕; went to America and studied at Ohio

Wesleyan University〔俄亥俄州衛斯理陽大學〕, 1891-97; was graduated from Yale University〔耶魯大學〕in 1899; returned to the Straits Settlements〔海峽殖民地〕and taught in the Anglo-Chinese School〔英華書院〕, 1899-1901; went to Batavia and founded an English school at Batavia in connected with Kwang Yu-wei's reform movement〔康有為維新運動〕; went to Shanghai in 1905 and promoted the World Chinese Student's Federation〔寰球中國學生會〕of which he was chairman until 1915; helped found Fuh Tan University〔復旦大學〕of which he was first dean; he later became president, which position he still holds; editor of Republican Advocate〔《共和西報》〕, Shanghai〔；〕and editor of the English department of the Chung Hua Book Company〔中華書局〕, 1912-13; honorary member, Chung Hwa Guild of Batavia〔巴達維亞中華會館榮譽會員〕(1906); fellow of the American Geographical Society〔美國地理學會會員〕(1915); honorary president of the Hwai River Conservancy〔淮海水利會榮譽會長〕(1922); honorary Litt. D. St. John's University〔聖約翰大學榮譽文學博士〕, Shanghai (1919); he took an active part in the student movement in 1918; chairman of the League of Public Organizations〔國民外交後援會會長〕to protest the treaty affection Chinese rights and oppose China's signature to the Peace Conference at Versailles〔凡爾賽和會〕; during the Washington Conference〔華盛頓會議〕he was chairman of the People's National Diplomatic Federation〔國民外交後援聯合會主席〕representing 180 organizations all over China; he holds the following honorary positions: chairman, Overseas Chinese Association〔華僑聯合會會長〕; vice-chairman, World Chinese Students Federation〔寰球中國學生會副會長〕; director, Pan-Pacific Union〔泛太平洋學會董事〕; director, Shih-pei Public School; director, Christian Educational Association of China〔中華基督教教育會董事〕; director, Amoy University〔廈門大學董事〕; board of trustees member, Soochow University〔東吳大學董事〕; vice-chairman, National Anti-Opium Association〔全國禁煙會副會長〕; member, National Government Opium-Suppression Commission〔國民政府禁煙委員會委員〕; member, Diplomatic Commission of the Ministry of Foreign Affairs〔外交部外交委員會委員〕; address: Fuh Tan University, Shanghai. [64]

這篇〈小傳〉有幾個特點：一，詳述李登輝的華洋網

64 *Who's Who in China(1936)*, pp. 246-247. 《環球中國名人傳略：上海工商各界之部》之〈李登輝傳〉，為此傳簡寫本。李元信總編纂，《環球中國名人傳略：上海工商各界之部》（上海：環球出版公司，1944），頁127-128。

絡，展現廣泛的政治及社會關係。二，強調李登輝積極
介入 1918-1922 年國民外交，更是上海學生運動的領導
者。三，突出李登輝的基督教網絡，包括與基督教團體
及教會大學的關係。

　　比對一下《中國名人錄》1925 年版〈李登輝小傳〉，
除了內容只寫到 1925 年外，另有幾處更詳的紀事，值
得在此補充：首先，提及李登輝最早接受教育的爪哇為
荷蘭屬地，而他開始接受英語教育的英華學校（Anglo-
Chinese School），是美以美會（M. E. Mission）主辦，
並在此受基督教影響。然後，他在美國俄亥俄衛斯理
陽大學就讀時，特別提及校長是白賜福（Bishop J. W.
Bashford，另譯：班熙福）。此外，列舉其榮譽職銜包
括：上海青年會會長、青年會全國協會副會長，暨南大
學董事，華東教會大學聯合會副會長，工部局華人教育
委員會委員。[65] 這些資料反映李登輝的基督教背景，也
說明他和衛理公會（Methodist Episcopal Church）的連
繫。近年一些研究成果告訴我們，李登輝早歲學習，及
從耶魯畢業後返回海峽從事教育工作，與美以美會有密
切連繫。20 世紀初在康有為維新運動影響下，李登輝
及友人林文慶成為尊孔崇儒的教育家。隨後，在摯友伍
連德鼓勵下，他決心到上海建立一所學校，為海峽子
弟提供教育機會，並作為赴美留學的預備，[66] 但他與美

65　*Who's Who in China (1925)*, pp. 484-485。

66　Jerry Dennerline, *"Lee Teng Hwee, Ho Pao Jin, and Educational Reform in Malacca, Singapore, Shanghai, Shanghai and Beyond, 1885-1945"*, pp. 69-70. Boon Raymond,"Dr TH Lee（李登輝）, President of Fudan University" (October 4, 2011), Penang, Penang lang（檳城人）

以美會的關係並未中斷。[67] 1925 年版特別提到的白賜
福會督，甚至可能涉及他的政治觀點。1904-1918 年，
白賜福到中國出任衛理公會首任會督，時常對中國政局
發表見解，也能影響美國政府的遠東政策。[68] 白賜福在
此期間涉入幾個事件：一，敦促美國承認中華民國政
府。二，二次革命前後，對袁世凱評價高於孫中山。[69]
三，中日二十一條交涉之際，會同美國傳教士領袖連
署發電，請美國政府遏止日本野心。[70] 錢益民提及李登
輝 1907 年結婚典禮，「請了自己最崇敬的人——他在
美國俄亥俄州衛斯理陽（韋斯利陽）大學讀書時的校
長——做證婚人。……這位校長正是為李登輝施洗的牧
師」，[71] 這人即是白賜福。李登輝尊他為「我師，我最
敬愛的柏會督。」[72]，兩人關係似非冷冷。白賜福的政
治觀點及活動是否與李登輝有某種關連，尚未得到材料

lah......: Dr TH Lee（李登輝）, President of Fudan University
(teochiewkia2010.blogspot.com) (2021.2.4).

67 "Notes on Contributors" *The Chinese Recorder*, Vol. 51 (January, 1920).

68 Paul A. Varg, Missionaries, Chinese, and Diplomats (New Jersey:
Princeton University Press, 1958), pp. 132-146. Tien-yi Li（李田意），
Woodrow Wilson's China Policy 1913-1917 (New York: Octagon Books,
1969), pp. 14-17, 67-68.

69 張忠正，〈美國在華傳教士對孫逸仙與辛亥革命的態度〉，《近代
中國》，第 128 期，頁 6-29。

70 王芸生編著《六十年的中國與日本》對此紀之甚詳。參見王芸生
編著，《六十年的中國與日本》，第 6 卷，頁 286-299。George
Richard Grose, *James W. Bashford: Pastor, Educator, Bishop* (New York: The
Methodist Book Concern, 1922), pp. 138-160.

71 〈桃李燦燦 黌宮悠悠：復旦上醫老校舍尋蹤〉，引自復旦百科：
https://www.fudan.edu.cn/2019/0424/c426a95991/page.htm
(2020.12.27)。

72 李登輝，《先室李湯佩琳夫人略傳》，頁 29。

證實。另中華青年會總幹事巴樂滿、中華基督教教育會
華東區委員潘慎文（A. P. Parker）、上海青年會幹事曹
雪賡、《興華報》（*Chinese Christian Advocate*，美以美會
及監理會刊物）編輯陳維屏、復旦董事聶雲台，也都是
衛理公會或監理會會友。其中，巴樂滿、陳維屏屬衛理
公會，曹雪賡、聶雲台屬監理會（Methodist Episcopal
Church, South），這些教友網絡在政治領域中的作用，
也值得更多關注。

　　1925 和 1936 年的李登輝〈小傳〉告訴讀者：傳主
與非革命黨人亦有往來，絕不可被窄化為孫中山一派。
《寰球》會史中未提到的一件事，就是 1915 年康有為
被推為寰球中國學生會名譽會長。這事見於 1915 年 3
月 8 日《申報》之〈寰球中國學生會第十次年會紀〉：

　　會長〔鍾紫垣〕報告會務後，由康有為演說。……
　　詞畢由李登輝代表舉康有為名譽會長。[73]

此事極可能是李登輝促成。這事不見載於會史，必是因
1917 年張勳復辟，康有為扮演了重要角色之故。由此
可見，當日期刊也不盡依史直錄。近年鄧爾麟為我們
揭開了李登輝和康有為維新運動的淵源，才使這段歷史
公諸於世。[74]

　　〈李登輝先生行狀〉（以下簡稱〈行狀〉）之撰
寫，則似以 1936 年版《中國名人錄》之〈小傳〉為架

---

73 〈寰球中國學生會第十次年會紀〉，《申報》，上海，1915 年 3
　　月 8 日，版 10。

74 Jerry Dennerline, "*Lee Teng Hwee, Ho Pao Jin, and Educational Reform in
　　Malacca, Singapore, Shanghai and Beyond, 1885-1945*", p. 70.

構，再增補相關人物及歷史細節。其敘述主軸，則以復旦為重心。今據《民國人物碑傳集》收錄之〈行狀〉，錄至 1919 年止：

先生諱登輝，字騰飛，福建同安人，……生……於荷蘭屬爪哇巴達維亞郊外之紅巴村（Parmera）。先生年十五歲（1877），赴新加坡讀書，十九歲赴美國，入沃海渥威斯雷陽大學（Wesleyan University），嗣轉入耶魯大學，二十七歲（1899）得文學士學位，翌年至檳榔嶼，任英華書院英文部主任，會中山先生集會提倡革命，先生與焉。三十歲（1902）年回吧城，任耶魯學校校長。光緒三十一年（1905）先生年三十三歲，返國至上海。是年秋，馬相伯先生創立復旦公學於吳淞，延先生為總教習，先生樂育英才，畢生盡瘁，實從此始。後嚴又陵、夏劍丞、高夢旦先生相繼任監督，先生為教務長，凡延聘教師，規劃課程，由先生一人主持。又與顏駿人、王儒堂、曹雪賡諸先生創辦寰球中國學生會，先生為會長凡十年。三十三年（1907）與湯佩琳女士結婚。……〔宣統〕三年（1911）任《共和西報》（Republic Advocate）主筆，兼任教中國公學。革命軍興，武漢軍政府黎宋卿都督邀先生主持外交，不赴。南北議和，為南方代表伍秩庸博士顧問。中華民國元年（1912），復旦公學遷徐家匯。翌年馬相伯以老倦勤，時校董會初成立，董事長中山先生等乃推先生為校長。六年〔1917〕復旦公學改組為大學，設文、理、商

三科。是年冬，赴南洋諸地募捐，七年返國，八
年受聖約翰大學名譽博士學位。[75]

〈行狀〉敘及的人物，披露李登輝一生的三個社會網
絡：一，南洋華僑及福建同鄉，包括：嚴復（又陵）、
夏敬觀（劍丞）、高鳳謙（夢旦）三位閩人；伍廷芳（秩
庸），是生於新加坡的粵人。二，美國留學生及耶魯校
友，有顏惠慶（駿人）、王正廷（儒堂）、曹錫庚（雪
賡）三位。三，政治活動的連繫，〈行狀〉兩次提及
孫中山，強調了李登輝和革命黨的淵源；但也寫到其
他政治人物，包括馬良（相伯）、黎元洪（宋卿）
等，更述及李登輝辛亥年任伍廷芳「顧問」。

最後〈行狀〉綜括其立身根本：「奉基督教甚虔，
而罕以強聒人，尤喜言德謨克拉西。……其教學生，
誘掖獎勸，必使信而後從。其所恆言，謂必肯犧牲乃
有為，必樂服務乃有用，必能團結乃有力，而以不自
私為之綱。」[76]聶雲台嘗概括在五四時期復旦師生的表
現，稱道校長李登輝的領導，展現「放棄小我而為國家
社會謀利益的精神，是謂復旦精神。」[77]正是李登輝所
說「犧牲」、「服務」、「團結」精神之表現。如此看
來，李登輝苦心經營復旦，遂以校長之立身宗旨，化為
一校之核心精神。五四前後，正是「復旦精神」煥發的
時期，在近代史上留下深刻印記。

---

75 〈李登輝先生行狀〉，收入卞孝萱、唐文權編，《民國人物碑傳
集》，頁 346-347。
76 〈李登輝先生行狀〉，頁 348-349。
77 吳玉書，《金玉全緣》（臺北：尚華工業公司，1981），頁 35。

再把〈小傳〉和〈行狀〉對讀，可以發現它們之不同側重點。首先，〈小傳〉全面反映傳主的社會活動，尤其重視他和海外華僑及洋人關係；〈行狀〉突出他和復旦大學的連繫，以此作為其終生志業。其次，〈小傳〉述及李登輝早年生活，提到他在南洋涉入康有為維新運動，而完全不提孫中山；〈行狀〉卻略去李登輝和康有為關係，強調李登輝和孫中山早有淵源。第三，〈行狀〉提及與李登輝共同創辦寰球中國學生會諸友，舉顏惠慶、王正廷、曹雪賡三位，卻未提到宋耀如（宋子文及宋美齡父親）。[78] 這一省略耐人尋味，傳說李登輝晚年與蔣介石、宋美齡家族頗有距離，或許有幾分真實。[79] 第四，〈行狀〉對李登輝 1918-1922 年領導國民外交運動及上海學潮，幾乎一字不提，只說他「一生致力教育，而對發揚文化、研究學術、愛國運動、社會福利等事業，無不力予贊助」。[80] 這或許因 1920 年以降學潮雖風起雲湧，但漸非五四運動舊範。昔日風雲人物李登輝，且轉成學生批判對象。[81] 查為《哀思錄》「編閱文稿」者，為校友「章友三、金通尹、應成一、蔣清

---

78 李登輝秘書李英伯口述李登輝創辦寰球中國學生會經過，在顏、王、曹三氏之外，尚提及「宋院長之封翁」，即宋子文父宋耀如。李英伯，〈我所崇拜的李老校長〉，頁 478。故此，推測〈行狀〉省略是有意為之。

79 章益說李登輝晚年對國民政府行政效率不彰及貪污不滿。章益，〈追慕騰飛夫子〉，頁 475。朱仲華則說蔣、宋夫婦對李登輝十分禮遇，但李氏晚年與蔣、宋疏遠。朱仲華、陳于德，〈復旦校長李登輝事迹述要〉，頁 144。

80 〈李登輝先生行狀〉，頁 348。

81 復旦校友奚玉書 1936 年擔任董事，嘗親往解除李登輝被學生圍困之急，記李登輝脫險後老淚縱橫。奚玉書，《金玉全緣》，頁 61-62。

凡、沈鹿文諸君」。[82] 章益（友三）身為復旦校長，即
使不是〈行狀〉執筆者，也必審閱文字。當時同樣為
學潮焦頭爛額。時移勢易之變化，誠令人有滄海桑田
之感。

　　至於〈行狀〉強調李登輝的「革命」歷史，只能說
是時代的反映。《哀思錄》收錄〈國府褒揚令〉，即說
李登輝「襄贊革命」。[83] 但〈行狀〉似欲還原李登輝更
豐富的人際網絡，故雖兩次提到孫中山，卻交代李登輝
仍有其他政治網絡。惟在後來的敘事中，人們僅突出孫
中山。[84] 就如許德珩說他 1913 年冬至 1915 年在上海中
國公學就讀，教職員和學生不少人是革命黨，又說教
務長李登輝也是同盟會員。[85] 其實中國公學是立憲派支
持的學府，民元一度由熊希齡任校長。[86] 該校 1912 年
10 月董事成員也是：「張謇、黃興、羅貽、夏敬觀、
王正廷、于右任、馬君武。」[87] 另如章益說辛亥以後，

---

82 老校長紀念工作委員會編，《李登輝先生哀思錄》，頁 469-512。

83 〈國府褒獎令〉，收入老校長紀念工作委員會編，《李登輝先生
哀思錄》，頁 469。

84 對孫中山和李登輝關係渲染最多，牽混史事亦最多的一篇，是陳
于德〈孫中山與復旦公學監督李登輝博士〉，收入全國政協文史
資料委員會編，《文史資料存稿選編：東征北伐》（北京：中國
文史出版社，2002），頁 185-186。

85 許德珩，《許德珩回憶錄——為了民主與科學》（北京：中國青
年出版社，2001），頁 15-16。

86 葉景葵，〈鳳凰熊君秉三家傳〉（1945.1），收入葉景葵撰、柳
和城編，《葉景葵文集》，上冊（上海：上海科學技術文獻出版社，
2016），頁 138。

87 張謇，〈與黃興等呈財政部電〉，收入《張謇全集》編纂委員會編，
《張謇全集》，第 2 卷，頁 347。

李登輝「與革命黨人往還甚密」。[88] 實則 1911-1913 年李登輝參與的政治活動，都落在伍廷芳和唐紹儀的網絡內。伍、唐和孫中山一度合作，卻未可視為親密無間。相較之下，李登輝與伍廷芳更為接近。〈行狀〉謂其於辛亥議和時，曾為「伍秩庸博士顧問」，可見兩人關係不淺。而伍、唐對孫中山評價不高，與英美傳教士及青年會西幹事意見相近。[89] 在法律問題上，伍廷芳更因姚榮澤、宋漢章二案，與孫中山系陳其美爭執公開化。[90] 1912 年 3 月起，伍廷芳和孫中山疏遠長達八年之久，在政治上很難說是同志。[91] 就復旦一校而言，孫中山雖曾任董事長，但為時甚短。五四前後，唐紹儀任復旦董事會主席，時間更長，扶助更多。〈行狀〉一字不提唐紹儀，實以其晚年行跡尚存爭議，故避而不談。

越三十多年，《復旦大學志》之〈李登輝傳略〉（以下簡稱〈傳略〉），則又面對另一世代讀者。〈傳略〉參考〈小傳〉及〈行狀〉，再佐以多種材料。對史實頗加補正，但仍有偏蔽。茲以 1919 年為下限，略舉

---

88 章益，〈追慕騰飛夫子〉，頁 475。

89 二次革命後，傳教士及青年會幹事對孫中山評價低落，認為他不顧現實而魯莽，是一個危險人物。青年會總幹事巴樂滿就對袁世凱不滿，對孫中山也感失望。參考張忠正，〈美國在華傳教士對孫逸仙與辛亥革命的態度〉，頁 6-29。

90 《伍（秩庸）先生文牘》收錄往返函牘數十通，「發法律之精意，為民權之保障」，即針對陳其美而發。伍廷芳，《伍先生（秩庸）公牘》，收入沈雲龍主編，《近代中國史料叢刊》，第六十六輯（臺北：文海出版社，1971），頁 3、50-119。姚榮澤案的原委經過，可參考孫慧敏，《制度移植：民初上海的中國律師（1912-1937）》（臺北：中央研究院近代史研究所，2012），頁 139-154。

91 張禮恆，《從西方到東方——伍廷芳與中國近代社會的演進》（臺北：臺灣商務印書館，2003），頁 252-276。

其中重要者說明。首先，作者指出 1905 年李登輝甫到
上海，就參加曾鑄領導的抵制美貨運動，並為此發起寰
球中國學生會。接著，說明李登輝在清末鼓吹革命，辛
亥以後，兩次邀請孫中山到寰球中國學生會演講。第
三，指 1906 年李登輝經顏惠慶、于右任介紹，入復旦
任教。第四，1907 年，李登輝因宗教信仰關係，與湯
仁熙牧師之妹佩琳結婚。在夫人影響下，幾年後不僅能
說中文，更能操上海方言。第五，辛亥革命發生後，李
登輝辭謝黎元洪湖北之電，改薦王正廷。第六，1912
年，李登輝和唐紹儀及伍廷芳在上海組織「宏濟會」，
曾集會數次後被袁世凱勸令解散。第七，1913 年，復
旦董事會推王寵惠為董事長，以李登輝為校長。第八，
1918 年 1-6 月，李登輝親赴南洋籌款，經唐紹儀介紹，
得富商黃奕住、南洋煙草公司簡氏兄弟資助，為復旦拓
展江灣校區奠定財務基礎。上述諸說，為李登輝形象增
添了血肉。整體來看，作者還原了李登輝的基督教網
絡，也補充了唐紹儀、伍廷芳、王寵惠的角色。惟其缺
點為不脫反美色調，與當日實況頗有隔閡。例子之一，
在宣稱李登輝「鑑於上海基督教青年會為美國人所控
制」，另外成立寰球中國學生會，卻不交代李登輝隨後
任青年會董事多年。例子之二，在指出五四風潮中，
「聖約翰大學附中等教會學校，壓制、開除愛國學生。
李登輝對被開除的學生，撫慰有加，准予轉學復旦大
學。約翰校長卜舫濟捫心有愧，……這年，授予李登輝
名譽文學博士的學位」，則也不曾理解李登輝和卜舫濟

的實質關係。[92]

　　錢益民《李登輝傳》的最大貢獻，在不僅還原了李
登輝與青年會的關係，更指出李登輝在滬事業以青年會
為基礎。茲引其說：

> 1904 年冬，……李登輝加入了上海基督教青年
> 會，在那裡先安頓下來。上海青年會與日後李登
> 輝從事的諸多事業有密切關係，李本人也擔任要
> 職……。加入上海青年會，李登輝找到了精神上
> 的皈依，得以結交志同道合的朋友，開始逐漸融
> 入以外國傳教士、歸國留學生和本國基督教徒為
> 主的上海中國社會。[93]

這一描述，才真正揭示了李登輝在上海發展的基礎。他
稱寰球中國學生會與復旦大學，為李登輝親手栽培的「孿
生兄弟，親密無間，互為奧援」，[94] 也堪稱比喻貼切。
對李登輝和復旦一校背景，有撥開雲霧見青天之功。

　　錢益民為何能清楚揭此一底蘊？翻閱該書附錄的章
益、趙世洵二文，以及作者引用的文章，可知是李登輝
親近學生之追述，使他明白李登輝和青年會之密切關
係。不過，認清青年會是李登輝在滬上事業的基礎，仍
不能不說是錢益民的貢獻。他對上海青年會的認識雖欠

---

92 〈李登輝傳略〉，頁 248、251。朱仲華、陳于德，〈復旦校長李
　　登輝事迹述要〉，頁 139。章益，〈憶老校長李登輝先生〉，頁
　　152。聖約翰贈予李登輝榮譽文學博士在 1919 年 11 月 15 日，章
　　益誤作 1928 年。參見：〈教會大事記〉，收入中華續行委辦會編
　　訂，《中華基督教會年鑑（1921）》，第 6 冊，頁 34。

93 錢益民，《李登輝傳》，頁 32-33。

94 錢益民，《李登輝傳》，頁 32-45。

深入，對寰球中國學生會的介紹也頗有錯誤，但瑕不掩
瑜，其說廓清了多年籠罩在李登輝身邊的迷霧，把復旦
校史帶入豁然開朗的天地。另章益晚年〈憶老校長李登
輝先生〉一文，則尚有綜括說明：「李先生本人篤信基
督教義……。當時上海基督教青年會中人，遇事常向李
先生請教，對他極其敬重。」[95] 由此可見，李登輝和青
年會的關係，延續了相當長的時段。

　　另錢益民書收錄的趙世洵〈一位偉大的教育家——
記復旦大學校長李登輝〉，發表在 1975 年。是文對李登
輝和王正廷、余日章的友誼，記述尤多。趙世渝 1930
年代入復旦，為團契會友，曾蒙李登輝特別照顧。是文
披露李登輝晚年的宗教生活和社會交際，最為珍貴。趙
世洵一度經李登輝向青年會總幹事陸幹臣推薦，出任青
年會幹事，故對李氏與青年會交際所知較他人為多。他
說明：

> 上海中華基督教青年會，李校長一直是董事。早
> 年中華基督教青年會全國協會的活動，總幹事是
> 王正廷先生（字儒堂，浙江寧波人，1881-1961
> 年，民國十一年任外交總長，民國廿年，任國民
> 政府外交部長，民國廿五年至廿七年任駐美大
> 使）和主持基督教學生運動的余日章先生都和李
> 校長有密切的來往……。[96]

趙世洵文還提及李登輝秘書季英伯告知他一個秘辛：

---

95 章益，〈憶老校長李登輝先生〉，頁 152。
96 趙世洵，〈一位偉大的教育家——記復旦大學校長李登輝〉，頁
　240-241。

1922 年黎元洪第二度出任總統，薩鎮冰力保李登輝為
外交總長，李登輝改薦王正廷。趙世洵為此詢問李登
輝，李登輝謙稱王正廷早在巴黎和會就露出鋒芒，毋
須他推薦。趙世洵說，王正廷一直尊稱李登輝為「大
哥」，對這位耶魯學長十分敬重。[97]

（4）青年會網絡

　　李登輝的青年會網絡，尚有許多記述可資佐證。寰
球中國學生會檳榔嶼支會會長伍連德，是李登輝的至交
好友。他的回憶錄提及 1908 年初訪上海，被李登輝介
紹入其密友圈，獲識曹雪賡和顏惠慶：

> 通過李登輝夫婦，我們結識了曹福賡（Tsao Fu-
> Keng）〔按：誤，應為曹雪賡，福賡為雪賡胞弟〕
> 夫婦，他們是美國基督教會非常虔誠的信徒。曹
> 先生姓名的英文縮寫 SK，他的名字在當時和以
> 後很長一段時間與基督教青年會（YMCA）緊密
> 相連。……在基督教青年會成立以前，學者和商
> 界人士彼此之間很少、甚至沒有社交往來。他們
> 各自專注於自身的事務，從未想到要在體魄和道
> 德方面共同進步。……該會和後來成立的基督教
> 女青年會一起，在遼闊的中國男女青年中，廣為
> 傳佈 "Mens sana in corpore sano"（拉丁語：
> 「健康的心智寓於健康的體魄之中。」）的基本

---

97 趙世洵文兩度提及此事，不慎牽混史事。但李、王關係密切，可
　以無疑。趙世洵，〈一位偉大的教育家——記復旦大學校長李登
　輝〉，頁 242、260。

> 信條。……我也在此時認識了顏惠慶。……這位
> 才華橫溢的學者和政治家，後隨伍廷芳博士前往
> 華盛頓任中國公使館的二等秘書三年……。[98]

顏、曹、李三人，都以上海青年會為共同事業。李加入稍晚於曹、顏二人，隨後他們又一同創辦了寰球中國學生會，一生事業頗多關涉。[99] 曹雪賡夫人殷貞柏也是李登輝婚事的介紹人。[100] 從顏惠慶日記可知，1908 年，顏惠慶作為伍廷芳隨員赴美，從此展開其外交生涯，與上海諸友連絡不斷。[101] 曹雪賡弟雲祥（Y. S. Tsao），也是青年會幹事出身。他後來追隨步表哥顏惠慶榜樣，步入外交界。在顏惠慶提攜下，先後出任駐倫敦領事館二等參贊、總領事。[102] 1919 年，顏惠慶作為中國代表團成員在巴黎，曹雲祥與曹雪賡、李登輝在上海，在五四風潮中聲氣相通，共同戮力國事。

曹雪賡、曹雲祥兄弟和顏惠慶的關係，以及聖約翰和青年會的淵源，也可略加述說。曹雪賡兄弟為蘇州監理會牧師曹子實子，母親為聖公會牧師顏永京妹，顏永

---

98 伍連德著，程光勝、馬學博譯，《鼠疫鬥士──伍連德自述》，上冊（長沙：湖南教育出版社，2011），頁 321-324。伍連德謂李登輝受湯佩琳影響信仰基督教，卻有誤。

99 唐紹明《清華校長唐國安──一位早期留美學生的報國之路》一書，也詳述傳主唐國安（介臣）與李登輝、曹雪賡、顏惠慶的友誼，揭示《青年會報》、《南方報》、《寰球》編者均留美歸國學生。唐紹明，《清華校長唐國安──一位早期留美學生的報國之路》，頁 176-212。綜合來看，唐紹明書和錢益民書描述的是同一網絡。

100 錢益民，《李登輝傳》，頁 67-68。

101 詳見：顏惠慶著、上海市檔案館譯，《顏惠慶日記》，第 1 卷（北京：中國檔案出版社，2006）。

102 *Who's Who in China (1925)*, pp. 741-742.

京即顏惠慶父親。因此，顏惠慶和曹雪賡兄弟是表兄弟，且都是聖約翰書院校友。[103] 顏惠慶留美後，又回到聖約翰任教。1900 年 1 月上海青年會成立，由黃佐庭（聖公會第一位華人牧師黃光彩之子，也是聖約翰校友，姐夫卜舫濟）為會長，顏惠慶為副會長，唐介臣（聖約翰教員，唐紹儀侄）為會計，曹雪賡為書記及執行幹事。[104] 青年會與聖約翰的淵源，於斯可見。校長卜舫濟本人，也一直與青年會有密切連繫。隨後，曹雪賡不但成為上海青年會首位華人幹事、總幹事，還在 1901 年創辦青年會中學（YMCA Day School），自任校長十餘年（1901-1915），繼任者為朱樹翹（聖約翰校友，1901 年畢業）、瞿同慶（聖約翰校友，1904 年畢業）。[105] 該校聲譽甚好，教授商業英語，又陸續開授應用課程：英文簿記、英文打字科目，學生從五十人增加到五四前約 500 人，畢業生多入聖約翰大學。曹雪賡的職業生涯，與李登輝相似，關心政治而不入政界。五四風潮起，上海青年會被認為支持學生運動，與曹雪賡態度很有關係。李登輝和曹雪賡的友誼，必起了重要作用。

　　李登輝與王正廷及王寵惠的關係，也可一併論之。錢益民指出李登輝、王正廷、王寵惠三位耶魯校友的情

---

103 黃光彩、顏永京、曹子實等的家族史，參閱羅元旭，《東成西就──七個華人基督教家族與中西交流百年》，頁 80-133。

104 上海青年會創辦人歷史及社會網絡，參考張志偉，《基督化與世俗化的掙扎：上海基督教青年會研究（1900-1922）》，頁 49-59。

105 〈聖約翰大學歷屆畢業生、肄業生名錄〉，收入熊月之、周武主編，《聖約翰大學史》，頁 454。

誼，卻未注意他們在五四時相互策應的默契。羅元旭對
基督教家族史研究，提供了很多重要消息。例如指出二
王都是牧師之子，李登輝與他們相識甚早。李登輝與王
正廷弟正序，還是連襟關係。[106] 辛亥革命爆發後，二
王襄佐伍廷芳辦理外交，[107] 雙雙進入唐紹儀內閣，分
掌外交、工商二部。李登輝為伍廷芳「顧問」，諸人顯
然聲氣相通。民初，王正廷任青年會全國協會總幹事，
李登輝及王寵惠入為董事。李登輝創辦寰球中國學生
會，二王分任副會長及徵求團長。王寵惠改組復旦董事
會，提出聘李登輝為校長，而自任副校長，王正廷則入
為董事。由此看來，二王和李登輝的事業，處處相互提
攜。青年會、寰球中國學生會、復旦大學，是他們共同
參與的社會團體。就外交事務看，三人也有呼應之跡。
五四時，王正廷在巴黎擔任中國全權代表，王寵惠在北
京為國民外交協會理事（兼北大講師），李登輝在滬為
國民外交後援會會長。巴黎—北京—上海三地，密電通
訊，主張一致，都屬五四風雲人物。

（5）報業及涉外事務

李登輝之所以與聞涉外事務，也與粵閩籍南洋華僑
網絡有關。這使他甫到滬上，先後與曾鑄、伍廷芳等名
流結合。在曾鑄引薦下，被引納入東南集團之中，得到

---

106 李登輝夫人湯佩琳妹湯藹林，嫁王正廷弟正序。羅元旭，《東成西
　　就——七個華人基督教家族與中西交流百年》，頁 294-295。

107 趙世洵，〈一位偉大的教育家——記復旦大學校長李登輝博士〉，
　　頁 260。端納（W. H. Donald）口述、澤勒著，《端納回憶錄》（北
　　京：東方出版社，2013），頁 39-41。

信任和倚重。他創辦的寰球中國學生會，自始即涉入抵
制美貨風潮，以民意為政府外交後盾，在輿論宣傳上初
試身手。

　　事實上，曾鑄作為李登輝的伯樂，不但是1905年
抵制美貨運動的領袖，也是復旦公學發起人之一。曾
鑄，福建同安人，成長於新加坡，在滬經商有年，為閩
幫領袖。[108] 李登輝初抵滬上，即佐曾鑄發動抵制風潮。
同時，在曾鑄介紹下，入復旦為教員。于右任追憶：

> 〔復旦〕籌備處在大馬路張園附近，借得房屋一
> 所，屋系友人新建者，設備良好，有浴室。時滬
> 市發生抵制外貨運動，南市商會會長〔按：似誤〕
> 曾少卿為之首。曾以天熱，夜歸南市不便，予勸
> 其住籌備所中。曾又介紹一青年學者來住，即李
> 登輝先生也。時李先生自耶魯畢業，……生長異
> 域，於中國語文不悉，半年相處，李國語進步極
> 速。母校成立，乃恭推李先生為文科英文系主任，
> 後兼任教務長。[109]

此說與馬相伯憶李登輝入復旦是顏惠慶推薦，[110] 兩說
可並存而不抵觸。顏惠慶也原籍福建，祖父避戰亂而
流落上海，後賴同鄉相助而得安頓。[111] 他和李登輝相
熟，可能也有同鄉作用。

108　黃賢強著、高俊譯，《1905年抵制美貨運動──中國城市抗爭
　　的研究》，頁34。
109　轉引自錢益民，《李登輝傳》，頁54。
110　復旦大學校史編寫組編，《復旦大學志》，第1卷，頁44。
111　顏惠慶著，吳建雍等譯，《顏惠慶自傳──一位民國元老的歷
　　史記憶》，頁1、20-21。

　　1905 年，美國發佈排外法案，對閩、粵華僑影響
最大，故上海廣肇公所及漳泉會館反應最強烈。李登輝
與顏惠慶等發起寰球中國學生會，呼籲美國撤回法案。
1918 年《寰球》之〈本會十三年董事姓氏表〉，記早
期會史而未提抵制風潮，當是彼時氣氛改變，滬上名流
方鼓吹聯美，對這段歷史略而不提。[112] 但《山鐘集》
收載抵制風潮重要文獻，可從中得見寰球中國學生會創
始會員的作用。蘇紹柄〈一九零五年反美運動各地開會
日表〉記：5 月 10 日，上海商務總會集議，曾鑄發起
抵制第一聲。12 日，廣幫集議於廣肇公所。14 日，建
幫集議於泉漳會館。[113] 12 日大會，在廣肇公所：

> 先由鄭〔觀應〕君布告集議緣由，並言欲合大群
> 以實行抵制之法，當先各去其私心。次由凌君潛
> 夫演說。凌君現在李京堂處充當譯員，曾寓美國
> 十餘年，就職海關者四年，於美國虐待華旅情形
> 習聞慣見，今為一一述其慘狀，其言之親切哀痛，
> 聽眾有為之下淚者。……繼有安徽人方守六為茶
> 磁公司副總辦，去年赴聖路易賽會曾受美國種種
> 留難，即將其所身歷之境慷慨陳詞……。[114]

凌潛夫、方守六，都是寰球中國學生會創始會員。1905

---

112 1917 年寰球中國學生會在機關報刊出〈本會歷史節要〉，也絕
　　口不道早期會員參與抵制美貨運動情形。〈本會歷史節要〉，
　　頁 8（十）。
113 蘇紹柄，〈一九零五年反美運動各地開會日表〉，《近代史資
　　料》，1954 年第 1 期，頁 13-25。是刊編者按語對滿清政府、上
　　海商會、曾鑄的批判，自不可以學術語言觀之。
114 蘇紹柄，〈一九零五年反美運動各地開會日表〉，頁 15。

年9月8日，寰球中國學生會有特別大會。10月15日，
寰球中國學生會及上海商學會等五團體又各開會議。[115]
9月8日之會由李登輝主持，顏惠慶等演說廢除工約之
主張。翌年8月，李登輝更以 THL 署名，發表〈抵制
──一個中國人的意見〉於《南方報》。[116] 留美學生在
這次風潮中身當前鋒，事蹟顯然。

　　依據黃賢強研究，抵制美貨風潮擴展到南洋一帶。
林文慶在新加坡，伍連德在檳榔嶼，相與鼓吹。[117] 寰
球中國學生會成立新加坡、檳榔嶼等地支會，即以他們
為領袖。[118] 李登輝的南洋網絡，在其中發揮了作用。
林文慶、伍連德為留英醫學博士，是海峽殖民地華人領
袖。[119] 他們作為海峽殖民地華僑精英，後來亦如李登
輝一樣，先後回中國發展事業。由於中國政治情勢多
變，他們的政治傾向亦流動不居。如林文慶，從康有為

115 蘇紹柄，〈一九零五年反美運動各地開會日表〉，頁21、23。

116 李登輝，〈抵制──一個中國中的意見〉，《南方報》，1905
　　年8月26日，轉引自：唐紹明，《清華校長唐國安──一位早
　　期留美學生的報國之路》，頁280-281。

117 黃賢強著、高俊譯，《1905抵制美貨運動──中國城市抗爭
　　的研究》，頁81-87。

118 〈本會十三年大事記（1905年-1917年）〉，《〔寰球〕第八
　　次徵求號》，1918年，頁11-12。

119 林文慶祖籍福建廈門，生於新加坡。伍連德祖籍廣東，生於馬
　　來西亞檳榔嶼。林、伍生平頗多相似，都是英女皇獎學金獲獎
　　人，赴英獲醫學博士，其後結為連襟，關係更深一層。據說英
　　國人對他們頗為疑忌，是後不復選華童赴英入學。參考伍連德
　　著，程光勝、馬學博譯，《鼠疫鬥士──伍連德自述》，上冊，
　　頁276-278、292-293。Wu Yu-lin, *Memories of Dr Wu Lien-teh, Plague
　　Fighter* (Singapore: World Scientic, 1995), p. 24. 錢益民，《李登輝
　　傳》，頁25-26。黃炎培著、中國社會教學院近代史研究所整理，
　　《黃炎培日記》，卷1，頁308。

的保皇黨徒（1898），到脫離康黨（1901）成清政府代
表，再一變為同盟會會員（1906），辛亥時任孫中山
大總統秘書，1916年又出任北京政府外交顧問。[120] 在
五四前後，林文慶、伍連德和李登輝三人，關係仍然密
切。海外華僑愛國心切，調整政治關係，以遂其報國之
志，並非不可理解。

李登輝的南洋背景，又使他接近伍廷芳。伍連德
初見伍廷芳的印象是：「他讓我想起原來他也是來自
海峽殖民地的 "Peranakan"」（馬來語：當地出生的華
人）」。[121] 李登輝應有同感，因而倍感親切。伍廷芳
兩度出任駐美公使（1897-1902，1907-1909），第一次
適當李登輝在美求學，第二次則李登輝摯友顏惠慶出任
伍廷芳隨員。因此，李登輝對伍廷芳應不陌生，進一步
熟悉或在伍氏息影滬上時。顏惠慶稱道伍廷芳辦外交有
兩大重點：（一）強調中國在努力學習民主國家的進程
中，取得顯著進步。（二）強調中國對富裕工業國家來
說，是其產品的最大潛在市場。[122] 李登輝對伍廷芳的
看法，大概與顏惠慶相去不遠。1909年，寰球中國學
生會舉伍廷芳為榮譽會長，必有會長李登輝支持。

辛亥兵起，列強以英國態度最為關鍵，各方均視伍
廷芳為關鍵人物。陳其美敦請伍氏任上海都督府外交代

---

120 程光裕，〈林文慶〉，收入秦孝儀主編，《中華民國名人傳》，
　　第2冊（臺北：近代中國出版社，1984），頁151-153。

121 《鼠疫鬥士——伍連德自述》，上冊，頁339。

122 顏惠慶著，吳建雍等譯，《顏惠慶自傳——一位民國元老的歷
　　史記憶》，頁67。

表，張謇等亦邀伍廷芳為南方政府外交代表，兼南北議
和之南方總代表。[123] 李登輝直接涉足政治在此時期，
所謂出任伍廷芳「顧問」之說，或有誇大之嫌；但其與
伍氏關係密切，似可以無疑。[124] 據《辛亥革命在上海
史料選輯》所見，李登輝的政治活動落在伍廷芳、唐
紹儀網絡內，進而與張謇集團多有關涉。伍廷芳、張
謇等號召成立「中華民國聯合會」（The Association of
Republic China），李登輝列名發起人之一，開會地點
在江蘇省教育會。「中華民國聯合會」章程，即由李登
輝起草。當時朱少屏亦涉足其間，負責聯絡華洋報界。
該會後來改稱「統一黨」、「共和黨」，再演變為「進
步黨」，與「國民黨」分庭抗禮。李登輝也曾列名張公
權組織的「國民協會」發起人，推溫宗堯為總幹事，唐
紹儀為總理。又參加過「民社」（後與「統一黨」等團
體合作，改組為「共和黨」），與黎元洪、王正廷等同
為發起人。又參加「大同民黨」之「大同公濟總會」，
與伍廷芳、黃興、李平書、聶雲台等列名贊成員。[125]
吳雙人說他還發起過「中華共濟會」，後因有同名團
體，改稱「宏濟會」，組織者為唐紹儀、伍廷芳、鍾文
耀等。[126] 當時政治團體林立，李登輝與粵系人物伍廷

---

123 觀渡廬編，《共和關鍵錄》，收入沈雲龍主編，近代中國史料
　　叢刊續編第八十六輯（臺北：文海出版社，1981。）
124 章益說李登輝一生專心辦學，「從來不涉足於政治，不同達官貴
　　人往來」，並不正確。章益，〈憶老校長李登輝先生〉，頁 150。
125 上海社會科學院歷史研究所編，《辛亥革命在上海史料選輯（增
　　訂版）》（上海：上海人民出版社，2011），頁 651-661、687-
　　689、713-717、719-720、1031。
126 吳雙人說，此會「加入者分內外兩圈，任己意選擇，集會數次，

芳、唐紹儀、鍾文耀等接近。他們在晚清號稱幹吏，
負責外交、郵傳（民國改名：交通部）等重要部門。
李登輝和粵系集團親近，使他與聞報業及涉外事務。
貝德士（M. S. Bates）查得李登輝歸國後「在多家報刊
任編輯，也從事一些政治活動。」[127]的確，李登輝與
顏惠慶、唐國安等共同編輯過《寰球中國學生會報》
（1906.7-1907.6）及《南方報》（1905.8-1908.2）。[128]
1911年他又出任《共和西報》主筆，《共和西報》經
理及副主筆是孔天增。宋教仁案發生後，該報支持袁
世凱政府，認為孫中山派黨見太深。[129]此外李登輝與
《大陸報》也有淵源。錢益民〈李登輝年譜簡編〉1911
年8月條，引陳旭麓等主編《中國近代史辭典》：

> 美國人密勒（Thomas Millard）在上海創辦《大
> 陸報》（China Press），李登輝與朱少屏、伍廷芳、
> 聶雲台等參與籌備，並被舉為該報董事。[130]

聲勢漸盛。旋為袁世凱所悉，以為實有異圖，於彼不利，專人
來上海，勸令解散，遂無形停頓。」吳雙人，〈記李登輝先生〉，
收入李老校長紀念工作委員會編，《李登輝先生哀思錄》，頁
489。他所說另一「同名團體」，疑指「國事共濟會」。「國事
共濟會」活動，可參考桑兵，《旭日殘陽》（桂林：廣西師範
大學出版社，2018），頁25-87。

127 貝德士（M. S. Bates）輯、劉家峰譯、章開沅校，〈中國基督徒
名錄〉，收入章開沅、馬敏主編，《社會轉型與教會大學》（武
漢：湖北教育出版社，1998），頁385。

128 唐紹明，《清華校長唐國安——一位早期留美學生的報國之
路》，頁201-212。

129 李登輝，〈亡友孔天增君略傳〉，《學生會會報》，第2期（1915），
頁15。〈孔天增來函〉（1913.3.23），收入駱惠敏編、劉桂梁等譯，
《清末民初政情內幕——《泰晤士報》駐北京記者袁世凱政治顧
問喬・厄・莫理循書信集》，上冊，頁115-116。

130 此條資料被普遍引用，包括：錢益民，《李登輝傳》，頁286-

《大陸報》在美國註冊，但報人戈公振自始即為中美合資，由「美人密勒（F. Millard）等所創辦，華人亦有若干股份」。[131] 另一位報人董顯光說，《大陸報》是美國新聞記者密勒和前中國駐美公使伍廷芳合資創辦。董氏是 1930 年《大陸報》改組後主編，所說自有依據。[132] 近年顧德曼（Bryna Goodman）進一步指出，《大陸報》表面上在美國特拉華州註冊，實則是清政府花四至六萬美元認購原始股份，把股權委託伍廷芳管理。[133] 日本外務省的調查報告，則指《大陸報》為「英美煙草公司和伍廷芳等為出資者」。[134] 不論哪一種說法，伍廷芳都是重要關係人。

　　事實上，《大陸報》的其他華人股東，尚有唐紹儀、唐露園等。報人鮑威爾自傳透露，《大陸報》創辦時，唐紹儀等上海名流及銀行家一同認股。後來英國人背景的《字林西報》（North China Daily News）施以種種手段，逼使若干股東退出。鮑惠爾唯一提及其名之股東，是創辦現代銀行的「F. C. 唐（Tong）」，疑

287。《上海中華職業教育社志》編纂委員會編，《上海中華職業教育社志》，頁 319。

131 戈公振，《中國報學史》（北京：中國新聞出版社，1985），頁 73。

132 董顯光著、曾虛白譯，《董顯光自傳：一個中國農夫的自述》（臺北：臺灣新生報社，1973），頁 83。

133 顧德曼（Bryna Goodman），〈上海報紙的跨國現象〉，收入上海市檔案館編，《租界裡的上海》（上海：上海社會科學院出版社，2003），頁 111。

134 外務省政務局，〈支那二於ケル新聞紙二關スル調查〉（明治四十五年六月調查），收入許金生主編，《近代日本在華報刊通信社調查史料集成（1909-1941）》，第 1 冊，頁 225。

為唐元湛（Y. C. Tong）之誤。[135] 唐元湛，即 1907 年起
長期出任寰球中國學生會副會長的唐露園，與李登輝
關係親密。推測《大陸報》創辦時，李登輝便與聞其
事。當時上海另有一份《中國公論西報》（*The National
Review*），日人查得主持人為「中國電報局長，廣東
人唐元堪〔湛〕（號露園）」，言論以抵制日本為特
色。[136] 上一章已經指出，在政治系統上，唐元湛是唐
紹儀心腹，可稱其駐滬耳目。因此，李登輝和唐紹儀的
關係，可能以唐元湛為中間人。馬光仁《上海新聞史》
又有一說，指《大陸報》「中方投資人出面的為前出使
英國大臣伍廷芳及滬寧鐵路總辦鍾文耀」。[137] 此說暗
示中方尚有其他匿名出資者。鍾文耀（紫垣），也是唐
紹儀系，出任過寰球中國學生會會長、副會長，與李登
輝相熟。至於被點名的聶雲台、朱少屏、李登輝等，則
可能是報務的實際負責者。聶雲台，或負責籌財務，李
登輝負筆政之責，朱少屏則連絡各報。茲又見外商企
業史研究指出，朱葆三、張籟雲也曾是《大陸報》華

135 約翰・本杰明・鮑惠爾著、尹雪曼等譯，《在中國二十五年
　　——上海《密勒氏評論報》主持人鮑惠爾回憶錄》，頁 10-11。
　　王垂芳另有一說，稱「《大陸報》創刊不久，因中方股東忙於
　　應對國內動蕩政局，無法顧及該報，大部股權轉讓給在上海經
　　營房地產公司和保險公司的美國商人，該社經營權轉為美商所
　　有。」王垂芳主編，《洋商史——上海：1843-1956》（上海：
　　上海社會科學院出版社，2007），頁 327。

136 外務省政務局，〈支那ニ於ケル新聞紙ニ關スル調查〉（明治
　　四十五年六月調查），頁 226。

137 馬光仁未列資料來源，但似有依據。馬光仁主編，《上海新聞
　　史（1850-1949）》，頁 391。

董，[138] 此一連繫值得推敲。估計其事或在五四之後，
牽線者可能是聶雲台。

　　聶雲台與李登輝等在晚清參與滬上報業，以此影響
政治外交情形，其事甚隱，唯從私人紀錄得悉片斷。閩
籍名士鄭孝胥為清末立憲運動領袖，也是東南集團謀士
之一，與聶雲台交往頗密，其日記 1909 年 11 月 16 日
記述：

> 夜，赴聶雲台之約於法飯館，座客有澳洲某報館
> 主筆英人瓊司、李君登輝、張君籟雲、曾君季融。
> 瓊司問余三事，一抵制外貨情形，一中國變法何
> 以極緩，一中日將來能否聯盟。余悉答之。[139]

在此無法詳探當日飯局討論諸事，只想提醒注意聶雲台
所邀約客人，除兩位主客外，其他均是其報業同志：李
登輝、張籟雲、曾季融。此三人皆精通英文，熱心國家
事務。其中，聶雲台財力尤厚，很可能是贊助者。

　　人們向來以聶雲台為實業界代表，鮮少留意其在政
治上之幕後運作，鄭孝胥日記提供了珍貴紀錄。鄭孝胥
提及的李、張、曾三位，則是聶氏在商業事務及涉外活
動的關係人。曾季融（廣鍾，湖南湘鄉人），曾國藩
孫，曾紀鴻子，聶雲台表兄。聶、曾同鄉世交，在政治

138　張秀莉，〈上海外商企業中的華董研究〉，《史林》，2006 年
　　第 6 期，頁 58-59。惜張秀莉未記朱葆三及張籟雲是何年出任《大
　　陸報》華董。朱葆三任上海總商會會長時，張籟雲是洋文書記。
　　朱葆三與洋商往來，極倚重張氏口才手腕。參閱：前引文，頁
　　61、65。
139　中國歷史博物館編、勞祖德整理，《鄭孝胥日記》，第 3 冊，
　　頁 1215。

上屬維新派。[140] 因通曉外事，兼營報業。曾季融胞兄
敬貽（廣銓），更是晚清報業聞人，先後在京滬出任
《時務報》、《昌言報》、《時務日報》、《中外日
報》、《京報》股東、翻譯、主編、主筆。[141] 張籛雲，
早年求學香港皇仁書院，畢業上海西童書院、蘇州東吳
法科，曾任不少重要公司律師兼譯員，又充多家報館
譯事。1907 年，張籛雲佐顏惠慶編《南方報》，[142] 也
是寰球中國學生會董事。據企業史資料，張籛雲還與
聶雲台一起投資橡膠生意。[143] 聶雲台任上海總商會會
長後，引張籛雲為外事顧問，[144] 可見倚重之深。張籛
雲與伍廷芳父子亦有淵源，與伍朝樞往來密切。[145] 總
之，聶、曾、李、張之結合，絕非一朝一夕。當《大陸

140 湖南曾國藩家族，瞿鴻磯家族、聶雲台家族、袁樹勳家族，都
有世交之誼。聶雲台表兄弟曾廣鈞、曾廣鍾、曾廣銓等，均兼
營報業，輔助外交。可參考：曾寶蓀，《曾寶蓀回憶錄》（臺北：
龍文出版社，1989），頁 3-35。瞿澤方（瞿鴻磯曾孫），〈曾
文正公傳略》試述瞿家與曾家的淵源〉，原載：《曾國藩研究》，
2017 年第 2 期，引自：http://www.quzefang.cn/2009/qu_zeng.
htm (2020.8.8)。

141 曾廣銓與瞿鴻磯門生汪康年合作多年，又與英國《泰晤士報》
駐京記者莫理循關係密切，使該報言論頗右中國。馬光仁主編，
《上海新聞史（1850-1949）》，頁 174-175、181-185。駱惠敏
編、劉桂梁等譯，《清末民初政情內幕——《泰晤士報》駐北京
記者袁世凱政治顧問喬‧厄‧莫理循書信集》，上冊，頁 342、
383、396、484。伍連德著，程光勝、馬學博譯，《鼠疫鬥士
——伍連德自述》，下冊，頁 370-371。汪康年，《汪穰卿筆記》，
卷五（北京：中華書局，2007），頁 204-205。

142 《密勒氏評論報》編印的《中國名人錄》，顯示張籛雲是滬上
要角之一。參閱：Who's Who in China (1925), pp. 9-10.

143 張秀莉，〈上海外商企業中的華董研究〉，頁 58-59。

144 上海市檔案館編，《工部局董事會會議錄》，1921 年 1 月 12 日會
議紀錄，第 20 冊（上海：上海古籍出版社，2015），頁 623-624。

145 伍朝樞，〈伍朝樞日記〉，《近代史資料》，1988 年第 8 期，
頁 208。

報》創辦之際，聶、李等與之發生關係，使該報以反日
色彩著稱，成為鼓吹中美親善的基地。

　　從早期復旦學生的回憶來看，他們對李登輝涉外活
動不很清楚，但皆知他和《大陸報》有關係。陳陸英
說：吳淞時期（辛亥前）學生傳言教務長李登輝「兼主
《大陸報》筆政，常往返於淞滬之間。」[146] 及至五四
時期，李登輝重心似集中復旦一校，實則與《大陸報》
關係猶存。朱仲華便說：「『五四』運動時期，李先生
用英文撰〈覺醒的睡獅〉一文，在上海《大陸報》發
表，引起國際上普遍注意，據說，我國在巴黎出席和會
的代表顧維鈞看了也深受感動。」[147] 當時英國人視《大
陸報》為美國領事館喉舌。美方則稱《大陸報》為美國
人報紙，都只說出一部分事實。[148] 正如顧德曼指出，
當時華報譯載《大陸報》社論，或轉載其他外報消息，
輒稱「外論」或「美報」，是掩人耳目之舉。華洋報
紙絕非涇渭分明，外國報紙之表面假象，往往反映華
人觀點。[149]

　　五四時期華洋報紙之作用，京滬中外消息的流通，

146　陳陸英，〈李校長軼事〉，收入李老校長紀念工作委員會編，《李
　　登輝先生哀思錄》，頁 486。

147　朱仲華，〈憶母校復旦大學〉，收入中國人民政治協商會議浙
　　江省委員會文史資料研究會編，《浙江文史資料選輯》，第 29
　　輯（杭州：浙江人民出版社，1985），頁 144。

148　趙敏恆指出，1918 年《大陸報》被賣給猶太商人伊茲拉（Edward
　　Ezra）。參考趙敏恆，《外人在華的新聞事業》（北京：中國傳
　　媒大學出版社，2018），頁 50。伊茲拉與聶雲台也有交情，同
　　任工部局華童公學、聶中丞華童公學委員會委員。*The Directory &*
　　Chronicle for China &c., 1919, p. 717.

149　顧德曼，〈上海報紙的跨國現象〉，頁 107-120。

是很大的一個主題，必須另外探討。實則葉景莘（葉景
葵弟）的五四憶述中，也曾提到李登輝的角色。葉景莘
時任國民外交委員會事務員兼國民外交協會委員，佐汪
大燮辦事是外交問題的知情者。五四三十週年紀念時，
他撰〈「五四運動」何以爆發於民八之五月四日？〉，
說明 1919 年京電南下情形：[150]

> 5 月 1 日，陸〔徵祥〕使電稱，我國如不簽字則
> 如撤廢領事裁判權，取消辛丑賠款，保留關稅自
> 由及賠償損失等將來中德直接交涉，是否較有把
> 握，實為疑問。外交委員會開會議決阻簽，呈總
> 統命交國務院，發至各專使。5 月□日，林〔長
> 民〕先生探得國務院又另發一電令簽字，汪〔大
> 燮〕先生聽了，立刻自繕辭呈力爭，并命結束會
> 中事務。那時我們一班同志的人曾借用石駙馬大
> 街熊宅設立了一個國民外交協會為政府聲援，我
> 即將那個命簽的消息通知協會，并于事務清理
> 後，釘〔打〕了一個英文電報與復旦大學校長李
> 登輝先生，說政府主簽，我們在此盡力反對，請
> 滬方響應。電末簽字隨便寫了三個字母，李先生
> 始〔終〕未知為何人所發，但電文登在 5 日或 6
> 日的英文《大陸報》前頁二三行上面一個大方塊

---

150 1949 年葉景莘自述動筆原因，稱五四運動作為「抗日運動的高
潮」，「有許多事件，現在只有兩三個人知道，只有一個人聽
說過。這一個人是胡適之先生，我在十多年前曾告訴過他，那
時他即勸我寫下來。」葉景莘，〈「五四運動」何以爆發於民
八之五月四日？〉，收入陳占彪編，《五四事件回憶：稀見資料》
（北京：三聯書店，2014），頁 176。

裡，甚為顯著。……五四運動爆發於故都，上海

亦起而響應，似乎是由復旦開始的。[151]

葉景莘所以打電報給李登輝，是因李登輝是國民外交後
援會會長，和報界直通消息，也能發動學界響應。李登
輝接電後，把電文登在《大陸報》顯要位置，正反映了
他和該報的關係。由此看來，《大陸報》在五四時期的
言論，必須連繫到李登輝等華人；而華報不斷譯載《大
陸報》觀點，應視為「出國轉內銷」之常用手法。

三、東南網絡中的復旦大學

「復旦公學……為東南社會所創立之學府。」

～1948 年，夏敬觀，〈馬良傳〉[152]

　　前一節還原了李登輝的社會網絡，本節將探討復旦
在東南社會之地位。復旦校友鍾建閎曾概括復旦「非因
成於官府，亦非受理於外人」的特性。[153] 它能立足滬
上，全賴東南紳商及南洋僑商支持。五四後，被黃炎培
譽為「中國唯一的、真正的私立大學」。[154] 從 1905 年

151　葉景莘，〈「五四運動」何以爆發於民八之五月四日？〉，頁
　　176-177。葉景莘〈巴黎和會期間我國拒簽和約運動的見聞〉一
　　文，與此文內容接近，而詳確不如此篇。葉景莘，〈巴黎和會
　　期間我國拒簽和約運動的見聞〉，頁 150。

152　夏敬觀，〈馬良傳〉，《國史館館刊》，第 1 卷第 2 號（1948:3），
　　頁 97。

153　鍾建閎，〈一九一九復旦年刊出版祝詞〉，《復旦年刊（1919）》，
　　頁 6。

154　許有成編撰，《復旦大學大事記（1905-1948）》，頁 21。黃炎培
　　在五四時為復旦查帳。黃炎培著，中國社會科學院近代史研究所

創辦以來，其發起人、董事會、管理者，以前清官員及
立憲派為主體。[155] 創校初衷，是為江浙閩粵中上層家
庭培養子弟，為推動國家建設培育人材。李登輝出掌復
旦數十年，與學校幾同一體。一般人多注意他主持復旦
之事蹟，卻鮮少反思他如何被引入東南網絡。本節大致
以五四為斷限，梳理早期復旦歷史演變，說明該校的華
洋網絡，再進一步指出五四時期復旦學生的家庭背景、
政治意識及社會動員能力。

（1）董事會的政商教網絡

從校史資料來看，從清末至五四前後，復旦大致可
劃為四個時期。第一期：1905-1911 年，為創校期。由
馬相伯發議創立，發起者包括：嚴復、曾鑄、陳濤、汪
詒年、湯壽潛、龐元澄、黃公續、袁希濤、薩鎮冰、熊
希齡、陶在寬、姚文柟、王清穆、沈衛、熊元鍔、李鍾
珏、張謇、方碩輔、葉景葵、吳馨、沈桐、陳季同、劉
鐘琳、王維泰、蒯光鵬、施則敬、況仕任、狄葆賢等
二十八人。馬相伯、嚴復、夏敬觀、高鳳謙先後擔任監
督（校長），李登輝為總教習（教務長），校址在吳淞
提督署。[156] 第二期，1911 至 1913 年初，為動盪期。馬
相伯為校長，胡敦復為教務長，董事會成員有：孫中

整理，《黃炎培日記》，第 2 卷，頁 76。

155 張玉法，《清季的立憲團體》（臺北：中央研究院近代史研究所，
　　1971），頁 365。

156 嚴復在復旦監督任上之校務及人事糾紛，參考孫應祥，《嚴復
　　年譜》（福州：福建人民出版社，2014），頁 205-265。

山（主席）、程雪樓、陳英士、于右任、王寵惠等。[157]
此時校址被光復軍佔據，遷至滬西徐家匯李公祠。此一
時期，李登輝脫離復旦轉教中國公學，又任中華書局英
文部編輯。第三期，1913 年初至 1916 年，為穩定期。
董事會改組，有王寵惠（主席）、唐紹儀、伍廷芳、陸
費伯鴻、聶雲台、聶管臣、王正廷、薩鎮冰、蔡元培、
溫宗堯等為董事。在王寵惠主持下，返聘李登輝為校
長，王寵惠也於 1915 年起任副校長。此一時期，除中
學部外，更設大學預科。第四期，1917-1922 年，可稱
擴展期。李登輝為校長，王寵惠為副校長（隨後赴京，
遙領斯職），薛仙舟為教務長。董事會主席是唐紹儀，
進一步擴充董事會，分為名譽董事、評議董事、顧問董
事三種。1917 年 9 月，改稱大學，成立文、理、商三
科；定國文科為必修，立於三科之外。附設中學部，別
設備館（補習科）。1918 年 1-6 月李登輝赴南洋募款，
唐露園代理校長。此一時期復旦財務改善，南洋富商如
南洋煙草公司簡照南、簡玉階兄弟、中南銀行黃奕住、
陳嘉庚等捐助復旦建設新校區；東南社會則聶雲台以
「聶太夫人」名義捐款最多。1922 年，大學部遷至江
灣校區，徐家匯校舍改為中學部。[158]

---

157 黃華表說，孫中山為復旦董事長，是應李登輝之請。朱仲華說，
　　孫中山為董事長，是李登輝和馬相伯商定。李登輝的建議，是為
　　了保存復旦。黃華表，〈我所知道的李登輝先生〉，頁 476。朱
　　仲華、陳于德，〈復旦校長李登輝事迹述要〉，頁 132-133。

158 本段主要參考：〈校史〉、〈校董名錄〉、〈教員名錄〉，《復旦
　　年刊（1919）》，頁 11-13。〈歡迎捐款〉，《復旦年刊（1921）》，
　　頁 146。"Historical Sketch of Fu-Tan University", The Fu-Tan
　　Banner (1922), p. 10.〈李登輝先生行狀〉，頁 471。夏敬觀，《李

　　從創校情形及董事會構成可知，復旦與東南（江浙贛湘閩粵諸省）士紳關係很深，獲得他們贊助。[159] 創校的馬相伯（良）具中西學養，望重士林，也是立憲派大將。[160] 校董夏敬觀〈馬良傳〉指出：

> 是時學校初立，海內志士，若侯官嚴復、南昌熊元鍔〔季廉〕、寶山袁希濤、南通張謇皆起而相助，復旦遂蔚為東南社會所創立之學府。[161]

夏敬觀稱復旦是「東南社會所創立之學府」，不單指財務來源，兼指立校宗旨。誠如葉文心指出，張謇等立憲派用意，期以復旦培養法制、經濟人才，厚植立憲根基。[162]

騰飛先生傳略》，頁 475。〈復旦公學畢業記〉，《申報》，上海，1915 年 7 月 3 日，版 10。《復旦大學校史編寫組編，《復旦大學志》，第 1 卷，頁 31-32、53。趙少荃，〈復旦大學的創立與發展〉，收入中國人民政治協商會議上海市委員會文史資料工作委員會編，《解放前上海的學校》，頁 44-45。許有成編撰，《復旦大學大事記（1905-1948）》，頁 4-20。錢益民，《李登輝傳》，頁 2-3、73-89、94-97。〈復旦公學廣告〉，收入朱維錚主編，《馬相伯集》（上海：復旦大學出版社，1996），頁 62。朱仲華、陳于德，〈復旦大學校史片斷〉，頁 93-103。陳于德，〈孫中山與復旦公學監督李登輝博士〉（撰於 1980 年），收入全國政協文史資料委員會編，《文史資料存稿選編：東征北伐》，頁 185-186。

159 1919 年復旦學生籍貫分佈：江蘇（約 33%）、廣東（22%）、浙江（19%）、福建（8%）、安徽（4%）、湖南（4%）、廣西（3.5%）、江西（2.6%），及其他各省（3.8%）等。〈本校各級各省學生人數比較表〉，《復旦年刊（1919）》，頁 47。

160 夏敬觀，〈馬良傳〉，頁 96-97。黃炎培，〈我親身經歷的辛亥革命事實〉，收入中國人民政治協商會議全國委員會文史資料研究委員會編，《辛亥革命回憶錄》，第 1 集（北京：文史資料出版社，1981），頁 62。

161 夏敬觀，〈馬良傳〉，頁 97。

162 張謇致沈曾植函（1905.5.31），討論新辦教育事業：「公所云云，謇有二地：一，上海馬相伯所移之學院，欲仿早稻田例，設法制經濟專科高等學課；一，通州師範……。」收入《張謇全集》編纂委員會編，《張謇全集》，第 2 卷，頁 140-141。

他們贊助中國公學，也同一用意。[163] 其後，張謇一系
試圖從財務上控制復旦，還曾引起嚴復抱怨，認為馬
相伯不過傀儡。[164] 1906 年，因經費短缺，復有人事糾
紛，學校一度有結束危機。經陳三立調停，兩江總督端
方年撥洋二千元贊助，學校才得以維持下去。[165]

　　辛亥軍興，復旦又經歷一次動盪，甚至有解體危
機。創校元老紛紛離校，李登輝也另謀出路。其後轉危
為安，賴董事會維持之功。《復旦年刊（1919）》之
〈校史〉，從經費角度，說明復旦幾度變遷：

> 辛亥事起，官費停止，生徒雲散。至共和告成，
> 始由南京政府撥助經費萬圓。又校董孫中山總
> 統、程雪樓、陳英士兩都督、王亮疇博士，咸竭
> 忱提倡，推李登輝為校長，始克恢復舊觀。……
> 及癸丑二次革命時，贊助諸公，多亡命海外，經
> 濟大困，幾不克支。幸來學日眾，生徒自九十增

163　葉文心著，馮夏根等譯，《民國時期大學校園文化（1919-1937）》，
　　頁 59-60、66-71。

164　1906 年 7 月 20 日及 8 月 5 日，嚴復致熊季貞、熊文叔二函，略
　　述其事。第一函：「復旦公學去年為索觀瀾侵蝕公款至數千金，
　　反以此為學生罪，天下不平無過此者。李廉知之，故在日力以
　　維持復旦為己任。廉哥去後，學長勉自楮柱。幸團體尚堅，未
　　即分散。然頗望得賢為之校董。歷舉所知，皆以一受其事，則
　　須與滬學會張、曾、索、施諸公為反對。於事無益，徒增口舌，
　　故不為也。馬相伯老不曉事，為人傀儡，已攜行李離堂矣。此
　　局殊岌岌。」第二函：「復旦前者勢頗危業，後經伯嚴來此，
　　大會同人，為籌維持之術。既資以款，復為之解紛使齟齬者無
　　遂至衝突。今而後，此校當不至離散也。」參考孫應祥，《嚴
　　復年譜》，頁 231-233。

165　李開軍，《陳三立年譜長編》，中冊（北京：中華書局，2014），
　　頁 732-733。張仲民，〈陳寅恪與復旦公學關係考〉，《中國文
　　化》，2013 年第 37 期，頁 166-167。

至四百，加收學費自歲百二十圓至百六十圓，藉
以挹注。又經唐少川、王儒堂、〔英文版有王寵
惠〕、聶雲臺諸君組織董事會，籌款補助，始賴
以維持不墜。[166]

由此可見，民國以後，復旦得以重振，主要靠董事
會之力。其中，唐紹儀位望最尊，尤為董事會重心。章
益說得最明白：「吾校經費始終在困窘之中，凡有建
設，必須仰給於社會人士之捐助。」[167]而唐紹儀、王正
廷、聶雲台等，分別代表粵浙湘士紳。此後，尚得僑商
贊助。復旦學生亦以此數省及南洋僑生最多。於是，成
為「既不仰給於政府，又非托庇於外人」的私立學府。[168]

雖然復旦校史經常強調孫中山派（或革命黨）與李
登輝（及復旦）的關係，但此說不能過分放大。辛亥軍
興以後，校方邀請孫中山和陳其美入董事會，實欲以他
們反制佔領復旦校園的李燮和光復軍。其後，亦賴上海
縣民政長吳馨、江蘇都督莊蘊寬襄助，使復旦另獲滬西
李公祠為校址。[169] 1917 年，唐紹儀入主董事會，更引
入別系人馬。就政黨而言，唐紹儀在辛亥時因趙鳳昌建
議加入同盟會，五四時儼然為國民黨大老。他和孫中山
的關係，從不親密。護法之役，在唐紹儀堅持下，用七
總裁制取代大元帥制，迫使孫中山息影滬上。[170] 唐紹

166 "Historical Sketch of Fuh-Tan University",〈校史〉,《復旦年刊
（1919）》，頁 11。〈校史〉英文版詳於中文版。
167 章益,〈追慕騰飛夫子〉，頁 475。
168 楊道腴,〈發刊辭〉,《復旦年刊（1922）》，頁 3。
169 復旦大學校史編寫組編,《復旦大學志》，第 1 卷，頁 45。
170 伍朝樞,〈伍朝樞日記〉，頁 207、213、218、223-227。段雲

儀任復旦董事將近十年，校譽日益提升。

　　1924 年春，復旦發生一次巨大震盪，李登輝在校園風潮中憤而掛冠離校。這次背景極為複雜，與「女師大風潮」（北京）、「東南大學風潮」（南京）性質相同，是國民黨為了控制校園而打擊異己之舉，校長首當其衝。[171] 復旦學生代表之一張廷灝，是國民黨上海執行部委員，也可能是隱密的共產黨員，負責復旦大學工作。此時，復旦校內設有「社會主義青年團」支部（屬上海地方團第五支部），大學部約四十三位學生被吸收入黨，中學部三十位入黨。邵力子負責上海大學，同樣是國民黨上海執行部委員，也涉入這次復旦風潮，[172] 逼迫李登輝離校。張廷灝說李登輝對他「特別厭惡」，堅決要求予以開除；又說李登輝「不關心政治」；[173] 都應理解為李登輝對校園內政黨活動之反感，因而成為重點打擊的對象。

　　就校務而言，五四前，李登輝和王寵惠搭擋時期，致力推動復旦美國化，並以母校耶魯為模範。關於王寵惠的角色，過去校史語焉不詳。錢益民《李登輝傳》作了補充，指出王寵惠把李登輝聘回復旦，並自任副

章編著，《孫文與日本史事編年（增訂本）》（廣州：廣東人民出版社，2011），頁 565。

171　1924-1925 年女師大和東南大學風潮，參考呂芳上，《從學生運動到運動學生（民國八年至十八年）》（臺北：中央研究院近代史研究所，1994），頁 213-246。呂芳上，〈「學閥」乎？「黨化」乎？——民國十四年的東南大學學潮〉，頁 840-887。

172　呂芳上，《從學生運動到運動學生（民國八年至十八年）》，頁 267-269、278、289。

173　張廷灝，〈私立復旦大學見聞回憶〉，頁 100-101。

校長，親授法學課程。[174] 李、王時代，復旦聘任之教員，多留美出身。當時學生出國留學，均以赴美為上選。張廷灝估計復旦出洋學生百分之八十以上留美，[175] 朱仲華也以「崇美而仿美」概括李登輝辦學方針。他說李登輝要求「復旦教學必須優於英美人在中國開辦的教會大學，並且必須與美國大學程度相銜接，使不能去外國留學的也能夠進修高深的學術；如能去留學的可去進外國研究院」。[176] 張廷灝和朱仲華所未想到的是，李登輝的美國化方針，絕不止是個人的主張，而反映董事會的傾向。他們支持李登輝出任校長，又把自家子弟送入復旦，正是期待聯美以制日。李登輝的辦學方向，是執行董事會的願望。復旦 1917 年成立大學，設文、理、商三科；也可能是董事會的主張。唐紹儀送其子唐榴入學，先讀文科，再轉商科，就反映了家長的期待。當時南洋鉅商捐款復旦，一方面看唐紹儀面子，一方面也為培養子弟。商學一科，正是他們所贊同。而李登輝

---

174 許美德（Ruth Hayhoe）為錢益民書作序，也特別稱道這一貢獻。許美德，〈序〉，收入錢益民，《李登輝傳》，頁 3。

175 張廷灝，〈私立復旦大學見聞回憶〉，頁 102。五四前後復旦學生留學美國者：劉慎德、吳晁、陳萱、郭任遠、何葆仁、黃華表、童遜瑗（伯蓮）、程學愉、余愉、孫錫麒（寒冰）、章益、伍蠡甫、溫崇信、李炳煥、李安、壽勉成、黃季陸、曾養甫等百餘人，還有轉學北大，之後再赴美留學，如羅家倫等十餘人。朱仲華、陳于德，〈復旦校長李登輝事迹述要〉，頁 140。

176 朱仲華、陳于德，〈復旦大學校史片斷〉（1964），收入全國政協文史資料委員會編，《文史資料存稿選編：教育》（北京：中國文史出版社，2002），頁 97。朱仲華、陳于德，〈復旦校長李登輝事迹述要〉（1965 年），頁 139-140。朱仲華說邵力子在美國化氣氛中覺得格格不入。

在大學讀經濟學，也有助規劃商科課程。[177]

　　再者，復旦注意發展南洋網絡，乃是東南集團南進政策之落實，有增進財源及防堵日本的雙重用意。從黃炎培日記可知，南向政策由他領軍佈局，搭建起「東南—南洋」網絡。[178] 1917-1919 年，黃炎培以江蘇省教育會副會長身分，三度親赴菲律賓、新加坡、爪哇巴達維亞等數十埠，考察華僑教育。1917 年 8 月第二次赴南洋歸程中，他賦詩〈南洋雜感〉四章，第一首末二句：「延平以後公誰健，坐使金人峙九州〔「九州」後改「海頭」〕。[179]「延平」，指開拓海外的鄭成功；「金人」，指東北進犯的日本人。黃氏幾度南下，屢次與僑領李清泉、林義順、林文慶、陳嘉庚、簡英甫等深談，簡氏兄弟、陳嘉庚等答允贊助職業學校外，還提議恢復暨南學校，創立廈門大學，擴建南京高師為大學。[180] 1917 年，江蘇省教育會推動全國教育聯合會增設「南洋荷屬代表」，以江蘇省代表黃炎培兼任；翌年，該席改稱「荷屬中華教育總會」，以原爪哇巴達維亞中華

177　李登輝，〈先室李湯佩琳夫人略傳〉，頁 30。

178　許漢三編，《黃炎培年譜》（北京：文史資料出版社，1985），頁 36-45。

179　黃炎培著、中國社會教學院近代史研究所整理，《黃炎培日記》，第 1 卷，頁 310。

180　黃炎培著、中國社會科學院近代史研究所整理，《黃炎培日記》，第 1 卷，頁 280-283、290-321。第 2 卷，頁 33-62、65-69。黃炎培返滬後，在江蘇省教育會報告考察南洋情形。〈江蘇省教育會常年大會紀事〉，《寰球》，第 2 卷第 3 期，頁 7（四至五）。〈南洋煙草公司捐金辦學〉，《申報》，上海，1919 年 5 月 22 日，版 11。〈南方將有私立大學〉，《申報》，上海，1919 年 8 月 7 日，版 10。

學校校長，新任暨南大學校長趙正平（厚生）擔任。[181]
趙正平，是老同盟會員，為莊蘊寬舊部，也是岑春煊心
腹，多年經營南洋事務。[182] 黃炎培委託他主持暨南，
專收華僑學生，用意很深。這些規劃，亦曾向李登輝說
明。[183] 1918 年1-6 月，李登輝首赴南洋募款，黃炎培為
之餞行，彼此顯有默契。[184] 此行募得十五萬元，也加
強了僑商和復旦的連繫。

　　1919 年是五四爆發之年，茲錄這屆董事會名單，說
明復旦一校政商教網絡：

　　名譽董事（十二位）：

　　唐紹儀、薩鎮冰、蔡廷幹、陳夢桃、陳嘉庚、杜
開來、梁炳農、林文慶、邱燮亮、林秉祥、張耀
軒、李興濂。

　　評議董事（十一位）：

　　聶其杰、唐元湛、錢新之、凌潛夫、余日章、王正
廷、夏敬觀、勞敬修、郭仲良、陳炳謙、謝蘅聰。

　　顧問董事（十位）：

　　王寵惠、陳金山、朱萊康、張鶴隱、陸守經、邱

181 〈全國教育聯合會第三次開會紀略〉（1917.10，杭州）、〈全
國教育聯合會第四次開會紀要〉（1918.10，上海），收入陳元
暉主編，《中國近代教育史資料匯編：教育行政機構及教育團
體》，頁 221-223。黃炎培著、中國社會科學院近代史研究所整
理，《黃炎培日記》，卷 1，頁 242。
182 趙正平，〈蘭領東印度史序〉，收入楊建成主編，《蘭領東印
度史》（臺北：中華學術院南洋研究所，1983），頁 1。
183 黃炎培著、中國社會科學院近代史研究所整理，《黃炎培日記》，
卷 1，頁 314-327；卷 2，頁 1-5、12。
184 黃炎培著、中國社會科學院近代史研究所整理，《黃炎培日記》，
第 1 卷，頁 326。

心榮、于右任、章錫鑠、侯德光、薛中華。[185]

這份名單顯示了復旦和東南（江浙粵閩）紳商及南洋僑商的連繫。這一年，唐紹儀作為廣州軍政府總裁兼南北議和南方總代表，王正廷遠赴巴黎作為中國代表團全權代表，于右任是南方的陝西靖國軍總司令，蔡廷幹和王寵惠則在北京政府任職。因此，復旦在南北之間，均有政治及社會網絡。不過，聯美制日，卻是諸董事大體共識。隨在 1919-1921 年的外交風雲中，王正廷、王寵惠、余日章等，都親上火線，甚至被尊為「民族英雄」。1921 年《復旦年刊》聲明獻給一位董事：王正廷，可見學生對他的崇敬。[186]

從復旦學生的手繪漫畫，頗能反映諸董事在他們心中的地位。唐紹儀以首任國務院總理的崇隆聲望，對復旦的直接間接幫助極大。鄧爾麟認為，1919 年復旦董事會中東南名流及南洋僑商各居半數，應歸功於李登輝的華僑背景。[187]其實唐紹儀對引入富商名流支持復旦，恐怕才起最重要作用。李登輝秘書季英伯便說，南洋煙草公司簡氏兄弟和黃奕住捐款復旦，都經唐紹儀介紹。[188]商人所以賣唐紹儀面子，是因他被視為國家元首備位人選。南洋兄弟煙草公司的密函透露，他們為謀返國發展生意，仰賴唐紹儀支持。[189] 在五四抵制日貨風

185 〈校董名錄〉，《復旦年刊（1919）》，頁 13。

186 "Dedication", *The Fuh-Tan Banner (1921)*, pp. 15-16.

187 Jerry Dennerline, "*Lee Teng Hwee, Ho Pao Jin, and Educational Reform in Malacca, Singapore, Shanghai and Beyond, 1885-1945* ", p. 61.

188 復旦大學校史編纂組，《復旦大學志》，第 1 卷，頁 107、251。

189 〈王世仁致簡玉階函〉（1916.9.3），收入中國科學院上海經濟

潮中，簡氏兄弟因「複籍」問題被人攻擊，[190] 李登輝主
持的華僑聯合會，登報呼籲體諒僑商處境，為南洋煙草
公司辯護。[191] 簡照南和簡玉階隨後捐款復旦，進而成為
董事，[192] 當有唐紹儀的潛在作用。總之，唐紹儀在董
事會中位望最尊，為復旦改善了財務，也提升了學校地
位。復旦學生不但深知董事部對學校影響重大，且很清
楚哪幾位才是關鍵人物。本章圖三之二的五位董事，除
托頭苦思的一位面貌不清，用以反映眾多董事外；其他
四位都很接近原型，從左至右是：于右任、唐紹儀、聶
雲台、簡照南。于右任是復旦校友，也是老國民黨員，
但不居中心地位。在他右側的三位，才分別以顯赫政商
地位，儼然代表東南柱石及南洋僑商。這幅漫畫繪製的
1922 年，聶雲台紗廠事業已陷入困境，但仍被視為董
事會要角。在其左側的唐紹儀，則有顧問般的形象。

　　1920 年逝世的唐露園，在五四之年，也是董事會
要角之一。1918 年上半年，李登輝赴南洋募款時，即
由唐露園代理校長。此時，唐露園是上海商業儲蓄銀行
總理（經理陳光甫），在上海總商會則是廣肇公所代
表。倫敦《泰晤士報》記者莫理循（G. E. Morrison）

　　　研究所、上海社會科學院經濟研究所編，《南洋兄弟煙草公司
　　　史料》（上海：上海人民出版社，1958），頁 120-121。

190　高家龍（Sherman Cochran）著，樊書華、程麟蓀譯，張仲禮校，
　　　《中國的大企業——煙草工業中的中外競爭（1890-1930）》（北
　　　京：商務印書館，2001），頁 179-180、186。

191　〈華僑聯合會宴請報界紀事〉，《申報》，上海，1919 年 6 月
　　　5 日，版 10。〈華僑聯合會為南洋煙草公司告國人書〉，《申報》，
　　　上海，1919 年 8 月 10 日，版 11。

192　〈校董〉，《復旦年刊（1920）》，頁 19。

很早就注意唐露園家庭與英美之連繫。英美人對他的才幹則特別讚賞，大來船長稱他為「中國最出色的人物之一」。[193] 五四後，以美國為總部的國際扶輪社（Rotary Club）成立上海支會，唐露園是首位華人會員，可見他在滬上商界的地位。[194] 這些董事的華洋網絡，以及他們對外交問題的看法，都對復旦親美氣氛很有影響。

更進一步說，1919 年風潮後，李登輝收容各校退學生之舉，也必以董事會同意為後盾。朱承洵回憶，聖約翰大學把帶頭行動的中學生代表江一平（原名江憶平，浙江杭州人）、章益（友三，安徽滁縣人）等開除後，「復旦同學將此事報告李校長。李當即召見並收容了他們，准予轉入復旦，勸勉有加。叫他們仍當大膽為『學聯』做事」。[195] 朱承洵所未想到的是，李登輝收

193　莫理循〈致達·狄·布拉姆函〉（1912.2.2）對唐露園留下一段評論：「此人在共和政府中任電報局長。他是在美國受教育的大學生，他的兩個兒子正在倫敦聖保羅學校讀書。」收入駱惠敏編、劉桂梁等譯，《清末民初政情內幕——《泰晤士報》駐北京記者袁世凱政治顧問喬·厄·莫理循書信集》，上冊，頁 856-857。譯者把「唐元湛」（原文：Tong Yuan-chang）誤作「唐元昌」。*Private Diary of Robert Dollar on his Recent Visits to China* (San Francisco: W. S. Van Cott & Co., 1912), 無頁數。

194　Hebert K. Lau（劉敬恆），"Tong Yuen-Cham, the First Chinese Rotarian in History", 引自：https://rotary3450.org/tong-yuen-cham/（2020.8.14）。鄧潔記唐家三代故事，可以參考。惜作者誤認扶輪社為「專門研究機械工程的組織」，不知其為商人俱樂部。鄧潔，《留美幼童唐元湛家三代人的故事》（北京：中國文史出版社，2015），頁 54-55。

195　朱仲華、陳于德，〈復旦校長李登輝事迹述要〉，頁 138。江憶平和章益都是聖約翰學生領袖，轉學復旦後仍是積極分子。《復旦年刊（1922）》評江一平：「五四事起，正君小試其鋒之時，嘗迭任學生會理事長及評議長等職，均以高撐遠矚，名重一時。」評章益：「當五四運動之時，君適負笈來校，各級同學震於君之聰穎幹練，立推司分會會務，成績斐然，聲譽鵲起。旋即公舉為我校代表至學生總會，歷任評議部正副議長等職。」

容各校學生，馬上對復旦教育資源形成壓力。若無董事
會支持，校長一人不可能貿然允可。為了擴充學校，收
容失學青年，1919 年復旦有募捐之舉，學生多人為校
奔走。唐紹儀之子唐榴，成績最為突出。同學說他「愛
護母校，一如己家」，「北走燕京，鼓其如簧之舌，游
說當道，……竟得款最多。」唐榴募款獨多，自因其
「交素廣，勸募不難，亦其愛校熱誠感人至深也。」[196]

　　關於復旦向北京政要募款，尚可反映京滬兩地的微
妙連繫。1919 年 8 月 30 日《申報》之〈復旦大學北方
籌款情形〉，說明復旦北部董事二員，為學校募款。從
總統徐世昌以下紛紛解囊：

> 今夏，復旦大學為擴充學務，增加校舍起見，由董
> 事會議決：籌款三十二萬元。業經南洋華僑、滬上
> 紳商捐助鉅款，已見報端。茲該校教授俞希稷復
> 晉京，與校董蔡廷幹、王寵惠諸人，面商北方勸募
> 方法，蔡、王二君均允贊助。俞君并叩謁龔總理、
> 劉總長、田總長、傅次長、稅務處孫寶琦、外交
> 委員會汪大燮、中國銀行馮幼偉、張公權、交通
> 銀行任振采、眾議院金鞏伯、北京大學蔣夢麟、
> 匯豐銀行鄧君翔、道勝銀行沈吉甫、公府禮官處
> 黃開文等，均允為援助，且有自認捐款而並擔任
> 勸募者，孫、汪二君尤表同情贊助。聞該校在北

　　〈江一平〉、〈章益〉，《復旦年刊（1922）》，頁 40-41。

196　楊道腴，〈一九二二年商科級史〉，《復旦年刊（1922）》，
　　　頁 49。〈唐榴〉，《復旦年刊（1922）》，頁 57。

　　方捐得現款甚鉅，徐總統亦已認捐提倡云。[197]
這年復旦以領導上海學潮而聲名大著，及至其向北方政
要募捐時，除了進步黨和研究系人物捐助之外，徐世昌
總統也帶頭提倡。看來政府未視復旦學生如寇讎，校方
亦未以推翻文人政府為目標。[198]

　　在此列舉五四時期，復旦部份董事之重要資歷，他
們是活躍於南北的政治家、實業家、銀行家，海軍將
領、社會活動家：

唐紹儀：廣州軍政府總裁、南北和會南方總代表、金
　　　　星人壽保險公司總董、同濟醫工董事、廣肇
　　　　公所董事，曾任前清奉天巡撫、署理郵傳部
　　　　尚書、民國內閣總理。

薩鎮冰：海軍上將，曾任海軍總長、海疆巡閱使、督
　　　　辦淞滬水陸員警事宜。

蔡廷幹：海軍上將、北京稅務處督辦、關稅改訂委員
　　　　會主任、中國紅十字會副理事長，曾任袁世
　　　　凱英文秘書。

聶其杰：恆豐紗廠總經理、華商紗廠聯合會副會長、
　　　　中美商業公司總董、中華職業教育社發起人、
　　　　中華建設會會長、寰球中國學生會參議部委

197　〈復旦大學北方籌款情形〉，《申報》，上海，1919 年 8 月 30 日，
　　版 10。俞希稷（行修，復旦早期校友）是復旦法律及法學通論
　　教授，並任南洋公學教員，也是青年會及寰球中國學生會會員。
　　《復旦年刊（1919）》，頁 19。

198　1921 年復旦公佈經費捐助者，北方政要徐世昌（捐洋二千元）、
　　黎元洪（捐洋一千元）、朱啟鈐（捐洋一千元）、梁士詒（捐洋
　　五百元）都在名單上。〈歡迎捐款〉，《復旦年刊（1921）》，
　　頁 146。

員、上海精武體育會會長、副會長、國防會
總會長、上海棉業公所總理、通州大生紗廠
董事、商務印書館董事、《大陸報》華董、
青年會全國協會董事（會計）、上海青年會
董事（會長）、中華全國童子軍協會副會長、
上海公共租界工部局華人教育委員會董事、上
海格致書院董事兼司庫員、上海聶公丞中學董
事、復旦大學董事兼司庫員、中華續行委辦會
委員、基督教書報公會執行委員、基督教救國
會委辦、廣學會執行委員、上海孤兒院協濟會
副會長。

唐元湛：上海商業儲蓄銀行總理、上海美國大學俱樂部
副會長、中華全國童子軍協會上海支會會長、
寰球中國學生會副會長、中華建設會副會長、
廣肇公所董事、上海總商會會董、尚賢堂辦事
董事、同濟醫工董事，曾任前清電報總局總
辦、前清郵電總局提調、上海郵電分局總辦、
海關督辦、上海道台、外務部遊美學務處駐滬
委員、民國第一任電報總局局長。[199]

錢新之：上海交通銀行副行長、中華捷運公司總理、寰
球中國學生會董事，曾任工商部會計科長。

余日章：中華青年會全國協會總幹事、中華續行委辦
會副會長、江蘇省教育會交際部幹事、《新

199 〈1918年上海總商會同人錄〉、〈總商會選舉會董紀事〉，收入
上海市工商業聯合會、復旦大學歷史系編，《上海總商會組織史
資料匯編》，上冊（上海：上海古籍出版社，2004），頁253。

教育》編輯、基督教救國會委辦，曾任黎
元洪英文秘書、《北京日報》（*Peking Daily
News*）編輯、寰球中國學生會會長。

王正廷：巴黎和會中國代表團全權代表、廣州國會參
議院副議長、中華續行委辦會委員、中華捷
運公司董事，曾任中華基督教青年會全國協
會總幹事、工商次長（代理總長）、參議院
副議長、北京美國大學俱樂部會長、中國建
設會會長、寧波同鄉會副會長、上海孤兒院
協濟會會長。

王寵惠：法典編查會會長、國民外交協會理事、北京歐
美同學會副會長，曾任民國外交總長、中華書
局編輯主任、復旦大學董事會主席、復旦大學
副校長、北京美國大學俱樂部副會長。

　　這屆董事會中，有四位以上曾任青年會董事或總幹
事（例如：聶其杰、余日章、王正廷、王寵惠），九位
以上是寰球中國學生會董事、職員或徵求隊員（唐紹
儀、唐元湛、聶其杰、余日章、錢新之、凌潛夫、王正
廷、王寵惠、林文慶），與校長李登輝的社會網絡重
合。我們自然可以說，李登輝運用他的人際網絡，把東
南名流引入復旦；更可以反過來說，東南名流贊助復旦
大學，選擇李登輝為經理人。

（2）復旦的基督教網絡

　　復旦位於上海華界徐家匯區，校門是公共租界越界
築路到達之地，這種華洋勢力的交匯，使學校必須應對

兩種力量。復旦董事會及校長之社會網絡，反映復旦一
校之特性，確能出入華洋系統，擁有雙方資源及認可。
校長李登輝及董事會成員的青年會背景，使復旦被納入
西人基督教系統，在教育資源上獲得不少優勢。1919
年，李登輝的社會職銜，很能反映復旦這一特性：青年
會全國協會董事兼副會長、上海青年會董事兼副會長、
寰球中國學生會董事兼副會長、華僑聯合會會長、中華
歐美同學會副會長、中華基督教教育會委員、中華童子
軍協會委員等職。茲舉復旦與其中三個重要團體──青
年會、中華基督教教育會（以下簡稱：中華教育會）、
中華童子軍協會──的關係，來說明復旦如何被納入洋
人系統之中。

　　首論復旦和青年會的關係。查 1919 年青年會資料，
復旦列於上海青年會學校部（College Department），是
該部統屬九校之一。九校是：

聖約翰大學（St. John University，美聖公會辦）

滬江大學（Shanghai College，美南浸禮會辦）

清心中學（Lowrie High School，美長老會辦）

滬江道學（Baptist Academy，浸禮會辦）

復旦大學（Fu-Tan College）

麥倫書院（Medhurst College，英倫敦會辦）

青年會中學（Y.M.C.A. High School，青年會辦）

惠中中學（Grace High School，安息浸禮會辦）

L. M. S. City School（倫敦會辦，中文校名未詳）[200]

200　*The Chronicle and Dictionary for China, & etc.,1919*, p. 659.

　　上列諸校唯獨復旦不是教會主辦，而復旦以團體名義列入，必經董事會同意。其相關活動經費，由董事會撥付。錢益民記 1924 年邵力子等組織「行政院」，意在分割校長權力，削弱董事會權威。[201] 其時爭執點之一，即為「青年會費」。[202]

　　次論復旦和中華教育會的關係。中華教育會成立於 1890 年，是傳教士設立的教育機關。[203] 聖約翰校長卜舫濟，一直擔任會長，是基督教界在華教育的龍頭。就個人而言，李登輝 1910 年已成為中華教育會執行委員會三位華人委員之一。[204] 1920 年，也仍在委員之列。[205] 1914 年，中華教育會成立「華東」分會（浙江、江蘇、安徽三省），會員約二百人。這時他們希望加強與中國本地教育界的連繫，華洋雙方互動日多。

201　〈復旦大學行政院章程〉、〈復旦大學行政系統圖〉，均收入：《復旦大學甲子年鑑》，頁 43-44。

202　〈李登輝年譜簡編〉1924 年條下：「4 月 26 日行政院第四次常務會議紀錄上，有『邵仲輝（力子）提議，對於李校長請由董事會逕發布告，取締學生在校含有政黨臭味之集會及否認本院否認之青年會費，侵越本院權限，提出異議』的記載。復旦大學檔案館藏歷史檔案，案卷號：426。」頁 299，腳注 5。由此可知「青年會費」列入復旦經費，經董事會批准。邵力子欲藉 1924 年 1 月成立之行政院（校務會議前身），削弱校內基督教集團的影響力，遂以此為攻擊理由。

203　賈腓力，〈中華教育會〉，收入：中華續行委辦會編訂，《中華基督教會年鑑（1914）》，第 1 冊，頁 68-72。

204　*Directory of Protestant Missionaries in China, Japan & Corea 1910*, p. 26. 李登輝英文姓名寫作 Prof. Lee Tong Hwa。執行委員會委員十一位，其中華人委員三位：謝洪賚（華人總幹事）、鄺富灼、李登輝。該會設有書記，中英各一，英人是康普（G. S. Foster Kemp），華人是鄺富灼。

205　Charles L. Boynton (ed.), *Directory of Protestant Missions in China 1920*, p. 357. 執行委員九位，其中華人委員三位：李登輝、鄺富灼、余日章。

1916 年 1 月，復旦加入華東基督教教育會，成為會員
學校。[206] 此事縱以李登輝為推手，亦必經復旦董事會
許可。這時江蘇省教育會和華東教育會積極連絡，復旦
尤能彰顯中美親善之特性。復旦畢業典禮及重要慶典，
往往邀請華洋名流演說，顯示兼顧雙方的用心。[207] 學潮
發生後，華東基督教大學聯合會成立，復旦亦在其列。
該會為應對學潮而組成五人委員會，由卜舫濟主持，李
登輝是委員之一。[208]

末論復旦和洋人系統的中華童子軍之關係。1913
年起，上海各校成立童子軍。復旦童子軍列於教會學校
系統，而不屬官立學校系統。按上海有租界、華界之
分，故童子軍亦有雙重系統。租界系統多為教會學校，
由工部局華童公學監院康普（G. S. Foster Kemp，英籍
傳教士）發起，1913 年成立第一團。到 1915 年底，已
有十二團，成立次第為：華童公學、青年會、聖約翰大
學、滬江大學、聖約翰青年會、育才公學、復旦公學、
南洋公學（工業專門學校）、南洋公學附屬小學等，
其內部又可分為：青年會及學院兩個系統。1915 年 11

---

206 錢益民，《李登輝傳》，頁 291。

207 例如 1915 年畢業典禮講者是：楊晟（江蘇交涉使）、李佳白（尚
賢堂創辦人）、曹雪賡（上海青年會總幹事）。1916 年畢業禮講
者：羅炳吉（上海美國按察使）、聶雲台（復旦校董）、楊秉銓（國
會代表）。〈復旦公學畢業記〉，《申報》，上海，1915 年 7 月 3 日。
〈復旦公學之畢業式〉，《寰球》，第 1 卷 2 期，頁 8（六）。

208 〈五四運動期間聖約翰大學學運文件〉，《檔案與史學》，
1999 年第 2 期，頁 5。五人委員會由五位校長組成代表：聖約
翰、復旦、滬江、之江、東吳。譯者誤將復旦譯為「震旦大學」。
復旦以非教會學校，卻加入基督教大學聯盟，確實奇特。這種
組織性行為，絕非李登輝個人獨斷，應經董事會同意。

月，這個系統成立「中華全國童子軍協會」（The Boy Scouts Association of China），會長：鍾文耀，副會長：唐露園、聶雲台、李文蔪（W. E. Leveson）、卜舫濟。不久，改稱「中華全國童子軍協會上海分會」（簡稱：中華童子軍協會），凡上海租界學校及教會學校皆屬之。至 1918 年底，共有十三團，團員 822 名。各團用英式操練，格言為："Be Prepared"。會址初設於華童公學，後遷至寰球中國學生會，總教練為 Johnson（復旦公學教練），後改羅賓生（F. A. Robinson，英人）。華界系統，以江蘇省教育會為主導，1917 年成立「中華民國江蘇省童子軍聯合會」，下設「上海縣童子軍聯合會」，會長：吳馨，凡上海華界學校多屬之。至 1918 年底，共十五團七十隊，團員 614 人。格言是：「智仁勇」。會址設在公共體育場，總教練為姚麟書（復旦公學教練）。[209] 復旦董事及教練出入華洋系統，致力推動兩方合作及合併。1920 年 4 月 17 日，華界系統與租界系統童子軍成功合併，定名為：「上海縣童子軍聯合會」，會長：朱友漁（聖約翰大學教務長），副會長：賈季英、唐普三、楊聘漁，書記：朱少屏、潘競民，會計：朱成章，總教練：姚麟書，會董：李登輝

209　本段參考：G. S. F. Kemp, "The Boy Scouts Association of China" , *The China Mission Year Book 1916*, 收入：本書編委會編，《中國基督教年鑑》，第 11 冊，頁 512-513。G. S. F. Kemp, "The Boy Scouts in China" , *The China Mission Year Book 1918*, 收入本書編委會編，《中國基督教年鑑》，第 13 冊，頁 208-209。鄭昊樟，《上海童子軍史》，頁 8-15。吳小瑋，〈以訓練為中心的兒童組織——民國時期童子軍之研究〉（上海：華東師範大學教育學系博士論文，2013），頁 44、64。

等，名譽會長唐露園，合併儀式在公共體育場盛大
舉行。[210]

　　從地理上看，復旦及南洋公學位於滬西，地處華
洋交界，均加入租界系統的中華童子軍協會。[211] 兩校
中，復旦童子軍成立更早，校長及董事都操流利英語，
故從容出入華洋兩界。1918 年 11 月 29 日「中華全國
童子軍協會上海支會」（租界系統）年會選舉職員，唐
露園被選為會長：

> 會長：唐露園，副會長：披亞司、鍾文耀、奚蘭
> 卿、卜舫濟、沈寶昌，幹事部長：朱友漁，書記：
> 朱少屏，副書記：張嘉甫，會計：朱成章，幹事員：
> 克樂愷、蔣夢麟、蕭智吉、姚麟書、李登輝等。[212]

　　這份名單包括華洋兩界的有力人士，在會長唐露
園（復旦董事）以下，西人以披亞司（E. C. Pearce，或
譯：皮爾斯）居首，他是公共租界工部局總董，代表英
國僑民的支持。此外，上海各大公團及學校均有代表，
如青年會之克樂愷，江蘇省教育會之蔣夢麟、寰球中國

210　〈童子軍舉行合併成立會〉，《申報》，上海，1920 年 4 月 17
日，版 11。〈上海童子軍合併成立會紀事〉，《申報》，上海，
1920 年 4 月 18 日，版 10。鄭昊樟謂合併後會長為沈恩孚，誤。
鄭昊樟，《上海童子軍史》，頁 15。

211　南洋和復旦均積極與華東教會學校連絡，既為提高校譽，兼有
聯美之效。1918 年，南洋公學參加華東五所教會大學（東吳、
金陵、約翰、滬江、之江）在杭州之江大學之聯合運動會。浙
江省教育會長經亨頤到場參觀，對「此等專門學校，不隸於
教育部，而歸交通部，且獨與教會學校為伍」，頗不滿意。經
亨頤，《經亨頤日記》，1918 年 3 月 11 日條（杭州：浙江古籍
出版社，1984），頁 70-71。1921 年，又有東南及復旦加入，遂
成華東八大學聯合運動會。

212　鄭昊樟，《上海童子軍史》，頁 11。

學生會之朱少屏。上海縣長沈寶昌，則作為中國地方政
府代表參加。

綜上所述，李登輝的青年會及基督教網絡，使他被
邀參加基督教在華教育組織，使復旦得與其他基督教大
學並列，對提升復旦聲譽極有幫助。而復旦校長及董事
的洋人網絡，又使他們較早參與英美學校所辦教育新事
業，甚至在華洋組織的團體中扮演領導角色。復旦華洋
兼具的特性，使它得以在五四學潮中，發揮溝通中外的
作用，也因而獲得領導性地位。

（3）學生的家庭背景

五四前後，上海各校以聖約翰大學聲譽最響亮。
復旦在 1917 年前僅有中學，五四時始有首屆大學畢業
生。論歷史，論地位，不特不能和聖約翰相比，視南洋
公學（即：交通部工業專門學校）亦有遜色。就學生來
源看，聖約翰學生家境最富，赴美留學者最多。聶雲台
兄弟諸子（聶光圻、聶慎餘、聶光堅、聶光塈），均在
聖約翰就讀。[213] 就科目言，聖約翰和復旦以文科及商
科見長，南洋公學偏重技術實科。就社會網絡言，復旦
和南洋公學，與東南集團均淵源極深。南洋由盛宣懷創
辦，是商捐性質。[214] 首任總理何嗣焜（梅生，江蘇武

213　Y. S. Tsao（曹雲祥）, "The Story of the Alumni", in *St. John's University 1879-1929* (Taipei: St. John's University Alumni Association, 1971), p. 56. 〈聖約翰大學堂錄取新生案〉，《申報》，上海，1914 年 6 月 19 日，版 1。

214　盛宣懷，〈南洋公學歷年辦理情形折〉（1902 年），收入交通大學校史編寫組編，《交通大學校史資料選編》，第 1 卷（西安：西安交通大學出版社，1986），頁 45-47。

進人），為張謇和趙鳳昌摯友，也是劉厚生岳丈，與聞東南密議。[215] 張謇推崇何嗣焜：「中國公學之興，自南洋始；南洋公學之建，自何先生始。」[216] 南洋培養人材眾多，1910 年南洋校友會發起人，就有雷奮、楊廷棟、傅運森、吳馨、穆湘瑤、黃炎培、沈慶鴻、張世揆、孟森、吳步雲等，可知該校為東南人才搖籃。校友會之設立，一度借江蘇省教育會為會所。[217] 1917 年，南洋創校二十週年，各方函電交賀。[218] 這時的校長唐文治（蔚芝，江蘇太倉人），曾任前清商務部左侍郎、農工商部左侍郎、署理尚書，也是江蘇省教育會前會長。葉文心研究民國初年上海大學，認為唐文治在文化觀念上保守，李登輝在政治上有改革傾向。但兩校有一共通點，就是與英美關係良佳，所聘老師多為美籍或留美歸國學生。[219] 復旦 1917 年設大學部以前，畢業生多升讀聖約翰，或南洋。1917 年後，中學畢業生可以留校升讀，還吸引了一些他校學生轉入。五四後，復旦吸收了各校轉學生，又在愛國運動中表現突出，校譽一時大起，和聖約翰學生有互相轉學的風氣。[220]

---

215 章開沅、田彤，《辛亥革命時期的張謇與近代社會》（武漢：華中師範大學出版社，2011），頁 284-289。

216 王宗光主編，《上海交通大學史》，第 1 卷（上海：上海交通大學出版社，2016），頁 37。

217 王宗光主編，《上海交通大學史》，第 2 卷，頁 220-221。

218 〈南洋公學廿周紀念會紀盛〉，《寰球》，第 2 卷 2 期（1917.6），頁 7（十一至十四）。

219 葉文心，馮夏根等譯，《民國時期大學校園文化（1919-1937）》，頁 28-76。

220 五四後復旦和聖約翰學生相互轉學之風頗盛。從聖約翰轉入復旦的程滄波說：「民國十三年〔1924〕前，在上海認真讀文科

　　不過，五四以前，復旦學生的家庭背景，也不乏東
南名流子弟。這些學生在學校中，常被推為級長、社團
會長，很起領導作用。茲舉民元以後入學者為例：湖南
衡山聶雲台家族成員，至少九位在復旦就讀，他們是：
聶光圻（1923 年級），[221] 父其昌（聶雲台二兄），母
左元宜（左宗棠長房孫女）；聶光地，父其焜（潞生，
聶雲台六弟）；[222] 浙江山陰（紹興）俞氏兄弟四人：
俞大維、大絨、大綸、大絜，是聶雲台表姪。俞氏兄弟
之父明頤，娶曾廣珊（曾國藩孫女）。[223] 明頤妹明詩，
嫁陳三立（陳寶箴子），諸子中之陳寅恪，是辛亥前校
友；另一子登恪，比俞大綸高一屆。又有湖南善化瞿宣
穎（兌之），娶聶其璞（雲台妹），原讀聖約翰附中及
聖約翰國文科，1918 年春轉入復旦。[224] 瞿宣穎父瞿鴻
禨，為前清軍機大臣兼外務部尚書。宣穎娶其璞，遂為

　　的學生，其選擇只有聖約翰或復旦。這兩個學校平時互相轉學
　　的學生尤多，本人也是從聖約翰轉到復旦的一位。從自身的經
　　歷，覺得聖約翰讀書實在認真，圖書儀器實在完備。而復旦的
　　學生的活動精神與能力，確是驚人。復旦師生間的政治意識，
　　實在明朗而發達。當時頗有識力過人的家長，曾經說過：最好
　　送子弟先在聖約翰讀兩年或三年，再到復旦讀一年或兩年，然
　　後到外國去留學。」程滄波，〈國立復旦大學志〉，收入陳思和、
　　龔向群主編，《走近復旦》，頁 156。

221 "The Class of 1923", *The Fuh-Tan Banner (1919)*, p. 41.

222 聶氏家族史，參考宋路霞，《上海的豪門舊夢》（臺北：聯經，
　　2001），頁 81-145。

223 俞大維兄弟入學復旦，或受曾廣鍾（季融）指導，並承聶雲台
　　照顧。曾廣鍾最重視新教育，對家族子弟所指引。曾寶蓀，《曾
　　寶蓀回憶錄》，頁 3-35。

224 據說瞿宣穎不滿聖約翰國文科老師而轉學復旦。當時世家子弟
　　對教會學校之中國歷史教學多不滿意。參考：曾寶蓀，《曾寶
　　蓀回憶錄》，頁 29、79-80。

曾國藩外孫女婿、聶仲芳女婿。1918 年瞿鴻禨逝世，
臨終召聶雲台聶管臣兄弟到病榻前，有託孤之意。[225]
不特如此，瞿宣穎表哥是朱啟鈐（桂莘），[226] 曾任交
通、內政總長要職，1919 年被徐世昌任命為南北議和
北方總代表。聶、瞿、俞、陳等，均可稱世家子弟，又
是名宦之後，他們在民元後入讀復旦，與聶雲台當有關
係。可以說，聶雲台兄弟把復旦視為子弟養成所，故對
學校也捐款特多。

---

225 〈文慎公祖奠祭文〉，轉引自：田吉，〈瞿宣穎年譜〉（上海：
復旦大學中文系博士論文，2012），頁 60。

226 朱啟鈐，〈姨母瞿傅太夫人行述〉，收入《蠖園文存》下卷，
沈雲龍主編，《近代中國史料叢刊》第二十三輯（臺北：文海
出版社，1966），頁 355-393。

示意圖四：曾、聶、瞿、俞、陳家族與復旦關係圖

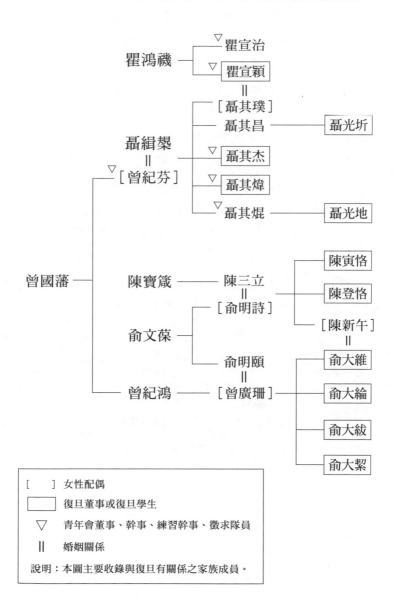

　　此外，江蘇儀徵卞燕侯（喜孫），原來也在聖約翰
大學就讀，五四前轉入復旦。卞燕侯曾祖士雲，官至
署理浙江巡撫、浙江布政使；祖寶第官至署理湖廣總
督、閩浙總督；兩代開府，號稱「海內甲族」。（瞿宣
穎詩：「真州之卞推甲族」。）其父緒昌為安徽巡警
道，[227] 胞兄壽孫（伯眉、白眉）、福孫，均留美。卞
壽孫歸為天津中孚銀行總管理處總稽核兼總文書，兼
天津中孚銀行副經理；卞福孫為奉天安東中國銀行總
管理。[228] 又有江蘇武進惲氏兄弟，兄惲濟（夢楫）、
弟惲震（蔭棠）為弟，先後入讀復旦。[229] 惲氏兄弟祖
父惲祖祁（莘耘、心耘）十分能幹，是張之洞和翁同
龢的連絡人；[230] 也是江蘇學務總會（江蘇省教育會前
身）發起人，曾被推為第一任協理（總理張謇）。[231]
祖祁胞兄祖翼（菘耘）曾任浙江布政使、巡撫。[232] 惲

---

227 卞氏家族史及其交遊圈，參考：卞孝萱，〈從《江都卞氏族譜》
　　看卞黃聯姻〉，收入氏著，《家譜中的名人身影——家譜叢考》
　　（瀋陽：遼海出版社，2008），頁 172-185。

228 《寰球中國學生會題名錄》（1919），頁 14。

229 惲震與復旦舊同窗關係親密，晚年回憶前後屈如數家珍，稱「同
　　年級者有華僑生何葆仁（A班班長）、朱承洵（B班班長）、吳競
　　清、陳登恪、龔文俊、湯武杰、劉慎德（蘆隱）、戚恭甫（閩人）
　　等人。孫越崎、俞大綸高他一級，俞大維高他二級，沈元鼎、惲濟
　　高他三級，張志讓高他四級。」〈電力電工專家惲震自述（一）〉，
　　《中國科技史料》，第 21 卷第 3 期（2000），頁 190。

230 茅海建，《戊戌變法的另面：「張之洞檔案」閱讀筆記》（上海：
　　上海古籍出版社，2014），頁 195-198。

231 〈江蘇學務總會成立〉（1905），收入朱有瓛等編，《中國近
　　代教育史資料匯編：教育行政機構及教育團體》，頁 264。

232 張謇〈挽惲〔祖翼〕中丞聯〉：「誰歟積戾氣為大札，而公亦罹之，
　　遂并家憂成國瘁；庶乎繼遺志於遠圖，其後有賢者，要憑人定
　　斡天窮。」可見兩家交誼。張謇，《柳西草堂日記》，頁 264。

祖祁、祖翼兄弟和張謇往來密切，常期任大生集團股
東。[233] 張謇〈挽惲太夫人〉首句：「惟子孫皆顯貴而
有令名」，[234] 乃是實錄。惲震從復旦中學畢業後，考
入南洋公學電機系，與舊同窗仍有往來。另有狄侃（狄
山），是江蘇溧陽首富家庭出身，從復旦中學畢業後，
繼續升讀大學部。兩年後，兼在東吳法科就讀，最後獲
雙料學位。更有唐榴（念慈），廣東香山人，唐紹儀獨
子。他在 1917 年 2 月入學，1918-1922 年在大學部，
前二年為文科生，後二年轉讀商科。[235] 又有宋振呂，
湖南桃源人，宋教仁子，也曾在復旦就讀。[236] 以上諸
生，或為名宦之後，或為鉅商子弟。在校時，多不住宿
舍，而是走讀。[237] 1919 年應屆畢業生七位，有瞿宣穎
和俞大綸二人。俞大綸在復旦多年，儼然諸同學老大
哥。瞿宣穎 1918 年始入校，表現卻極為突出。[238] 五四
風潮起，上海學生聯合會籌組成立，瞿宣穎在第一次會
議被推為主席。其後，則退居文牘，仍為學潮中心人
物。暑假後，瞿宣穎留校任英文教員，翌年北上，入政
府任職。他對復旦感情極深，離校後仍關切備至，多所

---

233 徐俊杰，〈《張謇傳》所及嗇公佚函面世〉，引自海門市張謇研究
　　會網址：http://www.zhangjianyanjiu.org/nd.jsp?id=614（2021.1.22）。

234 張謇，〈挽惲太夫人〉（1901），收入：《張謇全集》編纂委員會，
　　《張謇全集》，第 7 卷，頁 500。

235 楊道腴，〈一九二二年商科級史〉，頁 49。

236 前復旦董事陳其美（英士）開弔時，李登輝率領全體學生參加，
　　命十二位復旦童子軍守靈，其中有唐榴和宋振呂。〈陳英士開
　　弔記〉，《申報》，上海，1917 年 5 月 13 日，版 10。

237 程天放提及富家子弟不住校情形。程天放，《程天放早年回憶
　　錄》，頁 30-31。

238 "Senior Class 1919", *The Fuh-Tan Banner (1919)*, pp. 29, 32.

贊助。[239]

　　復旦還有一個現象，就是南洋僑生比例特高。這些僑生遠道而來，不少人家境殷實，英文程度也好。1919年，全校總計 33 位南洋僑生。[240] 他們平常西裝革履，與中國學生之長衫長袍，風味迥異。校長李登輝特別照顧，親如子侄。[241] 可以一提的是，邵力子時在復旦為中國歷史教員，[242] 任教國文系丁班、戊班（多華僑學生），對他們影響殊大。朱仲華說：邵力子「口齒伶俐，語言精闢，別班同學多愛前來插班聽課。先生曾選用……文章如〈國會議員孫洪伊致馮國璋通電〉等作為國文教材，備受同學歡迎。」[243] 這時，復旦已有華僑學生會，正會長為何葆仁。[244] 在校外，復旦校友及學生也組織一華僑學生會。1919 年春正會長是謝碧田、副會長是李登輝。[245] 五四風潮中，何葆仁被推為上海

239 1919 年以後，復旦兩屆畢業年刊皆有瞿宣穎祝辭，可見其和母校師友情誼深厚。瞿宣穎，〈一九二〇復旦年刊出版祝詞〉，《復旦年刊（1920）》，無頁數。瞿宣穎，〈一九二三年復旦年刊出版祝辭〉，《復旦年刊（1923）》，頁 15。

240 〈各級年齡平均表〉，《復旦年刊（1919）》，頁 109。

241 這是 1930 年代趙世渝的觀察，但李登輝行事應有一致性。趙世洵，〈一位偉大的教育家——記復旦大學校長李登輝博士〉，頁 237、258-259。

242 "The Faculty", *The Fuh-Tan Banner (1919)*, p. 23.

243 朱仲華口述、陳德和記錄整理，〈邵力子家世與前期經歷〉，頁 296。朱仲華說邵力子為復旦國文科主任，誤。〈邵力子年表〉1917 年 3 月條下，記邵力子為復旦中文系主任，亦誤。〈邵力子年表〉，頁 229。

244 〈復旦華僑學生會略史〉，《復旦年刊（1919）》，頁 61。

245 1917 年底，復旦校友在校外組織華僑學生會，1918 年 1 月正式成立，舉謝碧田為正會長，李登輝為副會長，何葆仁等為評議員。又有名譽會長：伍廷芳、楊晟、黃仲涵。1919 年 4 月 15 日該會改選，仍舉謝碧田、李登輝為正副會長。許有成編撰，《復旦大

學生聯合會會長，繼而是全國學生聯合會副會長，聲名
播於全國。6 月上海罷市期間，何葆仁經常被推為各界
聯合會大會主席，以風格沉穩備受肯定。1920 年夏，
從復旦畢業後按原計劃赴美留學。[246]

1919 年，總計復旦全校學生 431 人，大學部 196
人（1919 級：7 人；1920 級：9 人；1921 級：72 人；
1922 級；116 人），中學部 235 人。[247] 這些學生在大
四及大三學長帶領下，許多人都參與了五四運動。茲製
表列舉 1919 年大學各級幹部姓名。

表十二：1919 年復旦大學各級（正科二級，預科二級）[248]

級別	職員	級訓	人數
1919	級　長：俞大綸	「學然後知不足」—《禮記》	7
1920	級　長：何葆仁 副級長：朱承洵 書　記：程學愉	"Seek and ye shall find " [249]	11
1921	級　長：司徒昂 副級長：賀　芳 書　記：Chow Yo Sung	"Excelsior"	31
1922	級　長：張　喆 副級長：唐　榴	"Let duty be our polar guide"	47

　　事記（1905-1948）》，頁 13。〈1902-1922 年民間團體一覽表〉，
　　收入陳元暉主編，《中國近代教育史資料匯編：教育行政機構及
　　教育團體》，頁 604。〈華僑學生會第一次常會紀略〉，《民國
　　日報》，上海，1919 年 4 月 16 日，版 10。

246　Jerry Dennerline, "*Lee Teng Hwee, Ho Pao Jin, and Educational Reform in
　　Malacca, Singapore, Shanghai, Shanghai and Beyond, 1885-1945* ", pp. 71-72.

247　〈各級年齡平均表〉，《復旦年刊（1919）》，頁 109。

248　資料來源："Senior Class 1919", "Junior Class 1290", "Sophomore
　　Class 1921", "Freshman Class 1922", *The Fuh-Tan Banner (1919)*, pp. 27-37.

249　1920 年級用了耶穌勉門徒名句 "Seek and ye shall find"（馬太福
　　音 7 章 7 節）為級訓，可能是級長何葆仁提議，何葆仁這時是
　　復旦志願查經班成員。

（4）學生的政治意識和組織能力

　　一般認為，復旦學生在五四中居於領導地位，與其自治意識及組織能力較早萌芽有關。其所以優於他校，有一些因素經常被提起：一，從馬相伯創校以來，就有「學生自治」的傳統，[250] 也重視辯論術的培養。[251] 二，復旦作為私立學府，較公立及教會學校關注現實政治。早期校友及教員中的革命黨人（如邵力子），有談論政治的風氣。三，華僑子弟比例偏高，愛國情緒濃厚。[252] 四，校長李登輝重視「合群」精神，勉勵學生合作辦事。商科教授薛仙舟提倡「合作主義」（Solidarity），對學生也有很大影響。[253] 五，校內設「公民服務團」（原名：社會服務會），學生有旅行演講的經驗。[254] 這些都是重要的背景，唯應予辨正的是，好些校友如程滄波提到的復旦「學生自治會」，其成立在五四運動以後。[255] 朱仲華說五四時他是「學生自治會主席」（或

250　錢益民，《李登輝傳》，頁84-85。邵力子說：「那時候，上海各校都有學生會，其中有積極的，如復旦大學；有不管事的，如教會學校滬江、聖約翰等校的學生會。」邵力子，〈黨成立前後的一些情況〉（1961.7），收入中國社會科學院現代史研究室、中國革命博物館黨史研究室選編，《「一大」前後（二）》，上冊（北京：人民出版社，1980。），頁67。

251　Jerry Dennerline, "*Lee Teng Hwee, Ho Pao Jin, and Educational Reform in Malacca, Singapore, Shanghai, Shanghai and Beyond, 1885-1945*", p. 61.

252　章益，〈憶老校長李登輝先生〉，頁151-152。陸永玲，〈站在兩個世界之間──馬相伯的教育思想和實踐〉，收入朱維錚主編，《馬相伯集》（上海：復旦大學出版社，1996），頁1287-1299。

253　錢益民，《李登輝傳》，頁87-89。余井塘，〈我所認識的薛仙舟先生〉，頁190。

254　田吉，〈瞿宣穎年譜〉，頁62-64。

255　何葆仁序，〈復旦大學一九二五年年刊〉，言之最為明確。何序，收入復旦大學校史編寫組編，《復旦大學志》，第1卷。頁137。

「會長」），也是誤用後期名稱。[256] 復旦在五四前有
各級級長及幹部，但不存在「學生自治會」；另有全
校性的「衛生部」，則負責公眾衛生。[257] 錢益民提及
學生自治被寫進《復旦大學章程》，事在 1920 年。[258]
1921 年春季，「學生自治會」始正式成立。[259] 第一屆
正副會長是章益和徐永發（1922 年級），[260] 朱仲華從
未擔任主席或會長。

　　過去復旦學生的政治覺醒及行動能力，之所以未能
予人清晰印象，與《復旦年刊》及《復旦雜誌》未進入
讀者視野很有關係。對此兩部影響廣泛的五四史料集，
應負上一些責任。第一部是六卷本的《五四時期期刊介
紹》（1959 年 12 月出版），第二部是四卷本的《五四
時期的社團》（1979 年 4 月出版）。[261] 海外情形也沒
有更好，周策縱的《五四運動研究資料》將近三百頁的
文獻介紹，沒有介紹復旦校園刊物。事實上，創刊於

256 朱仲華，〈孫中山支持五四運動〉，頁 261。朱仲華，〈五四憶
　　舊〉，頁 160。程滄波，〈國立復旦大學志〉，收入陳思和、龔
　　向群編，《走近復旦》，頁 156。
257 〈衛生部〉，《復旦年刊（1919）》，頁 59。
258 錢益民，《李登輝傳》，頁 85。
259 〈復旦大學學生自治會紀略〉（1921）：「復旦自前歲五四運動時，
　　即產生學生分會……上學期多數同學擬組織學生自治會，當經
　　校長首肯，且許以凡校中可與學生自行管理或參預之事，均與以
　　練習之機會，其意在使學生全體皆造成完善公民之資格，……於
　　是本學期自治成立矣。」可見學生自治會成立於 1921 年春季
　　學期。《復旦年刊（1921）》，頁 94。
260 〈一九二二年文科級史〉，《復旦年刊（1922）》，頁 37。
261 中共中央馬克思恩格斯列寧斯大林著作編譯局研究室編，《五四
　　時期期刊介紹》，三集六冊（北京：三聯書店，1959）。張允侯
　　等編，《五四時期的社團》，共 4 冊（北京：三聯書店，1979）。

1915 年的《復旦雜誌》（*The Fuh-Tan Journal*），1920 年
改稱《復旦學生季刊》（*The Fuh Tan Student's Quarterly*），
以及 1919 年創刊的《復旦年刊》，應視為五四時期重
要文獻。五四前《復旦雜誌》每期封面題簽者：于右
任、徐謙、孫洪伊、岑春煊，反映了師生對政治的關
心，且更傾向南方政治人物。《復旦季刊》仿聖約翰之
《約翰聲》（*St. John's Echo*）而辦，是一份中英雙文刊，
登載學生詩文、教師及來賓演講紀錄、學校活動紀事、
學生參訪調查報告。編輯委員會由學生組成，分中英兩
部，各有編者數位。歷任中西主編是：羅家倫、劉慎
德、俞大綸、瞿宣穎等。中英文編輯都是高年級學生，
多是五四學潮的領導骨幹。五四前一期的顧問老師為：
李登輝、蔣梅笙、曹惠群。[262] 1919 年《復旦年刊》創
刊，職員共十二位學生，編輯主任俞大綸，副主任瞿宣
穎。[263] 若想探求復旦學生的政治意識、團體生活、寫
作能力，不能不求諸《復旦雜誌》和《復旦年刊》。

茲據《復旦雜誌》及《復旦年刊》，說明五四時期
復旦特色和風氣，大致有下列幾方面：第一，校方鼓勵
學生自組社團，發揮自治精神，大力提倡社會服務及公
民教育。又鼓勵學生組織團隊到校外演說，使學生多
獲鍛鍊合作機會。第二，學生極端重視社會調查得來的
知識，不願僅限書面認識而止，組織了好幾次對商業行

---

262 英文編輯為：瞿宣穎（主編）、俞大綸、張揆讓、何葆仁、俞
厚階、程天放、徐世坤、朱仲華、鄧邦傑。中文編輯為：瞿宣
穎（主編）、華振聲、吳冕、余愉等。"Boards of Editors", *The
Fuh Tan Journal*, Vol. 7 (1918.11), p. 1.

263 "The Fuh-Tan Banner Board ", *The Fuh-Tan Banner (1919)*, pp. 8-9.

號及工廠的參訪調查。第三,校方重視童子軍運動,強
調良好體格的重要;又經常與各校組織聯合活動,舉辦
各種競賽及建立合作關係。第四,校方對學生進行政治
啟蒙,鼓勵學生關心國事,每年五九國恥紀念及雙十國
慶,實施愛國教育。第五,展現聯美特色,不時邀請美
國官員到校演講,例如上海總領事薩門司、副總領事沙
約(J. B. Sawyer)、美國商務參贊安諾德等,鼓吹中美
親善。前三點,涉及復旦學生的組織力及動員力。後兩
點,涉及學生政治意識的培養,以下逐一說明。

　　首先,在復旦校方鼓勵下,1917-1919年學生發起
的社團,就有「進德會」、「公民研究社(會)」、「商
業研究社(會)」、「社會服務團」等。以下略說明其
成立原委及主要幹部:[264]

　　(一)「進德會」(1917年成立),學生郭成煦
等發起,以「增進德行」為宗旨,每星期邀請名人演講
德育問題。1919年進德會職員,正會長:瞿宣穎,副
會長:張喆。書記:程學愉、余愉。幹事:何葆仁、范
肇基、吳冕。評議:汪嘉驥、楊祚璋、桂勗剛。[265]演
講來賓的講詞,多在《復旦雜誌》刊出。

　　(二)「公民研究會」(1917年成立),由文科同
學組織,「以研究公民學,及實踐公民職責為宗旨」,
會員經常出外調查司法、教育、實業、製造等社會狀

---

264 下列文字主要參考:朱承洵,〈校事雜記〉,《復旦雜誌》,
　　第1卷第6期,頁8-9。朱承洵,〈記本校社會服務團〉,《復
　　旦雜誌》,第1卷第7期(1918:11),頁2。《復旦年刊(1919)》,
　　頁50-58、77-79。《復旦年刊(1920)》,頁75。
265 〈進德會〉,《復旦年刊(1919)》,頁54。

況，包括：參訪同文書院（日本人所辦）、恆豐紗廠、
法華鎮。每次出訪均有調查報告，刊載《復旦雜誌》。[266]

（三）「商業研究社（會）」（1918 年春成立），
由閔憲章和商科同學發起，「以研究商業學識，考察商
業情狀，而增進商業上之實驗為宗旨」。社員經常出外
調查上海著名工廠或公司。1919 年顧問老師：薛仙舟、
林齊恩、何樂清、俞希稷。會長：賀芳，副會長：吳
冕，英文書記：楊學賚，中文書記：陸思安，會計：戚
其章。[267]

（四）「社會服務團」（1918 年春成立，後改名
「公民服務會」），成立宗旨有三：（1）「教育貧
兒」；（2）「傳播衛生及道德之智識」；（3）「籌募
款項以補助慈善事業」。這是復旦人數最多的社團，會
員逾八十多位，皆熱心而善辦事之學生。組織上分設
「實業、演說、慈善、游藝、教育」五部，各部皆有主
任及職員。1919 年團長：戴維斯（Eugene Davis，政治
學及英語文學教授），副團長：瞿宣穎。學生撰文論述
「社會服務」之意義，即刊《復旦雜誌》。[268] 1919 年

---

266 《復旦雜誌》特闢「社會調查」一欄，刊載學生調查報告。例
　　如：程學愉（天放），〈參觀日本同文書院記（公民研究社調
　　查報告）〉，《復旦雜誌》，第 1 卷第 6 期，頁 10-11。劉慎德，〈中
　　國棉紗業之趨勢〉，《復旦雜誌》，第 1 卷第 6 期，頁 1-14。
　　瞿宣穎，〈法華鎮狀況概要（社會調查之一）〉，《復旦雜誌》，
　　第 1 卷第 7 期，頁 1-5。

267 〈復旦大學商業研究會〉，《復旦年刊（1919）》，頁 56-57。

268 Hsu Sze K'weng（徐世坤），"The Importance of 'Social Service'
　　in Education"; H. K. Yü（俞厚階），"The Need of Reformation of
　　Charitable Service in China"; both in *The Fuh Tan Journal* (June,
　　1918), pp. 20-24. 徐世坤和俞厚階都是 1919 年級學生。

畢業班為提倡社會服務，更對母校「公贈金章一枚，給社會服務最優者，由校長擇優授予」。[269]

（五）「英語演說辯論會」（1918年9月成立），由瞿宣穎發起，「以練習英語為宗旨，會員無論合時何地，均須以英語談話」。該會採用《羅伯特議事法》（Robert's "Rules of Order"）為議事準則。1919年會長：俞大綸，副會長：何葆仁，書記：程學愉。[270]

（六）「國語演說辯論會」（1919年3月成立），發起者認為「時至今日，交際日益繁，語言日益重。論一事也，不慷慨陳詞，不足以動觀聽。評一事也，非反復辯駁，不足以別是非。……演說辯論，尤非國語不能為功也。」會長：閔憲章，書記：程學愉。[271]

上述社團之創辦及活動，多屬學生自主推動。其後舉辦聯合活動，足跡達到其他縣市。1919年3月，公民服務團演講部暨國語演說辯論會，就共同組織「春假旅行演講團」，分三隊到崑山、蘇州、揚州各縣進行通俗演講，講題為道德教育、經濟衛生諸端。往崑山者有：朱承洵、曾兆鹿、田嘉榮、閔憲章、鄒安眾。往蘇州者有：程天放、李紫輝、余愉（後改名：余井塘）、吳冕、桂昴剛、卞燕侯、瞿宣穎。繼而再往揚州者有：吳冕、桂昴剛、卞燕侯、瞿宣穎。戶外旅行演講團增強

---

269 〈本校近事〉，《復旦季刊》，第1卷第8期（1920:1），頁183。

270 "The Fuh-Tan Literary and Debating Society", *The Fuh-Tan Banner (1919)*, p. 55.

271 〈復旦大學國語演說辯論會〉，《復旦年刊（1919）》，頁58。

了學生的演說能力，也培養通力合作的習慣。[272] 在學生中最活躍，常居各團體之首者，不能不推瞿宣穎。

　　至於各社團之活動，又往往寓抵制日本之旨。以公民研究社兩次參訪調查為例：1917 年 5 月，參觀虹橋路日本同文書院後，由程天放撰寫〈參觀日本同文書院記（公民研究社調查報告）〉，提及內心最受觸動之兩事：首先，是同文書院的學生來源，或官費，或自費，日本「約每縣有二三人在此」。程天放感嘆：「咄咄可畏！諸君試思，彼必縣派二三人至我國就學者何故？蓋欲其每縣之學生，考察我之內容後，各自傳述於其戚友鄉黨，則全國人民莫不洞曉我之情事也。」更有「最足驚心動目者，則為校生暑假時調查中國內地狀況之報告，以日式訂成厚冊，幾貯滿兩櫥。檢其目錄，下至一鄉一邑之微，小至一品一物之細，他若民情風俗山川形勢，莫不備列。惜其內容，皆用和文，余輩對之，茫然不解耳。一學生告余，彼去歲共調查湖南、陝西及某某三省云。嗚呼！日人之於我國內情，鈎鉅探索，不遺餘力，蓋洞若觀火矣。……而余輩對於本國之事，其所知反不及日人之什一。」程天放呼籲：暑假調查及愛用國貨二事，復旦學生大可起而效之。[273] 另一次調查活動，是在 1917 年 10 月參觀校董聶雲台在楊樹浦的恆豐紗廠，由社員劉慎德撰〈中國棉紗業之趨勢〉，長達

---

[272] "The Lecture Excursions",〈春假旅行演講團記〉，均載：《復旦年刊（1919）》，頁 77-78。

[273] 程學愉（天放），〈參觀日本同文書院記（公民研究社調查報告）〉，《復旦雜誌》，第 1 卷第 6 期，頁 10-11。

十四頁，詳記上海及全國紗業趨勢，包括日本人在華紗廠及收購華廠情形。觀其內容之詳實，應得自恆豐紗廠資料。[274] 我們不難看出，上海學聯強調社會調查之重要，主張抵制日貨及提倡國貨，在此已種下根苗。

　　復旦童子軍的蓬勃發展，也含軍國民教育的意味。校方提倡尚武風氣，對體操及軍訓特加重視，視為愛國教育的一環。[275]《復旦年刊》稱許唐榴在校內為運動健將，將來準備出國研究軍事學，可見其意趣所向。[276] 1915 年 9 月，復旦童子軍團成立，加入「上海中華童子軍」為第七團。[277] 俞大綸、唐榴、宋振呂，亦均為團員。復旦童子軍成立既早，堪為各校楷模，也經常參加聯合活動。這些童子軍會演，獲華界長官及教育團體高度讚賞。[278] 五四風潮中，復旦童子軍在多場大型集會遊行中出動，並非無跡可尋。在校方而言，他們鼓勵童子軍在每年國慶活動中擔任角色。五四前幾年的國慶紀念日，復旦童子軍或參加市內團體（如寰球中國學

274 劉慎德，〈中國棉紗業之趨勢〉，《復旦雜誌》，第 1 卷第 6 期，頁 1-14。

275 許有成編撰，《復旦大學記（1905-1948）》，頁 7。1915 年底，來自孟加拉的宗教學者薩格（Narayan C. Sen）到校參觀，對復旦學生接受童子軍訓練，又有德國軍官講授軍事知識，留下深刻印象。校長李登輝向他解釋：拯救國家不能只靠軍人，學生必須成為軍事專家。Narayan C. Sen, "China as Viewed by Two Early Bengali Travelers: The Travel Accounts of Inumadhav Mullick and Benoy Kumar Sarkar", *China Report*, Vol. 43:4 (2007), p. 479.

276 〈唐榴〉，《復旦年刊（1922）》，頁 57。

277 〈上海童子軍比賽之結果〉，《申報》，上海，1919 年 5 月 25 日，版 11。

278 〈童子軍舉行會操〉，《寰球》，第 2 卷第 1 期（1917:3），頁 8（八）。

生會、江蘇省教育會）聯合活動，或與鄰校（南洋公
學）舉辦聯合表演或競賽。[279] 每次開場都有校長及師
長來賓致詞，勉以愛國精神。童子軍集會必不可少的
活動，包括宣誓典禮，升旗等，都是上海五四運動的常
見景象。

復旦童子軍作為準軍事教育全團逾六十位團員，
分A、B團，由兩位外籍教練分任總團長（W. H. Taylor
和S. Y. Lock），兩位學生擔任副總團長（俞大綸、冷
鑑）。他們底下有六支分隊，設六位分隊長，其中有
俞大絜和聶光坼。所有團員中，俞大綸資格最老，是
1915年創團團員。[280] 在此之前，他可能已參加上海青
年會童子軍團。1915年上海青年會童子軍團（稱義勇
隊）成立時，參加者多達一千多人，名宦子弟都可能於
此時入團。[281] 聶雲台家族子弟積極投入童子軍活動，
既展現他們對新事業的興趣，也含有對准軍事教育的看
重。復旦童子軍團成立甚早，很可能是聶雲台引入。[282]
再分析一下復旦童子軍，全團六十餘人分成六隊，是一
個「十人團」系統。全隊六十多人，儼然是一個微型軍
團。順帶一說，五四前，青年會的年度徵求運動中，也

---

279 南洋公學校長唐文治，亦極重視童子軍訓練。南洋公學附中和附
　　小，各有一團童子軍，列入中華童子軍協會上海支會第九團和第
　　十團。陸陽，《唐文治年譜》（上海：上海三聯書店，2013），
　　頁192。王宗光主編，《上海交通大學史》，第2卷，頁229-231。

280 "Seventh Shanghai Troop, C. B. S.", *The Fuh-Tan Banner (1919)*, p. 67.

281 〈滬濱各校記事〉，《申報》，上海，1917年1月3日，版11。〈盲
　　童學校音樂大會誌盛〉，《寰球》，第2卷第1期（1917:3），
　　頁8（七）。

282 聶其杰（雲台），〈上海青年會童子部〉，收入：中華續行委辦
　　會編，《中華基督教年鑑（1916）》，頁137（委）。

是一種十人團。這種「十人團」推而廣之，也展現在美
國紅十字會及歐戰協濟會等大型徵求及募款運動中。這
些組織模式和運作經驗，對學生必有重大影響。童子軍
訓練的準軍事化，強調紀律和服務精神，更形塑了學生
的精神氣質。俞大綸在 1919 年罷市高潮中，帶領復旦
學生在公共租界執行任務，乃因其一向就是復旦童子
軍團領袖。此外，他又是復旦足球隊隊長，[283] 身手如
此，難怪在活動中領袖群倫。[284]

　　茲列表說明 1915-1918 年復旦童子軍參與的重要活
動，以顯示童子軍在校園生活中的角色，及其與校外團
體聯合活動的情況。

---

283 "Varsity Football Team", *The Fuh-Tan Banner (1919)*, p. 88.

284 汪嘉驥對俞大綸的形容是：「這個人可算是非同小可的人物，
　　說他是運動家，他便是運動家；說他是交際家，他便是交際家；
　　說他是演說家，他便是演說家；至於他辦事的敏捷，英文的佳妙，
　　卻也不能一一數說了。」汪嘉驥，〈五四後本校大事追憶〉，《復
　　旦季刊》，第 8 期，頁 162。

表十三：復旦童子軍重要活動紀事（1915-1918）[285]

日期	地點	事由	活動概況
1915.10.30	復旦公學、徐家匯鎮	建校十週年紀念娛賓會	音樂既闋，佐以童子軍表演，並提燈繞行徐家匯鎮一週而返，軍樂洋洋，火光熊熊。
1916.4.6	復旦公學	美國前麥賽州長良威爾喜到校參觀	體操部及童子軍部學生均列隊歡迎，參觀及演說既竟，在操場閱童子軍演習各技術。
1916.7.1 下午三時半	復旦公學	大學預科及中學畢業典禮	先由兵操及童子軍表演，繼由董事長、校長、董事及來賓演說。
1916.10.10 上午	公共體育場	國慶紀念	教練姚麟書帶領中學部童子軍赴南市公共體育場，參加十一團體之聯合升旗典禮，開童子軍在公共體育場活動的先河。
1916.10.10 下午	復旦公學	國慶紀念	中學部童子軍在本校操場舉行升旗式，李登輝校長致詞，繼由童子軍表演，鄰校南洋公學各組童子軍參與，兩校舉行競走等各項遊戲。
1916.11.20 下午二時	楊樹浦路外國酒店前空地	上海中華童子軍會操	共五百餘人，分十二隊。中國童子軍十隊，英國童子軍一隊，日本童子軍一隊。
1917.3.31	南洋公學		中學部全體童子軍整隊前往南洋公學參加一年一度會操。
1917.10.10	公共體育場	國慶紀念	中華童子軍協會上海支會十三團及上海縣童子軍聯合會十團二十隊，舉辦聯合慶祝典禮。
1918.10.10 上午十時	復旦大學、徐家匯路	國慶紀念	童子軍、軍樂隊、兵操隊帶領，從校門出發，經徐家匯路，入學校操場，環行一週入禮場。童子軍、兵操、及軍樂隊，環立旗桿旁。來賓演說畢，童子軍升起中美兩方國旗典禮。繼由童子軍拳術表演。

285 資料來源：吳毓騰，〈本校十週紀念會記事（四年十月）〉；陳陸英，〈美國前麥賽州長威爾喜君參觀本校記〉，《復旦雜誌》，第1卷第2期（1916.6），頁2、5。另許有成編撰，《復旦大學記（1905-1948）》，頁10-12。吳毓驤，〈本校國慶紀念祝典記事〉，《復旦雜誌》，第1卷第3期（1917.1），頁2。吳毓驤，〈本校國慶紀念會並承美國大學聯合會贈旗記〉；瞿宣穎，〈戰勝慶祝紀事〉，《復旦雜誌》，第1卷第7期（1918.12），頁3、9。〈復旦公學之畢業式〉，《寰球》，第1卷第2期，頁8（六）。〈童子軍舉行會操〉，《寰球》，2卷1期（1917.3），頁8（八）。鄭昊樟，《上海童子軍史》，頁8。按《復旦雜誌》及《寰球》所記，與許書不能相合處，當以校刊為準。

日期	地點	事由	活動概況
1918.11.21晚	市內	歐戰勝利慶祝	復旦編制馬隊十四騎、摩托車四乘領先，殿以兵操步隊及童子軍隊。

　　復旦的體育活動和拳術活動也值得介紹，它在復旦校園生活中佔據重要地位。張廷灝說明：「各種田徑賽、各種球類比賽和拳術，復旦應有盡有。學校還聘請了一個體育指導員和一個拳術教師來指導學生從事鍛鍊。體育指導員也請過美國籍的留學美國的體育專家，拳〔術〕教師請精武體育會的教師。學生方面有關體育活動的團體組織是體育委員會，以下分設足球、網球、籃球、排球、棒球和田徑六部。」[286]《復旦年刊》附錄的照片，顯示富家子弟在體育場上表現突出，像唐榴是田徑隊長，俞大紱是網球隊長。復旦網球隊，更有三分之二來自同一家族成員。[287]

　　張廷灝提到的精武體育會，在復旦刊物中不見特別介紹。復旦董事聶雲台卻是主要提倡者，將拳術引入復旦。陳鐵生編《精武本紀》，記述上海精武體育會的組織和發展。「揚我大漢聲，一洗文弱羞。」是復旦學生致精武體育會的贈聯。教練趙連和（振群）的〈復旦公學技擊記〉，則以復旦為各校表率：

　　　　復旦公學，學者數百人，多習技擊。連和忝膺教
　　　　練，亦既數載於茲，竊謂：人盡如復旦學者之恆

286　張廷灝，〈私立復旦大學見聞回憶〉，頁104。

287　當時網球並不普遍，是有錢人家的運動。復旦網球隊六位隊員，俞氏兄弟佔了半數。〈網球隊〉，《復旦年刊（1919）》，頁89。

心毅力，則國家之潛勢力為不可侮矣。[288]

1918 年，上海精武體育會會長是聶雲台，副會長是穆藕初。1919 年，則朱慶瀾為會長，聶雲台、王閣臣為副會長。[289] 在聶雲台等提倡下，復旦、澄衷、中國女子體操學校、愛國女學等十餘所學校，甚至商務印書館及青年會等，都約請精武拳師指導技擊班，每年並舉行大型會操，成為另一種准軍事演習。聶雲台子光堊，還是該會初級班學員。聶家子弟及俞氏兄弟對童子軍和體育會的積極參與，反映聶雲台等亟望青年一代洗文弱之風，建立雄糾糾的軍人氣慨。

復旦校方對學生進行政治啟蒙，則主要在雙十國慶及五九國恥紀念日。每年國慶紀念活動中，教職員的演說，以激發愛國熱誠為目的。一位學生記 1916 年李登輝的講詞，可以為例：

> 國慶二字，何由而來乎？由於無數愛國男兒，捐其頭血頭顱，始得此二字也。得之已難，保之宜力！[290]

每年五九國恥紀念日，則師生輪流上台演說，痛陳日本對中國的野心，宣揚抵制日貨的重要。

---

288 趙連和，〈復旦公學技擊記〉，收入陳鐵生編，《精武本紀》（上海：精武體育會，1919），頁 60。

289 劉辰臣，〈技擊大會操記〉；〈七年〔1918〕初級畢業會員〉、〈復旦大學祝詞〉、〈歷任職教員表〉；均收入陳鐵生編，《精武本紀》，頁 39、41-42、155-156、172-173。其他贊助者有：簡照南、溫宗堯、湯節之等。

290 吳政璣，〈本校國慶祝典記事〉，《復旦雜誌》，第 1 卷第 3 期（1917.1），頁 1。

表十四：復旦大學五九國恥紀念日活動（1917-1918）[291]

年份	時間	地點	主席	師長演說者	學生演說者	儀式
1917	午後二至四點	禮堂	郭成煦	蔣梅笙（國文系主任）、葉秉孚（學監）、邵力子、楊雪筠	孫鏡亞、閔憲章、金國寶、羅家倫等	演說既竟，全體起立，向國旗一鞠躬禮。
1918	午後二至四點	不詳	不詳	蔣梅笙（國文系主任）、葉秉孚（學監）、邵力子	吳冕、狄侃、汪嘉驥、桂勗剛、華振聲	演說既畢，孫鏡亞提議通電各省一致反對中日新約，眾贊成，公舉劉慎德、狄侃、孫鏡亞起草。[292]

　　《復旦雜誌》記 1917 及 1918 年國恥紀念活動，令人可以推想其他年份的情形。1919 年在街頭奔走呼號的學生，大約不少人都在這些場合中鍛鍊過演說能力。

　　1918 年秋冬，復旦尚有幾件重大事情，在學生內心留下深刻印象。首先是 1918 年國慶紀念日，美國商務參贊安諾德蒞臨復旦，以美國大學俱樂部會長名義，贈送中美兩方國旗。贈旗活動是唐露園在俱樂部年會提議，獎勵復旦師生在美國紅十字會徵求運動的突出表現。在滬上，獲贈旗的有兩校——復旦大學和美童公學——分別成為中美學校代表。此事彰顯中美親善之精神，也提升了復旦的地位。10 月 10 日贈旗儀式莊嚴而隆重，先由校董聶雲台演說，申明美國為「自由」、「民權」、「人道」三大主義誕生地，以鐵血造成一太

291 吳政璣，〈本校國恥紀念會記〉；陳陸英，〈記國恥紀念會〉；《復旦雜誌》，第 1 卷第 5 期（1918.1），頁 1-3。朱承洵，〈記本校之國恥紀念會〉，《復旦雜誌》，第 1 卷第 6 期，頁 6-7。

292 1918 年五九國恥紀念翌日，復旦學生帶領 2,000 名群眾到龍華淞滬護軍使署請願，反對中日新約。"The National Disgrace Day", *The Fuh-Tan Banner (1919)*, p. 80.

平洋民主國，期勉復旦學生為國犧牲。然後主賓安諾德演說，仍申「自由」、「民權」、「人道」之義，勉勵學生以「極大犧牲」為國家盡天職。校長李登輝答謝，再由美國駐滬副總領事沙約（J. B. Sawyer）及滬江大學校長美人魏馥蘭（France. J. White，華東基督教教育會委員）演說，依然申說中美親善之義。當天活動的高潮，是復旦童子軍升起中美兩方國旗，「中國萬歲！美國萬歲！復旦萬歲！」之聲響澈天空。[293]

另一事在 1918 年 11 月，復旦師生為響應威爾遜總統發起「歐戰協濟會」（The War Work Fund Campaign，以撫傷恤死為宗旨），[294] 全體學生在兩日內籌得 1,300 元，居滬上各校之冠。[295] 此事由威爾遜總統委託世界青年會總幹事穆德總其成，穆德發電至滬，要求中國分任美金二十萬元。上海方面，以青年會余日章為總辦，黃炎培等協辦。[296] 復旦師生在 11 月 12 日先召開大會，

293　D. L. Yu（俞大綸）, "College Activities: A Report of the Presentation Ceremony", *The Fuh Tan Journal*, Vol. 7 (1918.11), pp. 2-5. 朱承洵，〈本校國慶紀念會並承美國大學聯合會贈旗記〉，《復旦雜誌》，1918 年第 1 卷第 7 期，頁 3-4。安諾德演說詞，載同期《復旦雜誌》。Julean Arnold , "Presentation of Chinese and American Flags to the Fuh Tan College", *The Fuh Tan Journal*, Vol. 7, pp. 5-7. 復旦師生對贈旗慶典的重視，可從《復旦年刊（1919）》收入安諾德演講詞、朱承洵報導、照片兩幀可知。《復旦年刊（1919）》，頁 71-74。

294　歐戰協濟會由美國七個團體組成，男女青年會居其二。參考王墨翰，〈歐戰協濟會及相關史事論述〉，《陰山學刊》，2017 年第 30 卷第 2 期，頁 87-93。王墨翰，〈直隸地區為歐戰協濟會董捐述論〉，《河北廣播電視大學學報》，2017 年第 22 卷第 4 期，頁 7-12。任一，〈「寰世獨美」：五四前夕美國在華宣傳與中國對新國家身份的追求〉，《史學集刊》，2016 年第 1 期，頁 53-54。

295　〈本校對於歐戰協濟會之輸助〉，《復旦年刊（1919）》，頁 75。

296　參考：〈歐洲協濟會消息〉、〈歐戰協濟會開會紀〉、〈歐戰

全校一致支持。13 日，余日章、朱少屏到校說明。由李登輝開場後，余日章對學生強調：中國參戰後對協約國貢獻無多，這次若能夠踴躍捐款，對美國表示親善之意，將有助提升戰後地位，期勉復旦學生為各校表率。然後朱少屏說明籌款辦法：每校設一「發起人」（擔任一千元），其下設立「組織人」十位（每位分任一百元），「組織人」下設「委員」五位（每位擔任二十元），每位委員領具五元收據四紙。這一募捐系統的好處，是伸縮靈活，其核心仍為「十人團」（即十位組織人）。

圖三之二十一：歐戰協濟會募捐系統[297]

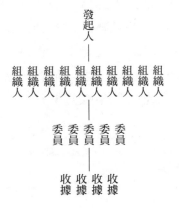

<hr />

協濟會之進行〉、〈歐戰協濟會討論進行〉、〈歐戰協濟會大會記〉，《申報》，上海，1918 年 11 月 8-10 日、12 日、17 日，版 10。1918 年 11 月黃炎培日記：「12 日，午前談話會，為歐戰協濟會撥款事。」「18 日，決歐戰協濟會捐款數。」黃炎培著、中國社會教學院近代史研究所整理，《黃炎培日記》，第 2 卷，頁 43。

297　楊遵矩，〈本校歐戰協濟會開會紀事〉，《復旦雜誌》，第 1 卷第 7 期（1918:11），頁 9。這個募捐辦法，是美國人提出。據說「此種辦法事半功倍，祇須費數小時之力，即可募得鉅數之欵項也。」〈歐戰協濟會討論進行〉，《申報》，上海，1918 年 11 月 12 日，版 10。

　　復旦刊物記錄，余日章和朱少屛到校當天，學生馬上認捐一千元。[298] 15日《申報》報導更為詳細：「〔13日〕當場有學生何葆仁、卞燕侯、瞿宣穎、徐永發、郭成根、朱隱漁、章蔚然、唐榴諸君各認捐百元，昨日〔14日〕又有唐芝軒君認捐百元，卞燕侯君加認百元，總計已達一千數百元。」[299] 八位學生分別認捐一百元，卞燕侯一人獨捐二百元，於是復旦超前又超額完成任務。學生的財力和行動力，此時已令社會留下深刻印象。何葆仁、瞿宣穎、卞燕侯、章蔚然、唐芝軒諸人，在翌年愛國運動中，亦復出錢出力。[300] 眾人注目的唐榴，在翌年風潮中，亦必有角色。[301]

　　第三件事，也引起上海全社會注意。1918年11月21日，華洋各界慶祝歐戰結束舉行勝利遊行，復旦學生表現了出眾的組織力，也激發了學生的自豪感和自信心。當天午後一時，復旦學生戎服整隊出校，與各校學生集會跑馬廳。晚六時，由復旦學生領隊，逾六十校學

298 朱承洵，〈記本校協濟歐戰籌款大會〉，《復旦雜誌》，第1卷第7期（1918.11），頁5-6。楊遵矩，〈本校歐戰協濟會開會紀事〉，頁7-9。

299 〈歐戰協濟會進行消息〉，《申報》，上海，1918年11月15日，版10。

300 據1920年《復旦雜誌》之〈〔上海學聯〕分會紀事〉職員錄，此數人分列復旦分會、上海學聯、全國學聯重要職位。該名錄不含1919年畢業班，可見是秋季改選後名單，但職務分配很可能反映各人在5-7月風潮的參與程度。〈分會紀事〉，《復旦雜誌》，第1卷第8期，頁180-182。

301 1920年秋至1921年春季，上海學聯復旦分會改組為學生自治會，唐榴任執行部交際科正主任。學生的理解是：「學生自治會與學生分會，實一物之兩面觀，對外稱學生分會，對內則稱自治會耳。」參見：〈復旦大學學生自治會紀略〉、〈學生自治會執行部〉，《復旦年刊（1921）》，頁94、97。

生數萬人提燈遊行。前頭是遊行隊伍總司令朱慶瀾，次
列是淞滬護軍使軍樂隊，為各校學生開路。[302] 瞿宣穎
〈戰勝慶祝紀事〉：

> 此役也，本校臨時編制馬隊十四騎，摩托車四乘，
> 馬車自由車復以數十計，而殿以兵操步隊及童子
> 軍隊，各極莊嚴燦爛之概。明燈數萬，蜿蜒二三
> 里，觀者若覩牆。次日興猶未闌，復往參預公民
> 遊行會，由黃埔灘以入法國公園，其事皆已詳見
> 各新聞紙。[303]

朱仲華說，這次復旦領導各校游行，是奉校長李登
輝之命。上海華洋雜處，遊行人數眾多，馬相伯乃請出
朱慶瀾為總指揮。朱氏指揮若定，把遊行隊伍帶入法租
界。[304] 這次步入租界的經驗，對學生起了暗示作用。
半年後，朱仲華等復旦學生走入公共租界，直奔上海總
商會請願，此日已作了預演。這一天上海響澈「公理戰
勝強權」的口號，更使學生和市民沐浴在對國家美好前
途的憧憬中。

至於復旦學生的政治意識，則見於《復旦雜誌》各
文。五四風潮前一期，即 1918 年 11 月第 7 期，中英兩
部主編都是瞿宣穎。他撰中英文章各一，內容與內外

---

302 〈正式慶祝戰勝之第一日〉，《時報》，上海，1918 年 11 月 22 日，
　　第 3 張版 5。

303 瞿宣穎，〈戰勝慶祝紀事〉，《復旦雜誌》，第 1 卷第 7 期
　　（1918:11），頁 9-10。

304 高世梁，〈朱慶瀾事略〉，收入浙江省政協文史資料委員會編，
　　《浙江文史集粹：政治軍事卷》，下冊（杭州：浙江人民出版社，
　　1996），頁 113、116-117。邵桂花、陳志新，《朱慶瀾傳略》
　　（長春：吉林人民出版社，2003），頁 262。

政情息息相關。英文一篇為："How to Solve the Present Political Problem in China"（〈如何解決當前中國政治問題〉），分析民國以來政治每況愈下，要大家毋寄希望於徐世昌一二人，最末斷言：目前局勢為「專制和民主，壓迫和自由，守舊和進步之戰」，所有公民自當奮起：

> This is the time for the people to act. Let all bear the responsibility ... Let all raise the voice of liberty, progress, and democracy. This is the way to solve the present political problem.
>
> 〔此為行動時刻，唯願吾儕共負斯責……。願自由、進步、民主之聲高揚，此為解決當前政治問題之唯一途徑。〕[305]

中文一篇，為前引〈戰勝慶祝紀事〉，末尾痛論日本軍國主義之害：

> 他日猶有以德意志之武力專制主義，施於國內與施於國際者，吾民慎勿憚斷頭決腹之痛苦，而不以義懲之。[306]

瞿宣穎以「斷頭決腹」號召同學，與聶雲台、安諾德等國慶演說相呼應。此期卷首，更有俞大綸〈學生對國家之責任〉，他借用中華童子軍格言："Be Prepared"，

---

305 Chü Hsung-Ying（瞿宣穎），"How to Solve the Present Polical Problem in China", *The Fuh Tan Journal*, Vol. 7 (1918.11), p. 16.

306 瞿宣穎，〈戰勝慶祝紀事〉，《復旦雜誌》，第 1 卷第 7 期（1918.11），頁 10。

與同學共勉。[307] 整份刊物流露箭在弦上的氣氛，只待
事件引發，政治激情就將奔馳而出。

　　1919 年《復旦雜誌》未有刊印。1920 年復刊，改
稱《復旦學生季刊》，並有啟事一則：

> The editors and managers of the *FUH TAN JOURNAL*
> have to apologizc for the delay of this issue which was
> caused by the recent political crisis in which we have
> taken active part.
>
> 〔《復刊雜誌》編輯和經理為愆期致歉，蓋我等
> 在近日政治危機中有活躍角色。〕[308]

這幾行字明告讀者：過去一年，編撰者轉為行動者。
1919 年的學生動向，當求諸上海報章版面。

　　惟 1920-1924 年《復旦年刊》，每冊對學生參與
五四運動，既有分述，也有總敘。1920 及 1921 兩屆畢
業生小傳，尤多紀諸生在上海學聯及復旦分會職務。這
些紀錄不見《復旦年刊（1919）》，是因該期集稿於學
潮發生前。惟此 1919 年級生之表現，卻被全體學生共
睹，並追隨「前輩」之行動。茲錄《復旦年刊》對各
級學生參與五四學潮之紀錄。

307　D. L. Yu（俞大綸），"The Duty of Students to the Country", *The Fuh Tan Journal*, Vol. 1:7 (1918.11), p. 3.

308　Y. L. H., "Notice to the Reader", *The Fuh Tan Studant's Quarterly*, Vol. 8 (1920.1).

表十五：1920-1924《復旦年刊》
對學生涉入五四學潮之紀述[309]

級別	上海學聯或復旦 分會職員（1919）	涉入五四學潮情形
1919	瞿宣穎、俞大綸	
1920	何葆仁、朱承洵、 程學愉、卞喜孫、 章蔚然	「自上海學生聯合會成立後，本校即有分會之組織，共分三部。曰執行部，評議部，糾察部，三部鼎立，相輔而行。執行部之組織，共分十科。……演講科在罷課期內分十隊，每隊十人，每日外出演講，雖暴風烈雨，亦無間阻。其愛國之精神，實堪欽佩。演講大旨，不外喚醒人民，知亡國之痛苦，及力爭外交之必要，並言抵制日貨，為置日人于死地之惟一方法。每一演講，途為之塞。其他各科，亦皆盡責，互相維持，故能使執行部事務，蒸蒸日上，而足可慶賀也。」
1921	閔憲章、吳冕、 冷鑑、戚其章、 賀芳、陸思安、 金明遠、徐樹聲、 鮑思信	「八年夏，五四學潮，起自京師。我校在滬，遂首先發難，連絡各校，組織上海學生聯合會。是時也，時勢造英雄之時也。一面致力對于北京政府，當持以積極之奮鬥；而內部之整頓，使團體精神，不致煥發者，在在需人。同人以數載之涵養，一旦而發揮之，光大之，焉有不嶄然而露頭角者，故會中重要之職，同人佔其半焉。」
1922	楊祚璋、徐永發	「西歷千九百十有八年，同人始入本校商科之第一年級，其時同學者祇有九人……。翌年夏，『五四』事起，同人因得追隨諸老友之後，注意國事之興味，亦此於肇其端。」
1923	余愉、唐芝軒、 張喆、華振聲、 李安	「1919年秋，……是時適當五四運動之後，我校以提倡救國運動聞於全國，而我級尤以勇於救國聞於全校；合四十五人自成一隊，為鄉間愚夫愚婦說救國之道，習以為常，久不不倦，何其壯耶！」

309 資料來源：許有成編撰，《復旦大學大事記（1905-1948）》，頁 15-16。〈分會紀事〉，《復旦》，第 1 卷第 8 期，頁 180-183。〈復旦學生分會執行部職員〉，《復旦年刊（1920）》，頁 64。戚其章，〈一九二一年級級史〉，《復旦年刊（1921）》，頁 42。楊道腴，〈一九二二年商級級史〉，《復旦年刊（1922）》，頁 49。〈大學貳年級文理商甲子同級會紀事〉，《復旦年刊（1922）》，頁 71。余愉，〈一九二三年商科級史〉，《復旦年刊（1923）》，頁 61。

級別	上海學聯或復旦分會職員（1919）	涉入五四學潮情形
1924 中學	曾兆鹿	「己未〔1919〕夏，五四事起，上海學生奔走救國，校中前輩最為熱忱，本級同人當仁不讓……。」

（5）校青年會

　　最後擬探討一個問題，復旦學生之組織及校園活動，與青年會有無關係？復旦既列入「校青年會」系統，這一問題不應置之不理。復旦刊物中，首次出現「校青年會」（College Y. M. C. A.）名目，在五四後。[310] 此前，有「進德會」（Moral Improvement Society，1917年成立）及「社會服務團」（Social Service League，1918年春成立），在宗旨及活動上與青年會接近，疑其為青年會外圍組織。此外，尚有「志願查經班」（Voluntary Bible Class，1918年夏成立），顯然是「校青年會」前身。

　　先說「進德會」，1919年夏入復旦的章益，晚歲追憶「為學生時，嘗奉〔李登輝〕先生命，於校內舉行查經班，及與青年會聯繫之活動。嗣為教員，復助先生推行進德會。近年常隨侍先生至禮拜堂參加禮拜。」[311] 依其敘事脈絡，「進德會」似與青年會相關。其發起原由，在青年會幹事李啟藩到校演說，指陳上海風氣之敝，學生郭成煦等隨即發起，似可見其淵源。[312] 該會歷來所邀講員，也多基督教背景，例如廣學會總幹事

310　Hung Shao Syun（洪紹詥）, "College News", *The Fuh Tan Student's Quarterly*, V. 11 (1920.12), p. 59.

311　章益，〈追慕騰飛夫子〉，頁476。

312　許有成編撰，《復旦大學大事記（1905-1948）》，頁12。

瑞思義牧師（Rev. William Hopkyn Rees，另譯：李思，英國人）、《興華》報編輯陳維屏牧師。[313] 而他們到復旦演說，似由聶雲台、李登輝引介。聶雲台為廣學會董事，[314] 又與瑞思義同任工部局華人教育會委員。[315] 聶雲台、余日章與陳維屏，又同屬「基督教救國會」委辦，交集不少。[316] 陳維屏是俄亥俄衛斯理陽大學校友，與李登輝同屬美以美會。[317] 至 1918-1920 年「進德會」會長，先後是郭任遠、瞿宣穎、何葆仁，邀李啟藩任名譽幹事。李啟藩久任上海青年會童子部，更兼遊美學生招待部，與學生關係密切，與聶雲台更加熟悉。故此，「進德會」縱使不是青年會外圍組織，連繫確是極深。

再說「社會服務團」，其宗旨及活動與青年會相彷，更大受學生歡迎。朱仲華說復旦學生社團中，「惟社會服務團之宗旨願力，較他種會社為宏大，而其成績亦甚有可觀」。[318] 茲查得〈民國六年（即一九一七年）上海基督教青年會報告〉有「學校青年會之成績」一

---

313 楊遵矩，〈陳維屏先生演說〉；孫雨人，〈廣學會幹事李思先生演說記〉，《復旦雜誌》，第 1 卷第 5 期（1918:1），頁 9-13。朱承洵，〈記李啟藩先生演說〉；楊遵矩，〈記李啟藩先生演說〉；均載：《復旦雜誌》，第 1 卷第 7 期（1918:12），頁 4-7。

314 Charles L. Boynton (ed.), *Directory of Protestant Missions in China 1920*, p. 349.

315 上海市檔案館編，《工部局董事會會議錄》，1918 年 3 月 28 日，第 20 冊，頁 680。

316 徐謙，〈基督教救國會紀略〉，《中華基督教會年鑑（1921）》，第 6 冊，頁 222。

317 *Who's Who in China (1925)*, pp. 143-144。

318 朱承洵，〈記本校社會服務團〉，頁 2。

節，先說明「學校青年會」之重要：

> 學校之中附設青年會，其故有三：一，聯絡基督
> 徒，勸化同學，有志之士，同歸聖教。二，增進
> 學子之基督徒根性。三，練習學生之才能，使他
> 日可為國家盡力。[319]

繼而說明復旦先設「社會服務團」：

> 今上海一處，各校之中，附立青年會者已有七起。
> 每屆開會之期，本會輒遣幹事參觀訪問，並討論
> 一切難題。所辦事業，則如設立志願研究聖經班
> 等，要皆於學生身心有益之事。今上海各學校未
> 設青年會者尚眾，本年〔1917〕十月二十六日，
> 本會嘗招集熱心斯道之士聚議一次，選出委員三
> 人，延各校代表議論此事。今復旦公學已本此旨
> 辦一社會服務會，而由本會量加以助力云。[320]

這則紀錄清楚說明，復旦「社會服務團」之設，為
「校青年會」之先導。惟不先設「聖經班」，而立「社
會服務團」，當是為吸引學生。「社會服務」一項，本
即青年會宗旨。（青年會口號：「非以役人，乃役於
人。」）此社團之成立，正可「練習學生之才能，使他
日可為國家盡力。」

以校長李登輝及校董聶雲台、余日章等與青年會的
關係，在復旦設立「校青年會」，自當是他們的共同願

---

319 〈民國六年（即一九一七年）上海基督教青年會報告〉，《上海青年》，第 17 卷第 11 期（1918），無頁數。

320 〈民國六年（即一九一七年）上海基督教青年會報告〉，《上海青年》，無頁數。

望。首先，掛起「社會服務團」的招牌，繼而設立「查經班」，再推動「校青年會」。由於青年會對「校青年會」的設置，有一套固定組織辦法及準則，包括對人數的要求。[321] 因此，吸引學生是第一步策略。至於總體目標，則聶雲台等可能不止想把青年會引入復旦，更期待藉由「青年會化」的復旦，達到「社會改良」的救國效果。聶氏兄弟都是「基督教救國論」者。他們對青年會的支持，與救國之念緊緊相繫。不但如此，在五四前後，聶雲台兄弟的「基督教救國論」，簡直可稱「青年會救國論」。為了救國，為了自家子弟的成長，於公於私，聶雲台必然樂意贊助復旦的青年會活動。

在此說明一下聶雲台兄弟的「基督教救國論」，有助瞭解聶氏子弟習聞之主張。1916 年，聶氏家族首先奉教的聶潞生，發表〈余何以為基督徒〉提出：「基督教者，吾國惟一之救時良藥，凡屬國民，皆當信從者也。」[322] 1918 年，聶氏兄弟母親曾紀芬，囑聶雲台兄弟徵文及刊印浦化人《基督教救國論》，共送出兩萬冊，更親為序指出：「宗教之完美者，自推基督教為最，而又與中國現時社會情勢，最為相宜。故居今日而言救國，政治法律，則嫌於空談。經濟實業，則緩不濟急。一言以蔽之，曰：惟宗教可以救國而已。曰：

321 狄爾耐（H. A. Turner）著、中華基督教青年會全國協會書報部譯訂，《學校青年會治理法》（上海：中華基督教青年會全國協會書報部，1919），頁 13。
322 聶其焜，〈余何以為基督徒〉，收入《中華基督教會年鑑（1916）》，第 3 冊，頁委 34。同文另刊《青年》，19 卷 7-8 號（1916.10），頁 241-247、285-289。

惟基督教可以救國而已。」[323] 曾紀芬不但經常對兒婦
講論教義，並撰文自述信教之由。[324] 聶氏兄弟以《基
督教救國論》遍贈親友，[325] 又以青年會為「基督教救
國」途徑。1916 年聶潞生稱頌：「基督教青年會者，
非二十世紀最高潔、最神聖之青年團體乎！」[326] 1917
年聶管臣〈說基督教青年會〉：「吾以為救國之道，則
推廣青年會於國中，亦一當務之急。蓋青年會以振興德
育、智育、體育為宗旨，而又注重社交。」[327] 1919 年
聶雲台更號召：「第念青年會為濟植青年，改良社會之
機關，以基督教博愛犧牲之精神，貫注於德、體、智三
育事業之中，以行使其服務社會之天職。責任重大，事
務殷繁。……倘海內而有聞風繼起者乎？則誠四百兆神
胄之新光，而五千年國命之所繫託者也。」[328] 曾紀芬
及聶氏兄弟對青年會之讚美，乃至親赴其役，必深刻影
響家族成員，包括俞大綸兄弟、聶光堃兄弟、乃至瞿宣

323 聶曾紀芬，〈緣起〉；范禕，〈跋〉，均收入浦化人，《基督
　　教救國論》（上海：出版社不詳，1918），頁 1。〈欲得基督教
　　救國論者注意〉，《青年進步》，第 14 冊（1918:6），頁 16。
　　可參考張樂，〈從孔門弟子到耶穌門徒——曾國藩家族的基督
　　徒成員及其宗教觀考述〉，《北京社會科學》，2017 年第 6 期，
　　頁 76-86。

324 曾紀芬，〈述余奉教之原由以勸同胞〉，《青年》，19 卷 19 號
　　（1917.1），頁 347-349。

325 1918 年 3 月 5 日鄭孝胥日記：「赴商務印書館董事會。……聶
　　雲台持《基督教救國論》遍頒座人。」中國歷史博物館編、勞
　　祖德整理，《鄭孝胥日記》，第 3 冊，頁 1715。

326 聶其焜，〈余何以為基督徒〉，頁委 30。

327 聶其煒（管臣）稿，〈說基督教青年會〉，《上海青年》，第
　　16 卷第 12 期（1917），無頁數。

328 聶其杰，〈溫佩珊君決志服務社會記〉，《青年進步》，第 20
　　冊（1919.2），75-76。

穎兄弟等人。

　　1918 年春，復旦「社會服務團」成立。1919 年，改稱「公民服務會」，仍保留「服務」二字，是其宗旨未變。全團八十多名會員，組織嚴整。團長戴維斯教授，是安息日浸禮會（Seventh-day Baptist Missionary Society）傳教士，1907 年到中國。[329] 茲錄 1918 及 1919 年職員名錄：

　　主　任：戴維斯（1918, 1919）

　　副主任：郭任遠（1918）、瞿宣穎（1919）

　　書　記：俞大綸（1918, 1919）

　　會　計：卞燕侯（1918, 1919）

　　教育部主任：卞燕侯（1918）、張起（1918），
　　　　　　　　　俞厚階（1919）

　　演講部主任：狄侃（1918），俞大綸（1919）

　　慈善部主任：朱承洵（1918, 1919）

　　遊藝部主任：范肇基（1918, 1919）[330]

　　如前所說，「社會服務團」是「校青年會」前身，則主要幹部如郭任遠、瞿宣穎、俞大綸、卞燕侯，都可能早已加入市青年會（或童子部）。該團邀請之多位講員，多具有青年會背景，也就不足為奇。

　　比較上海青年會及復旦「社會服務團」，也可以看出兩者的關連性。同時，更可推想曾入青年會童子部者，既先獲得「社會服務」觀念及經驗，必成為復旦

329　Charles L. Boynton (ed.), *Directory of Protestant Missions in China 1920*, p. 23.

330　〈公民服務會職員〉，《復旦年刊（1919）》，頁 50。

「社會服務團」骨幹。1916 年，上海青年會童子部長
聶雲台撰〈上海青年會童子部〉，介紹童子部社會服務
事業。他指出，1915 年上海青年會童子部成立，即設
有「社會服務部」，其下有三個部門：衛生宣講團、孩
童改過局勵學團、學徒補助學校，會員均須盡義務推
行。[331] 復旦「社會服務團」則下設五部：「實業，演
說，慈善，遊藝，教育」，推行之活動近之。舉例來
說：1918 年 4 月「教育部」開辦義務小學校，收錄復
旦附近法華鄉貧寒子弟，以學生二十餘人為教師，成立
會以卞燕侯為主席；秋季，學生增加到五十餘人，可見
效果良效。1918 年 5 月，又成立「義務夜校」，專為
校內校役而設，收錄三十餘人，分甲乙班，以學生為教
員，成立會以朱承洵為主席。1919 年 3-4 月，「演說部」
組織旅行演講團，赴各地宣講「道德、衛生、經濟和科
學知識」、「儲蓄及關於歐戰常識」等題目。[332]

　　就「社會服務團」領袖瞿宣穎來說，他原本求學於
聖約翰附中及大學，大概早就參與「校青年會」活動。
轉入復旦後，嘗譯稿於青年會全國協會刊物《青年進
步》。[333] 瞿宣穎胞兄宣治（希馬），且列名 1918 年上

---

331 聶其杰（雲台），〈上海青年會童子部〉，收入中華續行委辦
　　會編，《中華基督教年鑑（1916）》，頁 137（委）。

332 楊道腴，〈復旦大學附設義務小學校開學頌（並序）〉，《復
　　旦雜誌》，第 1 卷第 6 期，頁 1-2。朱承洵，〈記本校社會服務
　　團〉，頁 2。〈本校義務晚校成立會紀事〉，《復旦雜誌》，第
　　1 卷第 7 期，頁 1-2。田吉，〈瞿宣穎年譜〉，頁 63。

333 美國波臨登氏（Purinton）原著、瞿宣穎譯意，〈青年如何而得
　　優勝乎〉，《青年進步》，第 18 冊（1918.12），頁 1-2。

海青年會「練習幹事」，[334] 並投稿上海青年會刊物《上海青年》。[335] 青年會「練習幹事」的性質，據其說明：「所有練習幹事，皆由中國各地青年會派來，自願犧牲終身服役於青年會者，……練習幹事特備三年課程，習畢則調往各處作正式青年會幹事。」[336] 瞿宣治作為練習幹事似僅數月，但反映他可能一度有意服役青年會，至少願藉此提升辦事能力。1920 年上海青年會徵求運動，又見瞿宣治、瞿宣穎兄弟列名；同時，復旦同學卞喜孫（燕侯）也是隊友。（參考圖二之十五）[337] 瞿宣穎和卞燕侯都是復旦「社會服務團」主幹，一同列名上海青年會徵求團員，可見他們在復旦提倡「社會服務」，與青年會之耳濡目染有關。共產國際派來中國的代表達林指稱：「青年會在中國依靠的是中國社會……的資產階級，依靠他們的子女」。[338] 在瞿宣穎、卞燕侯等人身上，可以獲得印證。

俞大綸作為復旦同學的老大哥，也大概早就參加青年會（童子部）活動。按其發表在《復旦雜誌》的多篇

334 〈中華基督教青年會全國協會・城市青年會幹事〉，《青年進步》，第 11 冊（1918:3），無頁數。

335 瞿希馬，〈論讀書之要〉，《上海青年》，第 16 卷第 12 期（1917），無頁數。

336 〈民國五年（即一九一六年）上海基督教中華青年會報告〉，無頁數。

337 1920 年，瞿宣治和聶潞生入轟雲台隊，瞿宣穎和卞喜孫入錢新之隊。又錢新之隊頗多復旦人，如錢新之是復旦董事，副隊長俞希稷是復旦教授，參謀李啟藩是復旦進德會榮譽幹事，隊員湯松也是復旦教授。〈通濟隊〉、〈建威隊〉，《上海青年》，第 19 期（1920 年），頁 13-14。

338 C. A. 達林著、侯均初等譯、李玉貞校，《中國回憶錄（1921-1927）》，頁 60-61。

文章，經常流露青年會旨趣。例如〈學生對國家的責任〉一文，綜論「德智體群」之義，即青年會常語。[339]他為《復旦年刊（1919）》撰寫〈前言〉，又引用著名佈道家艾迪（Sherwood Eddy）之言："Keep the Past and gain the Future"。[340]俞大綸在復旦最久，對李登輝極為愛戴。《復旦年刊（1919）》載入的李登輝素描，便出其手筆。[341]在他眼中，李登輝合慈祥及英雄形象於一身，有偉大的人格。當學校提倡「社會服務」，他自始加入，致力提倡。畢業時，撰文回顧復旦的快速發展，首舉對「學院內外公共及社會服務」（public and social services within and without the college walls）的責任感。[342]復旦同學推崇其言行為諸生表率，引用英國詩人勃朗寧名句，形容他奮勇猛進的精神。1920 年 8 月 21 日，俞大綸在家中意外地墜樓身亡，過早殞落的生命，使同學陷入深切的哀慟。[343]

　　把 1918-1919 年復旦「進德會」及「社會服務團」職員及團員名單檢視一過，與 1919-1920 年上海學生聯合會（暨復旦分會）職員錄對照，可以發現兩份名單多有重疊。我們無法斷言青年會的宗旨及活動，成為學生投入愛國運動的酵母；卻可以說學院內外「社會服務」等活動，使復旦學生強化了組織力和動員力，並推廣其

339　D. L. Yu（俞大綸）, "The Duty of Students to the Country", p. 2.

340　D. L. Y.（俞大綸）, "Preface", *Fuh-Tan Banner (1919)*, p. 7.

341　〈本校近事〉，《復旦季刊》，第 1 卷第 8 期，頁 184。

342　D. L. Y., "Preface", *The Fuh-Tan Banner (1919)*, p. 7.

343　Hung Shao Syun, "College News", *The Fuh Tan Student's Quarterly*, V. 11, p. 57.

「服務」範圍於校外民眾。茲錄 1919-1920 年上海學聯
（暨復旦分會）具有職務之復旦學生者：[344]

瞿宣穎：上海學聯第一次預備會主席、上海學聯文牘、
　　　　《上海學生聯合會日刊》主編、義務教育團
　　　　委員。

何葆仁：上海學聯會長、上海學聯復旦分會會長。

狄　侃：上海學聯評議長、會長、全國學聯理事長。

張　喆：上海學聯復旦分會評議員、抵制日貨委員會
　　　　委員。

程學愉：上海學聯副評議長、評議長、會長、《上海
　　　　學生聯合會日刊》主編。

余　愉：上海學聯復旦分會副書記、書記，上海學聯
　　　　文牘。

范肇基：上海學聯交際員。

吳　冕：上海學聯復旦分會會長。

汪嘉驥：上海學聯復旦分會評議長。

楊祚璋：上海學聯復旦分會編輯科主任。

桂勗剛：上海學聯交際部長。

俞大綸：上海學聯復旦分會交際部長。

朱承洵：上海學聯副會計、上海學聯復旦分會副會長。

華振聲：上海學聯復旦分會演講部主任。

王人麟：上海學聯復旦分會評議員。

卞燕侯：上海學聯復旦分會副會長、上海學聯財政主
　　　　任、中華民國全國聯合總會會計長。

344　資料來源：〈分會紀事〉，《復旦》，第 1 卷第 8 期，頁 180-183。

　　復旦校史研究者早已注意到，復旦學生是五四學潮的中
堅分子；卻沒有意識到他們在「社會服務團」的鍛鍊，
加強了通力合作的習慣，提升了群眾動員的能力。近年復
旦學生社團的活動，漸漸受到研究者注意。然而，卻未
發現「社會服務」的領導骨幹，實以青年會員為中堅。

　　最後再補充一下青年會在復旦校園生活中的地位，
在《復旦年刊（1919）》附載的江灣校區主建築圖中
已有清晰說明。這張圖告訴我們：1918-1919年之際，
復旦董事會認為「校青年會」成立的時間已到，並把此
事列入時程表，編列學校經費預算，並公告於全體學
生。[345] 這張復旦江灣新校區建築設計圖，標示三棟主
體建築：禮堂、青年會、藏書室。圖下方有建築事務所
名號：茂旦洋行（MURPHY & DANA ARCHITECTS‧
NEW YORK‧SHANGHAI），下面有一行更細文字，
標示製圖地點和日期：「MADE SHANGHAI‧1919年
2月」。[346] 建築師墨菲（Henry Killam Murphy，或譯：
茂飛）是耶魯校友，這時開始承接中國學院建築案，
包括：清華、雅禮、金陵女子、燕京大學。[347] 此前他

---

345 復旦新校區的建築工程，未悉董事會推派誰人辦理，推測可能
　　是聶雲台。上海青年會童子部大樓之建築委員會，聶雲台就是委
　　員之一。青年會全國協會之建築委員長，亦以聶雲台出任。由聶
　　負責，駕輕就熟。參考〈青年會全國協會舉行新屋奠基禮〉，《申
　　報》，上海，1919年6月4日，版11。張志偉，《基督化與世
　　俗化的掙扎：上海基督教青年會研究（1900-1922）》，頁326。

346 又1918年7月，李登輝在復旦公學畢業禮上表示：江灣校區「已
　　請近由美國來華之工程師穆飛氏估計建築費」。〈復旦大學中
　　學畢業紀〉，《申報》，1918年7月3日，版10。

347 唐克揚，《從廢園到燕園》（北京：三聯書店，2009），頁53-
　　92。唐克揚，〈茂飛的燕京大學校園規劃設計〉，收入賴德霖等
　　主編，《中國近代建築史：民族國家——中國城市建築的現代化

設計的清華建築，是美國學院式風格；此後則開始構想中西合璧宮殿式建築，後此聲名大噪。[348] 他為復旦規劃，屬於轉型期的新嘗試。一般說來，建築師交出圖樣，在業主（復旦董事會）委託後。其繪製的建築體，須依業主告知。建築物的位置，反映董事會看法。建築師是服務者，執行業主要求。因此，此圖可證明在 1918 年，復旦董事會對校中設立青年會，已達成共識。建築師把青年會放在主建築側，與另一方的藏書樓相對，說明青年會在校中不可或缺的地位。建築物使用「青年會」名稱，則說明它與青年會有制度關係，準備作為青年會全國協會認可的「校青年會」。[349]

「校青年會」一詞，在復旦開始使用，似在 1920 年春。據《復旦年刊（1923）》之〈復旦青年會簡史〉，簡述「校青年會」（college Y.M.C.A.）在 1920 年春正式運作前，[350] 已有一段發展歷史，其前身為「志願查經班」。該班最早成員十位，都是熱心探求基督信仰的學生。查《復旦年刊（1920）》之〈復旦自願查經班〉，介紹該班 1918 年夏成立，由戴維斯教授指導。

與歷史遺產》，第 3 卷（北京：中國建築工業出版社，2016），頁 56-82。墨菲為燕京大學的設計圖，校園中心也有一個青年會。

348 董黎，《中國教會大學建築研究》（珠海：珠海出版社，1998），頁 198-199。

349 "Historical Sketch of Fuh Tah Y. M. C. A.", *The Fuh-Tan Banner (1923)*, p. 143. 青年會全國協會有嚴格規定，須經一定程序，始可獲正式認可。裴德士（W. B. Pettus）著、中華基督教青年會全國協會書報部譯訂，《學校青年會組織法舉要》（上海：中華基督教青年會全國協會書報部，1915），頁 3。

350 "Historical Sketch of Fuh Tah Y. M. C. A.", *The Fuh-Tan Banner (1923)*, p. 143.

戴維斯是惠中中學（Grace High School）校長，兼在復旦任教，同學受其德教很深。該期更刊查經班合照，內有何葆仁等九位學生。[351] 又《復旦年刊（1919）》的畢業班小傳，記俞厚階是查經班書記。[352] 按青年會製定「校青年會」成立規定，「查經班」是基礎必要的組織，以十人基本成員。到 1920 年，「校青年會」活動，已見於《復旦季刊》。1920 年秋季，「校青年會」之活動中，有極多學生出席，李登輝做了演講，那天是 1920 年 10 月 16 日晚上七點鐘，大概是成立大典。[353] 此時，「復旦青年會」（The Fuh-Tan Y.M.C.A.）招牌掛起，並有一個職員會。[354] 1922 年，復旦大學部遷至江灣校區，設備良好的樓房成為活動的中心，包括「青年會查經班」、「青年會義務學校」等，被青年會全國協會正式認可為「校青年會」。[355]

　　本節對復旦、青年會、上海學聯之關係，從人事上做初步梳理，使我們明白到：五四之前，「校青年會」的雛型，已在復旦出現。「查經班」，召集了對基督教信仰有興趣的學生。「社會服務團」，成為復旦最大規模的社團。五四時的復旦學生領袖，許多在社團中獲得

351　"The Fuh-Tan Volunteer Bible Class", *The Fu-Tan Banner (1920)*, p. 81.

352　"Senior Class 1919", *The Fu-Tan Banner (1919)*, p. 31. 俞厚階也是社會服務團教育科主任、義務校役夜校校長。

353　Hung Shao Syun（洪紹諗）, "College News", *The Fuh Tan Student's Quarterly*, V. 11, p. 59.

354　"The Fuh-Tah Y. M. C. A." , *The Fuh-Tan Banner (1921)*, p. 105.

355　〈青年會聖經班〉、〈青年會義務夜校歷史〉，《復旦年刊（1923）》，頁 144-145。

磨鍊，在實踐中體驗「社會服務」的工作。多年來，這
些歷史不見復旦校史及五四敘事一提，與 1922 年「非
基督教運動」發生後，基督教退出中國主流思潮有莫大
關係。人們有意無意之間，忽略了青年會在校園生活中
的地位，更不用說注意其組織及活動對學生運動的影
響。在此不能不提醒，二十多年前共產國際史料的刊
佈，已明白揭示當年「非基督教運動」的本質，實是一
場「反基督教青年會運動」。正因青年會在中國校園的
興盛狀態，使共產國際視之為馬克思主義傳播的阻礙，
非削弱青年會對學生群體的影響力，否則難以成功建立
「社會主義青年團」的地位。[356] 1922 年 4 月在清華大
學召開的「世界基督教學生同盟大會」，[357] 即因聲勢
過於浩大，成為攻擊的首要目標。「世界基督教學生同
盟」，是寰球中國學生會的原型，也是世界青年會相關
組織，由青年會領袖穆德主導。[358] 1922 年正會長是穆
德，副會長是王正廷。北京大會的執行委員會，會長是
李登輝，會計是王正廷。[359] 李登輝、王正廷等青年會

356 C. A. 達林著、侯均初等譯、李玉貞校，《中國回憶錄（1921-
　　1927）》，頁 59-63。可參考：陶飛亞，〈共產國際代表與中國
　　非基督教運動〉，收入氏著，《邊緣的歷史──基督教與近代
　　中國》（上海：上海古籍出版社，2005），頁 68-89。

357 〈維連斯基─西比里亞科夫給拉狄克的信〉（1922 年 4 月 6 日
　　於北京）、〈利金就在華工作情況給共產國際執委會遠東部的
　　報告〉（1922 年 5 月 20 日，無地點），收入中共中央黨史研究
　　室第一研究部譯，《聯共（布）、共產國際與中國國民革命運動
　　（1920-1925）》，第 1 冊（北京：北京圖書館出版社，1997），
　　頁 80-81、90-93。

358 陳彬和，〈顧子仁先生報告基督教萬國學生同盟會情形〉，《上
　　海青年》，第 20 卷第 28 期（1921），無頁數。

359 世界基督教學生同盟主要職員：穆德（會長）、王正廷（副會

領袖（復旦幫），與此會有莫大關係。青年會經此打擊，在中國青年中的形象一落千丈。復旦學生奚玉書（學名：毓麟）回憶，1922 年「非基督教」宣言在上海發佈後，來函復旦徵求連署設立分會，奚玉書簽字表示支持。隨後李登輝與他約談，使他決意撤回簽名，卻不獲一些同學諒解。[360] 時代風氣轉移之迅速，可見一斑。就時代思潮言，1922 年是一個分水嶺。但復旦校內「查經班」、「社會服務」等活動，依然弦歌不絕。[361]

四、小結

　　1922 年，復旦畢業典禮，校董聶雲台演說。當年應屆畢業生有許多五四健將。從華童公學轉入復旦的奚玉書，對聶雲台的講詞深印在心，永永難忘。晚年追述，聶雲台回顧了五四運動，談到「復旦精神」，讚許師生表現：

> 五四學生運動，貴校首先響應，得到李校長贊助及指導。在他主持之寰球中國學生會，先成立上海學生聯合會，六月中，又成立「全國學生聯合

長）、河井道（日本）。世界基督教學生同盟執行部（八人）：李登輝（會長）、石美玉（副會長）、鍾可托（書記）、王正廷（會計）、朱庭祺夫人、郝映青女士、張肖梅女士、杜祖仲。〈世界基督教學生同盟大會名單〉、〈世界基督教學生同盟最近職員姓名〉，《青年進步》，第 50 冊，頁 13、28。

360　奚玉書，《金玉全緣》，頁 34。

361　參考："Historical Sketch of Fuh Tah Y. M. C. A."，*The Fu-Tan Banner (1923)*, p. 143."The Fuh Tah Y. M. C. A."，"The Bible Class of F. T. Y. M. C. A.", *The Fu-Tan Banner (1924)*, pp. 172-173.

> 會」，領導學運，達到北京政府開去親日閣員之
> 目的，復大學生居於領導地位，功不可沒。這種
> 放棄小我而為國家社會謀利益的精神，是謂復旦
> 精神。循此而後，社會得以改善，國家地位隨之
> 增高，與列強趨於平等。希望諸位畢業同學珍重
> 前程，發揚不自私的復旦精神。[362]

聶雲台所說的一連串事件，發生在 1919 年 5-6 月間，
將在下一章詳細說明。這段講詞總括了復旦的表現，推
崇李登輝校長，卻未提到他本人及家族成員的作用。聶
雲台詮釋：「放棄小我而為國家社會謀利益，是謂復旦
精神」；李登輝恆言：「必肯犧牲乃有為，必樂服務乃
有用，必能團結乃有力，而以不自私為之綱」；兩人之
說，如出一口。

從《復旦年刊》可知，復旦學生不但深度參與五四
運動，還留下了許多五四敘事。一百多年來，這些敘事
隱而不彰，使他們時發感慨，甚至憤抑難平。他們多次
陳請李登輝撰寫自傳，卻都遭婉拒。1947 年李登輝逝
世，復旦校友在杭州青年會發起追悼會，主祭人是竺可
楨（時任浙江大學校長）。按竺可楨日記 12 月 21 日有
一則短評：

> 近兩月來東西有二大教育家去世，一為哥倫比
> 亞大學 Nicholas Murray Butler，一即為先生也。
> Butler 熱中政治，但未得上政治舞台。李先生則不

---

[362] 奚玉書追記聶雲台的「五四敘事」，與復旦學生認知高度一致。
在此不排除奚玉書印入後來的認知，但聶氏之說與此大概相去
不遠。奚玉書，《金玉全緣》，頁 35。

　　願上政治舞台，此亦興趣之不同也。[363]
李登輝一生關切政治，卻「不願上政治舞台」，其原因
或如章益所說，「畢生以救國為己任，而其根本之圖，
則在教育。」[364] 這使人想起五四前後，北大校長蔡元
培也不願上政治舞台。惟其在五四時期的消極隱退，遠
不如李登輝積極活躍。設若蔡元培未再涉足政治，局勢
也不是後來般演變，其身後名聲是否能如斯之盛，大可
存疑。政治勢力對歷史記憶及歷史解釋之潛在作用，豈
不可畏！

---

363 竺可楨，《日記》，1947 年 12 月 21 日條下，收入氏著，《竺可楨
　　全集》，第 10 卷（上海：上海科技教育出版社，2006），頁 616。
364 章益，〈追慕騰飛夫子〉，頁 475。

第四章　上海學聯的呱呱落地

圖四之一：上海學生聯合會成立之日，《時事新報》的兩篇〈時評〉，為俞頌華（澹廬）的〈對於學生聯合會之希望〉和張東蓀的〈青年與黨派〉。

時評一

對於學生聯合會之希望 （澹廬）

滬地愛國之青年，有學生聯合會之發起來，猗歟盛哉。是誠即吾國青年大聯合之起點乎。記者於此，不禁距躍曲，敢預頌吾國青年之大聯合、鞏固繼歗。而敬告於吾親愛之愛國之青年曰。聯合之組織宜重精神。不尚形式，宜高瞻遠矚，策將來遠大之計畫。宜堅持今日正當之要求。進而廓清在朝在野之積穢也。學生之青年，非學校形式上之連絡，乃青年一大結合也。吾青年或受外之刺戟最深。而於世界大勢，亦視一般普通未受高教育者之觀善。故學生之大聯合，指導社會之方策，吾此次外交之失敗。原因複雜，隨非朝夕之故。當提議實行以多數國民，事前未知其相。昧於未雨之謀。致有此失。他日果能挽回。已事悟次牛。況事之能否挽回當在不可知之數耶？悲前徹後。學生之要求。安能不尋繼大計割哉？曾子曰：士不可以不弘毅。吾希望今日社會上之健全之分子，由青年之聯合。以挑彼少數大之食生哉？吾希望之厚薄繫乎一二人之心之趨繼。今學生之聯合會。消極的在拂除惡之勢力。積極的在剔刷惡之餘。加善的勢力。學生聯合會，將引此會己任歟？記者試為以之視之也。

一、聯者宜注在新人物。（指初到社會者上者，對於社會上已知名之舊人物不必聯絡。）凡有黨派關係者，除認為根本覺悟者外，不可輕信其主張。二、凡事自為主體。不可為人作傀儡。三、凡事以論專在尊重青年之獨立。非但絕無利用之心。且恐他人從而利用之也。

眾矣。吾願其有自知之明。勿再以諮稱惡因。靦汚我良善愛國之青年子者也。彼欲欲生活倡終日無所事事。看報惟尋某處開會見吾兄聞會必到。演說必拍接握是。教書充當代表。見某人某人、明日報紙必有若輩姓名。則萬事了矣。嗚呼我救國之青年乎。我不願諸君效者輩之行動。者輩以言論激烈。百事出頭為名貴。其言教啊其能百事出頭。當民國提倡忠難愛亂之餘。若曩早惡死去數年矣。今獨炎炎大言。當人砀誶。則可澄一切多偽也。我嘗誠愛國之謀及上海嘉此等黑頭。胡君亦深以為心矣。吾嘗與胡君遠之謀曰。民氣不君北京之純正。胡君探以五花八門爲憂。故吾今爲此事。恐告青年也？

青年與黨派 （東蓀）

頃見中華新報包君志潙之評論。其言曰：「吾人既認救國之道，要在提拔一種新穎之民氣。故着重於全國之青年。然於此時尤宜利用一種政治上之勢力。」竊物囂聲而起。疑以為影響於我救國之前途也苦大。此種厭物在革命政治上，本已繁聯之樞。國民亦早已厭棄之。以革命為職業之民黨。即此

專件

我國代表提出山東問題說帖全文

▲說帖之綱要

甲、德國租借權曁其他項關於山東省之權利之綠起及範圍

(一)租借之綠起及範圍 (二)租借地之範圍 (三)德國之鐵路警察權 (四)中國之鐵路警察權

(五)德國對於鐵路借款之優先權

乙、日本在山東省内軍事佔領之綠起及範圍

(一)中國宜言割絶特別行軍區域 (二)日本軍隊在租借邊之百里環界 (三)中國宜言對德宣戰 (四)日本佔領膠濟鐵路及各礦產 (五)日本取消行軍區域 (六)中國取清青島之中國海關 (七)日本割中國二十一

圖片來源：《時事新報》，上海，1919年5月11日，第1張版1。

圖四之二：1919 年 8 月 6 日，上海學生聯合會六十餘位代表參觀《申報》館合照（一）：第一排（自左至右）：張厚存、吳淵白、韓立夫、錢爾景、張明煒、劉玉麟。第二排：張維楨、陸任遠、陳詠聲、俞慶棠、歐陽雪、張藹貞、俞素青、張繼英。第三排：桂昴剛、周崇高、楊我祚、董克仁、周明棟、曹沛、唐浩、馬慎餘、奚毓麟、沈惟楚。第四排：李伯鴻、鄭希莊、李峻華、徐岳、章蔚然、樊寄湘、蔡祚章、李允成、笪恆、顧祖銓、馮樹華。

圖片來源：《申報》，上海，1919 年 8 月 7 日，版 10。

圖四之三：1919 年 8 月 6 日，上海學生聯合會的六十餘位代表參觀《申報》館合照（二），第一排（自右至左）：陸繡華、唐瓊仙、賈觀晴、吳道一、黃碧君、李順貞、張韵桐、舒志俠。第二排：何聘九、鄒光啟、施戎、劉雲舫、陳人杰、薛紹清、邵禹襄、楊繼曾、瞿宣穎。第三排：林成英、朱敏章、潘公展、岑德彰、何葆仁、湯成牸、紀人慶、任矜蘋、曹永湛。

圖片來源：《申報》，上海，1919 年 8 月 7 日，版 10。

圖四之四：1919年8月，上海學生聯合會部份職員合照（一）。後排：
劉雲舫、瞿宣穎、周嵩高、薛紹清、曹德三、鄒恩泳。前排：沈惟楚、
馮樹華、岑德彰、陸以銘、李達權。

圖片來源：《申報》，上海，1919年8月20日，版10。

圖四之五：1919年8月，上海學生聯合會部份職員合照（二）：義務
教育團委員。後排：裴國雄、沈惟楚、薛紹清、彭昕、瞿宣穎、潘公展。
前排：張佩英、俞素青、俞慶棠、張藹貞、李達權。

圖片來源：《申報》，上海，1919年8月20日，版10。

圖四之六：1919 年 6 月，上海民國女子工藝學校女學生遊行，遊行隊伍尾端出列者似乎是一位女教師。

圖片來源：*The Chinese Recorder*, Vol. 50 (July,1919).

圖四之七：1919 年 8 月，中華民國學生聯合會總會上海五位評議員：俞慶棠（聖瑪利亞女校）、金素琴（神州藝專）、邵禹襄（南洋公學）、何世楨（東吳法科）、潘公展（市北公學）。

圖片來源：吳玉書，《金玉全緣》，卷首。

圖四之八：復旦學生的五四敘事。

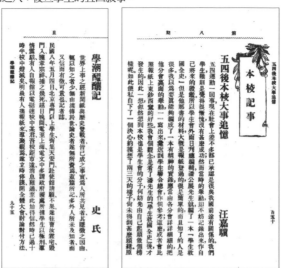

圖片來源：《復旦季刊》，1920 年第 8 期，頁 95、150。

圖四之九：1919 年 7 月 15 日，上海學生聯合會南洋分會《南洋週刊》創刊，校友蔣夢麟題簽。

圖片來源：《南洋週刊》，1919 年第 1 期，封面。

圖四之十：1919 年 7 月 15 日，《南洋週刊》第 1 期，刊趙尊嶽（叔雍）
祝辭。

圖片來源：《南洋週刊》，1919 年第 1 期，卷尾。

圖四之十一：1919 年上海青年會童子部活動紀事：左上，童子部會所。
右上：童子部幹事克樂愷。下方：童子部所辦貧兒學校教師。

圖片來源：The Illustrated Annual Report of the Young Men's Christian
Associations of China for 1919, 1920. Kautz Family YMCA Archives, University
of Minnesota. 引自：UMedia (umn.edu) (2021.5.18)。

圖四之十二：1919 年廣為流通的「學校青年會叢書」，包括：如雅德
（Arthur Rugh）著，胡貽穀譯，《學校青年會總論》。

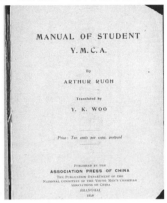

圖片來源：Kautz Family YMCA Archives, University of Minnesota. 引自：
UMedia (umn.edu) (2021.5.18)。

圖四之十三：1919 年 6 月 20 日，中美新聞界要人參觀《申報》館合照。
後排（自左至右）：勞靄（A. G. Loehr，美國副領事兼中美通信社上海
負責人）、曹雲祥（Y. S. Tsao，前中國總倫敦駐領事）、蘇高健（George
Sokolsky，或譯：索思斯，《英文滬報》主筆）、張竹平（T. B. Chang，《申
報》經理）、陶益爾（J. E. Doyle，《大陸報》主筆）。前排（自左至
右）：朱少屏（P. K. Chu，《申報》特約記者）、史量才（L. Z. Sze，《申
報》總經理）、施格士（Fmil M. Scholz，《紐約晚報》）、鮑惠爾（J.
B. Powell，《密勒氏評論報》主筆）。

圖片來源：《申報》，上海，1919 年 6 月 21 日，版 10。

一、前言

「憶昔當年罷課娃，魚龍混雜浪淘沙。幾人變鬼幾人聖，
開遍青年代代花。」

　　　　　　　　　～1979 年，惲震，〈「五四」回憶絕句〉八首之三[1]

「這次上海學生運動中，復旦學生始終居於領導地位」。

　　　　　　　　　　　　　　　～沈怡，《沈怡自述》[2]

　　上海學生聯合會（以下簡稱：上海學聯）是上海學
生運動的重心，但對這一組織的研究不很充分。研究北
京學生組織的林齊模指出：「五四運動的研究論著非常
之多，但對於發起和領導這場運動的學生組織卻鮮少有
詳細探究之作，多是在相關論著或回憶文章中有隻言片
語的提及。」[3]北京如此，上海相似。陳曾燾和華志堅
著作聚焦上海，對上海學聯的人事和組織均有探討，
但還留下不少問題需要釐清，相關敘述也頗有舛誤。
《五四運動在上海史料選輯》對此與有責焉，該書收錄
上海學聯消息，卻不載職員錄等重要史料。[4]因此，上
海學運有以下問題尚待梳理：上海學聯是怎麼組織起來

1　惲震著，惲誠之、鮑義來編校，《松岩詩稿選存》（自印本，
　　2017），頁 142。引自惲仲坤博客：http://blog.sina.com.cn/s/
　　blog_5fb824be0102yakt.html (2020.8.17)。

2　沈怡，《沈怡自述》（北京：中華書局，2016），頁 48。

3　林齊模，〈五四運動中的北大學生幹事會和北京學聯史實考〉，
　　《安徽史學》，2020 年第 1 期，頁 59。

4　上海社會科學院歷史研究所編，《五四運動在上海史料選輯》，
　　頁 191-193、195-201、267-269、272-286、394-411、599-615。

的？組織架構是新創還是有前例可循？主要幹部有無意
見分歧？學生團體是獨立自立運作？抑教職員協作運
行？傳言嘖嘖的孫中山對學生的影響如何？本書所指出
的東南集團與上海學聯又有何關係？此外，上海還有一
個活躍的「留日學生救國團」，以及與之相關的「國民
大會上海幹事部」，與上海學聯又有怎樣的關係？在此
無法一一詳答上述問題，且在不同階段也呈現不同狀
況，本章擬先交代上海學聯的成立過程，說明其組織架
構及領導骨幹，並大致勾勒它與幾個重要團體的關係。

　　披覽五四時期上海報章的〈學生聯合會消息〉，其
內容已為上海學聯的人事構造提供了少信息。凡上海學
聯的章則、職員錄，都不難一索而得。當時報章標以
〈學生聯合會消息〉者，大抵即學聯送出的新聞稿，可
視為正式公告。它們與記者採訪聞見，可以且需要作出
區分。大致上，上海學聯發佈的公告，是文牘部送登，
內容往往隱去內部分歧。報館記者主動採訪的消息，或
個別學生對外透露的內情，可補充正式文告隱去的部
份，但也不乏誤記或有意扭曲。細按各報新聞編排及剪
裁方式，可發現記者對事件的不同看法，甚至窺知其刻
意引導或煽動之跡。學聯重視消息外洩或不實報導，往
往去函澄清或要求報紙更正，反映其人力充沛及辦事敏
捷。事實上，上海學聯還建立新聞發佈能力，是上海最
具宣傳力的機關之一。學聯從 6 月起印行日刊，後來改
為週刊；各校分會或向報章送新聞稿（或通過上海學聯
統一發送），或自印日刊或週刊（如南洋公學、聖約
翰）。故此，上海學聯的動向，不但見於華洋報紙，

也見於各校刊物，是研究上海學潮的重要史料。

　　對上海學潮的整體記述，學聯要角不願假手他人。三罷落幕後，學生就認為「這種破天荒的大運動，不可沒有一部詳詳細細的記載，以昭示後世。」[5] 學聯要角之一潘公展，用三個月功夫，編成一本《學生救國全史》。全書十章，共十餘萬字。從北京五四事件起，至曹陸章三人下台為止。所用資料主要來自上海報章，但有一定的選擇標準，優於此前所出同類書籍。但趕在國慶日面世，誤字不少。其中最可貴之處，在前序後跋及作者自序，合共十一篇文字，執筆者都是學運要角。內容有對學生運動的評論，有述及個人觀點及作用。執筆者為：張東蓀（《時事新報》主筆）、俞垚（頌華，《時事新報》編輯，南洋商業學校教員）、惲震（上海學聯文牘員）、任矜蘋（上海學聯評議員）、岑德彰（上海學聯文牘長）、李達權（上海學聯評議員）、何世楨（上海學聯評議員，全國學生總會執行部職員）、劉雲舫（上海學聯評議員）、潘公展（上海學聯評議員、《上海學生聯合會日刊》編輯長）、程學愉（上海學聯副評議長、《上海學生聯合會日刊》主編）、許受培（全國學生總會執行部職員）。[6] 他們深知上海學聯的地位，[7] 不滿坊間投機牟利之蕪雜蒐抄。諷刺的是，

5　〈程跋〉，收入潘公展，《學生救國全史》（上海：民友社，1919），頁 2。

6　《學生救國全史》版權頁註明：總發行所是上海泰東圖書局，代售處是上海學生聯合會及本外埠各大書坊。

7　岑德彰表達了上海學生的心聲：「這次學生運動，雖然由北京發起，但是後來活動得最劇烈的，辦理得最完善的，卻要數上海學

他們深為不滿之作，[8] 後來廣泛流傳後世，而他們的聲音卻淹沒於歷史洪流中。

五四一甲子（1979 年），朱仲華的〈五四運動在上海〉刊佈，文末提交潘公展此書，卻無好評：「關於五四運動，當時沒有詳盡的記載，我所寫的是隨憶隨寫，更不全面，而且遺漏之處甚多。記得當時潘公展……曾編有一本《學生救國全史》，這本書的材料都是從報紙上抄來的，內容並不翔實，這書現在也不出了。我所寫的是我個人在參加運動中一個多月時間的回憶。」[9] 朱仲華對潘書不滿意，嫌其遺漏甚多；但他卻也不是毫無憑藉，「隨憶隨寫」，而至少參考了兩篇重要文獻。正是這兩篇文獻，使他有能力準確記述往事。第一篇，是「史氏」〈學潮醞釀記〉；另一篇，是汪嘉驥〈五四後本校大事追憶〉；都出自復旦學生手筆，刊諸 1920 年初《復旦季刊》第 8 期。有趣的是，當日這兩篇文章的下筆，都以潘公展書為背景，欲補其記載闕略。汪嘉驥文前，有黃華表附識：「潘公展先生……那書的材料，大概是報紙登過的，很是簡單的，而且知了的人是很多。我以為要真能夠編成了一本有精神的實錄，應當由各分會詳詳細細的，把他分會裡面的舉動，

生聯合會了。到了全國學生聯合會在上海成立，上海一處地方，更覺得重要了。那麼我們上海的學生，既然做了這次運動的中心，如何可以沒有一個詳細記載呢？」〈岑序〉，收入潘公展，《學生救國全史》，頁 12。

8　惲震批評「此前已有數種同類之書，稍一翻閱，便欲大噁。其能事能限於蒐集陳報，儘量翦下，不復問其事之確否，理之當否，但求速售。」〈惲序〉，收入潘公展，《學生救國全史》，頁 7。

9　朱仲華，〈五四運動在上海〉，頁 273。

——寫出來，彙送到學生聯合總會，作個參考；這麼，或許會比照報紙上東鈔西竄的好些。」[10] 可惜黃華表的主張未能實現，否則可有一部較近理想的「學生救國全史」。復旦學生的那兩篇文字，主要談復旦一校，但因他們在上海學運的領導角色，實為上海學潮的珍貴史料。朱仲華〈五四運動在上海〉之作，主要綜合二文而成，再補入自己事蹟。今根據這三篇文字，再輔以報紙記述及其他材料，大致可以重建上海學潮的發起過程。

惟過去對上海學生運動的研究，之所以未能令人滿意，尚不止在已刊作品之未盡其用，也因一些有問題的文字把人引入歧途。其中，時常被徵引的張國燾、許德珩之敘事，不但內容多誤憶失實，且二氏根本是上海學聯圈外人。研究者捨近求遠，又放大北京學生的作用，自然難得信史。如今利用五四材料，片言隻語亦當珍惜，唯時時警惕於喋喋不休者，未必所言即是；僅留一鱗半爪者，可能深悉內幕。前人說：「知者不言，言者不知。」五四敘事，令人有此感慨。當年風頭甚健的惲震，晚年命途多舛。五四一甲子，自撰〈「五四」回憶絕句〉，其中八首之三：

憶昔當年罷課娃，魚龍混雜浪淘沙。

幾人變鬼幾人聖，開遍青年代代花。[11]

此詩寫五四兼以自詠，第三句更隱含晚年遭遇。[12] 同

---

10 汪嘉驥，〈五四後本校大事追憶〉之〈華表附誌〉，收入《復旦季刊》，第 8 期，頁 150。

11 惲震，〈「五四」回憶絕句〉八首之三，頁 142。

12 惲震中年以後際遇與許德珩有關，在自述中頗發感慨。參見〈電

年，臺灣《聯合報》組採訪隊，擬為親歷者留下訪談，
也有爭奪話語權之意。[13] 一位老人告訴記者：多年來，
臺灣有一個「五四上海學聯」團體，成員十幾位，每年
都聚上幾次。[14] 這些親歷者留下的敘述，自應進入研究
者視野。

　　綜括來看，上海學生留下五四紀事者頗多，類型
也多樣，包括：日記、通信、詩作、序跋、紀事、編
史、自傳、憶舊、訪談等形式。既有刊行本，也有家傳
本。有寫於五四後數月，也有半世紀後追憶。言述者包
括：章益（聖約翰，復旦）、惲震（復旦，南洋）、
瞿宣穎（復旦）、狄侃（復旦，東吳法科）、何世楨
（復旦，北大，東吳法科）、朱仲華（復旦）、張廷灝
（復旦）、汪嘉驥（復旦）、程天放（復旦）、余井塘
（復旦）、吳南軒（復旦）、黃華表（復旦）、潘公展
（市北公學）、任矜蘋（民生）、岑德彰（聖約翰）、
劉雲舫（聖約翰）、李達權（南洋女子師範）、彭昕
（復旦，南洋）、吳道一（南洋）、沈怡（同濟）、楊
繼曾（同濟）、奚玉書（華童公學，復旦）、金素琴

力電工專家惲震自述（三）〉，《中國科技史料》，第 22 卷第 2
期（2001），頁 170。

13 毛子水「五四的歷史是我們的」一語，明白揭出爭奪話語權之意。
毛子水，〈不要怕五四・五四的歷史是我們的〉，收入聯副記者
聯合採訪，《我參加了五四運動》（臺北：聯經出版事業公司，
1979），頁 5。

14 張傑人口述、彭碧玉筆錄，〈「五四夫妻」・救國不忘戀愛〉，收
入聯副記者聯合採訪，《我參加了五四運動》，頁 27。奚玉書也說：
上海「歷屆學聯會各代表，組織一個季社。每三個月聚餐一次，大
家相見，有如姊妹兄弟一樣，非常要好，感情洋溢……季社聚餐，
繼續了約有十年」。奚玉書，《金玉全緣》，頁 31。可見這個團體
很早就存在，部分成員來臺後又重新恢復。

（神州女學，或稱：神州藝專）、李玉階（育才公學，
中國公學）、[15] 張傑人（務本女中）等。除了前面七位
以外，其他人後半生多移居臺灣或海外。[16] 李玉階（鼎
年，江蘇武進人）自述為文原因，是感於「近年來有關
『五四』史實的記載，都是當年參予北京、南京的同志
們，將當時的經歷分別陳述，而對於民國八年上海學
聯這段驚天動地的史實，由於沒人記錄，日久將要湮
沒。」[17] 而朱仲華多次執筆談〈五四運動在上海〉，也
不能說沒有糾正五四敘事之偏的微意。惟其後來續寫的
追述上海五四諸文，頗依循邵力子稱孫中山起「領導作
用」之說，成為上海五四敘事的樣板。

　　如何解讀這些追憶性材料，是頗有難度的挑戰。研
究者面對親歷者的自述，往往難以深究隱情，也無證人
可以詢問。不過，即使當日公開的報導，或檔案紀錄，

---

15 據劉文星考證，李玉階先後在大同學院、育才公學就讀。1919 年
　 五四風潮起，他是育才公學學生。他入吳淞中國公學商預科就讀，
　 大概在 1919 年 9 月。李玉階夫人還說，李氏曾在復旦寄讀一年，
　 時間不詳。參見李玉階，〈上海學生響應「五四」愛國運動的經
　 過——從中國公學學生分會談起〉，收入《學府紀聞：私立中國
　 公學》（臺北：南京出版有限公司，1982），頁 161-170。劉文星，
　 《李玉階先生年譜長編》（臺北：帝教出版社，2001），頁 20、
　 72、546-548、577-581。李子弋（維生，李玉階子）撰編，《智水
　 源流濟剛柔——智忠夫人李過純華回憶錄》（出版地不詳：天帝
　 教退任首席使者辦公室，2015），頁 189-190。
16 上海學聯職員渡海來臺灣者有：程天放、彭精一、余井塘、吳道一、
　 沈怡、江一平、楊繼曾、端木愷、陳紀彝、張露貞、姚頌馨、余鵬、
　 張明煒、董克仁、張傑人、陶鳳威、顧如、譚常愷、李玉階等人。
　 李玉階說，他們定期聚會，追憶五四往事。1977 年，李玉階為文
　 追述五四時，彭昕（前上海學聯副會長）曾提供資料。李玉階，〈上
　 海學生響應五四愛國運動的經過——紀念五四運動五十八週年〉，
　 《傳記文學》，第 30 卷第 5 期（1977.5），頁 62。
17 李玉階，〈上海學生響應五四愛國運動的經過——紀念五四運動五
　 十八週年〉，頁 62。

也不見得忠實可靠。事實上，在五四公私材料中，被遮蔽的事實可能比被披露者多。好些報導或事後追憶，甚至可能以隱沒真相、扭曲事實為目的。研究者常常忘記，上海學生聯合會並非法定團體，抵制日貨也會引來法律糾紛，這決定了五四風潮的推動者，及抵制日貨的發起者，多採取迂迴戰術及間接言詞，以求目的之達成。即使當事人的事後追憶，仍須面對不同時代的政治禁忌。因此，研究者常須自問：這些材料是如何被記錄下來的？為了達成甚麼目的？作者是親歷者嗎？抑轉手聽來？記錄者或轉述者的身分為何？說出哪一部份事實？又隱去或忽略哪些部份？預設讀者為誰？紀錄經何人之手？過程中有無修改？又如何流傳到我手上？其周邊材料是何種性質？以上一系列提問，都有助界定材料性質，使其獲得較妥當的解讀。

　　本章將為五四學潮揭開序幕，交代上海學聯呱呱落地的原委，重要人物陸續登場，主要材料也開始運用。內容分五部份：一、五七國民大會召開的台前幕後。二、上海學聯的成立原委。三、上海學聯的人事和組織。四、上海學聯和青年會的關係。五、上海學聯的社會支援。眾所矚目的上海三罷（罷課、罷市、罷工），將留待下一本書詳述。這一章，我希望不止說明上海學聯的組織模式和社會網絡，也為學生領袖描劃清晰可辨的面容。到目前為止，五四著作都未為他們留下細緻的書寫。但隨著新舊材料的公佈發現，學生的面貌實已清晰可見。昔日含糊其詞的記載，是為保護當事人。悠悠百歲已過，忌諱的理由不復存在，是時候揭開歷史

面紗了。

二、五七國民大會的台前幕後

「上海的反日政治運動，可說是從 5 月 7 日開頭的。」

～〈英美公共租界工部局警務處 1919 年 6 月份報告〉[18]

　　五四愛國運動由北京蔓延到上海，以 1919 年 5 月
7 日上海國民大會為起點。可是，大會由誰主導卻非沒
有爭議。[19] 今欲瞭解上海國民大會的實情，不能不從原
始材料讀起。最大宗的一手材料，是新聞報紙。1919
年，上海作為全國新聞輿論中心，各大派系都有自己的
言論喉舌。五七國民大會的策劃、動員及組織，報紙記
載雖詳，非經多方比對，不能發現隱微。華界及租界警
務處及私人記載顯示，當天情況比報紙所說遠為複雜。
五七大會被視為上海反日運動的開端，也是上海學聯誕
生的催化劑。對此進行細緻的考察，有助揭示上海社會
的狀態。

（1）被管控的聲音

　　5 月 7 日的國民大會，起初是響應北京國民外交協

18 〈英美公共租界工部局警務處 1919 年 6 月份報告〉，收入上海社
　　會科學院歷史研究所編，《五四運動在上海史料選輯》，頁 756。

19 劉永明《國民黨人與五四運動》一書，強調「國民黨人」的作用。
　　綜觀劉書觀點及論證，有兩個基本問題：一，對「國民黨人」定
　　義寬泛。二，史料引用太過侷限。參見：劉永明，《國民黨人與
　　五四運動》（北京：中國社會科學出版社，1990。）

會的號召。查國民外交協會致各省各埠通電，共有四點主張：

> （甲）五月七日在中央公園開國民大會，並分電
> 　　　各省各團體同日舉行。
>
> （乙）聲明不承認二十一款。
>
> （丙）如和會中不得伸我主張，即請政府撤回專使。
>
> （丁）向英美法意各使館聲述國民意見。[20]

四點主張均屬對外問題，不涉內政。上海方面的響應，初未以反對政府為目的，也不涉及罷免親日派官僚。

上海最早策劃召開大會的團體，是「留日學生救國團」。5 月 5 日晚間，復旦學生因校處滬西偏遠地區，尚未獲悉北京事件以先，留日學生救國團已開始籌劃。這個「留日學生救國團」（以下簡稱：救國團）成立於 1918 年中日軍事協定後，由退學歸國的留日學生組成，總部設在上海，成為社會上一股不安定的力量。1918 年風潮中，江蘇省教育會及寰球中國學生會對之表示同情，復旦大學更借出校園供其集會。[21] 邵力子的《民國日報》也對他們盡量幫助。[22] 5 月 7 日，《民國日報》用大幅版面，記述了上海國民大會的籌備情形，下面先據此加以說明。

5 月 5 日，國民大會的第一次籌備會議，在法租界

20　〈專電〉，《申報》，上海，1919 年 5 月 7 日，版 3。

21　1918 年風潮始末，可參考：黃福慶，〈五四前夕留日學生的排日運動〉，收入張玉法主編，《中國現代史論集：五四運動》（臺北：聯經出版事業公司，1982），第 6 輯，頁 139-165。

22　邵力子，〈黨成立前後的一些情況〉，頁 67。

霞飛路「世界和平共進會」召開，救國團總幹事王兆榮主持。「世界和平共進會」，是廣州國會議員焦易堂等1919年1月發起，原擬推孫中山為理事長。[23] 5日晚間開會情形，據5月7日《民國日報》之〈各團體籌備國民大會〉記述：

> 近日滬上各團體、各同鄉會，以山東問題緊急，擬籌開國民大會，為我代表聲援，及其他籌備事務。五日夜九時，在霞飛路世界和平共進會集議籌辦事宜。……眾公推留日學生救國團幹事王兆榮君為主席，由王君力陳山東問題緊急情形，實有開國民大會之必要，遂請各代表討論籌備辦法。[24]

當夜出席者有二十八個團體代表，包括江蘇省教育會，卻未有上海公私立學校代表在內。會上通過7日下午一時在西門體育場開國民大會，隨後以「國民大會籌備會」名義，發函「上海公私各男女學校校長、教員、學生暨各校童子軍……，請各校全體整隊赴會。」[25]

　　5月6日夜，商學界三十餘團體再次集議，地點仍在法租界霞飛路，號稱「國民大會籌備處」，主席卻改推朱叔源（江蘇省教育會代表）。這次除了商學團體代表外，還有各校代表七十餘人，與前夜大不相同。7日

---

23 孫中山，〈復焦易堂童萱甫函〉（1919.1.5），收入中國社會科學院近代史研究所中華民國研究室、中山大學歷史系孫中山研究室、廣東省社會科學院歷史研究室合編，《孫中山全集》，第5卷（北京：中華書局，1981），頁2-3。孫中山在法租界住下，以不涉入政治為條件，故婉拒之，惟該會與孫中山當有連繫。

24 〈各團體籌備國民大會〉，《民國日報》，上海，1919年5月7日，版10。

25 〈國民大會籌備紀事〉，《申報》，上海，1919年5月7日，版10。

《申報》記開會情形：

> 王兆榮君報告籌備處一切接洽經過情形。……次
> 由主席〔朱叔源〕報告，江蘇教育總會對於學界
> 籌備情形，並提出應請注意及議決各事……全體
> 通過。……當晚並推定明日臨時主席黃紉之君，
> 更推定籌備員三十餘人……。散會已十一時矣。[26]

這則報導顯示：5月6日夜籌備會有幾個重要變化：一，
增加了各校代表七十多位。二，改由江蘇省教育會全面
統籌及規劃，並推定黃炎培（紉之）為大會主席。這些
規定說明：五七國民大會將以各校學生為主要群體，考
慮到江蘇省教育會的組織力及號召力，遂改由黃炎培主
持大會。又因教育會是法定團體，可與華界行政當局協
商，獲同意在公共體育場開會。

　5月7日《申報》尚有一段記載，為《民國日報》
所無，即5月6日晚上開會前，江蘇省教育會在下午召
集了各級校長會議，商討國民大會的細節。陳曾燾注意
到這一會議，因而正視江蘇省教育會的領導作用。[27] 據
《申報》之〈國民大會籌備紀事〉：

> 昨日〔按：5月6日〕下午各學校校長齊集省教
> 育會，籌議今日國民大會事，由黃靭之主席，專
> 門學校各校校長及中小學校校長到者甚眾，決定
> 〔5月7日〕於上午十時由推定之幹事員在公共

---

26 〈國民大會籌備紀事〉，《申報》，上海，1919年5月7日，版10。
　〈各團體籌備國民大會〉，《民國日報》，上海，1919年5月7日，
　版10。

27 陳曾燾著、陳勤譯，《五四運動在上海》，頁87。

　　體育場籌備一切，下午舊鐘一時開會。[28]

因此，五七國民大會雖是救國團最早發起，卻是在 6 日會議經黃炎培召集校長集議，決定了各校參與的具體辦法，也商定了翌日全部程序。復旦學生汪嘉驥說：「五月七日，這一天可說是那念一條件到北京政府的第四個紀念日子，卻好頭一天我們已經接到省教育會的通告，知道今天兩點鐘的時候，要開國民大會。」[29] 可證明各校學生的參加國民大會，是江蘇省教育會通過校方動員的結果。

　　查《黃炎培日記》，知他兩天（5 月 4 日）前始由南洋返抵上海，5 月 6 日晨獲悉北京事件。由於剛從海上歸來，使他的反應稍慢於救國團。《黃炎培日記》5 月 6 日條：

　　晨聞曹汝霖宅被焚，章宗祥被毆。午後四時，邀各校代表，為明日國民大會事談話。[30]

可見黃炎培通過江蘇省教育會的既定網絡，僅用一天時間就掌握局勢，預作佈局，甚至也為大會的政治訴求定調。

　　5 月 6 日下午黃炎培召集滬上校長會議，決定了參加國民大會的若干要點，其重點也在《申報》披露：

　　一，參與國民大會的報名辦法。

　　二，翌日國民大會的籌備和過程安排，包括進場、

28 〈國民大會籌備紀事〉，《申報》，上海，1919 年 5 月 7 日，版 10。
29 汪嘉驥，〈五四後本校大事追憶〉，頁 156。
30 中國社會科學院近代史研究所整理，《黃炎培日記》，第 3 卷，頁 62。

　　　　出場、遊行辦法。

　　三，提議分電或商請中國赴歐洲和會代表、北京
　　　　政府、各省、南北和議代表，「力爭日本交涉；
　　　　對於北京學生事件，不得加以死刑，并不得
　　　　解散大學」。

　　四、提倡國貨等。[31]

第一、二條，為集會及遊行辦法。第三條，在力爭外交
外，添上援救北京學生，維護北京大學之要求。第四
條，為提倡國貨，亦即抵制日貨。

　　5月7日《申報》還詳細記載了黃炎培主持的校長
會議，在政治事務上達成四點決議。報上所載，不啻對
外宣傳：

（一）電歐洲和會代表力爭日本交涉，并轉請美、英、
　　　法各代表主持公道。

（二）電政府力爭日本交涉，對於北京學生事件，不
　　　得加以死刑，并不得解散大學。此電護軍使已
　　　允代達。

（三）通電各省協爭。

　　　（以上各電應先請草就，大書揭示，請眾公決。）

（四）推代表商請南北和議代表轉告政府，力爭日本
　　　交涉，對於北京學生事件，不得加以死刑，并
　　　不得解散大學（此代表應請先為預備）。[32]

這四點清楚顯示，在下午會議召開前，教育會已預先連絡

31　〈國民大會籌備紀事〉，《申報》，上海，1919年5月7日，版10。
32　〈國民大會籌備紀事〉，《申報》，上海，1919年5月7日，版10。

淞滬護軍使盧永祥（子嘉，山東濟陽人），並為第二天大
會先行草擬電文。觀盧永祥已允代達政府電文，可見教
育會與軍事長官已有默契，確保了五七大會順利召開。

　　後來人們都注意到，5月4日以後，全國唯一順利
召開國民大會的城市，僅上海一埠。研究者有時忽略法
律問題，忘記國民大會是一場政治集會。淞滬護軍使盧
永祥的態度，最是關鍵。上年5月，救國團申請在華界
召開國民大會，即被淞滬警察廳以違反〈治安警察條
例〉為由，斷然拒絕。[33] 這次不想重蹈覆轍，非教育會
出面不可。5月7日《申報》披露：

> 昨日〔6日〕，上海縣沈知事為國民大會事曾至
> 龍華護軍使署請示，聞盧護軍使認為國民應有之
> 事。且聞盧使已電呈府院，陳述滬上民情憤激，
> 將開國民大會，力籌挽救等情。[34]

由此可見，盧永祥是上海國民大會得以召開的最高決策
者，縣知事沈寶昌也須向其請示而後決。5月6日國民
大會第二次籌備會推江蘇省教育會代表為主席，舉黃炎
培為國民大會主席，即因教育會有能力與官廳溝通，可
以作為各團體的擔保人。

　　由於盧永祥是上海最高行政長官，對他的態度多加
瞭解，是瞭解5-7月局勢必要之事。5月8日，《時事
新報》引《英文滬報》之說，認為盧永祥的通達態度，
是國民大會順利召開的首要原因：

---

33 〈官吏只知壓抑民氣〉，《民國日報》，上海，1918年5月29日，
　　版10。
34 〈國民大會籌備紀事〉，《申報》，上海，1919年5月7日，版10。

> 上海護軍使決議不干涉商學界開國民大會及遊行
> 華界，以抗議日人據有膠州一事，已發生一良好
> 之印象。加以北京來電本令禁止開會，故尤為難
> 能可貴云。當時沈知事不知應如何辦理，乃請示
> 護軍使，護軍使謂：此種示威行動自係應有之事，
> 不宜加以干涉。同時並聞盧已致電北京，述南方
> 人民對於日本所持之態度如何憤激，宜用種種方
> 法以求無條件交還青島云云。[35]

《申報》編輯也肯定盧永祥的表現：

> 上海數年以來無此等大集會。二十一條要求之
> 際，滬人尚呼訴無門。今次本埠長官竟能從順輿
> 情，不加拂逆，對此可驚可駭之多人會議，除警
> 察保持沿途秩序外，並未加班，絕無一兵一士蹤
> 影。會場以內，全由童子軍分任照料，並一警察
> 而無之，誠為可感也。[36]

人們一般認為，盧永祥籍貫山東，對這次愛國集會因表
同情。[37] 但黃炎培等事前溝通亦應記上一功。官民溝通
暢順，為國民大會奠定基礎。又因默契良深，使上海集
會情形迥異北京。

《民國日報》記者估計，5月7日國民大會人數約
二萬，人群以大、中、小學師生為主，參加學校共四十

35 〈昨日之國民大會紀事〉，《時事新報》，上海，1919年5月8日，
　第3張版1。

36 〈五月七日之國民大會〉，《申報》，上海，1919年5月8日，
　版10。

37 〈盧護軍使之態度〉，《民國日報》，上海，1919年5月7日，版10。

多所。這個數字很可能是高估了，如龔振黃便估計只有五六千人。[38] 邵力子感嘆：「商界各團體非無至者，特不如學生之眾」。[39] 可見有人強調上海商人對 5 月 7 日大會的參與，恐怕不能成立。[40] 至於集會秩序之佳，則眾口一詞。最令人驚訝的是，現場只有童子軍站崗，不見軍警蹤影。童子軍出動，必由賈豐臻安排。軍警不入場，則經盧永祥同意。江蘇省教育會事前協調，應記一功。這天烈日當頭，主辦單位安排了二十餘位同濟醫工學生，組成臨時紅十字會，與童子軍配合，救治照料一百二十餘人。[41] 這天未能到現場的人，若翻閱報章報導，大概會得到一個印象：國民大會是一場細心策劃、組織嚴密的集會。5 月 7 日報端，還有江蘇省教育會署名的〈學界赴國民大會辦法〉（5 月 6 日制定），詳列各校赴會辦法七條，[42] 是當日發出的最詳細公告。各校依照〈學界赴國民大會辦法〉，先在學校集會，聆聽校長及教職員演說國恥由來，並陳外交失敗之痛，再由校長率領學生，列隊赴西門公共體育場集會。[43] 故此，5

38 龔振黃，《青島潮》，收入：中國科學院歷史研究所第三所近代史資料編輯組編輯，《五四愛國運動資料》，頁 139。

39 （邵）力子，〈質問商會領袖〉，《民國日報》，上海，1919 年 5 月 9 日，版11。

40 例如白吉爾重視上海商業公團聯合會，指他們積極參與五七國民大會。白吉爾（Marie-Claire Bergère）著，王菊、趙念國譯，《上海史：走向現代之路》，頁 152。

41 〈萬眾一心之國民大會〉，《民國日報》，上海，1919 年 5 月 8 日，版 10。

42 〈學界赴國民大會辦法〉，《民國日報》，上海，1919 年 5 月 7 日，版 10。

43 〈學商界之舉行國恥紀念〉，《申報》，上海，1919 年 5 月 8 日，版 10-11。《申報》以寰球中國學生會學校、民生女學兩校為例，

月 7 日上海各校學生參加國民大會的過程，是在校長率
領下進行。統籌及製定會場程序的團體，則為江蘇省教
育會。

再看集會演說，也說得上極有節制。從各報報導來
看，大會流程及會後游行，都高度紀律化。

5 月 8 日《民國日報》之〈萬眾一心之國民大會〉，記
者說：

> 〔下午〕一時搖鈴開會，推江蘇省教育會副會長
> 黃炎培主席，當由黃君演說，略云：今日何日，
> 非吾國之國恥日乎！凡諸國民，應盡吾雪恥之天
> 職，並望勿為五分鐘之熱度，時過境遷，又復忘
> 懷，則我國真不救矣，望我國民堅忍勿懈。[44]

其實據《申報》所記，大會是在一點半才開始，比預定
時間遲半小時，[45] 這使會場上程序更為緊湊，主持人的
角色益顯重要。黃炎培的開場白，所謂「今日何日，非
吾國之國恥日乎！」亦須稍加說明。本書第一章已經指
出，江蘇省教育會以五九為國恥日，但這天為響應北京
國民外交協會號召，又急欲聲援北京學生，姑提前紀念
國恥，以示團結一致。

然後，黃炎培請演說者輪流上台，限定每人只有五
分鐘。[46] 且觀《民國日報》記載：

其他各校情況類似，由校長或教職員演說後帶學生赴國民大會。

44 〈萬眾一心之國民大會〉，《民國日報》，上海，1919 年 5 月 8 日，
版 10。

45 〈五月七日之國民大會〉，《申報》，上海，1919 年 5 月 8 日，
版 10。

46 〈五月七日之國民大會〉《申報》，上海，1919 年 5 月 8 日，版 10。

江蘇省教育會副會長黃炎培君主席，當日黃氏演
說，……次由留日學生救國團幹事長王宏實君報
告開會宗旨……。次由葉剛久、汪憲章、朱隱青、
光明甫諸君相繼演說，均極激昂。尤以光君主張
懲辦賣國賊為最力，一時台下鼓掌高呼，聲震屋
瓦。光君並提出辦法，為全體赴和議會場，面見
唐、朱兩總代表，要求懲辦賣國賊徐世昌、段祺
瑞、徐樹錚、曹汝霖、陸宗輿、章宗祥等，非達
到目的，不能再開和議。時報名演說者共二十七
人，主席以時間不早，宣告演說中止。[47]

《民國日報》的記載，顯然側重政治激進派。光明甫，
安徽桐城人，老同盟會員。這時是「戊午編譯社」主
筆，在政治上屬於孫洪伊派。[48]他的發言以對內為主，
以「懲辦賣國賊」為第一義，更置徐世昌、段祺瑞於
「國賊」之列。

《申報》未刊出光明甫的演說，唯用「聯合通信
社」之稿，說明「黃韌之為主席，報告開會之宗旨，希
望國民各有覺悟。次由王宏實、光明甫、復旦等大學、
中學學生及團體代表，均有懇切之演說。」[49]其所記幾
位學生代表的發言，則似與光明甫針鋒相對：

同濟醫校代表葉君演說，有辦事宜有主旨、有系

---

47 〈萬眾一心之國民大會〉，《民國日報》，上海，1919 年 5 月 8 日，版 10。

48 外務省情報部，〈支那（附極東西比利亞）二於ケル聞及通信二關スル調查〉（大正九年九月印刷），收入許金生主編，《近代日本在華報刊通信社調查史料集成（1909-1941）》，第 2 冊，頁 344。

49 〈五月七日之國民大會〉，《申報》，上海，1919 年 5 月 8 日，版 10。

統等警語。某君演說，有學生最大任務是為改良
人心，不是干預政治。改良人心須有辦法，辦法
何在？須有智識等警語。[50]

由此可見，上台演說者「各唱各的調」，很難說
「萬眾一心」（《民國日報》用語）。黃炎培隨即以時
間有限，結束了演說，也未把懲辦徐世昌做成決議。前
一夜籌備會先行規定：「演說時間宜短」，[51] 看來未始
非防範之舉。

根據《民國日報》報導，集會後的遊行請願，秩序
也極嚴整有序，由黃炎培與各校長為前導。報記：

全體由會場出，黃主席及澄衷中學校長曹慕管、
浦東中學校長朱叔源、南洋公學附屬小學校長沈
叔逵諸君，均為前導，秩序極為整齊。[52]

《時報》所記領隊員，則為「曹慕管、沈叔逵、朱叔
源、穆藕初、朱少屏」。[53] 穆藕初以棉業鉅子側身學界
行列，足顯其愛國商人的形象。

遊行隊伍向外灘上舊德國總商會前行，目的是向南
北和會代表唐紹儀和朱啟鈐請願。途至法、英租界邊
界，巡捕不肯放行，一時群情激昂。在黃炎培、曹慕管
等人協調下，幸未發生衝突。事後，「聯合通信社」
（唐紹儀派）對籌辦單位不無抱怨，指出：

---

50 〈五月七日之國民大會〉，《申報》，上海，1919 年 5 月 8 日，版 10。

51 〈國民大會籌備紀事〉，《申報》，上海，1919 年 5 月 7 日，版 10。

52 〈萬眾一心之國民大會〉，《民國日報》，上海，1919 年 5 月 8 日，版 10。

53 〈國民大會紀詳〉，《時報》，上海，1919 年 5 月 8 日，第 3 張版 5。

> 租界章程，凡列隊經過若干人以上者，必先通知
> 捕房，給予牌照。……今次國民大會人眾數萬，
> 既欲通過英法租界而事先不能領出牌照，實為籌
> 備處辦事之疏忽。[54]

《民國日報》為主辦者解說：「籌備會亦初擬會眾游行
至大東門隊，另推代表赴和會請求，乃開會後群眾心理
激昂，必欲同往，主席恐拂眾意，或致破壞秩序，故未
加強阻。迨至法租界外灘，……主席交涉無效，乃仍遵
原路前進，至大東門散隊。」[55] 主席，指黃炎培。據此
則國民大會遊行，在大東門即行解散。之後發生的餘
波，由不肯散去的遊行者引發。

　　事後報載有一部份不願散去的人群，推派代表赴外
灘德國總會。此一行人，不包含黃炎培等，最終有四百
餘人到達德國總商會門前。《民國日報》記：

> 由光明甫、彭介石、黃界民、鄭浩然等入內，由
> 唐、朱兩總代表延見。首由光明甫君述明開會情
> 形，並陳要求三事：
>
> （一）懲辦賣國賊徐世昌、段祺瑞、徐樹錚、靳
> 　　　雲鵬、曹汝霖、陸宗輿與章宗祥等。（按
> 　　　一說謂要求懲辦者祇段祺瑞等六人。）
> （二）通電歐會各國代表及我國代表，力爭山東
> 　　　問題。
> （三）電救北京被捕學生。

54 〈五月七日之國民大會〉，《申報》，上海，1919年5月8日，版10。
55 〈萬眾一心之國民大會〉，《民國日報》，上海，1919年5月8日，版10。

> 光君並說明第二三兩條，昨日兩總代表之電文，
> 正與此旨略同；今請注意者為首條之懲辦賣國
> 賊，朱答當轉知北京政府。光君云，北京賣國黨，
> 國民決不承認其為政府，今國民所承認者和議機
> 關，所援助者亦和會耳。況事關國之危亡，何能
> 再分南北，望朱君勿存南北之見。[56]

《申報》記光明甫發言，內容大致相同；唯紀唐、朱答
語，則皆反駁光氏，為《民國日報》所未載。《申報》
還引「聯合通信社」之說，記第一批代表入見後，第二
批代表朱虞石、王宏實、沈卓吾、陳家鼐再入。此時外
灘人群聚集，巡捕前來干涉，群眾乃漸散去，另定晚上
八點鐘，在法租界《救國日報》館（救國團總部）再議
辦法。[57]

由於5月7日學生代表未能謁見唐、朱兩代表，遂
又另約8日晚在唐紹儀宅中晤談。5月9日《時報》之
〈各校代表與唐總代表之談話〉，對此作了詳細報導：

> 昨日〔5月8日〕各校代表為挽救北京學生及拒
> 絕青島事，在法租界世界和平〔共進〕會開學
> 界聯合會。當時各校代表到會者甚眾，於十一時
> 開會，由各校代表發表意見及討論挽救方法，遂
> 議決公推代表往見唐、朱兩代表，要求釋放北京
> 學生。若此舉不生效力，則主張罷學，乃公推復
> 旦大學等代表十九人，先到外灘議場（即德國總

會）。適兩代表已退，乃復由十九人中公推：閔
憲章（復旦）、費公俠（寰球）、王紹成（文生
氏）、蕭柏年（救國團）、任矜蘋（民生女學）
等五人，同往靶子路唐宅。既至，各以名刺授侍
者，並說明來意。未幾，唐總代表即出而接見，
並笑向諸代表曰：諸君今日來此，余甚歡迎。[58]

據稱五位學界代表在唐宅晤談數十分鐘，氣氛融洽。唐
紹儀告訴代表：北京學生業已釋放，外交問題也已電請
巴黎代表力爭。又建議上海學界，應聯絡全國學商工界
為一致表示，但也勸告集會旗號不宜含法外行動之意，
勉以今後行動宜更有秩序。[59] 各代表恭敬唯謹，對其表
示感謝而退。

（2）警務報告的虛實

《五四愛國運動檔案資料》收錄江蘇淞滬警察廳長
徐國樑（輔洲，直隸天津人）給北京內務部警政司的報
告，給五七大會提供一個側面寫照。綜括徐國樑報告主
旨：五七集會遊行非常和平，黃炎培維持有功。他對游
行隊伍走入租界輕描淡寫，也未提起代表向朱啟鈐等請
願的事。報告書在 5 月 14 日送出：

查自北京學生倡舉示威運動以後，上海學界及各
團體藉國恥紀念，於本月七日在西門公共體育場

---

58 〈各校代表與唐總代表之談話〉，《時報》，上海，1919 年 5 月
　9 日，第 3 張版 5。
59 〈各校代表與唐總代表之談話〉，《時報》，上海，1919 年 5 月
　9 日，第 3 張版 5。

開國民大會，討論青島問題。廳長先期接奉盧護
軍使電話傳知，令多派長警在場保護。彼時聞外
間有毀壞曹總長墳墓之風說，不能不加意防範。
遂先與各團體代表黃紉之接洽，請其勸告各團體
勿為激烈行為，彼允擔任謹守秩序。至七日下午
一時，該處開會，廳長當派職員多人在場監視，
並撥派長警數十名在外保護。計到會各團體七十
餘起，約有二萬餘人。首由黃紉之報告開會宗旨，
謂鼓勵民氣，保全疆土，尤以謹守秩序為第一等
語。繼續演說者五人，均以力爭青島為問題，並
無激烈言語。隨即散會，排隊遊行。……各團體
尚守秩序，出會場，由斜橋至民國路，至大東門，
走外灘，到十六舖，旋即分頭散去。秩序甚屬安
然，並無發生意外之事。此上海學生及各團體開
會、職廳防護之實在情形也。[60]

對照報章所記，只能說徐國樑報告不盡不實。他隱去兩
個重要事實：一，國民大會有人主張罷免徐世昌、段祺
瑞、徐樹錚等，而竟謂「無激烈言語」。二，遊行群眾
晉見南北總代表要求「懲辦賣國賊」，則更彷彿從未發
生。這份報告 5 月 14 日送出，自可得見各報章所記。
故此，只能說徐國樑有意隱匿事實。徐國樑如此表現，
必經有力人士打點。上司也可能曾有指示，毋輕易開

---

60 〈徐國樑報告上海召開國民大會代電〉（1919:5.14），收入中
國社會科學院近代史研究所、中國第二歷史檔案館史料編輯部
編，《五四愛國運動檔案資料》（北京：中國社會科學出版社，
1980），頁 211。

罪地方士紳。按徐國樑在上海任職十年之久（1914 年
7 月至 1923 年 10 月），則能「妥善處理」地方關係可
知。[61] 北京政府若欲靠其掌握上海「實在情形」，恐難
如願。

　　再查《五四愛國運動檔案資料》一冊，收錄 1919
年 5-7 月徐國樑報告書共十份。綜觀其報告有幾個特
色，可一併說明：一，對涉事者僅舉首腦一二人，其他
都隱去姓名。報告書中提及的學商領袖，有黃紉之（兩
次）、何葆仁（兩次）、費公俠（一次）、顧履桂（三
次）、蘇本炎（一次），但均無惡語。對部份人的激烈
行為，悉以「有人」指代。迄乎 7 月 1-2 日，上海群眾
大會轉趨激烈，發起者為另一群人，始指名道姓：胡劍
塵、李大年、濮文彬。二，5 月 11 日上海學生聯合會
成立，報告書卻遲至 5 月 29 日才首次提到該會，謂其
坐落於公共租界（靜安寺路五十一號），未交代該處是
寰球中國學生會會址。三，在學生策動罷市以前，對學
商及群眾集會遊行等，均稱秩序良好，未有激烈言行。
至 7 月初，始稱集會「擾亂大局，妨害治安」。四，對
警察出動執勤，每用「彈壓監督」一詞。按其實況，則
「監視」多，而「彈壓」少。6 月初學生策動罷市前，
軍警更僅有監視防範，從不見彈壓之舉。[62] 由此數種表

61 吳馨等修、姚文枏等纂，《上海縣志》卷十三〈防衛〉，第 3 冊，
　　頁 859。
62 徐國樑報告九通，分別發出於 5 月 14、28、29 日及 6 月 1、4、5、
　　6、7、13 日、7 月 3 日，收入中國社會科學院近代史研究所、中
　　國第二歷史檔案館史料編輯部編，《五四愛國運動檔案資料》，
　　頁 211、214、215-217、240-241、252、254、255-258、308、348-
　　350。報告書顯係書記代撰。

現，不能不說徐國樑作為淞滬警察廳長，與地方人士有
相當默契。其報告書之撰寫原則，以維護地方為宗旨。
當上海局勢漸趨嚴重之際，內政部警政司長加派任士鏗
駐滬，以隨時報告「實在情形」，[63] 是正確之舉。

　　總之，當上海風潮在 6 月演變為罷市後，商民對徐
國樑帶領警察彈壓多有惡評，唯以政府檔案及其他方面
報告書內容，並公共租界工部局（Shanghai Municipal
Council）警務處報告書綜合對照，淞滬警察廳的處理
手法可算溫和，不能說其積極彈壓或勇於舉報。至公共
租界當局以維持治安為第一要務，則其警務報告不但極
為詳細，且對華人領袖不太客氣。上海社會科學院歷
史研究所編《五四運動在上海史料選輯》（1980 年增
訂版）收入《上海公共租界工部局警務日報》（*S.M.C.
Police Report*，以下簡稱：《警務日報》），是上海五四
研究的重要史料。編者介紹《警務日報》是「警務處總
巡每天提供『工部局董事會』的秘密報告，其中最主
要內容為『華人政治情報』，著重搜集中國方面各項
政治軍事經濟以及社會團體活動等具體情況。」[64] 綜合
1919 年 5-7 月所記，頗多超出報章及其他紀錄之記載
分析，與淞滬警察廳報告書幾乎以隱匿實情為原則，直
有天壤之別。

---

63 〈王揚濱關於隨時報告上海運動情況致任士鏗密電〉（1919.6.5），
　　收入中國社會科學院近代史研究所、中國第二歷史檔案館史料編
　　輯部編，《五四愛國運動檔案資料》，頁 252。
64 〈上海公共租界工部局警務日報摘譯〉編者按語，收入上海社會
　　科學院歷史研究所編，《五四運動在上海史料選輯》（1980 年
　　版），頁 834。

茲錄 1919 年 5 月 8 日《警務日報》，詳記五七國民大會及遊行請願過程，以補報章闕略：

由學、政、商各界召集的國民大會，於 5 月 7 日在聖喀德鄰橋附近的公共體育場舉行。大會的目的在於要求交還膠州。

到會者約七千人，大多數為各校學生，由江蘇省教育會副會長黃任之任大會主席。下午二時，大會正式開始。主席在開會詞中向大會介紹留日學生王宏實，隨即由王宏實演說，要求罷免徐世昌、曹汝霖、章宗祥、段祺瑞、陸宗輿。他也贊成抵制日貨，拒用日幣，並提議電請中央政府釋放因參加遊行而遭逮捕的北京學生。會上尚有葉剛久、朱隱清、汪憲章等演說，論調大旨相同。

下午三時大會結束。會眾隨即列隊，在中國地界遊行。隊伍中有手執旗子的，上書「誅國賊段曹章徐陸」、「爭還青島」、「抵制日貨」等。

遊行隊伍到達法界自來水塔附近的法華民國路時，準備進入法租界，但通路為法巡捕所阻，只好折向大東門散隊。

傍晚，各團體代表應唐紹儀之邀而齊集德國總會，與南北和議代表首領相見。各代表一齊表示要求嚴懲賣國賊的願望。他們以為應該專電至巴黎，警告中國代表切勿在和約上簽字。他們還希望和議代表請求中央釋放因參加遊行而被捕的北京學生。（原件邊上批注：提請下次董事會考慮。）

一部分學生由外灘滲入租界，按照事前電話約定，

　　至德國總會大樓外求見唐紹儀。唐紹儀接引他們
中間的數名到大樓內，聽取他們的意見。這引起
民眾數十人圍集在大樓四周。警務處總巡向唐氏
提出警告，唐氏與學生晤談不久，即讓學生辭出。
學生到達外灘岸邊，即當眾演說。德國總會大樓
外，當巡捕逐漸將民眾驅散時，唐紹儀又延見當
日下午投刺求見的其他團體代表五人。因此，推
延了驅散群眾的工作。約十五分鐘後，始靜靜散
去，未生事端。……會談至五時四十分結束。[65]

這份報告評估國民大會人數約七千，與《民國日報》記
載落差甚大，以華報虛報為最可能。報告書未記光明甫
演說，而聚焦於救國團的王宏實。對唐紹儀接見代表情
形，則特別詳細。使我們知道各團體代表和學生分頭入
見，並不是一路人。報告所記詳於報章，應是華探偵察
所得。對入內謁見南北代表者，所記八位姓名，也略異
於報章。[66]

　　再看《警務日報》對 5 月 8 日事件之總結，可能
是總巡麥高雲（K. J. McEuen）撰寫，對唐紹儀譴責最
多。報告旁之註記，似不止一人手筆，批閱者至少兩
位。茲錄全文：

　　唐紹儀先生對這一運動的態度是難於解釋的。我
個人意見，認為應該斷然地促使唐紹儀以及與他
有關的一些人的注意：租界不是進行政治陰謀的

65　〈上海公共租界工部局警務日報摘譯〉，頁 835-836。
66　〈上海公共租界工部局警務日報摘譯〉），頁 836。收入上海社會
　　科學院歷史研究所編，《五四運動在上海史料選輯》（1980 年版），

地點，凡足以造成破壞治安或教唆破壞及謀殺活
動的行為，都是絕對不容許的。〔原件邊上批注：
「N.B.（注意）。又鉛筆注：「完全同意。」〕
遊行隊伍中所見到的旗子，以及聖喀德鄰橋公共
體育場上所聽到的演說，當然是充滿著煽惑性
的。唐紹儀先生邀請並接見這一運動的負責人，
足以表示他對他們宣傳活動的公開同情。[67]

閱讀了工部局上述評論，知唐紹儀 5 月 8 日對學生代表
的勸告，當係警務處派人向其傳達之後。故他向五位代
表勸言，日後活動宜更有秩序，避免「誅」、「殺」等
字眼。[68]

　　工部局警探對唐紹儀私宅接見學生代表也有偵察，
所記人數也與報章不同，或者更近於實況。5 月 9 日
《警務日報》：

　　5 月 8 日晚七時，有各校學生代表十一人，其中
　　包括女生五人，在靶子路 128 號唐紹儀家訪問。[69]
所記各校學生代表人數，竟比報章多一倍不止。由此推
想，當日報章所發新聞，不論記者所記或學生所報，都
不能遽引為定論。租界警探所以記述準確，很可能由門
房直接得來。因此，《警務日報》為考察上海實情之重
要材料，可補華人報章及淞滬警察廳隱匿的部份。

　　及至 5 月 10 日，《警務日報》欣然宣稱：這幾天局

---

67 〈上海公共租界工部局警務日報摘譯〉，頁 836。
68 〈各校代表與唐總代表之談話〉，《時報》，上海，1919 年 5 月
　　9 日，第 3 張版 5。
69 〈上海公共租界工部局警務日報摘譯〉，頁 837。

勢有和緩跡象，他們推測原因有二：一，北京政府釋放
了被捕學生。二，上海地方當局採取了不干涉民眾開會
遊行的措施。[70] 不過，據《上海公共租界工部局董事會
會議紀錄》（*Shanghai Municipal Council Minute Book*），5 月 14
日工部局董事會議中，總董皮爾斯（E. C. Pearce）仍對
唐紹儀表示不滿。為此他專訪了江蘇交涉使楊晟，聲明
南北和會既已頓議，唐紹儀也辭去南方代表職務，應促
請其盡早離開公共租界。楊晟承認唐氏舉措失當，但認
為需顧全其面子。又保證他將負責租界一般情勢，如有
問題一定告知工部局。[71] 楊晟，廣東東莞人，華僑學生
會榮譽會長，曾任中華國貨維持會會長、工商研究會會
長，深受上海商界歡迎。五四風潮後，他還被選為寰球
中國學生會會長。[72] 其社會網絡和政治網絡，與唐紹儀
多有重疊，對唐氏顯有迴護之意。這年 5-7 月間，楊晟
負責應對上海風潮。在英國人眼中，他是老練、能幹的
官員，可以在中英之間傳遞消息。

---

70 〈上海公共租界工部局警務日報摘譯〉，頁 837-838。

71 〈上海公共租界工部局董事會會議錄摘譯〉，收入上海社會科學
院歷史研究所編，《五四運動在上海史料選輯》（1980 年版），
頁 813-814。

72 *Who's Who in China* (1918-1919), pp. 45-46.

三、上海學聯的誕生

「自由與公理，為吾人同赴之目標，死生以之，誼無
返顧。」

～ 1919 年 5 月 9 日，〈上海學生聯合會第一次宣言書〉

　　從 5 月 7 日國民大會到 5 月 11 日上海學聯誕生，
一系列劇情的發展，往往被視為順流而下。但從學生的
眼光看，它毋寧應被視為一個轉折。換言之，國民大會
之後的一連串事件，使上海學生下定決心，與其他組織
（尤其救國團）分道揚鑣，自行組織一個純粹的學生團
體，以免政客混跡其間。在這一轉折中，復旦學生扮演
了重要角色。本章之敘述，將以復旦學生的敘事為主，
再輔以其他史料，說明上海學聯的誕生過程。

（1）局內人的隱微書寫

　　今日對上海學聯的組織經過，能得到一個清楚的認
識，是因有兩位復旦學生留下詳細紀事。第一位自稱
「史氏」，題其文曰〈學潮醞釀記〉。是文寫於五四落
幕後，刊 1920 年 1 月號《復旦季刊》第 8 期。在時間
上，距離風潮甚為接近，無暮年追記之誤。又不啻經弄
潮兒共同檢視，較少個人私見。全文十紙，文前小序，
似出編者手筆：

> 世界上事之經新聞紙與歷史登載者，皆已成之事
> 實，為人所共見者。其隱微之因由，輒以知之者
> 少，無由流傳於世，論史者遂無所資焉。茲篇所

> 記，多外人所未及知者，而又信而有徵，可貴也，
> 記者誌。[73]

「史氏」到底是誰？參考朱仲華〈五四運動在上海〉一
文，內容頗有重覆，初疑朱氏即「史氏」。再檢視朱仲
華多篇文字，卻似非是，因斯篇對朱氏在學潮中之突出
表現，多未道及。因又疑「史氏」為朱仲華筆下學聯要
角之一：瞿宣穎。瞿宣穎在上海學聯為文牘員，專責起
草重要電文。此篇收錄電稿及宣言獨多，與瞿氏職任相
符。[74]再將此篇文字與電稿對照，文氣措辭亦極相似。
設若非瞿非朱，而別是第三者，亦必是局中要角，所述
多可貴內幕，確能揭示歷史的「隱微」。

下面擬分段摘錄〈學潮醞釀記〉，從五四消息傳到
上海，以迄上海學聯成立。原文稱「某君」，或書「有
人」處，若已考得其人，則於引文〔〕內加註按語。凡
所補註，大多出自朱仲華〈五四運動在上海〉。若別有
來源，亦必註明。「史氏」記：

> 民國八年五月四日，北京專門以上學生，齊集天
> 安門，赴使館請願，不果，遂往曹汝霖宅，毀門
> 入，獲章宗祥，捶之幾死。越日〔5日〕晚間，電
> 至上海。電文中多謂政府擬處所捕學生以極刑，
> 群情震駭。有人〔邵力子〕自報館〔《民國日報》〕
> 以電話達校中某君〔疑是朱仲華〕，吾校距市遠，
> 消息難通，至此始得信，然時已過十時半，校中

---

73 史氏，〈學界醞釀記〉，《復旦季刊》，第 8 期（1920.1），頁 95。
74 朱仲華的〈五四運動在上海〉，原稿似收錄上海學聯宣言，刊出
　　時悉被刪去。參考該文腳註，頁 266-267、269。

燈滅矣。明晨有人〔邵力子〕攜報紙來，群聚觀
焉，遂立時停課，開全體大會，討論對付方法。
既開會，則決定擬一電文，攜赴上海各校，邀令
署名，並告以明日擬赴公共體育場開國恥紀念會。
電文原稿如下：
北京大總統、國務總理、暨京報轉各報館，廣州
軍政府、南京李督軍、轉各省各機關各報館公鑒：
山東問題，外交失敗，噩耗傳來，舉國震駭。吾
民誓當戮力同心，為政府後援，力爭至最後之一
日而後已。北京大學學生，激於公憤，發生示威
運動，凡我國民，咸表同情。若政府弁髦民意，
濫肆權威，則吾人為保全全國青年神聖計，義不
獨生，誓必前仆後繼，以昭正義。上海各學校學
生全體公電。麻。
上海各校，向無團結之動作，三十餘校聯名發電，
此創舉也。[75]

據朱仲華及其他復旦學生追憶，5月6日晨，到復旦通
報消息者，是邵力子。5日晚間，把消息通知學生的
人，大概也是邵氏。文中未提及校長李登輝，但照常理
推想，邵力子發動學生響應，事先應與李登輝說明。此
記不提校長角色，實代其隱諱。

　　汪嘉驥的〈五四後本校大事追憶〉，則用白話小說
筆法，按日記事，可補史氏〈學潮醞釀記〉。其述學潮

75 史氏，〈學潮醞釀記〉，頁95-96。此處摘錄5月6日上海各校連
　署之麻電，留日學生救國團一併列名。

之起：

　　這一天晚上，大概有兩三點鐘的光景，學校內一個接電話的校役，忽然突如其來的大敲我的房門，說：「有人打電話給你們！何先生，吳先生，同某…某…………先生都去了！請你先生也趕快去罷！」他說完了，便走開去，嘴裡頭還彷彿似的，說是恐怕北京出了什麼岔頭罷。我……跑到電話室裡去一看，只見「燈火輝煌，人聲嘈雜」，那一班學堂裡面最著名的朋友，個個都在那兒高談闊論，激昂慷慨，不可一世的樣兒。……他們便告訴我說：「現在得著邵力子先生的報告，北京學生因為青島問題，已經打死了章宗祥，燒燬了曹汝霖的房子；這個禍可撞得大呢！現在已經有幾千同學，都被那萬惡的軍警，捉到監牢裡去了。你看，我們怎麼樣辦罷？」……那一晚大家可都下了個決心。……那一晚是哪一晚呢？諸君，那便是五四後一日，五五的那一晚哇！

　　第二日便是五六，這一天在我們學校內，可也是個很重要的日子。我記得那天早上八點鐘的時候……，早見禮堂裡面，貼著一張極大的紙頭；上面載的是「北京學生界，發生極重大的壯烈舉動，今天九點鐘，邵先生來校報告詳細情形，請我們同學特別注意，五月六日公佈」。……不過八點半鐘的光景，我們的同學，早聚攏在禮堂裡面；都坐在那裡，一聲不響的等候這個當兒，……忽然間聽得遠遠的，鈴聲大振，鎗！鎗！鎗！鎗！

響起來，一時間只見邵先生從鈴聲響處，走進禮
堂裡面來，手裡還夾著一張報紙，面上顯然露著
驚喜的樣子，……這一次的主席，卻是瞿君宣穎，
把開會的宗旨說明，使〔便〕請邵先生上臺去報
告。……十分鐘的工夫，邵先生把那一夜電話中
報告我們的話，便詳細說了過清楚。……當場議
決：第一步先聯合彼此間各學校，通電全國；營
救北京被捕的學生。第二步是發展七年五月本校
提議創設學生聯合會沒有能夠大成功的原案。這
兩件議案成立後，主席瞿君便宣告散會。我們出
了禮堂也就分頭到各學校內去接洽。接洽的結果，
果然人心不死，都是一致的同情。當晚便由朱承
洵、章蔚然、賀芳，（還有幾位，我可記不清楚。）
犧牲了多少精神，多少光陰；直到十二點鐘的時
候，才將電報打出。[76]

5 月 5 日半夜，復旦「接電話的校役」，很可能是朱
仲華所說「復旦的門房，也就是負責學校傳達室的工
友」，叫劉福。[77] 而汪嘉驥記 5 月 6 日早上大會主席瞿
宣穎，與張廷灝所說有異，以汪說為可靠。細按汪嘉驥
語氣，5 月 5 日半夜電話室中的一場談話，不是瞿宣穎
主導。推想瞿宣穎可能不住宿舍，故半夜談話時不在
場。第二日，他卻因年級和資望最高，被推為大會主

---

76 汪嘉驥，〈五四後本校大事追憶〉，頁 152-156。

77 朱仲華生前口述、晨朵整理，〈在孫中山先生支持下上海學生在
　　五四運動中首衝租界的前前後後〉，收入中國人民政治協商會議
　　浙江省紹興縣委員會文史資料工作室委員會編，《紹興文史資料
　　選輯》，第 7 輯，頁 237。

席。張廷灝說復旦學生運動由最高兩屆學生領導，又說
「這次運動得到教職員的支持」，「全體師生的精神振
奮」，間接證明李登輝及瞿宣穎等的角色。[78]

　　5月6日，是復旦學生忙碌的一天。晚上，他們派
兩位代表參加「國民大會籌備會」。〈學潮醞釀記〉
對此記載甚詳，作者大抵參與是會，否則不能描寫如此
真切：

> 諸人外出聯絡者，傍晚漸歸，咸無異議，惟某校
> 〔疑為南洋公學〕以原電為太激切，稍加修改，至
> 夜十時，乃發出。時救國團之國民大會，亦函請
> 派代表與會，籌商明日〔7日〕開大會事，吾校以
> 兩人往。到會者人至龐雜，以朱叔源主席。眾叫
> 囂距躍，朱無如何也。中有一人〔對照下文，可知
> 是光明甫〕最激切，主明日至議和代表處，預擬
> 一電，聲討段祺瑞，攜往迫令簽發，否則眾不散。
> 此議出，數人和之，餘人雖心難之而不敢非也。
> 明日，午飯後，各校整隊至公共體育場，至則漫
> 無行列，逾所定時刻久而後開會。黃炎培主席，
> 演說者紛起。昨夜某君〔光明甫〕，復提所謂要
> 求議和代表聲討段祺瑞案，主席以付表決，眾嗷
> 然應之，於是遂行。行時，兩行相擠，奪門而出，
> 前後不屬，莫知所之。前行者至租界，租界巡捕
> 奪其旗，於是四散。然抵德國總會者，猶有數百

---

78 張廷灝，〈私立復旦大學見聞回憶〉，頁110。張廷灝另一篇文
　章述及6日大會，提起何葆仁和朱承洵的作用，也避不談瞿宣穎和
　其他人。張廷灝，〈在上海參加五四運動的回憶〉，頁175。

> 人。代表入見，餘人俟於外，有即就黃浦灘草地
> 演說者。是役也，捕房實未欲全取干涉態度，使
> 部署有人，以學生一隊，如牆而進，一顯整齊肅
> 毅之精神，外人對我，必增一分感動，以後事大
> 有可為，不謂一舉而令人喪氣若此也。
> 是夜救國團再開會，即有人謂此次事敗於政客，
> 宜學生別組團體，謀單獨行動，於是「學生聯合
> 會」之名稱出世矣。當夜即發出代表會議通告，
> 末署「學生聯合會發起人」。[79]

以上所述五七國民大會緣起，以及集會遊行狀況，與報
章所記略無大異。重要的是，它透露了復旦學生對救國
團不滿，對朱叔源和黃炎培亦有微詞。不過，學生尤為
反感者是「政客」，這種下他們後來決定「別組團體」
的根苗。

5月6日夜發出之「上海各學校學生全體公電」（麻
電），署名前三所學校是：「上海南洋公學、聖約翰大
學、復旦大學」。電文如下：

> 山東問題，外交失敗，噩耗傳來，舉國震駭。吾
> 民誓當戮力同心，為政府後援，力爭至最後之一
> 日而後已。北京學界發生示威運動，雖不無稍越
> 法紀，然迫於義憤，情有可原。乃聞警廳拘捕學
> 生三十餘人，欲加死刑，興此大獄，眾情憤慨。
> 務望政府本公理人道，速將被捕學生釋放，以安
> 人心，以弭禍變，毋任感禱。且外交日迫，更不

---

79 史氏，〈學潮醞釀記〉，頁 96-97。

宜自起內訌。若政府弁髦民意，濫肆權威，則吾
人為保全全國青年之神聖計，義不獨生，誓必前
仆後繼，以昭正義，想政府亦不能盡戮全國學子
也。急切陳詞，惟希鑒察。[80]

列名「麻電」的團體，共三十二校及留日學生救國團。

（2）籌備階段：5月8日-5月10日

國民大會後一日，5月8日，為上海學聯籌備關鍵
一天。汪嘉驥〈五四後本校大事追憶〉說明：

八號這天的早上……，程君學愉……叫我同他到
第二課堂那個水亭子裡去接見澄衷學校的幾個代
表，原來他們因為我們第二步的發展〔按：指成
立學生聯合會〕，還沒有眉目；很有幾句責備的
話同希望的話，一時間我的這顆心，又覺得很慚
愧，又覺得很感激，馬上便同瞿宣穎、何葆仁、
吳冕、桂勗剛、余愉、幾個學友，又召集了一個
緊急會議，請我們的同學犧牲了課程，犧牲了飯
食，趕快的再分頭到各學堂內接洽；請他們四時
在我們學校內集議，解決一切緊要的問題。到了
下午，果然各學校的代表，一個個的都來了，總
計學校有卅一個，代表八十三人，那一天的會議，
直到晚上七點鐘的光景，才各散走……。[81]

---

80 〈籲請慎處學生維持大學電〉，《申報》，上海，1919年5月7日，
版10。章蔚然，浙江紹興人，1920年級。賀芳，字友梅，四川萬
縣人，1921年級。參考〈章蔚然〉，《復旦年刊（1920）》，頁
43。〈賀芳〉，《復旦年刊（1921）》，頁59。
81 汪嘉驥，〈五四後本校大事追憶〉，頁157-158。

8 日下午各校代表開會，因復旦學生十二位任招待員，八位任糾察員，當下不曾與會。晚上，復旦學生遂在校內又開報告會，瞿宣穎主持。汪嘉驥記：

> 到了晚上，又開了一個報告的大會，原來這一次出席上海學生聯合會籌備會的代表，便是瞿宣穎、何葆仁、程學愉、桂勗剛，四位。瞿君卻被人家公推，做了主席，討論的問題，最要緊的便是組織強有力的機關，那真是「一勞永逸」的辦法咧。我記得瞿君的說明，卻是本著我們五日六日的決議，用謙卑警動的論調，說明建設聯合會的必要，大旨說：一個國家有一個國家的精神，一個國家有一個國家的缺點，我們要研究怎樣的發展同補救，卻不能不有點準備同討論，學生聯合會的組織，可是刻不容緩的了。因為有了公共的會所，便可大家公共的研究同討論，那個時候對於國家方面，怎麼樣的發展，怎麼樣的補救，可不是一時感情上的激動，卻是有了一定不變正確的主張。國家前途，可也就希望我們這班的青年的了。他的這一席的談話，果然博得了個一致的同情。諸君！要知道這一次美滿的結果，卻也虧了《時事新報》，張東蓀先生的一篇大文章指誨咧！[82]

照汪嘉驥之說，瞿宣穎 5 月 8 日晚上的報告，提出組織強有力的學生聯合會，獲復旦學生一致贊同。這時他建議設立的學生聯合會，卻不止是上海學生聯合會，更是

---

82 汪嘉驥，〈五四後本校大事追憶〉，頁 158。

全國性的學生聯合會，提出當為常設的永久機關。

此外，汪嘉驥提及的「《時事新報》，張東蓀先生的一篇大文章」，則指 5 月 8 日該報刊出〈堅決的辦法〉，張氏文中提四點建議：

一，宜通電全國高等小學以上的各學校，求為同一的運動，並各舉代表，組織全國學生的大結合。

二，徑電專使，青島問題如不照我提案解決，決不可簽字。

三，要求政府表示明白態度。（即誅曹、陸，罷段、徐）。

四，聯合工商各界一致進行。

就中尤以第一為最要。我們向來有五分鐘熱度的譏評，此次若沒有一種組織，做為比較長期的機關，恐怕竟要應了人家的譏笑了。……中國祇有一條路，就是造成一個青年的大結合，超越於各黨派以外，普遍在全國之內。[83]

張東蓀在此呼籲建立一個「超黨派」的全國學生聯合會，作為常設機關，並聯合工商界一致進行，後來成為上海學生的努力方向。惟張氏主張的聯合會，是「高等小學以上」，這在後來造成一定的困擾。上海學生在 8 月份，終於把團體會員修訂為「中等以上」學校。

至史氏〈學潮醞釀記〉則側重說明上海學生和救國

---

83 （張）東蓀，〈堅決的辦法〉，《時事新報》，上海，1919 年 5 月 8 日，第 1 張版 1。

團分道揚鑣的過程。原來5月8日,復旦和救國團各自召集了一場會議,鬧出一幕「雙胞胎」。〈學潮醞釀記〉:

> 八日晨,聞有京被捕學生已槍斃之報,於是吾校某君之弟在澄衷中學者,來云:彼處擬遍約各校代表齊集復旦開會,同時又接救國團發起學生聯合會之通告,遂兩方並進。是日救國團到者,二十餘校,代表中已不盡為學生,更有無數雜人,喧呶不已,知此處終不能開會矣,乃決定先派代表要求南北代表電救學生,餘事俟下午再派代表至復旦共議。[84]

8日晨在救國團的會議,使學生決意另組團體,並另尋辦事處。雙方最後合作之事,為合派代表向南北和會代表請願,懇請營救北京學生,遂有當夜唐紹儀宅之晤談。

更檢9日《時事新報》、《時報》之〈上海學生聯合會紀事〉,對8日早上之會有詳細報導,文字一致,可知學生已統一發稿:

> 八號上午九時,上海各學校因山東問題,除昨日〔7日〕列隊赴國民大會及示威運動外,今日又召集各校代表討論不達目的不止之辦法。蒞會者約五十餘人之多,至十一時宣布開會,眾推定復旦大學瞿宣穎君為主席。瞿君因到會者多未謀面,乃按簽名簿宣讀,順次起立畢,略云:今日開會之宗旨,為組織強有力之機關為辦事之基礎。某報之評論亦主張組織政治以外之青年團

---

84 史氏,〈學潮醞釀記〉,頁97。

　　　　體，庶與國事有補。[85]

瞿宣穎被推舉為大會主席，一則因各校已唯復旦馬首是
瞻，而瞿則為復旦學生領袖、年級最高；二則瞿氏在
1918 年風潮中已有參與，與各校熱心分子及救國團成
員先已認識。[86] 至瞿宣穎所說「某報之評論」，即當日
《時事新報》張東蓀的主張。張東蓀是梁啟超派研究系
的「吾黨中堅」，自始與上海學聯發生密切關係，殆無
可疑。

　　此外，報載 8 日上午之會，救國團代表李大年（被
視為孫洪伊派），還宣洩對「長教育者」的不滿。《時
報》之〈上海學生聯合會會議紀事〉：

　　　李大年君謂，今日吾學界組織一清白之團體，兄
　　　弟非常欣羨。昨日〔5 月 7 日〕之會，吾人非常抱
　　　歉，所以如此者，因長教育者之懦怯，因如是吾人
　　　不能有一種新的組織。兄弟對於此會有幾個意見：
　　　（一）正名稱。
　　　（二）致電歐洲和會。
　　　（三）要求北京宣布對外交態度，與夫四萬〔萬〕
　　　　　　借款及釋放學生懲辦賣國賊者。
　　　但是要達到以上種種目的，必須有一種最有勢力
　　　之表示。現有勢力之表示維何，即一律罷課是也。

---

85 〈上海學生聯合會會議紀事〉，《時報》，上海，1919 年 5 月 9 日，
　　第 3 張版 5。查《時事新報》與《時報》文字全同，可見是學生統
　　一發稿。
86 1918 年風潮中，學生救國會成立《國民雜誌》社，復旦學生瞿宣
　　穎和閔憲章都是社員，且是「京外經理員」。參考〈《國民雜誌社》
　　社員名單〉、〈《國民雜誌社》歷屆職員名單〉，收入張允侯等編，
　　《五四時期的社團》，第 2 冊，頁 12、13、16。

　　罷課後極力聯絡其他各界為相當之表示，游行講
　　演遍發傳單也，是罷課後應盡之責。再經濟問題，
　　亦須討論。[87]

這是上海首次有「一律罷課」主張之始。當時李大年發
言必甚激烈，而其所述前一日之事，遍查上海各報，卻
不見任何記載，可知報章對國民大會之選擇性敘事，致
力營造「萬眾一心」的畫面。昔日張謇在上海掌握言論
喉舌之時，可對媒體下封口令。[88] 如今黃炎培在上海的
權威，亦復相同。李大年對黃炎培不滿，很可能是未獲
上台演說，而又怒其未將聲討徐世昌做成決議。

　　惟細按報紙記載，知 8 日會上李大年這一發言，當
場遭其他人反駁。反駁者是復旦校友謝碧田，他的身分
是華僑學生會會長。謝氏稱：

　　吾人今日應注重事實，不必多事議論。目下所急
　　者為援救北京學生，言畢宣讀華僑學生會昨日發
　　布拯救學生之傳單。[89]

謝碧田對李大年的駁斥，很可能反映復旦學生的態度，
甚至間接有李登輝的提點。翌日（9 號），救國團王兆
榮、李大年等人，參加「國民大會上海事務所」成立

---

87 〈上海學生聯合會會議紀事〉，《時報》，上海，1919 年 5 月 9 日，
　　第 3 張版 5。

88 張謇《柳西草堂日記》光緒三十年（1904）四月八日條：「至上海。
　　見是日《中外日報》說南京議憲法，不知伊誰漏言，報即濫載，
　　徒使政府疑沮，無益於事。」四月九日條：「通意各報館，使無
　　徒為敗事之言。」頁 583。

89 〈上海學生聯合會會議紀事〉，《時報》，上海，1919 年 5 月 9 日，
　　第 3 張版 5。

會，以「世界和平共進會」為辦事處。[90] 這表示上海學生決定另立團體後，救國團與大孫小孫派（孫中山和孫洪伊）進一步合流。5-7 月風潮中，這一陣營以「國民大會上海事務所」名義在社會活動，提出激進的政治主張，與上海學聯不同調。惟在拒簽運動高潮中，雙方一度合作，隨即又公開決裂。總之，未可混為一談。

　　8 日下午，各校代表集議復旦大學，就不再有救國團代表出席，大概也未請他們與會。於是，上海學聯成為「純粹」學生組織，不再與救國團或政黨相涉。整個會議由復旦學生主導，富效率而秩序良佳，奠定復旦的領導地位。10 日《申報》刊出〈學生聯合會組織之經過〉，稱此會為上海學聯「第一次預備會」，當是學生自身界定。這次會議有一些變化，即主席換了何葆仁。報載：

> 8 日下午四時，本埠各學校假復旦大學開會，籌議組織學生聯合會事，到會者三十一校代表八十一人，除小學校外，本埠各著名學校幾全有代表出席。振鈴開會後，公推復旦大學何葆仁為臨時主席，程學愉為臨時書記。由主席宣佈開會宗旨，略謂國勢阽危，吾人有聯合學生之必要，故召集各校代表討論此事。遂以應否組織學生聯合會付表決，全體贊成。繼由復旦代表提議立即起草簡章，眾贊成。遂由臨時書記將簡章書於黑板，各

---

90 上海社會科學院歷史研究所編，《五四運動在上海史料選輯》，頁 191-192。

校代表修正通過。遂討論會所問題，有主張在青
年會者，有主張在寰球中國學生會者，未得結果，
決俟下次再議。[91]

據汪嘉驥說，復旦學生出席籌備會代表，是「瞿宣穎、
何葆仁、程學愉、桂崶剛，四位。」朱仲華〈五四運動
在上海〉又說：「上海學生聯合會……章程草案原由瞿
宣穎主稿」，[92] 故當日提議討論簡章之「復旦代表」，
可能即主稿的瞿宣穎。綜合來看，復旦學生完全主導了
這次會議，也贏得各校代表的信任。學生對未來會址的
提案，不論是青年會或寰球中國學生會，都座落在李登
輝校長網絡內。因此，復旦師生對上海學聯的領導作
用，從籌備時期就昭然可見。

　　在此不能不推敲一下瞿宣穎不再出任主席，甚至從
公開報導中「消聲匿跡」的原因。首先，一任會長就雜
務纏身，行動反而不便。其次，擔任要職恐累及親友，
甚至可能牽動政局。瞿宣穎表兄朱啟鈐被徐世昌派充
北方議和總代表，在安福派監視下已處危疑之地，瞿父
鴻禨在前清丁未政潮以「暗通報館，授意言官，陰結外
援，分布黨羽」去職，正所謂殷鑒不遠。[93] 瞿宣穎若公
然領導上海學聯，豈不授政敵以攻擊之口實，有礙南北

---

91 〈學生聯合會組織之經過〉，《申報》，上海，1919 年 5 月 10 日，
　　版 10。

92 朱仲華，〈五四運動在上海〉，頁 268。

93 徐凌霄、徐一士著，徐澤昱編輯，劉悅斌、韓策校訂，《凌霄一士
　　隨筆》之〈丁未政潮〉、〈清光緒丁未政潮之重要史料——袁世
　　凱致端方之親筆秘札〉，上、中冊（北京：中華書局，2018），頁
　　400-403、879-889。

和談前途？第三，上海學聯文牘部職任繁重，發佈宣言
尤需大手筆。瞿宣穎中英文優長，最適合擔當此任。至
何葆仁被推為會長，亦有其優勝之處：一，何氏品格能
力出眾，素來受同學信任。二，他在復旦多年，與背景
接近的李登輝校長親近。三，他在滬上無家人親戚，絕
無後顧之憂。1905 年上海抵制美貨風潮中，李登輝以
華僑身分發起寰球中國學生會；如今上海學生響應反日
愛國運動，何葆仁又以僑生身分領導上海學生聯合會。
師生兩代前後輝映，對華僑也甚有號召力。

　　〈學潮醞釀記〉對 8 日下午之會的敘述，亦值得摘
錄。其中述及學聯簡章的段落，特加數語說明，似透露
作者身分。「史氏」記：

> 是日〔8 日〕下午到者四十餘校，內女校列席者頗
> 多，中西女塾其一也。熟知上海學校情形者，應知
> 此為特別現象也。開會之前，匆匆由某君〔瞿宣
> 穎〕擬一學生聯合會簡章，寥寥數語，復未及細
> 按，遂以之提出。是日議事時，秩序極佳，但發言
> 尚少結果。首議決北京學生一日不釋放，即一日
> 不上課，餘事俟續開會。次日發出宣言書，如左，
> 近來發宣言書者，相習成風，此實為權輿矣。
>
> 〈中華民國上海學生聯合會第一次宣言〉
> 上海男女各學校學生，謹以最懇摯最悲痛之聲，
> 宣告於中外曰：天禍吾國，外迫於強鄰，內殘於
> 國賊。數年之中，外交迭挫，內政日棼，荏苒侵
> 尋，至於今日。而山東問題，遂以完全失敗見告
> 矣。嗚呼痛哉！青島為海濱要害，山東為文化淵

源，此而不保，國於何有！國人奔走呼號，聲嘶
力竭，亦既有日，而終於不能挽回，既痛吾民能
力之薄弱，而追源禍始，尤不能不切齒於奸逆之
無良。北京同學，蒿目驚心，是用慷慨奮發，而
有示威之舉。對內對外，皆所以表示真正之公意。
凡我國民，固心同此理也。而凶焰方張，橫加拘
繫，甚至蓄意破壞教育機關，倒行逆施，至於此
極。默觀大局，既憤且悲。嗚呼！執政諸公，暨
全國同胞，聽茲一語：人之所樂，為其有生。生
命之價值，在光榮與幸福。今中國將淪於異族，
政府與吾民，亦同為含羞忍垢，萬劫不復之亡國
奴耳。吾曹縱不惜生自儕於牛馬狗彘，即死亦何
以對先烈之神靈。政府誠獨何心，必欲代中華民
國之逆子洩憤以為快。吾民又誠獨何心，當此一
髮千鈞之際，而猶不奮臂速起，萬眾一心，以求
爭此萬一之光榮與幸福。學生等讀聖賢書，頗聞
大義，誓與中華民國同生死。謹以茲日共組學生
聯合會，期合全國青年學生之能力，喚起國民之
愛國心，用切實方法，挽救危亡。遠近各地，請
即日響應，互通聲援，以為全國學生自動的衛國
之永久組合。自由與公理，為吾人同赴之目標，
死生以之，誼無返顧。敬告中外，共鑒存之。
此後在復旦開會者凡二次，至最後始於寰球中國
學生會開成立大會……。[94]

94 史氏，〈學潮醞釀記〉，頁97-99。〈中華民國學生聯合會宣言〉，

The Power of Mobilization: Origins of the Shanghai Student Movement

這份宣言有英文版，刊諸《北華捷報》。其中「自由
與公理」一語，用西人熟悉的美洲獨立革命蘇格蘭人
派屈克・亨利（Patrick Henry）名言「不自由毋寧死」
（"Liberty or Death"），以爭取西人對學生運動之同
情。[95] 這份宣言也清楚說明，上海學聯籌備之際，即以
組織全國學生聯合會為目標，而營救北京被捕學生則為
首要訴求。

　　另 9 日下午到場的四十四校學生代表，男校以聖約
翰、南洋公學、復旦為領袖；女校以中西女塾最受矚
目，使學生大受鼓舞。[96] 中西女塾（McTyeire School）
為著名教會學校，專收豪門閨秀之女，以管理嚴格著
名。[97] 當時該校董事有唐紹儀、沈仲禮、朱葆三等。[98]
學校由監理會主辦，校內設女青年會。[99] 教員中，也

---

5 月 10 日在報上刊出。〈學生聯合會組織之經過〉，《申報》，
上海，1919 年 5 月 10 日，版 10。

95 "The Boycott of Japanese", *The North-China Herald*, May 17, 1919, p. 440.

96 這四十四校是：南洋中學、澄衷中學、神州女學、承天學校、南
洋公學、寰球中國學生會、震旦大學、約翰大學、浦東中學、東
吳大學法科及東吳第二中學、青年會中學、啟秀女學、文生氏學
校、大同學院、同濟大學、震亞學校、上海女子中學、滬江大學、
中西女塾、培德學校、中國體操學校、民立中學、上海公學、省
立商業學校、亞東醫校、博文女學、勤業女子師範、英華書館、
中華工業專校、華童學生會、上海圖畫美術學校、南洋商業專校、
嶺南中學、徐匯公學、南洋路鑛、城東女學、兩江公學、崇德女
學、清心女學、南洋女子師範、愛國女學、清心實業學校、民生
女學，以及復旦。〈學生聯合會組織之經過〉，《申報》，上海，
1919 年 5 月 10 日，版 10。

97 Darwent, C. E., *Shanghai: A Handbook for Travelers and Residents* (Shanghai:
Kelly & Welsh,1920), p. 41.

98 穆家修、柳和城、穆偉杰編，《穆藕初年譜長編》，上卷，頁 331。

99 　馬光霞，《中西並重：監理會在華事業研究（1848-1939）》（臺
北：臺灣基督教文藝出版社，2016），頁 424-459。

不少女青年會董事及幹事。李登輝夫人湯佩琳，時任中
西女塾教員，也是女青年會副會長。[100]另一位中西女塾
校友及教員，是韋增佩（Miss T. B. Wei），復旦教授薛
仙舟夫人，為上海女青年會幹事，也是女青年會全國協
會委員。[101]當時在聖瑪利亞女校就讀的薛正，後來指
中西女塾美籍教員同情學生，「因為學生是反對日本帝
國主義，和他們無關，所以個個在校內幫忙。」[102]綜
合來看，中西女塾學生在五四學潮的活躍，有中外師長
為後盾支持。

　　至〈學潮醞釀記〉說5月11日成立大會前，尚有
二會，各報均有記載。茲引10日《申報》之〈學生聯
合會組織之經過〉，報導9日（週五）午後之「第二次
預備會」：

> 昨日（即九日）午後二時，各校代表復集復旦繼
> 續討論，計出席者四十四校九十六人。議決事項
> 如下：
>
> （一）星期日〔11日〕午後二時，在寰球中國學
> 　　　生會開成立大會。
>
> （二）推定詳章起草員三人，以備付大會通過。
>
> （三）拍電歐和專使力爭勿稍讓步。
>
> （四）抵制外貨從調查報告入手。

100　《寰球中國學生會錄名錄（1919）》（上海：寰球中國學生會，
　　　1919），頁16。

101　Charles L. Boynton (ed.), *Directory of Protestant Missions in China 1920*, p. 363.

102　薛正，〈我所知道的中西女中〉，收入中國人民政治協商會議上海
　　　市委員會文史資料工作委員會編，《解放前上海的學校》，頁302。

（五）發表學生聯合會宣言書。

（六）請求議和總代表轉達政府向日本抗議拘辱
　　　留學生事。

討論畢散會，時已七時矣。[103]

　9日之會的幾項決議都極重要，第一項，說明學生選定寰球中國學生會為會址。第四項，把「抵制外貨」列入工作重點。報導不提師長及教育團體之角色，卻隱然可見李登輝（寰球中國學生會副會長）、朱少屏（寰球中國學生會總幹事）、黃炎培（江蘇省教育會）等的支持及建言。

　再觀各報所記，可知學生已對外統一發稿。此時學聯未正式成立，文書紀錄及新聞發佈卻已上了軌道，文牘部居功厥偉。9日之會，第二條決議「推定詳章起草員三人」，即文牘部的最早成員。按其發佈之新聞稿，隱去「三人」姓名，今幸奚玉書指出，此「三人」是：瞿宣穎（復旦）、惲震（南洋）、岑德彰（聖約翰）。[104] 他們構成了文牘部核心，也反映上海學聯之組成，以復旦、南洋、聖約翰三校為領袖。此三人所在之文牘部，為上海學聯中樞單位，地位在執行各部之上。（參考本書附錄四）

　從家世來說，瞿、惲、岑三人，可稱名門子弟，屬

103　〈學生聯合會組織之經過〉，《申報》，上海，1919年5月10日，版10。比對《時報》所紀，文字全同，可知為統一發稿。〈學生聯合會預備會紀〉，《時報》，上海，1919年5月10日，第3張版6。

104　奚玉書，《金玉全緣》，頁14。惟奚玉書誤憶上海學聯籌備會在5月6日下午復旦大學舉行。

前清政壇清流後人，氣味見解本多相投。[105] 瞿宣穎父鴻禨，在晚清是袁世凱最大對手。為樞臣時，主持清議於上。「吳越兩省名流，以言論繫時望者，類皆著弟子籍，有知遇感者也。」[106] 他在軍機處任協辦大臣，以秉筆稱旨，受慈禧信任。辛亥後，息影滬上，1918 年逝世。岑德彰，廣西西林人，族伯岑春煊，曾任兩廣總督等要職，與瞿鴻禨為政治盟友，曾聯手對抗慶親王和袁世凱一黨。[107] 民初猶負重望，在西南領導反袁。1918 年，成為為廣州軍政府領袖總裁，為南方政治領袖。惲震祖父輩，則為張謇親密友人，時在翁同龢與張謇之間密遞訊息。就文筆說，瞿宣穎少年隨湘中名宿王闓運、王先謙、曾廣鈞學習詩文，博極群書；後入聖約翰附中、大學就讀，曾任《約翰聲》（*The St. John's Echo*）中英文編輯。《約翰聲》中文題簽，出瞿鴻禨手筆，大概從宣穎之請。岑德彰也曾任《約翰聲》中文編

105　陳寅恪《寒柳堂記夢未定稿》論晚清官場清濁之分：「簡要言之，自同治以至光緒末年，京官以恭親王奕訢李鴻藻陳寶琛張佩綸等，外官以沈葆楨張之洞等為清流。京官以醇親王奕譞孫毓汶等，外官以李鴻章張樹聲等為濁流。至光緒末造清之亡〔，〕京官以瞿鴻禨張之洞等，外官以陶模岑春煊等為清流。京官以慶親王奕劻袁世凱徐世昌等，外官以周馥楊士驤等為濁流。」陳寅恪，《寒柳堂記夢未定稿》，頁 191。劉厚生論清流南北派，稱甲午前後「北京京官中有所謂清流者，分為兩派：北派以李鴻藻為領袖，而張之洞、張佩綸為中堅；南派以潘祖蔭、翁同龢為首領，而黃體芳、陳寶琛、吳大澂、王仁堪、鄧承修輩為中堅。」劉厚生，《張謇傳記》，頁 14-15。

106　朱啟鈐，〈姨母瞿傳太夫人行述〉，頁 372、380。

107　瞿、岑聯手，與慶親王、袁世凱之政爭，論者甚多。參考劉厚生，《張謇傳記》，頁 120-157。陳燮龍，《夢蕉亭雜記》（北京：中華書局，2007），頁 87。

輯，其英文亦優，與瞿宣穎同學數載。[108] 惲震從復旦
轉入南洋電機系後，每年暑假從宿儒張爾常習國文，程
度亦高出同儕。[109] 上海學聯籌備之際，三氏被推為代
表，負責起草章程。隨後，同入文牘部，推岑德彰為
長。惟就實質言，若擬文牘部於前清「軍機處」，瞿宣
穎屢為電稿宣言主筆，頗具「秉筆大臣」資格。

　　按上海學聯與北京學聯相異之處，在上海方面極重
章程之製定，視為憲章大法。三人小組著手草擬後，
上海學聯評議會於 5 月 15 日第一次會議正式通過，作
為組織分會、選舉職員的依據。最奇怪的是，這份章程
不見上海報章，而載於 1919 年 8 月號《南洋週刊》。
惲震是上海學聯文牘員，兼南洋分會中文書記，又是章
程起草員，是最可能的經手人。由於復旦全年未發行刊
物，故送登《南洋週刊》。這份〈上海學生聯合會章
程〉（以下簡稱〈上海學聯章程〉），是 8 月 20 日通
過之修訂版。報記修改原因及過程，在 8 月 8 日上海學
聯全體職員大會上，評議員狄侃（東吳法科）、朱敏章
（聖約翰）提案：「本會會章不甚完善，……提議修
改」。修改章程委員會有「潘公展、岑德彰、桂崇剛、
陳琮、邵禹襄、彭昕、瞿宣穎、任矜蘋、湯成梓」九
人。8 月 20 日，上海學聯全體職員大會，討論及通過
新章程，[110] 隨即送登《南洋週刊》。此前僅有陳曾燾

108 〈聖約翰大學堂錄取新生案〉，《申報》，上海，1914 年 6 月
　　19 日，版 1。
109 〈電力電工專家惲震自述（一）〉，頁 189-190。
110 〈上海學生聯合會消息〉，《申報》，上海，1919 年 8 月 10 日，

及《上海交通大學史》引用過這份章程，陳曾燾所見更是前聖約翰大學教授雷默的收藏品。[111] 頗疑雷默對上海學聯的組織構造，乃至學聯之工作旨趣，可能提示過意見。學聯起草人岑德彰是聖約翰學生，瞿宣穎也可能曾受業於他。今按章程中設「實業」一科，負責「籌備設立工廠、振興工業」；又有「營業」一科，以「發行國貨」為己任。這些科別及工作內容，顯示上海學生對實業的重視，或許都有雷默的提點，也反映上海學生的特殊關切。

（2）北京學生秘密南下

　　關於上海學聯之籌備成立，有一說法流傳，不能不辨。此即傳說五四事件後，北京學生一度秘密南下，其使命為促成南方響應，並催生各埠學生聯合會。方東美（安徽桐城人）就讀金陵大學，晚年憶述段錫朋（書貽）、羅家倫（志希）行蹤：

　　　我認識段書貽先生確是很早，在民國八年五四運動發生之後第二天，他同幾位北大的同學分批到南方來，像羅志希只是路過南京，我們看到他的時間極其短暫，只有刻把鐘，他就又搭車到上海去了。[112]

版 10。〈上海學生聯合會職員大會〉，《申報》，上海，1919 年 8 月 21 日，版 10。

111　Chen Joseph T., *The May Fourth Movement in Shanghai: The Making of a Social Movement in Modern China*, p. 83. 王宗光等主編，《上海交通大學史》，第 2 卷，頁 219。

112　方東美，〈段錫朋先生紀念談話〉，收入《方東美演講集》（臺北：黎明文化事業公司，1978），頁 321。

楊繼曾是同濟學生，晚年也說羅家倫到滬，目的是推動
上海成立學聯會：

> 民國八年，我是上海同濟大學三年級學生。「五
> 四」後幾天，北京大學的羅家倫到上海來籌劃成
> 立學聯會……。[113]

李玉階是育才公學學生，也憶及羅家倫等南下：

> 北京學生負責代表段錫朋、羅家倫、康白情、姚
> 作賓等四人亦曾由北京秘密趕到上海公共租界與
> 上海學聯會負責人密商擴大響應行動方案，旋即
> 星夜返回北京配合聯繫。[114]

寧滬學生憶述北京學生南下時間，都在五四後幾天；參
考北京報紙，知彼等必不可能在五四後翌日（方東美之
說）南下。南下學生有任務分工，段錫朋留南京，羅
家倫奔赴上海。這大抵考慮羅家倫是復旦校友，舊日
同窗在滬者多，連絡起來較易為功。

　惟據〈學潮醞釀記〉等文，知復旦學生發起上海學
生聯合會，有其內在的長期醞釀，不必待羅家倫等南下
發動。楊繼曾不是復旦學生，對復旦情形頗有隔膜。羅
家倫到滬後，可能提供北京學生會章程，供上海參考。
5 月 12-13 日，上海各報刊出〈北京中等以上學校學生
聯合會會綱〉。[115] 15 日，又刊出〈北京中等以上學校

113　楊繼曾口述、彭碧玉筆錄，〈「燕兒昨晚歿」和「魚行老板」〉，
　　　收入聯副記者聯合採訪，《我參加了五四運動》，頁 37。

114　李玉階，〈上海學生響應五四愛國運動的經過──紀念五四運
　　　動五十八週年〉，頁 60。

115　〈北京學生聯合會成立〉，《申報》，上海，1919 年 5 月 12 日，
　　　版 6。〈北京學生組織學生聯合會〉，《時事新報》，上海，

學生聯合會組織大綱〉，大抵即羅等提供。兩份文件略
有不同，後者似是前者修訂版。[116]（參考本書附錄三）
把北京學生聯合會（以下簡稱：北京學聯）章程與〈上
海學聯章程〉對照，可知上海不依北京模式，條文內容
也複雜許多。主要區別有下列幾點：一，北京學聯評議
會由各校代表二人組成，上海各校代表一人。二，北京
學聯執行部為虛級單位，事務委託北大幹事會辦理；上
海是實體單位，由各校代表組成，分科辦事。三，北京
學聯執行部（即北大幹事會）分六股。上海學聯執行部
有九科；各校分會亦有執行部，同樣分科設團辦事。
四，北京學聯無固定經費，由各校分籌；上海學聯向分
會徵收會費，財務基礎比較穩固。五，北京學聯由「中
等以上學校」組成，上海原是高小以上組成，後始改為
中等以上。總括來看，上海學聯組織龐大，職員眾多，
分層負責。各校通力合作，非僅分頭辦事。在北京，北
大為行動唯一重心。在上海，則復旦、南洋等校帶動全
體協力合作。前者易，後者難。更重要的一個區別是，
北京學聯章程顯示，他們成立時即有事後「解散」之
想。上海不然，自始即作永久常設機構之規劃。

　　若問〈上海學生聯合會章程〉因何不見報紙刊出，
反而各分會章程乃多見報？頗疑其草擬之時，欲為上海
乃至全國學聯奠定良好架構，故多方徵詢意見，一時

　　1919 年 5 月 13 日，第 3 張版 4。上海報章所載〈北京中等以上
　　學校學生聯合會組織大綱〉似非全文，且不含附件詳細內容。

116 〈學生聯合會大會紀事〉，《時報》，上海，1919 年 5 月 15 日，
　　第 3 張版 5。

未便公諸社會。按上海學聯正式成立翌日（12日），
《時事新報》附刊主編俞頌華〈學生聯合會組織法之商
榷〉，提及學生尚對外徵詢意見。他說：

> 客有以學生聯合會組織法來相討論者，告余曰：
> 今日愛國之青年，對於聯合會之組織，誰不贊成。
> 而聯合會組織之必要，孰不承認。故今日之要務，
> 在討論組織聯合會之具體的辦法，而不在斷斷於
> 應否組織一問題。余深然之。[117]

俞頌華所說前來討論的某「客」，可能是學生代表，也
可能是教職員。此記反映上海學生對組織法極為重視。
俞頌華以南洋商業學校教員兼報紙編輯，亦被徵及意
見。如此想來，李登輝校長等自必在諮詢之列。學聯章
程未能見報，或即因此之故歟？

（3）成立大會：5月11日

5月11日（週日），即上海學聯預定成立日。下
午二時，學生代表到達寰球中國學生會，地址是公共租
界靜安寺五十一號。當天《時事新報》之〈時評一〉，
刊出兩篇文字。一篇是「澹廬」（俞頌華）之〈對於學
生聯合會之希望〉，對學聯高唱讚歌：

> 滬地愛國之青年，有學生聯合會之發起矣。猗歟
> 休哉！是或即全國青年大聯合之起點乎？記者於
> 此，不禁距躍曲踊，敢預為全國青年之大聯合，

---

117 澹廬（俞頌華），〈學生聯合會組織法之商榷〉，《時事新報》，
　　上海，1919年5月12日，第3張版3。

馨香禱祝。[118]

翌日上海各報之報導卻極簡略，未提及成立大會任何細節。據《申報》載〈學生聯合會之成立大會〉：

> 本埠學生聯合會……昨日〔11 日〕午後二句鐘，開成立大會於臨時辦事處寰球中國學生會內，至晚九時始散，議定最切實之進行方法甚多。聞該會已將成立事宜，通電全國各學校。茲特採錄其電文如左：

> 各省教育會轉各學校鑒：本會今日成立，期用切實方法，挽救危亡，請即日響應。覆電寄：寰球中國學生會。中華民國上海學生聯合會。真〔11 日〕[119]

據電文可知，上海學聯成立之日，即以全國各埠學生組成聯合會為目標。是其著眼點，自此即是全國性的學生大聯合。

此外，上述簡要報導，仔細分析之後，所含信息量不小。首先，「真電」係經「各省教育會」轉知全國各學校，不啻說明江蘇省教育會之參與。通過江蘇省教育會與全國省教育會的網絡，上海學生聯合會通電達於全國各校。這一通電有強烈暗示作用，說明江蘇省教育會對學生聯合會的支持，要求各埠「即日響應」。在此推測，江蘇省教育會可能另有密電，伴隨上海學聯電達於

---

118 澹廬，〈對於學生聯合會之希望〉，《時事新報》，上海，1919 年 5 月 11 日，第 1 張版 1。此時《時報》表示聽其言觀其行，未有熱烈反應。（戈）公振，〈學生聯合會〉，《時報》，上海，1919 年 5 月 20 日，第 3 張版 6。

119 〈學生聯合會之成立大會〉，《申報》，上海，1919 年 5 月 12 日，版 10。各報記載大致相同，可對照：〈上海學生聯合會成立〉，《時報》，上海，1919 年 5 月 12 日，第 3 張版 5。

各省，說明「用切實方法，挽救危亡」之迫切。其中要
項之一，大抵包括「抵制外貨從調查報告入手」。

此外，史氏〈學潮醞釀記〉對成立大會之記述，雖
甚為簡略，卻多透露一些消息：

> 寰球中國學生會開成立大會，正式通過章程，選
> 舉職員。選舉時以彼此多未識姓名，乃以校名代
> 人名。[120]

由此可知，11日成立大會長達七小時的討論，包括：
（1）通過章程；（2）選舉職員。通過章程，可能就
花不少時間。選舉職員，則以校代人，務期各校均有
代表。

今欲尋訪上海學聯成立之舊址，在原靜安寺路五十
一號（今南京西路）已不見寰球中國學生會一點痕跡。
據說該會是一棟兩層洋樓，樓頂高懸會旗，內有寬大
教室及辦公室，上海學聯借樓下東廂房為辦事處。[121]
朱仲華晚年感於學聯淡出歷史記憶，在八十高齡留下
〈五四憶舊〉描述昔日情景：

> 上海有個「中國寰球學生會」，係回國的留學生
> 組織，會址在靜安寺路（現南京西路）五十一號。
> 復旦當時的校長李登輝先生係該會會長〔按：應
> 是前會長〕，對學聯成立十分支持。寰球學生會
> 於是成了學聯主要的活動場所，5月11日的學聯
> 成立大會便在那裡召開。大會推舉復旦何葆仁為

---

120 史氏，〈學潮醞釀記〉，頁99。
121 〈工部局干涉學生會〉，《民國日報》，上海，1919年6月10日，
   版10。並參：鄧潔，《留美幼童唐元湛家三代人的故事》，頁40。

會長，并發佈了由復旦同學瞿宣穎起草的通電宣言，其中有「自由與公理為吾人同赴之目標，死生以之，義無反顧」一句話，我至今記憶猶新。[122] 以 5 月 26 日上海總罷課誓師大會安排，學聯成立大會很可能會邀請師長來賓致詞，李登輝、黃炎培，或朱少屏、蔣夢麟，都可能見證了成立典禮。如果那天通過會章後，還有簡單隆重的宣誓儀式，則「自由與公理為吾人同赴之目標，死生以之，義無反顧」一句話，[123] 可能是誓詞內容。

上海學聯借寰球中國學生會為辦事處，以公共租界為活動基地，學生領袖及許多人都很明白，英國總領事及工部局董事會的容忍，為最重要的前提。這不單如朱仲華所說：上海學聯借寰球中國學生會為會所，是經李登輝許可。李玉階對此有中肯說明：

> 承寰球學生會總幹事朱少屏熱心支持，歡迎學聯會在該會辦公，學聯會于成立之日即有辦公處所。同時，更重要的還是當時上海美國總領事與英國總領事，態度公正，同情愛國青年，不但不理會北京政府的干擾，而且還暗中命令公共租界巡捕房，對學聯會一切活動不加干涉，并對學聯會負責人予以保護，因此學聯會得能安心在公共租界

---

122 朱仲華（承洵），〈五四憶舊〉，頁 161。

123 朱仲華說：上海學聯的「這些宣言，都是瞿宣穎起草，我們一起斟酌字句通過的。」朱仲華，〈我有幸多次得見孫中山先生〉，收入中國人民政治協商會議浙江省委員會文史資料研究委員會編，《浙江文史資料選輯》，第 32 輯（杭州：浙江人民出版社，1986），頁 128。

> 作為活動大本營，其中得力于學聯會所聘的兩位
> 義務法律顧問美國林百克（Lambarger，〔應作：
> Paul Myron Linebarger〕）及佑尼干兩大律師關護
> 之處甚多。[124]

李玉階特別強調英美總領事之默許同意，是因其對公共
租界政治生態有基本認識，深知若非英美總領事暗中庇
護，學聯不可能立足公共租界。朱仲華的回憶不提這一
點，自是因此關鍵情節不合「反帝」論述，索性不提為
妙。惟李玉階不曾想到的是，在上海學聯和租界當局之
間，李登輝等必有居間協商之功。

　　以寰球中國學生會為落腳地，使上海學生可以隨時
集議，籌辦活動，無懼華界軍警干涉。同時，全國學生
聯合會的籌備工作，也以寰球中國學生會為連絡站。新
舊學生會在同一棟樓辦事，象徵兩代人齊心協力。這一
年，寰球中國學生會會長是薩福懋，副會長是李登輝和
唐露園，總幹事是朱少屏。該會精神領袖，為伍廷芳和
唐紹儀，是英美留學生代表，時任廣州軍政府總裁。連
繫新舊兩代的靈魂人物，是李登輝。在此之前，上海報
章提及「學生會」，原本都指「寰球中國學生會」。此
後，「學生會」一詞，改指「上海學生聯合會」，乃至
隨後成立的「全國學生聯合會」。從日本人眼光看來，
寰球中國學生會為親美系統大本營，包庇上海學聯及全

---

124 李玉階，〈上海學生響應五四愛國運動的經過——紀念五四運
　　動五十八週年〉，頁60。李玉階和盛恩頤（盛宣懷四子）交情
　　密切，或可得知內幕消息。李子弋（維生，李玉階子）撰編，《智
　　水源流濟剛柔——智忠夫人李過純華回憶錄》，頁90-105。

國學聯的籌備，成為反日運動指揮部。我們不能不說，1919 年 5-6 月的寰球中國學生會，是上海乃至全國學生運動中心。寰球中國學生會、上海學生聯合會、全國學生聯合會籌備處，三會在同一棟樓辦公，一址掛三個招牌。兩個年輕的學生團體，尤其上海學生聯合會，彷彿從母體分娩而出。

四、上海學聯的人事和組織

「這次學生運動，雖然由北京發起，但是後來活動得最劇烈的，辦理得最完善的，卻要數上海學生聯合會了。」

　　　　　　　　～1919 年，〈岑〔德彰〕序〉，潘公展《學生救國全史》[125]

　　上海學聯的組織架構和人事班底，是上海學生運動的基礎。章程名錄，大致顯示其基本架構。實際運作情形，則需根據學生的描述，始可得知真情實況。本節分四部份展開論述：一，上海學聯的章則與職員，進而分析其組織原則。二，各校分會的組織和人事，與上海學聯如何分工合作。三，復旦學生如何構成上海學聯內在核心，主導上海學聯進行方針。四，上海學聯點將錄，為重要幹部撰寫小傳。

（1）章程、規則、職員錄

　　5 月 11 日，上海學生聯合會成立。這一日，執行

125　〈岑序〉，收入潘公展，《學生救國全史》，頁 12。

部已有雛形，由各校代表組成。15 日下午五時，評議
部也正式成立，由各校分會代表組成，先通過〈上海學
聯章程〉，次選舉職員。[126] 是後，〈中華民國上海學
生聯合會評議部規則〉（本書附錄五）公佈報章，作為
評議部議事準則。[127]

　　由於〈上海學聯章程〉共十一章五十六條，此處唯
擇其要者說明。〈章程〉第二條，揭出學聯宗旨：「研
究學識，改良社會，促進民治，擁護國權。」[128] 其部
門架構，大致如陳曾燾綜述：

> 聯合會有兩個部門，評議部和執行部。前者由上
> 海各中等高等學校，不拘學校學生人數的多寡，
> 各選出一位學生評議員組織。（北京學生聯合會
> 每校選出二位）會長與副會長由學生評議員互相
> 選出；評議部負責聯合會所有事務的決定。執行
> 部的成員選自會員學校學生，執行評議部的政策
> 與決定，下設九部：總務、庶務、交際、調查、
> 出版、財政、教育、實業、營業。聯合會經費來
> 自學生每學期繳交五角，特殊費用可在評議部決
> 議後徵收。[129]

126　〈學生聯合會職員錄〉，《民國日報》，上海，1919 年 5 月 16 日，
　　　版 10。

127　各報多刊出這份文件，例如：〈中華民國上海學生聯合會評議
　　　部規則〉，《民國日報》，上海，1919 年 5 月 18 日，版 10。〈中
　　　華民國上海學生聯合會評議部規則〉、〈中華民國上海學生聯
　　　合會議部規則（續）〉，《時報》，上海，1919 年 5 月 19、
　　　22 日，第 3 張版 6。

128　〈上海學生聯合會章程〉第一章第二條（1919 年 8 月），頁 17。

129　陳勤譯本用詞與原稿略異，本段依章程另譯。參考：Chen Joseph
　　　T., *The May Fourth Movement in Shanghai: The Making of a Social Movement in*

陳曾燾所據〈上海學聯章程〉並非最早版本，而是 8
月的修訂版。[130] 惟架構基本一致，評議和執行兩部並
行。執行部分九部辦事（九部是逐漸形成），成員來自
各校代表。各校學生經常一起議事，執行時也共同合
作，關係親密，甚至締結良緣。[131] 5 月 18 日，〈中華
民國上海學生聯合會評議部規則〉（本書附錄五）、
〈上海學生聯合會交際部辦事細則草案〉（本書附錄
六）在各報刊出，以昭公信。[132]

Modern China, pp. 83-84. 陳曾燾著、陳勤譯，《五四運動在上海》，
　　　頁 122，註 35。

130 上海學聯 1919 年 8 月 20 日全體職員大會，討論修改章程。〈上
　　　海學生聯合會職員大會〉，《申報》，上海，1919 年 8 月 21 日，
　　　版 10。

131 各校學生締結良緣者有好幾對，反映學生代表往來密切。奚玉書，
　　　《金玉全緣》，頁 30-31。

132 〈中華民國上海學生聯合會議部規則〉、〈中華民國上海學生聯
　　　合會交際部辦事細則草案〉，《民國日報》，上海，1919 年 5 月
　　　18 日，版 10。

示意圖五：上海學生聯合會組織架構圖（1919）

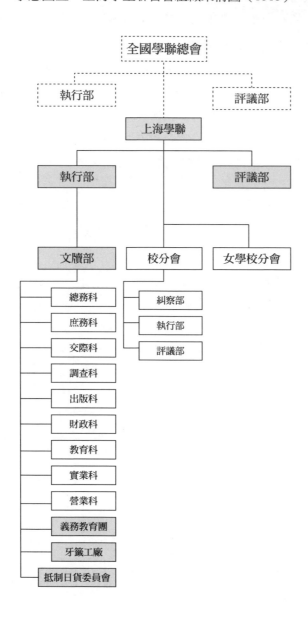

在此據〈上海學聯章程〉，說明執行部之重要職掌及構造原則。首先，會長職權最重最繁，共列十條項目。評議部對會長有監督之權，而會長亦可在諸科（部）連署下有解散評議部之權。其次，「文牘部」位於九科之上，是正副會長以下第一部門。文牘特稱「部」不稱「科」，突顯其樞軸地位。該部設主任一人，文牘員十二人，為執行部決策中心。〈上海學聯章程〉第三章十五條規定：「文牘處主任主撰一切關於本會全體之文字，並負保管、紀錄文件之責。文牘員之職務，由文牘主任派定之。」[133] 執行部之部員職務，僅文牘部有此說明。推斷該部居於中樞地位，為免外界質疑或內部挑戰，故在法律上賦予基礎。其最後一句，使部員（如瞿宣穎）經授權可執行任務。而上海學聯文牘部職能之重，範圍之廣，實合北大幹事會之文書及新聞二股於一。凡涉「全體之文字」，包括對外發佈新聞、電報、宣言、章則，悉由該部撰寫、記錄、刊佈、保管。可概括為：政出一部，事委九科。執行部若欲提案於評議部，其文字當經文牘審定。評議部交執行部實行之事，若有任何疑問，由會長行使覆議權，以否決、修改或拖延，文牘部亦必與聞其事。總之，在執行部之內，在執行與評議兩部之間協調，乃至對外發佈消息，文牘部均佔樞紐地位。

執行部九科中，以總務科、交際科、財政科為最重要。總務，位列九科之首，職掌為「處理本會與分會及

133　〈上海學生聯合會章程〉（1919 年 8 月）第三章第十五條，頁 18。

各分會間之一切事項之不處於範列各科者。」[134] 所管事務不明確，而可推至極廣。當業務繁忙，情勢緊張時，可能成為指揮全體之部門。交際一科，負責「招待來賓，並辦理本會對外一切交涉」。[135] 上海學聯發動罷市乃至罷工，而租界及華界當局加以干涉時，此科首當要衝，須與華洋各界充分協商，所負之責極重。負責人必須有良好英語溝通能力，更須與華洋政商協商合作。財政一科，負金錢出入及保管責任，為一切活動之基礎。學聯原有會計科，但隨著需款日增，財政科隨即成立，以對外募款為重心。學聯運動能量之大小，視財政科募款能力強弱而定。至於調查一科，負抵制日貨之責任，接觸商店、工廠最多。教育一科，則以平民大眾為對象。

上海學聯的最初人事，見諸 5 月 15 日後各報所見之〈職員錄〉。後因各校陸續加入，職員人數益多；又因應實際需要，改組舊部添設新科。唯此〈職員錄〉呈現最初人事及架構，可見復旦學生的領導地位，茲錄如下：[136]

正會長：**何葆仁（復旦）**

副會長：**王遵軾（南洋公學）**

〔後改彭昕（南洋公學）〕

---

134 〈上海學生聯合會章程〉第三章第十六條（1919 年 8 月），頁 19。

135 〈上海學生聯合會章程〉第三章第十八條（1919 年 8 月），頁 19。

136 資料來源：〈學生聯合會大會紀事〉，《時報》，上海，1919 年 5 月 15 日，第 3 張版 5。〈學生聯合會消息〉，《申報》，上海，1919 年 5 月 16 日，版 10。〈學生聯合會消息〉，《申報》，上海，1919 年 5 月 25 日，版 10。〈罷課後之學生進行〉，《申報》，上海，1919 年 5 月 28 日，版 11。〈上海學生罷課之第三日〉，《申報》，上海，1919 年 5 月 29 日，版 11。奚玉書，〈我與潘公展先生〉，收入潘公展先生紀念集編輯委員會編，《潘公展先生紀念集》（臺北：華崗印刷廠，1977），頁 58。

正會計：吳長城（南洋公學）

副會計：**朱承洵（復旦）**

文牘長：岑德彰（聖約翰）

文牘員：**瞿宣穎（復旦）、惲震（南洋公學）**、
　　　　曹德三（震旦）、鐘震（東吳法科）、
　　　　魏時珍（同濟）、黃紹蘭（博文）、
　　　　殷永如（大同）、忻賢壽（滬江）、
　　　　吳靜波（南洋女師）

幹事長：舒志俠（神州女校）

幹事員：陳倫會（同濟）、程孝福（博文）、
　　　　楊逢源（澄衷）、丁國鑑（聖約翰）、
　　　　王華英（愛國女校）、高時俠（青年會）、
　　　　鄔志陶（大同）、費公俠（寰球）、
　　　　阮勤（省立商業）

辦事處常駐幹事：費公俠（寰球）

交際部部長：**桂勗剛（復旦）**

交際部書記：翁國勳（滬北）
　　　　　　〔後改周正煇（寰球）〕

評議部議長：**狄侃（東吳法科，復旦）**

評議部副議長：**程學愉（復旦）**

評議部書記：朱敏章（聖約翰）　裴國雄（寰球）

註：以上名字**粗體者**為復旦學生或校友。

　　姓名下有底線者，為各校教職員或董事。[137]

---

137 〈上海學生聯合會章程〉第七章四十六條：「本會一切職員概
　　由學生任之，其有各校熱心教職員，得由會長聘為特別職員。」
　　這條規定為教職員參加上海學聯設下限制，卻又賦予會長聘任

　　從〈職員錄〉及相關紀事，可知其構造依循若干原則：一，各部門職員之選派，照顧各校之平衡性。惟公私立及教會學校中，以南洋（公立）、復旦（私立）、聖約翰（教會）三校居首。[138] 故此，正會長既由復旦出任，副會長即以待南洋公學。[139] 評議長一席，委諸東吳法科，由復旦副之。二，復旦學生隱持各部要柄，交際部長由復旦學生主持；其他部門副手，亦多為復旦學生。即使僅為部員，也可能握實權，如瞿宣穎任文牘員，卻幾如一部之長。當時可稱「復旦幫」者，既有復旦在籍學生：何葆仁、朱承洵、瞿宣穎、程學愉、桂勗剛，也有原在復旦就讀的他校學生，可視為外圍成員：狄侃、惲震。[140] 三，各校教職員被選為代表者，或任職員，或任評議員，頗佔重要地位。其中，寰球中國學生會職員有三位：費公俠、周正煇、裴國雄，皆位居要

　　權。上海學聯執行部自始即有教職員，乃是事實。〈上海學生聯合會章程〉，頁 21。

138　朱仲華指出：「各教會學校，咸以聖約翰之馬首是瞻。」朱仲華，〈五四運動在上海〉，頁 266。

139　南洋公學發佈職員選舉消息：「又聞聯合會副會長應由南洋公學選出充之。」〈罷課後之學生進行〉，《申報》，上海，1919年 5 月 28 日，版 11。〈上海學生聯合會章程〉修訂版第三章第七條：「本部設正會長一人、副會長二人。」《南洋》，第 7 期（1919.8.26），頁 17。其職務分配的原則，很可能虛位以待三校代表，以復旦居首，南洋公學、聖約翰為副。程天放憶 1919 年 9 月上海學聯改選時，他「當選做會長，南洋的彭精一，聖約翰的岑德彰，當選做副會長。」正是此一原則之落實。參見《程天放早年回憶錄》，頁 37。另外還有一個可能性，即聯章程自始即定正會長一人，副會長二人。惟聖約翰發生退學風潮，原代表身分出現問題。故最早公佈的職員錄，僅有一位副會長。

140　1916 年復旦公學〈第六屆中學畢業生名單〉：惲震、何葆仁、狄侃等十二人，以甲等畢業，朱承洵、劉慎德等二十六人，以乙等畢業。〈復旦公學之畢業式〉，《寰球》，第 1 卷第 2 期，頁 8（六）。

津。教職員出任職員，在〈上海學聯章程〉修訂本予以
認可。而且第十三條規定：會長「可聘任駐會辦事員，
並予以相當報酬。」[141] 8 月下旬聘用之費公俠，即支薪
之駐會辦事員，其出任此職似乎頗早。[142] 費公俠的雙
重身分，對學聯既是保護，也有監督作用。寰球中國學
生會對上海學聯的監察，可通過此一職務發揮效用。
四，執行部及評議部成員，都是男女混合。6 月 5 日，
始由愛國女學發起「中華民國上海學生聯合會女學校學
生分會」，才分別辦事。[143]

　　凡學生組織的特性，是變動性大。其後業務不斷
開展，又添設更多部門。因此，上海學聯的職員人數

---

141 〈上海學生聯合會章程〉，頁 18。

142 外人進入上海學聯辦事處時，由費公俠出面接洽。〈徐國樑報
告上海學生罷課并組成聯合會代電〉（1919 年 5 月 29 日）提到：
「茲據派出各員復稱：查各校學生已組成學生聯合會，坐落公
共租界靜安寺路五十一號。遴往面晤該聯合會幹事費公俠等，
愷〔剴〕勸導，曉以利害。該幹事等頗為感動，允即轉勸各生，
切實照辦。」中國社會科學院近代史研究所、中國第二歷史檔
案館史料編輯部編，《五四愛國運動檔案資料》，頁 215。另如
報載 5 月 18 日留日代表三人至學生聯合會陳述意見，也是費公
俠招待。〈學生聯合會之近聞〉，《民國日報》，上海，1919
年 5 月 19 日，版 10。

143 「中華民國上海學生聯合會女學校學生分會」發起緣由：「學
生聯合會目前混合辦法，窒礙頗多，爰由各代表公議另組女學
生聯合會，赳日成立，以便分頭進行。」最早列名者十五校：
中西女校、務本女校、惠中女學、南洋女師範、女子體操學校、
神州女校、青年會體育學校、晏摩氏女校、清心女校、啟秀女
校、聖瑪利亞女校、禪文女校、民國女子工藝學校、城東女學
校、民立女中學、民生女學。〈女學生另組聯合會〉，《申報》，
上海，1919 年 6 月 7 日，版 10。其他各報之報導，可參考〈女
學生聯合會感想〉，《民國日報》，上海，1919 年 6 月 2 日，
版 11。〈女學界大聯合之先聲〉，《民國日報》，上海，1919
年 6 月 6 日，版 11。〈女學界聯合之先聲〉，《時報》，上海，
1919 年 6 月 6 日，第 3 張版 6。

及部門架構，始終在調整之中。[144] 就代表人選言，除增加代表，添設新部外，也有退出、請假的人。[145] 5月26日總罷課以後，事務繁重，許多事交給臨時幹事辦理。[146] 7月初，學運高潮已過，返鄉者更多，職員變動相當頻繁。[147] 茲略記其重要異動：一，5月27日，副會長改由彭昕（精一，南洋公學）出任，取代因病辭職的王遵軾。[148] 二，6-7月間，執行部更有「義務教育團」及「永久義務學校團」之設，二團後來合併。[149]

---

144 例如同濟代表楊繼曾記其被「分派至文書組〔即文牘處〕工作，負責起草宣言或是與外界的書信往返等事宜」。其描述的工作內容，與章程大致相符。但學聯公佈職員錄，卻未見其姓名，這在當時似是常態。楊繼曾口述、彭碧玉筆錄，〈「燕兒昨晚歿」和「魚行老板」〉，頁37。奚玉書回憶上海學聯秘書，記「同濟大學楊繼曾及會章起草人瞿、惲、岑等為秘書」，或許參考了楊氏口述訪談紀錄。奚玉書，《金玉全緣》，頁15。

145 〈上海學生罷課之第九日〉，《申報》，上海，1919年6月4日，版11。〈上海學生會常會紀事〉，《時報》，上海，1919年8月3日，第3張版5。

146 張傑人，〈「五四夫妻」‧救國不忘戀愛〉，收入聯副記者聯合採訪，《我參加了五四運動》，頁29。

147 暑期外省學生返鄉，多迫於家長要求。上海學聯披露：「暑假已屆，各學校皆已宣告放假，於是外省學生勢不能盡寄居滬上。即校中准許其依舊寄宿，而家庭中皆催迫其子弟歸里。此等學子經濟方面，在此求學時代勢須仰其家庭之供給，則只有服從而離滬歸家，此一端頗為該會進行中最困難之事。」〈上海學生聯合會近訊〉，《申報》，上海，1919年6月26日，版10。

148 〈罷課後之學生進行〉，《申報》，上海，1919年5月28日，版11。王遵軾可能是托病辭職。據說南洋公學學生分會成立時，被舉為會長者「皆辭不就職，最後彭昕被選允任。」〈本校學生會小史〉（1921年6月），原載《南洋公學民國十年紀念冊》，收入交通大學校史編寫組編，《交通大學校史資料選編》，第1卷，頁655。

149 〈上海學生聯合會義務教育團草章〉，《申報》，上海，1919年7月11日，版10。〈上海學生聯合會評議會紀〉，《申報》，上海，1919年7月15日，版10。〈上海學生聯合會消息〉，《申報》，上海，1919年7月19日，版10。〈上海學生聯合會消息〉，《申報》，上海，1919年7月20日，版10。

三，由於評議部為決策部門，「所有一切議案以及各分會之建議，均由全體評議員詳為通過及答復。」故5月17日組織一「審查委員會」，「議長狄侃（東吳法科）指派譚憲瑩（省商）、裴國雄（寰球）、程學愉（復旦）、李果（博文）、潘公展（市北）五人為審查委員。」五人中三位是教職員，分別是：裴國雄（寰球中國學生會日校教員）、李果（博文女校校長）、潘公展（市北公學商科主任）。四，5月26日總罷課後，各校加設糾察部，維持校內紀律。[150] 五，5月下旬，交際部事務增加，加選李宗登、張維貞（楨）襄理。[151] 兩人中，張維貞為勤業女子師範教員。六，5月底-6月初，成立財務委員會，以奚毓麟（華童公學）為主任，委員有：潘公展、金素琴（後改名：振玉，神州藝專）、張藹貞（愛國女學）、吳匡等。[152] 七，5月下旬，文牘部籌備發行《上海學生聯合會日刊》，以程天放、李果為正副總編輯。[153] 7-8月，程天放返鄉，《日刊》改由朱敏章、瞿宣穎、潘公展相繼任總編輯，並把日刊改成週刊。[154] 8月25日，會長何葆仁提議聘「費公俠為《日刊》營業部主任並兼駐會幹事」，「張佩英、張維貞為營業部部員，沈仲華為本埠新聞主任。」[155] 此時學運高

---

150 〈罷課後之學生進行〉，《申報》，上海，1919年5月28日，版11。

151 〈學生聯合會消息〉，《申報》，上海，1919年5月30日，版10。

152 奚玉書，〈我與潘公展先生〉，頁58。

153 〈學生學生罷課之第三日〉，《申報》，上海，1919年5月29日，版10。

154 田吉，〈瞿宣穎年譜〉，頁67-70。

155 〈上海學生聯合會評議會紀〉，《申報》，上海，1919年8月26

潮已過，事務改由專人負責，年輕學生也陸續退場了。

（2）校分會

　　在上海學聯 5 月 11 日成立前後，各校陸續成立「校分會」。其組織依據上海學聯章程，製訂分會簡章，統一稱〈上海學生聯合會□□分會〉。以復旦分會章程為例，校分會宗旨，除了贊同上海學聯宗旨以外，並以「養成學生自治之能力為宗旨」。[156] 上海報章經常刊出各校分會簡章、宣言、職員錄等，可見上海學聯不僅強調各校之聯合，也重視各校建立及強化學生組織，發揮自治能力。誠如岑德彰從政治學的觀點強調：「我們國民的自治能力（Ability of self-government）和組織能力（Ability of organization）這兩種能力，發展起來，纔能夠成功一個真正民治國家。」[157] 校分會之幹部，主要由學生出任。若分會為高等小學，則教職員任之。其組織辦法及基本架構，與市學生會同，即評議及執行分立。執行部之組織，各校或繁或簡。[158] 總罷課後，為維持校內秩序，更設立糾察部。校分會成立之際，一方面選舉職員，一方面推派代表參加上海學聯執行部及評議部，成為溝通「市會」和「校會」的橋樑，疏通上下兩級的媒介。〈上海學聯章程〉規定：「各職員、評議員

日，版 10。

156 〈分會記事〉，《復旦季刊》，第 8 期，頁 177-180。

157 〈岑序〉，收入潘公展編，《學生救國全史》，頁 13。

158 各校分會組織，按事務類別有：義勇、演講、調查、編輯印刷、儲金、庶務、交際、文牘諸項，名目有團、隊、部、會等，未予統一。參考：龔振黃編，《青島潮》，頁 69-71。

不得兼分會正副會長及評議長職」，[159] 但未限制代表
出任校分會其他職務。

　復旦學生汪嘉驥〈五四後本校大事追憶〉，詳記復
旦校分會的組織過程，不妨作為例子：[160]

　　9 日，上午國恥紀念會，成立復旦學生演講團。
　　　　　下午學聯籌備會後，晚上開報告大會，
　　　　　由何葆仁主席，選舉何葆仁為分會會長。

　　10 日，起草校分會章程。

　　11 日，下午學聯成立會，選出何葆仁為會長。
　　　　　晚上開會，通過分會章程四分之一。

　　12 日，通過分會章程。改選正副會長，並選出
　　　　　正副書記和會計。

　　13 日，選舉評議、幹事、交際三部職員。

　　14-16 日，各部自行組織。

　　18 日，擴大演講團，添設演講、調查、印刷
　　　　　三部。

　從復旦情況可知，5 月 9 日會議後，各校分會就開
始籌備。市、校兩會的章程製定及職員選舉，乃同步進
行。又因學聯章程規定「各職員、評議員不得兼分會
正副會長及評議長職」，故 12 日復旦有改選正副會長
之舉。

　當時校分會組織之迅速敏捷，頗令人驚訝。事實
上，各校大致以學校原有團體為基礎，多非無中生有。

---

159 〈中華民國上海學生聯合會章程〉，頁 21。

160 汪嘉驥，〈五四後本校大事追憶〉，159-163。

最常見的分會職員或市會代表，來自各級級長和職員。
各校原有的學生社團，也可能轉身掛上「校分會」招
牌。對外稱為「校分會」，對內保留舊稱。只要多掛一
個招牌，就變成上海學聯某校分會。在此不能不指出，
在一些男女學校中，最活躍的團體是「校青年會」（或
有：學生服務團），難怪上海學聯及校分會的好些活
動，和「校青年會」頗有相似之處。「校青年會」（或：
社會服務團）的原有幹部，轉身成為校分會幹部，乃至
上海學聯幹部。換言之，學生擁有兩重身分，既是原社
團職員，也是上海學聯（暨校分會）幹部。

至上海學聯「市會」及「校會」的職責分工，頗不
易言。何葆仁後來說：「復旦學生分會，以維持校內
治安為己任。」[161] 其實在學生運動擴大，事務繁重之
際，分會經常參與校外活動，包括：調查勸說、遊行請
願、散發傳單等。[162] 復旦作為上海學聯中堅，組織特別
龐大，幾乎「全民皆兵」。《復旦年刊（1920）》介紹：
「自上海學生聯合會成立，本校即有分會之組織，共分
三部：曰執行部，評議部，糾察部。三部鼎立，相輔而
行。執行部之組織，共分十科，正副會長二人，各科正
副主任各二人。」十科為：總務、文牘、教育、財務、
交際、調查、實業、編輯、演講、衛生，與上海學聯大
體一致。其中教育科主辦之義務國民小學及校役夜校，

---

161 何葆仁，〈復旦大學一九二五年年刊〉序，收入復旦大學校史
編寫組編，《復旦大學志》，第 1 卷，頁 137。
162 許有成編撰，《復旦大學大事記（1905-1948）》，頁 14-18。

即把校內原有「社會服務團」納入。[163] 由此可見，校
會多半整合校內社團人事及組織，不全是另起爐灶。

　　由於復旦、南洋、聖約翰三校，為滬上領袖學校，
在此列出檢出三校職員錄，並說明其中主要幹部。汪嘉
驥〈五四後本校事追憶〉及許有成《復旦大學大事記
（1905-1948）》記復旦5月份校會主要職員：

　　會　長：吳　晃　　　副會長：閔憲章
　　正書記：王人麟　　　副書記：余　愉
　　會　計：范肇基
　　幹事部部長：張　喆
　　評議部部長：汪家驥
　　交際部部長：俞大綸
　　演講部部長：華振聲
　　出版部部長：楊祚璋
　　調查部部長：郭成根
　　聯合會代表：何葆仁、朱承洵、瞿宣穎、桂勗剛、
　　　　　　　　程學愉。[164]

余井塘（愉）認為，吳南軒（晃）是上海學潮三位主要
領袖之一，即因吳氏領導同學有功。他對吳南軒帶頭衝
擊法租界一役，印象尤其難忘。[165] 另交際部長俞大綸

163 〈復旦學生分會執行部〉、〈本校演講團出發情形〉、〈復旦
　　分會義務國民學校小史〉，均收入《復旦年刊（1920）》，頁
　　64-66。
164 許有成編撰，《復旦大學大事記（1905-1948）》，頁15。並參考：
　　汪嘉驥，〈五四後本校大事追憶〉，頁160-163。
165 余井塘認為上海學潮主要領袖三位：吳南軒、程天放、何葆仁。
　　余井塘，〈追懷吳南軒先生〉，頁203-204。朱仲華則說：「何
　　葆仁、許紹棣、余井塘、程天放等人，當時都是復旦乃至於全

角色也很吃重，代表上海學聯與英美要人溝通，有助促成雙方理解。

其次南洋公學分會，組織也很堅強。南洋作為上海公立學校領袖，學生在學潮中之活躍度，僅次於復旦。[166] 其紀律之強，更是各校楷模。[167]其義勇隊以兵式操練著稱，尤為他校豔羨。抵制日貨之舉，亦甚堅決。暑假期間，獲校長唐文治同意，成為復旦以外聚集之所。[168] 5 月 28 日《申報》刊出〈職員錄〉：

會　　長：彭　昕　副會長：盛　椿

中文書記：惲　震　西文書記：王元漢

會　　計：吳長城

評　議　長：徐恩曾（評議員每班一人）

幹事部長：莊曾鼎（幹事員每班一人）

糾　察　長：方定墀、黃韻三（糾察員每班二人）

義勇隊教練官：魏旭東

宣講團長：邵禹襄、支秉淵

調查部長：蕭　箎、朱　駟

編輯印刷部長：俞汝鑫

市學生運動的主要人物。」朱仲華，〈五四憶舊〉，頁 161。

166　五四時期南洋公學學生分會的活動，詳參：〈本校學生會小史〉，頁 655-657。

167　唐文治校長一向重視兵操，學生彭昕復有軍旅經驗，故在這方面最顯特色。罷課後，各校成立糾察部，似由南洋發端。〈罷課後之學生進行〉，《申報》，上海，1919 年 5 月 28 日，版 11。

168　1919 年 8 月 8 日上海學聯開全體職員大會，早上在復旦大學，下午在南洋公學。〈上海學生聯合會消息〉，《申報》，上海，1919 年 8 月 10 日，版 10。

　　聯合會代表：彭　昕、吳長城、惲　震、邵禹襄、
　　　　　　盛　椿。[169]

惟〈職員錄〉公佈前一天，彭昕接任上海學聯副會長，
代替王遵栻；分會會長之職，遂由支秉淵接任。[170] 就
組織看，評議、幹事、糾察三部，由每班一二人充任，
似以班級代表組成分會幹部。其選出之「聯合會代
表」，均在學聯擔任要職。邵禹襄，後來成為參加全國
學聯的五位上海代表之一。

　　南洋公學罷課之後，還發行《南洋日刊》，專司言
論鼓吹。調查部調查市面日貨，也編印出書。7 月 15
日，《南洋日刊》改為《南洋週刊》，作為「南洋公
學校學生分會……之機關，以改良社會，增進民德為
宗旨」，[171] 年終始停刊。創刊號題簽者，為校友蔣夢
麟。[172] 祝辭有三，來自上海學生聯合會、聖約翰分會
暨聖約翰學生報社、校友趙尊嶽（叔雍，江蘇武進人，
趙鳳昌獨子）。前二篇祝辭，皆尋常語。[173] 而趙尊嶽
之祝辭，則頗精美，茲全錄之：

169　〈罷課後之學生進行〉，《申報》，上海，1919 年 5 月 28 日，
　　　版 11。這份職員錄名單後來頗有更動。5-9 月間，南洋公學分會
　　　職員及相關活動，參見王宗光主編，《上海交通大學史》，第 2
　　　卷，頁 218-220、251-255。

170　〈本校學生會小史〉，頁 656。

171　〈編輯部徵文啟事〉，《南洋週刊》，第 1 期（1919.7.15），封底。

172　蔣夢麟為《南洋週刊》題簽，又應邀到南洋演講。參考：〈封面
　　　題簽〉、〈蔣夢麟先生在本校演說辭〉，《南洋週刊》，第 1 期，
　　　頁 12-13。

173　上海學生聯合會祝辭：「天地改色，人文日新。振我木鐸，渡
　　　彼迷津。」聖約翰分會暨聖約翰學生報社祝辭：「民治福星」，
　　　《南洋週刊》，第 1 期，卷底，無頁數。

夫縱橫闔閭之道興，而國家多故。飛潛攻陣之功收，而天下凌夷。國家多故，天下凌夷，斯非一二深居安拱廟堂，籌謨之士所可策其效矣。矧茲社會日進，文化以圖騰而部落，以部落而國家，榛棘既刪，學術遂進。希拉詭辨之士，尤援意立法，鋤私昌公。推平治之權輿，泯四民之階級，由來尚也。輓近兵凶，有史創見。強者挺戈鐍之利，智者臘城社之謀。伏尸千萬，西顧慘恤。而五那承累世之敝，闔方新之政，宜可以生聚自強矣。顧國民襲平治之虛名，當軸緒晚清之餘孽。鼎革以旋，權奸當道如故也，猖賊競進如故也。夫被能亡一清室於三百春秋之久者，更安能奠一民國于磐石萬襪之安乎？民國之責，責于國民，昭然成理，則有今歲學生集義之舉。夫學生將以把教育受實學，俾為起衰開創之賫者也。學初未蕆，國將先墜。爭危砥砥，寧可後時。卒之臨風一呼，舉國援響，曩之辱國自肥者，襮被去位。遠寄使命者，折衝樽俎。凡此國民可沐之恩澤，均一一自學生圖成之矣。申而衍之，可以革故鼎新，摧枯拉朽，中興民國也。南洋公學，位置海上者，二十一載，夙負重名。肄業之士，尤當世才俊。茲乘集會之餘，編輯此報，欲以國計民生之大，收集思廣益之賫，并推平治之學。至於編戶市井，為教育之把助，籌深利溥，寔導賴之。事聞于余，余不敢以無言，即綜學生救國之義，用當祝弁。願與南洋諸君子切磋

之。趙尊嶽敬祝。[174]

五四時期之文字，當以此篇為佳構。《南洋週刊》刊出趙氏祝辭，必其對分會予以贊助。趙尊嶽曾在南洋就學，卻未畢業。時年二十一，似在報館任職。[175] 其祝辭稱「民國之責，責于國民」，乃是全篇警句。推崇「學生集義之舉」，使辱國者去位，讓奉使者盡力。至讚美學生以「國計民生」為念，廣施教育於「編戶市井」，指義務教育學校之設置。祝辭不必代表東南名流意見，卻能反映年輕一代見解。

教會大學方面，向以聖約翰為龍頭，學生也不甘人後。〈聖約翰分會章程〉說明，聖約翰校分會乃合大學及中學二部為一。[176] 5 月 28 日《申報》刊出職員錄，備極詳細。茲錄重要職務：

---

174 《南洋週刊》兩次刊出趙尊嶽祝辭。具見：〈祝辭三〉，《南洋週刊》，第 1-2 期，封底／頁 2。《趙尊嶽集》收錄此文，誤作 1919 年 1 月撰。趙尊嶽著，陳水雲、黎曉蓮整理，《趙尊嶽集》，第 4 冊，頁 1613。

175 鄭孝胥日記 1914 年 11 月 2 日：「過趙竹君，其子志學被南洋公學斥退，以忤教習故；所為文頗有才氣。」志學，即趙尊嶽學名。中國歷史博物館編、勞祖德整理，《鄭孝胥日記》，第 3 冊，頁 1537。其父趙鳳昌和孟森來往密切，而孟氏時主持《時事新報》。趙鳳昌亦是《申報》股東，與史量才時相過從。趙尊嶽自述 1916 年方離學校，與史量才相識於「戲球之場」，朋輩十餘人，聽史氏「談政治，議論如泉湧。」《趙尊嶽集》編者記：趙尊嶽南洋公學肄業，歷任上海《時事新報》記者、《申報》館經理秘書，其說當有所據。至於陳巨來說「趙〔鳳昌〕以《申報》大股東，故叔雍得為該報總秘書名義，能指揮一切者（一說，只得監察員名義云）」，應是後來之事。參考：《趙尊嶽集》之〈前言〉；趙尊嶽，〈紀念故總經理史先生〉；陳巨來，〈記趙叔雍〉；均收入趙尊嶽著，陳水雲、黎曉蓮整理，《趙尊嶽集》，第 1 冊，頁 1-3；第 2 冊，頁 844；第 4 冊，頁 1673。

176 〈罷課後之學生進行〉，《申報》，上海，1919 年 5 月 28 日，版 11。

執行部

會　　長：朱敏章　　副會長：劉祖輝

文牘長：丁國鑑（文牘員八人）

正會計：袁慶祥　　副會計：包俊文、曾憲武

幹事長：楊宗慶

　　　（常務幹事九人，普通幹事十二人）

評議部

評議長：岑德彰　　副評議長：秦　瓚

總會代表：岑德彰、丁國鑑、朱敏章、袁慶祥[177]

聖約翰推選參加學聯之四位代表，以岑德彰最突出。校長卜舫濟在私函中，稱他「能力很強」。[178]卜舫濟頗同情學生愛國運動，卻擔心一校會聽命於市會，無形中將侵奪校方管理權，後果被其不幸而言中。

可是，上海學聯的一些分會，不存在學生自治團體，由教職員一手主導。因此，參加上海學聯之代表，也並不是學生。法租界貝勒路的民生女學，便以校董任矜蘋（浙江紹興人）為代表。5 月 14 日《申報》之〈民生女學學生會成立〉，完全是教職員主導的結果：

民生女學自與各校代表聯合組織上海學生聯合會後，特於昨日散課後，依聯合會規定組織分會，

177　聖約翰分會職員錄特別詳盡，刊出各部部員姓名。〈罷課後之學生進行〉，《申報》，上海，1919 年 5 月 28 日，版 11。吳玉書說上海學聯「交際部選出聖約翰大學董克仁為部長」，誤。吳玉書，《金玉全緣》，頁 15。董克仁是民立中學代表。〈學生聯合會職員錄〉，《民國日報》，上海，1919 年 5 月 16 日，版 10。

178　〈卜舫濟覆克萊沫函〉（1920.1.30），收入〈卜舫濟往來函電選（1919-1920）〉，《檔案與史學》，1999 年第 2 期，頁 13。岑德彰畢業後赴美留學哥倫比亞，歸來被聘為聖約翰教授。

> 先由教員錢吉人報告上海學生聯合會之經過，並
> 組織分會之必要，繼由總幹事任矜蘋演說，略述
> 高麗青年獨立團團長在本埠某處演說之語，頗為
> 沉痛。演說畢，遂推舉職員。[179]

民生女校推出的代表，是校董任矜蘋，隨即成為上海學
聯評議員。由此一例，推想各校舉教職員為代表者，人
概都是學生自主性較弱，或學生年齡幼小的學校；其校
分會之運作，勢必由教職員主導。

（3）核心圈

　　上海各報及學校刊物登載的消息，說明了學聯組織
及人事結構，可是學生會運作實情，卻難得其詳。學聯
對外發佈的新聞，為了保護學生，更常隱去姓名，也不
記重要事實。因此，內幕消息只能靠私人記述，才偶爾
留下一鱗半爪。但各人限於自身位置，或囿於黨見及時
代限制，所述所憶難期全面，甚至也有故意變亂事實之
跡。所以，必須參照不同學生的敘述，始能勾勒出真正
核心人物，辨別其中的虛實真偽。

　　一般觀察上海學聯的要角，多從職務上考慮。例如
復旦附中的張廷灝，認為「第一屆上海學生聯合會裡，
復旦學生擔任重要職務的除何葆仁以外，還有狄侃、黃
華表、程天放等。」[180] 朱仲華卻以為，「以復旦為主
體的上海學聯」要角有三：何葆仁、瞿宣穎、他本人。

179　〈民生女學學生會成立〉，《申報》，上海，1919 年 5 月 14 日，
　　　版 10。
180　張廷灝，〈私立復旦大學見聞回憶〉，頁 111。

朱仲華〈五四運動在上海〉記上海學聯成立大會，僅舉
三人之名：

> 我校何葆仁當選為會長，瞿宣穎為文牘，朱承洵
> 為會計。何葆仁是華僑，原籍福建，對上海情形，
> 不甚熟悉，尤其對於工商界相識較少，因此朱承
> 洵以總會計兼任總幹事，率領宣講隊到租界各馬
> 路宣講，商界才有救國十人團之組織。[181]

朱仲華在多篇文章中提到自己的作用，又以何、
瞿、朱為學聯三要角，值得一探虛實。[182] 據上海學聯
〈職員錄〉，朱仲華正式職務是「副會計」，正會計和
幹事長均另有其人。他屢稱自己為「總會計兼任總幹
事」，[183] 指的是個人感受或實際作用。惲震的回憶提
到，朱仲華和何葆仁是復旦同屆學生，在中學分列 A、
B 班班長，[184] 兩人關係親密，確是事實。這年秋天，何
葆仁和朱仲華又分任復旦分會正副會長，確是「最佳搭
擋」。故此，朱仲華通過何葆仁的關係，在學聯承擔重
任，大致不背事實。

　　李玉階是育才公學學生，在學聯中為交際員。[185]
就職務而言，遠非中心人物。1919 年 9 月上海學聯改

181　朱仲華，〈五四運動在上海〉，頁 267。
182　朱仲華、陳于德，〈復旦大學校史片斷〉，頁 99。
183　朱仲華諸文均稱自己為「總會計兼總幹事」，例如：朱仲華口述，〈孫中山支持五四運動〉，頁 263。朱仲華，〈邵力子家世與前期經歷〉，頁 298。朱仲華，〈我有幸多次得見孫中山先生〉，頁 127。朱仲華，〈五四憶舊〉，頁 160。
184　〈電力電工專家惲震自述（一）〉，頁 190。
185　〈上海學生會消息〉，《時事新報》，上海，1919 年 8 月 13 日，第 3 張版 1。

選後，他出任總務科主任，熱心推動抵制日貨運動，也被選為第一屆全國學聯總會職員，乃真正進入核心圈。[186] 他晚年指出：

> 上海學生聯合會成立大會……，當場選出復旦大學代表何葆仁為會長，南洋大學（即交通大學的前身）代表彭昕（精一）為副會長，復旦大學代表狄侃為評議部部長，瞿宣穎為秘書室主任，我為總務部部長，潘公展為宣傳部部長。[187]

李玉階執筆時手頭沒有舊日文獻，提及眾人職銜頗有錯誤，把 5-9 月的職務合併為一。最有趣的地方，是他把瞿宣穎誤憶為「秘書室主任」，潘公展是「宣傳部部長」，雖不正確，卻反映瞿、潘給他的印象。在其他學生如奚玉書的回憶中，瞿宣穎和潘公展也是要角。由此可見，誤憶也有一定事實為基礎，反映瞿、潘等在學生群體中的形象。

惟若查閱 1919 年 5 月間上海報章的報導，何葆仁、朱仲華（時稱：朱承洵），狄侃、潘公展皆不時見報，而瞿宣穎情況較為特殊。從 5 月 8 日下午開始，他消聲匿跡於報導外，5 月下旬卻再度活躍。查 5 月 21 日南北和議破裂，表兄朱啟鈐辭職北返。此後瞿宣穎見報率增加，與此似不無關係。惟 1949 年後復旦校史，則完全不見提起其作用，僅許有成《復旦大學大事記

186　〈學生總會第一屆執行部全體職員攝影〉，《申報》，上海，1919 年 12 月 21 日，版 10。

187　李玉階，〈上海學生響應五四愛國運動的經過——紀念五四運動五十八週年〉，頁 59-60。

（1905-1948）》例外，而該書不在校史之列。[188] 近年
田吉博士論文〈瞿宣穎年譜〉重提瞿宣穎的角色，揭
出瞿宣穎參與學潮之跡，深嘆其人何竟被校史遺忘。[189]
在上海學生筆下，瞿宣穎是當年學界明星，朱仲華、
李玉階都說他負文牘之任，反忘了岑德彰的作用。惲
震 1919 年秋天記「曩者與何〔、〕瞿諸同學奔走市
廛間」，[190] 也把他與何葆仁並列。按其角色，類似北
大的羅家倫。[191] 惟羅用白話，瞿擅文言，兩者有別而
已。羅、瞿在京滬學聯中，亦均參與密議。傅斯年戲稱
北大學生領袖之密謀為「樞密會議」，[192] 則上海學生
領袖之密議可譬諸「軍機處」。當日學子回憶中，往往

188　許有成編撰《復旦大學大事記（1905-1948）》作為復旦九十年
　　校慶賀禮，由臺北市復旦校友會印行。該書〈後記〉感慨「物
　　換星移，滄海桑田。」自述原稿作於校慶八十年，當時參與《復
　　旦大學志》寫作，利用工作餘暇，費三年之力，「編成復旦大
　　學大事記初稿一厚冊」，擬修改後作為《復旦大學志》附錄。
　　未料呈上後「杳無回音，連原稿的下落亦不明，數年心血，付
　　之東流，銘心之痛，痛以言喻。」1993 年，「重起爐灶」，歷
　　經兩年，編成大事記。惜全書為節省篇幅，未註明資料來源。
　　但自言：「所有事實，力求做到事事有出處，件件有來歷」。
　　許有成編撰，《復旦大學大事記（1905-1948）》，頁 81-82。

189　田吉，〈瞿宣穎年譜〉，頁 64-72。田吉，〈瞿宣穎與復旦：曾
　　和于右任並列的人物，為何被校史遺忘〉，澎湃新聞：http://
　　www.thepaper.cn/baidu.jsp?contid=1434131（2020.9.15）。

190　〈惲〔震〕序〉，頁 6。

191　田吉指出，5 月 9 日〈學生聯合會宣言〉（即上海學聯成立宣
　　言）、5 月 15 日〈學生聯合會第二次宣言書〉，均出瞿宣穎手
　　筆。茲按 5 月 26 日〈全體罷課宣言〉，似亦出其手。田吉，〈瞿
　　宣穎年譜〉，頁 65-66。三份宣言，均收入上海社會科學院歷史
　　研究所編，《五四運動在上海史料選輯》，頁 599-603。

192　〈傅斯年、羅家倫致同學書〉，《時事新報》，上海，1919
　　年 7 月 3-4 日，第 3 張第 3 版 4。〈傅斯年、羅家倫致段錫朋、許
　　德珩、陳劍修、黃日葵〉（1919.6.27），收入王汎森等主編，
　　《傅斯年遺札》，第 1 卷（臺北：中央研究院歷史語言研究所，
　　2011），頁 5-13。

稱宣穎為「瞿鴻禨之子」，尊重之意溢於言表。[193]

今知瞿宣穎任職之文牘部，掌握上海學聯全部文字，則當日滬報對其行跡記載不詳，必為其自行隱去。惟從各種史料旁敲側擊，仍可知其涉入學潮之深。北京學生代表許德珩 1958 年〈回憶《國民雜誌》社〉，綜述 1918-1919 年學潮中瞿宣穎的表現：

> 瞿兄之（宣穎）是清宰相瞿鴻禨的兒子，是個公子哥兒，上海聖約翰大學〔按：誤〕的學生，很闊氣，當時他同情我們，他在上海有房子，學生運動時給我們不少方便。[194]

1986 年許德珩〈我的回憶——從北京大學到武漢軍事政治學校〉卻另有一種說法：

> 這裡有必要提一下上海代表瞿宣穎（兄之），他是清朝軍機大臣瞿鴻禨的幼子，……他參加全國學聯時對我說，在代表中不要列上他的名字。當時不解其意，全國學聯成立後，他就跑到北京當上了徐世昌大總統的秘書長，原來他早就與徐有勾結。[195]

奚玉書的五四回憶，記全國學聯有兩位秘書：瞿宣穎和康白情，可與許德珩之說參證。[196] 但許德珩對瞿

---

193 許德珩，〈回憶《國民雜誌》社〉，頁 40。朱仲華，〈孫中山支持五四運動〉，頁 263。

194 許德珩，〈回憶《國民雜誌》社〉，收入張允侯等編，《五四時期的社團》，第 2 冊，頁 40。

195 許德珩，〈我的回憶——從北京大學到武漢軍事政治學校〉，《紅旗飄飄》（北京：中國青年出版社，1986），頁 99。

196 奚玉書，《金玉全緣》，頁 21。

宣穎不願列名之揣測，乃是局外之詞，更有構陷之嫌。
瞿宣穎北上在 1919 年底至 1920 年夏，卻未「當上」徐
世昌的秘書長。[197] 瞿宣穎為友人徐一士賦詩：「厚誣
自昔嘆苻生，筆錄東軒每任情。賴爾然犀被幽隱，謗書
休更不平鳴。」[198] 似有感而發。

　　許德珩提及瞿宣穎不願列名的表現，倒是給研究者
一個提示：五四弄潮兒中家世顯赫者，可能選擇隱姓埋
名，以免累及親友，或是影響前途。瞿宣穎叔兄宣治
（希馬）的表現，便有幾份相似。瞿宣治在清末民初曾
任北京官職，辭官居滬後，就讀震旦大學院，精通法
語。他曾任青年會練習幹事，也是寰球中國學生會會
員，頗參與社會活動及服務事業。[199] 1918 年留日學生
歸國潮中，是為湘籍學生代籌墊款的三位湘紳之一。[200]
五四風潮起，瞿宣治被選為震旦出校學生分會副會長，
兼該校學生雜誌（中法兩部）總編輯。[201] 其參與學潮
之具體表現，間接見於 6 月 3 日報紀：震旦出校學生

197　據田吉考證，瞿宣穎任北洋政府國務院秘書在 1920 年夏。田吉，
　　〈瞿宣穎年譜〉，頁 75-83。但瞿宣穎〈叔兄希馬公事略〉記：
　　瞿宣治因「家累日艱，不得不出而求祿，遂偕宣穎應薦入都，先以
　　外交部調充部員」，事在「民國八年〔1919〕」。《長沙瞿氏家乘》
　　卷五（長沙：鉛印本，1934），頁 41 上。推薦瞿氏兄弟入京者，
　　可能是朱啟鈐。

198　此詩寫於「甲申秋日」，即 1944 年。瞿宣穎，〈瞿序〉，收入徐
　　一士著、孫安邦點校，《一士類稿》，頁 22。

199　《寰球中國學生會題名錄（1919）》，頁 55。

200　1918 年 5 月，矗雲台邀袁思亮（伯夔）及瞿宣治（希馬），共
　　同籌款設學安置湘籍學生。〈湘紳招待留日學生〉，《民國日
　　報》，上海，1918 年 5 月 30 日，版 10。

201　〈震旦出校學生分會消息〉，《申報》，上海，1919 年 8 月 5 日，
　　版 10。瞿宣治對學潮態度，參見〈震旦出校學生歡送會紀事〉，
　　《申報》，上海，1919 年 8 月 15 日，版 10。

一百六十五人，「昨晚職員會議決此後進行辦法：（1）
積極進行十人團之義務印布傳單，並派同學分途演說。
（2）向學生聯合總會提議於盡力該分會會務外，另派
同學數人襄辦總會事務。」[202] 瞿宣穎〈叔兄希馬公事
略〉記：宣治在滬時「盡心於公眾事業，歐美有聲之
士咸與往還」。[203] 則其在學潮中可能負對外溝通之責
任。惟因宣治未斷絕出仕之念，自不願過分張揚。

至於瞿宣穎同級之俞大綸，則在上海學聯發動罷
市，工部局對學生開始不滿後，所負之責任尤為繁重。
他英語流利，又是聶雲台姪子，對外應對之效果，自較
旁人為佳。今從報上得見其活動一鱗半爪，是學生透
露給報館的「漏網之魚」。茲錄6月8日《民國日報》
報導：

> 前夜〔6月6日〕……俞君大綸被捕房拘去，後
> 兩小時俞君亦被釋出，歸校時全體開會歡迎，俞
> 君報告兩小時之經驗，頗有足紀者。略謂：英捕
> 捕予時，予欣然隨往。抵捕房後，捕頭詢予，汝
> 有何權擅犯工部局章程為此不法事？俞操英語答
> 云：此為予之天職，即天畀予以權。汝等捕散傳
> 單者，此為汝等之天職。予等散傳單〔，〕為予
> 等之天職。有時兩相衝突，惟有予等犧牲而已，
> 請按工部局章程辦理是幸。並云：汝等享得自由，
> 不知流幾許血；予等現正求享自由流血之時也，

202 〈上海學生罷課之第八日〉，《申報》，上海，1919年6月3日，
　　版10。
203 《長沙瞿氏家乘》，卷五，頁41上。

> 有所犧牲，是所應得。且予等在租界內已獲種種
> 自由，既感謝不盡。英捕聞之大為感動，並未檢
> 查衣服，逾時釋出云。[204]

俞大綸在罷市高潮中帶隊到公共租界散發傳單，以能
操英語而善演說感動英捕，當夜被釋放歸校。俞汝捷
記 1960 年代嘗問瞿宣穎何以五四被選為學生代表，據
說淡淡答曰「主要是考慮到我能用英文直接同外國人對
話」。[205] 至於俞大綸對英捕頭所說：「予等現正求享
自由流血之時」，令人想起 1918 年國慶日安諾德、聶
雲台對復旦諸生的勉勵。

又 6 月 21 日《民國日報》之〈學生聯合會消息〉，
報導上海學聯設宴感謝英美人士，也透露了不少消息。
下面引文〔〕內文字，為我之補注訂正：

> 前日（十八日）下午七時，本會〔按：指上海學生
> 聯合會〕在大東旅館宴請中外名人三十餘人。外
> 人方面有美國副領事六歐〔A. G. Loehr〕，英國商
> 會會長〔誤，應是委員〕葛爾〔H. H. Girardet〕，
> 美國商會〔誤：應為美國協會〕會長禮明〔W. S.
> Fleming〕，美國陸軍大佐白賽〔Arthur Bassett，
> 英美煙草公司代表〕，中華續行委辦陸靈生〔Frank
> Joseph Rawlinson，另譯：樂靈生〕，青年會幹事費
> 吳生〔George A. Fitch〕，《紐約晚報》記者學爾慈，

---

204 〈罷課中各學校之進行〉，《民國日報》，上海，1919 年 6 月 8 日，
　　版 11。

205 俞汝捷，〈花朝長憶蛻園師〉，網址：www.aisixiang.com/data/12696-
　　2.html（2020.12.21）。

《大陸報》記者萊夫，《英文滬報》記者索克思〔G. E. Sokolsky〕等。華人方面有復旦大學校長李登輝、商業公團主任湯節之、前倫敦領事曹雲祥、寰球學生會幹事朱少屏、南洋公學教員俞希稷等，由本會交際部長俞大綸主席。席間俞〔大綸〕君用英語演說，說明此次學生運動之真意，並聲謝英美人贊助之熱心。來賓均有答詞，尤以索克思君說明中外必須攜手之理為最警策。陸靈生君則注意於今後社會之改良謂為學生應負責之事。賓主酬酢，極為歡洽。本會並印有《學生運動之真相》多本，當場請外賓分寄歐美，廣為傳布。[206]

這天與宴的英美人士，都是同情學生運動者。《英文滬報》記者索克思「中外攜手」之說，中華續行委辦會樂靈生「改良社會」之語，透露了中美合作的微妙互動。[207] 報紙稱俞大綸為上海學聯「交際部長」，似誤，卻有兩種可能：一，罷市緊張期間，俞大綸被委以重任，實質上擔任了上海學聯交際部長。[208] 二，上海學聯委託復旦分會負責此會，故俞大綸主持。當天遍贈外賓之《學生運動之真相》，則是瞿宣穎執筆的英文小

206　《民國日報》紀英美人姓名多誤，反映記者對外國僑民的隔膜。〈學生聯合會消息〉，《民國日報》，上海，1919 年 6 月 21 日，版 10。

207　樂靈生是《教務雜誌》主編，對學生運動頗為同情。可參考顧衛民，《基督教與近代中國社會》，頁 421-423。

208　上海風潮緊張時，俞大綸責任很重，凡外交棘手問題，似主要由其承擔任務。例如報載 7 月 25 日上海學聯評議部會議：「會長交工部局報，指學生會為過激派機關案，主席付討論。俞大綸提議：請該報更正。主席付表決，通過。」〈上海學生會評議會紀〉，《申報》，上海，1919 年 7 月 26 日，版 10。

冊，內容詳述學生「無仇外人之意」。[209] 按理來說，作者本人應當在場。以聶雲台與俞、瞿之關係，及與在座外人之友誼，亦理應出席，也未見報導。此種不合理之處，說明報章所記多隱諱。新聞紙不記之人，反可能是靈魂人物。

這些例子都告訴我們，上海名流及學生的正式或非正式活動，頗有新聞紙所不錄者。其中，居於關鍵地位之人，屬特別重要之事，恰可能不見紀錄。這是歷史文獻常有的侷限，卻又經常為研究者忘卻，特鄭重揭出於此，盼讀者注意。聶、瞿、俞家族在五四風潮中的角色，既已勾勒發覆於上。至於其他行事風格類似者，必不在少。可惜史料有闕，未能一一還原真相。

（4）點將錄

本節擬就公私文獻所見，為學聯健將撰一小傳。唯所述之重點，在各人早年生活，及其於五四學潮的角色。他們登上歷史舞台，都是二十幾歲青年。是後名聲顯晦有別，所謂「幾人變鬼幾人聖」。瞿宣穎中年感嘆：「自來成功者之記載，必流於文飾，而失敗者之記載，又每至淹沒無傳。」[210] 本節不以成敗論英雄，僅

---

209 上海罷市期間，風傳學生起排外運動，英方將調兵干預。6月11日上海學聯評議部決議：「速咨照文牘部草一西文宣言書，詳述本會經過情形，分送友邦，以去誤會。」6月16日，各報刊載〈瞿宣穎致誠報書（譯文）〉，內容論「學生運動之真相」，即此「英文宣言書」中譯本。〈上海學生聯合會消息〉，《申報》，上海，1919年6月12日，版11。〈瞿宣穎致誠報書（譯文）〉，《時報》，上海，1919年6月16日，第3張版6。

210 瞿兌之，〈瞿序〉，收入徐一士著、孫安邦點校，《一士類稿》，

為五四弄潮兒提供早年簡傳。

　　何葆仁（子元），男，1895 年生，原籍福建廈門，生於荷屬爪哇，移居新加坡。其家在新加坡開小型航運公司，少時在道南學堂就讀。1907 年，兩江總督端方奏辦南京暨南學堂，招收南洋華僑子弟就學。1908 年，在新加坡中華商會推動下，何葆仁成為新加坡第一期學生入學。[211] 辛亥兵起，暨南關閉。1913 年，入復旦公學。復旦中學畢業，升國文系。歷任《復旦雜誌》中文編輯（1919）、《復旦年刊》營業幹事（1919）、公民研究會會長（1918）、進德會會長（1918）、華僑學生會會長（1919）、戊午閱書社主任（1919），又作為 1920 年級級長。五四學潮起，被推舉為上海學聯會長。6 月，成為全國學聯副會長。8 月，因病辭職。罷課爭議中，他以和藹個性及沉穩風格主持會議，受各校代表敬重。罷市時，被舉為上海全市商學工界聯合大會主席，成為知名度最高的學生領袖。同濟學生沈怡評論：「從我所得的印象來說，第一任學生聯合會會長何葆仁為人熱心，有能力，在他擔任會長期內，學生聯合會很受社會信任，并得各校同學愛戴⋯⋯。」[212] 9 月，被選為復旦分會會長、評議長。1920 年夏，赴美留學。[213]

　　頁 7。

211　林邦彥、何葆仁，〈清末暨南回憶（一）〉；陳育崧，〈來遠培材，聲教南暨〉；均收入《學府紀聞：國立暨南大學》（臺北：南京出版有限公司，1986），頁 183-188、211-219。

212　沈怡，《沈怡自述》，頁 52。

213　本段主要參考：〈何葆仁〉、〈復旦華僑學生會略史〉，《復

　　彭昕（精一），男，1895 年生，廣東梅縣人。曾在復旦公學求學半年，轉南洋公學中學部二年級，升讀電機系，與惲震同班。[214] 學潮起，為大二級生，[215] 他被推為南洋公學分會會長。5 月下旬，被舉為上海學聯副會長，成為執行部第二號人物，[216] 又任義務教育團委員。9 月改選，被舉為校分會會長；嗣又當選上海學聯副會長，遂辭分會長職，由支秉淵繼任。[217] 同班至好惲震描繪：「精一，吾黨之領袖人材，亦為吾校之中堅人物。初來校。即以文字有聲，既而復以幹材稱於眾。精一體故頎長健碩，豐采甚都。幼好軍事，習數年，未以為善也，乃捨而來滬習工。在中學時，課業既擅一級之勝，復以嫻兵式操被任為總隊長。八年〔1919〕學潮起，精一即為首先發起學生聯合會之一人；自八年至十年，歷任聯合會副會長二屆，理事一屆，皆能始終維持，不辭勞苦，金錢收支，纖芥不漏。其所持主張，平易切實，不為感情所驅使，故能久而不變初志，初疑其畏葸者終服其老當。」[218]

旦年刊（1920）》，頁 34。

214 彭昕，〈自述生平〉，收入廣東梅縣東山中學叢史編委會主編，《彭精一先生紀念集》（梅州：廣東梅縣東山中學叢書綿輯委員會，2000），頁 144-145。

215 〈電力電工專家惲震自述（一）〉，頁 190。

216 南洋分會職員及活動情形，參見《交通大學校史》編寫組，《交通大學史》（上海：上海教育出版社，1986），頁 111、116-118。王宗光主編，《上海交通大學史》，第 2 卷，頁 218-220。

217 〈分會紀事〉，《南洋週刊》，第 8 期（1919:11.10），頁 8。

218 〈交大首個學生會：南洋公學學生分會〉：上海交通大學校史網：https://sjtuhistory.sjtu.edu.cn/info/1011/1481.htm (2020.9.30)。 本網址的資料來源，雖出自王宗光主編《上海交通大學史》第 2 卷，但文字略有不同，插圖亦為書冊所無。

　　瞿宣穎（兌之），[219] 男，1894年生，湖南善化人，
前清軍機大臣兼外務部尚書瞿鴻磯子。辛亥前，娶聶雲
台妹其璞。瞿、聶兩家為湖南望族，從此關係益深。[220]
辛亥後，侍父移居上海，入聖約翰中學、大學國文系。
曾任聖約翰大學華文辯論社首任會長（1916年）、《約
翰聲》編輯。1918年春，轉復旦中文系，歷任《復旦
雜誌》中文編輯主任（1918）、《復旦年刊》中文編輯
主任（1919）、進德會會長（1919）、社會服務團副團
長（1919）、戊午閱書社書記（1919）、英語演說辯論
會會長（1918）、湖南同學會會長（1919），國語辯論
得獎人（1918），是復旦大學首屆七位畢業生之一。他
在校內極為活躍，為各級同學所佩服。在校外，是中華
職業教育社首屆社員（1917），受黃炎培賞識。[221] 又
曾參加學生救國會之《國民雜誌》社，為上海經理人
（1918）。1919年學潮起，是上海學聯籌備會第一次
會議主席。隨後，以文牘員身分起草章程。上海學聯中
西宣言及電稿，多出其手筆。全國學聯籌備成立，亦

219　張喆解釋瞿宣穎字「兌之」之義：「瞿兌之先生原名宣穎，最
　　初取字銳之，寄意『錐處囊中，脫穎而出』。後認為鋒芒畢露，
　　非其本性，改稱『兌之』。」張喆，〈蛻園往事都成蛻：一代
　　文史大家瞿兌之的人生際遇〉，《人物》，2010年第7期，頁
　　72-75。此文作者張喆，和瞿宣穎友人同名同姓。復旦學生張喆，
　　直隸南皮人，1923年級學生，在校八年，也是五四健將。復旦
　　同學楊道腴記：「己未〔1919年〕一役，軍人視學生如蛇蝎，
　　而〔張喆〕君於龍華附近，侃侃而談救國，聞者天良為之激發，
　　此固由君之詞鋒銳利，態度誠懇使然，但亦可見君之善藏其鋒，
　　待時而動矣。」〈張喆〉，《復旦年刊（1923）》，頁64。張
　　喆籍貫直隸南皮，疑是清末顯官張之萬、張之洞族人。
220　朱啟鈐，〈姨母瞿傅太夫人行述〉，頁372、380。
221　熊月之、周武主編，《聖約翰大學史》，頁303。

與聞其事。[222] 6-8 月間，任上海學聯義務教育團委員、
《上海學生聯合會日刊》總編輯等職。6 月 16 日，全
國學聯成立，被推為書記。7 月初，代表上海學聯出任
國民教育促進團書記。這年畢業，留校負責教務，教授
英文及外國歷史。[223] 1920 年春，任聶雲台出資的《民
心週報》（國防會刊物）總編輯。[224] 同年，被舉為上
海各路商界總聯合會名譽董事。1920 年夏，赴北京政
府任職。[225]

惲震（蔭棠），男，1901 年生，江蘇常州（武進）
人，出身書香門第。祖父惲祖祁，為翁同龢兒女親家。
惲震從小與翁家女之敏訂婚，大學畢業時娶之為妻。[226]
惲氏家族是張謇兄弟大生集團核心股東及經理人，惲祖
祁也是江蘇省教育會發起人及第一任協理。惟辛亥前
後，惲祖祁、禹九（毓昌）父子為大生業務與常州同鄉

---

222 〈上海學生罷課之第八日〉，《申報》，上海，1919 年 6 月 3 日，
版 11。

223 瞿宣穎還為復旦中學四年級生加開「翻譯」及「辨論」兩
科。〈本校近事〉，《復旦學生季刊》，第 8 期（1920.8），頁 184。

224 《民心週報》社址在四川路 112 號，即大中華、恆豐紗廠事務所。
吳宓著、吳學昭整理，《吳宓日記》，第 2 冊（北京：三聯書店，
1998），頁 228。

225 本段主要參考："Chu Hsuan Ying", *The Fuh-Tan Banner(1919)*, p. 32。
田吉，〈瞿宣穎年譜〉，頁 1-75。田吉，〈瞿宣穎與復旦：曾和
于右任並列的人物，為何被校史遺忘〉，澎湃新聞：http://www.
thepaper.cn/baidu.jsp?contid=1434131 (2020.9.15)。

226 張謇，《柳西草堂日記》稱惲莘耘丈、惲丈、莘丈、莘老、莘公，
皆指惲祖祁。頁 378-379、384、390-391、393-394、399、410、
420、428、453、477、487、500、617、621、645、690。張謇致
惲祖祁函電，收入《張謇全集》編纂委員會，《張謇全集：函電
（上）》，第 2 卷，頁 73、77、137。另參：徐俊杰，〈《張謇傳》
所及魯公佚函面世〉，http://www.zhangjianyanjiu.org/nd.jsp?id=614。

劉厚生發生齟齬，在政治上與張謇則復辟共和殊途，[227]
惟與趙鳳昌尚保存友誼。[228] 惲震幼年住常州城內青果
巷老家，父母早逝，兄弟由祖父撫養長大，後移居上
海。1912 年，在中西書院（美監理會辦）中學預科就
讀。1913 年春，在兄長惲濟（已入復旦）建議下，轉
入復旦中學部。1916 年，以第二名畢業。1917 年春，
入大同學院。同年夏，轉南洋公學電機系。[229] 五四學
潮起，被推為學聯章程起草人之一。南洋公學學生分會
成立，任中文書記。上海學聯成立，為文牘部員。風潮
中，經常代表學聯出席各界會議。贊同罷課，敦促商學
一致行動，風頭甚健。還公開批評大同校長胡敦復，
不滿其壓制學生。[230] 全國學聯成立，為上海學聯五代
表之一。1919 年秋改選，仍為南洋公學分會書記。[231]
1920 年秋，當選南洋公學分會會長，在其主持下，分
會「漸移其側重政治問題之精神，以注力於社會及自身

227　1907 年 8-9 月大生第一廠第一次股東會，雙方有不愉快的爭議。
　　張謇，《嗇翁自訂年譜》，三十三年丁未七月條下，頁 1023。張
　　季直先生事業史編纂處，《大生紡織公司年鑒（1895-1947）》（南
　　京：江蘇人民出版社，1998），頁 78-105。《大生系統企業史》
　　編寫組，《大生系統企業史》，頁 19、43。辛亥以後，惲祖祁、
　　惲毓昌父子為復辟運動核心要角。宗方小太郎報告、章伯鋒譯，
　　〈宗社黨的復辟活動〉，《近代史資料》，2006 年第 48 冊，頁
　　89-102。

228　中國歷史博物館編、勞祖德整理，《鄭孝胥日記》，第 3 冊，
　　頁 1454。

229　南洋公學創立了中國最早的電機專科，聘美國人主持，選派畢業生
　　赴美深造。唐文治，《茹經年譜》，收入沈雲龍主編，《近代中國
　　史料叢刊三編》，第九輯（臺北：文海出版社，1986），頁 62。

230　〈敬告大同學院〉，《南洋週刊》，第 12 期（1919.12.12），頁 2-5。

231　〈分會紀事〉，《南洋週刊》，第 8 期，頁 9。

方面。」[232] 在校外，與同窗王崇植（受培）、吳保豐加入少年中國學會，以改革社會，致身救國為職志。1921 年，由伯父資助赴美國留學。[233]

狄侃（狄山），男，1896 年生，江蘇溧陽人。父經商，為溧陽首富。狄侃從復旦中學畢業前，已流露熾熱愛國心，《復旦雜誌》時載其議論。[234] 1913 年升復旦大學文科，1915 年兼讀東吳大學法科。[235] 東吳第一年的實習課程，有「議會法與辯論實習」，依《羅伯特議事法》（Robert's "Rules of Order"），對他大有助益。[236] 在復旦，是進德會副會長（1918）、社會服務團演講部主任（1918）。五四學潮起，被舉為上海學聯評議長。8 月 20 日，何葆仁辭去上海學聯會長，狄侃繼其任。[237] 8 月 26 日，全國學生聯合會總會改組，成立七人理事會，狄侃為理事長。[238] 1920 年重返復旦，

---

232 〈本校學生會小史〉，頁 657。

233 本段主要參考〈電力電工專家惲震自述（一）〉，頁 189-191。惲震入少中的介紹人，是宗白華和沈怡。沈怡 1919 年加入少中，惲震等大概 1919 年夏入會。參考沈怡，《沈怡自述》，頁 52-53。〈少年中國學會歷次會議一覽表〉、〈上海分會之醞釀〉；宗白華，〈少年中國學會回憶點滴〉；收入張允侯等編，《五四時期的社團》，第 1 冊，頁 262、268-269、349、554-555。

234 狄侃，〈愛國與救國〉，《復旦雜誌》，1 卷 6 期，頁 5-7。

235 東吳法科入學資格規定，學生須具備大學二年學歷，並安排在下午四點半上課，狄侃遂得兼顧兩校課程。參考李中道，〈東吳大學及東吳法學院〉，收入：中國人民政治協商會議上海市委員會文史資料工作委員會編，《解放前的上海學校》，頁 113。

236 謝頌三，〈回憶東吳法學院〉，頁 58-59、71。

237 〈上海學生聯合會職員大會〉，《申報》，上海，1919 年 8 月 21 日，版 10。

238 〈學生聯合會總會消息〉，《申報》，上海，1919 年 8 月 27 日，版 10。程天放，《程天放早年回憶錄》，頁 37。

繼續一度中斷的學業，晚間仍歸東吳研習法律，最後獲
得兩校學位。《復旦年刊（1921）》形容其人「性鎮靜
凝默，治事具熱忱毅力，富於責任心。五四運動時，
……呼號奔走，幾至廢寢忘食，學生會所以能聲譽卓然
者，君之力也。」[239] 1919 年 10 月，孫中山改組中華革
命黨為中國國民黨，狄侃加入為黨員。[240]

　　程學愉（後改名：天放），男，1899 年生，江
西新建人。曾祖喬采，曾任湖廣總督。父仲芝，同知
分發杭州，故其出生及早歲都在杭州。[241] 表兄吳士鑒
（杭州人），翰林院出身，曾任江西學政，為其開蒙
老師。程天放在復旦讀中學，升大學，是社團積極分
子，為進德會書記（1919）、社會服務團演講部主任
（1918）、戊午閱報社會計（1919）、英語演說辯論會
書記（1918）、《復旦雜誌》中英文編輯（1918）、
《復旦年刊》英文編輯（1919）。他政治意識萌芽頗
早，1917 年與同學劉慎德（後改名盧隱）、孫鏡亞等，
聯絡上海各校青年組織「中華全國學生救亡會」。1918
年中日軍事協定風潮，投書《民國日報》發表相當激進
的主張。復旦同學認為他把主要精力放在政治和社會
問題。[242] 五四學潮起，被推為上海學聯評議會副評議
長、《上海學生聯合會日刊》主編。他編《日刊》，

239 "Class of 1921", *The Fuh-Tan Banner(1921)*, p. 47

240 朱仲華回憶，他加入國民黨的介紹人，是邵力子和狄侃。朱仲
　　華，〈邵力子家世與前期經歷〉，頁 298。

241 〈程天放先生事略〉，收入《國史館現藏民國人物傳記史料彙
　　編》，第 1 輯（臺北：國史館，1988），頁 512。

242 "Class History", *Fuh-Tan Banner(1919)*, p. 34.

得老友孫鏡亞襄助，日銷四、五千份。他利用該刊，號召革命。7 月份，因返鄉完婚，請假一月。歸來後，《日刊》編輯委員會改組，以潘公展為總編輯長，他為副。[243] 9 月，評議長狄侃接任上海學聯會長，程天放升任評議長。狄侃出掌全國學聯理事長，他改任上海學聯會長。主持會務期間，風評遠不如何葆仁。沈怡說：他在任期間，「學生聯合會精神漸漸煥散，已不復能發生領導作用。」[244] 翌年 4-5 月，意圖發動全國總罷課，未獲社會支持，對學運是重大挫敗。《復旦年刊（1920）》錄同學對他的評價是：「天資聰穎，中西文僉為同學所欽佩。性剛毅，作事果斷。其英銳之氣，溢於眉宇。」1920 年 11 月，考取江西公費赴美留學。[245]

朱敏章，男。家庭背景不詳。聖約翰大學學生，1919 年畢業。在校任《約翰聲》中文編輯，才思敏捷縝密，經常發表論內政外交諸文，有熾熱愛國心。他對政治理論頗有心得，尤留心英國政治哲學，認為救國要圖，在養成國民政治知識及能力。[246] 又認學校為「公民之實習場」，學生團體之運作，有改造國民之效

---

243 〈上海學生聯合會評議會紀〉，《申報》，上海，1919 年 8 月 26 日，頁 10。

244 沈怡，《沈怡自述》，頁 52。

245 〈程學愉〉，《復旦年刊（1920）》，頁 40。程天放，《程天放早年回憶錄》，頁 1、32-33、36-37。劉國銘主編，《中國國民黨百年人物全書》，下冊（北京：團結出版社，2005），頁 1129。

246 朱敏章，〈再論學生自治〉（作於1918 年），《約翰聲》，第 30 卷第 6 號（1919:9）頁10。朱敏章文引用英國政治家麥考利（Thomas Babington Macaulay）論著。1934 年，朱敏章又譯出英國霍布斯（Thomas Hobbes）名著《利維坦》（Leviathan），由商務印書館出版，至今通行。

用。重視「學生自治」的實踐，探討「學生議會」的
構造。[247] 五四學潮起，成為上海學聯評議部書記，乃
是決策部門靈魂人物。7月，曾代理評議會主席，並任
《日刊》總編輯。低其兩屆的岑德彰，參與起草學聯
章程時，參酌他的意見，並對之極為推崇，以「創學
生會」之功歸於朱。[248] 岑、朱是好搭擋，在市會及校
會分別入執行、評議二部，充分瞭解兩級運作實情。8
月，上海學聯修改章程，是朱敏章提案。這年暑假，聖
約翰分會辦理暑假義務學校，朱敏章擔任校長，馬崇淦
為教務長，岑德彰、丁國鑑等為教員。[249]

　　何世楨，男，1894（或1895）年生，安徽望江人。[250]
祖父何俊，為翰林院庶吉士，曾任兩淮鹽運使、江蘇布
政使、江蘇巡撫。父何芷舠，曾任兩淮鹽運使，揚州何
園主人。何氏一家，與孫家鼐、李鴻章，翁同龢家族有
姻親關係。何世楨曾在復旦就讀，1918年從北大英文
系畢業，再入東吳法科。五四學潮起，北京學生代表到
滬，發動南方響應。同時，上海學聯也派代表駐京，其
事隱密。何世楨是駐京代表，以電密報告京訊。北京總
罷課後，他拍電回滬，以「燕兒昨晚歿」為密語，南方

247　朱敏章，〈再論學生自治〉，頁4-10。〈再論學生自治〉是回應
　　　岑德彰、鄭學海〈學生議會自治芻議〉之作。

248　1919年9月，岑德彰介紹朱敏章舊作〈再論學生自治〉，說明「此
　　　朱君一年前舊作也，殺青後久未付印。檢舊篋得之，亟為錄出，
　　　以供眾覽，俾眾知朱君後來之創學生會，因研究有素也。」朱
　　　敏章，〈再論學生自治〉，頁4。

249　馬崇淦，〈聖約翰學生義務教育之情形〉，《約翰年刊1920》，
　　　頁7-12。

250　陳玉堂編著，《中國近代現人物名號大辭典》（杭州：浙江古
　　　籍出版社，1996），頁376。

隨即罷課及罷市響應。[251] 全國學生聯合會成立，為上海學聯五代表之一。8月底，繼程天放為上海學聯評議長。五四之際，孫中山與上海學聯領袖連絡，何世楨與聞其事，翌年還曾為孫中山帶信到廣州。[252]

潘公展（有猷），男，1895年生，浙江吳興人，出身湖州絲商之家（湖州舊屬所轄，包括：吳興、長興、德清、安吉、武康、孝豐六縣）。其父在菱湖鎮創大集成絲行，出口商標為「銀雙象」，年銷數萬包。[253] 他從聖約翰大學預科畢業，中英文俱優，[254] 任市北公學商業科主任。[255] 該校1915年創立，是「綢業全體」贊助的學校，校長唐乃康（伯耆）也是湖州人。校董有李登輝、王正廷、王一亭、錢新之、朱少屏、吳和士等。[256] 潘公展對新思潮十分嚮往，與蔣夢麟、張

251 楊繼曾口述、彭碧玉筆錄，〈「燕兒昨晚歿」和「魚行老板」〉，頁 37-38。

252 何世楨，〈對孫中山先生的片段回憶〉，收入中國人民政治協商會議上海市委員會文史資料工作委員會編，《辛亥革命七十周年文史資料紀念專輯》（上海：上海人民出版社，1981），頁 17-27。

253 潘公展和旅滬湖州同鄉的關係，參見凌頌如，〈潘公展先生與湖社〉，收入潘公展先生紀念集編輯委員會編，《潘公展先生紀念集》，頁 197-200。《潘公展先生紀念集》中，沈階升對潘氏早年事蹟交代最詳，吳玉書對五四學潮敘述最多。沈階升，〈潘公展兄二三事〉；吳玉書，〈我與潘公展先生〉，頁 7-12、57-70。五四時期，中國各省絲業產量以浙江為第一，最大競爭對手是日本，最大出口國是美國。徐新吾主編，《中國近代繅絲工業史》（上海：上海人民出版社，1990），頁 144-164。

254 〈潘公展先生行述〉，收入潘公展先生紀念集編輯委員會編，《潘公展先生紀念集》，頁 1。

255 〈各學校消息彙紀〉，《申報》，上海，1919年2月19日，版 11。

256 〈市北公學開校董會〉，《申報》，上海，1918年12月24日，版 11。〈王專使對於市北公學之提倡〉，《申報》，上海，1920年2月1日，版 10。

東蓀、胡適等名流通函，其稿件也登在《新教育》等刊，[257] 並且是寰球中國學生會會員。[258] 五四學潮起，以市北公學代表，出任上海學聯評議員，復被推為審查委員，是重量級評議員。全國學聯籌備成立，參預其議。[259] 他善於聯絡學聯內外各人，和教職員和學生都通聲息，與教育會領袖也有溝通管道。他經常投書《時事新報》，以清晰的文筆，務實的思路，論點特具說服力，對輿論頗有影響。上海學聯成立義務教育團，他是委員之一。8 月初，《上海學生聯合會日刊》改為週刊，被舉為編輯長。[260] 8 月，為參加全國學聯上海五代表之一。10 月，他編纂的《學生救國全史》出版，《時事新報》的張東蓀和俞頌華，以及八位學聯要角，均執筆為序或跋，可見交際面之廣。從此，一躍而為言論界明星，隨即被延攬為《商報》主筆。

　　奚毓麟（玉書，後以字行），男，1902 年生，江蘇吳淞人。祖、父在滬營商，多資產。他原讀通惠小學，1914 年轉入工部局華童公學，有「神童」之稱。身體強健，加入童子軍（上海第一團）獅隊為隊長，也是校足球隊和田徑隊隊長。五四學潮起，被推為華童公

257　〈潘公展致胡適〉，收入中國社會科學院近代史研究所中華民國史研究室編，《胡適來往書信選》，上冊，頁 42-43，

258　《寰球中國學生會題名錄（1919）》，頁 52。

259　〈俞序〉，收入潘公展，《學生救國全史》，頁 5。

260　編輯委員會十一人，其他九位為：岑德彰（約翰）、任矜蘋（民生）、黃勝白（同濟）、劉鳳生（約翰）、惲震（南洋）、俞大綸（復旦）、邵禹襄（南洋）、俞素青（中西女塾）、楊繼曾（同濟）。〈上海學生聯合會消息〉，《申報》，上海，1919 年 8 月 5 日，版 10。

學學生會會長。當時工部局四公學（華童、育才、格致、聶中丞華童公學）校長禁止學生參加上海學聯，各校代表聚集其家開會，有一百餘人參加，決定不理禁令，以原校學生會名義參加活動。此後他轉學復旦，被選為評議員，再出任財務委員會主任委員。[261] 向各界勸募，成績極佳，提升了學聯的活動力。全國學聯籌備成立，以上海為籌備處；6 月各埠代表齊集，一切開銷由上海學聯負責。奚玉書被選為總稽核，監督支付款項。[262] 7 月，被選為審查上海學聯義務教育團預算委員。[263] 未婚妻金素琴，為江蘇寶山望族，以神州藝專學生會長，亦參加上海學聯為評議員。全國學聯成立，被推為上海五代表之一。[264] 1920 年初，奚玉書、金素琴婚禮盛極一時。[265] 1924 年夏，從復旦大學商科畢業。

吳長城（後改名：道一），男，1895 年生，江蘇嘉定人。學潮起，就讀南洋公學電機系，和同學彭昕同

---

261 奚玉書，〈我與潘公展先生〉，頁 58。

262 奚玉書，〈我與潘公展先生〉，頁 58-59。

263 〈上海學生聯合會消息〉，《申報》，上海，1919 年 8 月 30 日，版 10。

264 趙曾鈺，〈我對於奚玉書的認識──代序〉，收入奚玉書，《金玉全緣》，頁 3-4。奚玉書家世及對五四風潮的追憶，詳見同前書，頁 1-28。金素琴對其家世及五四運動的回憶，參考：金振玉（素琴），《金玉家庭》（香港：金韻醫務所，1970），頁 1-6。

265 婚禮男儐相是何葆仁和程天放（上海學聯第一、二任會長），女儐相是朱巽和朱樸，司儀是蔣國珍（上海學聯評議員），證婚人是葉楚傖（金振玉老師），介紹人是狄侃及何世楨（上海學聯前後任評議長），代表來賓演說者是潘公展（上海學聯月刊主編）與任矜蘋（上海學聯評議員），赴會者百餘人。參見：奚玉書，《金玉全緣》，頁 30。金振玉，《金玉家庭》，頁 5-6。

年同月同日生。[266] 南洋選出五位代表參加上海學聯，
因他不善言辭，被派負責出納，為正會計長。他是實幹
型，做事有條理，能負責。上海小市民對學聯捐款甚
多，會計部每天把收入物品及金錢列出清單翌日公佈，
經常弄到通宵達旦，晚年謙稱自己是「一個小出納」。
然而上海學聯成立後，市民捐贈絡繹不絕，從未聞有帳
目問題，吳長城實功不可沒。[267] 1919 年秋，被舉為上
海學聯財政科副科長。[268]

　　朱承洵（後改名：仲華），男，1897 年生，浙江
紹興人。父朱颺笙，在上海經營惇裕和綢莊。長姐承
懿，適杭州袁震和綢莊袁家振。兄承煜，在滬參加同
盟會，二次革命時病故。1912 年，朱承洵由紹到滬，
先在閘北天保里務商中學一學期。1913 年 3 月，考入
復旦公學，畢業後升大學部國文系。他在復旦前後八
年，歷任浙江同學會會長（1917）、公民服務會慈善部
主任（1919）、《復旦年刊》營業主任（1919）、衛
生部職員（1919），也是 1920 年級副級長。因同鄉關
係，與邵力子最為接近，「常懷濟世之想」（同學評
語）。五四消息傳出，獨自發電《越鐸報》，聲援北京
學生。[269] 上海學聯成立，被推為副會計。他經常和同

266　彭精一，〈自述生平〉，頁 170。

267　吳道一，〈一名小出納〉，收入聯副記者聯合採訪，《我參加
　　　了五四運動》，頁 9-11。

268　〈分會紀事〉，《南洋週刊》，第 8 期，頁 9。

269　〈復旦大學越籍學生電〉，《申報》，上海，1919 年 5 月 8 日，
　　　頁 11。紹興同盟會和光復會會員、《越鐸日報》社長兼出資人
　　　孫德卿是朱仲華親戚。朱仲華，〈我有幸多次得見孫中山先生〉，
　　　頁 122-126。

班何葆仁籌商密議，預為佈局。《復旦年刊（1920）》
說他：「性機警，善口才，每與人辯論時，不稍假思
索，出口即驚四座，令人嘆服。處事尤敏捷，有條不
紊。對於社會實在情形多所洞悉，人莫能及。是以校中
大小事，同學多樂得其助力。去夏學生運動，獲君之力
甚多。」因其父經商四十年，商業公團聯合會會員多
為「老世伯」，[270] 在推動學商聯合中，頗扮演重要角
色。[271] 更以率隊到上海總商會請願後，與會董沈敦和
在報上大打筆仗，聲名大噪。[272] 6 月 7 日盧永祥召集的
官商各界會議上，他代表學聯慷慨陳詞，堅決「國賊」
下台始復課。1919 年秋，被選為復旦分會副會長、評
議員。其後經邵力子和狄侃介紹，加入中國國民黨。[273]

　　俞慶棠（鳳岐），女，1897 年生，江蘇太倉人。
母顧穎芝，是唐文治（蔚芝，太蒼人）表姊。父隸雲，
曾任上海電報局學堂監督及上海電報局總辦，與唐文治
交情最厚。胞兄慶恩（鳳賓），留學美國賓州大學，
獲公共醫生博士，歸為名醫，兼南洋公學校醫、中華醫

---

270 朱仲華，〈五四憶舊〉，頁 165。

271 朱仲華幾篇文章都提及曹慕管和商業公團聯合會的關係。朱仲
　　華，〈五四運動在上海〉，頁 269-272。朱仲華，〈五四憶舊〉，
　　頁 160-166。

272 朱仲華口述、陳德和記錄整理，〈邵力子家世與前期經歷〉，
　　頁 298。

273 本段主要參考：〈分會紀事〉，《復旦雜誌》，第 8 期，頁
　　180。〈朱承洵〉、〈浙江同學會小史〉，《復旦年刊（1920）》，
　　頁 35。張耀康、陳德和，〈朱仲華先生傳略〉，收入：中國人
　　民政治協商會議浙江省紹興縣委員會文史資料工作室委員會編，
　　《紹興文史資料選輯》，第 7 輯，頁 211-213。

學會會長、江蘇省教育會交際部幹事、[274] 上海青年會童子部委員、寰球中國學生會會員。二兄慶堯（頌華）為復旦校友，在日本習政治經濟學，歸為南洋商業學校教員，兼《時事新報》編輯。慶棠是幼女，被唐文治聘為長子慶詒妻。[275] 五四時，唐文治以南洋公學校長，在滬上公私立校長中位望最尊，對學生愛國運動頗為同情。[276] 俞慶棠先後就讀上海務本女學、中西女塾、聖瑪利亞女校，曾在寰球中國學生會第四次演說競爭會獲第三名。[277] 五四學潮起，被選為聖瑪利校分會會長，帶領同學遊行、演說、演劇，創辦義務學校，[278] 被奚毓麟評

274 〈交際部幹事名單〉，《江蘇省教育會月報》，1916 年 9 月號，頁 13。朱仲華，〈邵力子家世與前期經歷〉，頁 298。

275 俞氏家族情況及唐俞二家姻親交誼，參考：〈俞頌華年表〉，收入葛思恩、俞湘文編，《俞頌華文集》（北京：商務印書館，1991），頁 332-333。唐文治，《茹經堂文集二編》卷八〈俞君隸雲墓志銘〉、〈祭表姊俞母顧太夫人文〉，收入沈雲龍主編，《近代中國史料叢刊續編》，第四輯（臺北：文海出版社，1974），頁 1119、1143。唐文治著、唐慶詒補，《茹經先生自訂年譜正續篇》收入沈雲龍主編，《近代中國史料叢刊第三編》，第九輯（臺北：文海出版社，1986）。

276 南洋公學〈本校學生會小史〉（撰於 1921 年），稱「本校前唐校長與各級教職員對於本會，殊致不滿」。頁 657。復旦學生汪嘉驥卻說：「南洋公學的唐蔚芝校長，他因為罷課的事兒，也打了一個電報把〔給〕北京政府，到也很能說幾句握要的話兒。可是自從唐先生明瞭了我們的真意，那時我們也就逐漸的得著他們同學的贊助。後來〔1919 年〕暑假期內的活動，我可不能不代表何葆仁君感謝他們的了。」可證唐文治對上海學聯亦有贊助之舉，他反對的是罷課廢學。汪嘉驥，〈五四後本校大事追憶〉，頁 164。

277 〈本會第四次演說競爭會第三名・聖瑪利亞女塾俞慶棠女士〉，《寰球》，2 卷 4 期，卷首照片。

278 〈紀聖瑪利亞女校游藝會〉，《申報》，上海，1919 年 6 月 25 日，版 10。1997 年俞慶棠誕辰百週年，江蘇政協所出紀念文集，對其參與五四學潮記述簡略。江蘇省太倉市政協文史資料委員會編，《俞慶棠紀念文集》（太倉：出版社不詳，1997），頁 6、55。

為：「才華出眾」。[279] 她是上海學聯評議員領袖，在會上常有提案。上海學聯成立義務教育團，她付出心力最多。[280] 全國學生聯合會成立，被選為五位上海代表之一。1919 年 8 月，赴美學習教育，各校代表及同學假南洋公學為她及同行數人舉辦盛大歡送會，到者六百餘人。[281]

五、上海學聯和青年會

「如今凡是教育興盛的區域，沒有不高懸校會的紅三角旗幟。」

～1922 年 2 月，中國青年會幹事顧子仁

〈世界基督教學生同盟第十一次大會宣言〉[282]

　　上海學聯人事、組織及活動，尚有一重要而未釐清的情況，即青年會和上海學聯的關係。此一情況，當日未明白宣諸人口，是因青年會有不涉政治之原則。及至 1922 年非基督教運動發生，這一關係就更隱入歷史深處。本節將從幾方面探討：一，上海公私立及教會學

279　奚玉書，《金玉全緣》，頁 31。

280　〈上海學生聯合會評議部紀〉，《申報》，上海，1919 年 7 月 12 日，版 10。〈上海學生聯合會評議會紀〉，《申報》，上海，1919 年 8 月 2 日，版 10。

281　本段參考：唐文治、唐慶貽，《俞慶棠女士墓誌銘·家傳》（自印本，1949。）並參：江蘇省太倉市政協文史資料委員會編，《俞慶棠紀念文集》，頁 6、55。奚玉書，《金玉全緣》，頁 31。

282　顧子仁，〈世界基督教學生同盟第十一次大會宣言〉，《青年進步》，第 50 冊（1922:2），頁 4。

校中之青年會員人數；二，上海學聯和青年會在組織上
的相似性；三，青年會和上海學聯在工作項目上的相關
性；四，青年會對學生幹部的訓練原則。本章主要觀點
是：男女青年會員不止是上海學聯的外部助力，更是上
海學聯的內在核心。

（1）各校青年會員人數

　　上海各級學校中有多少青年會員，是首先要考究
的問題。這一現象，又可將教會學校及公私立學校分
別看待。1922 年初青年會全國協會校會組幹事鮑乃德
（Eugene Epperson Barnett）說明：

> 中國學生界大概分作兩部份，就是教會學校和官
> 立私立學校。大多數的教會學校，都已有了基督
> 教青年會了。官立私立學校中，有正式青年會的，
> 雖是少數，但少數之中，卻有極有力的青年會。
> 官立學校中第一個組織基督教青年會的，是一九
> ○六年在上海的高等工業專門學校〔按：即南洋
> 公學〕。現在官立私立學校中組織青年會的，有
> 國立北京大學、清華大學、稅務專門學校、南開
> 大學、直隸第一中學校、保定軍官學校、復旦大
> 學，和其餘許多非教會的學校，為數也多得很。[283]

據鮑乃德之說，五四之前，聖約翰、南洋、復旦三校，
都已經有青年會（或：社會服務團）。他此處說的青年

283　鮑乃德，〈中華基督教學生運動發達史〉，《青年進步》，第
　　　50 期，頁 24。

會，指「校青年會」（Student Y. M. C. A.），即學校中的青年會組織。

據 1919 年資料，上海青年會「學校部」（College Department）列有九所男校：聖約翰、滬江、復旦、清心、麥倫、惠中、青年會等。其中以聖約翰與青年會淵源最深。[284] 畢業校友頗多出任其他學校校長，如青年會中學校長朱樹翹，聖約翰青年會中學校長瞿同慶，民立中學校長蘇穎傑（本銚，其胞兄本炎（筠尚），是上海縣商會副會長）。[285] 他們或都可能引入校青年會，或鼓勵學生參加市青年會。此外，教會學校如：英華書館（Anglo-Chinese School，英聖公會主辦）、東吳法科及東吳二中（美監理會主辦）等，校方也要求學生參加青年會活動。[286] 教會女校如中西女塾（McTyeire School，美監理會主辦）、聖瑪利亞女校（St. Mary's Hall，美聖公會主辦）、晏摩氏女學（Eliza Yates Academy for Girls，美南浸禮會主辦）、女青年會

---

284 聖約翰大學及滬江大學校青年會組織及運作情形，可參考：陳鐘聲，〈學校青年會發展之近況〉，《中華基督教會年鑑（1921）》，第 6 冊，頁 199-200。聖約翰與青年會關係密切，曹雲祥稱中國第一份青年會章程，由聖約翰「聖安德魯社團」（St. Andrew's Society，1893 年成立，其前身為 1888 年成立的聖十字社。）主持譯出。該社後來演變為聖約翰基督教團契，再發展為青年會中學。Y. S. Tsao（曹雲祥），"The Story of the Alumni", p. 56. 並參：葉文心，《民國時期大學校園文化》，頁 40-41。熊月之、周武主編，《聖約翰大學史》，頁 308-309、311、313-314、317-318。

285 曹延生，〈聖約翰同學小史〉，頁 55-56。上海通社編，《上海研究資料續集》（臺北：中國出版社，1973），頁 355-357。

286 東吳法科教務長蘭金（Charles W. Rankin，美國監理會牧師）要求學生參加青年會，何世楨兄弟每週日隨蘭金上禮拜堂。謝頌三，〈回憶東吳法學院〉，收入上海市政協文史資料委員會編，《上海文史資料存稿匯編》，第 9 冊，頁 60-61。

體育師範學校、清心女校（美長老會主辦）、啟秀女
校、裨文女校（the Bridgman Memorial Board School for
Girls，美聖公會主辦）等，屬女青年會系統。[287] 可以
說，男女教會學校學生即使不是青年會員，也必參加過
校青年會活動。

　　官私立學校教職員及學生對青年會亦甚歡迎，認為
可補學校教育不足。1924 年丁淑靜、朱庭祺夫人（朱
胡彬夏）之〈女青年會小史〉，對女青年會的說明，同
樣適用於男青年會：

> 當民國紀元前數年，各處女校大都於讀書上課之
> 外，他無所事，學生中無團體，不重社交，學校
> 生活殊屬乾枯乏味，本會引以為大憾，商諸於管
> 理學校者，得其許可，漸在各處設立學校女青年
> 會，以補學校教育之不足。於是學生乃得有集合，
> 備游戲，設娛樂，邀請名人演講宗教及道德問題，
> 不特無礙於功課，而學生之智識反大開，見解能
> 力具較前遠勝。其會員不分教內外，會務皆由學
> 生主持，學生因知通力合作之樂。其素不信教者，
> 始見基督之道，有捨己為人之精神，為結合團體
> 之要素，遂皈依而受洗者時有人焉。其初僅限
> 於教會，女校後漸擴張於本國人所辦之官私立學
> 校，至今全國計有學校女青年會九十餘所，亦足

287　中西女塾與青年會關係密切，教員中有女青年會董事兼學生委
　　員會會長。沈均，〈中西女塾同學會記〉，《墨梯》，第 4 期
　　（1921.6），頁 62-68。

見其受學生歡迎之一斑矣。[288]

據此介紹，則學校中女青年會之發展，類似男青年會，從教會學校漸漸拓展至官私立學校。五四前，非基督教運動未起，反帝之說未流行。學生對青年會大表歡迎，使各校有「青年會化」之勢。

在上海一埠，既屬男女青年會總部所在，「市會」及「校會」均極發達。「市會」成人部及童子部，吸收官私立學校學生為會員，[289]「校會」主要以教會學校學生為對象。總體來說，「市會」及「校會」學生青年會員及童子部員，人數居全國之冠。茲據中華續行委辦會編訂《中華基督教會年鑑》及《中國基督教調查資料（1901-1920 年）》，表列 1919 年前後青年會統計數字，以推估上海各校學生青年會員總人數。

表十六：上海市男青年會人數統計（1920.1.1-12.31）[290]

會員		宗教活動		學校	
會員（正式）	會員（贊助）	參加查經班學生人數	參加社會服務人數	教師總數	所收學生總數
526	3,508	1,885	824	192	4,168

註 1：市青年會正式會員及贊助會員，成員有經理、商人、銀行家、牧師、教育家、產業工人、學生。[291]

---

288 丁淑靜、朱庭祺夫人，〈中國女青年會小史〉，頁 52-53。

289 鮑乃德稱中華青年會「各市會的初期，會員的大部份，都是官立學校的學生和教員。」鮑乃德，〈中華基督教學生運動發達史〉，頁 24-25。

290 資料來源：城市青年會統計報告（1920.1.1-12.31），收入中華續行委辦會調查特委會編、蔡詠春等譯，《1901-1920 年中國基督教調查資料》，下卷，頁 969。

291 中華續行委辦會調查特委會編、蔡詠春等譯，《1901-1920 年中國基督教調查資料》，下卷，頁 961。

註 2：上表「學校」欄下「所收學生總數」，指上海市青年會學校部之各校學生總人數，而非「校青年會員」人數。據表十七，知二者實有差別。以 1919 年為例，全國「校青年會員」佔校學生總人數 64.4%。1920 年，全國「校青年會員」佔校學生總人數 63.7%。以此為基準，則 1920 年上海「校青年會員」約2655 人。以 1919-1920 年增長率，反推上海「校青年會」員約2063 人。[292]

表十七：全國校（男）青年會人數統計（1919）[293]

年份	校青年會數目	學校學生總數	基督徒學生數目	學校青年會會員人數	參加查經班人數	本年受洗禮人數
1915	135	18,670	5,832	10,572	7,612	1,086
1918	148	不詳	不詳	12,443	不詳	不詳
1919	170	24,158	9,158	15,555	11,319	1,242
1920	174	29,639	10,028	18,867	10,561	1,319

註：校青年會會員資格，限中等以上學校學生，或年齡十八歲以上。

表十八：上海市女青年會人數統計（1920）[294]

華幹事	西幹事	會員	志願工作者	查經班	其他各種學習班
8	7	305	81	16	9

註：「其他各種學習班」課目有：英文、家務、社會規範、家政學、體育、嬰兒福利、職業訓練、公民、美術、救護等。

292　1920 年，全國校青年會會員 18,867 人，江蘇省（上海，蘇州，南京）3,376 人。中華續行委辦會調查特委會編、蔡詠春等譯，《1901-1920 年中國基督教調查資料》，下卷，頁 964。

293　資料來源：中華續行委辦會調查特委會編、蔡詠春等譯，《1901-1920 年中國基督教調查資料》，下卷，頁 964。如雅德，〈本年學校基督教青年會事業〉，收入中華續行委辦會編訂，《中華基督教年鑑（1918）》，第 5 冊，頁 192-193。

294　資料來源：中華續行委辦會調查特委會編、蔡詠春等譯，《1901-1920 年中國基督教調查資料》，下卷，頁 976。

表十九：全國女青年會人數統計（1920）[295]

城市	會員總數	中西幹事	學校女青年會	學校女青年會員總數
7	1583	每處 2-12 人	82	4,039

註：城市女青年會有七處：上海、北京、天津、廣東、福州、香港、
　　長沙。學校女青年會：含教會及官私立學校。

表二十：上海青年會童子部人數統計（1920）[296]

城市	權利會員	服務會員	協助會員	總計
上海	1621	297	326	2,244

註：權利會員，每年繳納會費洋十元至二元不等，享受會裡一切權利，
　　也得加入服務生活和童子團體等等。服務會員，凡納費或不納費
　　的會員，每星期至少在「社會服務」上服務一小時者，可以享受
　　一部份權利。協助會員，和童子部很少直接關係，但贊成童子部
　　的宗旨和事業、願協助其進行者。

表二十一：上海男青年會成人部及童子部之會員人數
統計（1919）[297]

城市	成人部會員總數	成人部徵得會員	童子部會員總數	童子部徵得會員
上海	3,391	2,238	1,292〔疑誤，似為 2,292〕	1,675

註：上海青年會童子部員（十二歲以上，二十歲以下）來源三種：（1）
　　青年會日夜校學生；（2）官私立中學生；（3）其他。全國各級
　　學校學生年齡差距很大，中學生從 14-22 歲，高小從 11-20 歲，
　　上海情況較為整齊，童子部員以中學生為主。[298]

295　資料來源：范玉榮，〈中華基督教女青年會〉（1921 年 1 月 1 日），
　　《中華基督教會年鑑（1921）》，第 6 冊，頁 204-206。。

296　資料來源：童星門，〈中國童子軍事業的發軔〉，《中華基督教
　　會年鑑（1921）》，第 6 冊，頁 217。

297　資料來源：〈民國八年即一九一九年會務報告〉，《上海青年》，
　　1919 年第 19 卷第 4 期，無頁數。

298　中華續行委辦會調查特委會編、蔡詠春等譯，《1901-1920 年中
　　國基督教調查資料》，下卷，頁 1081-1082。1919 年，以復旦為例，
　　大學預科一二年級及正科一二年級，平均年齡 20-24 歲；中學一
　　至四年級及備館，平均年齡 15-19 歲。〈各級年齡平均表〉，《復
　　旦年刊（1919）》，頁 109。

　　綜合上述六表，推估上海中等以上各校學生在籍青
年會員（合：男女會員及童子部員）人數如下：（1）
據表十六，男校青年會員（多為教會學校學生），約
2,063人。加上市青年會之學生會員（多為官私立學校
學生，人數難以估算），合計可能近2,500人。（2）
據表十八，上海市女青年會員約300人，大抵半數以上
為學生，至少200人。[299] 據表十九，全國學校女青年會
員4,000餘人中，上海一埠保守推估在660人以上。[300]
是則上海各女校中青年會員，共約800人。（3）據表
二十一，上海青年會童子部員（年十九以下），人數大
約2,300人，其中絕大部份是學生。[301] 如此，統合上海
各校男女青年會會員及童子部會員，可能有5,600人。
以5月26日上海總罷課約二萬人計算，[302] 四人中約一
位是青年會員或童子會員。這只是1919年在籍會員，

299　女青年會在中國發展，「從有智識事著手，尤以女學生為先。
　　……其初僅限於教會女校，後漸擴張於本國人所辦之官私立學
　　校。」丁淑靜、朱庭祺夫人，〈中國女青年會小史〉，頁52-53。

300　這個數字的推估，是以上海市女青會員佔全國總數約六分之一，
　　來作相同比例的推算。1920年全國及城市女青年會的人數，參
　　見中華續行委辦會調查特委會編、蔡詠春等譯，《中國基督教
　　調查資料》，下卷，頁976。

301　〈童子部入會資格〉會員類別：（一）學生會友。（二）學徒會
　　友。（三）學生團體特別會友。（四）學生團體普通會友。（五）
　　夏季特別會友。以上除第二項外，都是學生。《童子部說明書》，
　　無頁數。Kautz Family YMCA Archives, University of Minnesota. 引自：
　　UMedia (umn.edu) (2021.4.18)。

302　五二六上海總罷課人數有不同說法，而落差甚大。華報記中等以
　　上學校出席者25,000人，工部局警探估計學生一萬餘人。惟上海
　　學聯十四女校製作全埠男女校學生白色軟帽共兩萬隻，估計與上
　　海學聯分會總人數接近。參考：〈上海學生聯合會宣誓典禮〉，
　　《申報》，上海，1919年5月27日，版11。"Action by Shanghai
　　Union", "Strike Spreading", *The North-China Herald*, May 31, 1919, p. 578.

若加上曾有會籍之人數，以及曾參與青年會活動者，可
能佔學生半數以上。當上海學生代表籌組聯合會時，曾
以青年會為首選，反映他們和青年會的親近性。惟青年
會有「不涉政治」之原則，[303] 不得不婉拒學生的申請。[304]

惟在此可進一步推斷，各級學校男女青年會員或童
子部員，必有不少人成為上海學聯及校會中堅幹部。因
其在青年會活動中獲得各種訓練，使其活動能力超出同
儕。據青年會規定，每一個會員都須要參加「社會服
務」，而不止享受權利。同樣，上海青年會童子部開
創時，即設立「社會服務部」，要求會員各盡義務。[305]
服務中，會員得以鍛鍊辦事能力，培養通力合作習慣。
童子部附設的童子軍（上海第二團），以及各校聞風成
立的童子軍團，均設教練、總隊長、總副隊長、分隊
長等職。[306] 凡為童子軍者，必具服從、觀察、自動能
力。[307] 青年會童子軍又有外埠網絡，在南京、天津、
北京等地，每年舉辦定期集訓。[308] 從 1916 年起，又設
「寧滬童子聯合會」，輪流在南京、上海舉辦活動。

303　《城市青年會模範章程》第六欵第四則規定：「本會不得開政黨（結
　　黨開會干涉政治）會，或教派會。（如樹立門戶反對他會等舉）
　　并不得借本會會所，以充此用。」《城市青年會模範章程》（上海：
　　華美書局，1910），頁 4。引自：UMedia (umn.edu) (2021.4.18)。

304　George A. Fitch , Annual Report (Shanghai: September 30, 1919), p. 1.

305　聶其杰，〈上海青年會童子部〉，頁 137（委）。

306　各校系統大致類此。參考熊月之、周武主編，《聖約翰大學史》，
　　頁 311-312。

307　G. S. F. Kemp, The Boy Scouts in China, The China Mission Year Book 1918,
　　pp. 208-216. 參考：〈上海童子軍第一次採用的英文誓詞和規律〉
　　〈上海縣童子軍聯合會成立後所採用的誓詞和規律〉，均收入鄭
　　昊樟，《上海童子軍史》，頁 54-55、57-58。

308　朝鮮總督府，《支那教育狀況一斑》，頁 107。

1918年，移師天津，易名「中華童子大會」，召集各埠學生受訓。集訓時加入公民教育、社會服務等課題，以演講、辯論及討論等方式進行，融合體育、智育、德育於一。[309] 各埠學生在這些活動中建立友誼，豐富了生活經驗及辦事能力，為各埠學校在1919年聯合行動提供了基礎。

在此可以斷言：凡經青年會及童子軍之雙重洗禮者，必在領導能力上超邁群倫，很容易被舉為學生組織幹部。青年會全國協會學生部幹事如雅德的報告書，就說青年會學生幹部在生活的各層面都領袖群倫。學潮發生後，有些學生對參加學運是否涉及政治感到遲疑，卻也有人充分運用他們的才幹。[310] 上海學潮中，各校女學生表現突出，被視為參與社會運動的先聲。事實上，上海作為女青年會總部，女校代表多經青年會洗禮，遂為「少女運動」前驅。[311] 罷市高潮中，女青年會曾向上海學聯捐款，數目不多，卻反映兩會的親近。[312] 男女學校教師中之青年會員，人數亦眾。其中必有多人成為學生顧問，扮演輔導協助的角色。例如民生女校的任矜蘋，作為青年會商業夜校附設國民義務學校校董，很

309 〈滬寧童子軍聯合會紀事〉、〈童子軍舉行會操〉，《寰球》，第2卷第1期，頁8（四至六）。

310 "Annual Report Letter of Arthur Rugh"(September 30, 1919), pp. 6-7. Kautz Family YMCA Archives, University of Minnesota. 引自：UMedia (umn.edu) (2021.4.23)。

311 中華續行委辦會調查特委會編、蔡詠春等譯，《1901-1920年中國基督教調查資料》，下卷，頁972。

312 上海學聯發佈消息：「〔6月11日〕女青年會代表報告該會願將織品售出之款五十元悉數捐入本會。」〈上海學生聯合會消息〉，《申報》，上海，1919年6月12日，版11。

可能是活躍的青年會員。任矜蘋又是上海中華救國十人
團副會長，小野信爾推敲這類救國團很可能由基督徒發
起。[313] 各校體育教師之作用，尤不能忽略。青年會為
體育事業倡導者，男女學校體育教師多經其培訓。體育
教師兼任各校童子軍教練者，比例甚高。他們與學生關
係親密，在運動中很難置身事外，且有可能是積極分
子。張維貞即是一例，她以兩所學校體育教師身分，兼
上海第一隊女童子軍教練，帶領女學生上街，也是上海
學聯職員。[314]

（2）仿青年會之組織構造

五四期間上海及全國學生的組織建構，曾引起許多
研究者興趣，提出一些猜想和解釋。例如白吉爾用「現
代」和「傳統」一組概念，認為五四社會動員主要靠傳
統組織形式，包括沿用清政府等級制來建立學生團體。
華志堅似受白吉爾影響，認為上海學聯成立之初，在
各校分會建立官僚等級系統。[315] 他考察上海社會背景

---

313 小野信爾著，殷敘彝、張允侯譯，《救國十人團運動研究》，
     頁 77、113、133-136。

314 張維楨女兒羅久芳指出：「1919 年是母親生命的關鍵年……她
     在上海擔任兩個女子師範的體育教師工作……，曾以教師身份
     帶著學生上街遊行，也目擊了罷工和罷市的社會力量。」羅久
     芳，《羅家倫與張維楨——我的父親母親》（天津：百花文藝
     出版社，2006），頁 173。報載張維貞是勤業師範代表，而鄭昊
     樟記 1919 年 5 月初張維貞以愛國女學教師身分，被聘為倉聖明
     智女學女童子軍教練，是上海第一支女童子軍。鄭昊樟，《上
     海童子軍史》，頁 13。

315 白吉爾（Marie-Claire Bergère）著，王菊、趙念國譯，《上海史：
     走向現代之路》，頁 151-154。Jeffrey N. Wasserstrom, *Student Protest in
     Twentieth-Century China: The View from Shanghai*, pp. 57-60.

時，注意到青年會在各校設置分會，卻未意識到上海學
聯與青年會在形式上之連繫。[316] 事實上，當學潮發生
時，通過現行學生組織來建構團體，進行社會動員，毋
寧是最為自然的一件事。[317] 青年會的系統構造，顯然
成為學生幹部取法的對象。

　　研究青年會全國協會學生部的組織章程，便可明白
上海乃至全國學生如何從青年會學到組織辦法。當時流
通全國的文件，其中最重要的文獻有四種：一，如雅德
（青年會全國協會學生部幹事）的《學校青年會總論》
（*Manual of Methods for Student Y. M. C. As.*，1918年版），
綜述「校青年會」組織法，包括：確立宗旨、擬定章
程、組織分會、選舉職員、社會服務等，[318] 乃是「會
員均宜研讀」的手冊。[319] 二，《學校青年會模範章程》
（*Model Constitution for a Student Young Men's Christian Association in China*，1919年版），更是各校青年會組織藍本。[320] 三，
裴德士（W. B. Pettus，青年會幹事）的《學校青年會組
織法舉要》（*The Organization of a Student Young Men's Christian Association in China*，1915年版），提示建立校青年會手續

316　Jeffrey N. Wasseretrom, *Student Protest in Twentieth-Century China: The View from Shanghai*, pp. 34, 51-60.

317　"Annual Report Letter of Arthur Rugh"(September 30, 1919), p. 7.

318　如雅德（Arthur Rugh）著，胡貽穀譯，《學校青年會總論》（上海：青年協會書報部，1918。）Kautz Family YMCA Archives, University of Minnesota. 引自：UMedia (umn.edu) (2021.4.22)。

319　狄爾耐（H. A. Turner），《學校青年會治理法》，頁20。

320　W. B. Pettus（裴德士），*The Organization of a Student Young Men's Christian Association in China.* (Shanghai: The Student Department National Committee Young Men's Christian Associations of China, 1915), p. 2.

及原則，建議職員及各部委員應讀要籍。[321] 四，狄爾耐（H. A. Turner，青年會全國協會學生部幹事）的《學校青年會治理法》（*Adminstration of a Student Young Men's Christian Association*，1919年版），是《學校青年會總論》縮寫本，末附〈治理校會之要則〉二十條，提供基本操作守則。並列舉「校會當備之書籍」二十二種，要求會長督促各職員輪流觀覽。[322]

這四種文獻及作者推薦的必備書籍，由青年會全國協會印行，流通全國一百七十多所校青年會，提供校青年職員及會員（包括：老師、學生，含信徒及非信徒）研讀及實作之用，自必成為上海學生幹部構造上海學聯之參考。茲舉《學校青年會模範章程》列舉之十四種書目，以瞭解這些操作守則涵蓋了哪些內容：

（1）《學校青年會總論》（*Manual of Methods for Student Y. M. C. As*）

（2）《社會事業》（*Social Service by the Student Association*）

（3）《款接新生事業》（*Work for New Students*）

（4）《布道事業》（*The Missionary Department of the Student Young Men's Christian Association*）

（5）《經濟論》（*The Finances of the Student Young Men's Christian Association*）

321　W. B. Pettus, *The Organization of a Student Young Men's Christian Association in China*, pp. 1-4.

322　這份校會當備書單是：〈學校青年會總論〉、〈學校青年會模範章程〉、〈學校青年會組織法〉、〈學校青年會法理法〉、〈學生會約〉、〈學生社會服務之研究〉等。狄爾耐，《學校青年會治理法》，頁20-21。

（6）《個人傳道事業》（*Personal Work: How Organized and Accomplished*）

（7）《會員論》（*The Membership of the Student Young Men's Christian Association*）

（8）《論道會講題舉隅》（*Suggested Topics for Religious Meetings*）

（9）《會正論》（*The President of a Student Young Men's Christian Association*）

（10）《讀經事業》（*The Bible Study Department of a Student Young Men's Christian Association*）

（11）*The Teaching of Bible Class*（*Principles and Methods*）

（12）《布道會》（*The Religious Meetings of a Student Young Men's Christian Association*）

（13）*The Morning Watch*

（14）《學生社會服務之研究》（*Social Service*）[323]

此外，尚有列入「學校青年會全書」的《學校聯絡事業》、《紀錄論》、《會所論》、《傳道團詳解》等，都是具體的「教戰手冊」。[324]它們多由美國翻譯而來的，作者包括穆德等人，由謝洪賚編譯。

據青年會全國協會學校部規定，各校青年會職員及各部學生委員就任前，必須取相關書籍仔細閱讀，「以為工作之預備」。又要求學生參加夏令會，把所得各部

---

323 *Model Constitution for a Student Young Men's Christian Association in China*, pp. 7-9.

324 〈學校青年會全書共十六編〉，收入王善治，《傳道團詳解》（*The Student Volunteer Movement*）（上海：中華基督教青年會全國協會書報部，1916 年），版權頁。

知識公佈於校會全體委員，「以資模仿」。[325] 這種對仔細閱讀及實作模仿的強調，使學生獲得組織團隊及獨立運作的能力，而推廣之於其他學生團體及校際活動。學生由此習得的能力極為具體，且有採自商業經營手法者，包括：製定章程、徵求會員、選舉職員、編列預算、募捐經費、演說辯論、紀錄報告、撰寫通訊、協力合作、校際聯誼、社會服務等。惲代英的例子清楚告訴我們，當年青年會是如何風靡青年教師及學子，吸引他們通過參加夏令會、閱讀青年會書刊（如《青年進步》、《學生社會服務之研究》），改造自己和同儕的群體生活，甚至讓他們「仿學校青年會法」，創立學生社團。[326]

因此，若說上海學生聯合會之組織構造，取法青年會組織及運作手法，大概不是過分的臆想。1919 年 7 月，《時報》記者戈公振評論：

> 全國學生聯合會……其規模一仿青年會。而擬辦
> 事業則過之。[327]

---

325 韋良士（J. R. Williams）著，謝洪賁編譯、胡貽穀校刊，《會員論》（上海：中華基督教青年會組合，1914），頁 10。

326 中央檔案館、中國革命博物館、中共中央黨校出版社編，《惲代英日記》（北京：中共中央黨校出版社，1981。）惲代英〈回憶五四前後建立社團的活動〉，自述在武昌中華大學發起「互助社」，是因「武昌青年會的邀請，赴牯嶺夏令學生會。……目睹基督教前輩辦事的活潑、立言的誠摯，律己的純潔、助人的恆一，自問極為內愧。……回校後十餘日，乃擬了個草章，大致想喚起各級，仿學校青年會法，組織個修養且為社會服務的團體」，以期建立「校學生會」。惲代英，〈回憶五四前後建立社團的活動〉，摘錄自〈應當怎樣開步走？〉，原載《中國青年》，第 96 期（1925.9.21），收入《五四運動回憶錄（續）》，頁 31。另參：〈互助社的第一年〉，原載《互助》，第 1 期（1920.10），收入張允侯等編輯，《五四時期的社團》，第 1 冊，頁 118-123。

327 〈學生永久機關〉，《時報》，上海，1919 年 7 月 25 日，第 3 張版 6。

戈公振時為上海青年會交際科職員，交遊又極廣闊，其
說應有依據。[328] 李劍農對全國學生聯合會的論斷，更
為著名：

> 我敢大膽的說一句——此時候有了長久歷史的國
> 民黨的組織和黨員間的聯絡指揮，恐怕還不如這
> 個新成立的全國學生聯合會組織的完密，運用的
> 活潑、靈敏。[329]

李劍農沒追問全國學生聯合會的組織辦法從何而
來？也未考究學生幹部「活潑、靈敏」的辦事能力從何
而來？對此兩個問題的最可能答案是：學生從青年會學
到了組織力及動員力，把它們運用到青年會以外的活動
中去，取得一鳴驚人的效應。

單就章程而言，前面提到上海學生十分重視「章
程」的草擬，視之為憲章大法。6 月 16 日全國學生聯
合會成立時，張國燾驚訝於各地代表何以竟「費了好幾
天的時間討論全國學生聯合會的組織章程，字斟句酌的
研討不休」。[330] 就上海而言，學生代表費心用力討論
組織章程，用來構造自己的學生會，卻是不難理解的
事。起草上海學聯章程的瞿宣穎、惲震、岑德彰，本來
就可能根據《學校青年會模範章程》為底本，將之修
改為〈上海學聯章程〉。各校分會章程之製定，也可

328　戈公振 1920 年還是上海青年會徵求隊副隊長。〈飛鷹隊〉，《上
　　海青年》，第 19 卷第 13、14 期（1920），無頁數。

329　李劍農，《中國近百年政治史：1840-1926 年》（上海：復旦大
　　學出版社，2002），頁 541。

330　張國燾，《我的自傳》，第 1 冊（香港：明報出版社，1974），
　　頁 59。

能與此相似。程天放說「上海學生聯合會的英文名稱
Shanghai Students' Union 還是李校長替我們取」，[331] 反
映李登輝很可能參與章程的討論。李登輝稍後在《教
務雜誌》發表〈中國國民教育運動〉一文透露，他這
時是青年會全國協會學生部部長（Chairman, Student
Department National Committee Y.M.C.A.），[332] 更向我
們揭示了一個重要線索：復旦學生及上海學聯的首席顧
問，是青年會全國協會學生部門的領袖！然則〈上海
學聯章程〉取法《學校青年會模範章程》，上海學生運
動多見青年會影子，又何足怪哉！

　　若把校青年會和學生會組織構造比較，也可以看出
相仿性：第一，三級構造：青年會分「市會」和「校
會」。就校會而言，在系統上屬「全國─市─校」三層
結構。[333] 學生會為純粹學生組織，則更建構「全國─
市─校」三級制。第二，兩個團體的校會以「自治」為
原則。校級與上層組織有合作或彙報關係，但重視學生
的獨立自治，而不由上級管轄。第三，決策與執行部門
並立，互相制衡：青年會全國及市兩級，均以「董事
部」及「幹事部」並立，校會組織則較為簡單。[334] 學

331　程天放，《程天放早年回憶錄》，頁 35。

332　T. H. Lee（李登輝）, "The Popular Education Movement in China", *The
　　 Chinese Recorder*, Vol. 51 (January 1920), p. 47.

333　鮑乃德即說：「市會是青年會事業出發的根本，是青年會事業
　　 中堅固的代辦處，也是各校基督教學生團體結合的中心點。」
　　 鮑乃德，〈中華基督教學生運動發達史〉，頁 25。

334　陳維新，〈上海青年會之狀況〉，收入中華續行委辦會編，《中
　　 華基督教會年鑑（1918）》，第 5 冊，頁 204-207。余日章，〈說
　　 明中華基督教青年會全國協會之任務〉，《青年進步》，第 1-2 冊，
　　 頁 4（十六）/5（一至五）。

生會的三層構造，則均設「評議」和「執行」部。第
四，執行部的構造，以正副會長、書記、會計四職為核
心。人力充沛時，再擴充成立其他職務。第五，青年會
最上兩層執行部，設九科辦事，每科職員若干位；上海
學生會也漸成九部（後改稱：科），每部（科）職員若
干位。第六，上海青年會在九科之外，又有委員會或團
之設，有暫時，也有永久性質，富有彈性。委員或團員
人數，亦視事之繁簡而定。上海學聯亦設委員會，也另
有「團」組織，彈性相似。惟兩會的不同處，亦可得而
論之：第一，就會員言，校青年會之會員，以個人為單
位，師生均可入會。學聯校分會以校為單位，屬團體會
員制，全體學生均是會員。第二，青年會男女分立，分
別活動。學生會初亦男女混合，後來終另外成立「女學
校分會」，在系統上隸屬上海學聯，但分開議事及組織
活動。

（3）「社會服務」及「社會改良」

　　青年會和學生會的相仿性，還表現在宗旨上，兩
者都強調「服務社會」（Social Service，或稱「改良社
會」）。眾所周知，青年會核心宗旨是「服務社會」
（非以役人，乃役於人）。其所稱「社會事業，亦稱
社會服務，賅括一切改良社會，利濟社會之事業而言
之。」[335] 上海學聯也明列「改良社會」為宗旨，顯然

335　謝洪賚，《社會事業》（上海：中華基督教青年會全國協會書
　　報部，1915），頁 1。

受青年會影響。青年會研究者早已指出，辛亥以後，青
年會中西幹事在各埠推動社會服務，吸引許多學生親身
參與，可視為五四社會改良運動先驅。北京、天津、上
海、蘇州、福州、廣州等地的校青年會，都成立了義務
學校，並到鄰近鄉鎮進行推廣教育。學生從這些活動提
升了社會責任感，也打破社會精英和下層群眾的樊籬，
意識到平民教育的價值，體驗到群眾動員的手法。[336]
葛學溥〈中國基督教社會事業之概況〉指出，青年會
「社會服務」觸及面之廣，並使用「調查」，「宣傳」
等手段。[337] 過去研究者多注意「北京大學平民教育講
演團」的設置，[338] 卻忽略（或有意不提）這類講演團
與青年會的淵源連繫。至於上海學聯及各校分會積極推
動「義務教育」，其形式接近青年會事業，亦難以掩蓋
授受傳承之跡。

回顧一下上海青年會推動「義務教育」的歷史，可
以明瞭上海學聯的模仿樣本。先是市青年會最早倡辦義
務教育，滬上各教會聞風響應。童子部為推動「社會服
務」，所辦事業共舉七項：（一）童子軍。（二）青年
模範團：每禮拜開會討論社會服務事業。（三）義務學
校：常招集鄰近貧苦子弟入校讀，不取學費；並向鄰近
各學校盡義務，教授各科，不受薪資。（四）長兄會：

---

336 Shirley S. Garret, *Social Reformers in Urban China: The Chinese Y.M.C.A., 1895-1926*, pp. 133-138.

337 葛學溥，〈中國基督教社會事業之概況〉，《中華基督教會年鑑（1916）》，第 3 冊。頁 66-69。

338 張允侯等編，《五四時期的社團》，第 2 卷，頁 127-266。

不拘同姓異姓，使年長者視年幼者，均如同胞，養成和
睦合群性質。（五）衛生演說：常以幻燈或圖畫，向各
地演說，使人防患疾病於未然。（六）布道部：每禮拜
日午前，輪流向童子悔過所，及各處向人布道。（七）
新戲團：編演有益於風化，及有裨於教育之新戲，為改
良社會之導引。[339] 校青年會亦設「社會服務部」，在
校外辦通俗學校、赤貧學塾、赴鄉村演講、扶助慈善、
提倡公益。[340] 青年會報告書指出，市青年會通過社會
服務和社區服務程序，使國立學校學生對服務活動發生
興趣，並在服務中受到鍛鍊。[341] 總之，「不論市青年
會中的學生，或校青年會會員，都曾被指導參加社區服
務。」[342] 1919 年 5 月 11 日，青年會童子部還發起聯合
各團體，組成「上海義務學校教育會」，會址暫設青年
會童子部。[343]

　　大致上，五四上海各校對推動義務教育相當熱切。
成績最著的個人或學校，大抵具有青年會背景。領袖群
倫的復旦、南洋、聖約翰三校，固不必說。女校如聖瑪
利亞女校發表宣言書，揭出「社會服務」宗旨，也可見
其教會背景。[344] 張國燾到上海後，認為上海學生「到

339 陳維新，〈上海青年會之狀況〉，頁 204。
340 如雅德，〈本年學校基督教青年會事業〉，頁 193-194。
341 中華續行委辦會調查特委會編、蔡詠春等譯，《1901-1920 年中國基督教調查資料》，下卷，頁 934。
342 中華續行委辦會調查特委會編、蔡詠春等譯，《1901-1920 年中國基督教調查資料》，下卷，頁 964。
343 〈義務學校教育會之籌備〉，《申報》，上海，1919 年 5 月 13 日，版 10。
344 〈上海學生罷課之第九日〉，《申報》，上海，1919 年 6 月 4 日，

民間去」成績不如北京，親身跑到公共租界街頭講演，幾天後遭外國巡捕驅趕。[345] 張國燾不理解上海學聯的運作實情，也不明白上海社會的特殊狀況。遭到驅趕，終於一事無成；何如按步就班，依法行事。

1919 年 5 月 26 日，即上海總罷課當天，上海學聯評議部議決：「本會及各分會當從速組織義務學校，教授工商界無力求學之人。」[346] 這是一個全面動員令，要求校分會即日組織義務學校。7 月，更通過〈上海學生聯合會義務教育團草章〉：

（一）名稱：本團定名為上海國民義務教育團。

（二）宗旨：本團以啟發失學工商人之智識為宗旨。

（三）地點：以就學者便利起見，本團教授地點設於各工廠附近空地。

（四）時間：每日下午放工後一小時內為教授時間。

（五）課目：淺近國文、算術。

（六）教員：由各學校男女學生擔任，男女分班教授。

（七）學費：一律不收學費。

（八）開課：每處有二十人以上，即可來團請求派教員前往授課。

（九）事務所：本團事務所暫設於上海學生聯合會事務所內。[347]

版 11。

345 張國燾，《我的回憶》，第 1 冊，頁 60。

346 〈上海學生聯合會消息〉，《申報》，上海，1919 年 6 月 27 日，版 10。

347 〈上海學生聯合會義務教育團草章〉，《申報》，上海，1919 年 7 月 11 日，版 10。

在各校中，聖約翰率先在 6 月宣佈暑假開辦義務學校，[348] 南洋等校跟進辦理。[349] 聖瑪利亞女校及中西女塾也為各校表率，為義務學校募資發起演劇，籌得四千餘元為基本金，[350] 學聯再撥款一千為特定經費。[351] 基督教青年普益社（青年會外圍組織）也為學聯演劇，捐款贊助義務教育使用。[352]

7 月，上海學聯「義務教育團」成立，委員有九位：瞿宣穎（復旦）、朱敏章（聖約翰）、潘公展（市北公學）、彭昕（南洋公學）、裴國雄（寰球）、俞慶棠（聖瑪利亞）、吳冕（復旦）、薛紹清（南洋公學）、俞素青（中西女塾）。[353] 隨後，又成立「永久義務學校團」成立（俞慶棠提議），理事七位：俞慶棠、潘公展、裴國雄、薛紹清（南洋公學）、俞素青、張藹貞（中西女塾）、張佩英。[354] 兩團性質相近，後合

348　〈聖約翰大學學生暑假義務學校招生廣告〉，《申報》，上海，1919 年 6 月 26 日，版 1。

349　〈南洋公學暑假內義務學校簡章〉，《南洋週刊》，第 1 期，頁 24。

350　〈紀聖瑪利亞女校游藝會〉、〈中西女塾演劇預誌〉，《申報》，上海，1919 年 6 月 25 日，版 10。〈中西女塾演劇續誌〉，《申報》，上海，1919 年 7 月 1 日，版 10。聖瑪利亞女校籌得一千二百三十九元五角二分，中西女塾籌得三千餘元，合計四千餘元，學校之用。〈上海學生會消息〉，《申報》，上海，1919 年 7 月 22 日，版 10。

351　〈上海學生聯合會消息〉，《申報》，上海，1919 年 8 月 16 日，版 10。

352　〈上海學生聯合會消息〉，《申報》，上海，1919 年 8 月 16 日，版 10。

353　〈上海學生聯合會評議會紀〉，《申報》，上海，1919 年 7 月 15 日，版 10。

354　〈上海學生聯合會評議部紀〉，《申報》，上海，1919 年 7 月 12 日，版 10。〈上海學生聯合會消息〉，《申報》，上海，1919 年 7 月 19 日，版 10。

併。[355] 不難看出這兩個團體委員，多教會學校出身。男女委員中，以瞿宣穎、俞慶棠最為積極。各校分會之義務教育團、平民夜校等，也可能由青年會員負責。

6月底至7月初，上海還出現了涵蓋十一個公團的「國民教育促進團」（The Popular Education Association），以普及教育為號召，上海學聯是團體會員。該團7月1日正式成立，上海學聯通過「義務教育團」章程，即為加入此團體而訂。團長是李登輝，副團長是沈恩孚，書記瞿宣穎，辦事處在青年會。[356] 兩月後，成員增加為十四個團體：江蘇省教育會、中華職業教育社、上海縣教育會、上海縣勸學所、寰球中國學生會、上海歐美同學會、上海學生聯合會、中華續行委辦會、中華基督教女青年會全國協會、上海女青年會、上海基督教青年會、上海女子社會服務社、中華基督教全國協會、中華基督教教育會。[357] 十四團體以兩大系統——青年會和江蘇省教育會——為核心。上海學聯加入，是瞿宣穎在評議會提案通過。[358] 顯而易見，李登輝和瞿宣穎是國民教育促進團和上海學生的媒介。李登輝撰文提出，富有經驗的長輩有責任引導學生從事建設性事業，又欣然學生能接受他的建議。他說明此團之發起，以青年會領

355 〈上海學生聯合會消息〉，《申報》，上海，1919年7月20日，版10。

356 〈國民教育促進團成立〉，《申報》，上海，1919年7月12日，版10。

357 〈國民教育促進團開會紀略〉，《江蘇省教育會月報》，1919年9月號，頁48-49。

358 〈上海學生聯合會評議會紀〉，《申報》，上海，1919年7月15日，版10。

袖為核心，後來決定與江蘇省教育會合作，以擴大其社會影響力。[359] 這個團體的成立說明，1919 年上海學聯成立後，它未曾脫離青年會及江蘇省教育會的網絡。學生會具有「獨立自治」的形式，與東南系統合作而非對抗。更直白的說，學生其實是在師長指導之下，從事推廣教育的社會事業。

從青年會的觀點說，李登輝成功把青年會精神貫注入學生團體，引導他們從事積極的社會服務，在一定程度上把學生團體「青年會化」。在某些傳教士看來，上海學運以基督教精神為底蘊。五四風潮後，一位中西女塾教員興奮不已，認為學運「在很大程度上帶有宗教色彩，事實上對在華基督教會的未來意義深遠」。青年會幹事狄爾耐看法與此相仿，認為學生運動展現出宗教精神，基督教儼然成為國家未來的希望。[360] 卜舫濟校長對這種論調難表同意，認為他本人未贊成學生運動，聖約翰最傑出的學生領袖岑德彰也不是基督徒。[361] 但以復旦、中西女塾等校而言，如一些師長確實以「犧牲」、「不自私」的宗教精神感召學生，以致有人竟將學生運動聯想到「宗教活動」。學潮落幕後，上海學生參加青年會人數創下空前佳績，「社會服務」更是遍地開花。青年會和學生會的事業，看來有相輔相成的效果。

---

359 T. H. Lee, "The Popular Education Movement in China", pp. 44-49.

360 E. A. Turner, "Annual Report-Letter"(Shanghai, October 1,1919), p. 5. Kautz Family YMCA Archives, University of Minnesota. 引自：UMedia (umn.edu) (2021.4.23)。

361 〈克萊沫致卜舫濟函〉（1920.1.30）、〈卜舫濟復克萊沫函〉（1920.1.30），均收入〈卜舫濟往來函電選〉，頁 12-13。

從學生眼光來看，李登輝對上海學聯的成立及發展，有發起和輔助之首功。復旦學生記李登輝恆言：「必肯犧牲乃有為，必樂服務乃有用，必能團結乃有力，而以不自私為之綱。」其實是青年會座右銘，「對於本校學生及校外人士，作種種犧牲之服務。」[362] 從組織上看，李登輝鼓勵各校成立學生會，建議各校組成「市學生聯合會」，進而構成「全國學生聯合會」；與青年會提倡「校青年會」，鼓勵各校學生聯誼合作，成為「全國學生運動」（National Student Movement），[363] 兩事似不同而精神可相通。就成員來說，校青年會和校分會之會員及幹部，更多相互涵攝。就李登輝個人言，他以青年會領袖指導全國學生事務，也不啻一事之兩面。由校青年會員之領導幹部，推動組織一校一市，乃至一國之學生運動；而此風起雲湧的學生運動，亦延伸及拓展了青年會事業。

（4）學生「自治」原則

再考慮青年會的學生工作方針，乃至青年會培訓學生領袖原則，更不能不感到青年會對學生組織的直接間接影響。如雅德《學校青年會總論》指出，校青年會以「獨立自治」為原則：

〔校〕青年會為學生之集團，故須由學生自任籌

---

362 如雅德，《學校青年會總論》第一章〈學校青年會之宗旨〉，頁1。

363 W. B. Pettus, *The Organization of a Student Young Men's Christian Association in China*, p. 3.

劃治理提倡之責。[364]

裴德士則強調校青年會的全國性：

> 學校青年會之為團體，迴與其他孤立之宗教團體
> 不同，以其與全國之學生運動聲氣相應，脈絡相
> 通也。[365]

裴德士所說「全國之學生運動」，指在中華青年會全國
協會輔導下的學生事工，同時也是世界性青年會學生運
動一部份。[366]青年會為保持中國與世界青年運動的一致
性，規定校青年會必須根據一套守則來組織建構，以規
範性章程來確保和引導各校學生。

經過 1919 年以來的學生運動洗禮，1922 年初青年
會全國協會校會組主任幹事鮑乃德，如此總結校青年會
的運作守則：

> 在各校中，自治的基督教學生青年會，乃是我們
> 學生事業趨向的正鵠。……校會的根本事實，就
> 是他們是學生的青年會。……是學生自己的青年
> 會，也是學生自動的青年會。[367]

女青年會的丁淑靜說：

> 學校女青年會，……會務皆由學生主持，學生因
> 知通力合作之樂。[368]

---

364 如雅德著，胡貽穀譯，《學校青年會總論》，頁 3。

365 裴德士（W. B. Pettus）著、中華基督教青年會全國協會書報部譯
　　訂，《學校青年會組織法舉要》，頁 4。

366 裴德士（W. B. Pettus）著、中華基督教青年會全國協會書報部譯
　　訂，《學校青年會組織法舉要》，頁 4。

367 鮑乃德，〈中華基督教學生運動發達史〉，頁 24、26。

368 丁淑靜、朱庭祺夫人，〈中國女青年會小史〉，頁 52、59。

事實上，把男女校青年會事務交在學生手上，讓他們自治自理，始終是青年運動的基本精神。[369]

在五四前，各校青年會之「學生幹事」，均由男女學生出任。[370] 青年會的幹部，及教員中的顧問老師，則從旁輔導。[371] 市青年會童子部之運作，同樣著重訓練童子自動能力。1917 年上海青年會報告書指出：

> 會員之中，有志願為本部任事者，本部則特設練習專科，授以社會服務之智識。此學問從經驗心得而來，互相傳授，最足以資鼓勵而激發少年任事之勇氣，使知所為之事非屬輕易也。……故一切舉辦之事，無不由童子自為，由幹事人等指導之以助其所不及而已。[372]

總之，校青年會或市青年會童子部，均期養成學生自動精神。

至於青年會全國協會學生部之職掌。如雅德說明：「各學校青年會之總樞，即為青年會全國協會學生部。……現有幹事二人，分司其事。駐在各地者，有幹事三十六人。其內，西幹事二十五，華幹事十有一。每年夏季，必在各處舉辦習職會，各校學生，均得有機訓

---

369 上海學聯成立之初，俞頌華提議各校「當以學生自動的精神貫澈之」。滄廬（俞頌華），〈學生聯合會組織法之商榷〉，第3張版3。俞頌華之說，頗疑亦受青年會影響。其兄俞鳳賓是青年會熱心會員，妹俞慶棠就讀教會女校，當熟聞青年會工作守則。

370 中華續行委辦會調查特委會編、蔡詠春等譯，《1901-1920年中國基督教調查資料》，下卷，頁 988。

371 〈民國六年（即一九一七年）上海基督教青年會報告〉，《上海青年》，1918 年第 17 卷第 2/11 期，無頁數。

372 〈民國六年（即一九一七年）上海基督教青年會報告〉，無頁數。

練，……其外又有春冬兩季之領袖會，均為討論學生事業，商籌改善等事者也。」[373] 夏令會，也稱學生聯修會，為培訓學生領袖之重要機制。[374] 鮑乃德認為，市青年會及夏令會對學生意義非凡，有助服務訓練和友誼交流。「在各市會中，他們可以自己尋得自修和服務的機會，這個是他們自己學校中所沒有的。在青年會中，他們也得到一個和別校中同志學生大集合的場所。」夏令會更「成為一種施行訓練的學校，不單訓練他們在學生時代作青年會領袖的資格，也訓練他們出校後的終身。」[375] 1904 年首屆夏令大會在江南舉辦，到會代表八十一人，代表學校二十二處。起初僅限教會學校，1911 年起又辦官校學生夏令會，影響面更為擴大。[376] 1918 年，各地夏令會共十處，春令會一處，每處在一百人以上，總數達 1,511 人。[377] 這些各埠學生代表的集會，提供了學生交流機會；對師生組織能力的培養，也有很大提升。

最後，我想引述 1919 年 11 月青年會全體受薪中西

373　如雅德，〈本年學校基督教青年會事業〉，頁 193。

374　謝洪賚著《學生會說》（*The Student Conference*）詳記夏令會召集和籌備辦法。可直接參閱：謝洪賚，《學生會說》（上海：青年會全國協會，1914）

375　鮑乃德認為這些經驗對學生極為重要。鮑乃德，〈中華基督教學生運動發達史〉，頁 24-26。

376　范子美，〈基督教青年會在中國各處之成績〉，收入《中華基督教會年鑑（1914）》，第 1 冊，頁 95。

377　1918 年男女夏令會舉辦情形，參考：如雅德，〈本年學校基督教青年會事業〉；胡貽穀，〈本年學生夏令會概略〉；范玉榮，〈本年婦女青年夏令會述略〉，《中華基督教會年鑑（1918）》，第 5 冊，頁 194、196-201。

幹事工作會議上，全體幹事再次確認的一個基本原則：
「基督教學生運動之所以能夠成為世界上的一個力量，
就是因為它堅持著一個基本原則：忠實地爭取將主要
的責任、主動權和控制權交在學生們自己手中。對這原
則的任何忽視勢必導致工作上活力的喪失。」更提出
「全市規模的學生運動也應當保證學生的主動權和領導
權。」[378] 他們再次確認學生工作守則：「**應當容許大
學生在一切活動上有最大限度的主動權和自主權。換句
話說：這是一件同學生做，由學生做，而不是替學生做
的工作。這條原則具有決定性的意義。**」[379] 這次會議
以遍及全國的學潮為背景，並總結青年會工作的經驗。
根據這一原則，青年會受薪幹部、董事、義務職員，均
為從旁輔導，鼓勵學生成為自治團體，給予他們主動權
和自主權。由是回想李登輝等人在學潮中的表現，直可
視為青年會學生工作守則之落實。「師生相為表裡」一
語，在此有了更深一層的意涵。

六、上海學聯之外部支援

「當時苟無……許多位老成持重的愛國長者籌劃指導，
其後果將不堪收拾。」

　　　～1977 年，李玉階，〈上海學生響應五四愛國運動的經過〉[380]

378　中華續行委辦會調查特委會編、蔡詠春等譯，《1901-1920 年中
　　國基督教調查資料》，下卷，頁 938。

379　中華續行委辦會調查特委會編、蔡詠春等譯，《1901-1920 年中
　　國基督教調查資料》，下卷，頁 937、938。正文粗體字在原文
　　用點號表示強調。

380　李玉階，〈上海學生響應五四愛國運動的經過——紀念五四運

最後一節，擬對 1919 年上海學聯和東南社會的連繫，再從幾個層面加以說明：一、教職員之角色。二、社會之捐款。三、報紙之奧援。誠如卜舫濟《上海簡史》指出，1920 年上海學生再起運動之失敗，是因未獲得社會支持。[381] 反過來說，1919 年之成功，則因無數小市民、實業家、銀行家、新聞記者，都成為學生之後盾。

（1）教職員之角色

陳曾燾和華志堅都注意到，上海好些教職員和教育家乃是學生的顧問。[382] 綜括來說，各校長對學生運動多半同情。他們或不贊成以罷課為手段，卻大體同情學生的訴求。包括：唐文治（南洋公學）、阮尚介（同濟醫工）、胡敦復（大同）、賈豐臻（省立第二師範）、朱叔源（浦東）、郭虞裳（南洋商業）、楊德鈞（上海公學）等，都是這種態度。杜威夫婦時正應江蘇省教育會等團體邀請在華東巡迴演講，在家書中提及他接觸到的教職員態度：

> 有一部份教師，據我的判斷，很同情這些孩子們，不只同情他們的目的，而且同情他們的方法，有一些人認為，採取一些經過深思熟慮的行動，盡

動五十八週年〉，頁 61。

381　卜舫濟，《上海簡史：國際租界的成長與發展》，頁 239。

382　陳曾燾《五四運動在上海》多處提及職業教育家的角色，尤重視江蘇省教育會黃炎培的作用。華志堅則認為李登輝最受學生信任。Jeffrey N. Wasserstrom, *Student Protest in Twentieth-Century China: The View from Shanghai*, pp. 52-55.

　　可能使學生們更有組織性，更成系統，是自己的
　　道德責任。[383]

各校教職員向學生提供的協助，辦法不一。有人以私人
身分提供建議，有人以學校代表身分參加學聯，更有人
在報紙上鼓吹贊助。這些學聯內外的教職員，對學生有
不同程度的影響。

　　前面已經指出，一些學生在回憶文章中，說上海
學聯籌議成立時，「為了避免牽累老師，謝絕教職員參
加。」[384] 其實，學聯公佈的職員錄，自始即有教職員在
內。博文女學（李果）、寰球中國學生會日夜校（費公
俠）、市北公學（潘公展）、神州女校（舒志俠）諸
校，就以教職員充學生代表。隨後入會的交際部裏理張
維貞（後改名維楨，勤業師範）、部員錢吉人（民生女
學），也是教職員。〈上海學聯章程〉修訂版規定：「一
切職員概由學生任之，其有各校熱心教職員，得由會
長聘為特別職員。」為教職員設下限制，也保留了彈性
空間。章程更未不許教職員任評議員。朱仲華抱怨「沈
家灣之承天中學，就是以周志禹校長為代表。討論總罷
課時，他大玩花招，盡力反對，經作者揭露，令其退
席。」[385] 但民生女校代表任矜蘋，卻力主罷課。市北

383　約翰・杜威、愛麗斯・C・杜威著，伊凡琳・杜威編，劉幸譯，
　　《杜威家書：1919 年所見中國與日本》，上海，1919 年 5 月 13
　　日（北京：北京師範大學出版社，2016），頁 172。

384　朱仲華，〈孫中山支持五四運動〉，頁 263。

385　朱仲華，〈五四運動在上海〉，頁 267。承天中學全稱為承天英
　　華學校，專門培養商業人才。參見：〈承天英華學校招生〉，《申
　　報》，上海，1919 年 2 月 6 日，版 3。

公學的潘公展，對罷課較為慎重，還投書報章反對，仍
受學生尊重。任矜蘋是活躍的評議員，7月下旬曾被選
為評議會主席。[386] 他經常提案，包括設置牙籤工場、[387]
建議致贈美國上院銀盾等、[388] 贊成上海學聯加入江蘇
省教育會等團體的城市連盟，[389] 和學生關係良好。

　　此外，澄衷中學校長曹慕管，似不是上海學聯職
員，也沒有評議員身分，卻屢次被邀請與會。他和江蘇
省教育會關係密切，也是紹興同鄉會長。1918年中日
軍事協定風潮中，他和朱叔源作為江蘇省教育會代表，
一起出面安撫罷學歸國的留日學生，對抵制日貨熱心提
倡。1919年初，曹慕管以紹興同鄉會代表身分，被推
為商業公團聯合會（以下簡稱：商業公團）評議員，為
積極分子。[390] 總罷課後，他敦促商業公團與學生一致行
動，還提議學生對上海總商會請願遊行，以擴大社會效
應。朱仲華指出，5月31日郭欽光紀念會後，學生分隊
赴上海總商會請願，發議於「商學界俱有聲之某君」，

386　〈上海學生會評議會紀〉，《申報》，上海，1919年7月26日，版10。

387　〈學生會牙籤工場消息〉，《申報》，上海，1919年8月7日，版10。

388　〈一品香中之歡送會〉，《申報》，上海，1919年8月19日，版10。

389　〈各公團會議聲討新國會〉，《申報》，上海，1919年6月26日，
　　版10。〈上海學生聯合會消息〉，《申報》，上海，1919年8
　　月16日，版10。

390　〈上海商業公團聯合會評議員姓名錄〉，《申報》，上海，1919年
　　6月4日，版12。罷市風潮中，曹慕管6月9日致函紹興同鄉會辭
　　職，稱董事議員舉他為參加商業公團代表，他曾以「服務學界，不
　　使〔便〕干涉政治」婉辭，力辭不果。這次風潮中，他再次辭職，
　　仍被紹興同鄉會挽留。〈曹慕管致寧波〔誤，應作紹興〕同鄉會函〉，
　　《民國日報》，上海，1919年6月10日，版11。〈紹興旅滬同鄉
　　會致曹慕管函〉，《申報》，上海，1919年7月8日，版11。

指曹慕管。[391] 罷市後的官商學各界會議上，曹慕管也發言支持學生，被朱仲華稱為「教育界中，始終支持學生」的長輩。[392]

尚有不列名上海學聯職員或評議員，對學生有很大影響力者。其中，李登輝作為復旦學生首席顧問，前面言之已多。茲再引奚玉書的綜合評述：

> 李校長為救國作百年樹人之計，是以復旦學生受其愛國思想感召，對時事特別敏感，均以國家興亡為己任。故⋯⋯復旦學生首先響應此一愛國運動，迅即發起組織上海學聯會及全國學聯會，團結工商學界，實行「三罷」，使「五四運動」成為波瀾壯闊的全國性運動。這些壯舉，都受到李氏鼓勵支持，均假寰球中國學生會召集舉行；而且李氏以最大的同情心，對參加學運被開除的各校學生，均由復旦大學收容，嘉惠學子最大。⋯⋯未婚妻金振玉女士，係大專學校代表，在寰球學生會開籌備上海學聯會及全國學聯會之時，常與李登輝校長見面，李校長對她努力工作，常稱許之。[393]

奚玉書在此清楚告訴我們：李登輝不特通過復旦學生發起上海學聯，更協助全國學聯在上海籌備成立。對各校學生投入這些工作者，李登輝也常對他們予以鼓勵。

---

391 朱仲華，〈五四運動在上海〉，頁 269-270。史氏，〈學潮醞釀記〉，頁 103-104。

392 曹慕管與朱仲華有同鄉之誼，也可能認識其父親。商業公團聯合會與上海學聯的連繫，通過曹慕管和朱仲華進行。朱仲華，〈五四運動在上海〉，頁 268。朱仲華，〈五四憶舊〉，頁 166。

393 奚玉書，《金玉全緣》，頁 19。

　　朱少屏以寰球中國學生會總幹事兼日夜校校長，在風潮中的角色則是遠近知名。曹汝霖回憶錄憤然表示：學潮後期有黨派操縱，「上海有青年會會長朱某亦是好出風頭的人，趁此機會幫助學生，向商會董事要求，且叫學生和商董磕頭跪求，說和會失敗，全因我們三人對日外交失敗之故。學生聯合會又運動商會聯名電政府，請求罷斥曹（汝霖）陸（宗輿）章（宗祥）三人，以謝國人。」[394] 曹汝霖誤把青年會和寰球中國學生會牽混，其所稱上海「好出風頭」的「朱某」，僅朱少屏接近這一角色。工部局警探對朱少屏也很注意，認為「寰球中國學生會幹事朱少屏非常活躍，在上海反日運動中，如果不是佔領導地位，至少他佔據一個重要的地位。」[395] 不過，朱少屏對學生運動的支持，更應視為一種集團性表現，而不只是個人熱心之舉。

　　在此不可不談江蘇省教育會副會長黃炎培的角色。黃炎培《八十年來》述及五四一段，對自己的作用一字不提，僅抄錄官方版反帝敘事。[396] 許漢三編《黃炎培年譜》在五四部份幾無著墨，僅引用 5 月 23 日黃炎培和蔣夢麟聯名信函，要胡適等北方同志「萬勿抱消極主義，全國人心正在復活，後來希望正大也。」[397] 此函說明黃炎培等對學潮的正面看法，更是幕後操縱者和鼓

394　曹汝霖，《曹汝霖一生之回憶》（北京：中國大百科全書出版社，2009），頁 210-211。

395　《上海公共租界工部局警務日報摘譯》，1919 年 5 月 27 日，頁 844。

396　黃炎培，《八十年來》，頁 82。

397　許漢三編，《黃炎培年譜》（北京：文史資料出版社，1985），頁 45。

動者。朱仲華的回憶說明，上海學聯評議會討論重要議案，黃炎培也列席與議。[398] 這些僅見私人記述，報章上從未披露。黃炎培左右手蔣夢麟，與京滬學生領袖、教職員，及北大校長蔡元培都有密切連絡。《胡適遺稿及秘藏書信》收錄的蔣夢麟信函，顯示他斡旋於各方之間。[399] 美國駐華公使芮恩施稱蔣夢麟是「學生的主要顧問之一」，乃是知情者之論。[400] 風潮後，蔣夢麟從幕後走到台前，代理蔡元培出掌北大，更直接介入北方佈局。[401] 馬勇指五四學生「活動的背後，都有人主持或操刀，有人把握著火候，在上海，幕後重要人物其實就是蔣夢麟、黃炎培等南方教育界大佬。」[402] 惟江蘇省教育會的整體佈局，在風潮中的具體運作，尚待進一步說明。

最後，還應指出美籍教職員的角色。上海學聯第一二屆評議長都是東吳法科學生，該校不少美籍教師同情學生運動。他們包括：教務長蘭金牧師（Rev. Charles W. Rankin，原美國田納西州律師）、羅炳吉（Charles S. Lobingier，美國駐華按察使）、禮明（W. S. Fleming）、

---

398 史氏，〈學潮醞釀記〉，頁 100-101。朱仲華，〈五四運動在上海〉，頁 267-268。

399 〈胡適選抄湯爾和日記及跋語〉，收入耿雲志主編，《胡適遺稿及秘藏書信》，第 13 冊，頁 285-291。

400 保羅‧S‧芮恩施著（Paul S. Reinsch），李抱宏、盛震溯譯，《一個美國外交官使華記──1913-1919 年美國駐華公使回憶錄》，頁 288。

401 陳以愛，〈「五四」前後的蔡元培與南北學界〉，頁 336-361。陳以愛，〈五四運動初期江蘇省教育會的南北策略〉，頁 1-52。

402 馬勇，《趕潮的人：蔣夢麟傳》（北京：東方出版社，2015），頁 244。

佑尼干（Thomas R. Jernigan）、羅士（Earl B. Rose，或譯：羅思爾，美領事館法庭推事）、白賽特（A. Bassett，或譯：柏思德，前美國駐華法庭檢事長，英美煙草公司法律顧問）等。[403] 其中，蘭金簡直就像學生的顧問，既向他們提議行動方案，也為他們向工部局關說。[404] 6 月 16 日，全國學生聯合會成立大會上，蘭金出席表示支持，且發言提出建議。[405] 學生感謝英美友人的宴會，禮明、白賽特也是出席者。[406] 日本記者平川清風指控美國人操縱風潮，稱「美國籍律師 Rose 等人自始至終都坐鎮學生聯合會本部管理事務」，[407] 其說雖有幾分誇大，卻有一定事實為依據。

（2）社會之捐款

上海學聯的經費來源，也反映學生與社會之關連。

403　東吳法科的背景及師生情況，可參考：Charles W. Rankin, "The Comparative Law School of China", *The China Mission Year Book 1916*, 收入本書編委會編，《中國基督教年鑑》，第 11 冊，頁 291-293。謝頌三，〈回憶東吳法學院〉，頁 55-72。李中道，〈東吳大學及東吳法學院〉，收入中國人民政治協商會議上海市特別委員會文史資料工作委員會，《解放前上海的學校》，頁 108-119。楊大春，〈中國英美法學的搖籃——東吳法學院院史研究〉，收入楊海坤主編，《東吳法學》（哈爾濱：黑龍江人民出版社，2004），頁 1-41。

404　上海市檔案館編，《工部局董事會會議錄（1917-1919）》，1919 年 6 月 18 日，第 20 冊，頁 763-764。

405　〈參高雲致上海英總領事（十一）〉（約 1919.6.17），收入：中國科學院歷史研究所第三所近代史資料編輯組編輯，《五四愛國運動資料》，頁 752-753。

406　日本人對此宴頗加注意，參見：〈學生團の謝宴〉，日本，1919 年 6 月 22 日，版 2，引自：京都大學人文科學研究所，《日本新聞五四報道資料集成》，頁 130。

407　平川清風，〈學生運動的幕後黑手（四）〉，《大阪每日新聞》，1919 年 6 月 23 日，版 2。引自：京都大學人文科學研究所，《日本新聞五四報道資料集成》，頁 276，

程天放 1917 年參加過政治活動，飽受經費窘乏之苦，這次經驗迥異。他說：「學生會成立後借寰球中國學生會所辦公，一切費用都由學生自己出錢，不向外界捐〔募〕款，可是許多市民自動將錢送來做學生會的經費，幾天工夫收到兩萬多元，這樣才能打通電，甚至派代表和各地學生聯絡，使得學生運動迅速地展開。」[408]李玉階說：「上海市民對學聯合會的愛國運動自始至終非常支持熱心，紛紛捐款支持。學聯會為表示公開起見，於成立之初，即商請上海市總商會，上海銀錢業公會及《申報》、《新聞報》派員來會同管理財務，因此捐款越來越多，使得學聯會除了支應浩大的開支外，尚有餘力創辦日刊，以加強宣傳和聯絡。」[409]此說未獲得其他資料證實，但捐款眾多似無疑問。

　　基本上，上海學聯有兩個經費來源：第一種，是向會員學校徵募。這部份包括兩類：一，每個學生繳納的會費；二，為特別需求向學生募捐。第二種，是外界捐款。這部份也分兩類：一，外界主動捐贈金錢或物資；二，學聯向社會募捐。學聯成立之初，為了保持獨立性，「曾有永不向外募款之宣言」，[410]但不久通告：「疊次登報聲明向不在外募捐」，卻不拒絕外界「慨助經費」。[411]可見為了推廣事業，已不堅持初衷；及至

---

408 程天放，《程天放早年回憶錄》，頁 35。

409 李玉階，〈上海學生響應五四愛國運動的經過——紀念五四運動五十八週年〉，頁 61。

410 〈演劇籌款捐助學生會〉，《申報》，上海，1919 年 7 月 2 日，版 11。

411 〈上海學生聯合會會計處緊要啟事〉，《時事新報》，上海，

開銷日大，更不能不改弦易轍，主動向外募款了。

　　先說一開始情形，由於分會繳納會費及特別捐款，為學聯提供活動經費。〈上海學聯章程〉規定：「每一學期每一分會會員應納會費大洋五角，為本會常年經費。」[412] 隨入會學校不斷增加，從三十餘校發展到六十四校，學聯財務日益穩固。校分會在會費以外，亦向學生募特別捐。[413] 此外，分會有主動捐贈經費或物資者。凡以校方出名者，很可能是校長等人的主意。例如交際部成立，同濟醫工捐助洋四十元，作為部員製備徽章之用，[414] 很可能經阮尚介校長（江蘇奉賢人）同意。[415]

　　不久，外界捐款很快成為重要經濟來源。起先，捐款是外界主動贈送，從金錢到實物都有。6月7日起，報章連日登載〈上海學生聯合會緊要通告〉，稱「本會成立伊始曾有不向外界募捐之宣言，近雖荷蒙各界熱心之士紛紛慨助，惟皆親送到會，始終並未派人到外募捐，深恐有人冒用本會名義招搖斂錢，特此再行登報聲

　　　　1919年6月20-21日，頭版。〈上海學生聯合會會計處緊要啟事〉，《申報》，上海，1919年6月19-21日，版1或版2。

412　〈上海學生聯合會章程〉，頁20。

413　6月上旬，青年會中學學生會總務部致函報社聲明：「敝會自成立以來，經費雖稱支絀，然所有募捐舉動，概係對本校學生而發。」〈青年會中學校函〉，《民國日報》，上海，1919年6月9日，版11。

414　〈學生聯合會開會記〉，《民國日報》，上海，1919年5月18日，版10。

415　上海同濟醫工原為德國人所建，一戰期間被法國公董局封閉，由唐紹儀等出面維持，教育次長袁希濤出力甚多，派留德的阮尚介為校長。參考：沈怡，《沈怡自述》，頁39-41。

明，務祈各界注意。」[416] 學聯又登報鳴謝捐款人及公
司行號，以昭公信。[417] 吳長城印象很深地回憶：「許
多人捐食物給學生。麵包、飲料、飯票，也有許多人天
一亮就跑到學聯來說要捐錢，這些人都不是有錢人，
只能五塊十塊的捐出來，有些是幾毛錢也捐出來」。[418]
小額捐助，說明一般市民對學生的好感。7月初，還有
名角鄭正秋、周劍雪等發起演劇二夜，所得除開銷之
外，悉捐上海學聯。[419]

　　大實業家為上海學聯募捐的消息，不久也盛傳滬
上。6月7日《申報》之〈學生聯合會消息〉：

> 頃聞本埠某大實業家已發起向商界為〔學生〕聯
> 合會募集經費，指定某銀行為存款機關。[420]

張元濟日記揭出，「大實業家」，即是聶雲台；「某銀
行」，是上海商業儲蓄銀行。按張元濟日記1919年
條下：

> 6月9日　昨日在〔商務〕發行所商議，……擬
> 略出捐款送學生會。眾意多則一千、少則五百，
> 後決議五百，由梅生轉托李登輝。
> 6月10日　聶雲台來信勸捐。允照前日決定辦

---

416 〈上海學生會緊急通告〉，《申報》，上海，1919年6月7日，版2
　　廣告。
417 〈上海學生聯合會鳴謝〉，《申報》，上海，1919年6月20日，版2。
418 吳道一，〈一名小出納〉，頁10。
419 〈演劇籌款捐助學生會〉，《申報》，上海，1919年7月2日，
　　版11。
420 〈學生聯合會消息〉，1919年6月7日《申報》，第3張第10版。

　　法，送去洋五百元，交陳光甫君代收。[421]

張元濟所說李登輝、聶雲台、陳光甫諸人為上海學聯的
募捐行動，顯然是集團性運作。「聶雲台來信勸捐」一
句，尤突顯聶雲台的角色。就商務捐出金額推算，聶雲
台等為學聯籌得之款，當在數萬元以上。

　　據此可知，北京學生許德珩說五四時期學聯不接受
外界捐贈之說，不能成立。他說：「民族資本家南洋烟
草公司簡照南兄弟捐給我們十萬兩銀子做活動費，被我
們退回了。接著上海棉紗大王穆藕初又給我們十萬多
元，也被我們同樣退回了。從此規定，學生會不接受任
何人的捐贈，以示純潔。」[422] 許德珩所說簡、穆二氏
的捐贈對象，或許是指全國學聯而非上海學聯。惟簡、
穆二氏對全國學聯的捐贈，既不可斷言其為必無；其
對上海學聯的贊助，則可推論其為必有。[423] 五四風潮
中，南洋煙草公司陷入日商企業的指控風暴，自極願意
贊助學聯，以助洗脫污名。[424] 李登輝任會長的華僑聯
合會，也公開為簡照南辯護。[425] 是後，簡照南更成為
復旦校董，捐助復旦擴建校舍。至於穆藕初，亦捐助北

421　張元濟著、張人鳳整理，《張元濟日記》，下冊，頁 790-791。

422　許德珩，〈我的回憶──從北京大學到武漢軍事政治學校〉，頁
　　　96-97。

423　〈全國學生聯合會籌備會啟事〉聲明：「熱心人士樂於捐輸者，
　　　亦鄭重聲明審慎而後受」。〈全國學生聯合會籌備會啟事〉，《時
　　　事新報》，上海，1919 年 6 月 15 日，頭版。

424　高家龍（Sherman Cochran）著，樊書華、程麟蓀譯，張仲禮校，
　　　《中國的大企業──煙草工業中的中外競爭（1890-1930）》，
　　　頁 186。

425　〈華僑聯合會為南洋烟草公司事告國人書〉，《申報》，上海，
　　　1919 年 8 月 10 日，版 11。

京學生赴美留學。總之，學生接受大實業家捐款，甚至
獲得鉅額捐助，是不必諱言的事實。

上海學聯成立的財務委員會，則為對外募款單位，
以奚玉書為主任委員。他說：

> 學聯會經費，由財委會籌措，發動向各界募捐，
> 反應熱烈，均慷慨解囊，成績甚佳。[426]

由於財政寬裕，可以展開各項業務，士氣高昂。奚玉書
描述：

> 至六月初，租定會址於法租界薩坡賽路民生里之
> 後，每日各校代表到會者數十人，對會務進行非
> 常熱心，由庶務科膳食組供給伙食，主持人章慰
> 〔蔚〕然每日親往菜市場採購，精心監製膳食，其
> 服務熱忱，獲得全體一致稱頌。經濟為庶政之母，
> 經費不虞匱乏，於是決議創辦學聯會日報，公推
> 潘公展為編輯主任，張維貞為營業主任；並籌組
> 全國學生聯合會，其籌備經費概由本會承擔。[427]

奚玉書指全國學生聯合會「籌備經費概由本會承擔」，
是重要的內部訊息。當時籌備事務委託上海學聯文牘部
負責，[428] 成立經費亦以上海學聯財務支持為基礎，即
間接以上海紳商為經濟後盾。一旦上海紳商減少其財務
支持，兩學聯活動將難以為繼。[429]

---

426 奚玉書，《金玉全緣》，頁 17。
427 奚玉書，《金玉全緣》，頁 17。
428 〈上海學生罷課之第八日〉，《申報》，上海，1919 年 6 月 3 日，版 11。
429 1919 年 6 月中，全國學聯籌備會擬發行日刊，向上海學聯挪借款項。7 月底，全國學聯因發電過多，虧欠鉅款，評議會議決：「向

　　7 月份報章的一則報導，說明上海學聯對「振興工業」的支持，包含了對贊助者的回饋。當時何葆仁向評議會提案，支持聶雲台發起的大中華紡織公司。評議會指派三人（任矜蘋、邵禹襄、何世楨）前往調查，[430]回報主張應大力支持，職員會一致贊同。[431] 7 月 15 日《申報》之〈上海學生聯合會評議會紀〉：

> 任矜蘋報告昨日與邵禹襄、何世楨往聶雲台先生
> 處接洽大中華紡織股份有限公司附股情形，並報
> 告審查結果，認為非常重要，應用上海學生聯合
> 會名義認購三十股，並提倡會員私人認股，當由
> 〔代理議長朱敏章〕主席付表決，經多數通過。[432]

上海學生聯合會認購大中華股份，是對聶雲台的信任，也是對贊助者的回饋。學聯動用公款認股，又鼓勵私人認股，似僅此一事而已。

（3）報界之奧援

　　學潮發生後，上海各報對學生運動多表同情。過去

上海、天津二處學生告借外，另行按與會學生會分派，或用私人名義向資本家借貸云。」參見：〈上海學生聯合會消息〉，《申報》，上海，1919 年 6 月 12 日，版 11。〈全國學生會評議會紀事〉，《申報》，上海，1919 年 7 月 30 日，版 10。張傑人回憶狄侃作為全國學聯總會理事長，經常向商界「到處募款」。張傑人，〈「五四夫妻」‧救國不忘戀愛〉，頁 30。

430 〈上海學生聯合會評議部紀〉，《申報》，上海，1919 年 7 月 12 日，版 10。

431 〈上海學生聯合會消息〉，《申報》，上海，1919 年 7 月 14 日，版 10。

432 〈上海學生聯合會評議部紀〉，《申報》，上海，1919 年 7 月 15 日，版 10。

研究者多注意《民國日報》的作用，確有其理由。朱仲華的回憶，指出邵力子和葉楚傖對學生運動的支持，兼有發起之功。奚玉書的回憶，更透露五四消息傳到上海，「《民國日報》社長葉楚傖印製簡報，當晚分發上海各大專學校，號召響應此一愛國運動」，[433] 則為他人所未道及。風潮中，《民國日報》每日發表言論支持學生，使一部份學生對該報頗具好感。《民國日報》的政治背景，是孫中山及孫洪伊（所謂「大孫」和「小孫」）派。日本領事館有孫中山派操縱學潮之說，[434] 邵力子更說孫中山「對『全國學生總會』……起了領導作用」。[435] 不過，五四時孫中山對學生雖有連絡之跡，[436] 論「操縱」則「心有餘而力不足」。上海學生不全是孫中山追隨者，對革命黨反感者亦大有人在。風潮後，《民國日報》銷路不升反降，可以反映其影響的侷限。

最受上海學生歡迎的報紙，是梁啟超系《時事新報》。南洋商業學校教員李孤帆就說：「報界方面研究系的《時事新報》，比較國民黨的《民國日報》為活躍。」[437] 學潮初起，狄侃和潘公展就經常投稿《時事

---

433 奚玉書，《金玉全緣》，頁 14。

434 黃自進，〈日本駐華使領館對五四學生愛國運動的觀察〉，頁 91。

435 邵力子，〈黨成立前後的一些情況〉，頁 66。

436 朱仲華多篇文章提到孫中山的支持，可參考：朱仲華，〈孫中山支持五四運動〉，頁 265-271。何世楨也憶述孫中山接觸學生情形，參考：何世楨，〈對孫中山的片段回憶〉，收入中國人民政治協商會議上海市委員會文史資料工作委員會編，《辛亥革命七十周年文史資料紀念專輯》（上海：上海人民出版社，1981），頁 17-18。

437 李孤帆，《匀廬瑣憶》，頁 339。

新報》，聲援北京學生。[438] 他們選擇《時事新報》而非
《民國日報》，是因前者形象較佳，銷路也更好。《時
事新報》社長孟森，主筆張東蓀，附刊主編俞頌華，與
張謇、黃炎培等關係頗深。黃炎培日記透露，張東蓀和
黃炎培、蔣夢麟等交往頗密，互通消息。《黃炎培日
記》5 月 8 日條：

> 夜，邀薛敏老、胡適之、藕初、無量、丘心榮、
> 肅文、夢麟、信卿、張東生，會餐于家。[439]

5 月 8 日黃宅宴集，在五七國民大會後一天，與宴的胡
適、蔣夢麟、張東蓀（東生），分別主持《新青年》、
《新教育》、《時事新報》，都是言論界明星。當夜交
談的話題，可能涉及：杜威來華、外交失敗、南北和
議、學生運動等。當時他們正計劃開展一個文化運動，
而穆藕初可能是捐款者之一。張東蓀與宴，反映了他們
的合作關係。《胡適遺稿及秘藏書信》收錄的張東蓀致
胡適諸函，可知這年 5-7 月風潮中，張東蓀、蔣夢麟和
胡適諸人結成南北同盟，共商對應之策的內情。[440]

　　從上海學生籌組聯合會起，張東蓀對學生有不少
建議，極獲學生領袖重視。5 月 11 日，為學聯成立日
期，《時事新報》刊出張東蓀〈青年與黨派〉，對青年

438　狄侃筆名「狄山」，先後發表：〈反對解散北京大學〉（5 月 7 日）、
　　　〈挽救大學之辦法〉（5 月 13 日）；潘公展署名「公展」，發表〈今
　　　天的感想〉（5 月 7 日）、〈北京的學生〉（5 月 8 日）。

439　黃炎培著、中國社會科學院近代史研究所整理，《黃炎培日記》，
　　　第 2 卷，頁 62。

440　〈張東蓀信六通〉，收入耿雲志主編，《胡適遺稿及秘藏書信》，
　　　第 34 冊，頁 218-229。其中第一、三、四函寫於 1919 年 5-7 月。

忠告：

　　一，眼光宜注在新人物。（指初到社會上者）對
於社會上已知名之舊人物不必聯絡。

　　二、凡有黨派關係者，除認為根本覺悟者外，不
可輕信其主張。

　　三，凡事自為主體，不可為人作傀儡。[441]

張東蓀之言，特別革命黨。他主張學生應為獨立之行
動，又提及他「嘗與胡君適之譚及上海民氣不若北京之
純正，胡君亦深以五花八門為憂。」[442] 故鄭重提醒學
生，勿為政黨人物利用。

　　周月峰指出，張東蓀在學潮中是涉入者而不止旁
觀，是固然也。[443] 當時張東蓀利用《時事新報》為平
台，使附刊〈學燈〉成為言論園地，乃至各地學生通訊
之媒介，有效拉近他和學生的關係。潘公展《學生救國
全史》以張序列於卷首，可見他在學生群體中的地位。
他開篇即云：「這次學生的運動是我最佩服的，……我
時時和他們接談，因此就深曉得這次運動的內情」，[444]
並未誇大其辭。5月8日，張東蓀主張學生組成全國聯
合會之說，被瞿宣穎引用，在上海學生中引起普遍贊
同。5月26日上海總罷課，他被邀請向全體學生演說。

---

441 （張）東蓀，〈青年與黨派〉，《時事新報》，上海，1919年
　　5月11日，第1張版1。
442 （張）東蓀，〈青年與黨派〉，《時事新報》，上海，1919年
　　5月11日，第1張版1。
443 周月峰，〈五四運動與張東蓀「總解決」方案的形成〉，《華中師範
　　大學學報（人文社會科學版）》，2019年第58卷第1期，頁121。
444 〈張序〉，收入潘公展，《學生救國全史》，頁1。

綜觀《時事新報》的表現，確能把握時代脈動，給學生
堅定支持；在其不贊同之時，也知因勢利導。在此不可
不提〈學燈〉主編俞頌華的作用，他作為學運同情者，
對爭議性話題（如罷課、罷市），頗能技巧勸說。[445]
俞頌華本是南洋商業學校教員，其妹俞慶棠又是上海學
聯評議員，使《時事新報》知曉學聯內情，還因此引起
其他陣營嫉妒。

　　不過，上海銷路最大的報紙，還是上流社會及商人
閱讀的《申報》及《新聞報》。兩報經常刊載學生消
息，有助宣傳不少。《申報》作為江蘇省教育會喉舌，
以中立穩健標榜，其觀點與黃炎培保持一致。該報和上
海學聯的溝通管道，似以朱少屏為橋樑。學潮平息後，
8月7日《申報》登載〈上海學生會參觀本館記〉：

　　昨日〔8月6日〕下午五時，上海學生聯合會諸
　　君（共六十三人）來本館參觀，由張竹平、朱少
　　屏二君導觀照相銅版房、機器室、排字房、藏書
　　室、屋頂游息所等。凡關於印刷事項，均一一為
　　之說明。參觀既畢，則在三層休息室饗以茶點，
　　復在會議室攝影。該會會長何葆仁略述謝辭，最

445　五四期間，俞頌華以「澹廬」為筆名，在《時事新報》發表評論
　　多篇：〈青年於國恥紀念日之感想若何？〉（5月9日）、〈對
　　於學生聯合會之希望〉（5月11日）、〈惡濁勢力與教育界之決
　　鬥〉、（5月13日）、〈學生聯合會組織法之商榷〉（5月12日）、
　　〈為罷課問題敬告青年與各校校長〉（5月23日）、〈罷課問題
　　與青年之要求〉（5月24日）、〈罷課〉（5月26日）、〈罷課
　　問題與各校教職員〉（5月27日）、〈罷課為對內抑對外乎〉（5
　　月28日）諸文。

　　後由朱少屏君致答辭而散。[446]

報館出面接待六十三位學生代表者，是張竹平（主編，聖約翰校友）及朱少屏二人。朱少屏與《申報》館之關係，於斯可見。五四時期該報所載上海學聯消息，亦必以朱氏為中介。當天何葆仁代表學生申謝，朱少屏代表報館致答辭，則頗為可笑。當上海學聯借用寰球中國學生會為辦事處，朱少屏對外代表了上海學聯；學生到了《申報》參觀，他又以主人身分接待學生。那天學生參觀的第一個部門是照相銅版室，最後留下兩張大合照。這兩張合照保留了五四弄潮兒青春煥發的面容，向後人證實照相存真的作用。

　　《申報》館社長史量才沒有露面，不代表他置身事外。兩個月前的6月20日，幾位美國新聞記者到館參觀，時值三罷高潮過後，史量才出面招待。6月21日《申報》之〈美新聞家參觀本館記〉：

　　昨日〔6月20日〕下午五時，《紐約晚報》施格士君參觀本報，當由本報總理史良〔量〕才款以茶點，偕朱少屏、張竹平、唐鏡元等招待。並有《密勒報》總主筆鮑惠爾君、《大陸報》主筆陶益爾君、《英文滬報》主筆蘇高建君、美副領事勞靄君、中國廣告公會會長海格君、並前駐倫敦中國總領事曹慶五君等參觀，同臨各部，並攝一影，以誌紀念，至七時方各興散。[447]

---

446 〈上海學生會參觀本館記〉，《申報》，上海，1919年8月7日，版10。

447 〈美新聞家參觀本館記〉，《申報》，上海，1919年6月21日，

這天在《申報》館晤面的主客雙方，都是五四運動重要
人物。報記出面接待者四位，其中又有朱少屏。曹慶
五（雲祥）似作為引介者，導引洋客到館。六位美籍客
人：施格士（Fmil M. Scholz）、鮑惠爾（J. B. Powell）、
陶益爾（J. E. Doyle）、蘇高建（或譯：索思斯，George
Sokolsky）、勞靄（A. G. Loelır）、海格（A. R. Hager），
乃是新聞界要人。美副領事勞靄尚有一個身分，即「中
美通信社」（或稱中美新聞社）負責人。最後他們留下
一張合影（海格不在內），掌鏡人可能是報導中提及的
唐鏡元。[448] 兩月後，唐鏡元當選上海照相製版公會會
長。這年《申報》刊出的照片，激發了市民愛國熱情，
達到比文字強烈的效果。8月6日學生到館的合照，也
或許由他掌鏡。

　　總括來看，要瞭解上海五四學潮的發生及擴大，上
海學生聯合會的組成及運作，不能單純注意學生群體的
作用，而應連繫到社會精英的支持。最後，願引用李玉
階的一段話為本章之結。李玉階述及罷市高潮中，上海
學商報界鉅子與學生領袖的協商作用：

　　老實說：我們這群天真無邪的青年負責學生，除
　　潘公展為市北公學教員年紀有27歲外，年齡最大
　　者不過25歲，都是初出茅廬，未見世面，經驗有
　　限，安能擔當中國歷史上這樣空前的救國運動的

　　版10。

448　1919年8月17日，唐鏡元當選上海照相製版公會首任會長。〈上
　　海照相製版公會之成立〉，《申報》，上海，1919年8月19日，
　　版10。

重任。我們當時深恐走錯一步影響全局，幸承各
方響應愛國運動的《申報》社長史量才，上海市
商會會長〔誤：應作翌年任上海總商會會長〕聶
雲台，廣東商會會長〔誤：應作廣肇公所副會長〕
湯節之，江蘇省教育會〔副〕會長黃炎培，仕紳
賈季英、沈信卿、穆藕初及《大晚報》社長沈卓
吾先生從旁協助，共商大計。當學生罷課，商人
罷市最緊張的時候開始，每天晚間上述各位先生
均都能抽出時間，和我們學聯會負責人在《申報》
社長辦公室或在聶家或在黃家一起會談研商應變
辦法，及今思之，當時苟無這許多位老成持重的
愛國長者籌劃指導，其後果將不堪收拾。[449]

李玉階多年後追憶各人職銜略有小誤，不足為怪。當其
發表此篇時，上海學聯副會長彭昕等依然健在，信其不
能隨口杜撰。這段回憶告訴讀者：考察上海五四學潮，
若不瞭解學生群體和社會精英之網絡，不明彼等謀定而
後動的真相，則對相關歷史的描述及解釋，恐怕只能得
其皮毛，甚至流於妄誕臆測。

---

449 李玉階，〈上海學生響應五四愛國運動的經過——紀念五四運動
五十八週年〉，頁61。兩年後，《聯合報》記者訪問李玉階，他
簡述：「當時能把此項愛國運動發展起來，除了年輕孩子的愛國
熱情與做事的蠻勁外，我們得到許多位老成持重的愛國長者的策
劃指導，如當時上海市商會會長聶雲台、廣東市商會會長湯節之、
江蘇省教育會會長黃炎培等人。」李玉階，〈愛國的警鐘，響遍
了上海灘！〉，頁63。聶雲台、湯節之、黃炎培三位，是其認為
最重要的「愛國長者」。

七、小結

　　五四時期上海與北京學生的根本不同處，在前者深深地扎根於東南社會，學生親友中不乏紳商鉅子，乃至政界名流；京校學生多來自遙遠外省，與北京社會紐帶殊淺。因此，考察上海學生群體與社會精英的交互作用，成為探討上海學潮的必要視角。在傳教士眼中，上海的五四風潮，乃是學生和商人的聯合運動。[450] 就組織上看，上海學聯並非封閉性團體，而與上海公團聲息相通。上海學聯不乏教職員參加，甚至承擔關鍵性職務。上海青年會、寰球中國學生會、江蘇省教育會等領導人，更是學生的義務顧問，指引他們的目標和行動策略。就社會階層來說，這些著名公團、商人團體及同鄉會領袖，與學聯幹部來自同一個階層，不少學生且是其家人子弟。上海學聯的活動及拓展，獲得社會精英的財務支持，提供有形無形的政治庇護。因而在決策上及行動上，也必受其制約。公共租界及法租界的存在，更增添學生對社會精英的倚賴。青年會、傳教士作為中介人，在學生和租界當局之間的協調角色，在學潮中更有不容忽略的作用。

　　上海學生投入抵制日貨風潮，也與他們的家庭背景相關。就上海學聯核心幹部來看，他們並非社會下層出身，而是中上層家庭子弟，父祖多屬地主階層、或新興

450　E. C. L.（羅炳生），"Preface", *The China Mission Year Book 1919*, p. 3. 羅炳生（E. C. Lobenstine）是《中國傳教使團年鑑》主編，也是中華續行委辦會總幹事。

民族工業股東、廠主，又或店主、經理等。例如潘公展、朱仲華出身湖州、紹興絲商之家、瞿宣穎、俞大綸、惲震等與大生企業及江浙棉業集團相關。就東南集團而言，他們屬第三代人。抵制日貨，既合乎他們的愛國心，又與其家族利益相關。他們的抗爭行動，內有愛國熱情鼓舞，外有親友輿論支持。他們通過發電和請願、上街勸告店主夥計，聲援北京被捕學生，要求罷免親日官員，籲請政府毋對日本讓步，成為愛國運動的中堅分子。遇到法律問題，則委請美國律師處理。就生涯規劃說，多以赴美留學為上選。他們對前途的規劃，多想成為商業、工業、新聞業等人材，投身中國轉型為現代國家的事業。激進的政治革命方案，非他們認為上上之策。混亂的社會秩序，更有礙實業發展，也可能引起外人干預。他們認定日本是頭號敵人，相信美國人對中國的善意。他們滿腔熱血，卻也同意師長的觀點：建設性的社會革新方案，是較少代價的救國之路。知識技術上厚加累積，是根本的報國之途。五四後直接投入政治運動者，難得一見。

　　總之，五四運動在上海的響應，上海學聯的成立、構造及活動，都必須放到東南社會脈絡中，始可獲得深廣確切的瞭解。1919 年 5-7 月，黃浦灘岸上，上年從粵到滬的孫中山，侷處法租界之內，尚未可公開活動，其行動受租界當局嚴密監視，其主張與東南名流也有距離。上海華界南市，是江蘇省教育會總部，也是上海縣商會所在，上海地方士紳集議之處，更是抵制日貨大本營。在英美租界，華人著名紳商（許多是青年會董事及

贊助者）與英美商人、傳教士接席而談，縱論國際局勢及日本勢力擴張之局。在報章上，他們的言論散播到全國各埠。在街頭上，上海學聯組織了各校學生，以喚醒國民為責任，以普及教育為利器。他們難忘師長的諄諄教誨：「犧牲」、「服務」、「團結」。刁敏謙認為，五四不僅是一場社會改良運動，更是一場道德覺醒運動。[451] 啟蒙者，是操持輿論及教育機構的社會精英。奔跑在大街小巷的學生，為平民舉辦義務教育的青年，受到舉世矚目及後世歌頌。但不可忽略的面向，則是各校師長的輔助乃至指導。於是，這場舉世注意的學生運動，既發揮了學生自治自動的精神；又隱然可見師長從旁輔導的功效，在共同協商中，共同決定學潮的行止起落。

451　Min-Ch'ien T. Z. Tzau, *China Awaken*, pp. 141-156. 刁敏謙使用「覺醒」一詞，為英美傳教士常語。

結論

　　本書對五四上海風潮源起之探討，大致勾勒了「東南集團」的作用。這一時期的中國政局，處於北洋勢力消退，國民黨分崩離析之際。徐世昌政府內外交困，既有直皖兩系的壓力，又受巴黎和會的挫敗。而張謇等實力尚在，聲望猶存。從庚子以迄辛亥，保衛東南，締造共和，是維繫國家的中堅力量。難怪乎舊國民黨黃興一派，有「亂世思君子之意」，認為「賢者不出，大難終不可平」。[1] 東南名流對武人極為鄙視，對黨人亦復切齒，以不黨、無黨自居。歐戰以來，張謇全力發展棉紡織業，號召成立鹽墾公司，帶動聶雲台、穆藕初、榮宗敬等紳商響應，把抵制日貨視為擴大商機的手段。黃炎培、沈恩孚、余日章、朱少屏等，運用教育系統及社會團體鼓吹和應；聯同史量才、張東蓀、戈公振等，以報章同聲倡導。他們視日本為大敵，以聯美為上策。從二十一條交涉以來，厲行國恥教育，在五四卒收其效。商戰之聲，日盈於耳。五四運動起於北京，全國輿論繫乎上海。北京學生首擊「國賊」，全國代表雲集上海。

1　黃興致張謇、湯壽潛、唐紹儀、趙鳳昌、伍廷芳、莊蘊寬六人函，以及馬相伯等題跋，均見：莊循義供稿，〈黃興信函並題跋〉，收入中國社會科學院近代史研究所近代史資料編輯室編，《近代史資料》，2006 年第 53 冊，頁 48-54。

五四運動的發生和成功，東南集團起了絕大作用。甲午以後的公車上書，戊戌時的士人遭戮，是他們難以忘懷的前車之鑒。向來研究五四史的人，多注意青年學生對後世的啟迪。實則五四時期學商之請願，多以公車上書為榜樣，猶痛切六君子之死。[2] 從甲午到五四，亡國陰影日益深重；老中青三代奔走呼應，隱然可見前後一脈相承。

東南精英集團和青年會系統的結盟，則是上海學潮的另一背景。此舉是中美親善的表現，也強化了雙方的力量。清末以迄民初，東南紳商亟思「救國」之道，重視領袖人材的培養和團結，也看重和外人維持良好關係，上海為連絡各方的基地，也是他們活動的舞台。辛亥以後，他們在原來團體的基礎上，進一步吸收留美學生加入，改造和擴大了舊有組織。他們重視國民外交，又佩服青年會事業，虛心學習並起而模仿。在政治紛亂之際，以「社會改良」為「政治改良」先聲。他們經青年會洗禮後，將新獲的組織力及動員力，移用到改造華人團體，取得相當成效。又把他們的子弟送入教會學校，即華人自辦學府也以教會學校為模範。上海市和校青年會的男女學生會員，在「德智體」三育及「群體」生活中，精神氣質體格改造得煥然一新，成為一群有活力的現代青年。青年會給予他們的自治程序，成為團體生活及社會活動的指引，[3] 五四時期的學生組織構造及

---

2 劉厚生，《張謇傳記》，頁 156。

3 鮑乃德，〈中國青年會之史的演進〉，收入中華基督教青年會全國協會編，《中華基督教青年會五十周年紀念冊（1885-1935）》（上海：

運作，獲得一鳴驚人的成就。到 1923 年，孫中山猶對青年會的組織力和宣傳力羨慕不已，說出「如果國民黨有青年會的完全組織，……民國當老早成功了」的話。[4] 政治組織不如社會組織之完密有效能，是當時眾所公認的事實。

　　多年來，研究者致力於「後五四」的社會動員及公民運動，一般認為其辦法來自蘇俄。五四學生的組織能力和動員能力，源頭至今不明。本書的研究認為，青年會是不容小覷的因素。在語彙使用上，青年會幹事對「運動」一詞情有獨鍾，幾乎用來概括他們主辦的所有事業。從 1910-1930 年代，他們津津樂道：青年（會）運動、全國學生運動、童子軍運動、戒毒運動、國語運動、注音字母運動、徵求募金運動、新教育運動、中華歸主運動、社會服務運動、國民教育運動、鄉村建設運動、掃盲運動、本色化運動、公民教育運動、世界改造運動、新生活運動等。這些運動不盡由他們發起，但一經涉入必以「運動」方式為之。青年會幹事無疑是一群「運動家」，也是「進步主義」和「現代主義」信徒。他們出版的機關刊物，以「青年」和「進步」為題，充分反映其世界觀。他們常用的語彙，如新中國、新精神、新紀元、新社會、新眼光、新思想、新生活、新運動……，表明他們自許為舊中國的革新者，又是新中國

華豐印鑄字所，1935），頁 113-114。Kautz Family YMCA Archives, University of Minnesota. 引自：UMedia (umn.edu)(2021.4.22)。

4　〈孫中山晶青年會之言論〉，收入中華基督教青年會全國協會編，《中華基督教青年會五十周年紀念冊（1885-1935）》，頁 1-6。

的建設者。五四以前，上海社會精英先經歷一番「組織」變革，繼而體驗「運動」滋味，是「以美為師」的時代。這時，「主義」的時代尚未來臨，中國人還沒「以俄為師」。1922年以前，青年會對上流社會及學生群體的影響，值得研究者認真考慮。

　　本書探討東南集團和五四運動的關係，命名「動員的力量：上海學潮的起源」，是因為不止想還原上海學潮的發生原委，也很想弄清楚當日上海社會的結構型態。「動員」一詞，過去用來形容1920年代政黨活動。可是，從1905-1919年，上海學商精英對城市動員已有相當經驗，早就通過士人集團建立跨省的動員能力。不過，他們大體侷限在上層精英的串連行動，尚未著力對下層社會政治啟蒙。從辛亥到五四，在青年會幹事的影響下，紳商子弟始注意社會教育和平民教育，把眼光投向一般百姓，以「喚醒國民」為職志。在城市中，青年會從美國搬來一套商業經營手法，以其辦事程序及工作效能，達到華人團體所難企及的成果，使他們發生效法之心。上海青年會三十五週年的紀念冊，以「力的創造」為題，精確概括出其自我定位。[5] 在東南名流帶動下，上海商人成為青年會的贊助者，乃至社會運動的模仿者。他們如此熱心於各種「運動」，可能懷有社會以外的政治目的。結果，學商要人幾乎人人成為「運動家」，不是作為運動者，就是作為被運動者，更有人兼

5　《上海青年會三十五週年紀念冊──力的創造》（上海：華豐印刷鑄字所，1935）。Kautz Family YMCA Archives, University of Minnesota. 引自：UMedia (umn.edu) (2021.4.22)。

具兩者角色。各種規模「運動」的基本單位，則是一種十人團，每團推一人為長。結合眾多十人團，就可組成一支龐大隊伍，把學校、公司、工廠、同鄉會、社會團體等，納入一個體系中。五四時，上海城市動員速度驚人。當時流行的「救國十人團」的組織，既以傳統保甲制（十家為一甲，十甲為一保）為基礎，[6] 也兼有西人提供的外來經驗。總之，東南名流心照不宣地推動「組織化」進程，其深層關切乃是中國轉型為現代國家之路。

　　先前研究者一直聚焦學生的表現，本書已經指出，就政治觀念和社會運動來說，五四青年沒有太多新發明。後人把光榮歸給他們，不免「數典忘祖」。五四學生喊出的口號，不論是經濟層面的「抵制日貨」、「振興國貨」；社會層面的「改良風俗」、「義務教育」；外交層面的「廢除不平等條約」、拒簽條約；內政層面的「除賣國賊」；無一不是政治家、教育家、實業家、新聞家已有的主張。在行動上，組織全市及全國學生聯合會、進行社會調查，發動抵制日貨，露天演說、集會遊行等等，也沿用過往成例。與其說學生是天才的創造者，毋寧說他們是優秀的模仿者。他們把教育會、寰球中國學生會、青年會施行的程序推而廣之，以其滿溢熱情及充沛體力，成為救國事業的執行者和別動隊。因隊伍眾多，紀律嚴謹，調查精密，受到社會讚美。不過，

6　小野信爾著，殷敘彞、張允侯譯，《救國十人團運動研究》，頁8、11。

報紙對男女學生的喝采聲中，也提及他們以師長為顧問，一些學生且在教師帶領下活動。上海實業家對愛國運動的支持，教育家對地方政府的關說，傳教士對英美領事和工部局董事的疏通，都確保學生行動的安全順暢，並使運動達到最大的效果。上海學生從籌組聯合會之始，就慎防被政黨分子利用，主張非暴力和平手段，使他們獲得上流社會支持，以及外國人士同情。

　　本書探討 1919 年上海學潮的發生底蘊，尚未能對學生運動作全面論定，但從發源地（復旦大學）及指揮部（上海學聯）來看，孫中山固然無力控制學生團體，但學生組織也非獨立運作。在上海學聯及校分會內部，既有熱心的教職員（如潘公展、任矜蘋）；在重要會議及非正式會議上，更有校長（如李登輝、朱少屏、曹慕管）、教育家（黃炎培、蔣夢麟）、報館記者（張東蓀、俞頌華）、商界要人（聶雲台、湯節之等）等參與密議。上海學聯設辦事處於公共租界之寰球中國學生會，託庇於華人領袖的外交網絡，又獲上海名流的經費支持。如此看來，上海學生雖疏離於孫中山派，卻受惠於東南集團系統。部份學生領袖的家世背景，更與他們有密切連繫。聶雲台家族網絡的作用，尤其擔當樞紐的角色。如果把東南集團看成一個隱性政團，是五四上海學生的後台，那麼，後世「學生運動」的原型，歷代學子追慕的傳奇，亦有複雜的外部連繫，絕不單純地自主運作。呂芳上師斷言：「民國八年的五四運動，誠然是中

國現代史上重要而錯綜複雜的歷史事件。」[7]允為不刊之論。可是五四運動的眾多主角，不單是街頭上奔走呼喊的青年學生，亦是密室中運籌帷幄的中外名流。歷史經驗告訴我們：任何大規模的社會運動，都必有賴盟友支持，更需大量經費援助，學生運動絕不例外。故此我們可以說，不受外力支持的大規模學生運動，大概從來不曾出現過，只存在遐想之中。

7　呂芳上，《從學生運動到運動學生（民國八年至十八年）》，頁419。

附錄一：〈寰球中國學生會章程〉

（1917 年修訂）[1]

一、會名：本會定名為寰球中國學生會。

二、宗旨：聯絡全世界中國學生情誼，互相扶助，交換
　　　　　知識，並不涉政治、宗教。

三、會員之種類：

　　甲、名譽會員：凡盡力於本會而有異常勞績者，得
　　　　　　　　　當選為名譽會員。

　　乙、永久會員：凡一次納費在二百元以上者為永久
　　　　　　　　　會員。

　　丙、贊助會員：凡每年納費二十五元以上者為贊助
　　　　　　　　　會員。

　　丁、普通會員：凡每年納費八元以上，不足二十五元
　　　　　　　　　者為普通會員；惟寓居外埠者祇須納會費四元。

四、會員之權利：

　　甲、會員有選舉職員及被選舉之權，惟名譽會員不
　　　　　　　　　在此例。

　　乙、本會所設介紹部藏書樓所刊書報所開演說會交
　　　　　　　　　誼會等，會員均得享受利益。

五、會務：本會會務由本會董事組織參議部、教育部、出
　　　　　版部、演說部、交誼部、介紹部、庶務部等實行之。

六、會董：本會每年舉會董十五人，任滿重選。會董互
　　　　　選會長一人，副會長二人，總幹事一人，記錄書記

1　〈寰球中國學生會章程〉，《寰球》，臨時增刊，1918 年，頁 8。

一人，會計一人，<u>查賬一人</u>。

甲、會長主持會務。

乙、副會長協助會長。會長不到會時代行其事。

丙、總幹事常川到會，稟承會長、副會長督促會務
　　進行，並辭聘有給職員，惟須經董事會通過。

丁、記錄書記司記錄。

戊、會計司出入款項。

己、查賬司審核賬目。

庚、各部職員由會長推舉，惟須經董事會通過。

辛、駐會書記由總幹事薦舉會董聘任之。

七、會議：會董於每月第二星期一集議一次，有召集特
　　別會議之權。

八、入會：凡願入本會者，須由本會會員介紹，填寫入
　　會願書，年在十六歲以上，曾在中學以上畢業，或
　　有相當之程度者，並須由會董認可。

九、會費：須預繳一年。

十、除名：會員行止不端，敗壞本會名譽，本會會董有
　　除名之權。

十一、改修：本會會董有修改章程之權，但須由多數
　　　會員認可。

附錄二：寰球中國學生會董事暨部員名單

（1916-1918）[2]

年度	董事部
1916	會　長：李登輝 副會長：王寵惠、唐露園 總幹事：朱少屏 名譽書記：朱少屏 紀錄書記：徐紹蓀 會計員：韓玉麐 查賬員：郭承惠 參議部：唐露園（部長）、鍾紫垣、王正廷、王寵惠、沈叔玉 教育部：李登輝（部長）、朱少屏、徐紹蓀、王寵惠、余日章、 　　　　湯松、楊德鈞 會友部：錢新之（部長）、周越然、李登輝、袁履登、張叔良、 　　　　楊德鈞
1916	出版部：朱少屏（部長）、李登輝、周厚坤、吳和士、邵力子、 　　　　張叔良、湯松、濮登青、嚴畹滋、王鈍根、劉大鈞、 　　　　吳家煦、王寵惠、史印之、周越然、錢新之、朱元英、 　　　　莊百俞、顧蔭亭、王立才、楊白民、郭仲良 演說部：朱少屏（部長）、楊德鈞、周越然 交誼部：錢新之（部長）、韓玉麐、朱少屏、朱成章、李登輝、 　　　　張籟雲、郭仲良 招待部：朱成章（部長）、唐露園、郭仲良、袁履登、錢新之、 　　　　朱榜生、周錫三、沈叔玉、李啟藩 會計部：錢新之（部長）、周越然、李登輝、袁履登、張叔良、 　　　　楊德鈞 介紹育：楊德鈞（部長）、朱少屏、李登輝、周越然、張鶴隱 交誼部：韓玉麐、卓康成、朱成章、李登輝、徐楚紉 庶務部：郭仲良（部長）、楊德鈞、周越然、錢新之、張叔良 駐會書記：史文欽、張匯元

2　資料來源：〈本會歷史節要〉，頁 8（十至十六）。〈本會十一
　　年董事姓氏表〉，頁 7（二十五）。〈民國十三年董事氏表〉，
　　《〔寰球〕第八次徵求錄》，1918，頁 7-8。寰球中國學生會自
　　製歷年董事表，以每年 2 月年會選舉新一屆董事為準。早期年會
　　在 5 月舉行，1910 年起改 2 月舉行，職員換屆遂亦改為年初。
　　年會選出新董事後，董事會開會推舉正副會長及各職員，復由會
　　長推舉部員。參見〈本會歷史節要〉，頁 8（十二）。〈本會之
　　新職員〉，《寰球》，第 2 卷第 2 期，頁 8（一）。

年度	董事部
1917	會　長：余日章 副會長：李登輝、唐露園 總幹事：朱少屏 紀錄書記：周越然 通信書記：王立才 會計員：韓玉麐 查賬員：周錫三（後改：曹雪賡） 參議部：唐少川（部長）、鍾紫垣、王正廷、王寵惠、周寄梅、 　　　　宋漢章、王景春、郭秉文、顧維鈞、范靜生、顏駿人、 　　　　施肇基、梁任公、詹天佑、章仲和、張煜全、黃佐庭、 　　　　蔡子民、李承梅、楊蔭蓀 教育部：李登輝（部長）、朱少屏、楊德鈞、徐紉蓀、周越然、 　　　　張士一、周子競、周靜涵、余日章 出版部：吳和士（部長）、朱少屏、王寵惠、邵力子、湯壽軍、 　　　　朱元善、嚴畹滋、王立才、王鈍根、魏易、夏頌來、 　　　　莊百俞、顧蔭亭 演說部：朱少屏（部長）、楊德鈞、余日章、凌道揚、徐可陞、 　　　　俞鳳賓、張士一 交誼部：周越然（部長）、郭仲良、朱成章、郝伯揚、周靜涵、 　　　　吳蘊齋、朱榜生、沈叔玉、鍾拱辰、李松泉、 　　　　張默君女士 會員部：唐露園（部長）、錢新之、袁履登、鄒秉文、過探先、 　　　　蔣君毅、韓玉麐、周錫三、徐可陞 介紹部：楊德鈞（部長）、朱少屏、李登輝、周越然、張鶴隱、 　　　　宋漢章、郭秉文、張簫雲 庶務部：王立才（部長）、郭仲良、楊德鈞、張叔良、沈楚紉、 　　　　洪炳甲、古達程 駐會書記：史文欽、張匯元

年度	董事部
1918	會　長：李登輝 副會長：唐露園、曹雪賡 總幹事：朱少屏 紀錄書記：吳和士 書札書記：錢新之 查賬員：郭仲良 參議部：伍廷芳、薩鎮冰、施肇基、唐少川、梁任公、沈寶昌、 　　　　章仲和、鍾紫垣、詹天佑、宋漢章、黃佐庭、王正廷、 　　　　楊蔭蓀、王寵惠、蔡子民、王景春、李鼎新、顧維鈞、 　　　　陳金山、張煜全、蔡廷幹、范靜生、薩福懋、金邦平、 　　　　聶管臣、顏惠慶、聶雲台、梁孟亭 演說部：朱少屏、胡適、蔣夢麟、任鴻雋、酈煦堃、郭秉文、 　　　　余日章、李登輝、朱友漁、江逢治、胡明復 教育部：余日章、周靜涵、李登輝、周越然、朱友漁、王恭寬、 　　　　酈富灼、朱少屏、郭秉文 會友部：顧馨一、鄧福培、韓玉麐、許兆豐、岑德廣、黃警頑、 　　　　朱榜生、黃首民、吳蘊齋、顧士龍、張貢九、趙晉卿、 　　　　袁履登、唐露園、李桂橋女士 交誼部：張孝若、沈叔玉、古達程、王鈍根、李登輝夫人、 　　　　傅溪水、戈公振、李敬琬女士、郭仲良、錢新之、 　　　　徐宗漢女士、蔣夢麟、酈煦堃、宋銘黃女士、穆藕初、 　　　　李松泉、江貴云女士、郭八銘、張鶴隱、張默君女士、 　　　　郝伯陽、許兆豐、李桂喬女士、孫粹存、周靜涵、 　　　　金永清女士、倪新初、孫君實、畢雲程、趙晉卿、 　　　　陳鴻璧、沈韞芳女士 出版部：吳和士、沈楚紉、朱少屏、莊百俞、邵仲輝、金子剛、 　　　　朱元善、許建屏、嚴晼滋、史良才、劉大鈞、郭步陶、 　　　　夏頌來、王鈍根、王立才、顧蔭亭、魏易、戈公振 介紹部：聶管臣、朱少屏、任傳榜、史良才、李登輝、朱成章、 　　　　錢新之、江逢治、宋漢章 庶務部：郭仲良、湯韵韶、張叔良、沈楚紉、諸水春、傅溪水、 　　　　鄧福培 駐會書記：史文欽、張匯元

附錄三：〈北京中等以上學校學生聯合會會綱〉[3]

（一）本會定名為北京中等以上學校學生聯合會。

（二）本會以盡學生之天職，謀國家之福利為宗旨。

（三）本會由北京中等以上各學校學生組織之。

（四）本會設評議會，由與會各學校每校選舉代表二
　　　人組織之。

（五）參與本會之各校學生，每校組織一學生幹事會，
　　　其組織細則各校自定之。

（六）本會評議會有議決本會綱第二條所規定以內應
　　　行事項之職權。

（七）參與本會之各校學生有循行本會評議會所議決
　　　應行事項之義務。

（八）本會評議會議決事項：

　　　（甲）關於全體者，由本會暫行委託北京大學學
　　　　　　生幹事會執行之。

　　　（乙）關於各校者，由各校代表傳達各該校學生
　　　　　　幹事會執行之。

（九）本會評議會公舉正副評議長一人，正評議長綜
　　　理本會一切事務，副評議長襄助之。

（十）本會評議會之集會：

　　　（甲）常會每星期一次，於星期日舉行之，其集

3　〈北京學生聯合會成立〉，《申報》，上海，1919 年 5 月 12 日，
　　版 6。〈學生聯合會大會紀事〉，《時報》，上海，1919 年 5 月 15
　　日，第 3 張版 5。〈北京中等以上學校學生聯合會組織大綱〉附件
　　應有詳細規定，報章未予錄出。

會之時間與地點臨時酌定。

（乙）特別會無定期，於必要時由評議長召集之。

（十一）本會經費由與會各校學生分籌之。

（十二）本會至適當時機得由與會各校學生代表四分三
以上之出席代表，四分三以上之同意解散之。

（十三）本會綱有未盡妥善之處，得由各校代表之提議，
經出席代表三分二以上之同意修改之。

（十四）本會綱經本會評議會議決後發生效力。

〈北京中等以上學校學生聯合會組織大綱〉

（一）本會定名為□□中學〔等〕以上學校學生聯合會。

（二）本會以盡學生之天職，謀國家之福利為宗旨。

（三）凡中等以上各校學生加入本會者皆得為本會會員。

（四）本會分評議、幹事二部，評議部由每校選出代表二人組織之，幹事部由各校自行組織之。

（五）評議部有議決關於第二條範圍以內一切事項之權，各校幹事應負遵守與執行之完全義務。

（六）議決事項之執行：

（甲）關於全體者，暫行委託北京大學幹事會各股執行之。

（乙）其關於各校者，由各校代表傳達，各該校幹事會執行之。

（七）本會公舉正會長一人總理一切事務，副會長一人襄理之。

（八）會期：

（甲）常會於每星期日舉行一次。

（乙）特別會無定期，遇有必要時得由會長臨時招集之。

（附件）幹事部之分股：

（一）總務股。（二）庶務股。

（三）會計股。（四）文書股。

（五）新聞股。（六）交際股。

附錄四：〈中華民國上海學生聯合會章程〉

（1919 年 8 月 20 日通過）[4]

第一章　總綱

第一條　本會定名為上海學生聯合會

第二條　本會以研究學術、改良社會、促進民治、擁
　　　　護國權為宗旨。

第二章　組織

第三條　本會以上海中等以上各學校分會為單位。

第四條　凡加入本會各學校，均須各設一分會（其名
　　　　稱即定為：上海學生聯合會某學校分會）

第五條　凡大學、中學同一校址者，祇准設一分會。

第六條　本會分執行、評議兩部。

第三章　執行部

第七條　本部設正會長一人、副會長二人。

第八條　本部設文牘處主任一人，文牘員十二人。

第九條　本部設以下各科

　　　　總務科　正副主任各一人，科員十二人。

　　　　庶務科　正副主任各一人，科員六人。

　　　　交際科　正副主任各一人，科員十八人。

　　　　調查科　正副主任各一人，科員三十人。

　　　　出版科　正副主任各一人，科員十八人。

4　〈上海學生聯合會章程〉，《南洋》，第 7 期（1919.8.26），頁 17-21。
　　章程第八九章之條目有誤，疑列在第八章第四十七至四十九條者，
　　原列在第九章第五十一至五十三條。茲照錄其誤不改，以存其真。

財政科　正副主任各一人，科員六人。

教育科　正副主任各一人，科員十八人。

實業科　正副主任各一人，科員十八人。

營業科　正副主任各一人，科員十二人。

第十條　各科主任由各科科員互選之。

第十一條　各科細則由各科自行訂定，評議部通過
　　　　　施行。

第十二條　本部職員任期以一年為限（自每年暑假算
　　　　　起），連舉者得連任，惟不得過二次。

第十三條　會長職權如下

（甲）為本會對外代表。

（乙）監督本部各科長一切事宜。

（丙）於必要時評議部同意可聘任駐會辦事員，
　　　並予以相當之報酬。

（丁）將評議部議決事項交各科實行。

（戊）將提案於評議部。

（己）提案及受質問時得出席評議部發言，但無
　　　表決權。

（庚）評議部議決案之難於實行者，得提交覆議；
　　　但第二次表決經出席評議員三分之二之通
　　　過後，同一會期內不得重交覆議。

（辛）於必要時會長有解散評議部之權，但須各科
　　　主任副署，并於同一會期內不得有第二次之
　　　解散。

（壬）於解散評議部後，限二星期內召集新評議部。

（癸）召集大會及評議部第一次會議。

第十四條　副會長襄助會長辦理會務，會長缺席時得
　　　　　代理之。

第十五條　文牘處主任主撰一切關於本會全體之文
　　　　　字，並負保管、記錄文件之責。文牘員之
　　　　　職務，由文牘主任派定之。

第十六條　總務科處理本會與分會及各分會間之一切
　　　　　事項之不屬於範列各科者。

第十七條　庶務科採辦物品，整理會所，監督僕役，
　　　　　及一切膳宿事項。

第十八條　交際科招待來賓，並辦理本會對外一切
　　　　　交涉。

第十九條　調查科調查政學商工等及社會狀況一切
　　　　　事項。

第二十條　出版科撰述及印刷一切印刷品。

第二十一條　財政科負本會金錢出入及保管之責。

第二十二條　教育科籌備設立義務學校及演講事項。

第二十三條　實業科籌備設立工廠、振興工業。

第二十四條　營業科發行國貨及本會印刷品。

第二十五條　本部會議分常會、特別兩種，細則另定，
　　　　　　交評議部議決通過施行。

第四章　評議部

第二十六條　本部第一次會議由會長召集之。

第二十七條　本部以評議員組織之。

第二十八條　評議員以本會各分會選出代表一人充任，
　　　　　　代表年齡另條規定之。

第二十九條　本部設正副評議長各一人，由評議員互
　　　　　　選之。

　第三十條　評議長及評議員之任期以一年為限。

第三十一條　本部分常會、特別會兩種，會期由細則規
　　　　　　定之。

第三十二條　本部得設各種委員會。

第三十三條　本部之職權如左

　　（甲）通過執行部及各科細則。

　　（乙）議決各分會組織大綱。

　　（丙）通過本會預算決案。

　　（丁）議決本會一切進行事宜。

　　（戊）受理各分會請願事件。

　　（己）質問及彈劾。

　　（庚）選舉。

　　（辛）會長覆議案，各評議員須先徵求各分會意
　　　　　見，隨帶該分會意見書再行表決。

　　（壬）本部得修改章程，但限於本章程第五十四
　　　　　條所規定者。

第三十四條　本部細則定之。

第五章　　大會

第三十五條　大會於每暑假前一月內舉行，由會長召
　　　　　　集之。

第三十六條　大會以各分會正副會長、〔正〕副議長組
　　　　　　織之。

第三十七條　正副會長、文牘處員及各科科員，大會選
　　　　　　舉之。

第三十八條　每一分會有一選舉權。

第三十九條　被選舉者以大會所選定之各分會推出之。

第四十條　　大會在會期內有修改章程之權，表決時每
　　　　　　一分會有一表決權。

第四十一條　各項職員選出後大會即行取銷。

第六章　會費

第四十二條　每一學期每一分會會員應納會費大洋五
　　　　　　角，為本會常年經費。

第四十三條　遇必要時，本會以評議部之議決得徵收特
　　　　　　別費。

第四十四條　本會每年應有總數收入百分之五之儲蓄。

第四十五條　每學期開學後一月內，各分會會長應收齊該
　　　　　　分會應納之常年費，交與本會財政科主任。

第七章　資格

第四十六條　本會一切職員概由學生任之，其有各校熱
　　　　　　心教職員，得由會長聘為特別職員。

第四十七條　正副會長年齡須在二十歲以上。

第四十八條　各職員及評議員年齡須在十八歲以上。

第八章　懲戒

第四十九條　各職員、評議員如有違背本會章程，或妨礙本會名譽者，得由評議部提出彈劾，或由會長提交評議部議決取消其資格，其遺缺由該會補選。

第九章　附則

第四十七條　評議員、執行部員不得互有兼職。

第四十八條　執行部各科科員不得互有兼職。

第四十九條　本會各職員、評議員不得兼分會正副會長及評議長職。

第五十條　各分會章程不得與本會章程相抵觸。

第十章　修改

第五十四條　本章程有未妥善處，由一分會以上之提議，五分會以上之附議，提出大會。以本會各分會四分之三以上之出席，分會三分之二以上之表決，得修改之。

第五十五條　文牘及各科科員人數，遇必要時，由評議部以評議員四分之三以上之出席，出席評議員三分之二以上之表決，得修改之。

第十一章　實行

第五十六條　本章程自大會通過日實行。

附錄五：〈中華民國上海學生聯合會評議部規則〉

（1919 年 5 月 15 日通過）[5]

第一章　評議長　副評議長　書記

第一條　本部設評議長一人，副評議長一人，書記二
　　　　人。由各評議員用記名投票法互選之，以得
　　　　票最多者當選。

第二條　評議長維持會議秩序，整理議事對外，為本
　　　　部代表。

第三條　評議長缺席時，副評議長代行其職務。評議
　　　　長副評議長均缺席時，另推臨時評議長。

第四條　書記承評議長之指揮，司理本部一切文牘。

第二章　會期

第五條　本部每星期開常會一次，時間為星期六下午
　　　　四至六時。但遇有特別事故時，得由評議長
　　　　通告改期。

第六條　有緊要案件待議時，由評議長召集緊急會議。

第三章　議事

第七條　本部會議時，以總評議員過半數為法定人數。

第八條　本部所議之案件如下：

5　各報多有刊載：〈中華民國上海學生聯合會評議部規則〉，《民國
　　日報》，上海，1919 年 5 月 18 日，版 10。〈中華民國上海學生聯
　　合會評議部規則〉、〈中華民國上海學生聯合會評議部規則（續）〉，
　　《時報》，上海，1919 年 5 月 19、22 日，第 3 張版 6。

（一）會長交議者。

（二）評議員提出者。

第九條　提出議案者，應具案附以簡明之理由，於開
　　　　會前二日送交。評議長編成議事日程付印，
　　　　分發各評議員。

第十條　會長提出議案時，得派員出席，說明其旨趣。

第十一條　各分會對於本部，得提出意見書，以備
　　　　　採擇。

第十二條　會議時，照議事日程之次序議之。但評議
　　　　　員得提出變更議事日程之動議。此動議通
　　　　　過後，得先議他案。

第十三條　一案討論未畢，不得提出他案。

第十四條　評議員就同一議案發言，不得逾三次，但
　　　　　左列各項不在其內：

（一）質疑。

（二）答問。

（三）喚請注意。

（四）提案者或動議者說明議案，或動議之旨趣。

第十五條　左列各項動議，有一人以上之贊成，評議
　　　　　長即須付表決，不得討論。

（一）討論終局。

（二）緩議。

（三）延會。

第十六條　本部議決案件，書記繕正後，由評議長簽
　　　　　名蓋章，交會長執行。

第十七條　會長對於本部議決之案，認為不當時，有
　　　　　退還後議之權。後議經到會人數三分二以
　　　　　上之可決，會長即須執行，不得為第二次
　　　　　之退還。

第四章　質問

第十八條　評議員對於執行部有疑問時，得以三人以
　　　　　上之連署，提出質問書，由評議長交付會
　　　　　長限期答覆。

第十九條　有緊急問題發生時，評議員得提出動議，
　　　　　經會議通過後，請會長出席質問。

第五章　懲戒

第二十條　會議時評議員有左列情事之一者，評議長
　　　　　得停止其發言或命其退席：

　（一）高聲呼喊擾亂秩序。
　（二）發言涉及他人私事。
　（三）違反本規則第十三條或第十四條至三次以
　　　　上者。

第二十一條　會議未畢，評議員擅自退席者，下次會議
　　　　　　評議長得停止其發言權。

第二十二條　評議員無故三次不出席者，由評議長通
　　　　　　告會長，轉請其所代表之學校，另選評
　　　　　　議員。

第六章　附則

第二十三條　本規則有疑義時，評議長應諮詢會議決
　　　　　　定之。

第二十四條　評議員有五人以上之同意，得對於本規則
　　　　　　提出修正。

第二十五條　本規則自議決日施行。

附錄六：〈上海學生聯合會交際部辦事細則草案〉

（1919 年 5 月 15 日通過）[6]

（一）本部專司交際事員。

（二）本部須依照本會宗旨施行。

（三）本部應辦事項略舉如左：

　　　（甲）聯絡各界一致行動。

　　　（乙）分團遊行演講。

　　　（丙）介紹各學校入本會。

　　　（丁）分發印刷品。

　　　（戊）要求各舞台及學校編演救國新劇。

　　　（己）調查日貨之名稱及流入。

（四）部員出發，每五人為一團，每團舉團長、庶務、
　　　書記各一人。

（五）每次經過情形，須記錄之，報告本會以資憑藉。

（六）本部進行，如遇阻當者，立即報告本會，以資
　　　相當對付。

（七）本部職員須由本會給發徽章，以杜混冒。

（八）每星期六下午新四時至七時開討論會一次。

（九）遇有特別事故，由部長通知開臨時會。

（十）本則有未盡善處，得於開會時增刪之。惟須有
　　　五人以上之提議。

6　〈學生聯合會職員錄〉，《民國日報》，上海，1919 年 5 月 16 日，
　　版 10。〈學生聯合會開會記〉，《民國日報》，上海，1919 年 5 月
　　18 日，版 10。

徵引文獻

一、中文、日文
（一）報紙、期刊
- 北京《晨報》
- 上海《民國日報》
- 上海《申報》
- 上海《新聞報》
- 上海《時報》
- 上海《時事新報》
- 上海《人文月刊》
- 上海《上海青年》
- 上海《南洋》
- 上海《青年》
- 上海《青年進步》
- 上海《寰球》
- 上海《興華》
- 上海《新教育》
- 上海《教育雜誌》
- 上海《復旦雜誌》（ *The Fuh Tan Journal* ）
- 上海《復旦季刊》（ *The Fuh Tan Studant's Quarterly* ）
- 上海《復旦年刊》（ *The Fuh-Tan Banner* ）
- 上海《約翰聲》（ *The St. John's Echo* ）
- 上海《聖約翰年刊》（ *The Johannean* ）
- 上海《墨梯》
- 上海《華商紗廠聯合會季刊》
- 上海《銀行週報》
- 上海《錢業月報》
- 上海《江蘇省教育會月報》
- 上海《節制月刊》
- 上海《學生會會報》

（二）史料、專書

- 《上海中華職業教育社志》編纂委員會編，《上海中華職業教育社志》（上海：上海古籍出版社，2007）。
- 《上海青年會三十五週年紀念冊——力的創造》（上海：華豐印刷鑄字所，1935）。
- 《大生系統企業史》編寫組，《大生系統企業史》（南京：江蘇古籍出版社，1990）。
- 《大華晚報》社編，《余井塘先生紀念文集》（臺北：大華晚報社，1985）。
- 《長沙瞿氏家乘》（長沙：鉛印本，1934）。
- 《紅旗飄飄》（北京：中國青年出版社，1986）。
- 《張謇全集》編纂委員會編，《張謇全集》，第 1-4、6、8 卷（上海：上海辭書出版社，2012）。
- 《聖約翰大學五十年史略》（臺北：臺灣聖約翰大學同學會重印，1972）。
- 《學府紀聞：私立中國公學》（臺北：南京出版有限公司，1982）。
- 《學府紀聞：國立暨南大學》（臺北：南京出版有限公司，1986）。
- C. A. 達林著、侯均初等譯、李玉貞校，《中國回憶錄（1921-1927）》（北京：中國社會科學出版社，1981）。
- 丁賢俊、喻作鳳，《伍廷芳評傳》（北京：人民出版社，2005）。
- 卜舫濟原著、岑德彰編譯，《上海租界略史》，收入沈雲龍主編，《近代中國史料叢刊》，第六十四輯（臺北：文海出版社，1971）。
- 上海市工商業聯合會、復旦大學歷史系編，《上海總商會組織史資料匯編》，上下冊（上海：上海古籍出版社，2004）。
- 上海市工商業聯合會編，《上海總商會議事錄》，第 2-3 冊（上海：上海古籍出版社，2006）。
- 上海市政協文史資料委員會編，《上海文史資料存稿匯編》，第 5、9 冊（上海：上海古籍出版社，2001）。
- 上海市檔案館編，工部局董事會會議錄》，第 20 冊（上海：上海古籍出版社，2015）。
- 上海社會科學院經濟研究所編，《英美煙公司在華企業資料匯編》，第 3 冊（北京：中華書局，1983）。
- 上海社會科學院經濟研究所編，《茂新、福新、申新系統榮家企業史料》，上冊（上海：上海人民出版社，1962）。
- 上海社會科學院歷史研究所編，《五四運動在上海史料選輯》（上海：上海人民出版社，1963/1980）。
- 上海社會科學院歷史研究所編，《辛亥革命在上海史料選輯（增訂版）》（上海：上海人民出版社，2011）。
- 上海通社編，《上海研究資料續集》（臺北：中國出版社，1973）。

- 上海圖書館歷史文獻研究所編，《歷史文獻》，第 14 輯（上海：上海古籍出版社，2010）。
- 上海總商會，《上海總商會同人錄（1918）》（上海：商務印書館，1918）。
- 小野信爾著，殷敘彝、張允侯譯，《救國十人團運動研究》（北京：中央編譯出版社，1994）。
- 中共中央黨史研究室第一研究部譯，《聯共（布）、共產國際與中國國民革命運動（1920-1925）》，第 1 冊（北京：北京圖書館出版社，1997）。
- 中共中央馬克思恩格斯列寧斯大林著作編譯局研究室編，《五四時期期刊介紹》，第 1-3 集，共 6 冊（北京：三聯書店，1959）。
- 中國人民政治協商會議上海市委員會文史資料工作委員會編，《辛亥革命七十周年文史資料紀念專輯》（上海：上海人民出版社，1981）。
- 中國人民政治協商會議上海市委員會文史資料工作委員會編，《解放前上海的學校》（上海：上海人民出版社，1988）。
- 中國人民政治協商會議上海市委員會文史資料工作委員會編，《舊上海的幫會》（上海：上海人民出版社，1986）。
- 中國人民政治協商會議全國委員會文史資料委員會編，《五四運動親歷記》（北京：中國文史出版社，1999）。
- 中國人民政治協商會議全國委員會文史資料委員會編，《文史資料存稿選編：晚清‧北洋（下）》（北京：中國文史出版社，2002）。
- 中國人民政治協商會議全國委員會文史資料研究委員會編，《工商史料（二）》）（北京：文史資料出版社，1981）。
- 中國人民政治協商會議全國委員會文史資料研究委員會編，《文史資料選輯》，第 23 輯（北京：中華書局，1981）。
- 中國人民政治協商會議全國委員會文史資料研究委員會編，《文史資料選輯》，第 37 輯（北京：文史資料出版社，1963）。
- 中國人民政治協商會議全國委員會文史資料研究委員會編，《文史資料選輯》，第 49 輯（北京：文史資料出版社，1981）。
- 中國人民政治協商會議全國委員會文史資料研究委員會編，《文史資料選輯》，第 97 輯（北京：文史資料出版社，1985）。
- 中國人民政治協商會議全國委員會文史資料研究委員會編，《辛亥革命回憶錄》，第 1、4 集（北京：文史資料出版社，1981）。
- 中國人民政治協商會議全國委員會文史資料研究委員會辦公室編，《和平老人邵力子》（北京：文史資料出版社，1985）。
- 中國人民政治協商會議浙江省委員會文史資料研究會編，《浙江文史資料選輯》，第 29 輯（浙江：浙江人民出版社，1985）。

- 中國人民政治協商會議浙江省紹興縣委員會文史資料工作室委員會編，《紹興文史資料選輯》，第 7 輯（紹興：中國人民政治協商會議浙江省紹興縣委員會學習文史委員會，1988）。
- 中國人民政治協商會議浙江省紹興縣委員會學習文史委員會編，（《紹興文史資料選輯（朱慶瀾）》，第 17 輯（紹興：中國人民政治協商會議浙江省紹興縣委員會學習文史委員會，2000）。
- 中國人民政治協商會議廣東省委員會文史資料研究委員會編，《廣東文史資料》，第 5 輯（廣州：中國人民政治協商會議廣東省委員會文史資料研究委員會，1962）。
- 中國人民政治協商會議廣東省廣州市委員會文史資料研究委員會，《紀念辛亥革命七十周年史料專輯》，下冊（廣州：廣東人民出版社，1981）。
- 中國人民銀行上海市分行金融研究所編，《上海商業儲蓄銀行史料》（上海：上海人民出版社，1990）。
- 中國人民銀行上海市分行編，《上海錢莊史料》（上海：上海人民出版社，1960）。
- 中國社會科學院近代史研究所、中國第二歷史檔案館史料編輯部編，《五四愛國運動檔案資料》（北京：中國社會科學出版社，1980）。
- 中國社會科學院近代史研究所中華民國史研究室編，《胡適來往書信選》，上、中冊（香港：中華書局，1983）。
- 中國社會科學院近代史研究所中華民國研究室、中山大學歷史系孫中山研究室、廣東省社會科學院歷史研究室合編，《孫中山全集》，第 5 卷（北京：中華書局，1981）。
- 中國社會科學院近代史研究所編，《五四運動回憶錄（續）》（北京：中國社會科學出版社，1979）。
- 中國社會科學院近代史研究所編，《五四運動回憶錄》，上下冊（北京：中國社會科學出版社，1979）。
- 中國社會科學院現代史研究室、中國革命博物館黨史研究室選編，《「一大」前後（二）》，上冊（北京：人民出版社，1980）。
- 中國社會學院近代史研究所、近代史資料編輯組編，《五四愛國運動》，上下冊（北京：中國社會科學出版社，1979）。
- 中國科學院上海經濟研究所、上海社會科學院經濟研究所編，《南洋兄弟煙草公司史料》（上海：上海人民出版社，1958）。
- 中國科學院上海經濟研究所、上海社會科學院經濟研究所編，《恆豐紗廠的發生發展與改造》（上海：上海人民出版社，1959）。
- 中國科學院歷史研究所第三所近代史資料編輯組編輯，《五四愛國運動資料》（北京：科學出版社，1959）。
- 中國國家博物館編、勞祖德整理，《鄭孝胥日記》，第 2-3 冊（北京：中華書局，1993）。

- 中國第二歷史檔案館編，《五四運動在江蘇》（南京：江蘇古籍出版社，1992）。
- 中華基督教青年會全國協會編，《中華基督教青年會五十周年紀念冊（1885-1935）》（上海：華豐印鑄字所，1935）。
- 中華續行委辦會編訂，《中華基督教會年鑑》，1-6 冊（臺北：中國教會研究中心、橄欖文化基金會聯合出版，1983）。
- 中華續行委辦會調查特委會編，蔡詠春等譯，《1901-1920 年中國基督教調查資料》，原《中華歸主》修訂版，上下卷（北京：中國社會科學出版社，1987）。
- 勻廬（李孤帆），《勻廬瑣憶》（香港：南天書業公司，1973）。
- 卞孝萱，《家譜中的名人身影──家譜叢考》（瀋陽：遼海出版社，2008）。
- 天津市政協文史資料研究委員會編，《天津的洋行與買辦》（天津：天津人民出版社，1987）。
- 戈公振，《中國報學史》（北京：中國新聞出版社，1985）。
- 方東美，《方東美先生演講集》（臺北：黎明文化事業股份有限公司，1978）。
- 王成勉，《教會、文化與國家：對基督教史研究的思索與案例》（臺北：宇宙光全人關懷，2006）。
- 王汎森等，《中國近代思想史的轉型時代》（臺北：聯經出版有限公司，2007）。
- 王汎森等主編，《傅斯年遺札》，第 1 卷（臺北：中央研究院歷史語言研究所，2011）。
- 王來棣採訪、編輯，《中共創始人訪談錄》（香港：明鏡出版社，2008）。
- 王宗光主編，《上海交通大學史》，第 1-2 卷（上海：上海交通大學出版社，2016）。
- 王芸生編著，《六十年來的中國與日本》，第 6 卷（北京：三聯書店，2005）。
- 王垂芳主編，《洋商史──上海：1843-1956》（上海：上海社會科學院出版社，2007）。
- 王栻主編，《嚴復集》，第 3 冊（北京：中華書局，1986）。
- 王善治，《傳道團詳解》（上海：中華基督教青年會全國協會書報部，1916）。
- 王爾敏，《中國近代思想史論》（臺北：華世出版社，1977）。
- 王爾敏主編，《袁氏家藏近代名人手書》（臺北：中央研究院近代史研究所，2001）。
- 包天笑，《釧影樓回憶錄》及《續編》（太原：山西古籍出版社，1999）。
- 北京清華學校編，《游美同學錄》（北京：清華學校，1917）。

• 史黛西‧比勒（Stacey Bieler）著，張艷譯，張孟校訂，《中國留美學生史》（北京：三聯書店，2010）。

• 本書編委會編，《中國基督教年鑑》，第 9、14 冊（北京：國家圖書出版社，2013）。

• 永岡正己、沈潔監修，《中国占領地の社会調査》（東京：近現代資料刊行會，2010）。

• 田正平、李笑賢編，《黃炎培教育論著選》（北京：人民教育出版社，2018）。

• 白吉爾（Marie-Claire Bergère）著，王菊、趙念國譯，《上海史：走向現代之路》（上海：上海社會科學院出版社，2005）。

• 白吉爾（Marie-Claire Bergère）著，張富強、許世芬譯，《中國資產階級的黃金時代（1911-1937 年）》（上海：上海人民出版社，1994）。

• 石泉，《甲午戰爭前後之晚清政局》（北京：三聯書店，1997）。

• 交通大學校史編寫組編，《交通大學校史資料選編》，第 1 卷（西安：西安交通大學出版社，1986）。

• 伍廷芳，《伍先生（秩庸）公牘》，收入沈雲龍主編，《近代中國史料叢刊》，第六十六輯（臺北：文海出版社，1971）。

• 伍連德著，程光勝、馬學博譯，《鼠疫鬥士——伍連德自述》，上冊（長沙：湖南教育出版社，2011）。

• 全國政協文史和學習委員會編，《回憶陳光甫與上海銀行》（北京：中國文史出版社，2018）。

• 全國政協文史資料委員會編，《中華文史資料文庫：經濟工商編‧工業》，第 12 卷（北京：中國文史出版社，1996）。

• 全國政協文史資料委員會編，《文史資料存稿選編：東征北伐》（北京：中國文史出版社，2002）。

• 全國政協文史資料委員會編，《文史資料存稿選編：教育》（北京：中國文史出版社，2002）。

• 全國政協文史資料委員會編，《文史資料存稿選編：教育》（北京：中國文史出版社，2002）。

• 如雅德（Arthur Rugh）著，胡貽穀譯，《學校青年會總論》（上海：青年協會書報部，1918）。

• 朱小怡、章華明主編，《聖約翰大學與華東師範大學》（上海：華東師範大學出版社，2015）。

• 朱啟鈐，《蠖園文存》，收入沈雲龍主編，《近代中國史料叢刊》，第二十三輯（臺北：文海出版社，1966）。

• 朱維錚主編，《馬相伯集》（上海：復旦大學出版社，1996）。

• 江蘇省太倉市政協文史資料委員會編，《俞慶棠紀念文集》（太倉：江蘇省太倉市政協文史資料委員會，1997）。

- 江蘇省政協文史資料委員會、南通市政協學習、文史委員會編，《江海春秋（下）》（南京：《江蘇文史資料》編輯部，1998）。
- 何品、宣則編注，《上海商業儲蓄銀行：機構卷》（上海：上海遠東出版社，2015）。
- 何振模（James L. Huskey）著，張笑川、張生、唐艷香譯，《上海的美國人：社區形成與對革命的反應（1919-1928）》（上海：上海辭書出版社，2014）。
- 吳宓著、吳學昭整理，《吳宓日記》，第 2 冊（北京：三聯書店，1998）。
- 吳南軒先生逝世週年紀念籌備會編，《吳南軒先生逝世周年祭紀念專集》（臺北：吳南軒先生逝世週年紀念籌備會，1981）。
- 吳馨等修、姚文枬等撰，《江蘇省上海續縣志》，第 1-2 冊（臺北：成文出版社，據民國七年刊本影印，1970）。
- 吳馨等修、姚文枬等纂，《上海縣志》，第 1、3 冊（臺北：成文出版社，據民國二十四年鉛印本影印，1970）。
- 呂芳上，《民國史論》，中冊（臺北：臺灣商務印書館，2013）。
- 呂芳上，《從學生運動到運動學生（民國八年至十八年）》（臺北：中央研究院近代史研究所，1994）。
- 呂芳上主編，《論民國時期領導精英》（香港：商務印書館，2009）。
- 宋路霞，《上海的豪門舊夢》（臺北：聯經出版有限公司，2001）。
- 宋鑽友，《廣東人在上海（1843-1949 年）》（上海：上海人民出版社，2007）。
- 李子弋撰編，《智水源流濟剛柔──智忠夫人李過純華回憶錄》（出版地不詳：天帝教退任首席使者辦公室，2015）。
- 李元信總編纂，《環球中國名人傳略──上海工商名界之部》（上海：環球出版公司，1944）。
- 李平書，《李平書七十自敘》（上海：上海古籍出版社，1989）。
- 李開軍，《陳三立年譜長編》，中冊（北京：中華書局，2014）。
- 李達嘉主編，《近代史釋論：多元思考與探索》（臺北：東華書局，2017）。
- 李劍農，《中國近百年政治史：1840-1926 年》（上海：復旦大學出版社，2002）。
- 汪康年，《汪穰卿筆記》，卷五（北京：中華書局，2007）。
- 沈怡，《沈怡自述》（北京：中華書局，2016）。
- 佚名輯，《伍秩庸博士哀思錄》（北京：北京圖書館，1923）。

- 狄爾耐（H. A. Turner）著、中華基督教青年會全國協會書報部譯訂，《學校青年會治理法》（上海：中華基督教青年會全國協會書報部，1919）。
- 谷秀青，《清末民初江蘇省教育會研究》（桂林：廣西師範大學出版社，2009）。
- 邢軍著、趙曉陽譯，《革命之火的洗禮：美國社會福音和中國基督教青年會，1919-1937》（上海：上海古籍出版社，2006）。
- 京都大學人文科學研究所，《日本新聞五四報導資料集成》（京都：京都大學人文科學研究所，1983）。
- 周永明著，尹松波、石琳譯，《中國網絡政治的歷史考察：電報與清末時政》（北京：商務印書館，2013）。
- 周叔媜，《周止庵先生別傳》，收入《民國叢書》第三編，第73冊（上海：上海書店據1948年版影印，1991）。
- 周策縱著，周子平譯，《五四運動：現代中國的思想革命》（南京：江蘇人民出版社，1996）。
- 季羨林主編，《胡適全集》，第1、19、22、34、21卷（合肥：安徽教育出版社，2003）。
- 宗方小太郎著、甘慧杰譯，《宗方小太郎日記（未刊稿）》，中下卷（上海：上海人民出版社，2016）。
- 服部龍二編，《王正廷回顧錄》（東京：中央大學出版部，2008）。
- 竺可楨，《竺可楨全集》，第10卷（上海：上海科技教育出版社，2006）。
- 邵桂花、陳志新，《朱慶瀾傳略》（長春：吉林人民出版社，2003）。
- 邵循正，《邵循正歷史論文集》（北京：北京大學出版社，1985）。
- 金振玉，《金玉家庭》（香港：金韻醫務所，1970）。
- 保羅‧S‧芮恩施著（Paul S. Reinsch），李抱宏、盛震溯譯，《一個美國外交官使華記——1913-1919年美國駐華公使回憶錄》（北京：商務印書館，1982）。
- 南京大學外國學者留學生研修部、江南經濟史研究室編，《論張謇——張謇國際學術研討會論文集》（南京：江蘇人民出版社，1993）。
- 南通市檔案館、張謇研究中心編，《大生集團檔案資料選編：紡織（III）》（北京：方志出版社，2004）。
- 南通市檔案館、張謇研究中心編，《大生集團檔案資料選編：鹽墾編（V）》（北京：方志出版社，2017）。
- 姚崧齡編著，《張公權先生年譜初稿》，上冊（臺北：傳記文學雜誌社，1982）。
- 威廉‧麥克尼爾（William Hardy McNeill）著、高照晶譯，《追求真理：威廉‧麥克尼爾回憶錄》（杭州：浙江大學出版社，2015）。

- 政協蘇州市委員會文史資料委員會編，《蘇州文史資料》，第 1-5 合輯（蘇州：出版社不詳，1990）。
- 施肇基，《施肇基早年回憶錄》（臺北：傳記文學出版社，1967）。
- 洪澤主編，《上海：通往世界之橋》，下冊，（《上海研究論叢》，第 3-4 輯）（上海：上海社會科學院，1989）。
- 約翰·杜威、愛麗斯·C·杜威著，伊凡琳·杜威編，劉幸譯，《杜威家書：杜威家書：1919 年所見中國與日本》（北京：北京師範大學出版社，2016）。
- 胡光麃，《影響中國現代化的　百洋客》（臺北：傳記文學出版社，1983）。
- 韋良士（J. R. Williams）著、謝洪賚譯、胡貽穀校刊，《會員論》（上海：中華基督教青年會組合，1914）。
- 唐文治，《茹經年譜》，收入沈雲龍主編，《近代中國史料叢刊三編》，第九輯（臺北：文海出版社，1986）。
- 唐文治，《茹經堂文集二編》，收入沈雲龍主編，《近代中國史料叢刊續編》，第四輯（臺北：文海出版社，1974）。
- 唐文治、唐慶貽，《俞慶棠女士墓誌銘·家傳》（自印本，1949）。
- 唐文治著、唐慶詒補，《茹經先生自訂年譜正續篇》收入沈雲龍主編，《近代中國史料叢刊第三編》，第九輯（臺北：文海出版社，1986）。
- 唐克揚，《從廢園到燕園》（北京：三聯書店，2009）。
- 唐紹明，《清華校長唐國安—— 一位早期留美學生的報國之路》（北京：清華大學出版社，2016）。
- 奚玉書，《金玉全緣》（臺北：尚華工業公司，1981）。
- 孫慧敏，《制度移植：民初上海的中國律師（1912-1937）》（臺北：中央研究院近代史研究所，2012）。
- 孫應祥，《嚴復年譜》（福州：福建人民出版社，2014）。
- 徐一士，《一士類稿》（太原：山西古籍出版社，1996）。
- 徐以驊，《教育與宗教：作為傳教媒介的聖約翰大學》（珠海：珠海出版社，1999）。
- 徐矛主編，《中國十買辦》（上海：上海人民出版社，1996）。
- 徐凌霄、徐一士著，徐澤昱編輯，劉悅斌、韓策校訂，《凌霄一士隨筆》，上中冊（北京：中華書局，2018）。
- 徐寄廎，《上海金融史》（臺北：學海出版社，1970）。
- 徐新吾主編，《中國近代繰絲工業史》（上海：上海人民出版社，1990）。
- 徐滄水編，《上海銀行公會事業史》（臺北：文海出版社，1987）。
- 徐鼎新、錢小明，《上海總商會（1902-1929）》（上海：上海社會科學院出版社，1991）。

• 桑兵，《旭日殘陽》（桂林：廣西師範大學出版社，2018）。
• 桑兵，《晚清學堂學生與社會變遷》（（桂林：廣西師範大學出版社，2007）。
• 浙江省文史資料委員會編，《浙江文史集粹：文史藝術卷》（杭州：浙江人民出版社，1996）。
• 浙江省政協文史資料委員會編，《浙江文史集粹：政治軍事卷》，下冊（杭州：浙江人民出版社，1996）。
• 浙江省政協文史資料委員會編，《浙江文史集粹：經濟卷》，下冊（杭州：浙江人民出版社，1996）。
• 浦化人，《基督教救國論》（上海：出版社不詳，1918）。
• 秦孝儀主編，《中華民國名人傳》，第2冊（臺北：近代中國出版社，1984）。
• 秦孝儀主編，《中華民國名人傳》，第7冊（臺北：近代中國出版社，1988）。
• 耿雲志主編，《胡適遺稿及秘藏書信》，第13、20-21、34、36-37、39冊（合肥：黃山書社，1994）。
• 袁訪賽，《余日章傳》（香港：基督教文藝出版社，1970）。
• 馬光仁，《上海新聞史（1850-1949）》（上海：復旦大學出版社，1996）。
• 馬光霞，《中西並重：監理會在華事業研究（1848-1939）》（臺北：臺灣基督教文藝出版社，2016）。
• 馬勇，《趕潮的人：蔣夢麟傳》（北京：東方出版社，2015）。
• 馬寅初，《馬寅初全集》，第2卷（杭州：浙江人民出版社，1999）。
• 馬敏，《商人精神的嬗變──近代中國商人觀念研究》（武昌：華中師範大學出版社，2001）。
• 馬敏、朱英，《辛亥革命時期蘇州商會研究》（武漢：華中師範大學出版社，2011）。
• 馬學強、王海良主編，《《密勒氏評論報》總目與研究》（上海：上海書店出版社，2015）。
• 高紅霞，《上海福建人研究（1843-1953）》（上海：上海人民出版社，2008）。
• 高家龍（Sherman Cochran）著，樊書華、程麟蓀譯、張仲禮校，《中國的大企業──煙草工業中的中外競爭（1890-1930）》（北京：商務印書館，2001）。
• 國史館編印，《國史館現藏民國人物傳記史料彙編》，第1、15、20、23輯（臺北：國史館，1988-2000）。
• 張允侯等編，《五四時期的社團》，共4冊（北京：三聯書店，1979）。

- 張元濟著、張人鳳整理，《張元濟日記》，上下冊（石家莊：河北教育出版社，2001）。
- 張玉法，《清季的立憲團體》（臺北：中央研究院近代史研究所，1971）。
- 張玉法主編，《中國現代史論集：五四運動》，第 6 輯（臺北：聯經出版有限公司，1982）。
- 張仲禮主編，《東南沿海城市與中國近代化》（上海：上海人民出版社，1996）。
- 張存武，《光緒川一年中美工約風潮》（臺北：中央研究院近代史研究所，1966）。
- 張孝若，《南通張季直先生傳記》（臺北：文海出版社，1965）。
- 張志偉，《基督化與世俗化的掙扎：上海基督教青年會研究（1900-1922）》（臺北：臺大出版中心，2010）。
- 張季直先生事業史編纂處，《大生紡織公司年鑑（1895-1947）》（南京：江蘇人民出版社，1998）。
- 張朋園，《立憲派與辛亥革命》（臺北：中央研究院近代史研究所，1969）。
- 張健俅，《中國紅十字會初期發展之研究》（北京：中華書局，2007）。
- 張國燾，《我的回憶》，第 1 冊（香港：明報月刊出版社，1974）。
- 張雲樵，《伍廷芳與清末政治改革》（臺北：聯經出版事業公司，1987）。
- 張鳴，《北洋裂變：軍閥與五四》（桂林：廣西師範大學出版社，2010）。
- 張靜廬輯註，《中國近現代出版史料補編》，第 6 冊（上海：上海書店出版社，2003）。
- 張禮恆，《從西方到東方——伍廷芳與中國近代社會的演進》（臺北：臺灣商務印書館，2003）。
- 曹汝霖，《曹汝霖一生之回憶》（北京：中國大百科全書出版社，2009）。
- 曹伯言整理，《胡適日記全集（1906-1914）》，第 1 冊（臺北：聯經，2004）。
- 梁冠霆，《留美青年的信仰追尋——北美中國基督教學生運動研究（1909-1951）》（上海：上海人民出版社，2010）。
- 梁啟超，《梁啟超全集》，第 10 冊（北京：北京出版社，1999）。
- 梁啟超著、胡躍生校注，《梁啟超家書校注本》（桂林：灘江出版社，2017）。
- 畢雲程，《愛國淺說》（上海：惜陰公會，1914 年四版）。
- 章士釗，《章士釗全集》，第 8 冊（北京：文匯出版社，2000）。

- 章開沅，《開拓者的足跡：張謇傳稿》（北京：中華書局，1986）。
- 章開沅、馬敏主編，《社會轉型與教會大學》（武漢：湖北教育出版社，1998）。
- 章開沅編譯，《天理難容——美國傳教士眼中的南京大屠殺（1937-1938）》（南京：南京大學出版社，1999）。
- 許有成編撰，《復旦大學大事記（1905-1948）》（臺北：臺北市復旦校友會，1995）。
- 許金生主編，《近代日本在華報刊通信社調查史料集成（1909-1941）》，第1-3冊（北京：線裝書局，2014）。
- 許漢三編，《黃炎培年譜》（北京：文史資料出版社，1985）。
- 許德珩，《許德珩回憶錄——為了民主與科學》（北京：中國青年出版社，2001）。
- 陳元暉主編，《中國近代教育史資料匯編：教育行政機構及教育團體》（上海：上海教育出版社，2007）。
- 陳占彪編，《五四事件回憶：稀見資料》（北京：三聯書店，2014）。
- 陳玉堂編著，《中國近代現人物名號大辭典》（杭州：浙江古籍出版社，1996）。
- 陳思和、龔向群主編，《走近復旦》（成都：四川人民出版社，2000）。
- 陳美延主編，《金明館叢稿初編》（北京：三聯書店，2001）。
- 陳美延主編，《寒柳堂集》（北京：三聯書店，2001）。
- 陳曾熹著、陳勤譯，《五四運動在上海》（臺北：經世書局，1981）。
- 陳夔龍，《夢蕉亭雜記》（北京：中華書局，2007）。
- 陳鐵生編，《精武本紀》（上海：精武體育會，1919）。
- 陶飛亞，《邊緣的歷史——基督教與近代中國》（上海：上海古籍出版社，2005）。
- 陸束屏編著、翻譯，《忍辱負重的使命：美國外交官記載的南京大屠殺與劫後的社會狀況》（南京：江蘇人民出版社，2018）。
- 陸陽，《唐文治年譜》（上海：上海三聯書店，2013）。
- 陸陽、胡傑主編，《胡彬夏文集》（北京：線裝書局，2014）。
- 陸陽、胡傑主編，《胡敦復、胡明復、胡剛復文集》（北京：線裝書局，2014）。
- 彭明，《五四運動史（修訂本）》（北京：人民出版社，2019）。
- 彭明，《五四運動史》（北京：人民出版社，1984）。
- 彭裕文、許有成主編，《臺灣復旦校友憶母校》（上海：復旦大學出版社，2003）。

- 復旦大學校史編寫組編，《復旦大學志（1905-1949）》，第1卷（上海：復旦大學出版社，1985）。
- 曾寶蓀，《曾寶蓀回憶錄》（臺北：龍文出版社，1989）。
- 森時彥，《五四時期の民族紡績業》（京都：同朋舍，1983）。
- 程天放，《程天放早年回憶錄》（臺北：傳記文學出版社，1968）。
- 程麟蓀、張之香主編，《張福運與近代中國海關》（上海：上海社會科學院出版社，2007）。
- 費正清（John King Fairbank）著、陸惠勤等譯、章克生校，《費正清對華回憶錄》（上海：知識出版社，1991）。
- 費正清（John King Fairbank）編、楊品泉等譯，《劍橋中華民國史》，上卷（北京：中國社會科學出版社，1993）。
- 賀葆真著、徐雁平整理，《賀葆真日記》（南京：鳳凰出版社，2014）。
- 馮自由，《革命逸史》，上下冊（北京：新星出版社，2009）。
- 馮筱才，《在商言商：政治變局中的江浙商人》（上海：上海社會科學院出版社，2004）。
- 馮筱才，《政商中國：虞洽卿與他的時代》（北京：社會科學文獻出版社，2013）。
- 黃炎培，《八十年來》（北京：文史資料出版社，1982）。
- 黃炎培、龐淞編纂，《中國四十年海關商務統計圖表（1876-1915）》，（原名：《中國商戰失敗史——中國四十年海關商務統計圖表》）（香港：龍門書店，1966）。
- 黃炎培著、中國社會科學院近代史研究所整理，《黃炎培日記》，第1-3卷（北京：華文出版社，2008）。
- 黃群撰、盧禮陽輯，《黃群集》（上海：上海社會科學院出版社，2003）。
- 黃賢強著、高俊譯，《1905年抵制美貨運動——中國城市抗爭的研究》（上海：上海辭書出版社，2010）。
- 黃濬，《花隨人聖盦摭憶》，中冊（北京：中華書局，2008）。
- 楊建成主編，《蘭領東印度史》（臺北：中華學術院南洋研究所，1983）。
- 楊海坤主編，《東吳法學》（哈爾濱：黑龍江人民出版社，2004）。
- 楊曾劬編，《清楊仁山先生道霖年譜》（臺北：臺灣商務印書館，1981）。
- 楊琥編，《歷史記憶與歷史解釋：民國時期名人談五四（1919-1949）》（福州：福建教育出版社，2010）。
- 經亨頤，《經亨頤日記》（杭州：浙江古籍出版社，1984）。
- 萬立明編選，《上海銀行公會：機構卷》（上海：上海遠東出版社，2016）。

- 葉文心著，馮夏根等譯，《民國時期大學校園文化（1919-1937）》（北京：中國人民大學出版社，2012），頁 52、236。
- 葉景葵撰、柳和城編，《葉景葵文集》，上冊（上海：上海科學技術文獻出版社，2016）。
- 葛思恩、俞湘文編，《俞頌華文集》（北京：商務印書館，1991）。
- 葛淵如編，《江蘇省紡織業狀況》，收入張研、孫燕京主編，《民國史料叢史》（鄭州：大象出版社，2009）。
- 董顯光著、曾虛白譯，《董顯光自傳：一個中國農夫的自述》（臺北：臺灣新生報社，1973）。
- 雷默（C. F. Remer）著，蔣學楷、趙康節譯，《外人在華投資》（北京：商務印書館，1959）。
- 壽充一等編，《近代中國工商人物志》，第 2 冊（北京：中國文史出版社，1995）。
- 寧波市政協文史資料委員會編，《商海巨子——活躍在滬埠的寧波商人》（北京：中國文史出版社，1998）。
- 熊月之、周武主編，《聖約翰大學史》（上海：上海人民出版社，2007）。
- 熊希齡，《熊希齡先生遺稿：電稿》，2、4 冊（上海：上海書店，1998）。
- 端納（W. H. Donald）口述、澤勒（Earl Albert Selle）著，《端納回憶錄》（北京：東方出版社，2013）。
- 裴德士（W. B. Pettus）著、中華基督教青年會全國協會書報部譯訂，《學校青年會組織法舉要》（上海：中華基督教青年會全國協會書報部，1915）。
- 趙叔雍，《人往風微》（臺北：獨立作家，2016）。
- 趙敏恆，《外人在華的新聞事業》（北京：中國傳媒大學出版社，2018）。
- 趙尊嶽著，陳水雲、黎曉蓮整理，《趙尊嶽集》，第 1、4 冊（南京：鳳凰出版社，2016）。
- 趙曉陽，《基督教青年會在中國：本土和現代的探索》（北京：社會科學文獻出版社，2008）。
- 劉文星，《李玉階先生年譜長編》（臺北：帝教出版社，2001）。
- 劉永明，《國民黨人與五四運動》（北京：中國社會科學出版社，1990）。
- 劉明逵、唐玉良主編，《中國工人運動史》，第 2 卷（廣州：廣東人民出版社，1998）。
- 劉厚生，《張謇傳記》（香港：龍門書店，1965）。
- 劉家平等編，《中華歷史人物別傳集》，第 82 冊（北京：線裝書局，2003）。

- 劉國銘主編，《中國國民黨百年人物全書》，下冊（北京：團結出版社，2005）。
- 劉壽林等編，《民國職官年表》（北京：中華書局，1995）。
- 劉輝主編，《民國時期關稅史料之一：修改稅則始末記》，上卷（北京：中國海關出版社，2009）。
- 廣東梅縣東山中學叢史編委會主編，《彭精一先生紀念集》（梅州：廣東梅縣東山中學叢書綿輯委員會，2000）。
- 樋口弘著、北京編譯社譯，《日本對華投資》（北京：商務印書館，1959）。
- 潘公展，《學生救國全史》（上海：民友社，1919）。
- 潘公展先生紀念集編輯委員會編，《潘公展先生紀念集》（臺北：華崗印刷廠，1977）。
- 潘光哲主編，《胡適全集：胡適時論集》，第3冊（臺北：中央研究院近代史研究所胡適紀念館，2018）。
- 鄧潔，《留美幼童唐元湛家三代人的故事》（北京：中國文史出版社，2015）。
- 鄭昊樟，《上海童子軍史》（上海：中華童子軍聯歡社，1933）。
- 鄭保國，《《密勒氏評論報》：美國在華專業報人與報格（1917-1953）》（北京：北京大學出版社，2018）。
- 穆家修、柳和城、穆偉杰編，《穆藕初年譜長編》，上下卷（上海：上海交通大學出版社，2015）。
- 穆德（J. R. Mott）著、謝洪賚編譯，《款接新生事業》（上海：中華基督教青年會全國協會書報部，1914）。
- 穆藕初著，穆家修等編，《穆藕初文集（增訂本）》（上海：上海古籍出版社，2011）。
- 賴德霖等主編，《中國近代建築史：民族國家──中國城市建築的現代化與歷史遺產》，第3卷（北京：中國建築工業出版社，2016）。
- 錢昌照，《錢昌照回憶錄》（北京：東方出版社，2011）。
- 錢益民，《李登輝傳》（上海：復旦大學出版社，2005）。
- 錢基厚編，《孫庵老人自訂五十以前年譜》，收入北京圖書館編，《北京圖書館藏珍本年譜叢刊》，第200冊（北京：北京圖書館出版社，據1943年鉛印本，1999）。
- 駱惠敏編、劉桂梁等譯，《清末民初政情內幕──《泰晤士報》駐北京記者袁世凱政治顧問喬・厄・莫理循書信集》，上下冊（上海：知識出版社，1986）。
- 鮑惠爾（John B. Powell）著、尹雪曼等譯，《在中國二十五年──上海《密勒氏評論報》主持人鮑惠爾回憶錄》（合肥：黃山書社，2008）。
- 璩鑫圭等編，《中國近代教育史資料匯編：實業教育・師範教育》（上海：上海教育出版社，1994）。

- 聯副記者聯合採訪，《我參加了五四運動》（臺北：聯經出版事業公司，1979）。
- 薛理勇，《西風落葉——海上教會機構尋蹤》（上海：同濟大學出版社，2017）。
- 謝洪賚，《社會事業》（上海：中華基督教青年會全國協會書報部，1915）。
- 謝洪賚，《學生會說》（上海：青年會全國協會，1914）。
- 聶其杰，《闡耶篇》（上海：中華書局，1927）。
- 聶其杰輯，《崇德老人紀念冊（附：聶曾紀芬自訂年譜）》，收入沈雲龍主編，《近代中國史料叢刊》，第三輯（臺北：文海出版社，1966）。
- 鄺均永編，《鄺富灼博士紀念集》（出版地不詳：1966）。
- 顏惠慶著，吳建雍等譯，《顏惠慶自傳——一位民國元老的歷史記憶》（北京：商務印書館，2003）。
- 顏惠慶著、上海市檔案館譯，《顏惠慶日記》，第 1 卷（北京：中國檔案出版社，2006）。
- 羅元旭，《東成西就——七個華人基督教家族與中西交流百年》（北京：三聯書店，2014）。
- 羅伊·沃森·柯里（Roy Watson Curry）著，張瑋瑛、曾學白譯，《伍德羅·威爾遜與遠東政策 1913-1921》（北京：社會科學文獻出版社，1994）。
- 羅志田，《亂世潛流：民族主義與民國政治》（上海：上海古籍出版社，2001）。
- 嚴中平，《中國棉紡織業史稿》第六章〈一個國際投資市場上的棉紡織業（1913-1931 年）〉（北京：商務印書館，2011）。
- 嚴修自訂、高凌雯補、嚴仁曾增編、王承禮輯注、張平宇參校，《嚴修年譜》（濟南：齊魯書社，1990）。
- 蘇紹柄編輯，《山鐘集》，共 4 冊（上海：上海鴻文書局，光緒三十二年七月再版）。
- 顧衛民，《基督教與近代中國社會》（上海：上海人民出版社，1996）。
- 龔德柏，《龔德柏回憶錄——鐵筆論政書生色》，上冊（臺北：龍文出版社，2001）。
- 觀渡廬編，《共和關鍵錄》，收入沈雲龍主編，《近代中國史料叢刊續編》，第八十六輯（臺北：文海出版社，1981）。

（三）期刊文章

- 〈卜舫濟往來函電選（1919-1920）〉，《檔案與史學》，1999 年第 2 期，頁 8-14。

- 〈五四運動期間聖約翰大學學運文件〉，《檔案與史學》，1999 年第 2 期，頁 4-7。

- 〈電力電工專家惲震自述（一）〉，《中國科技史料》，2000 年第 21 卷第 3 期，頁 189-206。

- 〈電力電工專家惲震自述（三）〉，《中國科技史料》，2001 年第 22 卷第 2 期，頁 168-184。

- 王墨翰，〈直隸地區為歐戰協濟會董捐述論〉，《河北廣播電視大學學報》，2017 年第 22 卷第 4 期，頁 7-12。

- 王墨翰，〈歐戰協濟會及相關史事論述〉，《陰山學刊》，2017 年第 30 卷第 2 期，頁 87-93。

- 任一，〈「賽世獨美」：五四前夕美國在華宣傳與中國對新國家身份的追求〉，《史學集刊》，2016 年第 1 期，頁 53-54。

- 伍朝樞，〈伍朝樞日記〉，《近代史資料》，1988 年第 8 期，頁 166-231。

- 李玉階，〈上海學生響應五四愛國運動的經過——紀念五四運動五十八週年〉，《傳記文學》，1977 年第 3 卷第 5 期，頁 59-62。

- 李達嘉，〈罪與罰——五四抵制日貨運動中學生對商人的強制行為〉，《新史學》，2003 年第 14 卷第 2 期。

- 宗方小太郎報告、章伯鋒譯，〈宗社黨的復辟活動〉，《近代史資料》，2006 年第 48 冊，頁 89-102。

- 周月峰，〈五四運動與張東蓀「總解決」方案的形成〉，《華中師範大學學報（人文社會科學版）》，2019 年第 58 卷第 1 期，頁 118-127。

- 和作輯，〈一九〇五年反美愛國運動〉，《近代史資料》，1956 年第 1 期，頁 1-90。

- 林齊模，〈五四運動中的北大學生幹事會和北京學聯史實考〉，《安徽史學》，2020 年第 1 期，頁 59-68。

- 茅海建，《戊戌變法的另面：「張之洞檔案」閱讀筆記》（上海：上海古籍出版社，2014）。

- 胡憨珠，〈望平街舊憶：史量才·秋水夫人·席子佩〉，《春秋》，1971 年 14 卷 5 期，頁 29-32。

- 胡憨珠，〈望平街舊憶：陳景韓·張竹平·左輔弼〉，《春秋》，1971 年 14 卷 6 期，頁 40-45。

- 桑兵，〈「新文化運動」的緣起〉，《澳門理工學院》，2015 年第 4 期，頁 5-19。

- 徐佳貴，〈組織演變與文教革新——晚清與五四之間的江蘇省教育會〉，《史林》，2021 年第 3 期，頁 131-146。

- 馬建標，〈多方的博弈：余日章、蔣夢麟與華盛頓會議〉，《史林》，2011 年第 6 期，頁 128-138。
- 馬建標，〈民族主義旗號下的多方政爭：華盛頓會議期間的國民外交運動〉，《歷史研究》，2012 年第 5 期，頁 113-114。
- 馬建標，〈塑造救世主：「一戰」後期「威爾遜主義」在中國的傳播〉，《學術月刊》，2017 年第 6 期，頁 164-172。
- 馬建標，〈歷史記憶與國家認同：一戰前後中國國恥記憶的形成與演變〉，《近代史研究》，2017 年第 2 期，頁 114-126。
- 高翔宇，〈寰球中國學生會早期史事考述（1905-1919）〉，《蘭州學刊》，2015 年第 8 期，頁 81-90。
- 高瑩瑩，〈反日運動在山東：基於五四時期駐魯基督教青年會及英美人士的考察〉，《近代史研究》，2017 年第 2 期，頁 138-151。
- 張仲民，〈陳寅恪與復旦公學關係考〉，《中國文化》，2013 年第 37 期，頁 166-173。
- 張秀莉，〈上海外商企業中的華董研究〉，《史林》，2006 年第 6 期，頁 53-71。
- 張忠正，〈美國在華傳教士對孫逸仙與辛亥革命的態度〉，《近代中國》，1998 年第 128 期，頁 6-29。
- 張喆，〈蛻園往事都成蛻：一代文史大家瞿兌之的人生際遇〉，《人物》，2010 年第 7 期，頁 72-75。
- 張樂，〈從孔門弟子到耶穌門徒——曾國藩家族的基督徒成員及其宗教觀考述〉，《北京社會科學》，2017 年第 6 期，頁 76-86。
- 戚學民、潘琳琳，〈論國民黨對童子軍治權的奪取〉，《澳門理工學報（人文社會科學版）》，2016 年第 4 期，頁 179-190。
- 梁敬錞，〈巴黎和會中國代表名單審定之經過〉，《傳記文學》，1974 年第 25 卷第 6 期，頁 4-6。
- 莊循義供稿，〈黃興信函並題跋〉，收入中國社會科學院近代史研究所近代史資料編輯室編，《近代史資料》，2006 年第 53 冊，頁 48-54。
- 陳以愛，〈五四時期東南集團「商戰」輿論和抵制運動〉，《中山大學學報（社會科學版）》，2019 年第 5 期，頁 37-56。
- 陳以愛，〈五四運動初期江蘇省教育會的南北策略〉，《國史館館刊》，2015 年第 43 期，頁 1-52。
- 湯志鈞，〈歷史研究和史料整理——「文革」前歷史所的四部史料書〉，《史林》，2006 年第 5 期，頁 150-155。
- 黃自進，〈日本駐華使領館對五四學生愛國運動的觀察〉，《思想史》，2019 年第 9 期，頁 63-109。
- 黃建君、金建陵，〈論近現代轉型時期的寰球中國學生會〉，《江蘇教育學院學報（社會科學報）》，第 19 卷第 2 期（2003:3），頁 43-47。

- 蕭小紅，〈從黃炎培與江蘇省教育會看國家和社會關係的歷史演變（1905-1921）〉，收入《黃炎培文集 2》（上海：文匯出版社，2001），頁 1-30。
- 蕭小紅，〈黃炎培與三十年代的民國政治──兼論民間精英的社會動員方式（1927-1937）〉，收入朱宗震、徐匯言主編，《黃炎培研究（三）》（成都：四川人民出版社，2009），頁 1-37。
- 蘇紹柄，〈一九零五年反美運動各地開會日表〉，《近代史資料》，1954 年第 1 期，頁 13-25。

（四）博碩士學位論文

- 田吉，〈瞿宣穎年譜〉（上海：復旦大學中文系博士論文，2012）。
- 吳小瑋，〈以訓練為中心的兒童組織──民國時期童子軍之研究〉（上海：華東師範大學教育學系博士學位論文，2013）。
- 饒玲一，〈尚賢堂研究（1894-1927）〉（上海：復旦大學博士學位論文，2013 年）。

（五）網站資料

- 〈交大首個學生會：南洋公學學生分會〉，上海交通大學校史網：https://sjtuhistory.sjtu.edu.cn/info/1011/1481.htm (2020.9.30)。
- 〈桃李燦燦　黌宮悠悠：復旦上醫老校舍尋蹤〉，復旦百科網址：https://www.fudan.edu.cn/2019/0424/c426a95991/page.htm (2020.12.27)。
- Hebert K. Lau（劉敬恆），"Tong Yuen-Cham, the First Chinese Rotarian in History", 扶輪社網址：https://rotary3450.org/tong-yuen-cham/ (2020.8.14)。
- 一張百年前的新聞照片，網址：http://www.quzefang.cn/2009/nieyuntai_xia.htm (2020.9.17)。
- 田吉，〈瞿宣穎與復旦：曾和于右任並列的人物，為何被校史遺忘〉，澎湃新聞，網址：http://www.thepaper.cn/baidu.jsp?contid=1434131 (2020.9.15)。
- 俞汝捷，〈花朝長憶蛻園師〉，愛思想網址：www.aisixiang.com/data/12696-2.html (2020.12.21)。
- 徐俊杰，〈《張謇傳》所及嗇公佚函面世〉，海門市張謇研究會網址：http://www.zhangjianyanjiu.org/nd.jsp?id=614 (2020.1.22)。
- 惲震著，惲誠之、鮑義來編校，《松岩詩稿選存》（自印本，2017），惲仲坤博客：http://blog.sina.com.cn/s/blog_5fb824be0102yakt.html (2020.8.17)。
- 瞿澤方，〈由《曾文正公傳略》試述瞿家與曾家的淵源〉，原載：《曾國藩研究》，2017 年第 2 期（2017.6），網址：http://www.quzefang.cn/2009/qu_zeng.htm (2020.8.8)。

二、英文

（一）報紙、期刊

* *Millard's Review*
* *The China Mission Year Book 1915-1919.* 收入本書編委會編，《中國基督教年鑑》，第 7、11-14 冊（北京：國家圖書出版社，2013）。
* *The Chinese Recorder*
* *The North-China Daily News*
* *The North-China Herald*

（二）專書

* Julean Herbert Arnold. *Commercial Handbook of China, Vol. 1-2.* Washington: Government Printing Office, 1919-1920.
* Boynton, Charles L.(ed.), *Directory of Protestant Missions in China 1920.* Shanghai: Kwang Hsüen Publishing House, 1920.
* Brockman, Fletcher S. *I Discover the Orient.* New York: Harper & Brothers Publishers, 1935.
* Chen Joseph T.（陳曾燾）. *The May Fourth Movement in Shanghai: The Making of a Social Movement in Modern China.* Leiden : E. J. Brill, 1971.
* Chow Tse-tsung（周策縱）. *Research Guide to the May Fourth Movement: Intellectual Revolution in Modern China 1915-1924.* Cambridge: Harvard University Press, 1963.
* Chow Tse-tsung（周策縱）. *The May Fourth Movement: Intellectual Revolution in Modern China.* Cambridge: Harvard University Press, 1960.
* Darwent, C. E. *Shanghai: A Handbook for Travellers and Residents.* Shanghai: Kelly & Welsh, 1920.
* *First Report of the Proceedings of the Executive Committee of the American Chamber of Commerce of China*（臺北：成文出版社，據 1917 年版影印，1971）。
* Fitch, Jeorge A. *My Eighty Years in China.* Taipei: Mei Ya Publication, Inc., 1967.
* Garrett, Shirley S. *Social Reformers in Urban China: The Chinese Y.M.C.A., 1895-1926.* Cambridge: Harvard University Press, 1970.
* Grose, George Richard. *James W. Bashford: Pastor, Educator, Bishop.* New York: The Methodist Book Concern, 1922.
* Li, Tien-yi（李田意）. *Woodrow Wilson's China Policy 1913-1917.* New York: Octagon Books, 1969.
* Linda Pomerantz-Zhang. *Wu Tingfang(1842-1922): Reform and Modernization in Modern Chinese History.* Hong Kong: Hong Kong University Press, 1992.

- Pettus, W. B. *The Organization of a Student Young Men's Christian Association in China.* Shanghai: The Student Department National Committee Young Men's Christian Associations of China, 1915.

- *Private Diary of Robert Dollar on his Recient Visits to China.* San Francisco: W. S. Van Cott & Co., 1912.

- Reinch, Paul S. *An American Diplomat in China.* Taipei: Ch'eng-Wen Publishing Company, 1967.

- Remer, C. F. A *Study of Chinese Boycotts.* Baltimore: The Johns Hopkins Press, 1933.

- Saul, Norman E. *The Life and Times of Charles R. Crane, 1858-1939.* Lanham: Lexington Books, 2013.

- *The Directory & Chronicle for China &c.*, Hong Kong: The Hong Kong Daily Press Office, 1919.

- Tzau, Min-Ch'ien T. Z（刁敏謙）. *China Awaken.* New York: The Macmillan Company, 1922.

- Varg, Paul A. *Missionaries, Chinese, and Diplomats.* New Jersey: Princeton University Press, 1958.

- Wasseretrom, Jeffrey N. Student Protest in Twentieth-Century China. Stanford: Standford University Press.

- *Who's Who in China*, Shanghai: Millard's Review, 1918-1919, 1925, 1936.

- Wu Yu-lin, *Memories of Dr Wu Lien-teh, Plague Fighter.* Singapore: World Scientific, 1995.

- Yeh Wen-Hsin（葉文心）. *The Alienated Academy: Culture and Politics in Republican China, 1919-1937.* Cambridge Mass: Harvard University Press, 1990.

- 卜舫濟（Pott, F. L. Hawks）著，《上海簡史：國際租界的成長與發展》（*A Short History of Shanghai: Being an Account of the Growth and Development of the International Settlement*）（北京：五洲傳播出版社，2008）。

（三）期刊論文

- Dennerline, Jerry. "Lee Teng Hwee, Ho Pao Jin, and Educational Reform in Malacca, Singapore, Shanghai, Shanghai and Beyond, 1885-1945", *Translocal Chinese: East Asian Perspectives*, Vol. 11(2017), pp. 64-66.

- Marie-Claire Bergère. "Xiaohong Xiao-Planes, Éducation et politique en Chine: le rôle des élites du Jiangsu, 1905-1914 (Education And Politics in China: The Role of the Jiangsu Elite, 1905-1914)", *China Perspectives*, Vol. 45, Junuary-Febuary, 2003, pp. 1-3.

- Sen, Narayan C. "China as Viewed by Two Early Bengali Travellers: The Travel Accounts of Inumadhav Mullick and Benoy Kumar Sarkar", *China Report*, Vol. 43:4 (2007), pp. 465-484.

（四）博碩士論文

- Schwintzer Ernst P. ："Education to Save the Nation: Huang Yanpei and the Educational Reform Movement in Early Twentieth Century China", Ph.D. Dissertation, University of Washington, 1992.

- Yang, Robert N. "Julean Arnold and American Economic Perspectives of China, 1902-1946." Master Dissertation, San Jose State University, 1994.

（五）網站資料

- "Foreigners Who Loved Korea: The George Fitch family, supporters of Korean independence activists", Korea Herald, Published：Jun 27, 2016，網址：http://www.koreaherald.com/view.php?ud=20160627000647

- 美國明尼蘇達大學喀吾茨家族青年會檔案（Kautz Family YMCA Archives），網址：Kautz Family YMCA Archives・University of Minnesota Libraries (umn.edu)

- 雷默檔案（Register of the C. F. Remer Papers），網址：https://oac.cdlib.org/findaid/ark:/13030/tf5779n7gh/

索引

民國論叢 06

動員的力量：
上海學潮的起源

The Power of Mobilization:
Origins of the Shanghai Student Movement

作　　者　陳以愛
總 編 輯　陳新林、呂芳上
執行編輯　林育薇
封面題字　王汎森
封面設計　溫心忻
排　　版　溫心忻、施宜伶

出　　版　🛡️ 開源書局出版有限公司

香港金鐘夏愨道 18 號海富中心
1 座 26 樓 06 室
TEL：+852-35860995

🌼 民國歷史文化學社 有限公司

10646 台北市大安區羅斯福路三段
37 號 7 樓之 1
TEL：+886-2-2369-6912
FAX：+886-2-2369-6990

http://www.rchcs.com.tw

初版一刷　2021 年 9 月 30 日
定　　價　新台幣 800 元（精裝）
　　　　　港　幣 220 元
　　　　　美　元 30 元
I S B N　978-626-7036-15-0
印　　刷　長達印刷有限公司
　　　　　台北市西園路二段 50 巷 4 弄 21 號
　　　　　TEL：+886-2-2304-0488

國家圖書館出版品預行編目 (CIP) 資料
動員的力量：上海學潮的起源 = The power of
mobilization : origins of the Shanghai student
movement/ 陳以愛著 . -- 初版 . -- 臺北市 : 民國
歷史文化學社有限公司 , 2021.09

　面；　公分 . -- (民國論叢 ; 6)

ISBN 978-626-7036-15-0 　(精裝)

1. 五四運動

628.263　　　　　　　　　　110014716